Lehen, Pfand und Amt

Kieler Werkstücke

Reihe A:
Beiträge zur schleswig-holsteinischen
und skandinavischen Geschichte

Herausgegeben von Oliver Auge
Begründet von Erich Hoffmann

BAND 65

PETER LANG

Berlin · Bruxelles · Chennai · Lausanne · New York · Oxford

Oliver Auge und Frederic Zangel (Hrsg.)

Lehen, Pfand und Amt

Neue Blickwinkel auf das Lehnswesen in Nord- und Mitteleuropa

PETER LANG

Berlin · Bruxelles · Chennai · Lausanne · New York · Oxford

Bibliografische Information der Deutschen Nationalbibliothek
Die Deutsche Nationalbibliothek verzeichnet diese Publikation in der Deutschen Nationalbibliografie; detaillierte bibliografische Daten sind im Internet über http://dnb.d-nb.de abrufbar.

Gedruckt mit freundlicher Unterstützung der Deutschen Forschungsgemeinschaft und der Burgenstiftung Schleswig-Holstein.

Stiftung Museum Turmhügelburg Lütjenburg

DFG Deutsche Forschungsgemeinschaft
German Research Foundation

ISSN 0936-4005
ISBN 978-3-631-94167-6 (Print)
ISBN 978-3-631-94165-2 (ePDF)
ISBN 978-3-631-94166-9 (ePUB)
DOI 10.3726/b23111

Verlegt durch Peter Lang GmbH, Berlin, Deutschland

info@peterlang.com

www.peterlang.com

Kontakt zur Verordnung über die allgemeine Produktesicherheit (GPSR): gpsr@peterlang.com

Inhaltsverzeichnis

Verzeichnis der Abbildungen und Tabellen

Grethe Jacobsen
Lehnsfrauen in Dänemark im Spätmittelalter und in der Reformationszeit

Jan Habermann
Die Machtprobe aufs Exempel. Lehnswesen und adelige Gefolgschaft in Ostsachsen während des deutschen Thronstreits (1198–1208/1218)

Zur Einführung

Oliver Auge und Frederic Zangel

This volume collects the contributions to the conference "Fiefdom, pledge and office. New Perspectives on the 'Lehnswesen', Monetary System and Administration in Northern Europe (12th–15th Centuries)", which took place in Kiel in 2023. The event was part of the DFG project "Lehnswesen revisited: The example of Denmark as a regional exception or European norm in the Middle Ages?", which was located at Kiel University from 2021 to 2025. The editors would like to thank all (financial) supporters, the speakers, contributors and the student assistants as well as the staff at the conference venue for their part in making the event and the volume possible.

Am 2. und 3. März 2023 richtete die Abteilung für Regionalgeschichte der Christian-Albrechts-Universität zu Kiel in der Fördestadt die Fachtagung „Lehen, Pfand und Amt. Neue Blickwinkel auf das Lehnswesen im Norden" aus.[1] Die Veranstaltung war eingebettet in das an der Abteilung verankerte und von 2021 bis 2025 laufende DFG-Projekt „Lehnswesen revisited: Das Beispiel Dänemarks als regionaler Sonder- oder europäischer Normalfall im Mittelalter?"[2] Über das Untersuchungsgebiet dieses Projektes hinaus wurden in den Tagungsreferaten und werden nun in den Beiträgen dieses Tagungsbands weitere Räume nicht nur im Norden Europas in den Blick genommen. Der Titel wurde für den Tagungsband angepasst, denn mit dem ursprünglich aufgrund der geografischen Ausrichtung des Projektes gewählten Begriff „Norden" waren viele der hier in den einzelnen Beiträgen behandelten Räume nur unzureichend erfasst und beschrieben.

Grundlegend für den im Vorfeld den Referierenden zugesandten Fragenkatalog war die im Zuge der Projekttätigkeit herausgearbeitete These von der Existenz wesentlicher Überschneidungen zwischen Lehnswesen, Geldverkehr und

1 Lehen, Pfand und Amt. Neue Blickwinkel auf das Lehnswesen im Norden (12.–15. Jahrhundert), in: H-Soz-Kult, 14.12.2022, abrufbar unter https://www.hsozkult.de/event/id/event-132543 (Letzter Zugriff am 03.07.2025). Kalla, Sebastian: Tagungsbericht: Lehen, Pfand und Amt, in: H-Soz-Kult, 14.11.2023, https://www.hsozkult.de/conferencereport/id/fdkn-139826 (Letzter Zugriff am 03.07.2025).

2 Informationen auf der Internetseite der DFG, abrufbar unter https://gepris.dfg.de/gepris/projekt/459056567 (Letzter Zugriff am 03.07.2025). Informationen auf der Internetseite der Kieler Abteilung für Regionalgeschichte abrufbar unter https://www.histsem.uni-kiel.de/de/das-institut-1/abteilungen/regionalgeschichte-mit-schwerpunkt-schleswig-holstein/projekte (Letzter Zugriff am 03.07.2025).

Verwaltung.[3] Inwieweit können solche für weitere Regionen anhand der Quellen nachvollzogen werden, inwieweit sind zumindest Indizien vorhanden? Gefragt wurde ebenso nach der Quellenlage und dem Forschungsstand insbesondere zum Lehnswesen, vor allem nach bis heute wirkmächtigen Traditionslinien der Forschung. Stets ist eine kritische Auseinandersetzung mit der älteren Forschung angeraten, war das überkommene Modell der Lehnspyramide für die Vorstellung von mittelalterlicher Gesellschaftsordnung doch lange äußerst wirkmächtig bzw. es ist dies bis heute. Bezüglich der Quellenlage wurde zuvorderst die Frage nach der Terminologie gestellt sowie untersucht, inwieweit eine Abgrenzung der drei Phänomene anhand der Quellenbegriffe möglich ist oder eben nicht. Ein weiteres im Fragenkatalog angeregtes Untersuchungsfeld stellen die Dynamiken der drei Phänomene und ihrer Verflechtungen untereinander dar. Dabei wurde Konjunkturen nachgespürt, also Phasen, in denen eines der Phänomene anhand der Quellen besonders deutlich nachvollzogen werden konnte.

Im vorliegenden Band ist also das Lehnswesen in den Mittelpunkt gestellt; Jedoch wird der Blick ebenso auf Geldwesen und Verwaltung als weitere grundlegende Phänomene sowie auf denkbare Schnittstellen gerichtet. Dabei werden regionale und zeittypische Ausprägungen sowie die daraus womöglich resultierenden unterschiedlichen Forschungsperspektiven und -schwerpunkte aufgezeigt und zusammengeführt – also gleichsam miteinander kombiniert, um zu neuen Erkenntnissen zu gelangen. Für die Veranstaltung sowie für die vorliegende Publikation konnten ausgewiesene Fachleute zu den einzelnen Aspekten des Themas gewonnen werden.

So gibt Karl-Heinz Spieß einen prägnanten Forschungsüberblick, in dem er zudem Einblicke in seine Wahrnehmung der für die letzten Jahrzehnte zu konstatierenden rasanten Fortentwicklung des Forschungsstandes gewährt. Wesentliche Schwerpunkte seiner Ausführungen sind die Bezugspunkte zum Geldwesen, die „sogenannten Pfandlehen“, sowie nicht zuletzt mögliche Anknüpfungspunkte zur Verwaltung. Am Ende formuliert Spieß vier eigene Forschungsfragen und weist auf die diesbezüglichen Forschungslücken bezüglich Nordeuropas sowie zum Norden und Osten des Heiligen Römischen Reiches hin.

In den vier Beiträgen der ersten Sektion werden sogleich die drei mittelalterlichen skandinavischen Reiche in den Mittelpunkt gestellt. Den Anfang macht das von Frederic Zangel untersuchte Dänemark, für das ein Vorhandensein eines Lehnswesens von der Forschung traditionell verneint wird. Der Autor betont die Bedeutung terminologischer Schärfe bei einer Untersuchung des Lehnswesens,

---

[3] Siehe auch Auge, Oliver: Macht und Landgewinn durch Pfandpolitik. Das Beispiel der Grafen von Holstein im 14. Jahrhundert, in: VSWG 109.2 (2022), S. 185–210.

wobei im von ihm betrachteten Raum in den eher wenigen Schriftquellen durchaus lehnrechtliche Begriffe begegnen. Anschließend schlägt Grethe Jacobsen für den gleichen Untersuchungsraum den Bogen sowohl zur Verwaltungs- als auch zur Geschlechtergeschichte des Spätmittelalters und der Frühen Neuzeit. Jacobsen rückt das „dansk lensvæsen", also die dänische Lokalverwaltung, in den Mittelpunkt der Untersuchung, wobei ihr besonderes Augenmerk den „Lehnsfrauen" als Verwalterinnen der „len" als lokalen Administrationsbezirken gilt. Laura Potzuweit legt sodann den Fokus auf Schweden mit Finnland sowie vor allem auf das Fallbeispiel des Adligen Ivar Axelsson (Tott) und verweist auf die Mehrdeutigkeit des dort häufig verwendeten Begriffs „län". Angesichts der politischen und gesellschaftlichen Dynamik sei in ihrem Untersuchungsraum eine gewisse „Fluidität des Lehnswesens" erwartbar. In seinem Beitrag zu Norwegen betont Stefan Magnussen zunächst dessen Besonderheiten im Vergleich mit Dänemark und Schweden. Ebenso wenig wie dort könne für Norwegen in Bezug auf das Lehnswesen von einem von der älteren Forschung angenommenen Sonderweg gesprochen werden – die Wirkmächtigkeit von Reynolds' Thesen sei in der Forschungsliteratur zu diesem nordischen Reich ebenfalls klar nachvollziehbar.

Die Beiträge der zweiten Sektion widmen sich einzelnen Regionen im Norden des Heiligen Römischen Reiches bzw. – im Falle des Herzogtums Schleswig und des Ordenslandes Preußen – im weiteren Ostseeraum. Bei dem von Oliver Auge untersuchten Raum zwischen Elbe und Königsau sind für die Gebiete nördlich und südlich der Eider anhand der schriftlichen Überlieferung zunächst ganz unterschiedliche Entwicklungen auszumachen. Auge zeichnet diese unter Heranziehung zahlreicher chronikalischer und urkundlich belegter Quellen nach. Anschließend nimmt Jan Habermann die zu Beginn des 13. Jahrhunderts äußerst komplexe politische Gemengelage in Ostfalen in den Blick, wobei er die untersuchte Region als „engmaschige Konfliktzone dauernden königlichen Interesses" anspricht. Als Zugang zu einem tieferen Verständnis der dortigen Verhältnisse während des deutschen Thronstreits dienen ihm drei frühe Lehnsverzeichnisse, anhand derer nachvollzogen werden kann, dass mit der Vergabe bzw. Neuvergabe von Lehen und Ämtern eine adlige Gefolgschaft gleichsam zusammengestellt werden konnte. Grischa Vercamer spricht in Bezug auf die Mark Brandenburg auf Grundlage einer ausführlichen Untersuchung verschiedener Zeitabschnitte von einem pragmatischen Einsatz diverser Formen der Leihe, der Ämterbesetzung und der Verpfändungen durch die Landesherrschaft. Vercamer leitet aus seinen Ausführungen insgesamt 20 Ergebnisse ab und unterstreicht unter anderem die Nachweisbarkeit bürgerlicher Lehnsnehmer. In Dirk Schleinerts Ausführungen sind die Bürger – nämliche jene Stralsunds – dann sogar in den Mittelpunkt gerückt. Schleinert stellt die Stralsunder Stadtgeschichte im 14. und 15. Jahrhundert dar und führt weiter aus, inwieweit die Stadt und ihre Bürger überhaupt landesherrliche Besitzungen als Pfand oder als Lehngut innehaben konnten. Eine historische Gesamtschau der Entwicklung im Ordensland Preußen bietet Jürgen Sarnowsky, der – mit dem Fokus auf Amt und Lehen – den Bogen von den Anfängen mit der Kulmer Handfeste von 1232 bis zur Umgestaltung des Lehnswesens nach 1454 schlägt. Neben zahlreichen Urkunden erlauben die Amtsbücher des Ordens Aussagen zu den Lehnsnehmern sowie zu den Begrifflichkeiten, mit denen diese angesprochen wurden. Die der Sektion zugedachten Ausführungen von Christopher Folkens zu Ostfriesland, für das traditionell ebenfalls von einer Nichtexistenz des Lehnswesens ausgegangen wurde, sind aus organisatorischen Gründen nicht im vorliegenden Sammelband aufgenommen, sondern bereits 2024 im Jahrbuch für Regionalgeschichte erschienen.[4]

Die Beiträge der nächsten Sektion nehmen auf das Reich und den Süden Bezug. In seiner Untersuchung zur Pfandpolitik der römisch-deutschen Kaiser gibt Andreas Büttner neben vielen anderem den wichtigen Hinweis, dass sich die Überlieferungschance in Bezug auf unterschiedliche Aspekte wie Schenkung, Leihe oder auch Verpfändungen stark unterscheiden können. Verpfändungen dienten dabei ebenfalls dazu, den Pfandnehmer an sich zu binden, zumal die Verteidigung des Pfandes dann sogar noch in höherem Maße in dessen eigenem Interesse lag. In seinem ebenfalls auf das Geldwesen fokussierenden Beitrag konstatiert Marco Krätschmer die forschungsgeschichtlich bis hin zu Reynolds enge Verbindung der Vorstellung vom Rittertum mit dem Lehnswesen. Jedoch wurden ritterliche Dienste in hohem Maße gegen Geldzahlungen geleistet und mit Leiheverhältnissen kombiniert, um personale Verbindungen zu stabilisieren und Loyalität zu sichern. Jürgen Dendorfer untersucht anhand des Bistums Basel exemplarisch den Südwesten des Reiches und nutzt dabei die Bischofsurkunden des 11. bis 13. Jahrhunderts als Zugang. Anschließend bringt Sebastian Kalla, der seinerzeit keinen Vortrag in Kiel gehalten hat, aber als Verfasser des betreffenden Tagungsberichts bereits bei der Veranstaltung zugegen war, seine Untersuchung über die Verhältnisse im Bistum Bamberg in den Tagungsband mit ein. Die aufgrund der Vielfältigkeit verschiedener Untersuchungsräume, aber auch durch die unterschiedlichen Perspektiven auf das Lehnswesen überaus anspruchsvolle Aufgabe der Zusammenfassung hat wie bereits auf der Tagung dankenswerterweise Thomas Ertl übernommen.

Für alle am Lehnswesen und an sonstiger Lektüre zu diesem Thema Interessierten sei an dieser Stelle auf weitere aus dem DFG-Projekt hervorgegangene

---

[4] Folkens, Christopher: Von Landesgemeinden, Häuptlingsherrschaften und der Reichsgrafschaft. Neue Perspektiven auf Herrschaftsordnungen im spätmittelalterlichen Ostfriesland, in: JbRegG 42 (2024), S. 15–63.

Publikationen, so in der Zeitschrift der Savigny-Stiftung für Rechtsgeschichte und in der Historisk Tidsskrift hingewiesen.[5] Beim Historikertag in Leipzig, der unter dem Motto „Fragile Fakten" stand, wurde zudem 2023 die von Oliver Auge und Frederic Zangel geleitete Sektion „Fragiles Lehnswesen – außer Lehen nichts gewesen? Das Lehnswesen zwischen historischer Realität, wissenschaftlichem Modell und Geschichtsunterricht" ausgerichtet.[6] Als weitere Referenten konnten Thomas Martin Buck und Simon Groth gewonnen werden. Die vier Vorträge wurden – wertvoll ergänzt durch Jürgen Dendorfer kritische Zusammenfassung – in einem Themenheft von „Geschichte in Wissenschaft und Unterricht" publiziert.[7]

Den zahlreichen Menschen, die in ganz unterschiedlicher Weise zum Gelingen sowohl der Tagung als auch des daraus erwachsenen Sammelbandes beigetragen haben, sei ganz herzlich gedankt. Dies sind zuallererst die Vortragenden, die ihre Tagungsreferate für die Publikation umarbeiteten. Der Dekan der Philosophischen Fakultät der Universität Kiel, Dirk Westerkamp, sprach dankenswerterweise ein Grußwort, Sven Rabeler und Andreas Bihrer sei vielmals für Übernahme der Moderation gedankt. Großer Dank gilt ebenso den in die Organisation und Durchführung der Veranstaltung eingebundenen und den mit der Redaktion des Sammelbandes befassten Hilfskräften der Kieler Abteilung für Regionalgeschichte, namentlich Ricarda Junge, Klaas Krüger, Franziska Lehnart, Hannah Fischer, Alexander Lauterbach und Markus Kretschmer. Bedanken möchten wir uns auch bei allen Mitarbeiterinnen und Mitarbeitern der Hermann Ehlers Akademie in Kiel, wo die Tagung stattfand. Für den Satz und die kompetente Betreuung der Drucklegung danken wir den Mitarbeiterinnen und Mitarbeitern des Verlags Peter Lang.

In das Geldwesen sind die Tagung und der vorliegende Band zu Lehen, Pfand und Amt auch insofern eingebunden, als dass mit der Durchführung bzw. mit der Drucklegung Kosten verbunden waren und sind. Ganz herzlicher Dank gebührt der Deutschen Forschungsgemeinschaft sowie der Burgenstiftung

---

[5] Auge, Oliver: Lehnswesen revisited: Dänemark als regionaler Sonder- oder europäischer Normalfall im Mittelalter? Aufgaben und Perspektiven der Forschung, in: ZRG GA 139.1 (2022), S. 237–252; Auge, Oliver/Zangel, Frederic: Gensyn med det feudale lensvæsen i middelalderens Danmark. Et nyt forskningsprojekt ved Kiels Universitet, in: HTD 122.1 (2022), S. 122–140.

[6] Der Sektionsbericht von Maren Beutler ist abrufbar unter https://www.hsozkult.de/conferencereport/id/fdkn-140349?title=ht-2023-fragiles-lehnswesen-ausser-lehen-nichts-gewesen-das-lehnswesen-zwischen-historischer-realitaet-wissenschaftlichem-modell-und-geschichtsunterricht&recno=4&q=&sort=&fq=&total=9807 (Letzter Zugriff am 03.07.2025).

[7] GWU 75.5/6 (2024).

Schleswig-Holstein, namentlich Klaus Dygutsch, die beides großzügig finanziert und damit überhaupt erst ermöglicht haben. Gedankt sei nicht zuletzt allen Besucherinnen und Besuchern der Tagung sowie Ihnen, liebe Leserinnen und Leser, für Ihr Interesse an einem für das Mittelalter – aber ebenso und vor allem für das heutige Verständnis von dieser bis in die Gegenwart hinein äußerst wirkmächtigen Epoche – so zentralen und wichtigen Themenfeld!

Lehen, Geld und Pfand im Mittelalter. Forschungsergebnisse und offene Fragen

Karl-Heinz Spieß

Since the publication of Susan Reynolds' work on feuds and vassals in 1994, the view that feudalism had been completely investigated and only minor corrections were necessary has changed in several stages. For German historical research, the two conference volumes edited by Spieß himself and by Jürgen Dendorfer and Roman Deutinger as well as the entry written by Oliver Auge in the second edition of the "Handwörterbuch zur deutschen Rechtsgeschichte" should be mentioned here. Spieß first analyses the significance of money in the context of the "Lehnswesen" and then focuses more closely on the so-called mortgage loans and on the connection to the administrative system. He ends by formulating four open research questions.

Vor fünfzig Jahren erhielt ich am Rande meiner ersten wissenschaftlichen Tagung das für mich völlig überraschende Angebot von Adelbert Erler, einem der beiden Herausgeber des Handwörterbuchs zur deutschen Rechtsgeschichte, den Hauptartikel zum Lehnswesen[1] und sämtliche einschlägigen Lemmata[2] zu verfassen. Das war eine gewaltige Herausforderung für einen jungen Doktoranden, aber auch eine große Chance, den damaligen Forschungsstand für eine breitere Fachöffentlichkeit darzustellen.

Alles sah danach aus, als könnte ich mich nach dem Erscheinen des HRG-Bandes im Jahr 1978 zurücklehnen und allenfalls bei einer eventuellen Neuauflage des HRG etwas Literatur nachtragen. Diese Hoffnung war aber weit gefehlt: Mit der Publikation des Buches „Fiefs and Vassals. The Medieval Evidence Reinterpreted" im Jahr 1994 sorgte Susan Reynolds[3] für eine „nachhaltige Erschütterung der internationalen und damit auch der deutschen Mediävistik", wie Oliver Auge es jüngst formuliert hat.[4] Ich will und kann mich an dieser Stelle nicht mit den Schockwellen beschäftigen, die von Reynolds ausgelöst wurden. Es gab

---

1 Spieß, Lehn(s)recht, Lehnswesen.

2 Ders., Lehnbuch, Lehnregister; Ders., Lehnsanwartschaft; Ders., Lehnsaufgebot; Ders., Lehnsauftrag; Ders., Lehnsbrief; Ders., Lehnsdienst; Ders., Lehnseid; Ders., Lehenserneuerung; Ders., Lehnsfähigkeit; Ders., Lehnsgericht; Ders., Lehnsgesetze; Ders., Lehnskuß; Ders., Lehnspflichten; Ders., Lehnsrevers; Ders., Lehnsträger; Ders., Lehnsvertrag; Ders., Mannlehen. Da ich in der Kürze der Zeit nicht alle 26 Artikel alleine verfassen konnte, habe ich neun an meinen Mitdoktoranden Volker Rödel abgegeben.

3 Reynolds, Fiefs.

4 Auge, Lehnswesen revisited, S. 237.

viele zustimmende, aber auch viele ablehnende oder zumindest differenzierende Reaktionen.[5] Die deutsche Mediävistik sah sich herausgefordert und reagierte unter anderem mit zwei großen Tagungen auf die neue Situation. Jürgen Dendorfer und Roman Deutinger veranstalteten 2008 in München eine einschlägige Konferenz und gaben die Vorträge 2010 in dem Band „Das Lehnswesen im Hochmittelalter. Forschungskonstrukte – Quellenbefunde – Deutungsrelevanz" heraus.[6] Auch der Konstanzer Arbeitskreis für mittelalterliche Geschichte, der bereits 1956 eine Reichenau-Tagung zum mittelalterlichen Lehnswesen abgehalten hatte,[7] sah sich zu einer Neubetrachtung des Phänomens veranlasst und beauftragte mich, eine entsprechende Tagung im Jahr 2011 zu organisieren. Der daraus hervorgegangene Band „Ausbildung und Verbreitung des Lehnswesens im Reich und in Italien im 12. und 13. Jahrhundert" erschien 2013.[8] Zuletzt sei auf den jüngsten Sammelband zu der Thematik aus dem Jahr 2020 verwiesen, der von Simon Groth unter dem Titel „Der geschichtliche Ort der historischen Forschung. Das 20. Jahrhundert, das Lehnswesen und der Feudalismus" herausgegeben wurde.[9] Besonders erwähnenswert ist in unserem Kontext der darin enthaltene Beitrag von Jörg Schwarz, der sich nicht zuletzt mit den zwei Reichenau-Tagungen zum Lehnswesen befasst.[10]

Oliver Auge, der auf der Reichenau-Tagung von 2011 die Zusammenfassung übernommen hatte,[11] war dankenswerterweise auch bereit, für die anstehende Neuauflage des HRG an meiner Stelle den 2014 erschienenen Dachartikel „Lehnrecht und Lehnswesen" zu verfassen und darin die Neuinterpretation des Lehnswesens seit meinem Versuch aus dem Jahr 1978 darzustellen.[12] Auch ihm ergeht es wie mir, denn das Lehnswesen lässt ihn nicht los. Unter dem Titel „Lehnswesen revisited: Dänemark als regionaler Sonder- oder europäischer Normalfall" hat er weitere Aufgaben und Perspektiven der Forschung formuliert, die letztendlich auch die 2023 abgehaltene Tagung sowie den nun vorliegenden Tagungsband bestimmen.[13]

---

5 Spieß, Lehnswesen in Deutschland, S. 19–21, mit einer Liste der Rezensionen zum Buch von Reynolds.

6 Dendorfer/Deutinger (Hg.), Lehnswesen im Hochmittelalter.

7 Konstanzer Arbeitskreis (Hg.), Studien.

8 Spieß (Hg.), Ausbildung.

9 Groth (Hg.), Ort.

10 Schwarz, Arbeitskreis.

11 Vgl. Auge, Ausbildung.

12 Auge, Lehnrecht.

13 Vgl. Auge, Lehnswesen revisited.

In seinem Anschreiben bat mich Oliver Auge um eine Keynote-Lecture zum Thema „Lehnswesen und Geldwesen". In seiner gesamten Breite hätte das Thema auch die Kommerzialisierung der Lehnsbeziehungen durch die Einforderung von Geldzahlungen bei der Lehnserneuerung[14] und für Vergünstigungen bei der Erbfolge[15] oder die Ablösung von militärischen Lehnsdiensten durch Geldzahlungen beinhalten können.[16] Frederic Zangel hatte mir jedoch im März 2022 vier Leitfragen übermittelt, die mich zu einer Konzentration auf Geld und Pfand als Lehnsobjekte und die Verbindung von Amt und Lehen bewogen.

Im ersten Teil meines Beitrages werde ich davon ausgehend ausführlich die Verquickung des Lehnswesens mit dem Geld behandeln. Im zweiten Teil geht es um das Phänomen der sogenannten Pfandlehen und schließlich soll die Vergabe von Verwaltungsämtern an Vasallen thematisiert werden.

Kommen wir zum ersten Teil und damit zur Frage, wieso das Geld bei einer Lehnsbeziehung überhaupt eine Rolle spielen sollte. Im Rahmen eines traditionellen Lehnsverhältnisses nahm ein Lehnsherr einen Adeligen nach Ableistung eines Treueides als Vasallen auf und übergab ihm als dingliche Grundlage für den zu leistenden Lehnsdienst ein Lehen, das in der Regel aus Grundbesitz nebst den daran haftenden Rechten und Einkünften bestand.[17] Verliehen wurden aber auch Grafschaften, Vogteien, Burgen, Zehnten usw., sodass schon Georg Waitz zweifelte, ob man alles aufzählen könne, was als Lehnsobjekt vergeben wurde.[18] Auf jeden Fall sollte das Lehen dauerhaft zur Sicherung des Lebensunterhalts des Vasallen beitragen, damit er abkömmlich für den Lehnsdienst war. Als Motive für das Eingehen einer solchen Bindung werden auf der Seite des Lehnsherrn die Integration des Adeligen und die Sicherung von Lehnsdiensten geltend gemacht, während der Vasall den Schutz des Lehnsherren und eine dingliche Gegenleistung in Form eines Lehens erwartete.[19] Bei solchen traditionellen Lehnsverhältnissen, wie ich sie jetzt nennen möchte, spielte Geld überhaupt keine Rolle. Sie gab es tausendfach im gesamten Mittelalter.

Aus diesem Befund ergibt sich die spannende Frage, wieso es dann doch und vor allem seit wann es zu einer Verquickung von Geldwesen und Lehnswesen kommen konnte. Eine Voraussetzung hierfür war zunächst die Entwicklung einer

---

14 Zur Lehnware und zu den Lehnstaxen vgl. Krieger, Lehnshoheit, S. 451–463.

15 Zu den Vergünstigungen vgl. Esders, Friedrich II., und Büttner, Geld, S. 393–403.

16 Vgl. Fischer, Schildgeld.

17 Vgl. Spieß, Lehnswesen in Deutschland, S. 25.

18 Vgl. Diestelkamp, Lehnrecht, S. 225–257, mit einer umfassenden Übersicht sowie Tabellen und Karten S. 343–397. Der Hinweis auf Waitz ebd., S. 225. Vgl. auch Andermann, Verbreitung, S. 325 f.

19 Vgl. Spieß, Lehnswesen in Deutschland, S. 30–33.

florierenden Geldwirtschaft im 12. Jahrhundert, die auf der Erschließung neuer Silbervorkommen sowie auf der Zunahme von städtischer Produktion und einem entsprechenden Handel basierte. Vor allem an den wichtigen Verkehrswegen Rhein und Mosel ließen sich durch Zölle und Abgaben finanzielle Einnahmen generieren.[20]

Diese Monetarisierung traf auf ein Lehnswesen, dessen „Geburtstermin" (Patzold) durch die neuere Forschung an die Wende zum 11. Jahrhundert verlegt wurde und das sich im 12. Jahrhundert im Aufschwung befand.[21] Viele Lehnsherren besaßen jetzt größere Geldsummen, die sie kreativ für die Gewinnung von Vasallen einsetzen konnten. Warum sollten sie wie bisher ausschließlich eigene Rechte und Besitzungen als Lehen in die Hände der Vasallen geben, wenn sie Lehnsabhängigkeiten auch mit Geld generieren konnten? Vorher war die Zahl der Vasallen begrenzt durch die eigenen Landvorräte, jetzt fiel diese Fessel. Es entstand ein „Laboratorium Lehnswesen", in dem Geld als Katalysator eingesetzt wurde.[22] Der sogenannte Rechenschaftsbericht Erzbischof Konrads von Mainz von 1189/1190, in dem er darlegt, in welch schlechtem Zustand er die Mainzer Kirche nach seiner Rückkehr aus dem achtzehnjährigen Exil vorgefunden und welche Erfolge er in den nur sieben Jahren seiner zweiten Amtszeit durch den Einsatz von Geld erzielt hat, erlaubt einen einzigartigen detaillierten Einblick in dieses Laboratorium.[23]

Unter seinem Vorgänger Christian von Buch (1165–1183) seien viele Güter der Mainzer Kirche durch die Vergabe als Lehen oder durch Verpfändung entfremdet worden. Konrad legt zunächst dar, dass es ihm durch Geldzahlungen an genannte Belehnte gelungen sei, die Lehen vom Lehnsband zu befreien und als unbelastetes Eigen an die Mainzer Kirche zurückzuführen. Ebenso brachte er beträchtliche Geldsummen auf, um verpfändete Besitzungen wieder für die Mainzer Kirche zurückzulösen.

Dienten die zuerst aufgeführten Gelder dazu, die alten Verhältnisse wiederherzustellen, werden im Folgenden die mit Hilfe von Geldzahlungen neu gekauften Burgen und Besitztümer aufgezählt. Der Erzbischof behielt aber die

---

20 Zum Aufblühen der Geldwirtschaft vgl. die einschlägigen Kapitel in Kellenbenz, Handbuch. Ebenso North, Europa, S. 323–325; Büttner, Geld, S. 5 f.

21 Vgl. Auge, Lehnrecht, Sp. 728–736; Patzold, Lehnswesen, S. 91–94, der Begriff „Geburtstermin" auf S. 92.

22 Der Ausdruck „Laboratorium Lehnswesen" bei Spieß, Lehnswesen in den frühen deutschen Lehnsverzeichnissen, S. 99.

23 UB Mainz II,2, Nr. 531, S. 876–885 (nach 1189 Mai–vor 1190 Februar 18). Ausgewertet unter anderen Aspekten von Spieß, Early Feudal Records, und Ders., Lehnswesen in den frühen deutschen Lehnsverzeichnissen. Zu Erzbischof Konrad vgl. Burkhardt, Stab und Schwert.

neu erworbenen Komplexe nicht in seiner freien Verfügung, sondern gab diese sofort wieder an die vorherigen Inhaber zurück, dies jedoch nicht als Eigentum, sondern als Mainzer Lehen. Die Einträge folgen dem Muster: „Porcionem castri Richinbach Rufi comitis cum suis pertinentiis pro centum L marcis emimus et ei infeodavimus." Im Unterschied zu traditionellen Lehnsverhältnissen vergab Konrad keinen Mainzer Grundbesitz oder Rechte mehr an die Vasallen aus, sondern Geld. Im Vordergrund seines Interesses stand die adelige Eigenburg, die er lehnsabhängig machen wollte.

Dies geschah in der Form einer sogenannten Lehnsauftragung. Darunter versteht man einen aus zwei Akten zusammengesetzten Vorgang, bei dem zunächst der künftige Vasall seinem späteren Lehnsherrn Eigengut überträgt bzw. aufträgt, um dieses anschließend von dem Herrn wieder als Lehen zu empfangen. Damit wurde beispielsweise die frei verfügbare Burg eines Adligen in ein Lehen umgewandelt, das den üblichen Einschränkungen bei der Vererbung, der Wittumsbestellung, der Verpfändung oder dem Verkauf unterworfen war.[24]

Für diesen einschneidenden Schritt müssen auf der Seite der Adeligen gewichtige Motive gesprochen haben, wie etwa das Schutzbedürfnis des präsumtiven Vasallen, direkter oder indirekter Zwang des Herrn oder aber das Bedürfnis nach Geld. Erzbischof Konrad zahlte an 16 Vasallen jeweils zwischen 12 und 350 Mark Silber, insgesamt 1.695 Mark, um die Lehnsauftragung von deren Befestigungen zu erreichen. Der Einsatz von Geld war das entscheidende Lockmittel, um die Burgbesitzer zu dem Lehnsauftrag zu überreden. Man glaubt förmlich den Stolz des Erzbischofs zu spüren, wenn er am Ende des Berichts die eingesetzten Mittel bilanziert und addiert.[25]

Erzbischof Konrad von Mainz steht mit dem massiven Einsatz von Geld zur Erreichung von Lehnsauftragungen im 12. Jahrhundert nicht allein. Sein Zeitgenosse Erzbischof Philipp von Köln kaufte mit über 30.000 Mark Silber in weitaus größerem Stil adelige Allodialburgen und Besitzungen auf, um sie anschließend den Inhabern wieder zu verleihen.[26] Ihm zu eigen ist auch die

---

24 Zur Lehnsauftragung umfassend Brückner, Lehnsauftragung.

25 UB Mainz II,2, Nr. 531, S. 885 (nach 1189 Mai–vor 1190 Februar 18): „Summa ergo et solutorum et emptorum est: IIII milia CC marce, XIII marcis minus".

26 Der beste Druck der zeitgenössischen Liste mit den Gütererwerbungen Philipps von Köln bei Bauermann, Altena, S. 239–252. Die Liste verzeichnet nur die Ankäufe der Allodien, nicht aber deren Ausgabe als Lehen an die Verkäufer. Zur Politik Philipps von Heinsberg vgl. Hecker, Politik, S. 95 f. und Ritzerfeld, Erzstift, S. 353: „Philipp kaufte Burgen, Höfe und Allode und gab sie in der Regel an die ursprünglichen Besitzer als Lehen zurück"; Weinfurter, Erzbischof, S. 471 f., zur Ankauf- und Lehnspolitik. Vgl. Burkhardt, Stab und Schwert, S. 395 f., der das Lehnswesen „teilweise" an Wirksamkeit zu verlieren sieht und

von Konrad in seinem Bericht gezeigte Rechenhaftigkeit, die sich in einer Liste seiner Erwerbungen mit den jeweiligen Kaufpreisen äußert.[27] Auch der dritte rheinische Erzbischof, Johann I. von Trier (1190–1212), praktizierte zeitgleich eine auf Geldzahlungen basierende expansive Lehnspolitik gegen die Eigenburgen des Adels.[28]

Die Frage ist berechtigt, warum die Erzbischöfe die teuer gekauften Burgen wieder als Lehen aus der Hand gaben? Die Antwort ist einfach! Sie wären wohl kaum anders an die Burgen herangekommen. Ein richtiger Verkauf hätte die Inhaber ihrer Lebens- und Herrschaftsgrundlage beraubt, während die Lehnsauftragung beiden Seiten Vorteile brachte. Der Burgbesitzer nahm das Geld und spürte zumindest zunächst keine Nachteile, denn er konnte die Befestigung nebst Einkünften weiter für sich nutzen und genoss zusätzlich den Schutz des Lehnsherrn. Der Vorteil für den Lehnsherrn lag in der grundsätzlichen Abhängigkeit der Burg, die durch ein Öffnungsrecht noch verstärkt werden konnte.[29]

Den entscheidenden Hebel für diese Transaktionen bildete aber das Geld. Spätestens in der zweiten Hälfte des 12. Jahrhunderts muss die Geldwirtschaft im rheinischen Raum einen derartigen Aufschwung genommen haben, dass den fürstlichen Landes- und Lehnsherren genügend Einkünfte für ihre progressive Lehnspolitik zur Verfügung standen. Das Lehnswesen hätte sich im 12. Jahrhundert gar nicht so verbreiten können, hätte es nicht die Geldwirtschaft gegeben. Beide Phänomene bedingen sich bis zu einem gewissen Grad gegenseitig. Dass dies nicht nur auf der Ebene der Fürsten der Fall war, zeigen zwei Lehnsverzeichnisse vom Ende des 12. und Anfang des 13. Jahrhunderts.

Werner II. von Bolanden ließ 1189/1190 nicht nur die Lehen aufzeichnen, die ihm als Reichsministerialen von insgesamt 45 Lehnsherren verliehen worden

---

deshalb den Kauf von Alloden und ihre Wiederausgabe zu Lehen nicht schlüssig erklären kann. Wieso auf diese Weise ein „Systemwechsel" von lehnsrechtlichen zu landrechtlichen Prinzipien erfolgt sein soll, bleibt unklar. Eigentlich ist es genau umgekehrt.

27 In der Kölner Bischofschronik heißt es über Philipp in der Cronica presulum, S. 21: „Idem quoque Philippus vir memoria dignus quadraginta milia et septingentas marcas argenti exposuit in emptionem possessionum ecclesie Coloniensis et prediorum". In anderen Quellen werden unterschiedliche Summen genannt. Vgl. hierzu Ritzerfeld, Erzstift, S. 354 f., der die Güterliste als „ein besonderes markantes Einzelbeispiel für die im 12. Jahrhundert rasch fortschreitende Geldorientierung" anführt.

28 Gesta Treverorum, S. 376–414, S. 393–395. Die listenartige Aufzählung der gekauften und gleich wieder an die vorherigen Eigentümer als Lehen vergebenen Burgen und Besitzungen erinnert an den Rechenschaftsbericht Erzbischof Konrads von Mainz. Vgl. Corsten, Erzbischof, S. 169–175.

29 Vgl. Spieß, Lehnsrecht, S. 187.

waren, sondern auch diejenigen, die er selbst vergeben hatte.[30] Während sich die ihm übertragenen Lehnsobjekte im traditionellen Rahmen bewegen, hat er selbst in vielfältiger Weise Geld eingesetzt, um die Schar seiner Vasallen zu vergrößern. Er kaufte Hufen und anderen Besitz und verlieh ihn an einen Vasallen oder ihm wurden Besitzungen zu Lehen aufgetragen, wobei nicht klar ist, ob er diesen Lehnsauftrag mit seinem Geld herbeigeführt hat oder er freiwillig erfolgt ist. So lautet ein Eintrag: „Heinricus de Hencherich (Enkirch) emit predium in eadem villa Encherich pro c(entum) marcis et illud mihi in proprietatem dedit et a me in beneficio recepit".[31] So sehr zu vermuten ist, dass Werner II. die 100 Mark Silber für den Güterkauf zur Verfügung gestellt hat, so lässt sich dies doch nicht mit Gewissheit sagen. Oft werden gar keine Summen genannt, sondern es wird nur die Lehnsauftragung festgehalten.

In einer weiteren Aufstellung Werners von Bolanden mit der Überschrift „Hii sunt proprii homines mei a meo predio inbeneficiati" werden zahlreiche neugewonnene Burgmannen genannt, die erhaltene Geldbeträge auf Eigengut angewiesen haben, das als Burglehen fungieren soll. Ein Beispiel lautet „Similiter Didericus de Ditelensheim expediet de XX viginti marcis in allodio, unde mansionarius erit in Bolant."[32] Zielten die Lehnsauftragungen zugunsten der geistlichen Fürsten vornehmlich auf die Burgen als Lehnsobjekte, so stand bei Werner II. die Gewinnung von Vasallen im Vordergrund, während das Lehnsobjekt nur als Absicherung der Geldsumme interessierte. In der Regel werden 20 Mark Silber eingesetzt, der Höchstbetrag ist 50 Mark Silber.[33]

Schließlich sei eine weitere Quelle aus der Zeit um 1200 erwähnt, die den massiven Einsatz von Geld zur Gewinnung von Vasallen belegt. Rheingraf Wolfram verzeichnete ebenso wie der räumlich benachbarte Werner II. von Bolanden nicht nur seine von 35 Lehnsherren übertragenen Lehen, sondern auch seine eigenen Lehnsmannen.[34] Ihnen zahlte er Geldbeträge von häufig 15 Mark Silber, mit denen sie Güter kaufen und sie anschließend als Lehen innehaben

---

30 Sauer (Hg.), Lehnsbücher. Zur Gliederung und Datierung der Handschrift, vgl. Eckhardt, Lehnsbuch; Spieß, Early Feudal Records, S. 163 f. Zur Rolle Werners II. von Bolanden in der Reichspolitik vgl. Metz, Güterverzeichnisse, S. 51–76, und Keupp, Dienst, S. 106–151.

31 Sauer (Hg.), Lehnsbücher, S. 29.

32 Ebd., S. 34.

33 Der höhere Betrag hängt vermutlich mit der verantwortungsvollen Aufgabe als Burgverwalter zusammen. „Menhardus de Durencheim expediet me allodio L marcarum et eodem inbeneficiatus mansionarius erit in Erpensten procurator turris et vigilium". Ebd., S. 33.

34 Fabricius (Hg.), Güter-Verzeichnisse, S. 1–34. Zum gesamten Inhalt vgl. Spieß, Lehnswesen in den frühen deutschen Lehnsverzeichnissen, S. 93.

sollten.[35] Da der Rheingraf um 1206 eine Pilgerfahrt antreten wollte, war man so in Eile, dass die umständliche Auftragung manchmal erst später stattfinden sollte: „Item Cunradus Kloz comparabit predium pro 15 marcis, quas sibi dedit Ringravius".[36]

Bei all den genannten Transaktionen handelt es sich um sogenannte Geldlehen, d. h. um die einmalige Auszahlung einer bestimmten Summe, die nach Erhalt auf vorhandenes oder eigens damit gekauftes Eigengut zu belegen war.[37] Die vier untersuchten Lehnsverzeichnisse illustrieren die Existenz von zahlreichen Geldlehen bereits im 12. Jahrhundert, ohne dass einschlägige Lehnsurkunden über die Vergabe bekannt sind. Gerade die Vielzahl der neu geknüpften Lehnsbindungen überforderte offenbar das Gedächtnis der beteiligten Personen, das in der schriftlosen gewohnheitsrechtlichen Tradition essenziell war.[38] In der Vorrede zu seinem Lehnsbuch bringt dies Werner II. von Bolanden auf den Punkt: „Wenn eine Generation gegangen und eine [neue] gekommen ist, fällt deshalb alles der Vergessenheit anheim, was nicht durch den Beistand der Buchstaben gestützt wird. Deshalb habe ich, Werner von Bolanden, dafür gesorgt, meiner Nachkommenschaft die Lehen mitzuteilen, die ich vom Reich und meinen anderen Herren besitze oder die andere von mir besitzen."[39] Die finanziellen Investitionen in die Lehnsbindungen waren zu gewichtig, um sie in Vergessenheit geraten zu lassen. Geldlehen spielen im gesamten Mittelalter eine wichtige Rolle in der Lehnspolitik, vor allem bei der Integration von adeligen Eigenburgen.

Wenden wir uns nun den Rentenlehen zu, die ebenfalls die Verquickung von Geld- und Lehnswesen demonstrieren, aber definitorisch von den Geldlehen zu unterscheiden sind. Während bei den Geldlehen adeliger Grundbesitz lehnsabhängig gemacht wurde und als Lehnsobjekt fungierte, war bei den Rentenlehen die Rente in Geld oder Naturalien das primäre Lehnsobjekt.[40] In beiden Fällen gab der Lehnsherr keine eigenen Rechte weiter, sondern band den

35 Fabricius (Hg.), Güter-Verzeichnisse, S. 20 f.

36 Ebd., S. 21. Siehe auch das Lehnsverzeichnis des Grafen Gerlach von Veldenz, das zwischen 1230 und 1240 entstanden ist und 33 Vasallen nennt, die zwischen 5 Pfund Heller und 60 Pfund Heller als Geldlehen erhalten haben. Pöhlmann (Bearb.), Regesten, Nr. 103, S. 87.

37 Vgl. Spieß, Lehnsrecht, S. 186, 188 f., für Trier vgl. Berns, Burgenpolitik, S. 97–99; Moulin, Lehnsrecht, S. 275 f.

38 Vgl. Spieß, Autorität, S. 67.

39 Abdruck und Übersetzung bei Spieß, Lehnswesen in Deutschland, S. 95.

40 Vgl. die Definition von Sczaniecki, Essai, S. 7: „Nous définissons le fief-rente comme fief dont l'objet constitue une rente, assignée sur une source de revenu autre qu'un fonds de terre et dont l'arrérages sont réellement payés soit en nature soit en argent par le seigneur du fief". Lyon, Fief, S. 16, folgt dieser Definition, ebenso Heirbaut, Fief-Rente, S. 3, mit der Einschränkung, dass auch Renten von Grundbesitz entrichtet werden können.

Vasallen durch die Rente an sich. Musste er bei den Geldlehen einmalig einen größeren Betrag aufbringen, so forderte die Rente zunächst einen geringeren finanziellen Aufwand. Erst bei der Ablösung der Rente durch eine Einmalzahlung, die regelmäßig auf den zehnfachen Betrag der Rente festgelegt wurde, war ein hoher Betrag fällig. Diese Einmalzahlung musste aber auf das Eigengut des Vasallen belegt werden, das danach als Lehnsobjekt diente.[41] Um die Verwirrung komplett zu machen, muss noch das Zinsrentenlehen erwähnt werden, bei dem wie bei dem Geldlehen eine bestimmte Geldsumme zu dem Auftrag von Eigengütern führen sollte. Da aber der Lehnsherr das Geld gar nicht bar bezahlen konnte, trat an deren Stelle ein jährliches Rentenlehen in Höhe von einem Zehntel des Grundbetrags. Die Rente stellte somit nicht anderes als einen Zins für die geschuldete Summe dar und wurde mit der Zahlung des Grundbetrags eingestellt.[42] Ein Schema soll die Unterschiede der drei eng miteinander verwandten Lehnsformen verdeutlichen: Ausgangspunkt ist ein Betrag von 1.000 fl. bzw. ein Zehntel davon:

Geldlehen:	1.000 fl. ausbezahlt; Lehnsauftrag von Eigengütern im Wert von 1.000 fl. durch den Vasallen
Zinsrentenlehen:	1.000 fl. zugesagt, bis zur Auszahlung erhält der Vasall 100 fl. als „Zins“. Bei Auszahlung der 1.000 fl. Lehnsauftrag von Eigengütern im Wert von 1.000 fl.
Rentenlehen:	100 fl. jährlich auf eine Einkunftsquelle angewiesen. Ablösung der Rente bei Auszahlung von 1.000 fl. und Lehnsauftrag von Eigengütern im Wert von 1.000 fl.

Im Unterschied zu den Geldlehen haben die Rentenlehen eine große Aufmerksamkeit erhalten, da sie vor allem in England und Frankreich in größerem Stil zu diplomatischen und militärischen Zwecken eingesetzt wurden. Schon Heinrich Mitteis wies 1933 auf die Bedeutung der Rentenlehen hin, die im Gegensatz zu deren stiefmütterlichen Behandlung stand.[43] 1946 griff Michel Sczaniecki diese Bemerkung auf und publizierte seinen „Essai sur les fiefs-rentes“,

41 Vgl. zur Ablösung bzw. zum sog. Ablösungsvorbehalt Diestelkamp, Lehnrecht, S. 87–92; Spieß, Lehnsrecht, S. 56 f., 141 f.

42 Der Ausdruck „Zinsrentenlehen“ wurde geprägt von Spieß, Lehnsrecht, S. 141 f.; Rödel, Reichslehenswesen, S. 302 f., Anm. 10, kritisiert die Unterscheidung von Rentenlehen und Zinsrentenlehen als „zu konstruiert“. Moulin, Lehnsrecht, S. 277–279, folgt jedoch der Trennung und widmet den Zinsrentenlehen ein eigenes Kapitel neben den Rentenlehen.

43 Mitteis, Lehnrecht, S. 476–479.

wobei er sich auf Frankreich konzentrierte.[44] Ihm folgte Bryce D. Lyon mit seiner Westeuropa vergleichend betrachtenden Studie „From Fief to Indenture".[45] Schließlich hat sich Dirk Heirbaut nach neuen Quellenbefunden in seinem Beitrag „The Fief-Rente. A New Evaluation, based on Flemish Sources (1000–1305)" einschlägig geäußert.[46] Daneben haben sämtliche Untersuchungen zum spätmittelalterlichen Lehnswesen im Reich diese Sonderform der Lehnsvergabe untersucht.[47]

Das Aufkommen der Rentenlehen bot den Lehnsherren wie bei den Geldlehen einen größeren Handlungsspielraum. Nicht ihr Vorrat an Land und Herrschaftsrechten war länger maßgebend, sondern der Umfang ihrer dauerhaften Einkünfte. Obwohl der Zusammenhang mit dem aufblühenden Geldwesen bei der Verbreitung der Rentenlehen nicht zu leugnen ist, existierten diese auch unabhängig von der Geldwirtschaft in der Form der Naturalienrenten. Gemeinsam ist beiden Formen – um dies noch einmal zu betonen – dass der Vasall nicht die Einkunftsquelle seiner Rente zu Lehen erhielt, sondern die Rente allein das Lehnsobjekt darstellte.

Die ersten Rentenlehen begegnen vereinzelt im 11. Jahrhundert und sind auch noch im 12. Jahrhundert anscheinend nicht weit verbreitet. Allerdings beruhen diese Angaben bei Lyon auf den ihm zugänglichen gedruckten Quellen.[48] Für Flandern, das früh feudalisiert und geldwirtschaftlich führend war, kannte Lyon nur wenige Rentenlehen vor 1200, während Heirbaut dank neuer Funde über 70 Beispiele vor 1200 namhaft machen konnte.[49] Im Reich überwiegen bei der Vergabe von Lehen durch Heinrich VI. noch die traditionellen Lehnsobjekte, vor allem Grund und Boden, während nur zwei Rentenlehen zu finden sind.[50]

Bezieht man das eingangs vorgestellte Lehnsverzeichnis Werners II. von Bolanden ein, so vergab er nur jeweils ein Geld- und ein Naturalienrentenlehen.[51] Im Bolander Lehnsbuch aus der Mitte des 13. Jahrhundert sind es jedoch bereits

---

44 Sczaniecki, Essai.

45 Lyon, Fief to Indenture.

46 Vgl. Heirbaut, Fief-Rente.

47 Vgl. zum Beispiel Diestelkamp, Lehnrecht, S. 243–257; Spieß, Lehnsrecht, S. 139–146; Rödel, Reichslehenswesen, S. 293–299; Tiesbrummel, Lehnrecht, S. 111–115; Moulin, Lehnsrecht, S. 276 f.

48 Lyon, Fief, S. 23–40.

49 Heirbaut, Fief-Rente, S. 11, resümiert die von Lyon in verschiedenen Beiträgen genannten Belege für Flandern und stellt im Folgenden seine Neufunde vor.

50 Vgl. die nützliche Zusammenstellung sämtlicher in den Lehnsurkunden Kaiser Heinrichs VI. genannten Lehnsobjekte bei Pferschy-Maleczek, Lehnswesen, S. 214.

51 Sauer (Hg.), Lehnsbücher, S. 31. Arnold von Winternheim bezieht 15 Schillinge jährlich von Bolander Eigengut in Ingelheim, Werner von Ingelheim ein Fuder Wein.

über 40 Einträge, aus denen der Bezug einer Geldrente ersichtlich wird.[52] Allerdings ist bei Lehnsbucheinträgen methodische Vorsicht geboten. Wenn es heißt „Item Embercho de Flanheim habet duas uncias in arcis aput Ingelheim“[53] kann es sich auch um ein Geldlehen handeln, das Embercho auf genannte Besitzungen bei Ingelheim bewiesen hat und das zwei Unzen Einkünfte abwirft.

Obwohl noch weitere Forschungen notwendig sind, wird man sagen dürfen, dass im 13. und 14. Jahrhundert die Rentenlehen im Reich ihre größte Bedeutung erlangt haben. Unsicherheit herrscht auch darüber, ob sie tatsächlich im 15. Jahrhundert kaum noch neu vergeben wurden, wie Lyon meint.[54] Eine systematische Suche in dieser Hinsicht steht bislang aus. Eine kursorische Musterung eines gedruckten Archivbestandes der Grafen von Virneburg erbrachte die Neuvergabe eines Rentenlehens von 200 fl. im Jahr 1412 auf den Zoll zu Bergheim, das mit 2.000 fl. ablösbar und auf Eigengüter zu verlegen war.[55] Ebenfalls in diesem Bestand ist ein neu vergebenes Naturalienrentenlehen für das Jahr 1418 nachweisbar. Es handelt sich um eine Hafergülte von 6 Maltern jährlich, die zu Eschbach anfallen und mit 60 fl. ablösbar sind.[56] Wurden die Rentenlehen nicht abgelöst, erfolgte die Wiederausgabe bei Herren- und Mannfall bis ins 18. Jahrhundert.[57] Es ist zu vermuten, dass die im 15. Jahrhundert aufkommenden Bestallungen von Dienern, die befristet und gegen ein fixiertes Gehalt für bestimmte militärische Zwecke angeworben wurden, für die Territorialherren geeigneter erschienen als das Gewinnen von Lehnsleuten durch die Vergabe von Rentenlehen, da deren Dienste nur pauschal festgelegt waren.[58] Beide Kategorien treten Ende des 15. Jahrhunderts gemeinsam auf in der Abrechnung des Oberlahnsteiner Zollschreibens: „Ußgeben der man- und burgklehen, pensien, raithe- und dinstgelt.“[59]

---

52 Ebd., S. 38–48.

53 Ebd., S. 47.

54 Lyon, Fief, S. 29, für das Reich „... in the fifteenth century the number of concessions becomes negligible.“ Für die Fürsten: „There are a few grants in the first years of the fifteenth century, then they become scarce and disappear after 1450.“

55 Archiv Virneburg, Nr. 124, S. 91 f.

56 Ebd., Nr. 139, S. 100.

57 Für die Nachverfolgung eignen sich die Inventare von Adelsarchiven. So wird das Mannlehen von 13 Malter Korngült zu Heddesheim der Herren von Koppenstein 1466, 1662, 1679, 1681, 1686, 1701, 1720, 1729, 1734, 1738, 1768, 1760 und 1872 empfangen. Schulz (Bearb.), Inventar, Nr. 112–126. Aus Nr. 124 ergibt sich, dass die Gemeinde Heddesheim die Kornrente tatsächlich geleistet hat (30.01.1758). Ein Geldrentenlehen wird von 1428–1782 an die Herren von Koppenstein und die Rechtsnachfolger von Hacke verliehen. Ebd., Nr. 84–96.

58 Für die Kurpfalz vgl. Cohn, Government, S. 154–156; weiterhin Spieß, Grafen, S. 150 f., mit Belegen für Kurpfalz, Kurmainz und Hessen. Zu den Lehnsdiensten vgl. Spieß, Lehnsrecht, S. 45–50, S. 87–91.

59 Volk (Bearb.), Rechnungen, S. 360 für die Jahre 1491/1492.

Mit der Angabe der Rente, dem Bezugsort und dem Ablösungsvorbehalt haben wir die im Reich gängige Ausprägung des Rentenlehens erfasst. Allenfalls tritt noch die sogenannte Lokalisierungsklausel hinzu, wonach das Beleggut sich in der Nähe einer dem Lehnsherrn gehörigen Burg befinden musste.[60] Wie bereits erwähnt, sind die Rentenlehen in Frankreich und England vornehmlich zur Gewinnung von militärischer und diplomatischer Unterstützung eingesetzt worden. Sie wurden als sogenannte Kammerlehen ohne einen lokal definierten Bezugsort vergeben und von der zentralen Finanzverwaltung gezahlt.[61] Empfänger waren häufig Magnaten außerhalb des eigenen Königsreichs. Laut Lyon sah mindestens die Hälfte aller Rentenlehnsempfänger der beiden Königreiche niemals ihre Lehnsherren persönlich.[62] Weiterhin wurden sie in den Magnatenfamilien, die zur Primogenitur übergegangen waren, zur Versorgung von nachgeborenen Brüdern eingesetzt.[63] Es bedarf weiteren Forschungen, um die Frage der Erblichkeit dieser Kammerlehen und den schrittweisen Übergang zu reinen Pensionen ohne Treueeidleistung zu klären.[64] Im Reich scheint die Anweisung der Rente auf ein dingliches Substrat in erreichbarer Nähe zum Lehnsherren für eine Festigung des territorialen Lehnswesens gesorgt zu haben.[65]

Die Vergabe von Rentenlehen wirkte sich zugleich auf den Aufbau einer gut funktionierenden Verwaltung aus. Schon bei den Geldlehen musste kontrolliert werden, ob das aufgetragene Allod dem Wert der gezahlten Geldsumme entsprach.[66] Das Rentenlehen ist nicht ohne eine Dokumentation denkbar, denn der Vasall benötigte eine schriftliche Bestätigung seiner Rentenberechtigung, die er bei dem jeweiligen Zollverwalter oder Kellner vorweisen musste. Die Zöllner mussten ihrerseits gegenüber ihren Herren bei der Abrechnung Quittungen der Vasallen vorlegen können. Sie legten Listen an, wie die folgende aus der ersten Hälfte des 15. Jahrhunderts für den Zoll Bacherach: „Diese nachgeschrieben burglehen und manlehen sint uff dem zolle zu Bacherach verwiset iaris da zu geben".[67] In den entsprechenden Listen des Zollschreibers von dem Mainzer Zoll in Oberlahnstein findet sich oft die Ergänzung „als die quitancie ußwiset".[68]

60 Vgl. Diestelkamp, Lehnrecht, S. 93–97; Spieß, Lehnsrecht, S. 58. Die Landgrafen von Hessen verzichteten auf diese Klausel. Vgl. Tiesbrummel, Lehnrecht, S. 56.

61 Zu den Kammerlehen vgl. Mitteis, Lehnrecht, S. 477–479; Diestelkamp, Lehnsrecht, S. 252–257; Ders., Kammerlehn; Heirbaut, Fief-Rente, S. 18 f.; Spieß, Lehnsrecht, S. 147 f.

62 Vgl. Lyon, Fief, S. 270.

63 Heirbaut, Fief-Rente, S. 23 f.

64 Erste Hinweise bei Lyon, Fief, S. 245–269.

65 Vgl. Spieß, Lehnsrecht, S. 58, 150–152.

66 Ebd., S. 150 f.

67 Vgl. ebd., S. 148 f.

68 Vgl. Volk (Bearb.), Rechnungen, S. 312 f.

Wurde das Rentenlehen abgelöst, erfolgten dieselben Kontrollschritte wie bei den Geldlehen.

Die Abrechnung des Oberlahnsteiner Zollschreibers von 1436/1437 unterscheidet bei den Auszahlungen der Mannlehen zwischen den sogenannten Erbmannlehen, die anscheinend ohne Ablösungsvorbehalt verliehen worden waren,[69] und den Mannlehen, „Die myns herren gnade ablosen mag je mit zehen gulden einen". Dasselbe geschieht bei den Burglehen.[70] Addiert man sämtliche Beträge, ergibt dies 1.131 fl. jährlich für Rentenlehen nur von dieser Einnahmestelle, die insgesamt in dieser Zeit über 14.000 fl. einbrachte.[71] Hinzu kommen die Rechnungen des Salkellners, der die Naturalienrenten an die Vasallen ausgab.[72]

Alles in allem ist dies ein Beleg dafür, welche Bedeutung die Rentenlehen noch im 15. Jahrhundert für den Lehnsherrn besaßen. Am Ende der Ausführungen zum Rentenlehen soll noch einmal die Frage gestellt werden, warum sie sich vom 12. bis 15. Jahrhundert einer so großen Beliebtheit erfreuten. Die Antwort ist in der Forschung bislang fast nur aus der Perspektive der Lehnsherren erfolgt.[73] Genannt wurden die Schonung des eigenen Landvorrats und der eigenen Herrschaftsrechte, die Umwandlung adeligen Eigenbesitzes in abhängige Lehen im Falle der Ablösung von Rentenlehen und schließlich die bessere Verfügungsgewalt des Lehnsherrn, der den Bezug der Rente einfach durch eine Mitteilung an die Auszahlungsstelle sperren konnte.[74] Warum haben aber die Vasallen den Schwenk zu den Rentenlehen mitgemacht? Brachten sie dem Lehnsmann auch einen Vorteil gegenüber den traditionellen Landlehen? Meine Antwort lautet „Ja". Bei der Vergabe eines Landlehens gab der Lehnsherr zwar seine alleinige Verfügungsgewalt über sein Eigentum auf und räumte dem Vasallen die Nutzungsbefugnis am Lehnsgut ein, doch war er gleichzeitig der Verantwortung ledig, wie hoch der künftige Ertrag aus dem Lehen sich in Zukunft gestalten würde. Der Vasall musste sich jetzt um die Weinberge, den Hof, das Dorf oder die Vogtei so kümmern, dass er möglichst viele Einnahmen erzielte. Das Risiko der jährlichen Einnahmen aus dem Lehen lag bei ihm. Erhielt er aber ein Rentenlehen, so bezog er jährlich ohne eigenen Aufwand einen fixen Betrag aus der Einnahmestelle des Herrn. Dieser Vorteil dürfte hinter der breiten Akzeptanz der Rentenlehen stehen.

---

69 Der Zusatz „Erb" muss sich auf den Verzicht einer Ablösung beziehen, denn sowohl bei den Erbburglehen wie bei den einfachen Burglehen begegnen Witwen als Empfänger der Rente. Ebd., S. 146 f.

70 Ebd., S. 144–147.

71 Ebd., S. XXVII.

72 Vgl. zum Beispiel die Abrechnung des Salkellners von 1498/1499 ebd., S. 784–789.

73 Vgl. Lyon, Fief, S. 271; Spieß, Lehnsrecht, S. 140 f.

74 In diese Richtung argumentiert auch Lyon, Fief, S. 134.

Allerdings ist es kaum möglich zu berechnen, in welchem Verhältnis Rentenlehen, aber auch Geldlehen zu den traditionellen Landlehen standen. Ein Geldlehen, dessen Summe ausbezahlt worden war, verwandelte sich danach in ein Landlehen und ist als solches nicht mehr von den anderen Landlehen unterscheidbar. Dasselbe gilt für Rentenlehen nach ihrer Auflösung und der Belegung des Ablösebetrags auf Eigengüter.

Kommen wir nun zu den Pfandlehen, die als paradigmatisch für die „Verfilzung von Pfandrecht, Geldgeschäft und Lehnsbindung" gehen dürften.[75] Bei der Untersuchung des Pfandlehens muss man sich von den heutigen Vorstellungen von einem Pfandgeschäft lösen. Heutzutage leiht der Gläubiger dem Schuldner eine größere Summe Geld und erhält dafür ein Sicherungspfand, das er bei der Nichtzurückzahlung des geliehenen Geldes behalten darf. Jeder, der mit Hilfe eines Bankdarlehens ein Haus gebaut hat, kennt diese Konstruktion. Bei vielen mittelalterlichen Pfandgeschäften floss aber gar kein Bargeld, sondern die Pfandsatzung erfolgte für geleistete Dienste, die mit einem fiktiven Geldbetrag bemessen wurden.[76]

Der zweite wesentliche Unterschied bezieht sich auf das Pfandobjekt selbst, das für die Dauer der Pfandschaft von dem Gläubiger besessen und genutzt werden durfte. Wurde eine Stadt oder ein Dorf verpfändet, dann mussten die Bewohner dem Pfandhalter huldigen und ihm die fälligen Abgaben entrichten, die somit die Funktion von Zinsen einnahmen. Götz Landwehr hat es so formuliert: „Die verpfändete Herrschaft wurde aus dem Rechtskreis ihres bisherigen Herrn ausgegliedert und dem Gewaltverhältnis des Pfandgläubigers zugeordnet".[77] Je länger eine Pfandschaft andauerte, desto größer war die Gefahr einer Entfremdung zwischen dem eigentlichen Herrn und den Bewohnern des Pfandobjekts[78] oder aber aus der Sicht des Pfandhalters die Chance, sich das Pfandobjekt für die eigene Herrschaft zu sichern. Oliver Auge hat dies gerade am Beispiel der Grafen von Holstein vorgeführt.[79]

Von daher ist es verständlich, dass die Territorialherren bemüht waren, das pfandrechtliche Geldgeschäft mit dem lehnsrechtlichen Treueid zu verbinden. Sie konnten somit gegenüber dem an sich freischaltenden Pfandhalter die Rechte eines Lehnsherrn geltend machen und sich gegen jegliche Willkür absichern. Bei einer einfachen Ausformung des Pfandlehens erhielt der Gläubiger des Lehnsherrn

75 Zu den Pfandlehen, vgl. Spieß, Lehnsrecht, S. 230–232, dort, S. 230, auch das Zitat. Weiterhin Landwehr, Pfandlehen; Auge, Pfandlehen; Krieger, Lehnshoheit, S. 52–58; Diestelkamp, Lehnsrecht, S. 243; Moulin, Lehnsrecht, S. 279 f.

76 Landwehr, Bedeutung, S. 170 f.

77 Ebd., S. 179.

78 Als Beispiel Reifenberg, Reichspfandschaft.

79 Auge, Pfandpolitik.

zur Absicherung der Schuld ein Pfandobjekt, das er aber gleichzeitig zu Lehen empfangen musste.[80] Damit unterlag er bei Nutzung des Pfandes den üblichen lehnsrechtlichen Beschränkungen. Wurde die Summe zurückbezahlt, endeten das Pfand- und Lehnsverhältnis.[81]

Noch bezeichnender für die bereits angesprochene Verquickung der zwei Rechtssphären sind die Klauseln, in denen der geschuldete Betrag nach der Auszahlung auf das Eigengut des Vasallen zu belegen und als Lehen empfangen werden musste. Der Pfandhalter musste somit das ihm eigentlich unbelastet zustehende eigene Geld zu einer Lehnsauftragung einsetzen.[82] Er tat dies wohl, um überhaupt an das einträgliche Pfand und den Schutz des Lehnsherrn zu gelangen. Allerdings musste eine besondere Disposition für solche Pfandlehen vorliegen, denn in den meisten Fällen handelt es sich um ein Geldgeschäft ohne Lehnsbindung.[83]

Eine andere Form der Pfandlehen ähnelt den schon behandelten Zinsrentenlehen. Während bei diesen dem Vasallen eine bestimmte Geldsumme zu Lehen gegeben wurde, an deren Stelle wegen der Zahlungsunfähigkeit des Lehnsherrn ein jährlicher Zins trat, wurde bei dieser Variante des Pfandlehens anstelle des jährlichen Zinses ein Pfandgut vergeben, dessen Einkünfte als „Zins" fungierten. Bei Zahlung der geschuldeten Summe musste das Pfandgut zurückgegeben und der Betrag wie üblich auf Eigengüter verlegt werden. Besondere Bedeutung erlangte diese Form des Pfandlehens, die Volker Rödel als „Lehenspfandvertrag" bezeichnet, durch die Verpfändung von Reichsgut durch das Königtum, das so gut wie nie in der Lage war, die Pfänder wieder auszulösen.[84]

Pfandlehen sind eng mit der aufkommenden Geldwirtschaft verknüpft und treten somit erstmals im 12. Jahrhundert auf.[85] Da Götz Landwehr, der das Phänomen breit erforscht hat, nur vereinzelte Belege für das 12. Jahrhundert nennt, sei erneut der Rechenschaftsbericht Erzbischof Konrads von Mainz angeführt. Er listet darin nicht nur die von seinem Amtsvorgänger Christian von Buch zwischen 1165 bis 1183 verpfändeten Besitzungen auf, sondern in einer zweiten Aufstellung auch diejenigen, von denen es am Ende heißt: „Hec omnia iure feodali fuerunt obligate, que nunc per dei misericordiam ad manum tenemus". Konrad hatte also diese Pfandlehen zurückgekauft.[86] Auch im Lehnsverzeichnis des Rheingrafen

80 Vgl. Spieß, Lehnsrecht, S. 231 f.; Krieger, Lehnshoheit, S. 52.
81 Vgl. Spieß, Lehnsrecht, S. 230–232.
82 Ebd., S. 230.
83 Vgl. die Zusammenstellung der pfalzgräflichen Verpfändungen bei Landwehr, Bedeutung, S. 180–184.
84 Krieger, Lehnshoheit, S. 53; Rödel, Reichslehenswesen, S. 299–230.
85 Vgl. Landwehr, Pfandlehen, Sp. 1677–1680.
86 UB Mainz II,2, Nr. 531, S. 882 (nach 1189 Mai–vor 1190 Februar 18).

Wolfram aus der Zeit um 1200 begegnen fünf Pfandlehen und bezeugen somit die frühe Verbreitung dieses komplexen Rechtsinstituts.[87]

Bei aller Relevanz der lehnsrechtlichen Bindungen im gesamten Zeitraum zwischen dem 12. und 15. Jahrhundert ist doch unverkennbar, dass die Lehns- und Territorialherren zunehmend nach Alternativen suchten, um effektive Amts- und Verwaltungsstrukturen aufzubauen. Die Belehnung eines Vasallen mit einem Amt hätte wegen der Erblichkeit der Lehen eine wirkungsvolle Administration auf Dauer unmöglich gemacht. Dies illustrieren die traditionellen Hofämter, wie das Amt des Truchsessens oder Schenken, die zwar im Spätmittelalter weiterhin zu Lehen gehen, aber für die Verwaltung überhaupt keine Rolle mehr spielen.[88] Die Territorialherren benötigten zur Durchsetzung ihrer Interessen Funktionsträger, deren Amtszeit zeitlich befristet war, um sie gegebenenfalls entlassen zu können. Die Vergütung war an das Amt gebunden und damit ebenfalls befristet. Der umfangreiche Aufgabenbereich eines Amtsmannes, der auch Burggraf, Vogt oder Viztum heißen konnte, beinhaltete den umfassenden, auch militärischen Schutz seines Amtsbezirks, die Verwaltung und die Rechtspflege.[89] Zu den Amtsleuten in der Territorialverwaltung traten der Hofmeister, der Kammermeister und der Marschall, die im Unterschied zu den älteren Hofamtsinhabern ihren Dienst ebenfalls befristet versahen.[90]

Die Fürsten rekrutierten ihre Amtsträger aus dem Ritteradel und gelegentlich sogar aus dem nichtfürstlichen Hochadel.[91] Sie waren in der Regel vor der Übertragung des Amtes ihrem Herrn als Vasallen mit dem Lehnseid verbunden. Der Amtseid und die Besoldung traten auf Zeit zu dem Lehnseid und den erblichen Lehen hinzu. Somit lässt sich aus der Feststellung, dass ein Beamter vor der Übernahme seiner Funktion schon Vasall war, keine zielbewusste Verknüpfung von Lehns- und Amtswesen ableiten.

Die Untersuchung der führenden Beamtenfamilien in der Kurpfalz und Kurtrier im 14. Jahrhundert erbrachte, dass sich über die personelle Identität von Vasallen und Beamten hinaus aktive Verflechtungen durch den Herrn nachweisen lassen. Sei es, dass die Amtsträger während ihrer Amtszeit zusätzlich

---

87 Fabricius, Güter-Verzeichnisse, S. 16 f., S. 23.

88 Hierzu allgemein Willoweit, Entwicklung, S. 106. Vgl. auch Rösener, Hofämter; Klafki, Erbhofämter; Spieß, Lehnsrecht, S. 238 f.

89 Vgl. Willoweit, Entwicklung, S. 86–104; Berns, Burgenpolitik, S. 33–40.

90 Vgl. Willoweit, Entwicklung, S. 116–118; Cohn, Government, S. 215–242. Die Rekrutierung zeitlich befristeter Diener sorgte in erster Linie für militärische Unterstützung. Vgl. ebd., S. 155 f.

91 Vgl. Berns, Burgenpolitik, S. 40–55; Cohn, Government, S. 235–238; zur Rekrutierung von Amtleuten aus dem nichtfürstlichen Hochadel vgl. Spieß, Grafen, S. 151 f.

zu ihren althergebrachten Lehen neue empfingen, die ihre Position im Amtsbezirk verbesserten, oder umgekehrt die Vasallen nach der Übernahme des Amtes eigene Burgen zu Lehen auftrugen, was als Vertrauensbeweis gegenüber dem Herrn gesehen werden kann.[92] Die umfassenden Tätigkeitsbereiche der Amtleute setzten aber auch großes Vertrauen der Herren voraus, was leichter fiel, wenn der Amtmann über den funktionalen Amtseid hinaus auch noch einen Treueid als Vasall geschworen hatte. Wurde dann doch noch einmal ein Amt erblich vergeben, diente der Lehnsauftrag als Sicherungselement. Ritter Heinrich Beyer von Boppard wurde 1341 von Erzbischof Balduin von Trier zum Erbburggrafen auf der Trierer Burg Sterrenberg bestellt. Neben anderen Verpflichtungen musste er zusagen, das gesamte Allod binnen einer halben Meile um Sterrenberg und seinen Anteil an der Burg Tannenberg zu Lehen aufzutragen.[93]

Abschließend sei eine Transaktion aus dem Jahr 1371 vorgestellt, weil sie die Verquickung der Bereiche Lehen, Pfand und Amt anschaulich vor Augen führt. Als Burg und Dorf Weingarten bei Karlsruhe, die sich als pfalzgräfliches Lehen in den Händen der hochverschuldeten Brüder Konrad und Hans von Schmalenstein befanden, in andere Hände zu fallen drohten, griff Kurfürst Ruprecht I. blitzartig zu. Er kaufte den Lehnsinhabern Weingarten für 11.520 fl. ab, die er aber selbst nicht in Bargeld aufbringen konnte. Seine vertrauten Vasallen und Amtleute, der Hofmeister Heinrich Blicker Landschad und Wiprecht von Helmstadt, der Vogt zu Bretten, zahlten die beträchtliche Summe für ihren Herrn und erhielten von ihm Weingarten im Rahmen eines Kaufs auf Wiederkauf, was gleichbedeutend mit einer Verpfändung war.[94] Für die Dauer der Pfandschaft mussten sie Weingarten allerdings als Lehen vermannen, d. h. der Kurfürst sicherte sich gegenüber den bereits durch Treueid und Amtseid verpflichteten Adeligen zusätzlich ab.[95] Alle Veränderungen betreffend Burg und Dorf Weingarten, das sie mit ihrem eigenen Geld erworben hatten, mussten sie deshalb in den folgenden Jahren von ihrem Herrn genehmigen lassen.[96]

---

92 Vgl. Ders., Lehnsrecht, S. 239–246; Berns, Burgenpolitik, S. 40–55; Brückner, Lehnsauftragung, S. 108–111.

93 Vgl. Berns, Burgenpolitik, S. 101.

94 Vgl. Landwehr, Bedeutung, S. 172, zum Kauf auf Wiederverkauf.

95 Vgl. zu dieser Transaktion Spieß, Lehnsrecht, S. 194 f. Der Text der Urkunde Pfalzgraf Ruprechts I. ist im Generallandesarchiv Karlsruhe, Abt. 67, Nr. 806, 158r–v (1371 August 13) einsehbar – das Regest dieser Urkunde bei Winkelmann (Hg.)/Koch/Wille (Bearb.), Regesten, Nr. 3966, S. 236, gibt die detaillierten Bestimmungen nicht wieder.

96 1387 bewilligte Ruprecht I. seinem Hofmeister Blicker Landschad von den 6.310 fl., die er pfandweise auf der Hälfte von Burg und Stadt Weingarten hat, 2.000 fl. seinem Sohn Diether als Wittum für dessen Frau Irmgard zu verschreiben. 1388 folgt die Erlaubnis für Wiprecht

Zusammenfassend lässt sich sagen, dass Amt, Pfand und Lehen auch im Spätmittelalter noch vielfältig miteinander verflochten waren.

Bei der Vorstellung der Forschungsergebnisse zu den komplexen Themen Geld, Lehen, Pfand und Amt wurde schon gelegentlich auf die Notwendigkeit weiterer Untersuchungen hingewiesen. Einige dieser offenen Fragen sollen den Beitrag beschließen:

1. Die bisherigen Erkenntnisse zu den Geldlehen im Reich konzentrieren sich auf den südwestdeutschen Raum. Wie erfolgte die Verbreitung in den nördlichen und östlichen Teilen des Reichs, in denen die Geldschöpfung durch Handel und Zölle möglicherweise nicht so effektiv war? Ab wann wurden die Geldlehen durch Rentenlehen ersetzt?
2. Welche Faktoren begünstigen die Vergabe von Rentenlehen? Waren auch sie von der Finanzkraft der Fürsten abhängig? Lösten die Rentenlehen die Geldlehen ab oder bestanden beide Formen nebeneinander? Wie lange wurden Rentenlehen neu vergeben? Welche Funktionen hatten die Rentenlehen außerhalb des Reichs? Gelten die Korrekturen an den Thesen von Bryce D. Lyon, die Dirk Heirbaut am Beispiel von Flandern vorgenommen hat, auch für England und Frankreich? Sind die für das westliche Europa erzielten Erkenntnisse zum Rentenlehen auch für den Osten und den Norden Europas anwendbar?
3. Ist das Pfandlehen auf das Spätmittelalter beschränkt? Wann verzichten die Schuldner auf die zusätzliche Absicherung des Pfandes durch die Lehnsbindung?
4. Lässt sich die Vermischung von Amt und Lehen auch in anderen Territorien des Reichs beobachten? Wie lange sind Elemente des Lehnswesens bei der Verpflichtung von Beamten nachweisbar?

---

von Helmstadt, seinen Vogt zu Bretten, die Hälfte der 6.310 fl. an seinen Sohn Reinhard zu verpfänden. Sollte der Sohn das Viertel später erben, musste er es als Mannlehen empfangen. 1391 wurde Wiprecht von Helmstadt mit seinem Teil am Dorf Weingarten belehnt, während die Burg und der Anteil der Landschaden nicht auftauchen. Als König Ruprecht 1406 an Wiprecht und seine Frau Anna für 10.000 fl. erneut auf Wiederkauf verkaufte, ist die Verpflichtung, Weingarten als Lehen zu tragen, weggefallen. Vgl. Winkelmann (Hg.)/Koch/Wille (Bearb.), Regesten, Nr. 4739, 4777, 5360, 5367; Spieß (Hg.), Lehnsbuch, Nr. 55, S. 25; Krebs/Oberndorff (Bearb.), Regesten II, Nr. 4328. Zu dieser Pfandschaft und der bedeutenden Rolle Wiprechts von Helmstadt am kurpfälzischen Hof auch unter König Ruprecht vgl. Gerhard Fouquet, Die geliehene Zeit eines Königs. Der „arme" Ruprecht und die Reichsfinanzen (1400–1410) (Schriften der Historischen Kommission bei der Bayerischen Akademie der Wissenschaften, 10), Göttingen 2022, S. 183 f.

Mein Beitrag schließt mit der Hoffnung, dass mit dem vorliegenden Band einige dieser Fragen beantwortet werden.

Ungedruckte Quellen

Generallandesarchiv Karlsruhe
Abt. 67, Nr. 806

Gedruckte Quellen

Archiv Virneburg = Eder-Stein, Irmtraut/Lenz, Rüdiger/Rödel, Volker (Bearb.): Löwenstein-Wertheim-Freudenbergsches Archiv Grafschaft Virneburg, Inventar des Bestands F US 6 im Staatsarchiv Wertheim. Urkundenregesten 1222–1791 (Veröffentlichungen der staatlichen Archivverwaltung Baden-Württemberg 51/1), Stuttgart 2000.
Cronica presulum = Eckertz, Gottfried (Hg.): Cronica presulum et Archiepiscoporum Coloniensis ecclesie, Köln 1864.
Fabricius, Wilhelm (Hg.): Güter-Verzeichnisse und Weistümer der Wild- und Rheingrafschaft (Trierisches Archiv, Ergänzungsheft 12), Trier 1911.
Gesta Treverorum = Waitz, Georg (Hg.): Gesta Treverorum continuata (MGH SS 24), Hannover 1879, S. 368–488.
Krebs, Manfred/Oberndorff, Ludwig Graf von (Bearb.): Regesten II, der Pfalzgrafen bei Rhein, Bd. 2: 1400–1410, Innsbruck 1912–1939.
Pöhlmann, Carl (Bearb.): Regesten der Lehensurkunden der Grafen von Veldenz (Veröffentlichungen der Pfälzischen Gesellschaft zur Förderung der Wissenschaften 3), Speyer 1928.
Sauer, Wilhelm (Hg.): Die ältesten Lehnsbücher der Herrschaft Bolanden, Wiesbaden 1882.
Schulz, Gabriele (Bearb.): Inventar des Familienarchivs von Koppenstein und von Hacke (1373–1803) (Veröffentlichungen aus rheinland-pfälzischen und saarländischen Archiven. Kleine Reihe 47), Koblenz 1990.
Spieß, Karl-Heinz (Hg.): Das älteste Lehnsbuch der Pfalzgrafen bei Rhein vom Jahr 1401 (Veröffentlichung der Historischen Kommission für Baden-Württemberg, Reihe A, 30), Stuttgart 1981.
UB Mainz II, 2 = Acht, Peter (Bearb.): Mainzer Urkundenbuch, Bd. 2, Teil 2: 1176–1200, Darmstadt 1971.
Volk, Otto (Bearb.): Die Rechnungen der mainzischen Verwaltung in Oberlahnstein im Spätmittelalter (VHKN 47), Wiesbaden 1990.
Winkelmann, Eduard (Hg.)/Koch, Adolf/Wille, Jakob (Bearb.): Regesten der Pfalzgrafen am Rhein, Bd. 1: 1214–1400, Innsbruck 1894.

Darstellungen

Andermann, Kurt: Verbreitung, Strukturen und Funktion des Lehnswesens im Umkreis von Fürsten, Grafen, Herren und Prälaten vom 11. bis in die Mitte des 13. Jahrhunderts, in: Ausbildung und Verbreitung des Lehnswesens im Reich und in Italien im 12. und 13. Jahrhundert (VuF 76), hg. von Karl-Heinz Spieß, Ostfildern 2013, S. 307–336.

Auge, Oliver: Ausbildung und Verbreitung des Lehnswesens im Reich und in Italien im 12. und 13. Jahrhundert – eine Zusammenfassung, in: Ausbildung und Verbreitung des Lehnswesens im Reich und in Italien im 12. und 13. Jahrhundert (VuF 76), hg. von Karl-Heinz Spieß, Ostfildern 2013, S. 337–355.

Ders.: Art. „Lehnrecht, Lehnswesen", in: HRG 3 (^{2}2014), Sp. 717–736.

Ders.: Lehnswesen revisited. Dänemark als regionaler Sonder- oder europäischer Normalfall im Mittelalter? Aufgaben und Perspektiven der Forschung, in: ZRG GA 139.1 (2022), S. 237–225.

Ders.: Macht- und Landgewinn durch Pfandpolitik. Das Beispiel der Grafen von Holstein im 14. Jahrhundert, in: VSWG 109 (2022), S. 185–210.

Ders.: Art. „Pfandlehen", in: HRG 4 (^{2}2018), Sp. 525–527.

Bauermann, Johannes: Altena – Von Reinald von Dassel erworben?, in: Beiträge zur Geschichte Dortmunds und der Grafschaft Mark 67 (1971), S. 227–252.

Berns, Wolf-Rüdiger: Burgenpolitik und Herrschaft des Erzbischofs Balduin von Trier (1307–1354) (VuF Sonderband 27), Sigmaringen 1980.

Brückner, Thomas: Lehnsauftragung (Studien zur europäischen Rechtsgeschichte 258), Frankfurt a. Main 2011.

Burkhardt, Stefan: Mit Stab und Schwert. Bilder, Träger und Funktionen erzbischöflicher Herrschaft zur Zeit Kaiser Friedrich Barbarossas. Die Erzbistümer Köln und Mainz im Vergleich (Mittelalter-Forschungen 22), Ostfildern 2008.

Büttner, Andreas: Geld – Gnade – Gefolgschaft. Die Monetarisierung der politischen Ordnung im 12. und 13. Jahrhundert (Regesta Imperii – Beihefte. Forschungen zur Kaiser- und Papstgeschichte des Mittelalters 47), Köln 2022.

Cohn, Henry J.: The Government of the Rhine Palatinate in the Fifteenth Century, Oxford 1965.

Corsten, Margret: Erzbischof Johann I. von Trier, in: Zeitschrift für die Geschichte der Saargegend 13 (1963), S. 127–200.

Dendorfer, Jürgen/Deutinger, Roman (Hgg.): Das Lehnswesen im Hochmittelalter. Forschungskonstrukte – Quellenbefunde – Deutungsrelevanz (Mittelalter-Forschungen 34), Ostfildern 2010.

Diestelkamp, Bernhard: Art. „Kammerlehn", in: HRG 2 (1978), Sp. 586–590.

Ders.: Das Lehnrecht der Grafschaft Katzenelnbogen (13. Jahrhundert bis 1479). Ein Beitrag zur Geschichte des spätmittelalterlichen deutschen Lehnrechts, insbesondere zu seiner Auseinandersetzung mit oberitalienischen Rechtsvorstellungen (Untersuchungen zur deutschen Staats- und Rechtsgeschichte NF 11), Aalen 1969.

Eckhardt, Albrecht: Das älteste Bolander Lehnsbuch: Versuch einer Neudatierung, in: AfD 22 (1976), S. 317–344.

Esders, Stefan: Friedrich II., die Mark Brandenburg und das Erzbistum Magdeburg. Zur Kommerzialisierung von Lehensbeziehungen und Entstehung politischer Stände im Gefolge des Thronstreites, in: ZRG GA 107 (2006), S. 67–109.

Fischer, Carsten: Schildgeld und Heersteuer. Eine vergleichende Studie zur Entwicklung lehnsrechtlicher Strukturen durch die Umwandlung vasallitischer Kriegsdienste in Geldabgaben im normannisch-frühangevinischen England und staufischen Reich (Studien zur europäischen Rechtsgeschichte 279), Frankfurt a. Main 2013.

Fouquet, Gerhard: Die geliehene Zeit eines Königs. Der „arme“ Ruprecht und die Reichsfinanzen (1400–1410) (Schriften der Historischen Kommission bei der Bayerischen Akademie der Wissenschaften 10), Göttingen 2022.

Groth, Simon (Hg.): Der geschichtliche Ort der historischen Forschung. Das 20. Jahrhundert, das Lehnswesen und der Feudalismus (Normative Orders 28), Frankfurt a. Main/New York 2020.

Hecker, Hermann: Die territoriale Politik des Erzbischofs Philipp I. von Köln, 1167–1191, Leipzig 1883 (ND Berlin/Boston 2021).

Heirbaut, Dirk: The Fief-Rente. A new evaluation, based on Flemish sources (1000–1305), in: Tijdschrift voor rechtsgeschiedenis 67 (1999), S. 1–37.

Kellenbenz, Herman: Handbuch der europäischen Wirtschafts- und Sozialgeschichte, Bd. 2: Europäische Wirtschafts- und Sozialgeschichte im Mittelalter, hg. von Jan A. Houtte, Stuttgart 1980.

Keupp, Jan Ulrich: Dienst und Verdienst. Die Ministerialen Friedrich Barbarossas und Heinrichs VI. (Monographien zur Geschichte des Mittelalters 48), Stuttgart 2002.

Klafki, Eberhard, Die kurpfälzischen Erbhofämter (Veröffentlichungen der Kommission für geschichtliche Landeskunde in Baden-Württemberg, Reihe B, 35), Stuttgart 1966.

Konstanzer Arbeitskreis für mittelalterliche Geschichte (Hg.): Studien zum mittelalterlichen Lehenswesen (VuF 5), Lindau/Konstanz 1960.

Krieger, Karl-Friedrich: Die Lehnshoheit der deutschen Könige im Spätmittelalter (ca. 1200–1437) (Untersuchungen zur deutschen Staats- und Rechtsgeschichte NF 23), Aalen 1979.

Landwehr, Götz: Die Bedeutung der Reichs- und Territorialpfandschaften für den Aufbau des kurpfälzischen Territoriums, in: Mitteilungen des Historischen Vereins der Pfalz 66 (1968), S. 155–196.
Ders.: Art. „Pfandlehen", in: HRG 3 (1984), Sp. 1677–1680.
Lyon, Bryce Dale: From Fief to Indenture. The Transition from Feudal to Non-Feudal Contract in Western Europe, New York 1972.
Metz, Wolfgang: Staufische Güterverzeichnisse. Untersuchungen zur Verfassungs- und Wirtschaftsgeschichte des 12. und 13. Jahrhunderts, Berlin 1964.
Mitteis, Heinrich: Lehnrecht und Staatsgewalt. Untersuchungen zur mittelalterlichen Verfassungsgeschichte, Weimar 1933.
Moulin, Philippe: Lehnsrecht, Lehnspolitik und Lehnshof der Grafen von Luxemburg im 13. Jahrhundert (Teil 2), in: Hémecht. Zeitschrift für Luxemburger Geschichte 72.3 (2020), S. 263–323.
North, Michael: Europa expandiert 1250–1500 (UTB Geschichte 2864), Stuttgart 2007.
Patzold, Steffen: Das Lehnswesen (Beck'sche Reihe 2745), München 2012.
Pferschy-Maleczek, Bettina: Das Lehnswesen in den Urkunden Kaiser Heinrichs VI., in: Archivwissen schafft Geschichte. Festschrift für Wilhelm Wadl zum 60. Geburtstag (Archiv für vaterländische Geschichte und Topographie 106), hg. von. Barbara Felsner, Christine Tropper und Thomas Zeloth, Klagenfurt 2014, S. 193–216.
Reifenberg, Wolfgang: Die kurpfälzische Reichspfandschaft Oppenheim, Gau-Odernheim, Ingelheim 1375–1648, Oppenheim a. Rhein 1968.
Reynolds, Susan: Fiefs and Vassals. The Medieval Evidence Reinterpreted, Oxford 1994.
Ritzerfeld, Ulrich: Das Kölner Erzstift im 12. Jahrhundert. Verwaltungsorganisation und wirtschaftliche Grundlagen (RhArch 132), Köln/Weimar/Wien 1994.
Rödel, Volker: Reichslehenswesen, Ministerialität, Burgmannschaft und Niederadel. Studien zur Rechts- und Sozialgeschichte des Adels in den Mittel- und Oberrheinlanden während des 13. und 14. Jahrhunderts (QFHessG 38), Darmstadt/Marburg 1979.
Rösener, Werner: Hofämter an mittelalterlichen Fürstenhöfen, in: DA 45 (1989), S. 485–550.
Schwarz, Jörg: „... die auch in schlimmster Zeit weiterbestehenden lehnsrechtlichen Bindungen". Der frühe Konstanzer Arbeitskreis für mittelalterliche Geschichte und seine Deutung des Lehnswesens, in: Der geschichtliche Ort der historischen Forschung. Das 20. Jahrhundert, das Lehnswesen und der Feudalismus (Normative Orders 28), hg. von Simon Groth, Frankfurt a. Main/New York 2020, S. 121–142.
Sczaniecki, Micheł: Essai sur les fiefs-rentes, Paris 1946.

Spieß, Karl-Heinz (Hg.): Ausbildung und Verbreitung des Lehnswesens im Reich und in Italien im 12. und 13. Jahrhundert (VuF 76), Ostfildern 2013.
Ders.: Early Feudal Records in Medieval Germany, in: Le vassal, le fief et l'écrit. Pratiques d'écriture et enjeux documentaires dans le champ de la féodalité (XIe–XVe s.). Actes de la journée d'étude organisée à Louvain-la-Neuve le 15 avril 2005, hg. von Jean-François Nieus, Louvain-la-Neuve 2007, S. 157–172.
Ders.: Formalisierte Autorität. Entwicklungen im Lehnsrecht des 13. Jahrhunderts, in: HZ 295 (2012), S. 62–77.
Ders.: Grafen und Herren aus dem Rhein-Main-Gebiet zwischen Königtum und fürstlicher Hegemonie im Spätmittelalter, in: BlldtLG 136 (2000) (erschienen 2002), S. 135–163.
Ders.: Lehnsrecht, Lehnspolitik und Lehnsverwaltung der Pfalzgrafen bei Rhein im Spätmittelalter (Geschichtliche Landeskunde 18), Wiesbaden 1978.
Ders.: Art. „Lehenserneuerung", in: ebd., Sp. 1708–1710.
Ders.: Art. „Lehnbuch, Lehnregister", in: ebd., Sp. 1686–1688.
Ders.: Art. „Lehnsanwartschaft", in: ebd., Sp. 1696–1698.
Ders.: Art. „Lehnsaufgebot", in: ebd., Sp. 1698–1700.
Ders.: Art. „Lehnsauftrag", in: ebd., Sp. 1700–1701.
Ders.: Art. „Lehnsbrief", in: ebd., Sp. 1701–1702.
Ders.: Art. „Lehnsdienst", in: ebd., Sp. 1704–1707.
Ders.: Art. „Lehnseid", in: ebd., Sp. 1707–1708.
Ders.: Art. „Lehnsfähigkeit", in: ebd., Sp. 1710–1711.
Ders.: Art. „Lehnsgericht", in: ebd., Sp. 1714–1717.
Ders.: Art. „Lehnsgesetze", in: ebd., Sp. 1717–1721.
Ders.: Art. „Lehnskuß", in: ebd., Sp. 1721–1722.
Ders.: Art. „Lehnspflichten", in: ebd., Sp. 1722–1725.
Ders.: Art. „Lehn(s)recht, Lehnswesen", in: HRG 2 (1977), Sp. 1725–1741.
Ders.: Art. „Lehnsrevers", in: ebd., Sp. 1742–1743.
Ders.: Art. „Lehnsträger", in: ebd., Sp. 1747–1749.
Ders.: Art. „Lehnsvertrag", in: ebd., Sp. 1749–1750.
Ders.: Das Lehnswesen in Deutschland im hohen und späten Mittelalter, Stuttgart [3]2011.
Ders.: Das Lehnswesen in den frühen deutschen Lehnsverzeichnissen, in: Das Lehnswesen im Hochmittelalter. Forschungskonstrukte – Quellenbefunde – Deutungsrelevanz (Mittelalter-Forschungen 34), hg. von Jürgen Dendorfer und Roman Deutinger, Ostfildern 2010, S. 91–102.
Ders.: Art. „Mannlehen", in: HRG 3 (1984), Sp. 247–248.
Tiesbrummel, Reinhard: Das Lehnrecht der Landgrafschaft Hessen (Niederhessen) im Spätmittelalter 1247–1471 (QFHessG 76), Darmstadt/ Marburg 1990.

Weinfurter, Stefan: Erzbischof Philipp von Köln und der Sturz Heinrichs des Löwen, in: Köln. Stadt und Bistum in Kirche und Reich des Mittelalters. Festschrift für Odilo Engels zum 65. Geburtstag (Kölner historische Abhandlungen 39), hg. von Hanna Vollrath und Stefan Weinfurter, Köln 1993, S. 455–481.

Willoweit, Dietmar: Die Entwicklung und Verwaltung der spätmittelalterlichen Landesherrschaft, in: Deutsche Verwaltungsgeschichte, Bd. 1: Vom Spätmittelalter bis zum Ende des Reiches, hg. von Kurt G. A. Jeserich, Hans Pohl und Georg-Christoph von Unruh, Stuttgart 1983, S. 66–142.

SEKTION I

Skandinavien

„... wie der Baum, an dem keine Frucht ist"? Quellenkritische Überlegungen zum Lehnswesen im mittelalterlichen Dänemark

Frederic Zangel

Regarding Denmark, the existence of a "Lehnswesen" has traditionally been largely denied by historians, in particular by Kristian Erslev in an essay published in 1899. In his contribution, Frederic Zangel emphasizes the importance of written sources. Based on a quote from a rhymed Danish chronicle—"like a tree that bears no fruit"—he refers to the terminology of charters and chronicles: In the area he is investigating, feudal terms such as "vassal", "feudum", "homagium" can be found in some of the relatively few written sources. This results in a varied but incomplete picture. Statements with a claim to absoluteness, such as Erslev's that the Danish administration had nothing to do with feudalism, can hardly be made on this basis.

Im wohl ersten dänischsprachigen Druck überhaupt, der dänischen Reimchronik von 1495, wird in über 5.000 Versen die Geschichte der dänischen Könige bis hin zu Christian I. (1448–1481) erzählt.[1] Am Anfang der Mitte des 15. Jahrhunderts im Kloster Sorø auf Seeland erstmals niedergeschrieben Chronik stehen die Ausführungen über legendäre dänische Herrscher.[2] So gestatten auch die Erläuterungen zu Oluf Ingjaldsson, zur angeblichen Nummer 38 der Königsreihe, kaum Aussagen zu dessen Person, wohl aber zur bereits im 15. Jahrhundert erkannten Bedeutung von Schriftlichkeit für historisches Wissen.[3] Denn dort heißt es ausdrücklich, jeder König und mächtige Mann solle jene ehren, die schreiben können – das Schicksal Olufs dient gleichsam als Warnung, denn man stünde sonst da „wie der Baum, an dem keine Frucht ist".[4]

---

1 Siehe dazu die Edition des Druckes sowie der Variationen durch Helge Toldberg, Rimkrønike I–III, sowie die digitale Fassung unter https://tekstnet.dk/books/anon_rimkroeniken/introduction/ (Letzter Zugriff am 03.07.2025). Eine Übersicht der frühen Drucke bietet Hermann, Aspekter, S. 395, mit Hinweisen auf weitere Literatur.

2 Zur Abfassung in besagtem Kloster vgl. ebd., S. 393–395, die den Text als Ganzes zudem, S. 390, in einem „Spannungsfeld zwischen Geschichtsschreibung und Literatur" verortet. Entsprechend werden die legendarischen Herrscher dargestellt, als seien sie wirkliche historische Persönlichkeiten, vgl. ebd., S. 399.

3 Rimkrønike I, S. 41, Z. 1215–1232, sowie https://tekstnet.dk/books/anon_rimkroeniken/041/ (Letzter Zugriff am 03.07.2025).

4 Rimkrønike I, S. 41, im Besonderen Z. 1214–1224, zum Zitat „som thet træ ey frwcth ær paa" dann Z. 1224, sowie https://tekstnet.dk/books/anon_rimkroeniken/041/ (Letzter Zugriff

Während Personen wie die dänischen Könige in den schriftlichen Quellen recht gut identifiziert werden können – jedenfalls sofern sie explizit Erwähnung finden –, gilt dies für ein Phänomen wie das Lehnswesen in geringerem Maße.[5] Weiterhin stellt sich die Frage, ob dieses als reines Forschungskonstrukt entlarvt ist oder die Schriftquellen doch Hinweise auf seine Existenz bieten.[6] Solches gilt für Dänemark im Besonderen, da dort das Vorhandensein des Lehnswesens schon traditionell angezweifelt wurde und wird.[7] Zudem ist auch für diesen Raum zu untersuchen, inwieweit eine Abgrenzung des Lehnswesens zu anderen Phänomenen wie der Verwaltung und dem Geldwesen möglich ist.[8]

Die schriftlichen Quellen

Doch woran ist das Lehnswesen in den schriftlichen Quellen überhaupt zu erkennen? Seit dem Erscheinen von Susan Reynolds' Werk „Fiefs and Vassals" wurde wiederholt und für verschiedene Untersuchungsgebiete auf das Fehlen terminologischer Anzeiger wie „vasallus", „feudum" oder auch „homagium" hingewiesen.[9] Wie so häufig scheinen Begriffe, scheint Sprache ein Schlüssel zum Verständnis eines Untersuchungsgegenstandes zu sein.[10] Dass der

---

am 03.07.2025). In der niederdeutschen Fassung wird, Rimkrønike III, S. 37, Z. 1225, auf den „bom dar neyne vrucht en is vp" verwiesen.

5 Patzold, Lehnswesen, S. 275, mit der Feststellung, eindeutige Hinweise auf das Lehnswesen in den von ihm untersuchten historischen Quellen seien „im Text insgesamt isoliert". Dendorfer, König, S. 235, konstatierte „ein bemerkenswertes Missverhältnis zwischen dem umfassenden Deutungsrahmen, den das Lehnswesen für soziale, wirtschaftliche und politische Fragen darstellen soll, und den nur spärlichen Nachweisen vorgeblicher lehnrechtlicher Termini in den Quellen".

6 So rät etwa Schieffer, Lehnswesen, S. 222, dazu „generalisierende und systematisierende Konstrukte früherer Forschergenerationen geflissentlich zu meiden".

7 Grundlegend dazu Erslev, Feudalisme, S. 248, siehe auch im Folgenden.

8 Die Frage nach möglichen Verflechtungen und Überschneidungen wurde wiederholt aufgegriffen. Vgl. etwa Reynolds, Fiefs, S. 473 f., die in Bezug auf „Verwaltungsstaat" und den „feudalen Staates" bemerkt, „die beiden entwickelten sich zusammen – oder waren eher das Gleiche".

9 Zur Frage, ob die Begriffe dann immer auch das meinen, was sich Historiker darunter vorstellen, Reynolds, Years, S. 19. Ebd., S. 20 f., auch bereits der Hinweis auf den Bedeutungswandel des Vasallenbegriffs. Hudson, Feudalism, S. 115, stellt heraus, dass die Nutzung der Begriffe „feudum" oder „vassal" nicht zwingend auf die Existenz des Feudalismus schließen lasse.

10 Auch wenn sie uns für das Mittelalter nur in geschriebener Form überliefert ist, bleibt Sprache etwas Lebendiges, Begriffe können ihre Bedeutung wandeln, falsch genutzt oder missverstanden werden – nicht zuletzt heute, bei der Auswertung von vor teils über 1.000 Jahren entstandenen Quellen.

Entstehungskontext einer Quelle, ihr Verfasser und sonstige an der Entstehung beteiligte Personen großen Einfluss darauf haben, in welcher Weise ein Ereignis beschrieben wird, gehört dabei zum Grundlagenwissen des Fachs Geschichte.[11] Auch die Sprache wird dem jeweiligen Zweck der Quelle angepasst, weshalb sich Berichte zu einem Ereignis in den genutzten Begrifflichkeiten unterscheiden können.[12] In Urkunden musste eine rechtsfeste, eindeutige Sprache gefunden werden – hingegen genossen Chronisten einerseits eine gewisse künstlerische Freiheit, waren aber andererseits, wie in Reimchroniken deutlich zutage tritt, sprachlichen Regeln unterworfen, die einer klaren und inhaltlich korrekten Formulierung entgegenstehen konnten.[13] Bei der Erschließung der rechtlichen Strukturen ist der Wert chronikalischer Quellen deshalb in der Regel geringer einzuschätzen als jener von Urkunden, die deshalb gewissermaßen das Rückgrat der Untersuchung bilden.

Im „Diplomatarium Danicum" sind diplomatische Quellen aus dem Zeitraum 798 bis 1450 ediert, wobei neben Urkunden und Briefen aus dem Gebiet des heutigen Dänemarks auch solche aus jenen Regionen im weiteren Ostseeraum berücksichtigt sind, die längerfristig oder auch nur für kurze Zeit unter der Herrschaft dänischer Könige standen.[14] Die in der Edition enthaltenen Urkunden

---

11 Vgl. zum grundsätzlichen Unterschied von Tradition und Überrest von Brandt, Werkzeug, S. 56–64, etwa, S. 62, mit dem Hinweis „Subjektivität der Tradition". Zum Urkundenbegriff ebd., S. 82–84. Vgl. auch ebd., S. 52, mit dem Hinweis gerade auf Erslev, Technik, der den Versuch unternommen hatte, eine Unterscheidung zwischen „Erzeugnis" (statt „Überrest") und „Bericht" (statt „Tradition") einzuführen. Zur bereits 1911 erstmals erschienenen dänischen Ausgabe Erslev, Teknik. Vgl. für einen weiteren Klassiker zu diesem Thema Bloch, Apologie, S. 69–78.

12 In diesem Kontext stellt sich grundlegend die Frage, wie mit den Berichten des dänischen Reichsarchivars Arild Huitfeld vom Ende des 16. Jahrhunderts umzugehen ist, die für bestimmte Ereignisse, die anderweitig nicht belegt werden können, einfach ins Diplomatarium Danicum übernommen wurden. So ist in DD II,9, Nr. 423 (1327 Juli 20) in Bezug auf Halland und Samsö nicht nur von einer „belæning" des Herzogs Knud Porse die Rede, darüber hinaus sollte dieser einen „belæningsbreff" erhalten. Unabhängig von der Frage der inhaltlichen Zuverlässigkeit stellt sich auch jene nach der Terminologie der Vorlage. Zum Vorgang liegen weitere, verschiedensprachige Quellen vor: So führt zum Beispiel Chron. Hol., cap. 28, S. 284, aus, die Schauenburger hätten Schleswig „in pheudum perpetue possidendum" erhalten, wohingegen Detmar III, § 859, S. 596, für das übertragene Gebiet gar nicht den Begriff des Lehens verwendet, aber ausführt „dat de holstenheren scholden besitten dat hertochdom to Sleswik, kindeskint to ervende, unde dar scolden se manscop unde denst van don deme rike".

13 Felder, Pragmatik, S. 49, verweist für die Gegenwart auf die „Pragmatik des Rechts als linguistische Aufgabe".

14 Dabei liegen die Urkunden für den Zeitraum 798–1400 in vier Reihen mit insgesamt 35 Bänden in gedruckter Form vor. Hinsichtlich des Zeitraums 1400–1450 läuft ein digitales

wurden umfassend auf Begriffe hin geprüft, die Aussagen zum Lehnswesen erlauben.[15] Wie sich im Zuge dieser Untersuchung zeigte, ist für Begrifflichkeiten wie „vasallus“ oder „feudum“ in Bezug auf Nordjütland, Fünen und Seeland mit den kleineren dänischen Inseln sowie Schonen, Halland und Blekinge ein seltenes, für Norddeutschland oder das Baltikum hingegen ein häufiges bzw. zumindest häufigeres Auftreten zu konstatieren.[16] Dieser Befund lässt auf regionale Besonderheiten schließen, darüber hinaus werden in der „longue durée“ Konjunkturen sichtbar, lehnrechtliche Begriffe wurden also mal öfter und mal seltener verwendet.

Ein vermehrtes Auftreten ist zu konstatieren, sobald lehnrechtliche Fragen in den Fokus des Interesses einer größeren Zahl von Akteuren gerückt waren, weshalb etwa die größere Menge der Fundstellen für das erste Drittel des 15. Jahrhunderts aufgrund des damaligen Konfliktes um das Herzogtum Schleswig kaum überrascht.[17] Die im Konnex der militärischen und vor allem der juristischen Auseinandersetzung der dänischen Krone mit den Grafen von Holstein entstandenen Quellen erlauben trotz ihrer jeweiligen Einseitigkeit Aussagen zum Lehnswesen über den konkreten Streitfall und die Region hinaus: Beide Seiten positionierten sich offenbar so, wie es für sie politisch aus der konkreten Situation

---

Editionsprojekt, die betreffenden edierten Quellen können unter https://tekstnet.dk/books/dipdan/ (Letzter Zugriff am 03.07.2025) abgerufen und gezielt durchsucht werden.

15 Die umfassende Sichtung erfolgte im Rahmen des an der Kieler Abteilung für Regionalgeschichte beheimateten DFG-Projektes „Lehnswesen revisited: Das Beispiel Dänemarks als regionaler Sonder- oder europäischer Normalfall im Mittelalter?“.

16 Die Frage, inwieweit aus punktuellen Erwähnungen etwa von Vasallen in Schonen – zum Beispiel DD III,1, Nr. 130 [um 1341 Januar 3 Helsingborg] – allgemeingültige Aussagen abgeleitet werden können, bedarf noch einer abschließenden Klärung. Eine Sonderrolle haben die Inhaber der sogenannten Fürstenlehen inne; so wird in einer Urkunde Erik Menveds etwa „Ericus dux Hallandie“ unter den „uasalli nostri“ genannt – DD II,5, Nr. 222 (1302 November 20 Odense). In Pommern belehnt der dänische König Erik VI. Menved den Adligen Arnold von Vitzen und dessen rechte Erben mit seinen Gütern in Wilmshagen im Lande Ribnitz nach dem Feudalrecht, dazu DD II,6, Nr. 77 (1307 Juli 21 Vordingborg). In Estland begegnet „vasallus“ im Plural und als Sammelbegriff für eine größere Personengruppe, dazu zum Beispiel DD II,8, Nr. 10 1318 März 15 Reval. Dort wird auch auf Verleihungen nach dem Lehnrecht verwiesen, zum Beispiel DD III,4, Nr. 43 (1353 Juli 19).

17 Mit dem Konflikt hat sich ausführlich Hedemann, Danmark, beschäftigt, der im Kapitel zum Hintergrund, S. 30–49, auch die im Laufe des 14. Jahrhunderts erfolgten Belehnungen in den Blick nimmt. In einem weiteren Kapitel legt er – im Kontext der Untersuchung des 1413 ergangenen Urteils von Nyborg – den Fokus auf das Themenfeld Lehnrecht und Erbe in den Blick. Bei Svendsen, Wars, werden schwerpunktmäßig die militärischen Vorgänge betrachtet und zwar, S. 60–84 und S. 85–106, als „erster“ (1410–1423) und „zweiter“ (1425–1432) Krieg in Schleswig.

heraus zielführend war – wurde die Frage nach der Existenz des Lehnswesens also bereits im Mittelalter je nach Perspektive unterschiedlich beantwortet?[18]

Stand und Perspektiven der Forschung

Diese Frage kann nicht nur für die historischen Quellen, sondern auch im Hinblick auf den aktuellen Forschungsstand gestellt werden. Bereits ein kurzer Blick auf die relevante Literatur zeigt, dass – obgleich eine Existenz von Lehen und Vasallen dort schon traditionell verneint wurde – Susan Reynolds auch für Dänemark wichtige Impulse gesetzt hat. Wichtigster Gewährsmann war zunächst der bedeutende dänische Historiker Kristian Erslev, der in einem 1899 in der dänischen Historischen Zeitschrift erschienenen Aufsatz die Existenz des Lehnswesens zwar nicht grundsätzlich angezweifelt, sie in Bezug auf Dänemark aber weitgehend bestritt.[19] Beispiele für das Lehnswesen in dem skandinavischen Königreich waren nach seiner Auffassung lediglich die sogenannten Fürstenlehen, die im 13. Jahrhundert an Mitglieder der Königsfamilie ausgegeben wurden.[20]

Im Jahr 2000 stellte indes der Schwede Lars Hermanson fest, dass die Unterschiede zwischen Skandinavien und dem „feudalen" Europa in Bezug auf die sozialen Strukturen wohl nicht so groß gewesen seien wie bisher angenommen,

---

[18] So liegen Zeugenaussagen holsteinischer Adliger vor, die das Herzogtum als Lehen ansprachen, dazu DD V, Nr. 14240511001 (1424 Mai 11 Gottorf), abrufbar unter https://tekstnet.dk/books/dipdan/1424/dd_14240511001 (Letzter Zugriff am 03.07.2025). Der Bischof Peder Lykke von Lund hingegen bestritt die Existenz von Lehen in Dänemark generell, dazu DD V, Nr. 14240509004 (1424 Mai 9–Juni 27 Flensburg), abrufbar unter https://tekstnet.dk/books/dipdan/1424/dd_14240509004/ (Letzter Zugriff am 03.07.2025). Olesen, Macht, legt den Schwerpunkt seiner Untersuchung auf die juristische Auseinandersetzung und verweist ebd., S. 532–534, auf die dänische Position sowie deren erheblichen Einfluss auf die Urteilsfindung des römisch-deutschen Königs Sigismund.

[19] Zum Aufsatz von 1899 Erslev, Feudalisme, insbesondere mit der Bemerkung auf S. 248, er sehe „das Lehnswesen nur in einem einzigen Bereich, den großen Fürstenlehen, anders nirgendwo". Zur zustimmenden Rezeption etwa Lerdam, Len, der, S. 12, der davon ausgeht, dass die von ihm untersuchten „lensmænd" – also Lehnsmänner – mit wenigen Ausnahmen, zu denen er neben dem Herzog von Schleswig auch manche Pfandnehmer zählt, königliche Amtsleute waren. Christensen, Len, S. 11–13, hat sogar den Titel von Erslevs Aufsatz für ein Unterkapitel seiner Untersuchung zur dänischen Lokalverwaltung übernommen und betont darin die scharfe Trennung von Lehen und Verwaltung. Gelting, Perspektiv, S. 147 f., ordnet Erslevs Beitrag hingegen als „auf lange Sicht schädlich" für die dänische Mittelalterforschung ein, da dieser die hinsichtlich der politischen und sozialen Strukturen zwischen Westeuropa und Dänemark bestehenden Unterschiede überbetont und damit die Wahrnehmung des skandinavischen Reiches als Sonderfall verstärkt habe.

[20] Erslev, Feudalisme, S. 248.

wobei er mit Reynolds von einer weitgehenden Nichtexistenz des Lehnswesens in Mitteleuropa ausging.[21] Der dänische Historiker Michael H. Gelting verwies schon in einem Beitrag von 1988 auf die Möglichkeit, Belehnungen „als ein Symbol für soziale Beziehungen, die bereits vor der Belehnung bestanden" zu interpretieren.[22] In einer 2011 erschienenen Publikation erklärt Gelting das weitgehende Fehlen von Lehen und Vasallen mit der Wahrnehmung von Fehlentwicklungen in West- und Mitteleuropa durch den dänischen Adel, der deshalb Derartiges in Bezug auf Dänemark verhinderte, und spricht in Bezug auf das Fehlen einiger feudaler Strukturen in Dänemark von einem oberflächlichen Unterschied.[23]

In der Gesamtschau wird also von einer größeren Entsprechung der Verhältnisse und Entwicklungen ausgegangen, was aber vor allem auf die Verschiebungen im Forschungsstand zu Mittel- und Westeuropa zurückzuführen ist. Dabei ist die durch Reynolds angestoßene Debatte keineswegs abgeschlossen, und gerade eine grundlegende Beschäftigung mit den Quellen zur mittelalterlichen Geschichte Dänemarks verspricht neue Erkenntnisse und damit zugleich Impulse für die allgemeine Forschungsdiskussion. Die Möglichkeit regionaler Variationen des Lehnswesens kann und muss in Betracht gezogen werden, zugleich stellt sich immer die Frage nach alternativen, weniger starren Erklärungskonzepten.[24]

Dänische Könige und römisch-deutsche Könige und Kaiser

Die Praxis von Gefolgschaft und von Landvergabe sowie deren Verknüpfung miteinander blieb in Dänemark von äußeren Einflüssen nicht unberührt – die Entwicklung in anderen Regionen wurde dort rezipiert, zumal wenn sie sich unmittelbar auf das skandinavische Reich auswirkte. So liegt zur Weigerung König Knuds VI., das dänische Reich vom römisch-deutschen Herrscher zu empfangen, ein recht ausführlicher Bericht der eingangs erwähnten dänischen Reimchronik aus dem 15. Jahrhundert vor.[25] Begünstigt durch anhaltende Konflikte zwischen verschiedenen Thronanwärtern gelang es römisch-deutschen Herrschern im 12.

---

[21] Hermanson, Släkt, S. 29–37.

[22] Gelting, Feudalisme, S. 4. Übersetzung aus dem Dänischen durch den Autor des vorliegenden Beitrags.

[23] Gelting, Problem, S. 184.

[24] Vgl. zum Beispiel Deutinger, Kaiser, S. 345, und Schieffer, Lehnswesen, S. 238, sowie Dendorfer, Lehnrecht, S. 190.

[25] Rimkrønike I, S. 129 f., zu Knuds Ablehnung insbesondere Z. 3999–4010, sowie https://tekstnet.dk/books/anon_rimkroeniken/106/ (Letzter Zugriff am 03.07.2025).

Jahrhundert, Einfluss auf das dänische Königtum zu nehmen.[26] Magnus der Starke, ein Sohn von König Niels, suchte die Anlehnung an Lothar von Süpplingenburg, reiste nach Halberstadt und leistete dem König dort einen Eid.[27] In seiner Rede vor der 1134 gegen seinen Konkurrenten Erik Emune verlorenen Schlacht am Fodevigen (Dänisch) bzw. Foteviken (Schwedisch) in Schonen soll Magnus sein Heer sogar auf die Macht des Kaisers hingewiesen haben, die hinter ihnen stehe.[28] Später musste sich Waldemar I. sein Reich durch Friedrich Barbarossa übertragen lassen, der genaue Charakter dieser Übertragung bleibt aber derart unklar, dass von einer gesicherten lehnrechtlichen Bindung nicht gesprochen werden kann.[29] Nach Waldemars I. Tod verweigerte dessen Sohn Knud die Annahme Dänemarks aus der Hand Friedrichs und trotzte dessen Drohung, das Reich sonst anderweitig zu übertragen. Bischof Absalon soll in diesem Zusammenhang bemerkt haben, Knud besitze Dänemark so frei wie der Kaiser sein Reich und wolle deshalb niemanden „zur Hand gehen oder sonst irgendwie weichen".[30]

Auch für diesen Abschnitt der Reimchronik sind die „Gesta Danorum" des dänischen Geschichtsschreibers Saxo Grammaticus als mindestens mittelbare Vorlage erkennbar.[31] Saxo selbst verwendet den Terminus „beneficium", den er häufig oft zur Beschreibung von Vorgängen nutzt, die klassischerweise als Belehnungen angesprochen wurden.[32] Sowohl Saxos Ausführungen als auch

---

26 Angesprochen sind hierbei insbesondere Lothar von Süpplingenburg, dazu Auge, Lothar, sowie Friedrich Barbarossa, dazu Engels, Friedrich.

27 Ann. Patherb., S. 160; Ann. S. Aegidii Brunsvic. Exc., S. 13; Ann. Saxo, S. 597; Ann. Hild., S. 68. Vgl. Weibull, Saxo, S. 156, der von einer Lehnshuldigung ausgeht, sowie Paludan, Flos Danie, S. 514. Vgl. auch Beumann, Schisma, S. 35, sowie Gaethke, Knud, S. 33 f. Zu den Beziehungen Lothars zum dänischen Königtum allgemein vgl. Auge, Lothar.

28 Cron. S. Petri Erford. mod., S. 170. Gewährsleute für diesen überraschend ausführlichen Bericht können mit Pajung/Liljefalk, Slaverkrønike, S. 4, im näheren Umfeld der Witwe König Erik Lams – also des Nachfolgers von Erik Emune – vermutet werden, die für ihre zweite Ehe mit Hermann II. von Winzenburg in dessen etwa 100 Kilometer nordwestlich von Erfurt gelegene Grafschaft umzog.

29 Zur Übertragung Dänemarks (und fälschlicherweise auch Schwedens) Ann. Stad., S. 345: „Ibi Waldemarus duo regna, Daciae et Sweciae, ab imperatore suscepit". Vgl. hierzu Engels, Friedrich, S. 378. Den ausführlichsten Bericht liefert Saxo Grammaticus, lib. 14, cap. 28,3 und cap. 28,14–16 sowie lib. 15, cap. 5,1. Vgl. Hoffmann, Königserhebung, S. 93 f.; Hybel, Danmark, S. 190 f.; Riis, Significance, S. 97.

30 Rimkrønike I, S. 129 f., zu Knuds Ablehnung insbesondere Z. 3999–4010, sowie https://tekstnet.dk/books/anon_rimkroeniken/106/ (Letzter Zugriff am 03.07.2025). Übersetzung des Zitats durch den Verfasser.

31 Zu den in Latein verfassten Vorlagen – darunter auch das so genannte Saxokompendium – Brøndum-Nielsen, Sprogform, S. 19, sowie Hermann, Aspekter, S. 389.

32 Saxo Grammaticus, lib. 16, cap. 3,1, S. 518: „Cui cum Cęsar erepturum se regnum alique daturum plena minarum epistola respondisset, solum hoc rescribere contentus fuit,

die darauf aufbauende Reimchronik lassen vermuten, dass Knud und seine Berater eine Annahme Dänemarks aus der Hand Barbarossas verweigerten, weil er sich nicht unterordnen wollte.[33] Die dänischen Akteure konnten dabei auf während den dänischen Thronwirren gemachte Erfahrungen zurückgreifen und waren darüber hinaus augenscheinlich über die inneren Verhältnisse im Heiligen Römischen Reich gut informiert.[34] Im Verhältnis zwischen den beiden Reichen und Herrschern wird eine enge Verknüpfung der Vergabe von Land mit einer durch hierarchische Unterordnung geprägten Form persönlicher Bindung erkennbar, doch sollte angesichts der dürftigen Quellenlage nicht von einer lehnrechtlichen Bindung ausgegangen werden. Dem oder den Verfasser(n) ging es hier in erster Linie darum, die Unterordnung im Verhältnis zum südlichen Nachbarn darzustellen, wobei von der späteren Forschung dann als Hinweis auf das Lehnswesen gelesene Begriffe für diesen Zweck hervorragend geeignet sind und ihre Verwendung deshalb nicht überrascht.[35]

Eidleistungen als Fingerzeig auf das Lehnswesen?

Auch im kirchlichen Kontext erweist sich die Suche nach dem Lehnswesen als schwierig, obwohl dort zeitweise ein häufigeres Auftreten lehnrechtlicher Begriffe zu konstatieren ist. So begegnet ein Terminus wie „homagium" mehrfach in Quellen, die im 13. Jahrhundert im Kontext des Kirchenstreits zwischen

---

quęrendum uidelicet Cęsari esse, priusquam sibi regnum adimat, qui Danium in eius beneficio repionere cupiat." Die dänische Übersetzung, ebd., S. 519, deutet dies dahingehend, dass der Kaiser erst jemanden finden müsse, der Dänemark von ihm als Lehen – „in eius beneficio" – annehmen wolle. Der Begriff „beneficium" begegnet bei Saxo mehrfach im Zusammenhang mit dem Konflikt zwischen Sven III. Grathe und Knud V. 1152 – Saxo Grammaticus, lib. 14, cap. 8,1–5 –, sowie bei der Knuds Übertragung Rügens an Fürst Bugislaw 1185, die „e manu regis beneficii iure" erfolgte – ebd., lib. 16, cap. 8,6–8,9.

33 Dies wird etwa aus den durch ebd., lib. 16, cap. 3,3, S. 518, Bischof Absalon zugeschriebenen Worte deutlich, zwar wünsche Knud gute Beziehungen zum Kaiser, aber nur insoweit seine eigene Hoheit und Ehre dabei nicht eingeschränkt würden. Beide Herrscher hätten das gleiche Recht auf ihre Throne, Knud steuere das dänische Reich ebenso frei und unabhängig wie der Kaiser das römische.

34 Zu den Thronwirren vgl. oben. Auf den Umstand, dass die Ereignisse und Entwicklungen in Mittel- und Westeuropa in Dänemark beobachtet wurden, hat bereits Gelting, Problem, S. 184, hingewiesen.

35 In diese Abhängigkeit war das dänische Reich durch die Uneinigkeit verschiedener Akteure, die hier als negatives Beispiel dienen, wohingegen die selbstbewusste und mutige Antwort Knuds und Absalons positiv hervorgehoben wird. Zur Verfasserfrage Hermann, Aspekter, S. 393–395. Zur belehrenden Funktion des Textes vgl. ebd., S. 401.

dem dänischen Königtum und verschiedenen Bischöfen entstanden sind.[36] Ein wesentlicher Streitpunkt war, ob und unter welchen Bedingungen die Bischöfe und deren Gefolge dem König zur Gefolgschaft und zur Heerfolge verpflichtet waren.[37] Die päpstliche Position war dabei übrigens nicht zwingend pro-bischöflich: So forderte Urban IV. 1264 den Erzbischof von Lund zum Rücktritt auf, da dieser sich angeblich mit anderen Großen des Reiches gegen den König verschworen habe.[38] Die bischöfliche Eidleistung gegenüber dem König war zumindest dem – ohnehin weit entfernten und hier offenbar überdies parteiischen – Papst zufolge in Dänemark sogar Brauch und Gewohnheit.[39] Im Zentrum des Konflikts stand die Frage nach der Position der Bischöfe im hierarchischen Gefüge des dänischen Reichs – dabei kann die bischöfliche Eidleistung als ein vom König eingefordertes Zeichen hierarchischer Unterordnung gelesen werden, nicht aber als zwingender Hinweis auf das Lehnswesen.

Die Vieldeutigkeit des Vasallenbegriffs

Für das 14. Jahrhundert findet sich dann manches Schreiben zur Ernennung dänischer Bischöfe, in dem die Vasallen des jeweiligen Stifts ausdrücklich zu Treue und Diensten gegenüber dem neuen Amtsträger aufgefordert werden.[40] Die dabei verwendeten Termini „fidelitas" und „servicia" sind mit einem klassischen Modell des Lehnswesens gut in Einklang zu bringen, jedoch liegt zugleich eine Reihe solcher Ernennungsurkunden vor, in denen der explizite Hinweis auf

---

36 Eine Edition der den Konflikt betreffenden Quellen erfolgte teils im Diplomatarium Danicum, hier DD I,7, Nr. 228 (1246 Oktober 18 Lyon). Teils wurden die Urkunden von Alfred Krarup und William Norvin gesammelt und herausgegeben: Acta processus litium, S. 7–17 (1254–1257); ebd., S. 56 f. (1260–1261); ebd., S. 57–59 (1260–1261); DD II,1, Nr. 422, und ebd., S. 67–72 (1264 April 4 Orvieto).

37 Nach Acta processus litium, S. 30 f. (1257) versuchte der Erzbischof u. a., die Verpflichtung zum Leding „more italico" auf sechs Wochen zu begrenzen. Er behielt sich zudem das Recht vor, selbst eine Auswahl zu treffen, wen er zum Leding aufbieten wollte, dazu ebd., S. 40–43 (1262).

38 DD II,1, Nr. 422, und Acta processus litium, S. 67–72 (1264 April 4 Orvieto). Vgl. Christensen, Kongemagt, S. 153.

39 DD II,1, Nr. 422, und Acta processus litium, S. 67–72 (1264 April 4 Orvieto).

40 DD II,3, Nr. 30 (1282 April 13 Ovieto), zu Lund; DD II,6, Nr. 422 (1312 Mai 8 Vienne), zu Aarhus; DD II,10, Nr. 315 (1331 Juni 19 Avignon), zu Schleswig, und Nr. 381 (1332 Juni 16 Avignon), zu Schleswig; DD III,1, Nr. 310 (1343 April 4 Avignon), zu Schleswig; DD III,3, Nr. 430 (1351 Mai 23 Villeneuve), zu Schleswig; DD III,4, Nr. 339 (1355 Oktober 5 Avignon), zu Lund; DD III,6, Nr. 101 (1361 Oktober 25 Avignon), zu Lund; DD III,7, Nr. 299 (1365 September 19 Avignon), zu Ripen; DD III,8, Nr. 331 (1369 Juli 21 Montefiascone), zu Roskilde.

die kirchlichen Vasallen fehlt.[41] Zudem ist die Aussagekraft dieser Schreiben für den Einzelfall zu hinterfragen, weil sie – wie anhand der stark repetitiven Formulierungen nachvollzogen werden kann – recht starren formalen Regeln folgten und zudem in großer räumlicher Entfernung zum Untersuchungsgebiet verfasst wurden.

In weiteren Fällen ergeben sich Zweifel an der Signifikanz des Vasallenbegriffs bzw. an dessen zwangsläufiger Verknüpfung mit dem Lehnswesen. So teilte der Stralsunder Rat 1364 dem Hansetag in Rostock mit, dass zuverlässigen Nachrichten zufolge im Grönsund bei der Insel Falster eine Flotte von 3.000 Vasallen des dänischen Königs liege, die einen Angriff auf Stralsund oder Rostock plane.[42] Hier sind nicht oder keinesfalls zwingend Personen gemeint, die in einem an ein Lehen geknüpften Vasallenverhältnis zum König standen.[43]

Für den Vasallenbegriff stellt sich mithin die Frage, wann dieser überhaupt Anwendung fand. Die Annahme, jeder Vasall sei ein Gefolgsmann, aber nicht jeder Gefolgsmann ein Vasall – eben, weil andere Formen der Gefolgschaft ebenso denkbar sind – trifft allem Anschein nach nicht zu, weil der Begriff „vasallus“ offensichtlich doch mitunter Gefolgsleute im weiteren Sinne bezeichnen konnte. Einschränkend ist zu bemerken, dass der genannte Brief an den Hansetag eine Außenansicht auf die dänischen Verhältnisse widerspiegelt und darüber hinaus die grundsätzliche Information über die Bedrohungslage von größerer Bedeutung für die Auswahl des Begriffs gewesen sein mag als unbedingte terminologische Präzision.[44]

Zur Frage der Stellung zur Verwaltung

Auch in Bezug auf die zur Beschreibung eines Lehens genutzten Begriffe ergibt sich eine Mehrdeutigkeit, die neue Herausforderungen mit sich führt. Einerseits werden die Begriffe „len“ und „forlene(n)“ durchaus im Wortsinn des lateinischen Termini „feudum“ und „infeudare“ genutzt, etwa in Bezug auf die sogenannten Fürstenlehen wie das Herzogtum Schleswig oder die Grafschaft Halland im

---

41 Zum Beispiel DD III,7, Nr. 164 (1364 Oktober 7 Avignon); DD III,7, Nr. 303 (1365 September 19 Avignon), zu Børglum.

42 DD III,7, Nr. 95 (1364 Mai 6): „quod uasalli regis Danorum armati. iii. milia. cum nauibus parati iacent. in portu Grønessund“.

43 Für die Belehnung bzw. Beleihung von Gefolgsleuten dänischer Könige finden sich nur sehr vereinzelt Hinweise. Es ist kaum davon auszugehen, dass hier gleich 3.000 ein Lehen übertragen bekommen haben sollen.

44 DD III,7, Nr. 95 (1364 Mai 6).

heutigen Westschweden.[45] Andererseits und weitaus häufiger verweist „len" jedoch auf einen in der Regel mit einer Burg in Verbindung stehenden lokalen Verwaltungsbezirk.[46] Dieser Bezirk unterstand dem sogenannten „lensman", der wiederum nicht mit dem klassischen Lehnsmann, d. h. mit dem Vasallen, verwechselt werden sollte.[47]

Aufgrund dieser begrifflichen Vieldeutigkeit kann der dänische Begriff „lensvæsen" einerseits für ein Lehnswesen im feudalen Sinne, andererseits für die Verwaltung der besagten Lehnsbezirke und für deren Gesamtheit stehen.[48] Da der Begriff „dansk lensvæsen" sich in der dänischen Forschung auf die Lokalverwaltung bezieht, sollte auch im Deutschen in Bezug auf das feudale Lehnswesen nicht vom „dänischen Lehnswesen" gesprochen werden. Die große begriffliche Ähnlichkeit im Dänischen lässt jedoch die Frage aufkommen, in welcher Beziehung Lehnswesen und Administration zueinander eigentlich standen.

Die hierzu in Bezug auf Dänemark geführte Debatte reicht bis ins 19. Jahrhundert zurück, bis zu den Antagonisten Ludvig Holberg und dem bereits genannten Kristian Erslev.[49] Holberg hatte 1886 auf eine seiner Ansicht nach vorliegende Untrennbarkeit von Amt und Lehen verwiesen.[50] 1899 sprach er dann von einer Lehnsorganisation, die zwar auf dem Gefolgschaftsverhältnis von Herren und deren Männern beruhte, seiner Ansicht nach jedoch ein dänischer Sonderfall

45 So Detmar III, S. 455 f., § 549, wonach Waldemar III. Graf Gerhard III. von Holstein-Rendsburg mit dem Herzogtum Schleswig, Graf Johann III. mit Lolland, Falster und Fehmarn sowie den dänischen Adligen Knud Porse mit Halland belehnte, und zwar explizit „mit vanen, als enem vorsten en koning plecht to lenede". In der wie die Detmar-Chronik in Lübeck, allerdings auf Latein verfassten Chron. Nov., S. 239, fehlen klare lehnrechtliche Termini und Bezüge. Nach ihrem ins Jahr 1327 datieren Bericht „concessit" Waldemar Gerhard Fünen und „dedit" Johann die drei Inseln. In der urkundlichen Überlieferung finden sich wiederum zahlreiche lehnrechtliche Begriffe. Zur Belehnung Gerhards siehe DD II,9, Nr. 295; SHRU III, Nr. 590; SHUS II, S. 64 f. (1326 August 15 Nyborg). Zur Belehnung Johanns siehe DD II,10, Nr. 73; SHRU III, Nr. 666 (1328 November 30 Lübeck).

46 Lerdam, Len, S. 12 f., unterscheidet hierbei unterschiedliche Lehnstypen, die sogenannten Haupt- oder Burglehen – letztere sind Hauptlehen, die von einer Burg aus verwaltet werden –, und verweist darauf, dass über deren Zusammensetzung und Umfang nur wenig bekannt sei.

47 Zu diesen Verwaltern, ihren Pflichten und Diensten und den Bedingungen, unter denen sie eingesetzt wurden, vgl. Christensen, Len, S. 19–27.

48 Eine klare Abgrenzung nimmt etwa ebd., S. 11, vor, der ausführt, unter „dänischem Lehnswesen" müsse „in erster Linie dänische lokale Administration" verstanden werden.

49 Zur Diskussion zwischen Erslev und Holberg etwa Gelting, Féodalisation, S. 141 f. sowie ders., Perspektiv, S. 147 f.

50 Holberg, Kong, S. 204 f.

war.[51] Zumindest Holbergs These einer Untrennbarkeit von Amt und Lehen widersprach Kristian Erslev vehement, denn nach seiner Auffassung stand das Lehnswesen für die Auflösung allen Staatswesens und konnte schon allein deshalb mit der Verwaltung gar nichts zu tun haben.[52]

Mit Erslevs teils polemischer Einlassung erstarrte die Debatte zum möglichen Zusammenhang von Amt und Lehen weitgehend, weil die Forschung sich in der Regel seiner Position anschloss, diese nur minimal modifizierte oder der Frage auswich und eine eindeutige Positionierung vermied.[53] 2004 zeichnete Nils Hybel das stark an die Lehnspyramide erinnernde Bild einer von reziproken Beziehungen geprägten hierarchischen Gliederung der dänischen Gesellschaft des Mittelalters und ordnete die dänischen Lehnsmänner als Verwalter der Lehen darin klassisch als Vasallen ein.[54] Diese Interpretation der historischen Strukturen stieß auf teils heftige Ablehnung, so meinte etwa Anders Bøgh in einer insgesamt äußerst kritischen Rezension in der Dänischen Historischen Zeitschrift, die Trennung zwischen den „feudalen Fürstenlehen und den Amtslehen“ sei etabliert.[55] Wenn aber eine Annahme als etabliert angesehen wird, ist dies nicht zwangsläufig ein Beleg für deren Richtigkeit – vielmehr kann die Formulierung Bøghs auch als Anreiz gelesen werden, die dominierende Forschungsmeinung zu hinterfragen! Erslevs wirkmächtige Ausführungen wiederum können dabei als das eingeordnet werden, was sie eigentlich sind: Eine Tatsachenbehauptung, die als Tatsache missverstanden wurde.

Freilich gestaltet es sich aufgrund der Quellenlage schwierig, den Beweis für eine Verknüpfung oder Überschneidung von Administration und Lehnswesen in Dänemark zu führen, womit nur der Hinweis bleibt, bei den auf Burgen sitzenden Verwaltern habe es sich in der Regel um königliche Gefolgsleute gehandelt.[56] Zwar können also die von Harry Christensen angeführten Unterschiede besagter Verwalter zu den Lehnsmännern klassischer Prägung nicht ignoriert werden: Letztere wurden in einer feierlichen Zeremonie ernannt, die „dänischen Lehnsmänner“ hingegen waren königliche Amtleute, erfüllten also ihre Herrschaftsfunktion im Namen eines anderen – und dies auch nur, solange der König dies wünschte.[57] Die Bewohner des jeweiligen Verwaltungsbezirks blieben Untersassen des Königs, der sich mitunter sogar gegen den jeweiligen

---

51 Ders., Kirke, S. 255. Vgl. Erslev, Feudalisme, S. 248 und S. 261.

52 Vgl. ebd., S. 251. Zu den „staatsauflösenden Tendenzen“ auch Christensen, Len, S. 12.

53 Vgl. Christensen, Len, S. 13 sowie Lerdam, Len, S. 12.

54 Hybel, Danmark, S. 242.

55 Bøgh, Hobbyværksted, S. 418. Übersetzung aus dem Dänischen durch den Verfasser.

56 Vgl. Lerdam, Len, S. 12, mit dem Hinweis, dass die „Lehnsmänner“ im von ihm behandelten Zeitfenster (1370–1443) ihr Lehen als „Amtmänner der Krone“ verwalteten.

57 Christensen, Len, S. 11.

Verwalter für sie einsetzte.[58] Bereits die Notwendigkeit einer solchen Fürsprache zeigt indes, dass mitunter einzelne „dänische Lehnsmänner" derart eigenständig agiert haben müssen, dass es notwendig wurde, in königlichen Urkunden etwa zum Strandgut die Empfänger der entsprechenden Privilegien vor Personen in Schutz zu nehmen, die als Amtleute oder „advocati" angesprochen sind.[59] In einer Urkunde König Waldemars II. von 1240 findet sich sogar der Hinweis auf „aduocati et alii infeudati", auf „Vögte und andere Lehnsnehmer" also.[60] Daraus könnte zwar geschlossen werden, dass die Verwalter in der Regel auch Lehnsnehmer waren, jedoch betrifft das Dokument ohnehin nicht Dänemark, sondern das ebenso unter Waldemars Herrschaft stehende Estland und lässt insofern nur für diesen Raum Aussagen zu.[61] Der Lehrsatz von einer messerscharfen Trennung von Lehen und Verwaltung, wie er sich bei Erslev und anderen findet, steht nach meinem Dafürhalten jedoch auch in Bezug auf Dänemark im Widerspruch zur Quellenlage, die einfach zu lückenhaft für Aussagen mit einem derartigen Absolutheitsanspruch ist. Vielleicht sollte deshalb eher von einem kaum konkreter zu greifenden Graubereich ausgegangen werden.

Lehnswesen und/oder Geldwesen

Bezüglich von Verpfändungen wiederum lässt sich nachvollziehen, dass der Pfandnehmer dem Pfandgeber mit Bewaffneten die offenbar an das übertragene Land geknüpften Dienste leisten musste.[62] Dies konnte keineswegs im Sinne der meist adligen Pfandnehmer sein, und so musste 1483 König Hans in seiner Handfeste zusichern, dass sich aus Pfandbesitz keine Dienstpflicht ergeben durfte.[63] Auf den Zusammenhang einer Verpfändung mit der Dienstpflicht lässt eine 1329 ausgestellte Urkunde schließen, der zufolge König Christopher II. dem holsteinischen Adligen Johann Kale einen Hof in Sørup im Süden der Insel Fünen übertrug.[64] Johann hatte Anspruch auf Erträge in Höhe von 200 Mark; konnte dieser Betrag durch den Ertrag des Hofes nicht gedeckt werden, sollte der König die Einkünfte bis zu dieser Summe aufstocken, Überschüsse aber waren der

58 Ebd.

59 Zum Beispiel DD II,3, Nr. 276 (1288 Januar 2 Helsingborg) und DD III,6, Nr. 340 ([1363] Mai 21 Nykøbing).

60 DD I,7, Nr. 42 (1240 Juli 14 Vordingborg).

61 Ebd. nimmt genauer gesagt auf Estland, Wierland sowie Gerwien Bezug.

62 Vgl. dazu im Folgenden.

63 Haandfæstninger, Nr. 14 (1483 Februar 1 Halmstad): „Jtem hwer godman vdi wore rige nyde sine pant effther sine breffs ludelsse wden thieniste oc tyge, wden hwes wij kunne haffue met therres mynne."

64 DD II,10, Nr. 130; SHRU III, Nr. 691 (1329 Juli 10 Lütjenburg).

königlichen Kammer abzutreten.[65] Der Lehnsnehmer und dessen Erben mussten darüber hinaus den „homagium" leisten, auf dem Hof ihren Wohnsitz nehmen und den König mit drei Bewaffneten unterstützen.[66]

Bereits im Jahr darauf, 1330, belehnten König Christopher II. und dessen Sohn Erik dann Graf Gerhard III. von Holstein-Rendsburg mit Fünen und räumten ihm darüber hinaus eine Anwartschaft auf das Herzogtum Südjütland ein.[67] Bei einem erbenlosen Tod des dortigen Herzogs Waldemar III. sollte dessen Herzogtum damit Gerhard und dessen Erben zufallen, die dann Fünen an den König oder dessen Nachfolger abtreten sollten.[68] Die Belehnung mit der Insel bezog ausdrücklich alle dort wohnhaften königlichen Vasallen mit ein, die Gefolgschaft stand damit offenbar mit einem bestimmten Raum in einem Zusammenhang.[69]

Auch die Vergabe von Pfändern gegen Kriegsdienste kann vorsichtig als Hinweis auf einen Graubereich zwischen Geld- und Lehnswesen gelesen werden. So schlossen König Christopher II. und dessen Sohn 1326 ein Bündnis mit Heinrich II. von Mecklenburg sowie mit Johann II. und Johann III. von Werle.[70] Die drei norddeutschen Fürsten sollten ihnen ein halbes Jahr lang mit 600 Reitern dienen und dafür 3.000 Mark Silber sowie die einem Pfandwert von 13.000 Mark entsprechenden dänischen Inseln Lolland, Falster und Mön erhalten.[71] Wiederum werden die dortigen Vasallen als Teil des Pfandgutes erwähnt und hatten dem dänischen König weiterhin Dienste zu leisten, wohingegen sich kein Hinweis finden lässt, dass sie von diesem irgendein Lehen empfangen hatten – ausdrücklich nach dem Pfandrecht mussten sie indes den

---

65 DD II,10, Nr. 130 (1329 Juli 10 Lütjenburg): „et si in redditibus ducentarum marcarum supradictarum in eisdem bonis aliquem defectum pateratur [illum de a]liis bonis eidem supplebimus [...] quidquit uero dictis ducentarum marcarum redditibus superfuerit hoc nostre burse [et camere applicari de]bebit."

66 DD II,10, Nr. 130 (1329 Juli 10 Lütjenburg): „dictus Ihonnes cale et sui heret qui pro tempore fuerint in eisdem bonis residenciaum fecerint corporalem [...] [ui]ris armigeris et dextrariis expeditis nobis et nostris heredibus cum fidelitatis homagio [tenebuntur expedite sub] uenire qualibet contradictione semota."

67 DD II,10, Nr. 200; SHRU III, Nr. 711; SHUS II, Nr. 67, S. 75–77 (1330 Februar 25 Ripen).

68 DD II,10, Nr. 200 (1330 Februar 25 Ripen): „nos. comitem predictum et heredes suos de Ducatu Sunderiucie inpheodare tenemur et debemus. quem et actu cum dicto Domicello insolidum inpheodauimus. et postquam sepedictus Comes et heredes sui post mortem dicti Domicelli de dicto Ducatu inpheodati per nos fuerint et possessionem ipsius pacificam adepti."

69 Ebd.: „Cum vniuersis vasallis habitatanibus in eadem."

70 DD II,9, Nr. 261 (1326 Mai 3 Nykøbing Falster).

71 Ebd.

Pfandnehmern einen Treueeid leisten.[72] Zwischen dem dänischen König und den drei Fürsten bestand hingegen offenbar kein Vasallenverhältnis, was wiederum für eine Einordnung der Urkunde als Soldvertrag spricht, in dem die Übertragung von Land bzw. der daran geknüpften Einnahmen ein wichtiger Bestandteil der Bezahlung für Kriegsdienste war.

Ein temporärer Sonderfall?

Die Verpfändung und Verlehnung weiter Teile des dänischen Reichs an norddeutsche Fürsten war ein zentrales Charakteristikum der Regierungszeit Christophers II.[73] Bei beiden Formen der Landleihe war eine zeitliche Begrenzung der Übertragung angestrebt, doch in der Praxis kam es vielfach zur langjährigen Entfremdung von der dänischen Krone. Christopher wurde und wird auch deshalb oft negativ rezipiert, wurden seine wichtigsten Herrschaftsinstrumente doch als Gründe für eine langwierige Schwächephase des dänischen Königtums angesehen.[74] Indes kann anhand der damals entstandenen Quellen das Neben- und Miteinander unterschiedlicher Leiheformen herausgearbeitet werden, wobei jede Belehnung als leihweise Übertragung von Land einzuordnen ist, aber bei weitem nicht jede leihweise Landübertragung als Belehnung.[75] Das erste Drittel

72 Ebd.: „Uasalli quoque predictarum terrarum facient predictis dominis. et eorum heredibus. ad ius pignoris fidelitatis homagium. ita tamen. quod per gwerram instandtem. quamdiu durauerit. dicti uasalli. nobis et liberis nostris. de dominio Rothstok seruire tentur. seruire tenantur. ad quod seruicium faciendum. non per nos. sed per predictos dominos compellantur.“

73 Exemplarisch genannt seien für das eigentliche mittelalterliche Dänemark die Überlassung von Blekinge an Ludvig Albertsen – DD II,8, Nr. 195 (1320 März 31 Vordingborg). Übertragung von Lolland, Falster und Mön an eine Reihe norddeutscher Fürsten – DD II,9, Nr. 261 (1326 Mai 3 Nykøbing Falster). Verpfändung Lollands an Johann III. von Holstein-Plön – DD II,10, Nr. 74 (1328 November 30 Lübeck). Übertragung Fünens an Gerhard III. von Holstein-Rendsburg – ebd., Nr. 200 (1330 Februar 25 Ripen).

74 Paludan, Conceptions, S. 269, spricht für den Zeitabschnitt 1320–1340 – also die Regierungszeiten von Christopher II. (1320–1326 und 1329–1332) und Waldemar III. (1326–1329) sowie das anschließende achtjährige Interregnum – von einer „period of political desintegration“, die gesehen werde müsse als ein „result of an unfortunate aristocration“. Gelting, Problem, S. 182, sieht das zweite Viertel des 14. Jahrhunderts als größte Krisenzeit des mittelalterlichen Dänemarks, verursacht dadurch, dass „practically all of the resources of the kingdom had been mortgaged to the king’s German creditors [...]“.

75 Auf die Ausdifferenzierung haben Dendorfer/Patzold, Zusammenfassung, S. 463 f., in dem von ihnen gemeinsam herausgegebenen Sammelband hingewiesen, der „Leihen als soziale Praxis“ in den Blick nimmt. Zu nennen sind vor allem Pacht- und Pfandgeschäfte.

des 14. Jahrhunderts ist diesbezüglich jedoch ein Sonderfall, da Christopher und vor ihm bereits sein Bruder Erik Menved Verpfändungen und Belehnungen in höherem Maße anwandten als ihre Vorgänger oder Nachfolger.[76] Sowohl bezüglich der königlichen Landleihe als auch hinsichtlich der Verwendung lehnrechtlicher Begriffe – oder von Termini, die zumindest dahingehend gedeutet werden können – wird somit eine Hochkonjunktur erkennbar. Doch kann diese Häufung in der Art interpretiert werden, dass das mitteleuropäische Lehnswesen in diesem Zeitraum besonders häufig adaptiert und angewendet wurde?

Resümee

Das Festhalten an althergebrachten wissenschaftlichen Konzepten ist bequem und somit verlockend, jedoch bieten diese lediglich eine trügerische Sicherheit, vor allem wenn nur wenige und zudem eher widersprüchliche schriftliche Quellen vorliegen. Wie anhand einer Reihe von Beispielen aufgezeigt, können verschiedene Formen temporärer Landübertragung in der schriftlichen Überlieferung nicht immer klar umrissen werden; ebenso konnten sich die Formen persönlicher Bindungen zwischen zwei Akteuren sowie die weiteren Konstellationen in deren Umfeld stark unterscheiden. Wenn eine exaktere Abgrenzung möglich sein soll, ist das nur mittels der Begrifflichkeiten der schriftlichen Quellen denkbar, die indes aufgrund ihrer Mehrdeutigkeit eine ganz eigene Problematik in sich tragen.[77] Von einer punktuellen Nutzung lehnrechtlicher Termini darf keineswegs zwangsläufig auf eine umfassende Existenz des Lehnswesens in seiner klassischen Ausprägung geschlossen werden.[78] Oft stehen Begriffe auch in der dänischen Überlieferung für sich allein, beim „vasallus" fehlt also der Bezug zum „feudum" und umgekehrt.[79] Somit liegen für dieses skandinavische Königreich zwar punktuell Hinweise auf das Lehnswesen vor, die indes keineswegs als Ausdruck einer im Untergrund, also weitestgehend unter dem Radar der Schriftquellen bestehenden umfassenden

---

76 Paludan, Tiden, S. [455], spricht von einem fortschreitenden Feudalisierungsprozess bzw., ebd., S. 458, sogar von einer „Feudalauflösung".

77 Auf die Problematik einer Ableitung wissenschaftlicher Begriffe aus den Quellenbegriffen haben freilich Dendorfer/Patzold, Tenere, S. 16, hingewiesen.

78 So begegnet etwa der Begriff „homagium" im Kontext von Verpfändungen, dazu DD II,9, Nr. 261 (1326 Mai 3 Nykøbing Falster).

79 Hervorzuheben sind vielmehr jene Urkunden, in denen sich beide Begriffe finden, zum Beispiel DD II,5, Nr. 341 (1304 Oktober 14 Vordingborg), die bezeichnenderweise auf die Belehnung Witzlaws III. mit Rügen und einigen Festlandbesitzungen Bezug nimmt. DD II,9, Nr. 304 (1326 August 16 Nyborg) befasst sich mit der Belehnung Gerhards III. von Holstein-Rendsburg durch Waldemar III. von Dänemark mit dem Herzogtum Schleswig.

Lehnsorganisation im feudalen Sinne zu deuten sind. Auch hinsichtlich möglicher Bezüge von Lehnswesen und Verwaltung ist aufgrund der Überlieferungslage – stets muss von erheblichen Quellenverlusten ausgegangen werden – von Aussagen mit Absolutheitsanspruch total Abstand zu nehmen.

Die Lücken in der Überlieferung sollten nicht auf Grundlage wissenschaftlicher Modelle befüllt werden, vielmehr kann diese Unsicherheit – oder, positiv gewendet, „produktive Verunsicherung" – ein wirksamer Schutz gegen falsche Modellvorstellungen sein, wenn denn offen damit umgegangen wird.[80] Trotz der gegenüber wissenschaftlichen Modellen geäußerten Skepsis soll der vorliegende Beitrag jedoch ausdrücklich nicht als Plädoyer für deren grundsätzliche Abschaffung missverstanden werden: Modelle können durchaus zu einem besseren Verständnis des Mittelalters beitragen, dessen Komplexität aber natürlicherweise nur unzureichend erfassen und abbilden. Das gilt nicht zuletzt für das Lehnswesen, dessen Definition ausreichend flexibel sein muss, damit sie den Blick auf das Wesentliche nicht verstellt: Auf die historischen Quellen, die eben ihrerseits oft sehr variabel sein können. Und wo diese fehlen, dürfen zwar Vermutungen angestellt, allerdings keinesfalls als Tatsachen dargestellt oder missverstanden werden. Wo der Baum keine oder aber nur wenige und verdeckte Früchte trägt, können zumindest auf den ersten Blick nur begrenzt Aussagen getroffen werden. Dann ist zur näheren Bestimmung womöglich eine detaillierte und kritische Inaugenscheinnahme unter Berücksichtigung beispielsweise der Rinde und der Blätter notwendig.[81]

Gedruckte Quellen

Acta processus litium = Krarup, Alfred/Norvin, William (Hgg.): Acta processus litium inter regem Danorum et archiepiscopum Lundensem, Kopenhagen 1932.

Ann. Patherb. = Kaufmann, Heinz (Bearb.): Annalium Patherbrunnensium Fragmenta (MGH SS 30/2), Hannover 1934, S. 1330–1332.

Ann. S. Aegidii Brunsvic. Exc. = Heinemann, Lothar von (Hg.): Annalium S. Aegidii Brunsvicensium Ecerpta (MGH SS 30/1), Hannover 1896, S. 7–15.

Ann. Saxo = Nass, Klaus (Hg.): Die Reichschronik des Annalista Saxo (MGH SS 37), Hannover 2006.

Ann. Stad. = Lappenberg, Johann Martin (Hg.): Annales Stadenses (MGH SS 16), Hannover 1859, S. 271–379.

---

80 Zur „produktiven Verunsicherung" Auge, Ausbildung, S. 337 f.

81 Ich danke Oliver Auge für dieses im Anschluss an meinen Vortrag noch auf der Tagung geäußerte Gleichnis.

Ann. Hild. = Waitz, Georg (Hg.): Annales Hildesheimenses (MGH SS rer. Germ. 8), Hannover 1878, S. 1–69.
Chron. Hol. = Lappenberg, Johann Martin (Hg.): Chronicon Holtzatiae auctore Presbytero Bremensis Dioceses (MGH SS 21), Hannover 1869, S. 253–306.
Chron. Nov. = Schwalm, Jakob (Hg.): Die Chronica Novella des Hermann Korner, Göttingen 1895.
Cron. S. Petri Erford. mod. = Holder-Egger, Oswald (Hg.): Monumenta Erphesfurtensia saec. XII. XIII. XIV. (MGH SS rer. Germ., 42), Hannover 1899, S. 150–398.
DD I,7 = Skyum-Nielsen, Niels/Nielsen, Herluf (Hgg.): Diplomatarium Danicum, 1. Række, Bd. 7: 1238–1249, Kopenhagen 1990.
DD II,1 = Blatt, Franz/Hermansen, Gustav (Hgg.): Diplomatarium Danicum, 2. Række, Bd. 1: 1250–1265, Kopenhagen 1948.
DD II,3 = Afzelius, Adam/Blatt, Franz (Hgg.): Diplomatarium Danicum, 2. Række, Bd. 3: 1281–1290, Kopenhagen 1939.
DD II,5 = Blatt, Franz/Christensen, C. A. (Hgg.): Diplomatarium Danicum, 2. Række, Bd. 5: 1299–1305, Kopenhagen 1943.
DD II,6 = Blatt, Franz/Olsen, Kåre (Hgg.): Diplomatarium Danicum, 2. Række, Bd. 6: 1306–1312, Kopenhagen 1948.
DD II,9 = Afzelius, Adam (Hg.): Diplomatarium Danicum, 2. Række, Bd. 9: 1323–1327, Kopenhagen 1946.
DD II,10 = Christensen, C. A. (Hg.): Diplomatarium Danicum, 2. Række, Bd. 10: 1328–1332, Kopenhagen 1948.
DD III,1 = Christensen, C. A./Nielsen, Herluf (Hgg.): Diplomatarium Danicum, 3. Række, Bd. 1: 1340–1343, Kopenhagen 1958.
DD III,3 = Christensen, C. A./Nielsen, Herluf (Hgg.): Diplomatarium Danicum, 3. Række, Bd. 3: 1348–1352, Kopenhagen 1963.
DD III,4 = Christensen, C. A./Nielsen, Herluf (Hgg.): Diplomatarium Danicum, 3. Række, Bd. 4: 1353–1356, Kopenhagen 1966.
DD III,6 = Christensen, C. A./Nielsen, Herluf (Hgg.): Diplomatarium Danicum, 3. Række, Bd. 6: 1361–1363, Kopenhagen 1969.
DD III,7 = Christensen, C. A./Nielsen, Herluf (Hgg.): Diplomatarium Danicum, 3. Række, Bd. 7: 1364–1366, Kopenhagen 1980.
DD III,8 = Christensen, C. A./Nielsen, Herluf (Hgg.): Diplomatarium Danicum, 3. Række, Bd. 8: 1367–1370, Kopenhagen 1980.
DD V = Diplomatarium Danicum, abrufbar unter https://tekstnet.dk/books/dipdan/ (Letzter Zugriff am 03.07.2025).
Detmar III = Historische Commission bei der Königlichen Akademie der Wissenschaften (Hg.): III. Detmar-Chronik von 1101–1395 mit der Fortsetzung von 1395–1400, in: Die Chroniken der niedersächsischen Städte. Lübeck, Bd. 1 (Chroniken der deutschen Städte vom 14. bis zum 16. Jahrhundert 19), Leipzig 1884, S. 187–597.

Haandfæstninger = Selskabet for udgivelse af kilder til dansk historie (Hg.): Samling af danske kongers haandfæstninger og andre lignende acter. Af Geheimarchivets aarsberetninger, Kopenhagen 1856–1858 (ND Kopenhagen 1974).

Rimkrønike I = Toldberg, Helge (Hg.): Den Danske Rimkrønike I. Ghementrykket 1495 med variantapparat, Kopenhagen 1961.

Rimkrønike III = Toldberg, Helge (Hg.): Den Danske Rimkrønike III. Nedertysk oversættelse (Københavns-Håndskriftet), Kopenhagen 1959.

Saxo Grammaticus = Friis-Jensen, Karsten (Hg.)/Seeberg, Peder (Übers.): Saxo Grammaticus. Gesta Danorum. Danmarkshistorien, 2 Bde., Kopenhagen 2005.

SHRU III = Hasse, Paul (Bearb.): Schleswig-Holstein-Lauenburgische Regesten und Urkunden, Bd. 3: 1301–1340, Hamburg 1896.

SHUS II = Urkundensammlung der Schleswig-Holstein-Lauenburgischen Gesellschaft für Vaterländische Geschichte, Bd. 2, Kiel 1842–1858.

Darstellungen

Auge, Oliver: Ausbildung und Verbreitung des Lehnswesens im Reich und in Italien im 12. und 13. Jahrhundert – eine Zusammenfassung, in: Ausbildung und Verbreitung des Lehnswesens im Reich und in Italien im 12. und 13. Jahrhundert (VuF 76), hg. von Karl-Heinz Spieß, Ostfildern 2013, S. 337–356.

Ders.: Lothar III., Nordelbingen und das dänische Königtum, in: DA 74 (2018), S. 89–110.

Beumann, Helmut: Das päpstliche Schisma von 1130, Lothar III. und die Metropolitanrechte von Magdeburg und Hamburg-Bremen in Polen und Dänemark, in: Deutsche Ostsiedlung in Mittelalter und Neuzeit (Studien zum Deutschtum im Osten 8), S. 20–43.

Bloch, Marc: Apologie der Geschichtswissenschaft oder Der Beruf des Historikers. Nach der von Étienne Bloch edierten französischen Ausgabe hg. von Peter Schöttler. Vorwort von Jacques Le Goff. Aus dem Französischen von Wolfram Beyer, Stuttgart 2002.

Bøgh, Anders: Fra det historiske hobbyværksted – eller Nils Hybel som Sheherazade?, in: HTD 104 (2004), S. 414–422.

Brandt, Ahasver von: Werkzeug des Historikers. Eine Einführung in die Historischen Hilfswissenschaften. Mit aktualisierten Literaturnachträgen und einem Nachwort von Franz Fuchs (Kolhammer Urban-Taschenbücher 33), Stuttgart [16]2003.

Brøndum-Nielsen, Johannes: Om Rimkrønikens sprogform og tilblivelse. Festskrift udgivet af Københavns Universitet i anledning af hans Majestæt kong Christian X’s 60 aars fødselsdag, Kopenhagen 1930.

Christensen, Aksel E.: Kongemagt og Aristokrati. Epoker i middelalderlig dansk Statsopfattelse indtil Unionstiden, Kopenhagen 1945.
Christensen, Harry: Len og magt i Danmark 1439–1481. De danske slotslens besiddelsesforhold analyseret til belysning af magtrelationerne mellem kongemagt og adel. Med særlig fokus på opgøret i slutningen af 1460'erne (Skrifter udgivet af Jysk selskab for historie 42), Aarhus 1983.
Dendorfer, Jürgen: Der König von Böhmen als Vasall des Reiches? Narrative der deutschsprachigen Forschung des 19. und 20. Jahrhunderts im Licht der Diskussion um das Lehnswesen, in: Friedrich Barbarossa in den Nationalgeschichten Deutschlands und Ostmitteleuropas (19.–20 Jh.), hg. von Knut Görich und Martin Wihoda, Köln 2017, S. 229–284.
Ders.: Das Lehnrecht und die Ordnung des Reiches. „Politische Prozesse" am Ende des 12. Jahrhundert, in: Ausbildung und Verbreitung des Lehnswesens im Reich und in Italien im 12. und 13. Jahrhundert (VuF 76), hg. von Karl-Heinz Spieß, Ostfildern 2013, S. 187–220.
Ders./Patzold, Steffen: Tenere et habere. Leihen als soziale Praxis im Früh- und Hochmittelalter, in: Tenere et habere. Leihen als soziale Praxis im frühen und hohen Mittelalter (Besitz und Beziehungen 1), hg. von Jürgen Dendorfer und Steffen Patzold, Ostfildern 2023, S. 11–23.
Ders./Patzold, Steffen: Zusammenfassung und Folgerungen, in: Tenere et habere. Leihen als soziale Praxis im frühen und hohen Mittelalter (Besitz und Beziehungen 1), hg. von Jürgen Dendorfer und Steffen Patzold, Ostfildern 2023, S. 437–468.
Deutinger, Roman: Kaiser und Papst. Friedrich I. und Hadrian IV., in: Das Lehnswesen im Hochmittelalter. Forschungskonstrukte – Quellenbefunde – Deutungsrelevanz (Mittelalter-Forschungen 34), hg. von Jürgen Dendorfer und Roman Deutinger, Ostfildern 2010, S. 329–346.
Engels, Odilo: Friedrich Barbarossa und Dänemark, in: Friedrich Barbarossa. Handlungsspielräume und Wirkungsweisen (VuF 40), hg. von Alfred Haverkamp, Sigmaringen 1992, S. 353–385.
Erslev, Kristian: Europæisk feudalisme og dansk Lensvæsen, in: HTD II,7 (1899), S. 247–304.
Ders.: Historische Technik. Die historische Untersuchung in ihren Grundzügen dargestellt. Aus dem Dänischen übersetzt von Ebba Brand, München/Berlin 1928.
Ders.: Historisk Teknik. Den historiske Undersøgelse fremstillet i sine Grundlinier, Kopenhagen 1911.
Felder, Ekkehard: Pragmatik des Rechts. Rechtshandeln mit und in Sprache, in: Handbuch Sprache im Recht (Handbücher Sprachwissen 12), hg. von Ekkehard Felder und Friedemann Vogel, Berlin/Boston 2007, S. 45–66.

Gaethke, Hans-Otto: Knud VI. und Waldemar II. von Dänemark und Nordalbingien 1182–1227. Teil I, in: ZSHG 119 (1994), S. 21–99.
Gelting, Michael H.: Féodalisation sans féodalité dans le Danemark médiéval. Une question mal posée, in: Die Gegenwart des Feudalismus = Présence du féodalisme et présent de la féodalité = The presence of feudalism (VMPI 173), hg. von Natalie Fryde, Michel Du Mollat Jourdin und Otto Gerhard Oexle, Göttingen 2002, S. 137–152.
Ders.: Europæisk feudalisme og dansk 1100–1200-tal, in: Kongemagt og samfund i middelalderen: festskrift til Erik Ulsig på 60-årsdagen, 13.02.1988 (Arusia 6), hg. von Poul Enemark, Per Ingesman und Jens Villiam Jensen, Aarhus 1988, S. 3–17.
Ders.: Det komparative perspektiv i dansk højmiddelalderforskning. Om Familia og familie, Lið, Leding og Landeværn, in: HTD 99 (1999), S. 146–188.
Ders.: The Problem of Danish “Feudalism”. Military, Legal, and Social Change in the Twelfth and Thirteenth Centuries, in: Feudalism. New landscapes of debate (The medieval countryside 5), hg. von Sverre Bagge, Michael H. Gelting und Thomas Lindkvist, Turnhout 2011, S. 159–184.
Hedemann, Markus: Danmark, Slesvig og Holsten 1404–1448 – konflikt og konsekvens (Skrifter udgivet af Historisk Samfund for Sønderjylland 114), Apenrade 2018.
Hermann, Pernille: Politiske og æstetiske aspekter i Rimkrøniken, in: HTD 107 (2007), S. 389–411.
Hermanson, Lars: Släkt, vänner och makt. En studie av elitens politiska kultur i 1100-talets Danmark (Avhandlingar från Historiska Institutionen i Göteborg 24), Göteborg 2000.
Hoffmann, Erich: Königserhebung und Thronfolgeordnung in Dänemark bis zum Ausgang des Mittelalters (Beiträge zur Geschichte und Quellenkunde des Mittelalters 5), Berlin/New York 1976.
Holberg, Ludvig: Kirke og len under Valdemarerne. Retshistoriske afhandlinger, Kopenhagen 1899.
Ders.: Leges Waldemari regis. Kong Waldemars Lov. Et bidrag til oplysning om Danmarks statsret i det 13de aarhundrede, Kopenhagen 1886.
Hudson, John G. H.: Imposing Feudalism on Anglo-Saxon England. Norman and Angevin Presentation of Pre-Conquest Lordship and Landholding, in: Feudalism. New landscapes of debate (The medieval countryside 5), hg. von Sverre Bagge, Michael H. Gelting und Thomas Lindkvist, Turnhout 2011, S. 115–134.
Hybel, Nils: Danmark i Europa 750–1300, Kopenhagen 2003.
Lerdam, Henrik: Danske len og lensmænd 1370–1443 (Skrifter udgivet af Institut for historie ved Københavns universitet 18), Kopenhagen 1996.

Olesen, Jens E.: Macht und Recht. Erich von Pommern und die holsteinischen Grafen, in: Liber amicorum. Festschrift für Kjell Ake Modèer, Lund 2007, S. 519–534.

Pajung, Stefan/Liljefalk, Lone: Helmolds Slaverkrønike som kilde til Danmarks, Vendens og Nordtysklands historie, in: HTD 113 (2013), S. 1–38.

Paludan, Helge: Conceptions of Danish Society during the High Middle Ages, in: Scandinavian Journal of History 4 (1974), S. 269–285.

Ders.: Flos Danie. Personer og standpunkter i Dansk politik under kong Niels, in: Historie/Jyske Samlinger 7 (1967), S. 497–525.

Ders.: Tiden 1241–1340, in: Tiden indtil 1340, hg. von Inge Skovgaard-Petersen, Aksel E. Christensen und Helge Paludan, Kopenhagen 1977, S. 401–511.

Patzold, Steffen: Das Lehnswesen im Spiegel historiographischer Quellen des 12. und 13. Jahrhunderts, in: Ausbildung und Verbreitung des Lehnswesens im Reich und in Italien im 12. und 13. Jahrhundert (VuF 76), hg. von Karl-Heinz Spieß, Ostfildern 2013, S. 269–306.

Reynolds, Susan: Fiefs and vassals after twelve years, in: Feudalism. New landscapes of debate (The medieval countryside 5), hg. von Sverre Bagge, Michael H. Gelting und Thomas Lindkvist, Turnhout 2011, S. 15–26.

Dies.: Fiefs and vassals. The medieval evidence reinterpreted, Oxford 1994.

Riis, Thomas: The Significance of 25 June, 1170, in: Of chronicles and kings. National saints and the emergence of nation states in the High Middle Ages (Danish humanist texts and studies 52), hg. von John D. Bergsagel, David Hiley und Thomas Riis, Kopenhagen 2015, S. 91–102.

Schieffer, Rudolf: Das Lehnswesen in den Urkunden der Kaiserin Konstanze, in den frühen Königsurkunden Friedrichs II. und in den Urkunden der Könige von Jerusalem, in: Ausbildung und Verbreitung des Lehnswesens im Reich und in Italien im 12. und 13. Jahrhundert (VuF 76), hg. von Karl-Heinz Spieß, Ostfildern 2013, S. 221–238.

Svendsen, Nick B.: Medieval wars in the Duchy of Schleswig 1410 to 1432 and the quest for the Nordic Countries, Kopenhagen 2018.

Weibull, Curt: Saxo. Kritiska undersökningar i Danmarks historia från Sven Estridsens död till Knut VI., Lund 1915.

Lehnsfrauen in Dänemark im Spätmittelalter und in der Reformationszeit[1]

Grethe Jacobsen

In her contribution, Grethe Jacobsen focuses on a phenomenon that has long been known to researchers, but has never been systematically investigated: the female possessors of the Danish "Len". Despite the similarity of the words in Danish and the similarity to the German term "Lehen", i. e. fief, the "Len" are not to be regarded as feudal fiefdoms, rather they were administrative districts of different extent. When filling these positions, men were clearly favored, i. e. if a man was available, he was appointed. Nevertheless, women were appointed to such positions, which opened up wide-ranging fields of activity for them. All the women in these posts were members of the nobility, and their activities can be interpreted against the background of the nobility's dominance in Danish society and politics up to 1660.

Mein Interesse an den weiblichen Lehnsleuten wurde geweckt, als ich mir jene Liste über die Lehen und Lehnsleute im sechszehnten Jahrhundert anschaute, die der bekannte dänische Historiker Kristian Erslev 1879 erstellt hat. In dieser Übersicht erscheinen mehrere weibliche Lehnsleute, das heißt diese Frauen waren Inhaberinnen von Lehen (im Folgenden „Lehnsfrauen" genannt). Erslev hat dieses Phänomen nicht kommentiert, sodass der Nachwelt verborgen blieb, dass die Lehnsfrauen ein „Amt" ausübten – und damit delegierte Herrschaft. Dies ist bislang aus keinem kontinentaleuropäischen Land bekannt, weshalb sich die Frage stellt, unter welchen Bedingungen adelige Frauen im Königreich Dänemark eine derartige Stellung einnehmen konnten.

Das Lehen – dänisch „len" – war eine zentrale Institution der königlichen Herrschaftsausübung im spätmittelalterlichen Dänemark, hat aber wenig mit dem klassischen Lehen des frühen und hohen Mittelalters in Kontinentaleuropa zu tun.[2] Der König nutzte das Krongut, indem er einzelne Teile als Lehen gegen eine bestimmte Geldsumme als Pfand *oder* als Gunsterweis an adlige Lehnsleute verlieh, die dann einerseits Verwaltungs- und Militäraufgaben übernahmen,

---

1 Der Artikel fußt auf meinem Buch, Jacobsen, Magtens kvinder, insbesondere auf Kap. 4.

2 Erslev, Feudalisme; Christensen, Len, S. 19–25; Lerdam, Len, S. 12; Zangel, Unschärfe, S. 297–300. Siehe auch Zangels Beitrag im vorliegenden Band.

andererseits von der lokalen Machtposition in ihrem Verwaltungsbezirk profitieren konnten.[3] Die Größe der Lehen variierte von einem „Herred“ (Gerichtsbezirk) mit Burg bis zu einem großen Landgut. Historiker haben die Lehen in Hauptlehen, kleinere Lehen und Klosterlehen unterteilt; Zeitgenossen verwendeten jedoch lediglich den Begriff „Lehen“. Der Lehnsmann war also ein Amtmann mit lokalen Verwaltungsaufgaben und militärischen Verpflichtungen. Er (oder sie) musste königliche Steuern und Abgaben eintreiben und sicherstellen, dass die Dienste (z. B. die Reparatur von Brücken und Straßen), auf die der König Anspruch hatte, geleistet wurden. Er war zudem verpflichtet, Truppen für die Kriege aufzustellen und anzuführen, Lehnsfrauen mussten hingegen einen Mann ihres Vertrauens für das Aufgebot ihres Lehens finden.

Das Phänomen der Lehnsfrauen lässt sich vor allem für den Zeitraum von 1439 bis 1660 beobachten, der in der dänischen Geschichte als „Zeit der Adelsmacht“ („Adelsvælde“) bezeichnet wird. In dieser Zeit relativer Schwäche des Königtums gewann der mit Vertretern des hohen Adels besetzte dänische Reichsrat („Rigsråd“) aufgrund seiner finanziellen Ressourcen eine starke politische Position und konnte die Vergabe von Lehen steuern; zweimal (1439 und 1523) setzte der Reichsrat sogar einen König ab. Den Höhepunkt seiner Macht erreichte der Rat in den Jahren 1588 bis 1596, als er Vormund des jungen Königs Christian IV. (1577–1648) war. Es liegt nahe, das Phänomen der Lehnsfrauen im Kontext der Standespolitik des reichsratlichen Adels zu betrachten. In meiner Untersuchung der im Zeitraum von circa 1400 bis 1596 auftretenden Lehnsfrauen gehe ich von folgender These aus: Um die Kontrolle über die Lehen zu behalten, nutzte der im Reichsrat vertretene Adel seine wirtschaftliche und politische Stellung, um gegenüber dem König die Vergabe von Lehen durchzusetzen; zugleich sicherte er deren längerfristige Nutzung ab, indem er versuchte, sie nach den Regeln des Ehegüter- und Erbrechts für seine eigenen allodialen Besitzungen, d. h. „privatrechtlich“, an Witwe und Kinder weiterzugeben. In der folgenden Analyse der Quellenbefunde wird ermittelt, wie dieses System im Einzelnen funktionierte.

1. Lehnsfrauen 1400–1513

Die Zahl der weiblichen (und männlichen) Lehnsleute im 15. Jahrhundert kann nicht genau berechnet werden, da vollständige Verzeichnisse der ausgestellten Lehnsbriefe erst für die Zeit ab 1513 überliefert sind. Für das 15. Jahrhundert

---

3 Erslev, Konge; Ders., Len; Christensen, Len; Lerdam, Lensvæsen.

gibt es jedoch vereinzelte Dokumente, die von Lehnsfrauen berichten. Die älteste Aussage über eine Lehnsfrau stammt womöglich bereits aus dem Jahr 1423.[4] Gesichert als Lehnsfrau gelten kann Johanne Andersdatter (Panter), die 1462 und 1463 als „Hauptmann und königlicher Lehnsmann“ bezeichnet wurde. Sie war die Witwe eines nach 1444 verstorbenen Lehnsmanns.[5]

Im Jahr 1451 verpfändete Christian I. das Schloss Bygholm mit den dazu gehörigen „herreder“ für 1.333 rheinische Gulden an Henrik Knudsen (Gyldenstjerne). In der überlieferten Urkunde heißt es, Herr Henrik und seine Frau, Frau Anne Mogensdatter (Munk), „sollen das oben genannte Schloss, Lehen und ‚herred‘ zu Lebzeiten behalten, frei von Diensten und königlichen Belastungen.“[6] Im Frühjahr 1456 starb Henrik Knudsen und am 28. Mai erhielt seine Witwe eine Urkunde, aus der hervorgeht, dass der König dem Paar auch die Stadt Vejle für 2.000 Mark verpfändet hatte, die nun an den König zurückgegeben wurde. Stattdessen wurde das Pfand um das Schloss Bygholm die Stadt Horsens und die Pfandsumme um 2.000 Mark erhöht. Dieses Pfand sollte die Witwe, Frau Anne, zu ihren Lebzeiten ohne Dienste und königliche Steuer genießen.[7] Frau Anne starb vor 1463, als ihr Sohn Knud Henriksen (Gyldenstjerne) seinerseits eine Urkunde über das Schloss Bygholm und die Stadt Horsens erhielt.[8]

In einem weiteren Fall wurde die Tochter des ursprünglichen Lehnsmannes in die Verleihung einbezogen: In den 1450er Jahren erreichte Eggert Frille, dass ein Pfandlehen, das er zuvor erhalten hatte, weder zu seinen Lebzeiten, noch zu denen seiner Frau oder ihrer gemeinsamen Tochter Ermegaard eingelöst werden durfte.[9] Im Jahr 1466 wurde das Pfandlehen dann auf Ermegaards Kinder ausgeweitet – also sowohl auf die, die sie bereits hatte, als auch auf jene, die sie noch haben würde.[10] In ihren beiden Ehen hatte Ermegaard in den Hochadel eingeheiratet, und fünf ihrer weiblichen Nachkommen (eine Tochter und vier Enkelinnen) wurden Lehnsfrauen.

---

4 DD, Nr. 14230428001, abrufbar unter https://tekstnet.dk/books/dipdan/1423/dd_14230428001 (Letzter Zugriff am 03.07.2025).

5 Rep. 2, Nr. 1515 (1462 Oktober 6) und Nr. 1641 (1463 September 21); Christensen, Len, S. 197, mit Anm. 7; Lerdam, Len, S. 73.

6 Rep. 2, Nr. 56 (1456 Juni 25).

7 Rep. 2, Nr. 609 (1458 Mai 28).

8 DCP, Nr. 112 (1463 Januar 25).

9 Zu Eggert Frille auch Christensen, Len, S. 130 und 142.

10 Rep. 1, Nr. 7970 (1450 April 19); Rep. 2, Nr. 456 (1455 März 17); Nr. 2013 (1466 Januar 18).

Am 14. Mai 1482 erklärte Königin Dorothea (c. 1430–1495) in einem offenen Brief, dass sie nun die Burgen der Krone von Dänemark nach dem Tod ihres Mannes, Christians I., dem Reichsrat übergeben habe, „jedoch so, dass alle Briefe, Pfande und Rechte, die ihr, ihren Kindern, guten Männern *und guten Frauen* [meine Hervorhebung] gehören, unberührt bleiben."[11] Die Formulierung „guten (d. h. edlen) Männern und Frauen" wird zudem in jener Quittung wiederholt, die der Reichsrat am selben Tag der Königin übergab.[12]

Während der Regierungszeit von König Hans (1480–1513) wurden für die Klöster weltliche Vorsteher ernannt, darunter auch Frauen. Eine der ersten war die Witwe Else Grifsdatter (Jernskæg), die sich zwischen 1496 und 1513 in einem Brief an den König gegen Beschwerden über ihre Verwaltung des Klosters St. Klara in Roskilde verteidigte und die Hoffnung äußerte, dass der König das Kloster nicht einem anderen versprochen habe. Der Brief gibt einen guten Einblick in die Pflichten und Probleme eines Lehnsmannes, der ein Klosterlehen innehatte: Else berichtet von Schwierigkeiten bei der Instandhaltung des Gebäudes und erklärt, dass sie niemals hart mit den Bauern umgegangen sei oder Holzschlag zugelassen habe, der über das hinausging, was Bauern und Nonnen für Feuerstellen, Brauen und Baden zustehe. Sie hatte aus geliefertem Malz und Hopfen Bier brauen lassen, aber ihr Braumeister konnte kein besseres Bier brauen, weil die Nonnen zu viele Fässer verlangten. Sie hatte einen Bäcker eingestellt, der nicht wusste, wie man den Ofen bedient, weshalb das Brot zu hart wurde. Als sie neues Brot backen lassen wollte, hätten die Nonnen gesagt, sie würden das harte Brot essen, tatsächlich schickten sie jedoch das harte Brot zum König, um sich über sie zu beschweren. Am Ende erinnerte sie den König daran, dass ihre Eltern der Krone und dem König einen großen Gefallen getan hätten und dass ihr verstorbener Mann als Pfand für das Kloster 900 Mark gegeben habe, die noch nicht zurückgezahlt worden seien. Else bezeichnete das Kloster als ihr Lehen („læn").[13] Leider liegen zum weiteren Gang der Ereignisse keine Quellen vor.

2. Lehnsfrauen 1513–1596 – Anzahl und sozialer Status

Aus der Regierungszeit Christians II. (1513–1523) sind vollständige Listen der in der Kanzlei ausgestellten Urkunden, darunter auch Lehnsbriefe, überliefert.

---

[11] Rep. 2, Nr. 5020 (1482 Mai 14): „Wore, wore kære børns, godhe mentz, godhe qwinners alle oc hwer serdelis breff, pantt oc rettighet ther vdi vforkrencht i alle made".

[12] Rep. 2, Nr. 5021 (1482 Mai 14).

[13] Christensen, Missiver, S. 411–413 (ohne Datum).

Die im Folgenden dargestellten Berechnungen gelten daher für den Zeitraum 1513–1596 und für alle Lehen: Hauptlehen, Klosterlehen und kleinere Lehen.[14] Bei den Klosterlehen wurden nur weltliche Lehnsleute gezählt. Äbte und Äbtissinnen führten in mehreren Fällen nach der Einführung der Reformation 1536 die Verwaltung ihres Klosters weiter, nun jedoch als Lehnsleute. Da sie aber weiterhin als „Äbte" oder „Äbtissinnen" aufgeführt wurden, ist es nicht möglich, verlässliche Zahlen für diese Lehnsleute zu erhalten:

Tab. 1: Anteil der Lehnsverleihungen an Frauen 1513–1596.

	alle Lehen	an Frauen	Anteil in %
Hauptlehen	835	90	**10,8**
Klosterlehen	217	35	**16,1**
kleinere Lehen	943	168	**17,8**
insgesamt	1995	293	**14,7**

Die Quellen nennen 193 Frauen,[15] die 293 Lehen innehatten. 200 davon (= 68 %) waren Lehen, die von der Witwe des ehemaligen Lehnsmannes übernommen wurden, und 92 (= 32 %) Lehen, die Frauen als persönliche Lehen erhielten. Das heißt, ein Drittel der Lehen für Frauen gingen nicht über einen Ehepartner. Darüber hinaus gab es einen Fall, in dem der Lehnsmann während des Nordischen Siebenjährigen Krieges in Gefangenschaft geriet, und seine Frau das Lehen für zwei Jahre verwaltete. Die Zahlen zeigen, dass im 16. Jahrhundert in der Regel auf jedem sechsten kleineren Lehen und Klosterlehen sowie auf jedem zehnten Hauptlehen eine Frau zu finden war.[16]

Von den 193 Frauen, die im 16. Jahrhundert als Lehnsmann erwähnt wurden, waren vier nicht adlig, also 2 % aller Lehnsfrauen, wohingegen etwa 21 % der weltlichen männlichen Lehnsleute nicht dem Adel angehörten.[17] Bezeichnend

---

[14] Die Berechnungen basieren auf Erslev, Len; Suhm (Hg.), Samlinger; Ders. (Hg.), Nye Samlinger; Erslev/Mollerup (Hgg.), Registranter; Dies., Kancelliregistranter; Kanc. Brev.,1551/1555–1593/1596. Siehe auch https://www.sa.dk/ao-soegesider/da/other/index-creator/149/17098347/17287765 (Letzter Zugriff am 03.07.2025).

[15] Erslev, Len.

[16] Als Vergleich lässt sich anführen, dass 14 % aller dänischen Kommunen im Jahr 2021 eine Bürgermeisterin hatten: https://menneskeret.dk/nyheder/flere-kvinder-tager-plads-kommunalbestyrelserne (Letzter Zugriff am 03.07.2025).

[17] Die Zahl beruht auf einer Zählung männlicher Namen im Register in Erslev, Len. Nicht eingeschlossen sind fürstliche und geistliche Personen sowie die Lübecker Vögte auf der Burg Hammershus auf der Insel Bornholm, die sich 1525–1576 in Lübecker Besitz befand.

ist auch, dass diese vier ihre Lehen (alles kleinere Lehen) als Witwen und für einen begrenzten Zeitraum von ein bis drei Jahren übernahmen. Die anderen 189 Lehnsfrauen waren Adlige und mit Adligen verheiratet. Sie stammten aus 83 Familien, von denen 69 (= 83 %) mit jeweils einer bis drei Frauen vertreten waren, wohingegen 14 Familien (= 17 %) vier oder mehr Frauen stellten. Diese 14 Familien gehörten dem Hochadel an, die aus ihnen stammenden 84 Lehnsfrauen machen 44,7 % aller adligen Frauen aus, d. h. knapp ein Sechstel (= 17 %) der vertretenen Familien hatten weibliche Mitglieder auf nahezu der Hälfte der Lehen.

Eine der dominierenden Lehnsfrauen war die aus dem norwegisch-schwedischen Hochadel stammende Gørvel Fadersdatter Sparre (1517–1605), die erst mit einem Mitglied des schwedischen Reichsrates und danach mit zwei Mitgliedern des dänischen Reichsrates verheiratet war. Von beiden Eltern hatte sie große Güter in Norwegen und Schweden geerbt, um die von ihren dänischen Ehemännern herrührenden schonischen Güter musste sie allerdings vor Gericht kämpfen. Ihr einziges Kind starb 1548, und nach dem Tod ihres dritten Ehemanns 1567 suchte sie den Schutz des dänischen Königs, der ihn – gegen eine Gebühr – gewährte. Sie lieh dem König große Summen und schenkte ihm ihre norwegischen und schwedischen Güter. Im Gegenzug erhielt sie ein Hauptlehen, ein Klosterlehen, in dem sie als Witwe lebte, und vier kleinere Lehen, alle in Schonen. Sie war mit den Höfen Friedrichs II. und Christians IV. eng verbunden, Letzterer wurde 1601 als Erbe ihres dänischen Besitzes eingetragen.[18]

Gørvel Fadersdatter Sparre gehört zu den Lehnsfrauen mit den längsten Amtszeiten, nämlich 23 Jahre und damit genau so viele wie die Lehnsfrau Sidsel Ulfstand. Beide wurden jedoch von Ingeborg Skeel mit 24 Jahren (1580–1604) ebenso übertroffen wie von Else Thott, die zwei Hauptlehen 26 und 37 Jahre lang besaß.[19] Else Thott (gest. 1550) war mit Königin Christine (1461–1521) gut befreundet und wurde später Hofmeisterin Königin Dorotheas (1511–1571). Sie wird in den Registern oft nur als „Frau Else“ aufgeführt,[20] da man am Hof und in der Kanzlei wusste, wer sie war.

Diese langen Amtszeiten waren jedoch nicht typisch für die Lehnsfrauen im Hauptlehen. Im Durchschnitt betrug die Amtszeit vier Jahre, in 30 Fällen

---

18 Arenfeldt, Sparre.

19 DAA; Christensen, Missiver II, S. 133; Christensen, Hofholdningsregnskaber, S. 40, 105, 151, 157 und 300; Erslev, Len, S. 140.

20 Erslev/Mollerup (Hgg.), Registranter, S. 375, 427 und 474 f.; Dies., Kancelliregistranter, S. 356.

(= 33,7 %) ein Jahr, in 29 Fällen (= 32,6 %) unter einem Jahr. Die kurzen Zeiträume werden in den meisten Fällen als Übergangsregelung angesehen, aber aus den Quellen geht hervor, dass die Witwe nach dem Tod des Ehemanne das Lehen selbständig führte: In einem Lehnsbrief für Schloss Stege wird erwähnt, dass Frau Anne (Lykke), Herr Anders Billes Witwe „zuletzt das Lehen hatte".[21] Sie verwaltete die Burg nach dem Tod ihres ersten Mannes im Oktober 1555, bis der neue Lehnsmann im Juni 1556 sein Amt antrat. Anne Skram, die die Burg Kalø und ein weiteres Hauptlehen übernahm, als ihr Mann am 20. September 1563 starb, erhielt im Januar 1564 den Auftrag, Schiffer, Steuer- und Bootsleute für die Flotte anzuwerben. Bald darauf übergab sie die beiden Lehen an zwei neue Lehnsleute und erhielt im Juni eine Quittung über die Abrechnung der Lehen für die Zeit, in der sie und ihr verstorbener Ehemann die Lehen verwaltetet hatten.[22] In den Jahren 1567, 1585, 1587 und 1592 erhielten vier Witwen Briefe von der Kanzlei an die Bauern ihres Lehens, denen mitgeteilt wurde, dass die Witwen das Lehen nach ihrem verstorbenen Ehegatten weiterführten, obwohl es sich in allen Fällen um weniger als ein Jahr handelte.[23]

Für die Klosterlehen war die durchschnittliche Amtszeit etwas länger: 7,7 Jahren in 32 (von 35) Lehen, für die sowohl das Anfangs- als auch das Endjahr angegeben ist. Acht Amtszeiten lagen unter einem Jahr, die übrigen zwischen zwei und 26 Jahren. Auf 26 Jahre brachte es Inger Oxe, die das Klosterlehen St. Peter in Lund 1565 nach dem Tod ihres Mannes übernommen hatte und bis zu ihrem Tod im Dezember 1591 behielt. Von 1572 bis 1584 war sie Hofmeisterin der Königin Sophie (1557–1631).

Die Amtszeit für kleinere Lehen lag im Durchschnitt bei 10,1 Jahren. In zehn Fällen (= 6,8 %) dauerte sie weniger als ein Jahr, in 19 Fällen (= 12,8 %) ein Jahr. Die längsten Amtszeiten weisen mit 39 Jahren zwei Lehnsfrauen auf, von denen eine die Hofmeisterin der Königin Anna Katharina (1575–1612) war. Sie behielt das Lehen auch nach dem Tod der Königin im Jahr 1612.

Im Verlauf des 16. Jahrhunderts weist die Zahl der an Frauen verliehenen Lehen erhebliche Schwankungen auf. Der gescheiterte Feldzug nach Dithmarschen im Jahr 1500, der in der Schlacht von Hemmingstedt viele adlige Männer das Leben kostete, dürfte Auswirkungen auf die Zahl der Lehnsfrauen gehabt haben, die jedoch aufgrund des Fehlens schriftlicher Quellen für die Zeit vor 1513 nicht

21 Kanc. Brev., 05.06.1556.

22 Kanc. Brev., 14.01.1564, 06.06.1564.

23 Kanc. Brev., 14.08.1567, 25.11.1585, 25.02.1587, 03.03.1592.

berechnet werden kann. Demgegenüber ist aus den Lehnsbriefen für Hauptlehen klar erkennbar, dass der Nordische Siebenjährige Krieg (1563–1570) unter den männlichen Lehnsleuten seinen Tribut forderte und die Zahl der Lehen, die Frauen erhielten, erhöhte:

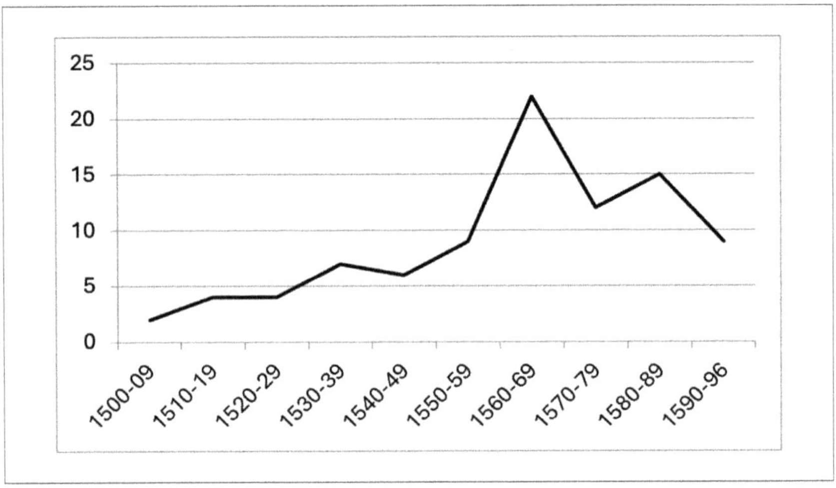

Abb. 1: Lehnsbriefe über Hauptlehen (n = 90) an Frauen nach Jahrzehnten.

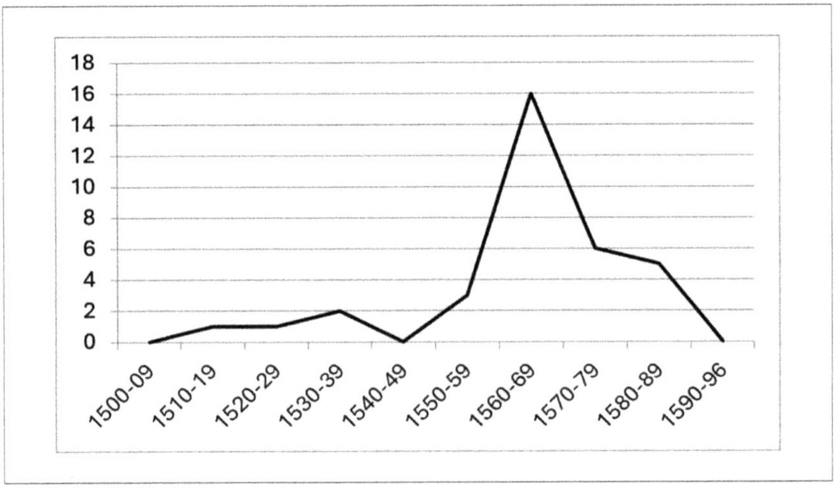

Abb. 2: Lehnsbriefe über Klosterlehen (n = 34) an Frauen nach Jahrzehnten.

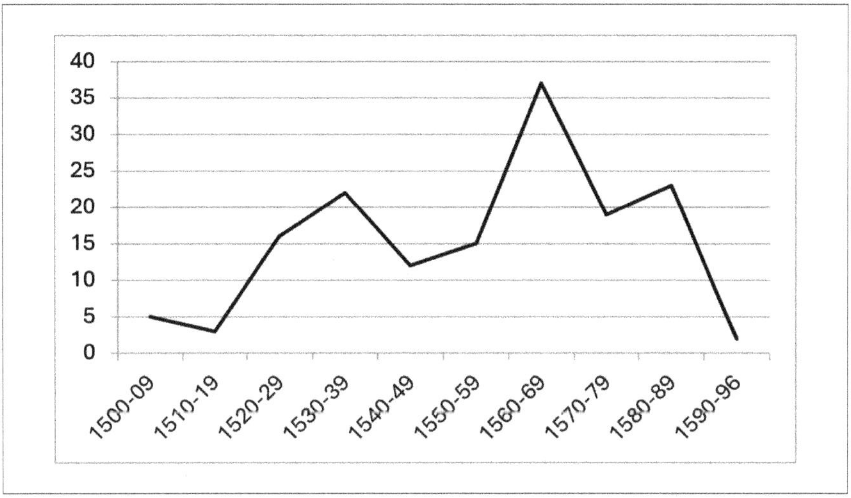

Abb. 3: Lehnsbriefe über kleinere Lehen (n = 154) an Frauen nach Jahrzehnten.

Für alle Lehen ist im Jahrzehnt 1560–1569 ein starker Anstieg der Lehensvergaben an Frauen zu verzeichnen und anschließend ein Rückgang, insbesondere bei Klosterlehen und kleineren Lehen. Der Anstieg deutet auf die Notwendigkeit hin, während des Krieges Ämter mit Lehnsleuten zu besetzen, um die Verwaltung aufrecht zu erhalten, und der Rückgang spiegelt unter anderem die Reduzierung der Klosterlehen und kleinerer Lehen nach dem Krieg. Diese Reduzierung erstreckte sich vor allem auf jenen Teil des Adels, der nicht zum reichsratlichen Adel gehörte, betraf jedoch Frauen nicht in besonderem Maße, wie weiter unten gezeigt wird.

3. Handlungsfelder der Lehnsfrauen – Beispiele

Als Lehnsmann musste man über politisches Gespür verfügen und zwischen zwei Anforderungen balancieren: den Anforderungen des Königs und denen des Standes, die keineswegs immer übereinstimmten. Gleichwohl musste das Gleichgewicht gewahrt werden, damit sich weder König noch Stand hintergangen fühlten. Ein gutes Beispiel dafür, wie dies einer Adligen gelang, ist Pernille Oxe, die von 1565 bis 1574 ein Hauptlehen innehatte. Im April 1570 schrieb sie an ihren Onkel Christoffer Gøye, dessen Gut zu ihrem Lehen gehörte:

> Lieber Christoffer und lieber Onkel [...]. Ich habe deinen Brief erhalten und daraus erfahren, wie sich einer deiner Bauern darüber beschwert hat, dass mein Vogt ihn mit

> zwei Fässern Hafer für eine halbe Gans besteuert hat, die er von seiner Steuer schuldete [...]. Und du schreibst, dass der Mann dir erzählt hat, dass er statt der halben Gans ein Stück Kuhfleisch angeboten hat; ich wusste nichts von der Sache, auch nicht von den zwei Fässern Hafer, so Gott mir helfe, bevor ich deinen Brief bekommen habe, aber dann werde ich es um deinetwillen tun und mit den zwei Fässern Hafer zufrieden sein, aber ich kann nichts über die halbe Mark Geldstrafe sagen, die ihm auferlegt wurde, und es ist unangemessen, dass er [der Bauer] die Steuer Seiner Majestät nicht bezahlen will und eine Klage beim „Herreds"gericht und Landesgericht erhebt, sodass mein Schreiber nicht über diese und andere Dinge [...] Rechenschaft ablegen kann [...].[24]

In einem Nachtrag fügt sie hinzu: „Lieber Christoffer, du bittest mich, deinen Zinsbauern [wegen der Sondersteuern] zu schreiben; es ist besser, wenn du ihnen selbst schreibst, und ich bin ganz zufrieden damit, wenn du mir eine Liste gibst, die du selbst mit deiner eigenen Hand unterschrieben hast. Im Brief der Königlichen Majestät heißt es, dass jeder Mann von den Bauern des Adels, der pflügt und sät, drei Taler [...] geben muss [...]."[25]

Der Brief zeigt, wie Pernille Oxe als Lehnsfrau die verschiedenen Anforderungen ihrer Stellung sorgfältig abwägt. Sie muss zeigen, dass sie der Politik des Reichsrates folgt, das Gleichgewicht zwischen König und Reichsrat aufrechtzuerhalten, und dabei stets im Auge hat, was dem König am besten dient, ohne dass die Macht des Reichsrates eingeschränkt wird oder die Privilegien des Adels infrage gestellt werden. Sie tut dies, indem sie den Zinsbauern ihres Onkels mit der entrichteten Steuer davonkommen lässt. Einen Teil dieses Balanceakts überlässt sie geschickt ihrem Onkel, indem sie ihn selbst eine Liste erstellen lässt, wie viele seiner Männer die Sondersteuer für den Krieg zahlen müssen. (Die Zinsbauern des Adels waren in der Regel von Steuern befreit.) Der Onkel hat die gleichen Pflichten wie sie, nämlich nicht nur ausschließlich für sich selbst, sondern ebenso für das Wohl des Standes und der Gesellschaft zu handeln. Gleichzeitig gibt sie ihm die Möglichkeit, sich gegenüber seinen Bauern als guter Herr zu zeigen.

Pernille Oxe war relativ lange (neun Jahre) Lehnsfrau über ein Lehen mit einer Burg, die im Nordischen Siebenjährigen Krieg eine militärische Rolle spielte und die sie nach dem Tod ihres Mannes im Krieg übernahm. Wie aus einem Brief ihres Ehemanns Otte Rud aus dem Jahr 1564 hervorgeht, war sie bereits als Ehefrau eines Lehnsmannes an den militärischen Aufgaben des Lehensamts beteiligt. Otte Rud, der ein Schiff für die Marine zu stellen hatte, dankte dem Empfänger des Briefes und dessen Frau für die Hilfe bei der Ausrüstung des

---

24 Bang (Hg.), Breve, S. 167 f., meine Übersetzung.
25 Ebd., S. 169.

Schiffes mit Kanonen und Munition, die sie „meiner lieben Frau“[26] gegeben haben – es handelte sich also um Pernilles Zuständigkeitsbereich.

Ein weiteres Beispiel für kompetente Amtsführung ist Jytte Podebusk, die nach ihrem Mann ein Klosterlehen übernahm. Als sie sich 1562 über einen anderen Lehnsmann des Königs beschwerte, betonte sie, dass ihre Handlungen dem Wohl des Königs dienten. Sie berichtete von einem Bauernhof in der Stadt Nykøbing Mors, der dem Kloster gehörte und niedergebrannt war. Lediglich ein Braukessel blieb erhalten und Jytte Podebusk ließ ihn zum Kloster transportieren. Jedoch hatte der Lehnsmann des Lehens Riberhus die Bauern, die den Braukessel weggebracht hatten, strafrechtlich verfolgt und sie auch daran gehindert, einige Steine von dem abgebrannten Hof mitzunehmen, die sie für den Bau des Klosters verwenden wollten. Der König befahl dem Lehnsmann, seine Anschuldigungen fallenzulassen und Jytte Podebusk nicht daran zu hindern, die Steine oder anderes von dem abgebrannten Hof zu holen, da dieser zu dem Kloster gehöre und Frau Jytte sowohl Kessel als auch Steine zum Besten des königlichen Lehens verwenden wolle.[27] Mit einer weiteren Beschwerde gegen einen männlichen Lehnsmann war Jytte Podebusk ebenfalls erfolgreich: Frans Bille wurde angewiesen, Jytte Podebusk den Zoll von den Schiffen, die am Strand des Klosters landeten, zu überlassen.[28] Gegen den Willen des Königs gelang es ihr schließlich 1570, das Lehen zu behalten. König Frederik II. hatte dem Grafen Günther Barby von Mühlingen, der in seinen Diensten gestanden und sich im Nordischen Siebenjährigen Krieg hervorgetan hatte, für den Fall von dessen Verbleib in Dänemark den Erhalt weiterer Lehen versprochen – darunter dieses Kloster. Doch Jytte Podebusk, die das Kloster seit 1561 besaß, verwies auf die hohen während des Krieges für die Haltung von Pferden und Arbeitskräften angefallenen Kosten, weshalb ihr großer Schaden entstehen würde, wenn sie das Klosterlehen verlöre. Frederik musste seinen Plan aufgeben, Jytte Podebusk starb 1573 als Lehnsmann im Kloster und wurde von ihrem Sohn abgelöst.[29]

Dieser und weitere Fälle aus dem 16. Jahrhundert zeigen, dass die Lehnsfrauen nicht leicht zu verdrängen waren, obwohl die Könige die Besetzung der Lehen mit Personen außerhalb des Reichsratsadels und insbesondere mit Ausländern bevorzugten. König Frederik hatte dem oben genannten Grafen Barby ein weiteres Hauptlehen, Spøttrup, versprochen, dass die Witwe Anne Lykke im Jahr zuvor von ihrem Ehemann übernommen hatte. Doch der König konnte sie offensichtlich

26 Marquard (Hg.), Breve 2, S. 357: „min kierre Høssttrw“.
27 Kanc. Brev., 10.01.1562.
28 Kanc. Brev., 18.07.1562.
29 Kanc. Brev., 25.03.1572, 25.04.1572, 28.04.1572, 07.11.1573.

nicht einfach absetzen, sondern schickte den Reichshofmeister zu ihr, mit dem sie eine Entschädigung in Form eines Klosterlehens aushandelte.[30]

Eine besondere Herausforderung für die Lehnsleute waren Kriegszeiten. Lehnsfrauen mussten allerdings keine persönlichen Militärdienste leisten. So wurde Apollonia Ahlefeldt 1565 zwar mit zwei männlichen Lehnsleuten gebeten, mit ihren Pferden und Rüstungen nach Schonen zu kommen, um sie gegen die Feinde einzusetzen, aber „Frau Apellone soll nur die Pferde schicken, die ihrem verstorbenen Ehemann [aus dem Lehen] geschätzt worden waren."[31] Gleichwohl wurden Lehnsfrauen stark in die Kriegsführung eingebunden, zum einen, da sie Arbeitskräfte und Pferde zur Verfügung stellen mussten, zum anderen, weil sie als Lehnsleute Teil der Kriegsverwaltung wurden. Wenn sie auf einem Hauptlehen saßen, waren sie zur Stellung von Truppen verpflichtet, mussten Nachschub organisieren, Steuern eintreiben und den Transport der Truppen zum Schlachtfeld, von Nachschub und Steuern zum Hauptquartier oder zur Kanzlei organisieren. Eine derjenigen, die (im übertragenen Sinne) „unter Feuer" kam, war Sidsel Ulfstand, die von 1552 bis zu ihrem Tod im Jahr 1575 ein Lehen in Schonen besaß. 1564 erhielt sie einen scharf formulierten Brief mit dem Befehl, die Bauern aus dem „Herred" mit Wagen für den Transport von Truppen und Nachschub zu schicken.[32] Dies war das einzige Mal, dass Sidsel besonders hervorgehoben wurde. Ansonsten sind die Briefe an alle Lehnsleute in Schonen, Halland und Blekinge gerichtet, weil diese Landesteile Schauplatz der Auseinandersetzungen zwischen den dänischen und schwedischen Truppen waren. Während des ganzen Krieges gab es eine Flut von Befehlen aus der Kanzlei, in denen die Lehnsleute der Landesteile aufgefordert wurden, so schnell wie möglich die vielen Sondersteuern zur Bezahlung der Söldnertruppen einzutreiben, Wagen bereitzustellen und für Reparaturen von Straßen und Brücken sorgen, damit Artillerie und Infanterie vorrücken konnten. Der König und die Kanzlei forderten außerdem, dass die Lehnsleute ihre säumigen Standesgenossen drängen sollten, die rückständigen Rüstungen, Pferde und Truppen zu liefern.[33] Hinzu kam die ständige Bedrohung der Bevölkerung durch die Söldner, wenn diese nicht die versprochenen Löhne und Lebensmittel erhielten.

Im weiteren Kriegsverlauf mussten die Lehnsleute ein Auge auf desertierte Soldaten aus ihrem Lehen haben. Im Jahr 1565 wurde zum Beispiel Edel Hardenberg befohlen, einem der Offiziere des Heeres Auskunft darüber zu

---

30 Kanc. Brev., 19.08.1570, 24.08.1570, 22.09.1570.

31 Kanc. Brev., 02.04.1565.

32 Kanc. Brev., 25.07.1564.

33 Siehe z. B. Kanc. Brev., 18.06.1567.

geben, welche ihrer zwangsweise aufgebotenen Bauern vor dem Kriegsdienst geflohen waren, und dafür zu sorgen, dass diese zu ihrem Offizier zurückkehrten.[34] Schwierigkeiten gab es ebenso mit den fremden Söldnern: Im Jahr 1566 erhielt Pernille Oxe den Befehl, Landsknechte oder Offiziere, die zu den Fährplätzen kamen, um das Land auf dem Seeweg zu verlassen, nicht ohne eine vom König eigenhändig unterschriebene Entlassungsbescheinigung passieren zu lassen.[35]

Nicht zuletzt wurde der Adel gezwungen, mit Darlehen zu den Kriegskosten beizutragen, außerdem wurden die Pfandsummen auf Lehen in mehreren Fällen erhöht. Eine milde Form der Erpressung wurde gegenüber Edel Hardenberg genutzt, als ihr 1564 mitgeteilt wurde, dass jemand dem König 16.000 Taler für ihr Lehen geboten habe. Sie dürfe das Lehen jedoch behalten, wenn sie dem König sofort die 16.000 Taler leihe. Wenn sie das nicht wollte, sollte sie bedenken, dass dieser seinen Vorteil suchen werde, so gut er könne. Sie solle dem König ihre Entscheidung unverzüglich mitteilen. Edel lieh dem König das Geld und erhielt im August einen Pfandbrief über das Darlehen. Sie durfte die Zinsen für dieses Darlehen von ihrer Zahlung an den König für das Lehen abziehen.[36] So wie Edel Hardenberg mussten während der Kriegsjahre mehrere adlige Frauen und Männer in ihre Geldkisten mit dänischen und ausländischen Münzen greifen, die der König für den Krieg brauchte. Aus den Quellen geht jedoch nicht hervor, dass einer der adligen Kreditgeber in den Bankrott getrieben wurde. Die meisten, sowohl Männer als auch Frauen, behielten ihre Lehen, konnten demnach die gewünschten Kredite gewähren oder erhielten die Pfandsumme zurück, sobald sie das Lehen aufgaben. Die zahlreichen Pfänder zeugen von den großen Vermögen, die der Hochadel auf seinen Gütern erwirtschafte und z. B. in Lehen investieren konnte – und wollte.

4. Adelsstand, Zivilstand und die Stellung der Lehnsfrauen im Ehegüter- und Erbrecht

Aus den bisherigen Ausführungen gehen zwei Bedingungen hervor, unter denen Frauen die Stellung eines Lehnsmanns erlangen konnten: Sie mussten dem (hohen) Adel angehören und über ökonomische Handlungsfähigkeit verfügen, um das Pfand für ein Lehn erlegen zu können. Es ist somit zu klären, wie ihr Zugang zu Vermögen und Eigentum im dänischen Ehegüter- und Erbrecht geregelt war, welche Rolle ihr Zivilstand (ledig, verheiratet, verwitwet) sowie ihre

---

34 Kanc. Brev., 15.08.1565.

35 Kanc. Brev., 25.01.1566.

36 Kanc. Brev., 17.06.1564, 22.08.1564.

Stellung im adligen Standesrecht spielten. Die Mitglieder des dänischen Adels waren als Gegenleistung für den Militärdienst mit der Steuerbefreiung ihrer Nachlässe privilegiert.[37] Militärdienst konnten zwar nur Männer leisten, doch da sich die Steuerbefreiung auf Eigentum und nicht auf die Person bezog, konnte auch eine adelige Frau als Eigentümerin von der Steuerbefreiung profitieren. Wichtigste Form des Eigentumerwerbs war der Erbfall: Nach dem dänischen Erbrecht erbten Söhne wie Töchter sowohl Vermögen als auch Grundbesitz von ihren Eltern, wenn auch nicht zu gleichen Teilen. Dieses Erbe konnten erwachsene unverheiratete Frauen selbst verwalten; bei der Eheschließung trat die Gütergemeinschaft zwischen Ehemann und Ehefrau ein, sofern nichts anderes vereinbart war. Doch Erbland galt als Sondergut, d. h. es gehörte dem Ehegatten/der Ehegattin, der/die es geerbt hatte und konnte ausschließlich an die Kinder weitergegeben werden. Nach dem mittelalterlichen Recht hatte die Ehefrau eine allgemeine Schlüsselgewalt über die gemeinsamen Güter, jedoch begrenzt auf einen Höchstbetrag.[38] (In der Praxis waren die Ehefrauen allerdings oft für gemeinsame Güter verantwortlich.[39]) Obwohl die Ehefrau unter der Vormundschaft des Ehemannes stand, war dadurch ihre Geschäftsfähigkeit im Hinblick auf das eigene Vermögen, das sie nicht in die Ehe eingebracht hatte, nicht beschränkt. Die Vormundschaft des Ehemannes kam z. B. dann zum Tragen, wenn im Lehen seiner Ehefrau Gerichtsangelegenheiten zu regeln waren, was ihr nicht zustand. Eine Witwe benötigte nur dann einen Vormund, wenn es um Streitigkeiten vor Gericht ging.

Der Großteil (200 = 68 %) der Lehen an Frauen ging an Witwen, die das Lehen des Mannes für einen kürzeren oder längeren Zeitraum übernahmen. Die Rechtsgrundlagen hierfür sind nicht immer ersichtlich: Belegt sind Fälle, in denen das Lehen beiden Eheleuten/den Verlobten gemeinsam verliehen worden waren, es könnte sich aber ebenso um individuelle, nicht dokumentierte Abmachungen der Eheleute handeln oder um Folgen des ehelichen Güterrechts, nicht zuletzt um Entscheidungen des Reichsrats. Immerhin 92 (= 32 %) Lehen gingen als persönliche Lehen an Frauen; die meisten von ihnen waren verheiratet oder verwitwet, d. h. sie verfügten über größere Geldmittel, mit denen sich ein Pfand finanzieren ließ, „aber acht Frauen erhielten Lehen als unverheiratet".

---

[37] Über den dänischen Adel im Mittelalter und in der frühen Neuzeit vgl. Ingesman/Jensen (Hgg.), Riget.

[38] Dübeck, Entstehung; Dies., Købekoner, Kap. 1–3.

[39] Z. B. war Frau Birgitte Gøye (c. 1511–1574) in ihrer Ehe für „die privaten Geschäfte des Ehepaars verantwortlich" (Jacobsen, Birgitte Gøye, S. 87).

Dass erwachsene unverheiratete Frauen im Mittelalter und der Reformationszeit ihren Besitz selbst verwalten konnten, geht unter anderem aus der dänischen Gesetzgebung hervor. Wie die acht unverheirateten Lehnsfrauen aus dem 16. Jahrhundert – eine unter König Frederik I. (reg. 1523–1533), die anderen unter König Frederik II. (reg. 1559–1588) – belegen, konnten sie ebenfalls in königlichem Namen ein Amt ausüben, so zum Beispiel die beiden Schwestern Margrete Emmiksen und Magdalena Emmiksen, die 1583 gemeinsam ein kleines Lehen auf Fünen auf Lebenszeit erlangten. Margrete starb unverheiratet zwei Jahre später, wohingegen Magdalena 1591 heiratete, jedoch bis zu ihrem Tod im Jahr 1598 das Lehen verwaltete, obwohl ihre Amtszeit von Streit geprägt war. In den ersten Jahren stritten die Schwestern mit einem anderen Lehnsmann um einige Höfe im Lehen – es war ein großer Erfolg für die Schwestern, als der König den ihnen diese umstrittenen Höfe überließ.[40] Später waren es die Bauern, die sich über Magdalena beschwerten, teils über die von ihr geforderten Dienste, teils darüber, dass sie die von ihr erbaute Mühle nutzen mussten. Der König stellte sich meist auf Magdalenas Seite, aber als die Beschwerden anhielten, beauftragte er 1590 vier Adlige, die Sache zu untersuchen und die Streitigkeiten beizulegen. Im Juli 1591 wurde Magdalena befohlen, den gefällten Urteilen nachzukommen und den König künftig nicht mehr mit Beschwerden zu behelligen.[41] Danach herrschte offenbar Ruhe im Lehen. Im Jahr 1594 wurde Magdalenas Ehemann Erik Bille angewiesen, mit einigen Bauern im Lehen, „das seine Frau hat“, über Geldstrafen zu verhandeln. Im Oktober 1598 wurde Erik Bille aufgefordert, dem neuen Lehnsmann das Kataster, die Briefe und die Gerichtsbücher des Lehens, „das seine verstorbene Frau hatte,“ zu übergeben.[42]

Streitbar war ebenso die unverheiratete Margrete Skovgaard. Diese hatte 1584 als Gegenleistung für die Zahlung einer jährlichen Steuer von 40 Talern ein kleines Lehen auf Lebenszeit erhalten, „das ihr der König nach einigen Verhandlungen gewährte“. In den Jahren 1588–1594 wurden bei der Kanzlei und dem König Beschwerden über sie eingereicht. Im Januar 1594 wurden drei Adlige beauftragt, die Beschwerden zu untersuchen und zwischen Margrete Skovgaard und den Bauern zu vermitteln, was offensichtlich erfolgreich war.[43] Für den Rest ihrer Zeit als Lehnsfrau sind keine Beschwerden bekannt. Margrete Skovgaard, die unverheiratet blieb, behielt das Lehen bis zu ihrem Tod im Jahr 1615.

---

40 Erslev, Len, S. 111; Kanc. Brev., 30.06.1583, 30.08.1583, 13.09.1583, 17.11.1583.

41 Kanc. Brev., 14.04.1586, 06.01.1587, 30.04.1587, 23.07.1588, 30.07.1590, 18.11.1590, 09.02.1591, 22.03.1591, 06.07.1591.

42 Kanc. Brev., 02.10.1598.

43 Kanc. Brev., 14.02.1585, 02.07.1588, 04.06.1589, 17.10.1593, 04.12.1593, 29.01.1594.

In den Auseinandersetzungen von Lehnsfrauen mit ihren Bauern tritt eine weitere Voraussetzung für ihre erfolgreiche Amtsführung hervor: sie mussten über Kompetenzen und Erfahrungen in der Leitung eines großen Wirtschaftsbetriebs und der Wahrnehmung herrschaftlicher Aufgaben verfügen. Zwar konnten sie dafür „Personal" (z. B. Schreiber) heranziehen, aber letztlich bedurfte es ihrer eigenen Kenntnisse und ihrer Urteilskraft, um Entscheidungen zu treffen und die Kontrolle zu behalten. Diese Fähigkeiten erwarben adlige Frauen von Kindesbeinen an auf den elterlichen Gütern oder bei Verwandten, denn die effektive Nutzung des Landbesitzes war im Dänemark des 15. und 16. Jahrhunderts die wichtigste Quelle wirtschaftlicher und sozialer Macht des Adels. Um einen guten Ertrag auf den Gütern zu erzielen, waren Kenntnisse sowohl der Anbaumethoden als auch des Preisgeschehens auf den Märkten insbesondere für Getreide, Ochsen, Butter sowie des Geldmarktes erforderlich, wie z. B. im Briefwechsel des Adelspaars Christoffer Gøye und Birgitte Bølle dokumentiert ist.[44] Der „Herrenhandel" spielte im 15. und 16. Jahrhundert eine immer wichtigere Rolle für das Einkommen des Adels,[45] das – je nach den Bedingungen des Lehens – auch die Erträge aus den Lehen, teils im Namen des Königs, teils in eigenem Namen, umfasste.[46]

Diese Kenntnisse gehörten nicht zum Bildungskanon adeliger Kinder im Mittelalter und am Beginn der Frühen Neuzeit, der vielmehr auf eine fromme Standeserziehung ausgerichtet war. Dänische Frauen lernten im Spätmittelalter lesen, um sich in ihre Gebetbücher zu vertiefen.[47] Mit der Reformation wurde es noch wichtiger, lesen zu lernen, um Luthers Katechismus und die Bibel lesen zu können.[48] Schreiben und Rechnen hingegen galten als praktische Fertigkeiten, die nach den Erfordernissen des Alltagshandeln zu erlernen waren, sei es von einem Schreib- und Rechenmeister, von einem Gutsschreiber, von Geschwistern oder Verwandten, bei denen viele adlige Töchter und Söhne in verschiedenen Phasen ihrer Kindheit und Jugend erzogen und ausgebildet wurden. Mädchen konnten von ihnen auch in die Leitung eines großen Gutshaushalts eingeführt werden[49] oder beobachten, wie sie ein Lehen verwalteten. Nicht zuletzt boten ihnen die Kontakte zu den Händlerinnen viele Gelegenheiten, sich mit deren Sachwissen und Geschäftsführung vertraut zu machen.[50]

44 Bang (Hg.), Breve, S. 7 ff., 17 ff., 28 und 40.
45 Ilsøe, Herremandshandel; Enemark, Herremandshandel.
46 Ilsøe, Herremandshandel, S. 318–322.
47 Hansen, Bøn.
48 Appel, Øjne; Wiesner-Hanks, Women, S. 141–157.
49 Andersen, Opfostring.
50 Jacobsen, Skomagerkone.

5. Die familialen Netzwerke der Lehnsfrauen

Fast die Hälfte (80 = 46 %) der 175 Lehnsfrauen, deren Eltern bekannt sind, waren Töchter eines Mitglieds des Reichsrates und 68 (= 40 %) der Lehnsfrauen waren mit einem Mitglied des Reichsrates verheiratet. Dieser Befund verweist auf die wichtige Rolle, die den hochadeligen Familienverbänden für die Standespolitik zukam. Der dänische Hochadel war im Zeitraum 1400–1600 von interner Mobilität gekennzeichnet, d. h. alte Familien starben aus oder wanderten ab und neue Familien stiegen auf. Im 16. Jahrhundert bildete sich ein reichsratlicher Adel heraus, der aus einer kleinen Gruppe von Familien mit großem Güterbesitz[51] bestand, die untereinander konnubial verbunden waren. In diese Heiratskreise wurden immer wieder aufgestiegene Reichräte einbezogen, die Frauen aus den etablierten Familien heirateten und auf diese Weise in den reichsratlichen Adel integriert wurden.[52] Auf diese Weise entstand ein dichtes familiales Netzwerk, in dem die weiblichen Familienmitglieder durchaus eine wichtige Rolle spielten. Dies belegt z. B. die Karriere von Magdalene Banner (circa 1520–1597).

Magdalene Banner war die Tochter eines Mitgliedes des Reichsrates und die Witwe eines anderen, der von 1549 bis zu seinem Tod 1561 Lehnsmann von Skivehus war. Im Jahr danach übergab sie das Lehen an den neuen Lehnsmann Jakob Skeel. Dieser erhielt einige Monate später einen scharfen Brief des Königs, der gehört hatte, dass die Witwe von Jakobs Bruder, Kirsten Rudsdatter, die Kontrolle über das Lehen übernommen habe und „es sozusagen für ihn regiere". Jakob Skeel hatte sich offensichtlich als unfähig erwiesen, das Lehen zu verwalten, sodass seine verwitwete Schwägerin die Gelegenheit nutzte, das Regiment zu ergreifen. Da Kirsten Rudsdatter zudem vorher einen langen Streit mit Magdalene Banners Ehemann über den Besitz der Krone an dem Lehen gehabt hatte, entzog der König Jakob Skeel das Lehen und befahl ihm, das Lehen sofort an Frau Magdalene zu übergeben. Am selben Tag wurde Magdalene Banner informiert, dass sie nun wieder Lehnsmann von Skivehus war,[53] eines Hauptlehens, das sie für die nächsten elf Jahre behielt. Drei ihrer Töchter wurden ebenfalls Lehnsleute. Insgesamt hatten 55 (= 31 %) der 175 adligen Lehnsfrauen, deren Eltern bekannt sind, eine Mutter, die ebenfalls Lehnsfrau war.

Viele Lehnsfrauen waren eng miteinander verwandt, unter ihnen die Nachkommen des Reichshofmeisters Mogens Gøye (gest. 1544). Sechs seiner Töchter waren Lehnsleute sowohl auf Hauptlehen als auch auf kleineren Lehen

---

51 Ladewig Petersen, Rigsråd.

52 Knudsen/Pedersen, Rigsrådet.

53 Kanc. Brev, 04.06.1562.

und Klosterlehen. Die zwei, die am längsten ein Lehen besaßen, waren Eline Gøye (Tochter), die elf Jahre ein Hauptlehen hatte, und Pernille Oxe (Enkelin), die zehn Jahre ein Klosterlehen verwaltete. Von den 18 Enkelinnen von Mogens Gøye waren sechs Lehnsleute und besaßen insgesamt 14 Lehen.

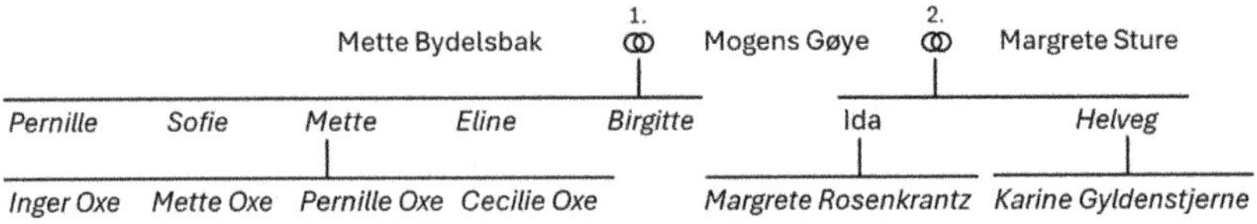

Abb. 4: Nachkommen des Reichshofmeisters Mogens Gøye. Lehnsfrauen sind mit kursiv dargestellt.

Ein weiteres Beispiel für eine Familie mit mehreren Generationen von Lehnsfrauen sind die Nachkommen von Anne Gyldenstjerne (circa 1468–1545), die selbst keine Lehnsfrau war. Zwei ihrer drei Töchter und sechs ihrer Enkelinnen wurden Lehnsleute:

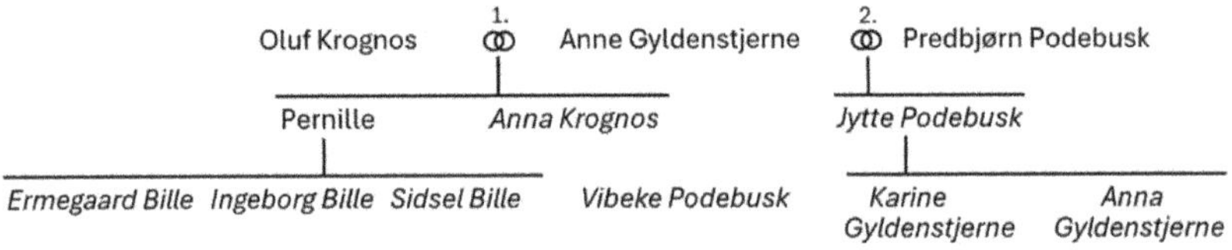

Abb. 5: Nachkommen von Anne Gyldenstjerne. Lehnsfrauen sind kursiv dargestellt.

Bemerkenswert erscheint, dass die Veränderungen der Lehnspolitik, die im Gefolge der Einführung der Reformation 1536 eintraten, sich kaum auf den Anteil der Lehnsverleihungen an Frauen auswirkte. Nach 1536 kam es aus Gründen der Verwaltungsrationalisierung zu einer deutlichen Reduktion der Zahl kleinerer Lehen: unter Christian III. (1536–1559) von 215 auf 153 Lehen und unter Friedrich II. (1559–1588) von 153 auf 70 Lehen,[54] die Zahl wurde dann im Zeitraum 1588–1596 noch weiter reduziert. Trotz dieses starken Rückgangs behielten Frauen fast den gleichen Anteil an Lehen wie im gesamten 16. Jahrhundert. Betroffen war von den Reduktionen vor allem der kleine Adel, während der Reichsrat weiterhin seine familienorientierte Lehnspolitik betreiben konnte, wie beispielsweise der Anteil von Lehnsverleihungen im Jahr 1596 zeigt:

[54] Erslev, Konge, S. 142, 173.

Tab. 2: Anteil von Lehensverleihungen an Frauen 1596.

	alle Lehen	*an Frauen*	*Anteil in %*
Hauptlehen	59	4	**7**
Klosterlehen	17	3	**18**
kleinere Lehen	53	8	**15**
insgesamt	129	15	**12**

Tab. 3: Anteil von Lehensverleihungen an Frauen 1513–1596.

	alle Lehen	*an Frauen*	*Anteil in %*
Hauptlehen	835	90	**10,8**
Klosterlehen	217	35	**16,1**
kleinere Lehen	943	168	**17,8**
insgesamt	1995	293	**14,7**

Trotz aller Vorbehalte, die bei Statistiken auf der Grundlage von Quellen aus dem 16. Jahrhundert angebracht sind, zeigen die Zahlen, dass Lehnsfrauen keineswegs ungewöhnlich waren. Vielmehr blieb die Beteiligung adliger Frauen an öffentlicher Herrschaft ein Kennzeichen der Hegemonie, die der dänische Reichsrat im Zeitraum von circa 1400 bis 1660 ausübte.

6. Abschließende Überlegungen

Im 15. und 16. Jahrhundert eröffneten sich adligen Frauen als Ehefrau eines Lehnsmannes oder als selbständige Lehnsfrau Möglichkeiten, ein Amt in der dänischen Lehensverwaltung zu bekleiden, so auch während der zunehmenden Bürokratisierung der Lehensverwaltung seit dem 16. Jahrhundert. In der Untersuchung dieser Entwicklung mit dem Geschlecht als Analysekategorie wurden zwei patriarchale Strukturen erkennbar, die Frauen wenige oder viele Chancen boten. Solange der König allein die Posten der Lehnsleute besetzte (vor 1439), wurden aufgrund ihrer Abhängigkeit vom König Männer ohne Verbindungen zum reichsratlichen Adel sowie vor allem Ausländer bevorzugt. Frauen waren von dieser Struktur nicht ausgeschlossen, die Wahrscheinlichkeit, dass sie ein Lehen erhielten, war jedoch gering. Seit der Reichsrat über die Vergabe eines Lehens entscheiden konnte (ab 1439), bevorzugte er Männer oder – wenn es keinen geeigneten männlichen Kandidaten gab – eine Kandidatin aus seinen eigenen Kreisen: eine Tochter, Schwester, Tante oder die Witwe des gestorbenen

Lehnsmanns; beide Strategien dienten der reichsratlichen Standespolitik und dem Bestreben, die Ressourcen des Landes zu kontrollieren. Mit der Einführung des Absolutismus 1660 endete das goldene Zeitalter für den Adel und damit der Zugang für Frauen zur Ausübung öffentlicher Herrschaft.

Bei dieser funktionalen Erklärung des Phänomens Lehnsfrauen im Kontext patriarchaler Herrschaftsstrukturen ist jedoch das Selbstverständnis der Lehnsfrauen zu berücksichtigen, wie es sich in den vielen in diesem Beitrag angeführten Äußerungen und Handlungen dokumentiert. Ihr Selbstverständnis war geprägt von der Zugehörigkeit zum privilegierten Adelsstand, der auch für Frauen die Übernahme von Herrschaft in seinen allodialen Gütern vorsah, sodass sie durchaus auf die Übernahme eines königlichen Verwaltungsamts vorbereitet waren. Ob in den dargestellten Konflikten von Lehnsfrauen mit Lehnsmännern geschlechterhierarchische Argumentationen eine Rolle spielten, lässt sich wohl nur im Einzelfall ermitteln. Ob und wie sich die Frauen des hohen Adels mit den Geschlechterdiskursen ihrer Zeit auseinandersetzten, könnten Selbstzeugnisse wie Briefe, aber auch religiöse Reflexionen zeigen – soweit solche denn erhalten sind.

Aufschlussreich und nicht ohne Einfluss auf das Selbstverständnis der Lehnsfrauen ist es zu eruieren, ob und wie sie als Amtsträgerinnen in der christlichen Adelsgesellschaft ihrer Zeit wahrgenommen und bewertet wurden. Eine zentrale Quelle dafür sind die Leichenpredigten für adlige Männer und Frauen, darunter fünf für Lehnsfrauen, die ab 1565 in Dänemark gedruckt wurden. Eine Leichenpredigt enthielt neben der eigentlichen Predigt auch eine Biografie der Verstorbenen. Bei vier Lehnsfrauen wird ihre Karriere als Lehnsmann überhaupt nicht erwähnt. Sie werden als Töchter, Ehefrauen, Mütter, Hausfrauen und fromme Christinnen beschrieben. Es wird auch über ihre Herrschaft in Haus, Hof und Gut über Kinder, Diener und Bauern berichtet, nicht jedoch darüber, dass sie als Lehnsfrau ein Verwaltungsamt innehatten und somit öffentliche Herrschaft ausübten.[55]

Nur in einem Fall, in der Leichenpredigt für Anne Rosenkrantz (1522–1589), wird dies explizit erwähnt: „Weil Gott sie als Obrigkeit (‚Øvrighed‘) bestellt hatte, stattete er sie auch mit den Tugenden aus, die ein guter Herrscher haben sollte. Wenn die selige Dame etwas begann, sagte sie immer: ‚Gott helfe mir dabei‘, denn ihre gewählte Sprache war: ‚Meine Hilfe kommt vom Herrn.‘ Dann war derselbe Helfer, der allmächtige Gott, bei ihr in ihrem Amt, sodass ihre Handlungen oft einem Mann und nicht einer Frau angemessen waren." Und weiter unten im

55 Jacobsen, Ligprædikener.

Text wird betont: „man kann bei vielen Menschen nicht finden, was Gott ihr geschenkt hat.“[56]

Heute liest sich die Würdigung von Anne Rosenkrantz' Funktion als Lehnsmann nur als ein bedingtes Lob, da sie als Ausnahme ihres Geschlechts dargestellt wird. Die Lebensbeschreibung, die Teil einer Leichenpredigt war, hatte nicht den Zweck, eine präzise und erschöpfende Biographie des Verstorbenen zu vermitteln. Der Zweck der Veröffentlichung war Erbauung, da Leben und Sterben ein Beispiel dafür sein sollten, wie ein guter Lutheraner durch ein frommes Leben und einen guten Tod die Erlösung erlangen konnte. Dieser Zweck hätte die Verfasser der Leichenpredigten jedoch nicht daran hindern sollen, die Tätigkeit der Lehnsfrauen als Teil der Lebensbeschreibung zu erwähnen, denn in den Lebensbeschreibungen adliger Männer werden deren Lehen, sofern sie welche hatten, immer ebenso wie ihre anderen Ämter erwähnt.[57] Dabei ist allerdings zu bedenken, dass dies im Kontext der zeitgenössischen Geschlechterkonstruktionen die einzige zulässige Form war, ihre Amtstätigkeit zur Sprache zu bringen und öffentlich anzuerkennen.

Das Ignorieren der Amtstätigkeit der Lehnsfrauen in den Leichenpredigten hat dazu beigetragen, diesen Teil der Geschichte adliger Frauen in Dänemark für die Nachwelt unsichtbar zu machen, sodass sie weder in diesem Genre noch in anderer Literatur der Zeit in die Diskussionen um die „femmes fortes“[58] aufgenommen wurden. Lehnsfrauen waren der Geschichtswissenschaft seit dem 19. Jahrhundert bekannt, fanden jedoch keine Beachtung. Erst die Revision der Quellenbefunde aus einer geschlechtergeschichtlichen Perspektive hat die Lehnsfrauen und ihre Bedeutung in der „Zeit der Adelsherrschaft“ zu Tage gebracht und ihnen damit ihren Platz in der dänischen Geschichte verschafft. Dabei sollten die Lehnsfrauen trotz der Wortgleichheit nicht als Lehnsempfängerinnen im Sinne einer klassischen Vorstellung vom Lehnswesen und ebenso wenig als Vasallinnen angesprochen und verstanden werden – sie waren Amtsträgerinnen, die in einem „len“, also in einem Verwaltungsbezirk, indirekte Herrschaft ausübten.

Gedruckte Quellen

Bang, Gustav (Hg.): Breve til og fra Kristoffer Gøje og Birgitte Bølle, Kopenhagen 1889–1899.

56 Scavenius, Lijgpredicken, E ii verso–E iii recto.
57 Jacobsen, Ligprædikener.
58 Bock/Zimmermann (Hgg.), Querelle des Femmes; Drexl, Weiberfeinde.

Christensen, William (Hg.): Dronning Christines Hofholdningsregnskaber, Kopenhagen 1904.
Ders. (Hg.): Missiver fra kongerne Christiern I.s og Hans's Tid, 2 Bde., Kopenhagen 1912–1914.
DCP = Knudsen, Hans/Wegener, C. F. (Hgg.): Diplomatarium Christierni Primi. Samling af Aktstykker, Diplomer og Breve henhörende til kong Christiern den Förstes Historie, Kopenhagen 1856.
DD = Diplomatarium Danicum, abrufbar unter https://tekstnet.dk/books/dipdan/ (Letzter Zugriff am 03.07.2025).
Erslev, Kristian/Mollerup, William (Hgg.): Danske Kancelliregistranter 1535–1550, Kopenhagen 1881–1882.
Erslev, Kristian/Mollerup, William (Hgg.): Kong Frederik den Førstes danske Registranter, Kopenhagen 1879.
Kanc. Brev. = Kancelliets Brevbøger, vedrørende Danmarks indre Forhold, i Uddrag, 1551/1555–1593/1596, Kopenhagen 1885/1886–1910.
Marquard, Emil (Hg.): Breve til og fra Mogens Gyldenstjerne og Anne Sparre, Kopenhagen 1929–1941.
Rep. 1 = Erslev, Kristian/Christensen, William/Hude, Anna (Hgg.): Repertorium diplomaticum regni Danici mediaevalis. Fortegnelse over Danmarks Breve fra Middelalderen med Udtog af de hidtil utrykte, Kopenhagen 1894–1912.
Rep. 2 = Christensen, William (Hg.): Repertorium diplomaticum regni Danici mediaevalis. Series secunda. Fortegnelse over Danmarks Breve fra Middelalderen med Udtog af de hidtil utrykte, 2. Række, Kopenhagen 1928–1939.
Scavenius, Morten Andersen: En Lijgpredicken, som er Predicket udi Erlig velbyrdige oc nu salige met Guds Frue Anne Rosen Krantzis Begrafuelsse i Ringsted Kircke den 4. dag Januarij Aar 1590. Kopenhagen 1591.
Suhm, P. F. (Hg.): Nye Samlinger til den Danske historie, Kopenhagen 1792–1795.
Ders. (Hg.): Samlinger til den Danske Historie, Kopenhagen 1779–1781.

Darstellungen

Andersen, Birte: Adelig opfostring. Adelsbørns opdragelse i Danmark 1536–1660, Kopenhagen 1971.
Appel, Charlotte: Med egne øjne og med egen hånd. Kvinder og bogstavernes verden i renæssancens Danmark, in: Kvindernes renæssance og reformation, hg. von Grethe Jacobsen und Ninna Jørgensen, Kopenhagen 2017, S. 319–358.
Arenfeldt, Pernille: Art. „Sparre, Gørvel Fadersdatter", in: Dansk Kvindebiografisk Leksikon, hg. von Jytte Larsen, Grethe Ilsøe und Hanne Rimmen Nielsen, Kopenhagen 2000–2001, abrufbar unter https://kvindebiografiskleksikon.lex.dk/G%C3%B8rvel_Sparre (Letzter Zugriff am 03.07.2025).

Bock, Gisela/Zimmermann, Margarete (Hgg.): Die europäische Querelle des Femmes. Geschlechterdebatten seit dem 15. Jahrhundert (Querelles. Jahrbuch für Frauenforschung 2), Stuttgart 1997.
Christensen, Harry: Len og magt i Danmark 1439–1481. De danske slotslens besiddelsesforhold analyseret til belysning af magtrelationerne mellem kongemagt og adel med særlig fokus på opgøret i slutningen af 1460'erne (Skrifter udgivet af Jysk selskab for historie 42), Aarhus 1983.
DAA = Danmarks Adels Aarbog. Hg. durch die Dansk Adelsforening. Kopenhagen 1884 ff.
Drexl, Magdlena: Weiberfeinde – Weiberfreunde? Die Querelles des Femmes im Kontext konfessioneller Konflikte um 1600 (Geschichte & Geschlechter 52), Frankfurt a. Main 2006.
Dübeck, Inger: Die Entstehung der mittelalterlichen Gütergemeinschaft im dänischen und nordeuropäischen Familienrecht, in: Geschichte und Perspektiven des Rechts im Ostseeraum, hg. von Jörn Eckert und Kjell Å. Modéer, Berlin 2002, S. 199–215.
Dies.: Købekoner og konkurre. Studier over myndigheds- og erhvervsrtens udvikling med stadigt henblik på kvinders historiske retsstilling (Skrifter fra Det retsvidenskabelige Institut ved Københavns Universitet 29), Kopenhagen 1978.
Enemark, Poul: Herremandshandel i senmiddelalder og 16. Århundrede, in: Riget, magten og æren. Den danske adel 1350–1660, hg. von Per Ingesman und Jens Villiam Jensen, Aarhus 2001, S. 398–425.
Erslev, Kristian: Europæisk Feudalisme og dansk Lensvæsen, in: HTD II, 7 (1899), S. 247–304.
Ders.: Konge og Lensmand i det sextende Aarhundrede. Studier over Statsomvæltningen i 1536 og dens Følger for Kongemagt og Adelsvælde, Kopenhagen 1879 (ND Kopenhagen 1970).
Ders.: Danmarks Len og Lensmænd i det sextende Aarhundrede (1515–1596), Kopenhagen 1879.
Ders.: Danske len og lensmænd 1370–1443 (Skrifter udgivet af Institut for historie ved Københavns universitet 18), Kopenhagen 1996.
Hansen, Anne Mette: „Og denne bøn skal bedes med stor længsel og stor gudelighed, og med et ydmygt hjerte. Håndskrevne bønnebøger fra senmiddelalder og renæssance", in: Kvindernes renæssance og reformation, hg. von Grethe Jacobsen und Ninna Jørgensen, Kopenhagen 2017, S. 259–278.
Ilsøe, Grethe: Dansk herremandshandel med hansekøbmændene i senmiddelalderen, in: Middelalderstudier tilegnede Aksel E. Christensen på tresårsdagen 11. september 1966, Kopenhagen 1966, S. 305–336.
Ingesman, Per/Jensen, Jens Villiam (Hgg.): Riget, magten og æren. Den danske adel 1350–1660, Aarhus 2001.
Jacobsen, Grethe: Birgitte Gøye. En biografi, Kopenhagen 2024.

Dies.: Danske ligprædikener 1565–1610. Køn, stand og embede i en litterær genre, in: HTD 115.1 (2015), S. 1–36.
Dies.: Magtens kvinder før Enevælden. Kopenhagen 2022.
Dies.: Skomagerkone og handelskvinde i reformationstidens Malmø: Keluf Jens Nielsen Skomagers, død 1559, in: Mennesker i Danmarks og Europas middelalder, hg. von Brian Patrick McGuire u. a., Kopenhagen 1986, S. 216–236.
Knudsen, Pernille Ulla/Pedersen, Anders Sode: Rigsrådet 1536–1660. Biografi af medlemmerne af Rigsrådet, in: Kongens Retterting 1537–1660, Bd. 1, hg. von Ditlev Tamm, Kopenhagen 2003, S. 131–222.
Ladewig Petersen, Erling: Rigsråd og adelsopposition 1588. En socialhistorisk studie, in: Rigsråd, adel og administration 1570–1648, hg. von Knud J. V. Jespersen, Odense 1980, S. 123–168.
Lerdam, Henrik: Det danske lensvæsen 1375–1481, in: Riget, magten og æren. Den danske adel 1350–1660, hg. von Per Ingesman und Jens Villiam Jensen, Aarhus 2001, S. 105–125.
Wiesner-Hanks, Merry E.: Women and Gender in Early Modern Europe, Cambridge 2008.
Zangel, Frederic: Zwischen quellenbedingter Unschärfe und didaktisch notwendiger Trennschärfe. Eine Annäherung an das Lehnswesen über das Beispiel Dänemark (mit Südjütland/Schleswig), in: GWU 75 (2024), S. 296–313.

Wahllose Günstlingswirtschaft oder Belohnung mit System? Grundlegende Betrachtungen zum „län“ in Schweden und Finnland im 15. Jahrhundert

Laura Potzuweit

Using the example of the nobleman Ivar Axelsson (Tott) and his family, this article focuses on the Kingdom of Sweden and examines the significance of various forms of personal ties: feudal loyalty, kinship and friendship. The author refers in particular to the strength of the nobility and the weakness of the monarchy, whose interaction led to an asymmetrical hierarchy. One research question formulated in the article concerns the significance of the historical administrative districts, the 'län', in this context. For example, these seem to have been an essential economic basis for the Axelssons.

I. Hinführung

„Die Lehnswirtschaft muß folglich eine wesentliche – vielleicht die wesentlichste – Rolle bei der Gesamtwirtschaft der Axelsöhne gespielt haben“.[1] Diese Worte des Historikers Flemming Sørensen lassen nicht einmal den Eindruck entstehen, dass ein skandinavisches Lehnswesen jemals zur Disposition stand, während er damit gleichzeitig betont, dass die wirtschaftlichen Erträge jener Lehnsbesitzungen sogar zu den bedeutendsten – zumindest jene der Familie Axelsson in Dänemark, Finnland sowie Schweden – zu rechnen sind. Obwohl sich jedoch insgesamt zahlreiche Publikationen bis dato mit dem Vorhandensein eines mittelalterlichen Lehnswesens im Reich und Italien auseinandergesetzt haben,[2] wurde der Blick nur vergleichsweise selten gen Norden gerichtet, weshalb nicht nur für Dänemark[3], sondern ebenfalls für Schweden[4] mitsamt Finnland die Frage wiederum erklärungsbedürftig schien, inwiefern in den dortigen Landesteilen überhaupt eine

1 Sørensen, Familienwirtschaft, S. 90.

2 Siehe dazu in Auswahl: Dendorfer/Deutinger (Hgg.), Lehnswesen im Hochmittelalter; Spieß (Hg.), Ausbildung; Ders., Lehnswesen I.

3 Vgl. Zangel, Unschärfe; Auge, Lehnswesen revisited; Auge/Zangel, Gensyn sowie den Beitrag von Frederic Zangel in diesem Band.

4 Offenbar scheint Schweden allerdings in der Wahrnehmung nochmals eine Sonderrolle einzunehmen, da u. a. in Bagge, Gelting und Lindkvist (Hg.), Feudalism, zwar Beiträge zu Dänemark (Gelting, Problem) und Norwegen (Opsahl, Obligations towards the hirð) enthalten sind, aber keiner zu Schweden und Finnland.

Lehnsform in zumindest Ähnlichkeit zu den zeitgleichen Strukturen im Süden existierte. Die ältere Forschung, insbesondere in Gestalt von Kristian Erslev, sprach sich explizit gegen die Annahme einer solchen „afart af europæisk Feudalisme“[5] im skandinavischen Raum aus, denn in den nordischen Kronen seien die „Lehen“ nicht erblich gewesen.[6] Dahingegen geht die moderne Historiografie, wie der zuvor erwähnte Flemming Sørensen, mittlerweile von einer skandinavischen bzw. schwedischen Spielart aus, die in vier Ausprägungen aufgetreten sei, wobei eine derartig trennscharfe Unterteilung grundsätzlich natürlich mit Vorsicht vorzunehmen ist: 1. „slottslän“[7], 2. „pantlän“[8], 3. „län på räkenskap“/„avgiftslän“[9], 4. „län på tjänst“[10]. Gleichzeitig wird als weiteres Charakteristikum angenommen, dass die Lehnsvergabe in Schweden und Finnland vorrangig an Verwandte bzw. Freunde erfolgte, demnach jene Personengruppen, die ohnehin eine besondere Nähe zur herrschenden Dynastie pflegten.[11] Die Überantwortung von Lehen an Vertraute stellte insgesamt im Ostseeraum eine gängige Praxis dar, wie beispielsweise die Belehnung Herzog Albrechts II. von Mecklenburg (1318–1379) im Dezember 1356 mit den strategisch günstig gelegenen Burgen Skanör

5 Erslev, Feudalisme, S. 277.

6 Vgl. Christensen, Len og magt, S. 184–190; Lerdam, Danske len, S. 12 f. Dagegen zum Beispiel die Definition nach Karl-Heinz Spieß, die Erblichkeit nicht als Grundbedingung anführt: „Unter Lehnswesen verstehe ich ‚die Gesamtheit der rechtlichen Bestimmungen für das Verhältnis zwischen Lehnsherr und Vasall und deren Auswirkungen auf die staatlichen und gesellschaftlichen Strukturen‘. Die Existenz von Benefizien, oder genauer Lehen, und von Vasallen allein berechtigt nach dieser Definition noch nicht, von einem Lehnswesen zu sprechen. Erst wenn beide Institutionen, nämlich Lehen und Vasallität, kausal miteinander verknüpft und rechtlich geregelt sind, sollte man den Begriff ‚Lehnswesen‘ gebrauchen“ (Auge, Ausbildung, S. 338).

7 Vergleichbar mit einem Burglehen. Das Verhältnis zwischen Lehnsherr und Lehnsmann ging mit der Überantwortung einer Burg und einer Treueverpflichtung einher, sodass diese Beziehung vor allem mit den Schlagworten „Schutz“ und „Nutzen“ charakterisiert werden kann, indem der Empfänger u. a. einen wirtschaftlichen Vorteil aus dem erhaltenen Territorium ziehen konnte. Die „slottslän“ waren äußerst begehrt und bildeten einen Machtfaktor, weshalb sich daraus im Spätmittelalter zentrale Konflikte innerhalb der schwedischen sowie finnischen Nobilität ergaben.

8 Der Begriff kann mit „Pfandlehnen“ übersetzt werden.

9 Das „Lehen auf Rechnung“, „Lehen mit Rechenschaft“ bzw. „Abgabenlehen“ ist im Grundsatz ähnlich zum „slottslän“, jedoch war dieses Lehen stärker unter königliche Kontrolle gestellt, da der Lehnsmann zu einer jährlichen Rechenschaft, u. a. finanzieller Art, verpflichtet war.

10 Wörtlich „Lehen gegen Dienst“ beinhaltete explizit den Militärdienst, der dem Lehnsherren geleistet werden muss. In Abgrenzung zu den zuvor genannten Spielarten war der Lehnsmann allerdings nicht genötigt, gegenüber der Autorität bzgl. seiner finanzökonomischen Situation Auskunft zu geben.

11 Vgl. für das Reich im Spätmittelalter ähnlich auch Auge, Lehnrecht.

und Falsterbo auf zwölf Jahre durch König Erik von Schweden und Schonen (1339–1359) belegt.[12] Für das Zustandekommen einer solchen Übereinkunft wird sicherlich von Bedeutung gewesen sein, dass der Mecklenburger Herzog mit Eufemia (1317–vor 1370), der Tante Eriks, verheiratet war. Ob die Belehnung allerdings ausschließlich aufgrund des Verwandtschaftsverhältnisses erfolgte, ist nicht bekannt; die familiäre Nähe wird die Zusammenarbeit der beiden Männer jedoch begünstigt, wenn nicht sogar initiiert haben. Dem entspricht die Feststellung Jürgen Dendorfers, der konstatierte, dass das Lehnswesen „keineswegs die entscheidende Bindungsform [gewesen ist], erst eine Kumulation von verschiedenen Sozialbeziehungen, sei es Verwandtschaft oder Freundschaft, verstärkt durch eine lehnrechtliche Bindung, konnte den politischen Nutzen erfüllen, der oft der Lehnsbindung allein zugemessen wird“.[13] Folglich scheint ein bestehendes Nahverhältnis verwandtschaftlicher und/oder freundschaftlicher Prägung durch eine lehnsrechtliche Verbindung zusätzlich in einen vertraglichen Rahmen gefasst worden zu sein. In diesem Kontext sahen sich auch mehrere Herrscherpersönlichkeiten, wie beispielsweise Albrecht III. von Schweden (Albrecht von Mecklenburg) (um 1340–1412) oder Unionskönig Erich von Pommern (Erik VII. bzw., in Schweden, Erik XIII.) (1381/1382–1459), der Kritik ausgesetzt, wonach sie in ihrer Vergabepraxis vermeintlich dänische Adelige und jene aus dem Reich bevorzugt hätten. Der mehrmalige Reichsverweser und schwedische König Karl Knutsson (Bonde)[14] (1408/1409–1470) sah sich im Oktober 1469 angesichts seiner Günstlingswirtschaft sogar mit einem lokalen Aufstand konfrontiert. In Summe scheint dies oberflächlich und auf Basis bisheriger Forschungsarbeiten darauf hinzudeuten, dass ein Lehen in Schweden sowie Finnland 1.) nicht erblich war, 2.) generell in vier Typen eingeteilt werden kann und 3.) vor allem Verwandte und Freunde Nutznießer der Vergabe waren. Angesichts dessen fragt der vorliegende Kurzbeitrag nachfolgend anhand der Familie Axelsson (Tott)[15] einerseits kritisch nach der Existenz einer skandinavischen

12 Vgl. DD III,4, Nr. 491; SDHK-Nr. 7111.

13 Dendorfer, Was war das Lehnswesen?, S. 59. Siehe allgemein zur Bedeutung dieser Sozialbeziehungen im Mittelalter Althoff, Family.

14 In Bezug auf eine Lehnspraxis in Schweden wird in der Literatur oftmals darauf verwiesen, dass der Reichsrat Karl Knutsson (Bonde) nach der Absetzung Erichs von Pommern und den beginnenden Verhandlungen mit dessen Nachfolger Christoph von Pfalz-Neumarkt (Christoph von Bayern, 1416–1448), als Ausgleich Finnland als Lehen zugesprochen habe (z. B. Sawyer, Karl, Sp. 986).

15 Damit versucht der folgende Beitrag der Forderung von Karl-Heinz Spieß nachzukommen, „stärker die konkrete Ausformung einzelner Lehnsbindungen in ihrer Kongruenz oder im Widerstreit mit anderen“ in den Blick zu nehmen (Spieß, Lehnswesen II, S. 16).

Ausprägung des Lehnswesens und zweitens nach dessen Charakter: Eine wahllose Günstlingswirtschaft oder eine Belohnung mit System?

II. Fallbeispiel: Ivar Axelsson (Tott) – Gefolgsmann, Verwandter und Freund?[16]

Als zentraler Akteur sowie Repräsentant eines vermeintlichen Lehnssystems im spätmittelalterlichen Skandinavien gilt der dänisch-schwedische Adelige Ivar Axelsson (Tott) (um 1420–1487)[17], wobei im Rahmen des Lehnswesens bzw. von Landleihe und Gefolgschaft sicherlich weitere Mitglieder seiner Familie zu benennen wären.[18] In diesem Kontext begegnet Ivar erstmalig im Jahr 1464, als er in Diensten König Christians I. von Dänemark (1426–1481) Gotland als „pantlän" erhielt.[19] Seit circa 1449 hatte schon sein älterer Bruder Olof Axelsson († 1464) die Ostseeinsel innegehabt. Strenggenommen liegt in diesem Fall zwar keine Erblichkeit des Lehens vor, jedoch kann zumindest von einer familiären Kontinuität gesprochen werden.[20] Kurz nach der Übergabe Gotlands entsandte Christian I. seinen Gewährsmann Ivar Axelsson nach Schweden, um dort für die dänische Seite die Wiederherstellung der Kalmarer Union voranzutreiben.[21] Seine Abordnung ins benachbarte Königreich überrascht nicht, da er bereits im Jahr 1453 erfolgreich an Verhandlungen mit Karl Knutsson (Bonde) beteiligt gewesen war.[22] Anders als in den 1450er Jahren kehrte Ivar nach den Unterredungen nun allerdings nicht wieder nach Dänemark zurück, sondern verhalf stattdessen seinem schwedischen Gesprächspartner durch militärische Unterstützung in der Folgezeit erneut auf den Thron, woraufhin er einen Platz im dortigen Reichsrat erhielt. Auch in verwandtschaftlicher Hinsicht verstärkte Ivar die Verbindungen zur herrschenden Familie durch seinen Eheschluss mit

---

16 Vgl. grundlegend Sørensen, Økonomi.

17 Nicht von ungefähr trägt die Publikation von Knud Fabricius aus dem Jahr 1904 den Titel „En nordisk lensmands liv" [Übersetzung d. Autorin: „Das Leben eines nordischen Lehnsmannes"].

18 Beispielsweise die sogenannten Axelsöhne wie sein Bruder, Erik Axelsson (circa 1415–1481) (vgl. Ehrhardt, Erich). Bestandteil des ökonomischen Erfolgs der Familie war, wie Skoglund und Wallace Nilsson, Axelsson, S. 2, betont haben, gerade auch die Zusammenarbeit der einzelnen Axelsson-Mitglieder.

19 Riis, Ivar, Sp. 838.

20 Siehe zu den Streitigkeiten um Gotland auch Kattinger, Verhandlungen; Kubon, Außenpolitik; Potzuweit, Zentrum; Dies., Besitzanspruch.

21 Riis, Ivar, Sp. 838.

22 Vgl. SDHK-Nr. 26243, 26264, 26265.

Magdalena (1445–1495), einer Tochter Karl Knutsson (Bondes).[23] Die politische sowie personelle Verbundenheit führten in der Folgezeit zum Aufstieg Ivars zum engsten Vertrauten Karl Knutsson (Bondes). Eine Treueverpflichtung des Adeligen gegenüber diesem vom 30. März 1468 benennt ihn entsprechend sogar als Interimsherrscher bzw. als dessen potenziellen Nachfolger.[24] Dass Christian I. von Dänemark seinem einstigen Gewährsmann und dessen Familie im Jahr zuvor die dänischen Besitzungen entzogen hatte, ist angesichts dieses engen Verhältnisses Ivars zu seinem Schwiegervater nicht überraschend. Im Übrigen betraf die Lehnsaberkennung auch die Ostseeinsel Gotland, allerdings war aufgrund deren Lage kein unmittelbarer Zugriff möglich, weswegen sie zumindest in der Praxis in Händen der Axelssons verblieb. Die Nachfolge Karl Knutsson (Bondes) als Reichsverweser trat schließlich Sten Sture der Ältere (circa 1440–1503) an, aber Ivar und seine Familie unterstützten auch diesen schwedischen Herrscher, wahrscheinlich, um sich langfristig eine Chance auf die Rückgewinnung ihrer dänischen Lehen zu wahren.[25] In der Zwischenzeit versah Sten Sture Ivar Axelsson mit weiteren diversen Besitzungen: Im Mai 1472 erhielt er beispielsweise Stegeborgs Schloss und Umgebung auf Lebenszeit[26], im gleichen Jahr auch die Kirchspiele Köping und Egby auf Öland[27] und im Jahr 1481 – gemeinsam mit seiner Ehefrau Magdalena – Åkerbo.[28] Ungeachtet dessen war das Miteinander dieser beiden Männer in der Folgezeit durch einen wachsenden Gegensatz geprägt: Nicht nur wies Ivar – unter anderem aufgrund seiner weitreichenden Besitzungen – eine immense Machtfülle auf; er war ebenfalls bemüht, seinen Schwiegersohn Arvid Trolle († 1505) auf dem schwedischen Thron zu platzieren.[29] Vor diesem Hintergrund ergibt sich eine andere Deutung der zuvor genannten Vergaben, denn mit Ausnahme von Stegeborgs Slott waren dies

---

[23] Vgl. SDHK-Nr. 28613. Ivars Bruder Erik war in erster Ehe mit Bengta Mattsdotter († 1451/1452), wie Harald Ehrhardt schreibt, einer Verwandten Karl Knutsson (Bondes), verheiratet (Ehrhardt, Erik, Sp. 2145). Demnach wurde durch sogar zwei Eheverbindungen die Beziehung zum schwedischen Herrscher gestärkt.

[24] SDHK-Nr. 28810. Vgl. dagegen Karl Knutsson (Bondes) Testament, wonach dessen gleichnamiger Sohn Nachfolger auf dem schwedischen Thron werden sollte. Sten Sture wurde darin zum Vormund erklärt (siehe dazu u. a. Sawyer, Karl, Sp. 987).

[25] Vgl. Nilsson, Axelsson, S. 9, 11; Skoglund, Förbindelser, S. 239–241.

[26] Offenbar kam sie bereits erstmals 1467 in Ivars Besitz (SDHK-Nr. 39419), sodass es sich im Mai 1472 um eine Erneuerung des Lehens handeln könnte.

[27] SDHK-Nr. 29350.

[28] SDHK-Nr. 30903.

[29] Im Übrigen war auch das Verhältnis zwischen Ivar Axelsson und Sten Sture nicht ohne verwandtschaftliche Bindung, da der schwedische Reisverweser mit Ingeborg († 1507), einer Nichte Ivars, verheiratet war. Eine weitere familiäre Verknüpfung ergab sich über

allesamt keine großen, bedeutenden oder zentralen Lehen, weshalb Quantität grundsätzlich nicht mit Qualität gleichgesetzt werden sollte.[30] Gleiches besitzt Gültigkeit für ein Tauschgeschäft aus dem Juni 1483 nach dem Tod seines Bruders Laurenz: Im Zuge dessen übergab Ivar Axelsson Sten Sture das Schloss und die Stadt Viborg, Olofsborg und Tavastehus, woraufhin er im Gegenzug als Lehen der schwedischen Krone Borgholm und Öland auf Lebenszeit erhielt.[31] Aus geografischer Sicht ist dieser Tausch durchaus sinnvoll, da dessen zentralste und wichtigsten Besitzungen weiterhin Visby und Gotland waren, während Viborg, Olofsborg und Tavastehus sich am äußersten Rand des finnischen Teils des Reiches befanden. Dahingegen liegt Öland mitsamt Borgholm in unmittelbarer Nachbarschaft zur Ostseeinsel Gotland, sodass darauf ein unmittelbarerer Zugriff erfolgen konnte als auf die drei randständigen vorherigen Örtlichkeiten. Aufgrund ihrer Randlage im finnisch-russischen Grenzgebiet erforderte insbesondere Viborg zudem eine kostenintensive militärische Absicherung.[32] Die östlichen Standorte der Axelssons hatten in den Jahren zuvor jedoch dem konkreten Zweck gedient, die Kontrolle über den Handel mit vor allem Nowgorod zu intensivieren, weswegen der Verlust insbesondere Viborgs diesen ökonomischen Ambitionen diametral entgegenstand.[33] Dagegen führt Thomas Riis an, dass Ivar diese finnischen Lehen ohnehin ausschließlich für seinen Bruder Laurens gesichert habe, sodass sie nach dessen Ableben obsolet geworden seien.[34] Angesichts der ökonomischen Möglichkeiten in Richtung Osten wirkt diese Erklärung nicht in Gänze überzeugend.

In den Folgejahren wurden Ivar Axelsson letztlich die zuvor erhaltenen Lehnsbesitzungen, zum Beispiel Stegeborgs Slott sowie Öland, entzogen.[35] Als vermeintliche Reaktion auf diesen Verlust und im Angesicht unklarer Zugriffsrechte auf seine schwedischen Besitzungen, wodurch sich ein Konflikt mit

Karl Knutsson (Bonde), dessen Halbschwester Birgitta (circa 1462) wiederum die Mutter Sten Stures war.

30 Sørensen, Familienwirtschaft, S. 90.

31 SDHK-Nr. 31314. Bis zu seinem Tod im Jahr 1481 war im Übrigen Ivars Bruder Erik Lehnsherr in Viborg (seit 1457) und Tavastehus (seit 1462), wobei er Olofsborg sogar 1475 hatte errichten lassen (Ehrhardt, Erik, Sp. 2146).

32 Sørensen, Familienwirtschaft, S. 91.

33 Natürlich stellt sich die Frage, wie die Axelssons die Lukrativität des Handels über Nowgorod einschätzten, nachdem die Stadt 1478 vom moskowitischen Großfürsten Iwan III. (1440–1505) erobert worden war. Siehe allerdings insgesamt zum Osthandel der Familie Axelsson Rebas, Axelsöhne; Ders., Infiltration, z. B. S. 129–131.

34 Riis, Ivar, Sp. 839.

35 Vgl. SDHK-Nr. 31908. Stegeborgs Slott wurde bereits am 1. September 1487 als Lehen an den Ritter Greger Mattsson gegeben (SDHK-Nr. 31940).

Sten Sture entwickelte, übergab er im Jahr 1487 die Insel Gotland, auf die er sich zurückgezogen hatte,[36] an König Johann (Hans) von Dänemark (1455–1513), den Sohn und Nachfolger Christians I.[37], bevor er schließlich im Oktober desselben Jahres im schonischen Lillö verstarb.

III. Conclusio

Ein „Lehnswesen“ in Schweden und Finnland wird unschärfer, jedoch auch dynamischer, sobald man sich auf die Ebene einzelner Akteure begibt. Dabei ist durchaus der Feststellung der bisherigen Forschung zuzustimmen, wonach zwar Lehen nach einem gewissen Muster vergeben wurden, jedoch keine Erblichkeit dieser „län“ vorlag.[38] Am Beispiel der Axelssons wird allerdings der Aspekt der „familiären Kontinuität“ deutlich, wobei Brüder und Söhne kein Anrecht bzw. keine Garantie besaßen, nach dem Tod des Vaters bzw. Bruders dessen Lehnsbesitz zu übernehmen. Sicherlich lässt sich die fehlende Erblichkeit mitunter dadurch erklären, dass verhindert werden sollte, die traditionell ohnehin mächtige skandinavische Nobilität nicht noch zusätzlich durch erbliche Besitzungen zu stärken. Durch die Erneuerung der Vergabe nach dem Tod des Lehnsnehmers versicherte sich der Herrscher jedes Mal aufs Neue zudem der Aktualität der Loyalität des Nachfolgers. In diesem Kontext sticht gleichermaßen der Lehnsentzug als bedeutendes Instrument der Herrscher in Schweden und Dänemark hervor, um „abtrünnige“ Adelige zu strafen bzw. zu kontrollieren, sodass neben den Aspekt der systematischen Belohnung auch der gegenteilige Zweck tritt. Dieses Ergebnis bestätigt wiederum Christoph Dartmanns treffende Beurteilung des Lehnswesens in Oberitalien, wonach dafür eine „beständige Reversibilität vermeintlich eindeutig festgelegter Verhältnisse“[39] zu konstatieren sei. Als Hintergrund für diese Reversibilität nannte Dartmann die zugrundeliegende dynamische Gesellschaft dieser Zeit. Insbesondere auch für Schweden und Finnland lässt sich im 15. und 16. Jahrhundert eine immense politische, aber auch gesellschaftliche Dynamik erkennen, sodass eine fluide

---

[36] Aus den Jahren 1485 bis 1487 liegt ein Rechnungsbuch von Ivar Axelsson vor, das explizit Auskunft über Einnahmen und Ausgaben – beispielsweise Lohnkosten – erlaubt (vgl. Räkenskapsbok).

[37] Riis, Ivar, Sp. 839. Ein Jahr zuvor hatte Ivar bereits Enköping sowie das Kirchspiel Vårfrukyrka an einen gewissen Slake Hansson weiter verlehnt (SDHK-Nr. 31826).

[38] Vgl. auch die häufige Formulierung „på livstid“ in den schwedischen Quellen. Auch Sørensen, Familienwirtschaft, S. 90, der die Vergabe auf Lebenszeit als „günstige“ Bedingung bezeichnet.

[39] Dartmann, Lehnsbeziehungen, S. 130.

Praxis des Lehnswesens für eine solche Gemeinschaft sich durchaus erwartbar zeigt. Einige zentrale Punkte im Hinblick auf ein skandinavisches Lehnswesen bleiben allerdings klärungsbedürftig: Grundsätzlich ist natürlich nach den zeitlichen sowie regionalen Anfängen eines solchen im Norden zu fragen. Wie von Karl-Heinz Spieß bereits in den Vorbemerkungen zu seinen Ausführungen zum Lehnswesen in Deutschland im Hoch- und Spätmittelalter angemerkt, bedarf es zudem weiterer Detailstudien, um die Diskrepanzen zwischen lehnsherrlicher Norm und Praxis sichtbarer zu machen.[40] Auch die Frage nach einer vermeintlich eindeutigen asymmetrischen Hierarchie zwischen Lehnsnehmer und -geber stellt sich gerade angesichts der Dominanz des skandinavischen Adels gegenüber dem – insbesondere in Schweden sowie Finnland – oftmals unsicheren Anspruch der Herrschenden im 15. Jahrhundert.[41] Gleichzeitig sollte zukünftig – vor allem sprachhistorisch – der Begriff „län" und seine Mehrdeutigkeit in den Fokus rücken, da dieser gleichermaßen für die 21 Provinzen Schwedens gebraucht wird.

Gedruckte und digitale Quellen

DD III,4 = Christensen, C. A./Nielsen, Herluf (Hgg.): Diplomatarium Danicum, 3. Række, Bd. 4: 1353–1356, Kopenhagen 1966.

Räkenskapsbok = Melefors, Evert (Hg.): Ivar Axelsson Totts räkenskapsbok för Gotland 1485–1487, Visby 1991.

SDHK = Svenskt Diplomatariums huvudkartotek, abrufbar unter https://sok.riksarkivet.se/sdhk (Letzter Zugriff am 03.07.2025).

Darstellungen

Althoff, Gerd: Family, Friends and Followers. Political and Social Bonds in Early Medieval Europe, Cambridge 2004.

Auge, Oliver: Ausbildung und Verbreitung des Lehnswesens im Reich und in Italien im 12. und 13. Jahrhundert – eine Zusammenfassung, in: Ausbildung und Verbreitung des Lehnswesens im Reich und in Italien im 12. und 13. Jahrhundert (VuF 76), hg. von Karl-Heinz Spieß, Ostfildern 2013, S. 337–355.

Ders.: Art. „Lehnrecht, Lehnswesen", in: HRG 3 (^{2}2014), Sp. 717–736.

Ders.: Lehnswesen revisited: Dänemark als regionaler Sonder- oder europäischer Normallfall im Mittelalter? Aufgaben und Perspektiven der Forschung, in: ZRG GA 139 (2022), S. 237–252.

[40] Spieß, Lehnswesen II, S. 15.

[41] Vgl. z. B. den Gedanken bei Hermanson/Orning, Lords, S. 34.

Ders./Zangel, Frederic: Gensyn med det feudale lensvæsen i middelalderens Danmark. Et nyt forskningsprojekt ved Kiels Universitet, in: HTD 122.1 (2022), S. 122–140.
Bagge, Sverre/Gelting, Michael H./Lindkvist, Thomas (Hgg.): Feudalism. New Landscapes of Debate (The Medieval Countryside 5), Turnhout 2011.
Christensen, Harry: Len og magt i Danmark 1439–1481 (Skrifter udgivet af Jysk Selskab for Historie 42), Aarhus 1983.
Dartmann, Christoph: Lehnsbeziehungen im kommunalen Italien des 11. und 12. Jahrhunderts, in: Ausbildung und Verbreitung des Lehnswesens im Reich und in Italien im 12. und 13. Jahrhundert (VuF 76), hg. von Karl-Heinz Spieß, Ostfildern 2013, S. 105–132.
Dendorfer, Jürgen: Was war das Lehnswesen? Zur politischen Bedeutung der Lehnsbindung im Hochmittelalter, in: Denkweisen und Lebenswelten des Mittelalters (Münchner Kontaktstudium Geschichte 7), hg. von Eva Schlotheuber u. a., München 2004, S. 43–64.
Ders./Deutinger, Roman (Hgg.): Das Lehnswesen im Hochmittelalter: Forschungskonstrukte – Quellenbefunde – Deutungsrelevanz (Mittelalter-Forschungen 34), Ostfildern 2010.
Ehrhardt, Harald: Art. „Erich (Erik) Axelsson Thott“, in: LexMA 3 (1983), Sp. 2145 f.
Erslev, Kristian: Europæisk Feudalisme og dansk Lensvæsen, in: HTD II,7 (1899), S. 247–304.
Gelting, Michael H.: The Problem of Danish “Feudalism”, in: Feudalism. New Landscapes of Debate (The Medieval Countryside 5), hg. von Sverre Bagge, Michael H. Gelting und Thomas Lindkvist, Turnhout 2011, S. 159–184.
Harald: Art. „Erich (Erik) Axelsson Thott“, in: LexMA 3 (1983), Sp. 2145 f.
Hermanson, Lars/Orning, Hans Jacob: Lords and Followers. Patron-Client Relationships, in: Nordic Elites in Transformation, c. 1050–1250. Bd. 2 (Routledge research in medieval studies), hg. von Bjørn Poulsen, Helle Vogt und Jón Viðar Sigurðsson, New York u. a. 2021, S. 33–53.
Kattinger, Detlef: Die Verhandlungen zwischen König Albrecht von Mecklenburg, dem Deutschen Orden, dem Unionskönigtum und den Hansestädten um die Gotlandfrage. Eine Studie zum Kräfteverhältnis im Ostseeraum am Beginn des Unionszeitalters, in: Der Deutsche Orden in der Zeit der Kalmarer Union 1397–1521, hg. von Zenon Hubert Nowak, Toruń 1999, S. 47–68.
Kubon, Sebastian: Die Außenpolitik des Deutschen Ordens unter Hochmeister Konrad von Jungingen (1393–1407) (Nova Mediaevalia 15), Göttingen 2016.
Lerdam, Henrik: Danske len og lensmænd 1370–1443 (Skrifter udgivet af Institut für Historie ved Københavns Universitet 18), Kopenhagen 1996.
Nilsson, Margaret Wallace: The Axelsson Totts. Back from the Abyss of Scandinavian Historiography, in: https://www.academia.edu/8827567/

The_Axelsson_Totts_Back_from_the_Abyss_of_Scandinavian_Historiography (Letzter Zugriff am 03.07.2025), S. 1–16.

Opsahl, Erik: „[…] nonetheless [he] fulfilled his obligations towards the hirð“: Fealty and Politics in Medieval Norway, in: Feudalism. New Landscapes of Debate (The Medieval Countryside 5), hg. von Sverre Bagge, Michael H. Gelting und Thomas Lindkvist, Turnhout 2011, S. 185–201.

Potzuweit, Laura: Zwischen erobertem und ererbtem Besitzanspruch. Die Insel Gotland im 14. und 15. Jahrhundert, in: JbRG 40 (2022), S. 30–42.

Dies.: Im Zentrum von Ostsee und Anspruch. Der Deutsche Orden, die Krone Dänemark und der Besitzkonflikt um die Insel Gotland im 14. und 15. Jahrhundert, in: Viele Welten des Ostseeraumes. Politischer, wirtschaftlicher und kultureller Austausch vom Hochmittelalter bis zum Beginn der Neuzeit (Tagungen zur Ostmitteleuropaforschung 43), hg. von Paul Srodecki und Ludwig Steindorff, Marburg 2024, S. 157–164.

Riis, Thomas: Art. „Ivar Axelsson Thott (Iver Axelsen)“, in: LexMA 5 (1991), Sp. 838 f.

Sawyer, Birgit: Art. „Karl (III.) Knutsson (Bonde), König von Schweden (1408/1409–1470)“, in: LexMA 5 (1991), Sp. 986 f.

Rebas, Hain: Die Axelsöhne (Tott) und der Narvahandel 1468–1478, in: Fernhandel und Handelspolitik der baltischen Städte in der Hansezeit. Beiträge zur Erforschung mittelalterlicher und frühneuzeitlicher Handelsbeziehungen und -wege im europäischen Rahmen (Schriften der Baltischen Historischen Kommission 11), hg. von Nobert Angermann, Lüneburg 2001, S. 177–200.

Ders.: Infiltration och handel. Studier i senmedeltida nordisk Balticumpolitik i tiden omkring 1440–1479 (Meddelanden från Historiska institutionen i Göteborg 11), Göteborg 1976.

Skoglund, Alexandra: De yngre Axelssönernas förbindelser med Sverige 1441–1487, Lund 1903.

Spieß, Karl-Heinz (Hg.): Ausbildung und Verbreitung des Lehnswesens im Reich und in Italien im 12. und 13. Jahrhundert (VuF 76), Ostfildern 2013.

Ders.: Das Lehnswesen in Deutschland im hohen und späten Mittelalter (Historisches Seminar NF 13), Idstein 2009 (= Spieß, Lehnswesen I).

Ders.: Das Lehnswesen in Deutschland im hohen und späten Mittelalter, Stuttgart ²2009 (= Spieß, Lehnswesen II).

Sørensen, Flemming: Familienwirtschaft und baltische Wirtschaft. Das Beispiel der Axelsöhne. Aspekte einer spätmittelalterlichen Familienwirtschaft, in: Studien zur Geschichte des Ostseeraumes I (Byhistoriske Skrifter 7), hg. von Thomas Riis, Odense 1995, S. 79–145.

Ders.: Axelsønnernes økonomi og handel (ca. 1420–1487), Dissertation Kopenhagen 1975.

Zangel, Frederic: Zwischen quellenbedingter Unschärfe und didaktisch notwendiger Trennschärfe. Eine Annäherung an das Lehnswesen über das Beispiel Dänemark (mit Südjütland/Schleswig), in: GWU 75 (2024), S. 296–313.

Moderation und Mediatisierung von Herrschaft im mittelalterlichen Königreich Norwegen

Stefan Magnussen

In terms of the "Lehnswesen", Norway reveals some peculiarities when compared with Denmark and Sweden. Similar to the latter, the older research literature for this Scandinavian kingdom also assumes a special development. And the impact of Reynolds' propositions is also clearly comprehensible in the research literature. This study is intended as a first introduction to a complex topic. But it already shows that in the light of numerous parallels with the rest of Europe, it is hardly possible to speak of a unique development regarding Norway.

I. Hinführung

In Darstellungen zur spätmittelalterlichen Geschichte Skandinaviens dreht sich traditionell vieles um die beiden großen Reiche dieser Zeit: Dänemark und Schweden. Norwegen findet sich, überspitzt formuliert, in dieser Konstellation hingegen oft in der Rolle eines abgelegenen, von den Interessen der beiden Nachbarreichen fremdbestimmten Reiches wieder, dem sich bestenfalls in Nebensätzen oder Fußnoten genähert wird, um pflichtbewusst zu symbolisieren: Ihr seid mitgedacht![1]

Und auch wenn heutzutage noch allzu oft Norwegen, Schweden und Dänemark als kulturelle Einheit begriffen werden, als im Grunde homogenes Staatentrio, deren Bewohnerinnen und Bewohner sich scheinbar fließend untereinander in ihren jeweiligen Landessprachen austauschen können, so führt diese assoziierte Homogenität Historikerinnen oder Historiker doch allzu gerne in die Irre. Denn trotz aller zahlreichen historischen Gemeinsamkeiten in Sprache und Kultur und all der vielfältigen Verflechtungen untereinander, verfügt doch insbesondere das mittelalterliche Norwegen über eine ganz eigene Prägung. Denn anders als seine beiden Nachbarreiche, deren historische Verankerung eher im Ostseeraum zu

---

1 Das mangelnde Interesse an der spätmittelalterlichen Geschichte Norwegens mag jedoch auch damit zu tun haben, dass es selbst in der norwegischen Geschichtsschreibung neben der als weit glanzvoller empfundenen früh- und hochmittelalterlichen Geschichte lange eine untergeordnete Rolle spielte. Bezeichnenderweise sind die Titel von Darstellungen zu dieser Zeit oft sehr negativ konnotiert, vgl. etwa Bjørkvik, Folketap; Imsen/Sandnes, Avfolkning. Siehe hierzu generell Imsen, Noregs Nedgang.

verorten ist, blickte man in Norwegen lange Zeit eher nach Westen, in Richtung des Nordatlantiks und der britischen Inseln.

Norwegen im Mittelalter, das war zudem nicht das heute flächenmäßig achtgrößte Land Europas. Zwar umspannte es schon damals eine enorme Landmasse, allerdings war diese äußerst dünn besiedelt und gerade die Regionen im Inland nur schwach mit den eigentlichen Machtzentren an der Küste verwoben.[2] Das mittelalterliche Norwegen war vor allem ein Reich der Inseln und der Küsten, was auch schon der englische Geschichtsschreiber Matthew Paris (c. 1200–1259) erkannte, als er den ihm persönlich bekannten norwegischen König Håkon (IV.) Håkonsson (gamli, 1204–1263) in einer Marginalie seiner „Chronica Majora" explizit als „rex insularum" bezeichnete.[3]

Entsprechend war Norwegen auch über weite Teile seiner mittelalterlichen Geschichte ein kulturell wie administrativ divers aufgestelltes Reich, was auch für diese Studie von Bedeutung sein wird.[4] Es bestand einerseits aus dem uns heute noch vertrauten Norwegen, von Trondheim bzw. Nidaros im Nordwesten[5] bis zum Oslofjord im Südosten, erweitert nur um das heute schwedische Bohuslän,[6]

---

[2] Siehe zu den topographischen und demographischen Bedingungen Orrman, Rural Conditions, S. 262–264.

[3] Matthæi Parisiensis, Bd. 4, S. 650 mit Anm. 2. Matthew Paris wurde nach eigener Aussage nach Norwegen gerufen, um dort das Benediktinerkonvent Nidarholm bei Trondheim zu reformieren. Siehe hierzu umfassend Weiler, Matthew Paris.

[4] Dies spiegelt sich auch schon in zeitgenössischen Quellen wider. So nennt etwa die im späten 12. Jahrhundert verfasste Historia Norwegie, S. 64–74, Zitat von S. 64, die Überseedomänen als „tributariis insulis" und auch in einzelnen Editionen von König Magnus Håkonssons (1238–1280) Landrecht von 1274 wird geschrieben, dass der König über das ganze norwegische Reich herrsche, sowohl dem Kernland als auch den Tributländern („ifir allu Noregs ueelldi beeðe innan landz oc sua skattlondum", NGL 1.2, Nr. 1, S. 25. Allerdings findet sich dieser Titel nur in wenigen Ausgaben, die allesamt von einer Hand zugerechnet werden, darunter auch die Textgrundlage für die Edition von Jakob Rudolf Keyser und Peter Andreas Munch von 1848. Ein Großteil der weiteren Ausgaben hat an dieser Stelle keine Ausführungen zu den „skattland", siehe hierzu die Übersicht innerhalb der Neuedition bei Kong Magnus Håkonsson Lagabøtes Landslov, Tl. 1, § II, Kap. 1, Fn. 1, sowie die Ausführungen auf S. 18 f. und S. 22.

[5] Das Erzbistum von Nidaros wurde ursprünglich 1080 als Bistum in Trondheim gegründet und später noch als solches zum Erzbistum erhoben. Trondheim bezog sich vermutlich ursprünglich noch auf die Region, während Nidaros – das seit 1170 in der erzbischöflichen Titulatur verwendet wurde – den eigentlichen Marktort meinte. Ab dem frühen 14. Jahrhundert etablierte sich dann zunehmend der Name Trondheim für den Ort, während Nidaros vor allem für das Erzbistum in Gebrauch blieb. Siehe zur Namensgeschichte von Nidaros/Trondheim u. a. Blom, Trondheim Bys Historie, S. 217–219.

[6] Das Bohuslän war eine der zentralen Regionen der norwegischen Königsherrschaft, was sich auch in der terminologischen Bezugnahme auf die dort gelegene Königsburg ausdrückt,

reduziert um die samische Finnmark im Norden.[7] Der andere Teil der sogenannten „Noregsveldi", also der norwegischen Herrschaft, das waren die Krondomänen bzw. tributär verbundenen Territorien, die sogenannten „skattlands": Einerseits im Nordatlantik, von den Hebriden und der Isle of Man an der nordwestlichen Küste Großbritanniens, die jedoch schon 1266 an die schottische Krone fielen,[8] über Orkney und die Shetlands,[9] die Færøer und Island bis nach Grönland, andererseits im Osten des Reiches, mit dem heute schwedischen Jämtland.[10]

Im Rahmen dieses Beitrags soll nun überblickend der Frage nachgegangen werden, was die Themen Amt und Lehen in diesem von äußerst Vielfalt geprägten Raum eigentlich ausmachte. Dabei streckt die Untersuchung seine Fühler zwar auch in deren Frühgeschichte aus,[11] der Fokus liegt jedoch vor allem auf der Spätphase des nordischen Hoch- sowie des späten Mittelalters, vom Abschluss der „rikssamling" im späten 12. und dem 13. Jahrhundert bis etwa zur Doppelwahl Karls I. (1408x1409–1470) und Christians I. (1426–1481) im Jahr 1450.[12]

---

dem Båhus (schwed.: Bohus), also der Burg (norw.: „hus") auf der Flussinsel Bágaholm im Göta älv, dem historischen Grenzfluss zwischen Norwegen und Schweden. Erst 1645 fiel die Region mit der Festung im Zuge des Friedens von Brömsebro an Schweden. Zur Geschichte der Region zuletzt Andersson, Bohusläns historia.

7 Zur Integration der Finnmark und Hålogalands Hansen, Integration.

8 Im 13. Jahrhundert intensivierte die schottische Krone seine Bestrebungen zur Rückeroberung der Inselgruppen, die seit dem 11. Jahrhundert unter norwegischer Oberhoheit standen. Mit dem Frieden von Perth von 1266 erkannte die norwegische Krone nun die schottische Oberhoheit über die Hebriden und die Isle of Man an, wofür ihr die Herrschaft über Orkney und Shetland bestätigt und eine jährliche Entschädigung zugesagt wurde. Siehe zum Frieden von Perth grundlegend: Lustig, Treaty; Opsahl, Treaty; Broun, Treaty.

9 Beide wurden 1469 im Zuge der Eheschließung zwischen König James III. und Margrete von Norwegen, einer Tochter Christian I., verpfändet und drei Jahre später dem schottischen Reich inkorporiert. Siehe hierzu zuletzt Grohse, Lost Cause.

10 Siehe zu den Krondomänen grundsätzlich: Imsen, Kongemagt og skattland; Ders. (Hg.), Rex Insularum; Wærdahl, Incorporation. Das Jämtland (norw.: Jemtland) war formell gesehen zwar keine Krondomäne, wurde aber der von der Krone als solche behandelt. Sein territorialer Sonderstatus innerhalb der norwegischen Landschaften äußerst sich auch dadurch, dass es nicht zur Erzdiözese Nidaros, sondern zum schwedischen Uppsala zählte. Wie auch das Bohuslän wurde das Jämtland im Frieden von Brömsebro dem schwedischen Reich zugesprochen. Siehe zum Jämtland zuletzt Holm (Hg.), Jämtland; Njåstad, Eastern Realm.

11 In Unterscheidung zur gängigen Periodisierung spricht man in Skandinavien erst ab dem 11. Jahrhundert vom Mittelalter, weshalb das Frühmittelalter die Zeit bis zum Ende des 12. Jahrhunderts, das Hochmittelalter bis zum Ende des 14. Jahrhunderts und die Zeit der Kalmarer Union als Spätmittelalter bezeichnet wird. Das traditionelle Frühmittelalter des 6. bis 10. Jahrhunderts nennt man in Skandinavien indes als Späte Eisenzeit bzw. die Wikingerzeit. Siehe hierzu u. a. in Bezug zu Norwegen Moseng u. a., Norsk Historie, S. 25 f.

12 Enemark, Kriseår.

Angesichts der somit rund 250 abzudeckenden Jahre und dem hier gegebenen Raum kann an dieser Stelle natürlich kein umfassendes Abbild der Entwicklungen in all Facetten geboten werden, sondern bestenfalls eine grobe Skizze anhand ausgewählter Beispiele und Schwerpunkte. Diese sollen jedoch zumindest einen Eindruck von der Transformation vom hochmittelalterlichen System personalisierter Herrschaft hin zur territorialen und strukturierten Herrschaftsordnung des späten Mittelalters geben, ohne dabei eine klassische Institutionengeschichte zu präsentieren. Es wird nämlich auch um die begleitenden Aushandlungsprozesse zwischen norwegischer Krone, Magnaten und Vasallen gehen.

Operiert wird dabei mit zwei Leitgedanken, welche meiner Ansicht nach die herrschaftlichen Bahnen für diese Entwicklung ebneten: Einerseits die Moderation von Herrschaft, was die horizontale Ordnung von Herrschaft meint, andererseits deren Mediatisierung, womit ich in Anlehnung an das Leipziger DFG-Projekt „Mediation von Herrschaft an den Grenzen Lateineuropas" (2017–2021) die Mittelbarmachung von Herrschaft durch Verstetigung von Verwaltungspraktiken und die Ausdifferenzierung von hierarchisierten Herrschaftsstrukturen verstehe.[13]

II. Treue und Leihe im frühmittelalterlichen Norwegen

Im Jahr 1265 verfasste der isländische Magnat Sturla Þórdarson (1214–1284)[14] im Auftrag des norwegischen Königs Magnus (VI.) Håkonsson („lagabætir", 1238–1280) eine Geschichte von dessen nur wenige Jahre zuvor verstorbenen Vater, König Håkon (IV.) Håkonsson. Ausführlich schilderte der Verfasser in dieser sowohl dessen Leben, Erhebung als auch Regentschaft, weshalb sie für die moderne Geschichtsforschung eine der zentralen Quellen für die Betrachtung von Königtum und Herrschaft im hochmittelalterlichen Norwegen ist.[15]

Für die vorliegende Untersuchung ist sie aber auch aus dem Grund interessant, da sich in ihr eine der ersten schriftlichen Verwendungen eines Begriffes findet, der sofort Assoziationen zum Untersuchungsgegenstand dieses Bandes weckt: das „lén". Dabei verwendete Sturla Þórdarson diesen Terminus jedoch in zwei

---

13 https://gepris.dfg.de/gepris/projekt/324321286 (abgerufen am 4. März 2024).

14 Siehe zu ihm und seinem Werk u. a. Sigurðsson/Jakobsson (Hg.), Sturla Þórðarson; Volz, Sturla Þórðarson; Jørgensen, Sturla Tordsson.

15 Hákonar saga Hákonarsonar. Übersetzung ins Deutsche in Sturla Thordsohns Geschichte von König Hakon Hakonsohn. Zur Überlieferung der Saga zuletzt Grímsdóttir, Works, S. 8–12. Zur Bedeutung der Quelle u. a. Bagge, Gang Leader, S. 91–93. Siehe hierzu auch Andersson, Sagas, S. 133–153.

ganz unterschiedlichen Zusammenhängen. Zwei Mal für die Ausstattung von Mitgliedern der Königsfamilie und in drei Fällen mit Bezug auf die „sýslu menn“ (dt.: Sysselmänner), den fürstlich oder königlich eingesetzten Stellvertretern in den „sýsla“ (dt.: Syssel), den raumprägenden administrativen Distrikte der norwegischen Königsherrschaft im Hochmittelalter.[16] Nicht nur aufgrund der unterschiedlichen Kontexte, in denen der Verfasser diesen Terminus verwendete, sondern auch durch die ansonsten auffällige Seltenheit und Beiläufigkeit ihrer Erwähnung, ist sich die Forschung trotz der Fülle an Studien zu diesem Thema bis heute nicht wirklich einig, wie der Begriff des „lén“ in diesem Kontext tatsächlich zu verstehen ist.[17]

Dabei ist das Zusammenspiel der beiden zentralen feudalen Institutionen des Verleihens und der Gefolgschaft auch für frühere Zusammenhänge innerhalb der norwegischen Geschichte überliefert, wobei auch hier gelegentlich der Begriff des „lén“ verwendet wurde. So berichtet etwa eine der Sagas[18] zu König Olav (II.) Haraldsson (c. 995–1030) bereits für das frühe 11. Jahrhundert davon, dass der anglo-dänische König Knud Svendsen (c. 990–1035) seinem norwegischen Kontrahenten im Vorfeld eines militärischen Vordringens nach Norwegen das Angebot unterbreitet habe, dass Olav an Knuds Hof reisen und dort das norwegische Reich eben als „lén“ empfangen könne.[19] Doch handelt es sich hierbei keineswegs um eine zeitgenössische Überlieferung, sondern um eine Erzählung, die erst rund 200 Jahre später von einem weiteren isländischen Magnaten, Snorri Sturluson (1179–1241), zu Pergament gebracht wurde.[20] Zwar berichtet auch die bereits einige Jahrzehnte zuvor anonym verfasste und stärker hagiographisch geprägte legendarische Saga Olav Haraldssons von einer Gesandtschaft Knuds

---

16 Hákonar Saga Hákonarsonar, Tl. 1, Kap. 77, S. 244; ebd., Tl. 2, Kap. 188, S. 18. Siehe zu den „sýsla“ weiter unten in Kapitel IV des vorliegenden Beitrags.

17 Siehe stellvertretend Opsahl, Fealty, S. 192 f.; Blom, Samkongedømme, S. 2.

18 Zur Überlieferungsgeschichte der Sagas zu Olaf Haraldsson u. a. Simek/Pálsson, Lexikon, S. 290–292.

19 Sǫgu ins helga Óláfs konungs, Kap. 131, S. 308 Z. 34–36: „ok taki landit í „lén“ af honum, ok gerisk hans maðr, ok gjaldi honum skatta slíka, sem jarlar guldu fyrr“, ins Deutsche übersetzt in Snorris Königsbuch, S. 227 („[…] und das Reich von ihm zu Lehen nehmen. Er soll sein Vasall werden und ihm die gleichen Abgaben zahlen, die die Jarle früher zahlten“). Die Version der *heimskringla* ist eine überarbeitete und erweiterte Fassung einer wenige Jahre älteren Saga von Snorri Sturluson, die man heute als separate bzw. unabhängige Saga Olaf Haraldssons bezeichnet (Óláfs sǫgu ins Helga inni Sérstǫku), in der hierzu nichts geschrieben ist.

20 Zu ihm und seinem Werk u. a. Bagge, Introduksjon, zur Olavssaga speziell S. 45–52. Zur Überlieferung zu Olav Haraldsson zuletzt kritisch und aufbauend auf älteren Arbeiten Bagge, Warrior.

nach Norwegen, allerdings wird in dieser nicht von einem feudalrechtlich einzuordnenden Angebot gesprochen, sondern von für diese Zeit typischen Tributzahlungen.[21] Somit erscheint es zwar, auch wenn es ansonsten keine Belege für eine derartige anglo-dänische Gesandtschaft nach Norwegen gibt,[22] grundsätzlich denkbar, dass sich eine solche ereignet haben könnte, allerdings dürfte die Beschreibung der Ereignisse und die spezifische Wortwahl womöglich eher die Gedankenwelt des frühen 13. Jahrhunderts im Allgemeinen, aber auch die des Verfassers im Speziellen abbilden.[23]

Mit der Gruppe der „lendir menn" (Sg. „lendr maðr"; dt.: mit Land ausgestattete Männer) gab es in jenen Jahren allerdings durchaus eine Personengruppe im norwegischen Kontext, die sowohl terminologisch wie auch gemessen an den Indizien innerhalb der schriftlichen Überlieferung über Ähnlichkeiten mit dem verfügte, was man seit der wegweisenden Studie von Susan Reynolds in breiter Definition als Lehnswesen verstehen möchte.[24] Bei diesen handelte es sich um regionale Magnaten, die als Gegenleistung für einen per Handgang[25] geleisteten Treueschwur mit Ländereien und Einkünften aus dem königlichen Eigengut („veizla"[26]) ausgestattet wurden und somit als ranghohe Mitglieder innerhalb des königlichen Gefolges, der „hirð", eine bedeutende politische Rolle einnahmen.[27] Ihre Stellung entsprach somit in etwa derjenigen der zeitgenössischen Grafen im Heiligen Römischen Reich oder insbesondere der britischen Barone, was sich

---

[21] Olafs saga hins helga, Kap. 46, S. 104 f. Zur Bedeutung von Tributzahlungen im frühen norwegischen Mittelalter zuletzt die Beiträge in Imsen (Hg.), Taxes.

[22] Es gibt jedoch eine weitere Erzählung von einem Angebot an die norwegischen Magnaten. Siehe hierzu umfassend die Analyse bei Bolton, Empire, S. 250–275 und die quellenkritische Betrachtung bei Bagge, Kildekritikk, S. 190–203. Bei seiner kritischen Neubetrachtung der Regentschaft Olavs geht Bagge nicht näher auf diese uneinheitliche Überlieferung ein und sieht die Gesandtschaft Knud Svendsens somit als gegeben an, vgl. Bagge, Olav den hellige, S. 581.

[23] Siehe hierzu Bagge, Snorres bilde, S. 19 f., zum Gegenwartsbezug der Sagas aber auch Koht, Sagaens opfatning.

[24] Opsahl, Fealty and Politics, S. 190; Andersen, Samlingen, S. 279 („Lendmennene kom til å utgjøre et feudalt innslag i rikskongens forvaltningssystem"). Siehe zur von Reynolds, Fiefs and Vassals, inspirierten jüngeren Debatte zum Lehnswesen überblickend Auge, Lehnrecht; Spieß, Lehnswesen.

[25] Hamre, Handgengnir menn.

[26] NGL 1.1, Nr. 1, § 206, S. 72 („hafðe lond at veiðzlu konongs"). Das „veizla" basierte auf den Kontributionen der Untertanen zur Versorgung des Monarchen auf dessen Reisen, vgl. Bjørkvik, Veitsle.

[27] Allgemein zu den „lendir menn" (bzw. auch modernisiert „lendmenn"): Hirdskråen, S. 36 f.; Moseng u. a., Norsk Historie, S. 74; Andersen, Samling, S. 279–284; Bøe, Lendmenn; Krag, Unification, S. 199–201; Schreiner, Kongemakt; Helle, Konge, S. 342–360.

auch in der 1277 unter Håkon Magnusson erfolgten Umbenennung der „lendir menn" zu Baronen widerspiegelt.[28]

Unser heutiges Verständnis vom Charakter dieser Würde basiert jedoch in weiten Teilen auf der schriftlichen Überlieferung des 13. Jahrhunderts, als nicht nur die bereits angesprochenen Snorri Sturluson und Sturla Þórdarson, sondern insbesondere auch die Landrechte,[29] der um 1250 verfasste „konungs skuggsjá" (dt.: Königsspiegel)[30] und nicht zuletzt die in den frühen 1270er Jahren kodifizierte „hirðskra" (dt.: das Buch der „hirð"), einer nach französischem und englischem Vorbild verfassten Hofordnung,[31] in welcher über verschiedenen Facetten der Rollen, Pflichten und Rechte dieser Personengruppe Auskunft erteilt wird.

Die insbesondere von Snorri Sturluson geprägte Tradition führt die Genese der „lendir menn" bereits in späte Wikingerzeit zurück – weshalb auch hier zu fragen ist, inwiefern seine Schilderungen die tatsächlichen Ereignisse oder vielmehr die Weltsicht des Autors widerspiegelt, der selbst ein „lendr maðr" war.[32] Schon in der von ihm verfassten Saga König Harald (II.) Eirikssons („gråfell", c. 935–970) bezeichnet er im Zuge einer knappen biographischen Skizze Harald Grenskes (c. 960–c. 995), dem Vater Olav Haraldssons, dessen Ziehvater Rói als „lendr maðr",[33] ohne dass sich aus dem überlieferten Kontext her etwas über dessen Status oder Hintergrund sagen ließe.[34] Doch berichtet die ebenfalls von

28 Schon vorher reflektierten die Zeitgenossen die Äquivalenz dieser Ämter, so etwa Edda Snorra Sturlusonar, S. 200 („[...], ok heita þeir hersar eða „lendir menn" í danski tungu, en greifar í Saxlandi, en barúnar í Englandi"). Siehe auch ein Provinzialstatut Erzbischof Eirik Ivarssons an Bischöfe und Magnaten auf Island (DI 1, Nr. 72). Siehe zu dieser Entwicklung auch Moseng u. a., Norsk Historie, S. 193–198.

29 Siehe etwa Kong Magnus Håkonssons Lagabøtes Landslov, § II, Nr. 10, S. 200–202 (Eid der Barone), Übers. bei Landrecht des Königs Magnus Hakonarson. Siehe hierzu auch in analytischer Hinsicht die Beiträge in Mundal u. a. (Hg.), Landslova.

30 Konungs Skuggsjá, zu den „lendir menn" S. 200–202, in deutscher Übersetzung zuletzt Königsspiegel, S. 182–214. An dieser Stelle sieht man den Übergang der „lendir menn" zu den Baronen, da einige Handschriften hier letzteren, manche aber auch den traditionellen Rang benutzen. Siehe hierzu speziell Konungs Skuggsjá, S. 200, Fn. 1145. Zur Überlieferung der Texte umfassend Holm-Olsen, Håndskriftene. Siehe zum Königsspiegel u. a. Bagge, Ideologies and Mentalities, S. 465–476.

31 Hirdskråen, zu den „lendir menn" insbesondere die Kap. 5, 13–15. Zur Entstehung und Konzeption ebd., S. 9–34.

32 Þorláksson, Snorri Sturluson, S. 64–71.

33 Sagan af Haraldi konungi gráfeld, Kap. 11, S. 100 Z. 24 f. („Hróa ins hvita, lendz mannz").

34 Dieser soll nach Aussage derselben Quelle der Vater von Rane (ebd. [„Hrani inn viðforli"], dt.: Rane der Weitgereiste) gewesen sein, der später eine wichtige Rolle als Mentor des jungen Olav Haraldsson gehabt haben soll. Siehe zu ihm etwa Seward, Greatest Viking, S. 1, 3, 31 f.

Snorri Sturluson in der „Heimskringla" verfassten Saga Olav Haraldssons davon, dass sowohl dieser als auch dessen politischen Kontrahenten diverse „lendir menn" in ihr Gefolge aufnahmen. Diese Institution muss also nicht nur schon vorher bestanden haben, sondern war zugleich auch ein Phänomen, das nicht nur dem König vorbehalten war. Dennoch wird gerade für die Etablierung und Konsolidierung der Herrschaft Olav Haraldssons die politische Integration regionaler Magnaten als „lendir menn" eine hohe Bedeutung zugeschrieben, da diese gemeinsam mit den ebenfalls in jenen Jahren auftretenden „årmenn" (Sg. „årmaðr", dt.: Dienstmänner), den Verwaltern der Königsgüter,[35] erst seine annähernd reichsumfassende Königsherrschaft ermöglichten.[36] So erscheint es dann nur konsequent, dass auch Knud Svendsen seine eigene Herrschaft nach der Machtübernahme mittels der „lendir menn" etablierte.[37] Doch werden diese in den diesen Schilderungen zugrundeliegenden Sagas zumeist nur als anonymes Kollektiv erwähnt, weshalb es nur punktuell möglich ist, die aus der späteren Quellenüberlieferung entnehmbaren Charakteristika wie der geleisteten Treueschwur[38] oder die Verknüpfung mit Ländereien oder Einkünfte zu greifen.[39]

Doch geht aus den Schilderungen Snorri Sturlusons, sofern man ihnen denn historisch folgen möchte, zweifelsfrei der gehobene sozioökonomische Stand der „lendir menn" hervor.[40] Entsprechend war ihr Verhältnis zum norwegischen König auch weniger von einer strukturellen Über- und Unterordnung geprägt, sondern entsprach eher einem wechselseitigen Allianzcharakter mit annähernd egalitärer Prägung. In dieser war der König zwar primus inter pares, allerdings

---

35 Krag, Årmannen; Andersen, Årmann; Andersen, Samling, S. 284–288. Schreiner, Kongemakt, S. 179 f. ist jedoch kritisch, ob es wirklich eine strikte Trennung zwischen „lendir menn" und „ármenn" gab. Dem auch folgend Krag, Årmannen, S. 118 f., der jedoch auf die ständischen Unterschiede hinweist. Siehe zu den Aussagen den zeitgenössischen Landschaftsrechte die Zusammenstellung bei ebd., S. 126 f.

36 Siehe zur Bedeutung auch Sǫgu ins helga Óláfs konungs, Kap. 46 („Var þar alt traust konunganna eða jarlanna, er fyrir landi réðu, er „lendir menn" váru; þvíat svá var í herju fylki, sem „lendir menn" réðu fyrir bóndaliðinu"). Blom, Samkongedømmet, S. 4 f. Bagge, Olav den hellige, S. 587 äußerte sich zuletzt jedoch kritisch hinsichtlich seiner Erfolge auf der Reichsebene. Sein größter Beitrag liege „etter hans død, da han ble kanonisert og dermed Norges evige konge, noe som både sikret dynastisk kontinuitet og ga kongemakten en religiøs legitimasjon".

37 Siehe etwa Sǫgu ins helga Óláfs konungs, Kap. 170 f., 179. Siehe Bolton, Cnut, S. 144–157; Ders., Empire, S. 250–287.

38 Sǫgu ins helga Óláfs konungs, Kap. 46, 170.

39 Vgl. etwa ebd., Kap. 62, 110, 116, 170, 194.

40 Siehe etwa ebd., Kap. 46 („I þenna tima var i Nóregi fjǫlði lendra manna; óru þeir margir rikir ok svá ættstórir, at þeir váru komnir af konnga ættum eða jarla ok áttu skamt til at telkja, váru ok stórauðgir").

stellten mächtige Charaktere aus dessen Gefolge immer wieder eine reale Bedrohung der königlichen Herrschaft dar – was dann auch zu einem prägenden Charakteristikum des 12. Jahrhunderts wurde.[41]

III. Moderation von Herrschaft: von alten und neuen Fürsten

Aber wenden wir den Blick an dieser Stelle noch einmal zurück zur Saga des Håkon Håkonsson. In dieser wird, wie bereits weiter oben erwähnt wurde, der Begriff des „lén" in zwei verschiedenen Kontexten verwendet: Zum einen für die Ausstattung von verdienten und loyalen Gefolgsleuten, zum anderen in Bezug auf die Versorgung von Mitgliedern der Königsfamilie.[42] Nachdem es im vorherigen Kapitel vor allem um erstere ging, wird nun die zweite in den Fokus rücken.

Die Praxis zur Versorgung nachgeborener Söhne mit eigenen, wenn auch nicht unbedingt autonom beherrschten Territorien ist aus vielen europäischen Reichen bekannt, nicht zuletzt auch aus Skandinavien selbst – stets verbunden mit all den regionsspezifischen lehnsrechtlichen Implikationen. Regional betrachtet dürfte dies insbesondere für das Fallbeispiel des dänischen Jarltums zu Schleswig gelten, das vom 11. bis ins 13. Jahrhundert vor allem der Versorgung von jüngeren Söhnen der Könige Svend Estridsen (c. 1020–1076) bis Valdemar (II.) Valdemarsen („sejr", 1170–1241) diente, ehe es ab der Mitte des 13. Jahrhunderts zu einem Herzogtum mit separater Erbfolge wurde.[43]

Als panskandinavisches Phänomen verfügte die Würde des Jarls aber auch in Norwegen über eine Tradition, die in ihren Ursprüngen bis in die jüngere Eisenzeit zurückreichen dürfte. Die einzelnen Jarle entstammten auch hier in aller Regel dem engeren königlichen Umfeld oder gar unmittelbar der königlichen Linie. So konnten sie sich eine Machtbasis aufbauen, die eine nahezu

---

41 Siehe hierzu auch umfassend in Bezug auf die Schilderungen in der „Heimskringla" Bagge, Society and Politics, S. 129–135; Helle, Norwegian Kingdom, S. 369–379. Das egalitäre Bild des Verhältnisses beider Fraktionen zueinander könnte aber auch der aristokratischen Tendenz Snorri Sturlusons geschuldet sein, vgl. Sawyer, Heimskringla, S. 147; Bagge, Introduksjon, S. 47–52. Zur konfliktreichen politischen Geschichte des 12. Jahrhunderts grundlegend Gunnes, Rikssamling, hier insbesondere S. 346–427; Moseng u. a., Norsk Historie, S. 113–136.

42 Hákonar saga Hákonarsonar, Tl. 1, Kap. 15. Hierzu auch Opsahl, Fealty, S. 192.

43 Siehe zur Frühgeschichte des Jarltums Windmann, Schleswig, S. 19–50. Zur Geschichte des Herzogtums Schleswig und der Herzöge neben dem Werk von Horst Windmann auch die jeweiligen Ausführungen bei Hoffmann, Spätmittelalter; Poulsen, Hertugdømmets Dannelse, S. 120–164; Rasmussen, Hertugdømmet.

königsähnliche oder gar königsgleiche Regentschaft erlaubte.[44] Auch wenn in der „hirðskra“ zwar eine Erblichkeit dieser Würde ausdrücklich ausgeschlossen wurde,[45] dürfte diese Einschränkung jedoch vor dem Hintergrund der königlichen Konsolidierungspolitik des 13. Jahrhunderts zu verstehen sein, wie auch an dieser Stelle die Indizienlage zur Frühgeschichte der Jarle vor allem von den Werken des späten 12. und des 13. Jahrhunderts geprägt sein dürfte. Doch zeigen die Beispiele der Jarle von Lade („hlaðir“), die vom 9. bis ins frühe 11. Jahrhundert im nördlichen Norwegen in der Region des heutigen Trondheim herrschten und phasenweise das gesamte Reich unterwarfen,[46] die einzelnen Linien der bis ins 15. Jahrhundert agierenden Jarle von Orkney,[47] aber auch mächtige Einzelpersonen wie der Jarl Skule Bårdsson (c. 1189–1240), der sich im frühen 13. Jahrhundert vergeblich gegen die Regentschaft Håkon (IV.) Håkonssons auflehnte,[48] dass sich der Spielraum der Jarle doch merklich von denen der „lendir menn“ abhob und sogar eine gewisse Dynastiebildung erlaubte.

Ausgestattet mit diesem Machtpotential waren die Jarle für die Krone über viele Jahrzehnte hinweg zwar wichtige Partner, aber zugleich auch unberechenbare Konkurrenten,[49] weshalb die Moderation der Hocharistokratie – zu denen auch die „lendir menn“ zu zählen sind – eine zentrale Vorbedingung für die Stabilisierung der bis dato fragilen norwegischen Königsherrschaft war.[50] Dies gelang einerseits durch die Integration der regionalen Magnaten in die royalen Netzwerke, andererseits durch die strukturelle Aushöhlung ihrer Spielräume. Beides soll im Folgenden stellvertretend anhand des Beispiels der Jarle von Orkney dargestellt werden.

Die Ursprünge dieses Kleinfürstentums gehen auf die Westexpansion der nordischen Reiche während der jüngeren Eisenzeit zurück. Schon für das 9. Jahrhundert lässt sich diese Entität in der schriftlichen Überlieferung greifen, wenn auch noch eher unter den Vorzeichen einer mythischen Vorgeschichte.[51] Wie auch die Jarle in anderen Regionen, so verfügten auch diejenigen von

---

44 Siehe zu Würde des Jarls allgemein Bøe, Jarl; Sawyer, Jarl; Andersen, Samlingen, S. 278 f.

45 Hirdskråen, Kap. 9, S. 78.

46 Bratrein, Høvding, S. 189–236; Ders., Jarleætta.

47 Siehe zu ihnen weiter unten.

48 Bjørgo, Skule; Orning, Håkon Håkonsson; Koht, Skule Jarl; Lunden, Norge, S. 181–208; Blom, Samkongedømmet, S. 19–27.

49 Andersen, Samlingen, S. 278 („Rent politisk har jarlestyret vært en belastning for rikskongedømmet“).

50 Oder wie Bagge, Snorres bilde, S. 13, es nennt, eine „regulering av det tradisjonelle styret“ (Regulierung der traditionellen Herrschaft, S.M.).

51 Siehe zu den Ursprüngen umfassend Crawford, Northern Earldoms, S. 80–144.

Orkney über eine weitreichende Autonomie zwischen den sich in jenen Jahren erst noch konstituierenden Reichen in Schottland und Norwegen. Auch wenn letzteres zwar eine tributäre Oberherrschaft beanspruchte, entwickelte sich das Jarltum zu einer „political alternative“ mit ausdifferenzierten und funktionalen Verwaltungsstrukturen.[52] Die so entstandenen Spielräume lassen sich idealtypisch am konkreten Beispiel des Jarls Harald Maddadsson (c. 1134–1206) abbilden, dessen Regentschaft für die weitere Entwicklung des Jarltums eine Schlüsselrolle einnimmt.

Harald Maddadsson entstammte einer gälisch-nordischen Dynastie. Sein Vater Maddad (oder Matad, gest. 1151x1161) war Mormaer („comes“) von Atholl, einer schottischen Region in den südlichen Highlands, und zugleich Enkel des schottischen Königs Duncan I. (c. 1001–1040) sowie Cousin König Davids I. (1080–1153). Mütterlicherseits war er Nachfahre der Jarle von Orkney und Lade. Im Jahr 1139 wurde er im Alter von fünf Jahren, vermutlich auf Bestreben der schottischen Krone hin, neben seinem älteren Cousin Rögnvald Kali Kolsson (c. 1100–1158) als zunächst noch unmündiger Jarl von Orkney installiert.[53]

Aufgrund seiner Abstammung und seiner Würde war Harald Maddadsson, wie zahlreiche seiner Vorgänger und Nachfolger, als Jarl nicht nur eng mit den politischen Vorgängen und Machtstrukturen sowohl in Schottland als auch in Norwegen verknüpft, sondern vertrat gleichfalls selbstbewusst seine eigenen Ansprüche gegen die in jenen Jahren expansiven Tendenzen beider Reiche. Dies brachte ihn wiederholt in Konflikt mit beiden. Während die schottische Krone versuchte, den eigenen Zugriff auf das Jarltum von Orkney und somit auch auf das mit dieser Würde verknüpfte Earldom von Caithness im nördlichsten Schottland erneut zu stärken,[54] indem man loyale Personen als Earls in Caithness platzierte, die dann wiederum Ansprüche auf das verknüpfte Jarltum von

52 Imsen, Tributes, S. 20 (hier das Zitat); Ders., Earldom, S. 177 f.

53 Das Interesse der schottischen Krone begründet sich durch die Oberhoheit der Jarle von Orkney über das nordschottische Earldom von Caithness und die Äußeren Hebriden. Siehe zur Abstammung Harald Maddadssons und seiner Amtseinsetzung Topping, Harald Maddadsson, S. 105–107; Crawford, Northern Earldoms, S. 177–188. Zu seinem Cousin Jesch, Earl Rögnvaldr.

54 Siehe zum politischen Hintergrund Crawford, Northern Earldoms, S. 10–38, wenngleich ihre Feststellung, dass die spezifische Konstellation zweier Territorien unterschiedlicher Reiche unter einer Dynastie keineswegs ein „political phenomenon“ sei, welches „difficult to match elsewhere in medieval europe“ sei (ebd., S. 10), da es im Prinzip der Situation der Herrschaft in den Herzogtümern Schleswig und (bis 1474 Grafschaft) Holstein gleicht. Es gab bislang jedoch nur lose, aber durchaus fruchtbare Versuche eines strukturellen Vergleichs, vgl. etwa Grohse/Magnussen, Earldom.

Orkney äußern sollten,[55] war die norwegische Krone bestrebt, ein Abdriften des Jarltums unter schottische Oberherrschaft zu verhindern und zugleich die bis dato tributär der Krone verbundene Herrschaft fest in die königliche Herrschaftsarchitektur zu integrieren. Schon in den frühen 1150er Jahren ging der norwegische König Øystein Haraldsson (1125–1157) gegen die Autonomie des Jarls und den zunehmenden Einfluss der schottischen Krone vor. Während eines militärischen Feldzugs gelang ihm in der Hafenstadt Thurso in Caithness die Festnahme des Jarls. Durch die Zahlung eines Lösegeldes bei gleichzeitiger Anerkennung der norwegischen Oberherrschaft wurde letztere zwar nicht de iure, aber doch zumindest de facto gestärkt.[56] In den 1190er Jahren beteiligte sich der Jarl dann seinerseits führend, aber letzten Endes erfolglos, am Kampf norwegisch-orkadischer Magnaten gegen König Sverre Sigurdsson (1151–1202). Nach der Niederlage beim nördlich von Bergen gelegenen Florvåg im April 1194 musste sich der Jarl jedoch, nach Aussage der zeitgenössischen „Sverris Saga", dann endgültig dem norwegischen König unterwerfen. Gerade mit Blick auf den konzilianten Umgang der norwegischen Krone mit den Kleinkönigen der Isle of Man, die sich 1210 ebenfalls zur Aussöhnung nach Norwegen begaben,[57] erscheint das Vorgehen Sverre Sigurdssons gegen den ihm gegenüber illoyalen Jarl äußerst drastisch,[58] wenngleich die „Sverris Saga" hier noch von einem „sætt" spricht, also einer Versöhnung. Der Jarl büßte nämlich nicht nur einen substanziellen Teil seiner Einkünfte und Privilegien ein, sondern musste darüber hinaus das bis dato dem Jarltum zugehörige Shetland an die Krone abtreten.[59]

---

55 Siehe zu den schottisch-orkadischen Beziehungen unter Harald Maddadsson etwa Topping, Harald Maddadsson, S. 108–120.

56 Orkneyinga Saga, Kap. 91 f. (Übersetzung ins Englische bei Orkneyinga Saga – History, S. 163 f.). Hierzu auch Topping, Harald Maddadsson, S. 107; Crawford, Northern Earldoms, S. 241 f. Die norwegische Krone erhielt jedoch zunächst neben den Tributzahlungen weiterhin keine Einkünfte aus Orkney, vgl. Wærdahl, Incorporation, S. 74.

57 Crawford, Kingdom of Man, S. 70–74. Siehe zu den Unterschieden auch Wærdahl, Incorporation, S. 80.

58 Orning, Unpredictability, S. 226 f.

59 Sverris Saga, Kap. 125. Das Originaldokument muss 1267 noch vorgelegen haben, ist jedoch mittlerweile verschollen, weshalb die Saga heute die einzige Quelle für die Ereignisse von 1195 ist. Siehe zu den Ereignissen auch Imsen, Earldom, S. 164 f.; Wærdahl, Incorporation, S. 71–78; Crawford, Northern Earldoms, S. 242–244, zu den fiskalischen Auswirkungen zudem dies., Tax and Tribute, S. 48–52. Die Regelung von 1195 wurde 1210 (siehe weiter unten in Fn. 82) und 1267 erneuert, womöglich als direkte Reaktion auf den im Vorjahr geschlossenen Vertrag von Perth, vgl. Imsen, Earldom, S. 169. Der Hinweis auf die Einigung des Jahres 1267 geht lediglich aus der „hirðskra" hervor, in der explizit auf eine solche Urkunde Bezug genommen wird (Hirdskråen, S. 80). Das Original ist nicht überliefert. Zur Einigung von 1267 auch umfassend Crawford, Northern Earldoms, S. 303–306.

Zwar gestattete der König dem Jarl weiterhin das Tragen seiner fürstlichen Würde und nahm ihn in die königliche „hirð" auf,[60] allerdings wich die bislang tributäre Beziehung nun einer unmittelbar hierarchischen. Die Autorität des Jarls war fortan nicht mehr erblich legitimiert, sondern primär vom König delegiert – ein fundamentaler Kontrast zur Einsetzung von Harald Maddadsson im Jahr 1139, die womöglich ohne Zustimmung des damaligen norwegischen Königs vollzogen wurde.[61]

Zwar folgten auf den 1206 verstorbenen Jarl zunächst noch dessen beiden Söhne David (c. 1160–1214) und Jón (gest. 1230) und auch nach der Einsetzung von Magnus (1175x1185–1239), eines Sohns des schottischen Earls von Angus,[62] als neuen Jarl durch den norwegischen König im Jahr 1236[63] gibt es eine Abfolge von Amtsinhabern mit ausschließlich erblich bedingtem Vorrecht. Diese mussten nun allerdings stets formell beim König per Treueschwur um die Einsetzung bitten.[64]

Die Neuordnung des Verhältnisses zwischen Krone und Jarltum fügte sich im Grunde nahtlos in das Bild einer grundsätzlichen Moderationsstrategie gegenüber der Hocharistokratie ein. Denn seit der Zeit um das Jahr 1200 wurde der Jarl auch im Kernreich zu einem Ehrentitel für den wichtigsten königlichen Stellvertreter herabgestuft, der hierfür etwa ein Drittel des Reiches als persönliches Lehen erhielt.[65] Diese Hierarchisierung spiegelt sich dann auch in der „hirðskra" wider – obschon die Jarle von Orkney hier weiterhin eine Sonderstellung behielten.[66]

König Håkon (V.) Magnusson (1270–1319) ging sogar noch einen Schritt weiter und verfügte im Jahr 1308, dass die Würde des Jarls fortan ausschließlich Königssöhnen und den Jarls von Orkney vorbehalten sein solle,[67] sodass schon im Folgejahr mit Erzbischof Jørund von Nidaros der letzte norwegische Jarl

---

60 Imsen, Earldom, S. 166.

61 Topping, Harald Maddadsson, S. 107.

62 Seine Mutter war eine Nachfahrin von Rögnvald Kali Kolsson (c. 1103–1158). Siehe zu seinen Ansprüchen Crawford, Northern Earldoms, S. 278–293.

63 Der einzige Hinweis auf seine Einsetzung findet sich in den Annales regii, S. 130, wo er zu seinem Tod als „Magnvs jarl i Orknéyivm" bezeichnet wird. Nach seinem Tod gab es eine Erbfolge, deren genauer Hintergrund jedoch heute kaum zu rekonstruieren ist. Siehe hierzu Crawford, Northern Earldoms, S. 281–288.

64 Siehe auch die Einsetzung von Henry Sinclair im Jahr 1379 (DN 2, Nr. 459) und William Sinclair 1434 (NGL 2.1, Nr. 74). Es gab jedoch auch schon vorher die Praxis, zum Amtsantritt nach Norwegen zu reisen, vgl. Crawford, Tax and Tribute, S. 36.

65 Siehe zum Verhältnis Jarl und Königtum um das Jahr 1200 umfassend Blom, Samkongedømme, S. 11–19.

66 Hirdskråen, Kap. 10.

67 NGL 1.3, Nr. 25.

starb und die Würde aus der politischen Landschaft verschwand.[68] Nur wenige Jahre ereilte auch die Würde des „lendr maðr" dasselbe Schicksal.[69] Auffällig ist indes, dass den Jarls von Orkney bei dieser Gelegenheit auch weiterhin eine Bestandsgarantie gegeben wurde. Dies dürfte womöglich damit zu erklären sein, dass sie einerseits wichtige und stabilisierende Akteure für das Grenzregime zwischen Norwegen und Schottland waren,[70] und andererseits eine Abstufung der Würde deren Attraktivität für die primär im schottischen Reich verankerten Amtsinhaber gesenkt haben dürfte.[71]

So zeigt sich am Beispiel der Jarle von Orkney, wie die einst königsähnliche Autonomie der Jarle seitens der norwegischen Krone sukzessive ausgehöhlt und zum königlichen, aber nach wie vor fürstlich konnotierten Amt herabgestuft wurde. Dabei lassen sich hierbei drei strategische Maßnahmen seitens der norwegischen Krone erkennen:

Einerseits folgte der 1230/1231[72] ausgestorbenen alten, gälisch-nordischen Dynastie eine Ära schottischer Adliger aus den Reihen der Earls von Angus und der Barone von Roslin. Da deren Gutsinteressen primär im östlichen und zentralen Schottland lagen, konnte die bis dato enge Beziehung zwischen Gemeinde und Jarl, wenn auch nicht nachhaltig, durchbrochen werden. So zählten ebenfalls weite Teile der orkadischen Eliten fortan nicht mehr zum Gefolge des Jarls, sondern integrierten sich eher in die Netzwerke des königlich-norwegischen „hirð".[73] Doch war die Gemeinde von Orkney etwa in den 1420er Jahren während

68 Nach Aussage der Annales regii, S. 145 („Jorundr erki biskup giordiz karl Eirekx kongs ok sór honum eida") erhielt er 1297 die Jarlswürde, allerdings wurde dieser Eintrag von einer jüngeren Hand nachgetragen. Ein Jahr später wird das königliche Privileg des Erzbischofs aber auch in einer anderen Urkunde für das Domkapitel erwähnt (DN 1, Nr. 88). 1310 hob Håkon Magnusson dann das Lehnsverhältnis der Erzbischöfe von Nidaros auf, vgl. DN 1, Nr. 125, hierzu auch Lunden, Norge, S. 432 f. Siehe zum Hintergrund, einer langjährigen Auseinandersetzung mit dem Domkapitel, u. a. Joys, Tidsrommet, S. 342–361, zur Erhebung S. 356. Die königliche Intention zur Beseitigung der Jarlswürde mag auch auf den Konflikt Håkons mit dem Jarl und Kaperfahrer Alv Erlingsson (gest. 1290) zurückzuführen sein, der 1287 die herzogliche Residenz in Oslo angriff. Siehe hierzu Lunden, Norge, S. 437–439.

69 Benedictow, Norge, S. 12.

70 Grohse, Frontiers, S. 250.

71 Gerade für die Familie Sinclair war der Erwerb der Jarlswürde ein wichtiger Baustein für den sozialen Aufstieg am schottischen Hof unter Henry II. (c. 1375–1420), der phasenweise Admiral der schottischen Flotte war, und insbesondere William Sinclair (c. 1410–1480), der in den 1450er Jahren einige Zeit als High Chancellor am Hof des schottischen Königs James II. agierte und von diesem zum Lord erhoben wurde (1430–1460). Siehe zu beiden Crawford, William Sinclair, S. 232–237; Dies., Sinclairs, S. 194–198.

72 Crawford, Northern Earldoms, S. 274–277.

73 Imsen, Earldom, S. 174.

der Bemühungen William Sinclairs zur Einsetzung in das vakante Amt seines Großvaters einer der wichtigsten Unterstützer gegenüber der norwegischen Krone.[74]

Eine zweite Schwächung erfolgte durch die Einführung des norwegischen Landrechts, durch welches der Jarl in ein System aus kommunalen und königlichen Amtsträgern integriert wurde.[75] Von der einst fürstenähnlichen Autonomie verblieben somit lediglich Exekutivaufgaben wie die Wahrung von Recht und Ordnung, Koordination der Königsgüter, Einziehung von Abgaben und der Landesverteidigung – allesamt Aufgabenbereiche, wie man sie auch von den königlichen Amtmännern im Reich, den „sýslu menn" kennt, die ab der zweiten Hälfte des 12. Jahrhunderts sukzessive zum zentralen Baustein der Königsarchitektur wurden.[76] So verwundert es nicht, dass auch Erben des 1350 verstorbenen Jarls Malise Sparra (c. 1310–c. 1350), dann auch trotz ihres erblichen Vorrechts nicht mehr mit der Jarlswürde ausgestattet, sondern zunächst nur noch als „sýsla maðr" installiert wurde.[77] Doch lief dieser politische Verdrängungsprozess offenbar nicht spannungsfrei, wie die Ermordung des orkadischen „sýsla maðr" durch Jarl Harald Maddadsson im Jahr 1202 verdeutlicht.[78]

Doch deuten mehrere ausgedehnte Vakanzen während des 14. und 15. Jahrhunderts nun eine grundsätzliche Entbehrlichkeit des Amtes an.[79] Dies könnte einerseits so zu deuten sein, als dass die zum Amt gewordene Würde angesichts des Vorhandenseins einer parallelen Herrschafts- und Verwaltungsstruktur zum wichtigen Asset der königlich-norwegischen Politik geworden sein könnte. Ein Asset das man offenbar nur ungern vorschnell aus der Hand geben wollte. Andererseits dürfte aber anzunehmen sein, dass in Zeiten der Vakanz auch sämtliche der eigentlich dem Jarl zustehenden Einkünfte von Orkney unmittelbar dem königlichen Haushalt zugeführt wurden,[80] weshalb

---

74 DN 6, Nr. 423. Siehe hierzu Imsen, Country.

75 Grohse, Frontiers, S. 114–116. In Island erfolgte dies ebenfalls knapp nach der Inkorporation unter Magnus Håkonsson, vgl. Wærdahl, Incorporation, S. 89–112 und S. 146–148.

76 Siehe zu diesen die Ausführungen weiter unten.

77 Siehe etwa das Beispiel des Alexander de Ard, der für eine Zeit von 12 Monaten als „verum et potentem procuratorem capitaneum et custodem" (DN 2, Nr. 437) bzw. „warom weldughom høwdzmanne gøimara ok rettom syslomanne" (ebd., Nr. 438) wirkte. Siehe Crawford, Northern Earldoms, S. 325–329; Grohse, Frontiers, S. 116–120; Wærdahl, Incorporation, S. 233–236, mit einer Behandlung der unterschiedlichen Titel auf ebd., S. 233 f., Fn. 13.

78 Crawford, Northern Earldoms, S. 259.

79 Siehe zu diesen Crawford, Northern Earldoms, S. 317, 320–331. Hild, Henry Sinclair, S. 52, ging in umgekehrter Perspektive noch davon aus, dass es „always the need for an ever-present, strong jarl/earl to maintain law and order" gegeben habe.

80 Imsen, Tributes, S. 22.

es hier auch fiskalische Überlegungen seitens der norwegischen Krone gegeben haben könnte.

Entsprechend hoch lagen dementsprechend die Hürden zur Einführung. Schon die genannten Jarle David und Jón Haraldssønner mussten nach Auskunft der Saga des Håkon Håkonsson für ihre Einsetzung eine Gebühr hinterlegen, Sicherheiten vorweisen sowie Geiseln am norwegischen Hof hinterlassen.[81] Daran hatte sich auch rund 200 Jahre später nichts geändert, denn im überlieferten Lehnsrevers des 1379 eingesetzten Henry Sinclair finden wir dieselben Aspekte. Er musste nicht nur binnen eines Jahres eine Summe von 1.000 englischen Nobel, sondern auch Dokumente hinterlegen, in denen einerseits erbberechtigte Verwandte ihren Erbverzicht äußerten, andererseits ranghohe schottische Adlige wie der Earl von Douglas oder die Bischöfe von Glasgow und St. Andrews für die Amtsführung des Jarls bürgten. Bis zur Vorlage dieser Dokumente sollten darüber hinaus fünf Getreue des Jarls am königlichen Hof als Faustpfand verbleiben.[82]

Das Spannungsfeld zwischen Jarl- und Königtum lässt sich wohl nicht ohne eine parallele Entwicklung im Reich verstehen. Denn etwa zeitgleich zur realpolitischen Herabstufung der Jarle wurde auch der bis dato in Norwegen kaum gebräuchliche Rang des Herzogs eingeführt. Erstmals vergeben wurde dieser im Jahr 1237 an den bereits genannten Jarl Skule Bårdsson, um womöglich dessen eigene Ambitionen zu bedienen.[83]

In diesem Kontext interessanter ist jedoch der zweite (und zugleich letzte) norwegische Herzog, bei dem es sich um den Königssohn und späteren König Håkon Magnusson handelte. Als zweitgeborener Sohn Magnus Håkonssons und dessen Ehefrau Ingebjørg stand er zunächst im Schatten seines älteren Bruders, dem schon 1273 zum Mitkönig ernannten Eirik (II.) Magnusson (1268–1299). Im selben Zuge, so überliefern es die isländischen „Annales Vetustissimi“, ernannte man bereits den damals gerade einmal dreijährigen Håkon zum „dux norvegie“,[84]

---

81 Bǫglunga Saga, S. 134–136.

82 DN 2, Nr. 459. Siehe zur Einsetzung auch Crawford, Northern Earldoms, S. 336–339; Grohse, Frontiers, S. 100–102.

83 Hákonar saga Hákonarsonar, Tl. 2, Kap. 209, S. 37 („ok a því þingi jók hann nafnbót Skúla jarls ok gaf hónum hertufanafn“). Skule Bårdsson war ein Halbbruder von König Inge Bårdsson (1185–1217). Zum historischen Kontext der Erhebung von 1239 u. a. Lunden, Norge, S. 203 f.; Orning, Håkon Håkonsson, S. 14–16. Schon ab 1217 findet sich die Bezeichnung „dux norvegiae“ in der lateinischen Korrespondenz mit anderen Reichen, dies diente jedoch wohl eher der externen Kommunikation des Ranges der norwegischen Jarle, vgl. Blom, Samkongedømme, S. 24 f.

84 Annales vetustissimi, S. 49 („Magnvs konvngr gaf konvngs nafn Eiriki syni sinvm enn hertoga dom Hakoni syni sinvm“). Interessant ist an dieser Stelle, dass Håkon ein Herzogtum erhalten habe, und nicht, wie es in der „hirðskra“ (Hirdskråen, S. 73) den Herzogsnamen

wodurch womöglich die unklare Situation der Thronfolge durch das Vorhandensein zweier erbberechtigter Kinder beeinflusst werden sollte.[85]

Als solcher war der jüngere Bruder zwar in formeller Hinsicht dem älteren untergeordnet.[86] Allerdings gibt es neben den genannten Aussagen in den Annalen und Sagas, die lediglich protokollarisch davon sprechen, dass dem jüngsten Sohn das Herzogtum „gegeben" bzw. der Herzogsname verliehen wurde, keine weitere diplomatische Überlieferung. Somit ist das politische Verhältnis der beiden Brüder hauptsächlich aus der „hirðskra" abzuleiten.[87] Innerhalb der ihm zugesprochenen Teilen des Reiches, die gemäß der traditionellen Ausstattung der Jarle auch weiterhin rund einem Drittel entsprachen und mit Shetland und den Færøer auch Krondomänen umfassten,[88] verfügte der Herzog über umfassende Freiheiten.[89]

Während der königliche Bruder zunächst Margarete (1261–1283),[90] eine Tochter des schottischen Königs Alexander III. (1241–1286) und Enkelin des englischen Königs Henry III. (1207–1272), und nach deren Tod die ranghohe schottische adlige Isabella Bruce (1280–1358), eine jüngere Schwester des späteren Königs Robert I. („the Bruce", 1274–1329) heiratete,[91] war auch für Håkon eine standesgemäße Ehe vorgesehen – wobei heute nicht mehr nachzuvollziehen ist, ob und welche Rolle der jüngere Bruder hierbei selbst einnehmen konnte. Zunächst versuchte man offenbar über den englischen König Edward I. (1239–1307),[92] später über

---

erhalten habe. Die korrekte Umschreibung findet sich in den sogenannten Annalen des Henrik Høyer (Henrik Høyers Annaler, S. 68 [„gaf […] Hakoni hertoga nafn"]), der Saga Magnus Håkonssons (Magnúss Saga, Kap. 6, S. 279 [„ok lauk með þvi at hann gaf Eiríki syni sinum konungsnafn en Hákoni hertuganafn"]) und logischerweise auch innerhalb der „hirðskra" selbst (Hirdskråen, S. 138 f. („gaf þa konongren sunum sinum hofðingianafn, Eiriki konongs nafn en Hakone hærtoga nafn"). Die Titulatur ist zitiert aus der Intitulatio von DN 5, Nr. 15.

85 Blom, Samkongedømme, S. 38.

86 Er rangierte in der Ordnung direkt hinter dem König und vor den Bischöfen. Die Einordnung hinter letzteren in einer englischen Urkunde Edwards I. (1239–1307) dürfte wohl einem Irrtum entsprechen, vgl. DN 19, Nr. 353.

87 Hirdskråen, S. 72–77. Siehe hierzu auch Blom, Samkongedømme, S. 33–71.

88 DN 1, Nr. 89; NGL 1.3, Nr. 10. Hierzu auch Wærdahl, Incorporation, S. 160. Schon Skule Bårdsson erhielt im Zuge seiner Ernennung zum Jarl 1217 neben einem Drittel des Reiches auch ein Drittel der nordatlantischen Krondomänen, vgl. ebd., S. 80 f.; Blom, Samkongedømme, S. 20.

89 Hirdskråen, Kap. 8, S. 74 f. („Hærtoge skal frialslega raða firi þæim luta lanz. Sem konongr fær honom at sakar æyri æftir logum með miskun").

90 DN 19, Nr. 305. Der norwegische Gegenvertrag ist heute verloren, hat sich jedoch als fragmentarische Abschrift eines Vidimus des Jahres 1283 erhalten, vgl. RN 2, Nr. 323.

91 Wærdahl, Dronning Isabella.

92 Siehe DN 19, Nr. 393 f. Schon die Ehe Eirik Magnussons mit Margrete fand unter Vermittlung von Edward I. statt. Deren gemeinsame Tochter hätte 1290 die schottische Thronfolge

den französischen König Philippe IV. (1268–1314) eine prestigeträchtige Heirat mit einer englischen oder französischen Adligen zu arrangieren. Zwar kam es 1295 tatsächlich zu Verhandlungen über eine Heirat mit der französischen Grafentochter Isabella de Joigny, einer Cousine zweiten Grades der französischen Königin.[93] Heiraten sollte er 1299 jedoch die rügische Fürstentochter Euphemia (c. 1280–1312),[94] was auch viel eher seine eigene Einflusssphäre, aber darüber hinaus auch die allgemeine Verschiebung der norwegischen Perspektive auf den Ostseeraum hin abbildete. Zwar zählte nach Ausweis der urkundlichen Überlieferung auch das westnorwegische Stavanger zu seinem Herzogtum. Dessen eigentliches Machtzentrum lag jedoch in der Region um den Oslofjord, wo sich der Herzog einen funktionalen herzoglichen Herrschaftsapparat einrichtete. Westlich vor den Toren der Stadt ließ er eine neue Burg errichten, den Kern des heutigen Akershus,[95] ließ eigene Münzen prägen,[96] er etablierte eine eigene herzogliche Kanzlei,[97] stiftete eine Niederlassung der Franziskaner[98] und ordnete den Ausbau der südlich der Stadt gelegen Marienkirche zu einem (zunächst) herzoglichen Stift an.[99] Mit seiner Erhebung zum Nachfolger des 1299

---

antreten und einen Sohn des englischen Königs heiraten sollen. Allerdings verstarb sie auf der Reise nach Schottland auf dem Atlantik. Entsprechend reaktivierte die Petition Håkon Håkonssons vermutlich bestehende Kanäle der norwegischen Heiratspolitik. Siehe zu Prinzessin Margrete u. a. die Beiträge im Themenheft des Scottish Historical Review zum Tode Margretes vom Oktober 1990: Barrow, Kingdom in Crisis; Helle, Norwegian Foreign Policy; Prestwich, Edward I.

93 DN 5, Nr. 29. Die Verhandlungen waren offenbar Teil der Bündnisbestrebungen zwischen Frankreich, Schottland und zunächst auch Norwegen, die im Herbst 1295 mit den Verträgen von Paris abgeschlossen wurden (DN 11, Nr. 5; DN 19, Nr. 406; Johnsen, Franske Arkivstudier, S. 7–11). Isabella starb offenbar bereits 1297, weshalb das Ergebnis der Verhandlungen unbekannt ist. Siehe zu den norwegischen Gesandtschaften nach Frankreich, Schottland und England Nedrebø u. a., Audun Hugleiksson, S. 46–60, zur Ehe knapp auf S. 52; Helle, Norwegian Foreign Policy, S. 153; Lunden, Norge, S. 454–457.

94 Siehe zu ihr Bandlien (Hg.), Eufemia.

95 1285 wird sein „castellanus“ erwähnt, vgl. DN 5, Nr. 15.

96 Blom, Samkongedømme, S. 47–49.

97 Genannt DN 2, Nr. 524, 531, 537, 576, später wird ein herzoglicher Kanzler Åke genannt (Nr. 787). Dieser war Kanoniker der Apostelkirche in Bergen, vgl. DN 4, Nr. 15.

98 Erstmals erwähnt in einer päpstlichen Urkunde Nikolaus' IV. (1227–1292) vom 13. September 1291, in der ein 40-tägiger Ablass für den Besuch von Niederlassungen der Franziskaner in den drei nordischen Reichen gewährt wurde. Darunter wird auch das „conuentus fratrum minorum Asloensium“ erwähnt (DN 6, Nr. 57). Zum Kloster Nedkvitne/Norseng, Byen, S. 119.

99 Bagge, Kongelige Kapellgeistlighed, S. 133–159 (Kapellgeistlichkeit unter Håkon Håkonsson), 173–177 (Mariakirke); Ders., Kanslerembedet. Zur Baugeschichte jüngst Stige/Snekkestad, Church.

verstorbenen Bruders wurde der herzogliche Sitz mitsamt der dort geschaffenen Herrschaftsinfrastruktur dann auch zum neuen Zentrum des Reiches. Konflikte mit seinem älteren Bruder und Lehnsherren sind indes nicht überliefert. So ist seine an die Hansestädte gerichtete Aussage, dass der Herzog in deren Konflikt mit Eirik (II.) Magnusson keine Partei ergriffen habe, schon das höchste der Gefühle.[100] Es scheint, als hätten die Brüder gemäß den Bestimmungen der „hirðskra" einvernehmlich regiert, sowohl gemeinsam als auch jeder für sich in seinem Reichsteil.

Da Eirik (II.) Magnusson keine Söhne hatte und auch Håkon lediglich zwei Töchter hinterließ, führte der genealogische Zufall dann dazu, dass das norwegische Herzogtum mit dem Jahr 1299 schon wieder von der politischen Bildfläche verschwand. So konnte sich auch die feudalrechtliche Dimension dieses Fürstentums im Süden des Reiches nicht in der Form entfalten, wie es das Herzogtum Schleswig im benachbarten Dänemark tat. Offen bleibt indes die Frage, weshalb 1308 dann wieder die Jarls- und nicht die Herzogswürde den potenziellen Königssöhnen vorbehalten blieb.[101]

IV. Mediatisierung von Herrschaft: von „sýsla" und „lén"

Aber richten wir nach diesem kleinen Exkurs in den Mikrokosmos der norwegischen Herzogswürde den Blick abermals zurück nach Orkney. Denn wie bereits erwähnt wurde, spiegeln die geschilderten Entwicklungen rund um die herrschaftliche Integration des Jarltums in die Königsherrschaft durchaus die allgemeine Entwicklung innerhalb des norwegischen Reiches wider. Dies gilt einerseits für die Reformation des Jarltums um die Wende des 12. ins 13. Jahrhundert, andererseits aber auch für die ebenfalls in jenen Jahren entstehende Struktur eines zunehmend ausdifferenzierter werdenden Systems der Herrschaftsmediatisierung, welches das bestehende und zunächst egalitäre Machtverhältnis zwischen Aristokratie und norwegischer Krone tiefgreifend zugunsten des letztgenannten beeinflusste.

Die Ursprünge dieses Prozesses datieren in die Zeit der zweiten Hälfte des 12. Jahrhunderts, als mit den „sýsla" (dt.: Syssel) eine neue Form der regionalen Organisation fassbar wird. Diese wurden von durch den König eingesetzten Amtmännern verwaltet, den „sýslu menn" (Sg. „sýsla maðr", dt.: Sysselmänner).[102]

100 DN 5, Nr. 15.

101 NGL 1.3, Nr. 25, hier S. 74.

102 Andersen, Syssel. Norge; Ders., Sysselmann; Wærdahl, Incorporation, S. 143–148. Unter dem Jarl Skule Bårdsson und König Håkon Håkonsson gab es in den frühen 1220er Jahren

Auch wenn insbesondere für die Regentschaft Sverre Sigurdssons die flächendeckende Einsetzung dieser „sýsla maðr“ in der schriftlichen Überlieferung zu greifen ist,[103] deuten die Ausführungen der hierfür maßgeblichen „Sverris Saga“ doch eine frühere Existenz dieses Amtes an. Die Entstehung dürfte somit eher in die Zeit Magnus (V.) Erlingssons (1156–1184) datieren.[104]

Das Aufkommen dieser etwa 50 Regionalbezirke und der mit ihnen assoziierten Ämter war vermutlich eine Reaktion auf den Zusammenbruch des stabilisierenden Kondominiums, der im 12. Jahrhundert auch aufgrund des großen Einflusses der Hocharistokratie zu jahrzehntelangen Auseinandersetzungen um die norwegische Königswürde führte. Die Schaffung eines neuen Amtes zum Zwecke der Stellvertretung der königlichen Interessen in den einzelnen Regionen des Reiches dürfte als Gegenimpuls zu verstehen sein, um in diesen Krisenzeiten eine stabilere und effektivere Herrschaft zu gewährleisten.[105] Die „sýslu menn“ waren hier jedoch nur ein Element einer neuen Ordnung, denn ihnen wurden die „lǫgmenn“ (Sg. „lǫgmaðr“, dt.: Rechtsmänner oder -wahrer), welche die Rechtsprechung in den etwa zehn Rechtsbezirke gewährleisteten,[106] und in den Städten die „gjaldkeri“ zur Seite gestellt, die jedoch schon im frühen 14. Jahrhundert in ein kommunales Amt transformiert wurden.[107]

Der vom König eingesetzte „sýsla maðr“ übernahm in jeweiligen Bezirken vor allem fiskalische, exekutive und militärische Aufgaben und gewährleistete zugleich die Repräsentanz der Königsherrschaft, der sie regelmäßig zur Rechenschaft verpflichtet waren.[108] Er übernahm somit einerseits die Aufgaben der „årmenn“ auf lokaler und den „lendir menn“ auf regionaler Ebene, weshalb er auch in

für die östlichen Reichsteilen auch eine temporäre Regelung, nach der beide gemeinsam die „sýslu menn“ einsetzen, vgl. Blom, Samkongedømme, S. 20 f.

103 Siehe etwa die Schilderung seiner Machtübernahme in Sverris Saga, Kap. 91 („Eptir fall Magnuss konungs for Suerrir konungr vm sumarit i Vik austr ok allt til landzenda ok lagdi allt land vndir sik ok mællti eingi madr a mot honum ok skipadi allt syslumonnum ok var þa Suerrir einn konungr i Noregi. (…) Suerrir konungr gaf monnum sinum nafnbætr summum syslur summum veizlur. morgum feck hann kuonfong gǫ́fug“). Übersetzung bei König Sverrir Sigurdssohn, S. 70, der jedoch „syslur“ nicht ganz zutreffend mit „Würden“ und die „veizlur“ mit „Ämtern“ übersetzt.

104 Vgl. Helle, Norge, S. 77, 207; Schreiner, Kongemakt, S. 203. Dies deckt sich auch mit den Magnus Erlingsson zugeschriebenen Ergänzungen des älteren Gulaþingrechts, vgl. NGL 1.1, Nr. 1.

105 Blom, Samkongedømme, S. 10 f.

106 Helle, Norwegian Kingdom, S. 381 f.; Ders., Norge, S. 182–184; Wærdahl, Incorporation, S. 149–157; Tobiassen, Lagmann. Norge.

107 Helle, Norge, S. 208–210.

108 Helle, Norwegian Kingdom, S. 381; Ders., Norge, S. 207 f.

ständischer Hinsicht bald an die Position der beiden älteren Ämter bzw. Würden trat – wodurch sich dann auch die Transformation des „lendr maðr“ zu einem reinen Ehrentitel verstehen mag, der über keinerlei exekutives Mandat mehr verfügte.[109]

Doch war diese Transformation kein harter Bruch. Einerseits wurden auch schon zuvor die Bezirke der „årmenn“ und „lendir menn“ gelegentlich als „sýsla“ bezeichnet,[110] andererseits rekrutierten sich die „sýslu menn“ weiterhin vorrangig aus dem Umfeld des königlichen „hirð“, weshalb es eine große Überschneidung und Kontinuität zur Personengruppe der „lendir menn“ und „årmenn“ gab.[111] Das neue Amt griff jedoch tiefgreifend zugunsten der Krone in die Machtbalance zwischen Aristokratie und Regentschaft ein. Denn während die Mitglieder des Gefolges als „lendir menn“ zumeist in jenen Regionen die Stellvertretung der Königsherrschaft ausübten, in denen sie selbst auch über ausgedehnten Grundbesitz verfügten, wurden sie als „sýslu menn“ vielfach jenseits ihrer eigenen Besitzschwerpunkte eingesetzt.[112] Für die Bewältigung der alltäglichen Arbeit ernannten sie dann aus dem Kreis der lokalen Bevölkerung einen Vogt, den „lensmaðr“.[113] Auf diesem Wege etablierte die norwegische Krone nicht nur einen politischen Kanal an den etablierten Netzwerken der regionalen Magnaten vorbei,[114] sondern ersetzte auch das bis dahin die politischen Prozesse prägende System der persönlichen Netzwerke, deren Funktionalität primär vom Charisma des Monarchen abhing,[115] durch einen stärker formalisiertes Amtsverhältnis auf Ebene der Regionalherrschaft.

Auch wenn sich die Amtsträger weiterhin aus demselben Personenkreis rekrutierten, leiteten diese ihren Status analog zum Fallbeispiel von Orkney

---

109 In der „hirðskra“ (Hirdskråen, S. 88 f.) wird die politische Rolle im Grunde auf die eines ranghohen Ratgebers am Königshof beschränkt.

110 NGL 1.1, S. 5 (G 3): „Ármaðr æda lendrmaðr. Hverr I sinni syslu“. Auch Hirdskråen, Kap. 19, S. 90. Krag, Årmannen, S. 120, sieht die „sýslu menn“ auch in direkter Tradition zu den „årmenn“. Doch während das ältere Amt noch eher funktional gedacht war, spiegelte die Folgebezeichnung des „sýslu maðr“ eher den Bezug zu einem Bezirk wider, also eine neue territoriale Regelmäßigkeit.

111 Dies spiegelt sich auch in Hirdskråen, S. 130 f., wo festgehalten ist, dass die „lenðom monnum oc syslu monnum“ einen höheren Rang als die anderen Mitglieder des Gefolges haben.

112 Siehe jedoch die Kritik von Wærdahl, Incorporation, S. 144, nach der diese These bislang vor allem auf lokalen Studien fuße.

113 Blom, Norge, Bd. 1, S. 258–264; Fladby, Lensmann; Helle, Norge, S. 208. Ab den 1330er- und 1340er-Jahren übernahm die „Lensmenn“ eine Reihe von Aufgaben der „sýslu menn“ auf lokaler Ebene und wurden somit zu „viktigste offentlige verdslige ombudsmannen i lokalsamfundene“, vgl. Blom, Norge, Bd. 1, S. 264–266, Zitat auf S. 266; Finbråten, Forvaltning, S. 43.

114 Benedictow, Norge, S. 13.

115 Bagge, Society, S. 129.

nun nicht mehr primär vom eigenen Grundbesitz oder der Abstammung ab, sondern vor allem von einer königlichen Mandatierung. Gerade mit Blick auf die lukrativen Einkommensmöglichkeiten, die mit der Bestallung verbunden waren und gerade in Norwegen eine besonders zentrale Rolle für die ständische Repräsentation besaßen,[116] entstand nun ein stärkeres Abhängigkeitsverhältnis zur norwegischen Krone, welches dann auch die Konsolidierung der norwegischen Königsherrschaft begünstigte.

Doch was rückblickend als strategische Zielsetzung erscheinen mag, entsprach keineswegs einem linearen Zentralisierungsprozess. Es kam auch weiterhin zu ständigen Aushandlungsprozessen zwischen allen Beteiligten, welche das Gefüge zwischen Amtmännern und Krone stets neu auszutarieren versuchte. Gerade aus den Jahren der Regentschaft Håkon (V.) Magnussons, also die Jahre 1299 bis 1319, sind eine ganze Reihe von königlichen Verordnungen („skipan") überliefert, die justierend, aber auch sanktionierend in die Spielräume und Stellung der Amtmänner gegenüber der Krone und der Bevölkerung eingriffen. Zwar finden sich auch solche Verordnungen, welche die Rechte und Amtsführung der „sýslu menn" stärkten,[117] doch drohte er wiederholt, dass er den Spielregeln der kommunalen wie königlichen Herrschaft nicht folgenden „sýslu menn" mit Sanktionen begegne, die bis zur Amtsenthebung reichten.[118] Im Jahr 1308 griff Håkon sogar zum womöglich schärfsten Mittel der Elitendisziplinierung, indem er verfügte, dass „allar syslur vm allt landit" aufgrund von zahlreichen Verstößen der „sýslu menn" gegenüber ihren Untertanen wieder der königlichen Krone unterstellt werden. Auch wenn die Hintergründe im Verborgenen liegen, dürfte es sich hierbei womöglich um das Instrument eines herrschaftlichen *resets* handeln, das auch in späteren Jahren offenbar noch zur Anwendung kam: 1323 nach der Einsetzung des Reichsvikars Erling Vidkunsson (1292x1293–1355)[119] und 1368 dann auch unter Håkon (VI.) Magnusson (c. 1341–1380).[120]

---

[116] Anders als in Dänemark und Schweden verfügte der norwegische Adel über eine gedeckelte Befreiung von Steuern, weshalb es keine umfassenden Initiativen zur Ansammlung von Gütern gab, vgl. Benedictow, Norge, S. 10 f., 14–17, 23–25; Imsen/Sandnes, Avfolkning, S. 339.

[117] NGL 1.3, Nr. 18.

[118] Ebd., Anhang, Nr. 25, S. 224–226. Der Charakter dieser Verordnung wird innerhalb der Forschung unterschiedlich diskutiert. Siehe hierzu die überblickende Darstellung bei Helle, Norge, S. 263–267, mit der dort genannten weiterführenden Literatur, ebenso Ders., Konge, S. 356–360. Siehe hierzu u. a. auch die Quellen bei NGL 1.3, Nr. 16, 19b, 27 f., 37; NGL 1.4, Supplement zu Bd. 3, Nr. 1 (S. 357–359).

[119] DN 7, Nr. 100. Siehe hierzu u. a. Blom, Norge, S. 42–62.

[120] Unter Ausnahme der Privilegien der Mariakirke in Oslo, vgl. DN 2, Nr. 402.

Gleichermaßen eröffnete die Krone aber denjenigen Amtmännern, die ihm besonders treu und verlässlich seine Dienste erwiesen haben, die Möglichkeit eines erblich bedingten Vorrechts auf bestimmte „sýsla", was mittelfristig dann doch wieder die Bildung einer loyalen wie einflussreichen Hocharistokratie begünstigte.[121] Diese verfolgte naturgemäß eigene Interessen, was sich vor allem darin zeigt, dass es auch in Norwegen Forderungen hinsichtlich eines Vorrechts des norwegischen Adels und naturalisierter Adliger auf hiesige Ämter gab. Erstmals formuliert im Jahr 1302, also weit vor den Jahren der nordischen Unionen.[122]

Dass im Jahr 1347 die Spielräume der „sýslu menn" dann auch mit Unterstützung der Aristokratie eingeschränkt wurde, als die Reichsversammlung formell bestätigte, dass kein König je eine „sýsla" über seine eigene Regentschaft hinaus vergeben dürfe,[123] verdeutlicht jedoch die Dominanz der Reichsinteressen gegenüber denen der regionalen Magnaten. Allerdings hängt die Entwicklung gleichfalls mit der Entstehung einer neugeschaffenen Struktur der Reichsherrschaft zusammen, welche die politische Bedeutung der „sýsla" ohnehin in den Hintergrund treten ließ. Einerseits wurde das personalisierte System der königlichen „hirð" durch eine neue Entität der Reichsversammlung ersetzt, aus der später der Reichsrat hervorging,[124] andererseits wurden womöglich schon unter Eirik (II.) Magnusson, aber spätestens unter Håkon (V.) Magnusson vier neue und überregionale Steuer- und Finanzbezirke um die großen Städte in Bergen, Oslo, Trondheim und Tønsberg etabliert, die „féhirði",[125] wobei dem erstgenannten Bezirk die Zuständigkeit für die nordatlantischen Krondomänen und die Finnmark zufiel.[126] Der „féhirði" war ursprünglich ein im späten 12. Jahrhundert erstmals überliefertes

[121] Wærdahl, Incorporation, S. 144.

[122] NGL 1.3, Nr. 14, hier S. 52 in der Form, dass kein „utlendzka men" festen Aufenthalt in Norwegen haben solle. Dazu auch eine isländische Regelung desselben Jahres NGL 1.3, Nr. 62. Dazu auch Moseng u. a., Norsk Historie, S. 196. Bestimmung über die Regelung nach dem Tod Håkons V., vgl. DN 1, Nr. 156: [...] „einga vtlænska mæn indræga til at hafua huss syslur rada, ædr nokot ifuirbodh ifuir Noregs konongs þægna huarke i vmægd erfuingia rikisens ædr sidan han er fultidhar".

[123] DN 1, Nr. 303. Geklagt hatten Jon und Sigurd Havtoressønner, Söhne der Agnes Håkonsdatter, die das Gebiet einst von Håkon Magnusson als Lehen erhalten hatte. Siehe hierzu auch Moseng u. a., Norsk Historie, S. 199.

[124] Zur Entstehung des Reichsrats u. a. Helle, Konge, S. 311–473; Bjørkvik, Folketap, S. 176 f., 188–191; Benedictow, Norge, S. 12, 19–21. In den einstigen Krondomänen spielte die Tradition des „hirð" jedoch noch eine Rolle bis ins 16. Jahrhundert vgl. Imsen, King Magnus, S. 219 f.

[125] Siehe zu diesen Blom, Fehirde; Helle, Norwegian Kingdom, S. 381.

[126] Aus diesem Grund werden womöglich auch 1316 zwei „féhirðar" in Bergen erwähnt, vgl. DN 1, Nr. 147.

königliches Hofamt, das in aller Regel vom königlichen Hofkaplan ausgeübt wurde.[127] Ob und inwiefern dieses mit den um das Jahr 1300 aufkommenden regionalen „féhirði“ verknüpft war,[128] oder lediglich terminologisch Pate stand, lässt sich heute nicht mehr klären. Doch übernahmen sie vergleichbare Aufgaben auf regionaler Ebene, indem sie etwa die Kontributionen eintrieben und die königlichen Zahlungsverpflichtungen bedienten. Zugleich übernahmen sie auch Teile der Kompetenzen der regionaler organisierten „sýslu menn“. In manchen Fällen wurde die königliche Stellvertretung in den „sýsla“ auch an die Besetzung der „féhirði“ verknüpft, was zu langfristigen Verschmelzungsprozessen führte,[129] sodass die politische Funktion der „sýslu menn“ vielfach von Vögten wahrgenommen wurden, die direkt den „féhirði“ unterstellt waren.[130]

Die für Norwegen spezifischen „féhirði“ ermöglichten in einem Reich, in dem traditionell die Regionen ein großes politisches Gewicht besaßen und das bis ins frühe 14. Jahrhundert im Grunde einem „cluster of provincial communities“[131] entsprach, nun erstmals eine strukturiertere und somit effektivere Reichsregierung,

---

127 Helle, Norge, S. 212. Der erste erwähnte „féhirði“ war der spätere Erzbischof und vorherige Kanzler am königlichen Hof, Øystein Erlendsson (c. 1120–1188), vgl. Blom, Fehirde, Sp. 210.

128 Erstmals wird mit Audun Hugleiksson im Jahr 1298 ein „féhirdi“ in Tønsberg genannt, vgl. CDL 2.1, Nr. 102 („Odewinus dominus de Hegranes thesaurarius illustris domini regis Norwegie“). Allerdings geht die Verbindung zu Tønsberg nur aus der Datierungszeile hervor, nicht aus seiner Titulatur. Wenig später werden die regionalen „féhirði“ jedoch von Håkon (V.) Magnusson selbst erwähnt, vgl. NGL 1.3, Nr. 25, hier S. 79 [„fehirdum vaarum i Nidaróse, Berguin, j Oslo ok Tunsbergi“]). Aber auch zu späteren Anlässen tritt bspw. der „féhirði“ von Bergen in Urkunden nur als „domini regis thesaurario“ ohne Ortsbezug auf (DN 3, Nr. 77), sodass aus der Datierungszeile der obenstehenden Urkunde bereits die Existenz der regionalen Einteilung abgeleitet werden kann. Siehe zu Audun Hugleiksson, der 1295 u. a. der königliche Gesandte während der Verhandlungen in Paris war, umfassend Nedrebø u. a., Audun Hugleiksson.

129 Helle, Norge, S. 210; Blom, Fehirde, Sp. 211. In Bergen lässt sich diese Kombination beider Ämter bereits 1311 unter dem Kleriker Botolv Håkonsson fassen, der „þa hafðe sytzlu ok konungs valld með fehyrdzlu i Bergwin“ (DN 3, Nr. 93). Ab der Mitte des 14. Jahrhunderts wurde diese Regelung dann permanent, vgl. Helle, Kongssete, S. 560–563, hier insbesondere S. 563.

130 Allerdings setzten auch die „sýslu menn“ zuvor eigene „lénsmenn“ ein, vgl. Schück, Political System, S. 687; Fladby, Lensmann; Ders. Fogde; Wærdahl, Incorporation, S. 145. In umgekehrter Funktion finden sich auch „lensmaðr“ die weiterhin als „sýsla maðr“ bezeichnet wurden, weshalb anzunehmen ist, dass die beiden Ämter irgendwann synonym verwendet wurden. Siehe hierzu etwa den Ombudsmann des königlichen Kanzlers bei DN 4, Nr. 711 („Asle Askelsson lensman a Follo“), DN 5, Nr. 387 („Asle Askelsson vmbodzman heiderligs mantz herra Arne Sigurdzsonar syslomantz a Follo“), Nr. 424 („Asle Askielsson vmbodsman a Follo“).

131 Imsen, Earldom, S. 179.

welche zudem besser an die Anforderungen der neuen Unionsherrschaft angepasst war – und ermöglichten somit den „endgültigen Übergang von der altnorwegischen Ämterherrschaft zu einer gesamtnordischen Lehnsregierung“.[132]

Dies zeigt sich insbesondere durch die schon bald einsetzende Reformation der „féhirði“, deren politische Rolle schon zur Mitte des 14. Jahrhunderts auf die vier neuen politischen Herrschaftsbezirke um die zentralen Reichsburgen in Båhus, Tønsberg, Oslo und in Bergen überging, die von den vier hier installierten Hauptmännern administriert wurden – wobei der Hauptmann des Bergenhus im Gegensatz zu den Amtskollegen im Südosten des Reiches die traditionelle Titulatur eines „féhirði“ noch einige Zeit beibehielt.[133]

Für die Verlagerung der Macht von den Städten auf die nun zunehmend an politischem Gewicht gewinnenden Burgen in deren Nähe gab es womöglich zwei treibende Impulse. Einerseits fiel sie in eine Zeit der Umwälzungen in der militärischen Verwaltung weg von dem traditionellen „leidangr“-System,[134] welche die königlichen Burgen zu zentralen Eckpunkten der Reichsverteidigung machte, hin zu den Burgen als Zentren und Symbolen der Königsherrschaft. Andererseits bediente es womöglich auch konkrete Sicherheitsinteressen, denn auch die Schatzkammern wurden zur Mitte des 14. Jahrhunderts auf den stärker gesicherten Burgen untergebracht.[135]

Die somit etablierte Struktur einer übergeordneten Reichsregierung um die vier großen Reichsburgen, stärkte in der Konsequenz auch die Macht der norwegischen Krone und der Reichsaristokratie.[136] Da der Zugang zur Macht für weite Teile der ausgedünnten norwegischen Aristokratie nun noch weiter verengt und somit die wichtigste Ressource für die ständische Repräsentation auf immer weniger Köpfe verteilt wurden, entstand eine immer stärkere Abhängigkeit der Amtsinhaber. Ebenso wie zuvor während der Einführung der zumeist nicht regional verankerten „sýslu menn“, setzte die norwegische Krone erneut auf

---

132 Imsen/Sandnes, Avfolkning S. 280.

133 Moseng u. a., Norsk Historie, S. 312 f. Die Bezeichnung lässt sich noch bis in die 1470er Jahre fassen, auch wenn ab etwa der Mitte des 14. Jahrhunderts die Bezeichnung des „capitaneus“ bzw. „hovedmann“ (dt.: Hauptmann) verstärkt Verbreitung fand. Erstmals im August 1383 in einer Korrespondenz an die Bürgermeister und den Rat der Stadt Lübeck („Gotscalcum Skarpænbærgh, capitaneum castri Bauhus“, CDL 3, Nr. 109). Die norwegische Entsprechung findet sich erstmals 1403 („herra Joon Darre riddare ok høfwitzman a Tunsbergshwse“, DN 4, Nr. 732), hier jedoch als Fremdbezeichnung. Siehe hierzu auch Helle, Kongssete, S. 825–830; Finbråten, Forvaltning, S. 15, 20–22; Imsen/Sandnes, Avfolkning, S. 280.

134 Bjørkvik, Leidang.

135 Blom, Fehirde, Sp. 211.

136 Fladby, Fogde. Norge, Sp. 465 f.

solche Personen, die selbst über keine oder nur eine schwache Verankerung in den ihnen anvertrauten Regionen besaßen, oftmals sogar aus anderen Reichen kamen, weshalb auch in Norwegen wie in Schweden zahlreiche Konflikte um die königliche Besetzungspolitik entbrannten.[137]

Da die Hauptmänner gerade zu Unionszeiten, in denen der Monarch nur noch selten im Reich präsent war, über weitreichende Gestaltungsräume und Kompetenzen verfügten, eröffnete es einerseits auch einen Weg zur „Privatisierung" der Macht,[138] andererseits aber auch zu einem erstarkenden regionalen Selbstbewusstsein einzelner Regionen, in denen die zentralisierte Königsherrschaft immer weniger präsent war. So verwundert es auch nicht, dass gerade das 15. Jahrhundert eine Phase von starken Hauptmännern, aber auch der regionalen Aufstände war.[139]

V. Fazit und Ausblick

Diese kleine Skizze der Genese und Transformation der herrschaftlichen Organisation in Norwegen, die angesichts der Komplexität des Themas jedoch nur eine erste Orientierung bieten kann, verdeutlicht die politischen Strategien von norwegischer Krone und Magnaten. Es wurde gezeigt, wie es der norwegischen Krone gelang, aus dem zunächst egalitären und persönlichen Herrschaftsstrukturen, die zahlreiche Konflikte und nebeneinanderstehende regionale Netzwerke begünstigten, durch die Strategien der Moderation von nur schwer zu beherrschenden Eliten und der Schaffung von Mediatisierungsebenen, die sukzessive zur Unterordnung der Aristokratie führten, eine funktionale Königsherrschaft zu etablieren.

Dabei zeigt sich, dass für Norwegen wie auch für Dänemark, wo vergleichbare Topoi bemüht werden, eigentlich kaum von einem Sonderweg gesprochen werden kann, der bestenfalls „Spuren von feudalen Elementen" aufweise.[140] Schon Erik Opsahl betonte in seinem Beitrag aus dem Jahr 2011, der sich schwerpunktmäßig

---

137 Siehe hierzu u. a. Grohse, Fremmede; Opsahl/Sogner, Kongenes Tid, hier insbesondere S. 138–170 zur Unionszeit; Finbråten, Forvaltning, S. 45–50. Kritischer zuletzt auch Grohse, Nativism.

138 Imsen/Sandnes, Avfolkning, S. 340–345, Zitat auf S. 340. Hierzu auch Bjørkvik, Folketap, S. 181–188.

139 Njåstad, Grenser; Benedictow, Norge, S. 25 f.

140 Siehe hierzu den Beitrag von Frederic Zangel. Zitat von Opsahl, Fealty, S. 186 (aus dem Englischen). Siehe aber auch schon Imsen, Earldom, S. 173 („Even though Norwegian Society was not permeated by feudal institutions, the political structures at 'state-level' were absolutely feudal").

mit den Jahren um 1300 befasste, die „befreiende Wirkung“[141], welche der Impuls Susan Reynolds gehabt habe. Insbesondere durch die stärkere Berücksichtigung der Jahre der Kalmarer Union in den letzten Jahren, die als „Epoche des Niedergangs“ seitens der norwegischen Geschichtsschreibung lange auf nur geringes Interesse stieß, verdeutlicht, dass sich in Norwegen im Grunde Prozesse abspielten, die wir im Großen wie im Kleinen auch den anderen Teilen Europas beobachten können, wenn auch mit einer leichten Verzögerung.

Dabei betrat man in Norwegen durchaus eigene Bahnen, was sich vor allem aus der stärkeren Orientierung nach Westen ergab. Aber spätestens mit den Unionen von 1320, 1380 und 1397 fand unter dem Dach einer kohärenten königlichen Herrschaftsideologie eine Harmonisierung der Institutionen in Schweden, Norwegen und später auch Dänemark statt, die jedoch – wie etwa die verzögerte Absetzung Eriks III. (c 1382–1459) in Norwegen zeigt – von den norwegischen Eliten durchaus eigenständig interpretiert werden konnte.[142] Allerdings befindet sich die Forschung gerade zu diesen spätmittelalterlichen Entwicklungen nach wie vor in den Kinderschuhen, weshalb es hier noch einige Thesen kritisch zu hinterfragen gilt.[143]

Es gäbe an dieser Stelle noch viele Facetten, über die man hätte sprechen können. Welche Rolle spielten die Morgengaben für die norwegischen Königinnen? Inwiefern spiegelt die Entwicklung der Jarle von Orkney die Integration der isländischen Nachbarn wider und inwiefern nahmen Belehnungen an kirchliche Akteure, die in Norwegen traditionell eine wichtigere Rolle für die königliche Herrschaft einnahmen, hier eine Sonderstellung ein? Und welche Rolle spielt das Phänomen des Pfands für Norwegen? Zumindest gibt es auch Fälle von verpfändeten „sýsla“, wie etwa die Beispiele der kurz nach der Huldigung Christians I. an den Reichsrat Erlend Eindridesson (1400–1450) verpfändeten Regionen Valdres (nordwestlich von Hamar) und Romsdal (nördlich von Bergen) zeigen.[144] Für diese Fragen, aber auch die eben besprochenen, hoffe ich, dass die anderen Beiträge noch viele hilfreiche Impulse liefern können, sodass wir am Ende zumindest ein etwas klareres Bild dessen haben, was sich eigentlich im spätmittelalterlichen Norwegen ereignete.

---

141 Opsahl, Fealty, S. 198 (übersetzt aus dem Englischen).

142 Magnussen, Scenes. Schon Opsahl, Norwegen, betonte die Agency Norwegens in der Unionsphase.

143 Finbråten, Forvaltningen, S. 5–7.

144 DN 6, Nr. 535 (nur als Fragment erhalten, weshalb das Verb „forlænt“ von den Editoren assoziiert wurde).

Gedruckte Quellen

Annales regii = Storm, Gustav (Hg.): Annales regii, efter 2087 4to i gl. Samling i kgl. Bibliothek i Kjøbenhavn, in: Islandske Annaler indtil 1578, Christiania 1888, S. 77–155.
Annales vetustissimi = Storm, Gustav (Hg.): Annales vetustissimi, efter AM 514 4to, in: Islandske Annaler indtil 1578, Christiania 1888, S. 30–54.
Bǫglunga Saga = Bǫglunga Saga, in: Hauksson, Thorleifur/Jakobsson, Sverrir/ Ulset, Tor (Ed.): Hákonar Saga Hákonarsonar, Teil 1, in: Kristjánsson, Jónas/ Guðjónsson, Thórður Ingi (Hgg.): Íslenzk fornrit, Bd. 31: Hákonar Saga Hákonarsonar I, Bǫglunga Saga, Reyjkavík 2013, S. 1–146.
DN = Diplomatarium Norvegicum, 23 Bde., Kristiania/Oslo 1847–2011.
DI = Hinu Íslenzka Bókmenntafélagi (Hg.): Diplomatarium Islandicum. Íslenzkt fornbréfasafn, sem hefir inni að halda bréf og gjörninga, dóma og máldaga, og aðrar skrár, er snerta Ísland eða íslenzka menn, Reykjavík 1857–1952.
Edda Snorra Sturlosonar = Jónsson, Guðni (Ed.): Edda Snorra Sturlosonar. Nafnaþulur og Skáldatal, ed. von Guðni Jónsson, Reykjavík 1949.
Franske Arkivstudier = Johnsen, Albert Oscar (Hg.): Franske Arkivstudier. Optegnelser fra Paris' centralarkiver (Skrifter utgitt av Det Norske Videnskaps-Akademi i Oslo II. Hist-Filos. Klasse 4), Oslo 1929.
Hákonar Saga Hákonarsonar I = Hauksson, Thorleifur/Jakobsson, Sverrir/ Ulset, Tor (Ed.) Hákonar Saga Hákonarsonar, Teil 1, in: Kristjánsson, Jónas/ Guðjónsson, Thórður Ingi (Hgg.): Íslenzk fornrit, Bd. 31: Hákonar Saga Hákonarsonar I, Boglunga Saga, Reykjavík 2013, S. 171–329.
Hákonar Saga Hákonarsonar II = Hauksson, Thorleifur/Jakobsson, Sverrir/ Ulset, Tor (Ed.) Hákonar Saga Hákonarsonar, Teil 2, in: Kristjánsson, Jónas/ Guðjónsson, Thórður Ingi (Hgg.): Íslenzk fornrit, Bd. 31: Hákonar Saga Hákonarsonar II, Boglunga Saga, Reykjavík 2013, S. 3–267.
Henrik Høyers Annaler, efter AM. 22 fol., in: Storm, Gustav (Ed.): Islandske Annaler indtil 1578, Christiania 1888, S. 55–76.
Hirdskråen = Imsen, Steinar (Ed.): Hirdskråen. Hirdloven til norges konge og Hans håndgangne men, etter AM 322 fol., Oslo 2000.
Historia Norwegie = Ekrem, Inger/Mortensen, Lars Boje (Ed.)/Fisher, Peter (Übers.): Historia Norwegie, Kopenhagen 2003.
Kong Magnus Håkonssons Lagabøtes Landslov = Rindal, Magnus/Dale Spørck Bjørg (Hgg.): Kong Magnus Håkonssons Lagabøtes Landslov. Norrøn tekst med fullstendig variantapparat, 2 Bde., Oslo 2018.
Königsspiegel = Der Königsspiegel – konungs skuggsjá. Fahrten und Leben des alten Norwegen. Aufgezeichnet im 13. Jahrhundert. Aus dem altnorwegischen übersetzt und mit einem Nachwort versehen von Rudolf Meissner. Bereichert mit einer Einleitung von Sverre Bagge, übersetzt aus

dem norwegischen von Thomas Esser. Illustriert mit Holzschnitten aus dem 16. Jahrhundert, Berlin 2019.
König Sverrir Sigurdssohn = Niedner, Felix (Übers.): König Sverrir Sigurdssohn, in: Ders. (Hg.): Norwegische Königsgeschichten, Bd. 2: Sverris- und Hakonssaga (Thule. Altnordische Dichtung und Prosa 18), Jena 1925, S. 21–113.
Konungs Skuggsjá = Holm-Olsen, Ludvig (Ed.): Konungs Skuggsjá, Oslo [2]1983.
Magnúss Saga = Hauksson, Thorleifur/Jakobsson, Sverrir/Ulset, Tor (Ed.): Magnúss Saga, in: Kristjánsson, Jonas/Guðjónsson Thórður Ingi (Hgg.): Íslenzk fornrit, Bd. 31: Hákonar Saga Hákonarsonar II, Magnúss Saga Lagabætis, Reyjkavík 2013, S. 271–285.
Matthæi Parisiensis = Richards Luard, Henry (Ed.): Matthæi Parisiensis, Monachi Sancti Albani, Chronica Majora, 7 Bde., London 1872–1883 (ND London 1994).
NGL = Norges Gamle Love, 2 R., 9 Bde., Oslo 1846–1966.
Landrecht des Königs Magnus Hakonarson = Meißner, Rudolf (Bearb.): Landrecht des Königs Magnus Hakonarson (Germanenrechte NF, Nordgermanische Rechte, 2), Weimar 1941.
Olafs saga hins Helga = Heinrichs, Anne/Janshen, Doris/Radicke, Elke/Röhn, Hartmut (Hg./Übers.): Olafs saga hins Helga. Die „legendarische Saga“ über Olaf den Heiligen (Hs. Delagard. Saml. Nr. 811) (Germanische Bibliothek, Vierte Reihe), Heidelberg 1982.
Óláfs sǫgu ins Helga inni Sérstǫku = Óláfs sǫgu ins Helga inni Sérstǫku, eptir Snorra Sturluson, in: Aðalbjarnarson, Bjarni (Ed.): Heimskringla, Snorri Sturluson, Bd. 2 (Íslenzk fornrit 27), Reykjavík 1945, S. 419–451.
Orkneyinga Saga, in: Guðmundsson, Finnbogi (Ed.): Orkneyinga Saga. Legenda de Sancto Magno, Magnúss saga skemmri, Magnúss saga lengri, Helga Þattr ok Ùlfs (Íslenzk fornrit 34), Reykjavík 1965, S. 3–300.
Orkneyinga Saga. The History of the Earls of Orkney. Translated from the Icelandic and introduced by Hermann Pálsson und Paul Edwards, London 1978.
Sagan af Haraldi konungi gráfeld, in: Jónsson, Finnur (Ed.): Snorri Sturluson Heimskringla. Nóregs Konunga sǫgur, Bergen 1911 (ND Bergen 1966), S. 93–104.
Snorris Königsbuch = Niedner, Felix (Ed.): Snorris Königsbuch (Heimskringla), Bd. 2 (Thule. Altnordische Dichtung und Prosa 15), Düsseldorf/Köln 1965.
Sturla Thordsohns Geschichte von König Hakon Hakonsohn, in: Niedner, Felix (Übers.): Norwegische Königsgeschichten, Bd. 2: Sverris- und Hakonsaga (Thule. Altnordische Dichtung und Prosa, 2. Reihe 18), Jena 1925, S. 117–376.
Sverris Saga = Hauksson Þorleifur (Ed.). Sverris Saga (Ìslenzk fornrit 30), Reykjavík 2007.

Sǫgu ins helga Óláfs konungs, in: Jónsson, Finnur (Ed.): Snorri Sturluson Heimskringla. Nóregs Konunga sǫgur, Bergen 1911 (ND Bergen 1966), S. 182–420.
UBStL II,1 = Verein für Lübeckische Geschichte und Alterthumskunde (Hg.): Urkundenbuch der Stadt Lübeck, Bd. II,1, Lübeck 1858.
UBStL III = Verein für Lübeckische Geschichte und Alterthumskunde (Hg.): Urkundenbuch der Stadt Lübeck, Bd. III, Lübeck 1871.

Darstellungen

Andersen, Per Sveeas: Art. „Årmann", in: KLNM 20 (1976), Sp. 446–450.
Ders.: Samlingen av Norge og kristningen av landet 800–1130 (Handbok i Norges Historie 2), Bergen/Oslo/Tromsø 1977.
Ders.: Art. „Syssel. Norge", in: KLNM 17 (1972), Sp. 646–648.
Ders.: Art. „Sysselmann", in: KLNM 17 (1972), Sp. 651–656.
Andersson, Theodore M.: The Sagas of Norwegian Kings (1130–1265). An Introduction (Islandica 59), Ithaca 2016.
Andersson, Tomas: Bohusläns historia, 2 Bde., Lund 2021.
Auge, Oliver: Art. „Lehnrecht, Lehnswesen", in: HRG 3 ([2]2014), Sp. 717–736.
Bagge, Sverre: From Gang Leader to the Lord's Anointed, Odense 1996.
Ders.: Ideologies and Mentalities, in: The Cambridge History of Scandinavia, Bd. 1: Prehistory to 1520, hg. von Knut Helle, Cambridge 2003, S. 465–486.
Ders.: En kort introduksjon til Snorre Sturlason. Historiker og Dikter, Oslo 2019.
Ders.: Kanslerembedet og Mariakirken i Oslo, in: Oslo bispedømme 900 år. Historiske studier, hg. von Fridtjov Birkeli, Arne Odd Johnsen und Einar Molland, Oslo 1975, S. 143–161.
Ders.: Den kongelige kapellgeistlighet 1150–1319, Bergen/Oslo/Tromsø 1976.
Ders.: Mellom kildekritikk og historisk antropologi. Olav den hellige, aristokratiet og Rikssamlingen, in: HTOs 81 (2002), S. 173–212.
Ders.: Olav den hellige som norsk konge (1015–1030), in: HTOs 94 (2015), S. 555–587.
Ders.: Snorres bilde av det tidlige norske kongedømmet, in: Myte og Ritual i det førkristne Norden. Et Symposium, hg. von Jens Peter Schjødt, Odense 1994, S. 9–22.
Ders.: Warrior, King and Saint. The Medieval Histories about St. Óláfr Haraldsson, in: Journal of English and Germanic Philology 109,3 (2010), S. 281–321.
Bandlien, Björn (Hg.): Eufemia. Oslos Middelalderdronning, Oslo 2012.
Barrow, Geoffrey Wallis Steuart: A Kingdom in Crisis. Scotland and the Maid of Norway, in: Scottish Historical Review 69,2 (1990), S. 120–141.

Benedictow, Ole Jørgen: Norge, in: Den Nordiske Adel i Senmiddelalderen. Struktur, funktioner og internordiske relationer. Rapporter til den nordiske Historikermøde i København 1971, 9–12 August, København 1971, S. 9–44.
Blom, Grethe Authén: Art. „Fehirde“, in: KLNM 4 (1959), Sp. 210–212.
Dies.: Norge i unionen på 1300-tallet, 2 Bde., Trondheim 1992.
Dies.: Samkongedømme – Enekongedømme – Håkon Magnussons Hertudgømme (Det kongelige norske Selskabs Skrifter 1972 18), Trondheim u. a. 1972.
Dies.: Trondheim Bys Historie, Bd. 1: St. Olavs By ca. 1000–1537, Trondheim 1956.
Bøe, Arne: Art. „Jarl“, in: KLNM 7 (1962), Sp. 559–564.
Ders.: Art. „Lendmenn“, in: KLNM 10 (1965), Sp. 498–505.
Bjørkvik, Halvard: Folketap og sammenbrudd: 1350–1520 (Aschehougs Norgeshistoie 4), Oslo [2]2005.
Ders.: Art. „Leidang“, in: KLNM 10 (1965), Sp. 432–442.
Ders.: Art. „Veitsle“, in: KLNM 19 (1975), Sp. 632–634.
Bjørgo, Narve: Art. „Skule“, in: NBL 8 ([2]2004), S. 291–293.
Bolton, Timothy: Cnut the Great, New Haven 2017.
Ders.: The Empire of Cnut the Great. Conquest and the Consolidation of Power in Northern Europe in the early eleventh century (The Northern World 40), Leiden 2009.
Dahl Bratrein, Håvard: Høvding, Jarl og Konge. Nord-Norges politiske historie i vikingetid. Ei annerledes fortelling (Tromsø Museums Skrifter 37), Stamsund 2018.
Ders.: Jarleætta og Hålogaland, in: Nord-Norge i Europa. Arkeologi, Historie og Kulturvern. Venneskrift til Reidar Bertelsen, Desember 2013 (Tromsø Museum Skrifter 34), hg. von Hans Peter Blankholm, Håvard Dahl Bratrein, Johan E. Arntzen und Keth Lind, Tromsø 2013, S. 29–49.
Broun, Dauvit: The Treaty of Perth: Union of the Realm and the Laws of the Kingdom, in: Comparative Perspectives in Scottish and Norwegian Legal History, Trade and Seafaring, 1200–1800, hg. von Andrew R. C. Simpson und Jørn Øyrehagen Sunde, Edinburgh 2023, S. 63–94.
Crawford, Barbara E.: The Kingdom of Man and the Earldom of Orkney—Some Comparisons, in: Celtic-Norse-Relationships in the Middle Ages 800–1200, hg. von Jón Viðar Sigurðsson und Timothy Bolton, Leiden 2014, S. 65–80.
Dies.: The Northern Earldoms. Orkney and Caithness from AD 870 to 1470, Edinburgh [2]2023.
Dies.: The Sinclairs in the Late Middle Ages, in: Lordship and Architecture in Medieval and Renaissance Scotland, hg. von Richard D. Oram und Geoffrey P. Stell, Edinburgh 2005, S. 189–204.

Dies.: Tax and tribute in the joint earldoms of Orkney and Caithness, in: Taxes, Tributes and Tributary Lands in the Making of the Scandinavian Kingdoms in the Middle Ages (Norgesveldet 2), hg. von Steinar Imsen, Trondheim 2011, S. 33–55.
Dies.: William Sinclair, Earl of Orkney, and his family. A Study in the Politics of Survival, in: Essays on the Nobility of Medieval Scotland, hg. von Keith John Stringer, Edinburgh 1985, S. 232–253.
Enemark, Poul: Kriseår 1448–1451. En epoke i nordisk unionshistorie, København 1981.
Finbråten, Jon-Øivind: Forvaltningen av Norge ca. 1397–1430. Brudd og kontinuitet? Masteropgave i historie, NTNU Trondheim 2016.
Fladby, Rolf: Art. „Fogde“, in: KLNM 4 (1959), Sp. 465–468.
Ders.: Art. „Lensmann“, in: KLNM 10 (1965), Sp. 505 f.
Grohse, Ian Peter: Fremmede i forvaltningen. Rakkestad og Orknøyene 1424/1425, in: HTOs 99,2 (2020), S. 97–111.
Ders./Magnussen, Stefan: The Earldom of Orkney, the Duchy of Schleswig and the Kalmar Union in 1434, in: Scandinavian Journal of History 48 (2023), S. 137–156.
Ders.: Frontiers for Peace in the Medieval North. The Norwegian-Scottish Frontier c. 1260–1470 (Northern World 79), Leiden 2016.
Ders.: The Lost Cause. Kings, the Council, and the Question of Orkney and Shetland, 1468–1536, in: Scandinavian Journal of History 45,3 (2020), S. 286–308.
Ders.: Nativism in Late Medieval Norway: Scrutinizing a theory, in: Scandinavian Journal of History 42 (2017), S. 219–244.
Ders.: Norgesveldet som Rettsfellesskap – en presisering, in: Landslova av 1274. Rett, politikk og samfunn i norsk mellomalder, hg. von Else Mundal, Erik Opsahl, Jørn Øyrehagen Sunde und Miriam Tveit, Oslo 2003, S. 261–278.
Gunnes, Erik: Rikssamling og kristning, ca. 800–1177 (Norges Historie 2), Oslo 1986.
Hamre, Lars: Art. „Handgengnir menn“, in: KLNM 6 (1961), Sp. 190–192.
Hansen, Lars Ivar: The Successive Integration of Hålogaland and Finnmǫrk into the Realm of the King of Norway, in: Rex Insularum. The King of Norway and His „Skattlands“ as a Political System, c. 1260–c. 1450, hg. von Steinar Imsen, Bergen 2014, S. 347–369.
Helle, Knut: Kongssete og kjøpstad. Fra opphavet til 1536 (Bergen Bys Historie 1), Bergen u. a. 1982.
Ders.: Konge & Gode Menn i norsk riksstyringen ca. 1150–1319, Bergen u. a. 1972.
Ders.: Norge blir en stat 1130–1319 (Handbok i Norges Historie 3), Oslo ^{2}1991.
Ders.: Norwegian Foreign Policy and the Maid of Norway, in: Scottish Historical Review 69,2 (1990), S. 142–156.

Ders.: The Norwegian Kingdom. Succession Disputes and Consolidation, in: The Cambridge History of Scandinavia, Bd. 1: Prehistory to 1520, hg. von Knut Helle, Cambridge 2003, S. 369–391.
Hild, Vicki: Henry Sinclair Casebook. 1st Sinclair Earl of Orkney, 9th Baron of Rosslyn 1345–1400. A Case Study Investigation of His Live, Kirkwall 2019.
Hoffmann, Erich: Spätmittelalter und Reformationszeit (Geschichte Schleswig-Holsteins 4,2), Neumünster 1990.
Holm, Olof (Hg.): Jämtland och den jämtländska världen 1000–1645, Stockholm 2011.
Holm-Olsen, Ludvig: Håndskriftene av Konunngs skuggsjá. En undersøkelse av deres tekstkritiske verdi (Bibliotheca Arnamagnaeana 13), København 1952.
Imsen, Steinar: The Country of Orkney and the Complaints against David Menzies, in: New Orkney Antiquarian Journal 6 (2012), S. 9–33.
Ders.: Earldom and Kingdom. Orkney in the Realm of Norway 1195–1379, in: HTOs 79, 2 (2000), S. 163–180.
Ders.: King Magnus and his Liegemen's „Hirdskrå". A Portrait of the Norwegian Nobility in the 1270s, in: Nobles and Nobility in Medieval Europe. Concepts, Origins, Transformations, hg. von Anne J. Duggan, Woodbridge 2000, S. 205–220.
Ders.: Kongemagt og skattland. Den norske kongens rige utenfor Norge i middelalderen, Oslo 2018.
Ders.: Noregs Nedgang, Oslo 2002.
Ders. (Hg.): Rex Insularum. The King of Norway and His „Skattlands" as a Political System, c. 1260–c. 1450, Bergen 2014.
Ders. (Hg.): Taxes, Tributes and tributary Lands in the Making of Scandinavian Kingdoms in the Middle Ages (Norgesveldet 2), Trondheim 2011.
Ders.: From Tributes to Taxes, in: Taxes, Tributes and tributary Lands in the Making of Scandinavian Kingdoms in the Middle Ages, hg. von dems. (Norgesveldet 2), Trondheim 2011, S. 13–32.
Ders./Sandnes, Jörn: Avfolkning og Union (Norges Historie 4), Oslo 1977.
Jesch, Judith: Earl Rögnvaldr of Orkney, a Poet of the Viking Diaspora, in: Journal of the North Atlantic 4 (2013), S. 154–160.
Joys, Charles: Tidsrommet 1280–1450, in: Nidaros Erkebispestol og Bispesete 1153–1953, hg. von Arne Fjellbu u. a., Oslo 1955, S. 327–448.
Jørgensen, Jon Gunnar: Art. „Sturla Tordsson", in: NBL 8 (²2004), S. 481.
Koht, Halvdan: Sagaens opfating av vår gamle historie, in: Innhogg og utsyn, hg. von dems., Oslo 1921, S. 76–91.
Ders.: Skule Jarl, in: HTOs 5,5 (1924), S. 426–452.
Krag, Claus: Årmannen, in: HTOs 61 (1982), S. 105–127.

Ders.: The Early Unification of Norway, in: The Cambridge History of Scandinavia, Bd. 1: Prehistory to 1520, hg. von Knut Helle, Cambridge 2003, S. 184–201.

Lunden, Kåre: Norge under Sverreætten 1177–1319 (Norges Historie 3), Oslo 1976.

Lustig, Richard I.: The Treaty of Perth: A Re-Examination, in: Scottish Historical Review 58 (1979), S. 35–57.

Magnussen, Stefan: Scenes of a Union. The Accession of Christopher I of Norway and the Agency of the Norwegian Elites (1439–1442), in: Changes of Monarchical Rule in the Late Middle Ages. Negotiations—Actors—Ambivalences / Monarchische Herrschaftswechsel des Spätmittelalters. Aushandlungen – Akteure – Ambivalenzen, hg. von Sven Jaros u. a. (Europa im Mittelalter 44), Berlin u. a., S. 75–103.

Moseng, Ole Georg/Opsahl, Erik/Pettersen, Gunnar I./Sandmo, Erling: Norsk Historie, 750–1537, Oslo ^{2}2003.

Mundal, Else/Opsahl, Erik/Øyrehagen Sunde, Jørn/Tveit, Miriam (Hgg.): Landslova av 1274. Rett, politikk og samfunn i norsk mellomalder, Oslo 2003.

Nedkvitne, Arnold/Norseng, Per G.: Oslo Bys Historie, Bd. 1: Byen under Eikaberg, Oslo 1991.

Nedrebø, Yngve/Gjerland, Berit/Øyrehagen Sunde, Jørn/Årdal, Stig: Audun Hugleiksson. Frå kongens råd til galgen, Førde 2002.

Njåstad, Magne: „My Eastern Realm“. The King of Norway and the Border Province Jemtland, in: Rex Insularum. The King of Norway and His „Skattlands“ as a Political System, c. 1260–c. 1450, hg. von Steinar Imsen, Bergen 2014, S. 325–345.

Njåstad, Magne: Grenser for Magt. Konflikter og Konfliktløsning mellom lokalsamfunn ogøvrighet ca. 1300–1530, Trondheim 2003.

Opsahl, Erik: Norwegen 1319–1397: Ein „willenloser‘ Trabant“ der Nachbarländer?, in: „huru the war talet j kalmarn“. Union und Zusammenarbeit in der nordischen Geschichte. 600 Jahre Kalmarer Union (1397–1997), hg. von Detlev Kattinger, Dorte Putensen und Horst Wernicke (Greifswalder Historische Studien 2), Hamburg 1997, S. 83–152.

Ders.: „[…] nonetheless [he] fulfilled his obligations towards the hirð“. Fealty and politics in medieval Norway, in: Feudalism. New Landscapes of Debate, hg. von Sverre Bagge, Turnhout 2011, S. 185–201.

Ders.: The Treaty of Perth: Union of the realm and the king’s law, in: Comparative Perspectives in Scottish and Norwegian Legal History, Trade and Seafaring, 1200–1800, hg. von Andrew R. C. Simpson und Jørn Øyrehagen Sunde, Edinburgh 2023, S. 35–62.

Ders./Sogner, Sølvi: Norsk Innvandringshistorie, Bd. 1: I kongenes tid 900–1814, Oslo 2003.

Orning, Hans Jacob: Håkon Håkonsson, Skule Bårdsson og norsk statsdannelse i første halvdel av 1200-tallet, in: HTOs 76,1 (1997), S. 2–19.
Ders.: Unpredictability and presence. Norwegian Kingship in the high Middle Ages (The Northern World 38), Leiden 2008.
Orrman, Elijas: Rural Conditions, in: The Cambridge History of Scandinavia, Bd. 1: Prehistory to 1520, hg. von Knut Helle, Cambridge 2003, S. 250–311.
Poulsen, Bjørn: Hertugdømmets dannelse 700–1544, in: Sønderjyllands Historie, Bd. 1: Indtil 1815, hg. von Hans Schultz Hansen, Lars N. Henningsen und Carsten Porskrog Rasmussen, Sønderborg ^{2}2016, S. 41–186.
Prestwich, Michael: Edward I. and the Maid of Norway, in: Scottish Historical Review 69.2 (1990), S. 120–141.
Rasmussen, Carsten Porskrog: Hertugdømmet, Aarhus 2019.
Reynolds, Susan: Fiefs and Vassals. The Medieval Evidence Reinterpreted, Oxford ^{2}1996.
Sawyer, Birgit: Heimskringla. An Interpretation (Medieval and Renaissance Text Studies 483), Tempe 2015.
Dies.: Art. „Jarl“, in: LexMA 5 (1991), Sp. 303.
Schreiner, Johan: Kongemakt og lendmenn i Norge i det 12. århundrede, in: Scandia 9 (1936), S. 161–203.
Schück, Hermann: The Political System, in: The Cambridge History of Scandinavia, Bd. 1: Prehistory to 1520, hg. von Knut Helle, Cambridge 2003, S. 679–709.
Seward, Desmond: The Greatest Viking. The Life of Olav Haraldsson, Edinburgh 2022.
Sigurðsson, Jón Viðar/Jakobsson, Sverrir (Hgg.): Sturla Þórðarson. Skald, Chieftain, and Lawman (The Northern World 78), Leiden 2017.
Simek, Rudolf/Pálsson, Hermann: Lexikon der altnordischen Literatur. Die mittelalterliche Literatur Norwegens und Islands, Stuttgart ^{2}2007.
Spieß, Karl-Heinz: Das Lehnswesen in Deutschland im hohen und späten Mittelalter, Stuttgart ^{2}2009.
Stige, Morten/Snekkestad, Petter: The Church of St. Mary in Oslo—Overview and Revision of the Building History, in: Collegium Medievale 30 (2017), S. 147–204.
Þorláksson, Helgi: Snorri Sturluson the Aristocrat Becomes *lendr maðr*, in: Snorri Sturluson and Reykholt. The Author and Magnate, his Life, Works and Environment at Reykholt in Iceland, hg. von Guðrún Sveinbjarnadóttir und Helgi Þorláksson, Kopenhagen 2018, S. 33–78.
Tobiassen, Torfinn: Art. „Lagmann. Norge“, in: KLNM 10 (1965), Sp. 153–162.
Topping, Patrick: Harald Maddadson, Earl of Orkney and Caithness, 1139–1206, in: Scottish Historical Review 62 (1983), S. 105–120.
Volz, Ruprecht: Art. „Sturla Þórðarson, isländischer Sagadichter und Skalde (1214–1284)“, in: LexMA 8 (1997), Sp. 268 f.

Weiler, Björn: Matthew Paris in Norway, in: Revue Bénédictine 122 (2012), S. 153–181.

Windmann, Horst: Schleswig als Territorium. Grundzüge der Verfassungsentwicklung im Herzogtum Schleswig von den Anfängen bis zum Aussterben des Abelschen Hauses 1375 (QuFGSH 30), Neumünster 1954.

Wærdahl, Randi Bjørshol: Dronning Isabella Bruce, in: Eufemia. Oslos Middelalderdronning, hg. von Björn Bandlien, Oslo 2012, S. 99–111.

Ders.: The Incorporation and Integration of the king's Tributary Lands into the Norwegian Realm, c. 1195–1397, übers. von Alan Crozier (The Northern World 53), Leiden 2011.

SEKTION II

Der norddeutsche Raum

Lehnswesen zwischen Königsau und Elbe – eine Spurensuche

Oliver Auge

Oliver Auge examines documents and chronicles such as the one written by the Lübeck Franciscan Detmar looking for traces of a "Lehnswesen" between the rivers Elbe and Königsau. Different developments can be observed regarding the Duchy of Schleswig in the north and Holstein in the south of the area under investigation. The existence of a "Lehnswesen" can be assumed for Holstein from around 1200 and for Schleswig 100 years later. It is recognizable that the Counts of Holstein provided important impulses towards the north. In the conflict over Schleswig in first half of the 15th century, the Danish side claimed that there existed no "Lehnswesen" system in Denmark. This contemporary assertion had a considerable impact on the later research debate regarding this topic.

Als Susan Reynolds (1929–2021) im Jahr 1994 ihre Monographie „Fiefs and Vassals" veröffentlichte, führte dies bekanntlich zu einer nachhaltigen Erschütterung der internationalen und mit ihr der deutschen Mittelalterforschung: Denn Reynolds stellte in ihrem Buch das im 19. und 20. Jahrhundert entworfene idealtypische und im Nachgang als ausgeforscht hingestellte Modell des Lehnswesens grundsätzlich in Frage und vertrat den Standpunkt, es handele sich dabei letztlich um eine Konstruktion frühneuzeitlicher rechtswissenschaftlicher Interpretationen, die nicht als Basis für Forschungen rund um die verfassungsgemäße Staatlichkeit und besitzrechtlichen Bindungen einzelner Akteure im Mittelalter herangezogen werden könne.[1] Im Kern traf das insbesondere – aber nicht nur – die bis dahin kaum hinterfragte Forschungsposition, das Lehnswesen als konstitutives Element bereits der Karolingerzeit zu begreifen und es als statische, streng hierarchisch aufgebaute Ordnung von Lehnsbeziehungen zu sehen.[2] Aus der nachhaltigen Infragestellung der klassisch gewordenen Vorstellungen vom Lehnswesen à la

---

1 Reynolds, Fiefs; ferner Dies., Middle Ages. Es kann hier keine ausführliche Rezeptionsgeschichte dargelegt werden. Siehe z. B. aber Fried, Debate (beantwortet in Reynolds, Debate); Magnou-Nortier, Féodalité; Oexle, Abschaffung, S. 41; siehe jetzt zusammenfassend Dendorfer/Patzold, Tenere, S. 11–16; Kasten, Deutungsstreit. – Auge, Lehnrecht, Sp. 721, spricht von einer „Schockstarre", die Reynolds' Veröffentlichung in der deutschen Mediävistik ausgelöst hat.

2 Vgl. stellvertretend für die Gesamtheit dieser Ansätze Mitteis, Lehnrecht; Ders., Staat; Ganshof, Lehnswesen, sowie den Sammelband Ebel (Hg.), Studien; überblicksartig zu den Deutungen des Lehnswesens in vergangenen Jahrhunderten Hechberger, Lehnswesen; Kortüm, Verfassungsgeschichte.

Heinrich Mitteis (1889–1952) oder François Louis Ganshof (1895–1980) durch Reynolds ergab sich eine „produktive Verunsicherung“[3], innerhalb derer sich die Forschung bemühte und nach wie vor bemüht, ein sichtlich „redimensioniertes“ Lehnswesen in die mittelalterlichen Kontexte neu einzupassen und zugleich überhaupt eine neue, handhabbare Definition des Lehnswesens zu erarbeiten, die diesem als offenkundig rechtlich-sozialer Praxis mit großer qualitativer Bandbreite in Zeit und Raum gerecht zu werden vermag.[4] Letztlich verdankt sich das von der Kieler Abteilung für Regionalgeschichte erfolgreich bei der Deutschen Forschungsgemeinschaft eingeworbene Projekt mit dem Titel „Lehnswesen revisited? Das Beispiel Dänemarks als regionaler Sonder- oder als europäischer Normalfall im Mittelalter?“, in dessen Kontext auch der vorliegende Tagungsband entstanden ist, genau diesem Bemühen und Ringen der Forschung.

1. Der Forschungsstand zu Schleswig-Holstein

Für den Bereich zwischen Elbe und Königsau, um den es bezüglich des Lehnswesens im Folgenden näher gehen soll und der dabei didaktisch komprimiert auch als Schleswig-Holstein (in seinen historischen Umrissen inklusive Nordschleswig) bezeichnet wird, war sich die landeshistorische Forschung wenigstens für die zwischen Elbe und Eider liegende, zum Reich gehörende Region bis vor kurzem noch einig, dass das klassische Lehnswesen im Hochmittelalter, das heißt spätestens seit der Billungerzeit, hier ebenfalls etabliert war. Walther Lammers (1914–1990) etwa sprach in seiner grundlegenden Darstellung zur Geschichte Schleswig-Holsteins vom Hochmittelalter bis zur Schlacht von Bornhöved davon, dass die Billunger die Grafschaft Dithmarschen womöglich „weiterverlehnt“ hätten.[5] Noch sicherer war Lammers sich bezüglich der Lehnsverhältnisse in Stormarn: Nach dem Tod Graf Gottfrieds († 1110) sei Adolf von Schauenburg 1110, spätestens 1111 mit der Grafschaft „belehnt“ worden.[6] Im Wortlaut heißt es in Lammers' Text zum Beispiel:

> Man hat die nachgewiesenen nordelbischen Grafen Heinrich und Gottfried als Unter-, Vize- oder Lehnsgrafen bezeichnet, weil sie von den Billungern belehnt wurden und in ihrem Komitat nicht „reichsunmittelbar“ waren. Gottfried von Hamburg hat nach dem Verlöschen des billungischen Hauses – Magnus, der letzte Billunger, starb 1106 – noch

---

[3] Zum Stichwort vgl. Auge, Ausbildung.

[4] Siehe dazu zusammenfassend Auge, Lehnrecht; Patzold, Lehnswesen; Dendorfer/Deutinger (Hg.), Lehnswesen.

[5] Lammers, Hochmittelalter, S. 84.

[6] Ebd. S. 88 und 229.

einen neuen Lehnsherrn in Herzog Lothar, dem späteren Kaiser Lothar von Supplinburg, erhalten. Als Rechtsnachfolger der Billunger trat Herzog Lothar auch in die herrschaftliche Stellung ein, die jenes Geschlecht in Nordelbingen verwaltet hatte. Nach dem Tode des Grafen Gottfried vergab Lothar noch im selben Jahr den Komitat neu, und so gelangte auch der erste Schauenburger als Lehnsmann des Herzogs und nicht des Königs nach Holstein-Stormarn. Das Chronicon Holtzaciae berichtet dazu wörtlich: „Luderus [...] comeciam Holtzacie ac Stormarie nobili viro Adolpho, comiti Schouwenburg, concessit in feudum [...].“[7]

Lammers' Versuch, die lehnrechtlich gedeutete Übergabe der nordelbischen Grafschaft an Adolf I. von Schauenburg gerade mit einem Zitat aus einer Chronik zu belegen, die erst um die Mitte des 15. Jahrhunderts verfasst wurde,[8] birgt das offensichtliche Problem in sich, dass der Verfasser der betreffenden Chronik, der sogenannte Presbyter Bremensis, den Text natürlich aus seinem Zeithorizont heraus verfasste, in dem das Lehnswesen im Norden eine längst etablierte Größe war. Wie selbstverständlich ging er infolgedessen von einer Belehnung aus, wie sie zu seiner Zeit üblich war. In der rund 50 Jahre früher entstandenen „Cronica comecie Holtsacie et in Schouwenbergh“ legte demgegenüber Hermann von Lerbeck (1345–1410) den Vorgang lehnsrechtlich weitaus zurückhaltender dar, wenn er schrieb, dass der Sachsenherzog Luder = Lothar (1075–1137) das Land Holstein und Stormarn Adolf übertrug („contulit“).[9] Und der zeitlich zu dem Ereignis von 1110/1111 am nächsten schreibende Helmold von Bosau (1120–1177) formulierte geradezu lapidar: „Comitiam vacantem dedit Luderus dux nobili viro Adolfo de Scowenburg.“[10] Genau genommen, ist bei Helmold also von einer Belehnung gar nicht die Rede, sondern er gebrauchte lediglich das schnörkellose und rechtlich gänzlich unspezifische Verb „dedit“. Mit der vor allem von Mitteis gefertigten Lehnswesensbrille versehen, nahm die ältere Forschung diesen feinen Unterschied in der Wortwahl jedoch nicht wahr oder wollte ihn zumindest nicht beachten. So lautet etwa das betreffende Regest in der von Wolfgang Petke (*1941) besorgten und 1994 – im Erscheinungsjahr von Reynolds „Fiefs and Vassals“ – veröffentlichten Neubearbeitung der Regesten des Kaiserreichs unter Lothar III. wie selbstverständlich: „Lothar belehnt Adolf von Schaumburg mit

7 Lammers, Hochmittelalter, S. 90, mit Chronicon Holsatiae, S. 260: „Tunc dictus Luderus dux Saxonie comeciam Holtzacie ac Stormarie nobili viro Adolpho comiti Schouwenburg concessit in foudum circa annum Domini millesium centesimum decimum.“

8 Zur Chronik siehe z. B. Stüben, Regionalgeschichte.

9 Hermann von Lerbeck, S. 26: „dux Luderus prefatus terram Holtsacie Stormarieque Adolpho [...] contulit.“

10 Helmolds Slavenchronik, S. 70.

der Grafschaft in Holstein und Stormarn."[11] Erst unter dem Anstoß der bereits angesprochenen neuen Diskussion um das Lehnswesen allgemein und der darauf fußenden Hinterfragung bisher lehnrechtlich gedeuteter Übertragungen von Herzogtümern und Grafschaften, die nunmehr quellennäher als für die Ottonen- und Salierzeit übliche, bloße Amtsverleihungen begriffen wurden,[12] hielt die regionalhistorische Forschung auch bezüglich Holsteins inne und seit kurzem spricht sie auch nicht mehr länger von einer klassischen Belehnung Adolfs I.[13]

Für den Schleswiger Landesteil agierte die Forschung derweil schon immer etwas vorsichtiger. Denn hier lagen die rechtlichen Gegebenheiten grundsätzlich anders als im südlich davon befindlichen Holstein-Stormarn. So unterstrich genannter Lammers zum Beispiel, dass die Übergabe der Statthalterschaft von Schleswig an Knud Laward (1096–1131), von der der dänische Chronist Saxo Grammaticus (um 1160–nach 1216) berichtet, keiner „Übertragung eines Reichsteiles an einen hinfort selbständigen Herrn" vergleichbar gewesen sei.[14] Von einer Belehnung sprach Lammers angesichts dessen erst gar nicht. Aber dem Landeshistoriker Erich Hoffmann (1926–2005) unterlief dann in seinem, Lammers' Darstellung nachfolgenden Band zu Schleswig-Holstein im Spätmittelalter aus dem Jahr 1986 womöglich ein ähnlich gelagerter Fauxpas wie Lammers in der Quelleninterpretation, wenn er für das Jahr 1254 von einer Belehnung des jungen Herzogs Waldemar III. (1238–1257) mit Schleswig durch Überreichung einer Fahne berichtete, ohne zu erwähnen, dass diese vermeintliche Belehnung erst durch Arild Huitfeldt (1546–1609) bezeugt ist, der davon im betreffenden Band seiner Reichschronik erzählte, welche wiederum im Jahr 1600 gedruckt wurde.[15] Huitfeldt standen in anderen Fällen nachweislich lateinische Urkunden als glaubwürdige Vorlagen zur Verfügung, die er ins Dänische übersetzt hat.[16] Und natürlich lagen die Zeitverhältnisse 1254 schon wieder grundsätzlich anders als zur gerade diskutierten Zeit um 1110/1111. Aber es stellt sich doch die Frage, ob man bereits im Jahr 1254 für Schleswig von einer ausgefeilten Fahnbelehnung ausgehen darf, zumal mit ihr explizit nicht nur die Verpflichtung des Lehnsempfängers zu Treue und Dienst verbunden gewesen sein soll, sondern auch ein Sitz im Reichstag plus Appellationsrecht. Für Huitfeldt war das Lehnsverhältnis Schleswigs zu

---

11 RI IV,1,1, hier Nr. 15, S. 11.

12 Vgl. dazu Deutinger, Amt zum Lehen.

13 Auge/Detlev, 900 Jahre „Belehnung", S. 10 f.; Bock, Ende, S. 19 f.

14 Lammers, Hochmittelalter, S. 238, mit dem Hinweis auf Saxo XIII, 3–6.

15 Hoffmann, Spätmittelalter, S. 25 (vorsichtiger auf S. 116); vgl. DD II,1, Nr. 151, S. 128 f. (1254); SHRU II, Nr. 74, S. 29 (1254) auf der Basis von Danmarks Riges Krønike, hier S. 246.

16 Siehe das Beispiel DD II,3, Nr. 170, S. 167 (1286 März 31) zur Belehnung in Nyborg.

Dänemark ein Sachverhalt der eigenen Gegenwart. Ihm als Historiker war vor allem die aufwändige Ausgestaltung des fürstlichen Belehnungszeremoniells, die zu seiner eigenen Gegenwart bereits wieder aus der Mode kam,[17] ein Begriff. Aber so empfiehlt sich gerade bei der Behandlung der Schleswiger Lehnsgeschichte generell eine gewisse Vorsicht bei der Interpretation – mehr Vorsicht jedenfalls, als sie in diesem Fall Hoffmann walten ließ, wenn er die Nachricht sofort für bare Münze nahm. Immerhin konnte König Erich VII. (1382–1459) in seinem im ersten Viertel des 15. Jahrhunderts mit den Schauenburgern ausgetragenen Streit um Schleswig als Lehen allen Ernstes behaupten, in seinem Königreich gebe es gar kein Lehnrecht und dieses sei mit geltendem Recht auch nicht vereinbar, weil das Herzogtum Schleswig nie ein Lehen gewesen sei.[18] Erich lieferte offenkundig eine derart glaubhafte Argumentation, dass sich die Forschung zu Dänemark diese bis in die jüngste Vergangenheit zu eigen gemacht hat. Maßgeblich geprägt wurde die vorherrschende dänische Sichtweise von Kristian Erslevs (1852–1930) um die Wende vom 19. auf das 20. Jahrhundert vertretener Meinung, im Hinblick auf das mittelalterliche Dänemark könne man nicht von einer „afart af europæisk Feudalisme", also von einer „Abart des europäischen Feudalismus", sprechen.[19] Die eingeforderte Vorsicht bei der Interpretation ließ im Übrigen bereits Mouritz Mackeprang zum Ende des 19. Jahrhunderts walten, als er dazu aufforderte, bei der Lösung der Lehnsfrage von der Heranziehung der Quellen, die aus der Zeit des großen Lehnsstreits 1411(13) bis 1424 überliefert sind oder die Huitfeldt referiert, abzusehen.[20] Im Ergebnis sprach sich Mackeprang für eine Erblichkeit des schleswigschen Lehens über alle Zeiten hinweg aus. Horst Windmann hat diese Meinung im Abgleich mit dem darauffolgenden Widerspruch Ludvig Holbergs[21] in seiner grundlegenden Studie über „Schleswig als Territorium" eingehend diskutiert.[22] Windmann kommt letztendlich zu dem Schluss, dass „[d]as staatsrechtliche Verhältnis Schleswigs zu Dänemark von Beginn an lehnsrechtlich bestimmt" und „das abendländisch-deutsche Vorbild entsprechend der dänischen Verfassungszustände modifiziert" gewesen sei.[23] Es habe sich um eine „Mischbildung" gehandelt, deren „dänische Komponente" sich in den königlichen Reservatrechten und im Sekundogenitur-Charakter des

---

17 Spieß (Hg.), Lehnswesen, S. 44 f.
18 Siehe dazu die Informationen in Anm. 9.
19 Erslev, Feudalisme, S. 277.
20 Mackeprang, Fyrstelen, S. 139. Auch zum Folgenden.
21 Holberg, Kirke, S. 276–281.
22 Windmann, Schleswig, S. 130–143.
23 Ebd., S. 142. Auch zum Folgenden.

Herzogtums ausgedrückt habe. „Die Herauslösung Schleswigs aus dem Dänischen Reiche wurde [dann] mit Hilfe des deutsch geprägten Lehnsrechts gegen das dänisch-modifizierte Lehnsrecht erreicht."[24] Auch wenn diese Aussage für das 14. Jahrhundert getroffen wurde, wurzelt sie spürbar in der älteren Vorstellung von einem „klassischen Lehnswesen" nach abendländisch-deutschem Vorbild. Dieses Postulat ist unbedingt zu überprüfen.

Um es also nochmals zusammenzufassen: Die dänische Forschung hat den Lehnscharakter des Herzogtums Schleswig einerseits kaum angezweifelt, ihm zugleich andererseits aber auch eine Sonderrolle zugeschrieben. So sprach Mouritz Mackeprang Schleswig als einziges zu Beginn des 15. Jahrhunderts noch bestehendes Fürstenlehen an.[25] Der schon genannte Erslev sah für das Fürstenlehen Schleswig einen feudalen Charakter und führte dafür unter anderem die noch zu thematisierende Belehnung des Schauenburgers Gerhard III. von Holstein-Rendsburg (1293–1340) als Herzog von Schleswig vom Jahr 1326 als Nachweis an.[26] Auch Horst Windmann, dem auf deutscher Seite die grundlegende Arbeit über die Territorialentwicklung Schleswigs zu verdanken ist, verstand das Herzogtum als Lehnsfürstentum, ausdrücklich aber nicht als erbliches Lehen – das Lehnsverhältnis sei zum „staatsrechtlichen Band zwischen dem Herzogtum und der Krone" geworden, das nach dem Tod Waldemars II. sukzessive „aus dem dänischen Reichsverband" herausgelöst worden sei.[27]

Unter Verweis gerade auf Windmanns Ausführungen stellte dann 1988 Esben Albrectsen infrage, dass das Herzogtum Schleswig als ein vom dänischen König ausgegebenes Lehen im Mittelalter ein Teil Dänemarks gewesen sei.[28] Die Verknüpfung zwischen dem Herzogtum und dem dänischen Reich sei im Spätmittelalter nicht territorial, sondern lediglich feudal gewesen: Die Teilnahme Adolfs VIII. am königlich-dänischen Rat resultierte nicht aus der Zugehörigkeit des Herzogtums zu Dänemark, sondern aus dessen Pflichten als „Vasall des Königs und des Reiches".[29] Hieran wird übrigens klar ersichtlich, dass in diesen Arbeiten bis hin zur neueren Studie von Markus Hedemann[30] eher der Territorialkonflikt zwischen dem dänischen Königtum und den Schauenburgern und Grafen von Holstein um das Herzogtum Schleswig im Vordergrund steht als das Lehnswesen,

---

24 Ebd.
25 Mackeprang, Fyrstelen, S. 140.
26 Erlsev, Feudalisme, S. 278 f. Siehe dazu auch im Folgenden.
27 Windmann, Schleswig, S. 199.
28 Albrectsen, Sønderjylland.
29 Ebd., S. 14.
30 Hedemann, Danmark.

das demgemäß nur ein Vehikel war, um in diesem Konflikt gegenüber dem Gegner erfolgreich zu sein.

2. Der Blick auf die Quellen

Vor dem eben skizzierten Hintergrund macht es also mehr als Sinn, sich einmal zum Raum Schleswig-Holsteins auf die Suche zu begeben, ab wann sich Spuren eines Lehnswesens greifen lassen und, wenn ja, wie selbiges denn konkret verfasst war. Angesichts des zur Verfügung stehenden Platzes versteht es sich dabei von selbst, dass im Folgenden kein Entwurf einer erschöpfenden Lehnsgeschichte Schleswig-Holsteins möglich ist. Allein zur Vorbereitung dieses Beitrags mussten über 800 Urkunden, die zu dem Thema in den Schleswig-Holsteinischen Regesten und Urkunden sowie im Lübecker Urkundenbuch erfasst sind, gesichtet werden.[31] Diese können im Folgenden ihrer schieren Masse wegen gar nicht sämtlich im Detail Berücksichtigung finden.

2.1 Nordelbingen

Wie gezeigt, ging Lammers bereits für die Billungerzeit von Lehnsstrukturen hierzulande aus. Die von der zeitnahen Chronistik – das meint letztlich Adam von Bremen (vor 1050–1081/1085) und Helmold von Bosau – diesbezüglich bereitgestellten Nachrichten sind freilich allesamt vage und können ein voll ausgebildetes Lehnswesen, wie es Lammers sehen wollte, keinesfalls belegen. Wenn etwa Helmold nach Adam von Bremen berichtet, Herzog Bernhard II. (nach 990–1059) sei das Glück seines Vaters abhandengekommen,[32] weil er das hergebrachte gute Verhältnis zu den benachbarten Slawen – seiner Habgier wegen – aufs Spiel gesetzt habe, sodass diese plündernd ganz Nordelbingen mit Feuer und Schwert überzogen,[33] nachgehend jedoch Bernhard Nordelbingen durch die zinspflichte Unterwerfung der Slawen den Frieden zurückgebracht,[34] dann kann man in dieser Verbindung aus Tribut und Gefolgschaftseid die im

---

[31] Ganz vielmals gedankt sei an dieser Stelle Ricarda Junge für die gründliche Durchsicht der genannten Urkundeneditionen.

[32] Helmolds Slavenchronik, lib. I, cap. XVI, S. 33: „Cuius principatus heres factus est Bernardus filius eius, licet a paterna felicitate diverterit."

[33] Ebd., lib. I, cap. XVIII, S. 38: „Dux quoque Saxonum Bernardus, in armis quidem strennuus, sed totus avaricia infectus, Slavos, quos e vicino positos bellis sive pactionibus subegerat, tantis vectigalium pensionibus aggravavit, ut nec memores Dei nec sacerdotibus ad quicquam essent benivoli."

[34] Ebd., lib. I, cap. XVII, S. 36: „Mox quoque favente Unwano Slavos tributo subiciens pacem reddidit Nordalbingis et matri Hammemburg."

südwestlichen Ostseeraum bis zum Ende des 12. Jahrhunderts übliche Form persönlicher Bindung von – im Regelfall slawischer – Eliten an einen Oberherrn gewissermaßen als Vorstufe zum Lehnswesen erkennen.[35] Gleiches gilt wohl auch für die Nachricht, dass sich der Slawenfürst Heinrich (vor 1066–1127) bei Herzog Magnus (1071–1106) eingefunden und ihm – da ehrenvoll behandelt – einen Treu- und Unterwerfungseid geleistet habe.[36] Aber es handelte sich in beiden Fällen natürlich um keine als klassisch zu definierende Lehnsbindung.

„Der nordelbische Graf war ein eigenartiger Amtsträger", meinte Lammers, ohne im Hinblick auf unser Thema die letzte Konsequenz aus dieser richtigen Beobachtung zu ziehen.[37] So lässt sich aus Helmold weder zu Adolf I. noch für seinen Sohn Adolf II. (1128–1164) oder seinen Enkel Adolf III. (1160–1225) ein überzeugender direkter Beleg finden, der unbedingt lehnsrechtlich gedeutet werden muss – urkundliche Nachweise fehlen selbstredend ebenfalls. Nach dem Schlachtentod seines eigentlich zur Nachfolge berechtigten Bruders Hartung im Jahre 1126 empfing („accepit") Adolf II. die Grafschaft Nordelbingen, wie in der Chronik nachzulesen ist.[38] Wer etwas erhält, empfängt – aber das Lehnrecht muss dabei nicht unbedingt eine Rolle gespielt haben. Gegen Adolf II. setzte sich im Schatten der Auseinandersetzungen nach Kaiser Lothars III. Tod mithilfe Albrechts des Bären (1123–1170) der Konkurrent Heinrich von Badewide († 1164) durch. Helmold schreibt dazu: „Comeciam eius, urbes et servitia Heinricus de Badwide beneficio Adelberti assecutus est" – „Dessen Grafschaft, Burgen und Dienstbarkeiten, erlangte durch die Begünstigung seitens Albrechts Heinrich von Badewide." Das Schlüsselwort „beneficium" meint wegen des zugehörigen Genitivs „Adelberti" wohl auch kein Lehen. Nach Helmolds weiterem Bericht wurde Heinrich zunächst das 1139 eroberte Wagrien von der Herzogswitwe Gertrud (1115–1143), Heinrichs des Löwen (um 1129/1130 oder 1133/1135–1195) Mutter, ausdrücklich gegen eine Summe Geldes verliehen. Doch setzte sich Adolf II. schließlich vermöge besseren Rechts sowie durch eine höhere Geldzahlung („iustiori causa et auctiori pecunia") durch, sodass er Wagrien von Heinrich dem Löwen erhielt, wohingegen Heinrich von Badewide mit Ratzeburg und Polabien abgefunden wurde.[39] Erst Helmolds Nachfolger als Chronist, Arnold von Lübeck (1150–1211/1214), sollte diese Regelung rund 50 Jahre später dahingehend

---

35 Auge, Hominium, S. 198 f., 215; Petersohn, Verhältnis, S. 106.

36 Helmolds Slavenchronik, lib. I, cap. XXXIIII, S. 67: „[...] fecitque ei iuramentum fidelitatis ac subiectionis".

37 Zitat aus Lammers, Hochmittelalter, S. 247.

38 Helmolds Slavenchronik, lib. I, cap. L, S. 98.

39 Ebd., S. 111.

spezifizieren, dass Heinrich von Ratzeburg das Land Polabien vom Herzog als beständiges Lehen erhalten habe.[40] Da, wie gleich noch zu zeigen sein wird, das Lehnswesen seinen eigentlichen „take off" im Norden erst in der darauf folgenden Jahrhunderthälfte erlebte, darf Arnolds Bericht für das Jahr 1139 mit Fug und Recht angezweifelt werden.

Zur Beobachtung, dass die ersten Schauenburger alles andere als tatsächlich vom Sachsenherzog mit der Grafschaft belehnt worden sein müssen, passt auch, dass die Grafschaft selbst ganz offenkundig noch nicht vom Lehnrecht durchdrungen war. Das legt etwa Helmolds Bericht von einem Feldzug Adolfs II. im Winter 1131/1132 nahe, um die vom dänischen König belagerte Stadt Schleswig zu entsetzen.[41] Bevor er die Unternehmung begann, ersuchte Adolf die „maiores provinciae" um ihren Rat, die ihm deren Durchführung nahelegten. „Wir sehen [...], daß der Graf den Entscheid über einen Kriegszug mit den Holstenführern vereinbaren mußte", folgerte Lammers korrekt daraus.[42] Laut Helmold schlug der militärische Zug jedoch fehl, und die Nordelbinger erlitten eine schwere Niederlage, weil Graf Adolfs Anweisungen missachtet wurden. „In politischen Beratungen", so Lammers richtig weiter, „folgte der Graf den Vertretern des Landes, in der militärischen Führung konnte er sich nicht durchsetzen."[43] Das spricht nicht gerade für klassische Lehnszusammenhänge. Dazu passt es, dass es Knud Laward nach der Darstellung des Chronisten möglich war, in Holstein alle tapferen Männer um sich zu versammeln.[44] Ob er das auf dieselbe Art und Weise zu tun vermochte, wie Helmold es für Etheler von Dithmarschen (1005–um 1059) zu berichten wusste, durch Geld der Dänen nämlich, lässt sich nicht sagen. Letzterer soll jeden Holsaten, der sein Mann werden wollte, des Weiteren mit einem Gewand, einem Schild oder einem Pferd als Geschenk gewonnen haben, was Helmold nicht als legitimen Akt der Gefolgschaftsbindung begreift, sondern als korrumpierende Bestechung.[45]

---

[40] Arnoldi Chronica Slavorum, lib. V, cap. 7, S. 154: „Heinricus autem Racesburch cum terra Polaborum stabili beneficio a duce tenuit."

[41] Hierzu und zum Folgenden Helmolds Slavenchronik, lib. I, cap. LI, S. 100–102.

[42] Zitat aus Lammers, Hochmittelalter, S. 292.

[43] Ebd., S. 293.

[44] Helmolds Slavenchronik, lib. I, cap. XLIX, S. 97: „Et sociavit sibi in terra Holzatensium omnem virum fortem".

[45] Ebd., lib. I, cap. LXVII, S. 125: „diviciis Danorum [...] omnem fortem de Holzatia sibi sociaverat [...]. Quicumque voluisset fieri homo Etheleri, veniebat, ut acciperet in munere byrrum, clypeum vel equum, atque donis huismodi corrupta replete est terra sediciosis." Vgl. dazu Lammers, Hochmittelalter, S. 244.

Auch zum dritten Schauenburger Grafen des Namens Adolf finden sich keine oder zumindest nur sehr wenige und späte Spuren vom Lehnswesen, auch wenn die Forschung noch 2008 – zumindest beiläufig – das Gegenteil darlegte.[46] Arnold von Lübeck kommt in seinen etwa 1214 abgeschlossenen Historien auf den in dieser Hinsicht aufschlussreichen Streit Adolfs mit Heinrich dem Löwen wegen der auf einem gemeinsamen Kriegszug nach Westfalen gemachten Gefangenen zu sprechen. Während der Herzog alle Gefangenen für sich selbst beanspruchte, meinten Adolf und andere Gefolgsleute Heinrichs, sie würden schon auf eigene Kosten ihren Kriegsdienst leisten, weswegen es nur gerecht sei, dass sie ihren Aufwand durch die Gefangenen und die so zu erwartenden Lösegelder erstattet erhielten. Anderenfalls würden sie gar keinen Lohn für den militärischen Einsatz bekommen.[47] Im Kern ging es hier also um die Frage, wie die Beteiligung an einem Kriegszug des Herzogs innerhalb seiner Gefolgschaft entlohnt werden sollte – Lehen zählten dazu offenbar (noch) nicht.

Als jedoch Kaiser Friedrich Barbarossa (um 1122–1190) nach Heinrichs des Löwen Absetzung 1181 in den Norden zog und der Stadt Lübeck ihre bisherigen Privilegien bestätigte, da gab er – so Arnold ausdrücklich – die Hälfte der Abgaben der gesamten Stadt aus Zöllen, Mühlen und Wechselstuben Graf Adolf III. seiner großen Verdienste um des Reiches willen sowie aufgrund seines wegen der Parteinahme für den Kaiser zuvor erlittenen Exils zu Lehen.[48] Dies ist bei Arnold und meines Wissens überhaupt die erste explizite zeitgenössische Erwähnung eines Lehens, das ein Schauenburger Graf nördlich der Elbe empfing – wohlgemerkt nicht vom Herzog, sondern 1181 vom Kaiser.

Jetzt, zum Ende des 12. Jahrhunderts, tritt das Lehnswesen geradezu urplötzlich wie aus einem geplatzten Ballon in „Bestform" zutage: Der auf Heinrich den Löwen als Herzog von Sachsen folgende Askanier Bernhard III. (1140–1212) bestellte – so wieder nach Arnolds Wortlaut – 1181/1182 alle Vornehmen des Landes zu sich auf die Ertheneburg, damit sie dort, nachdem sie von ihm ihre Lehen empfangen hatten, den Lehnseid leisteten und ihm gegenüber ihre Treue

46 Kraack, Schauenburger, S. 36: „Wie andere Große auch sagte er [sc. Adolf III.] sich von seinem Lehnsherrn [sc. Heinrich dem Löwen] los."

47 Arnoldi Chronica Slavorum, lib. II, cap. 13, S. 51 f.: „Econtra illi dicebant, se de propriis stipendiis militare, eo ideo iustum esse, ut de captivis sua reciperent, nec omnino stipem militie se habere posse dicebant, si eorum captivi in usus alienos tollerentur."

48 Ebd., lib. II, cap. 21, S. 65: „[...] comiti Adolfo autem medietatem tributorum totius civitatis de theloneis, de molendinis, de trapezetis in beneficio dedit, tum quia multum imperio servierat, tum quia propter ipsum ad tempus exulaverat."

bekräftigten.[49] Die Grafen von Ratzeburg, Dannenberg, Lüchow und Schwerin erschienen, nicht aber der Schauenburger Adolf III., obgleich auch er dort erwartet worden war. Die Aussicht auf Lehen zog im Jahr 1200/1201 laut Arnold auch eine Reihe holsteinischer Großer auf die Seite des dänischen Königs Knud VI. (1182–1202) und seines Bruders Waldemar (II., 1170–1241), als diese sich zum Kampf gegen Adolf III. rüsteten.[50]

Nur auf den ersten Blick verhält es sich im kirchlichen Kontext anders, wobei weniger die hier früher und stärker ausgeprägte Schriftlichkeit in Rechnung zu stellen ist, als vielmehr die Tatsache, dass es sich bei den diesbezüglich frühesten urkundlichen Belegen um Fälschungen späteren Datums handelt. So wird die Ausstattung des Bistums Ratzeburg durch Heinrich den Löwen vermeintlich vom Jahr 1158, die tatsächlich an einer (wohlgemerkt nachgeordneten) Stelle den Terminus „feodum", also Lehen, kennt, für eine solche Fälschung bzw. Verunechtung gehalten.[51] Denselben Wortlaut – „sine feodo" – gebraucht die gleichsam unechte Urkunde Heinrichs von 1174, in der er den Besitz der von ihm gegründeten und ausgestatteten Wendenbistümer Ratzeburg, Lübeck und Schwerin bestätigt haben soll.[52] Bei dem überhaupt nächsten Beleg handelt es sich dann um die dem Grafen Adolf III. und anderen Gefolgsleuten gewährte Erlaubnis Kaiser Heinrichs VI. (1165–1197) vom 23. Dezember 1192, entweder aus ihrem Eigengut oder aus Reichslehen Geschenke an die Lübecker, Segeberger oder andere Kirchen der Region zu machen. Diese Urkunde ordnet sich freilich nahtlos in den gerade entwickelten zeitlichen Gesamtzusammenhang ein.[53] Erstmalig ist schließlich in einer Urkunde von etwa 1201 explizit vom Lehnrecht die Rede, als Erzbischof Hartwig II. von Bremen (amt. 1184–1207) den Augustinerchorherren von Neumünster den Besitz der Zehnten in Großenaspe, Bostedt, Endorf, Wasbek, Einfeld und Eiderstede bestätigte, die ihnen zuvor von Graf Adolf III. verliehen worden waren. Jener hatte sie vom Erzbischof rechtmäßig nach Lehnrecht inne, wie man weiter in der Urkunde liest.[54] Bekanntlich wurden die Zehnten im Zuge

---

49 Ebd., lib. III, cap. 1, S. 69: „Dux autem Bernardus [...] veniens Ertheneburg [...] nobiliores terre adesse precepit, ut, receptis ab eo beneficiis suis, hominium ei facerent et fidelitatem ei per sacramenta confirmarent. Cumque ei ex libmisset comes de Racesburg et comes de Dannenberch et comes de Luchowe et comes de Zwerin, expectabatur etiam comes Adolfus, et non venit."

50 Ebd., lib. VI, cap. 13, S. 233: „Quidam etiam promissionibus beneficiorum in partem regis et fratris Waldemari ducis sunt inclinati".

51 SHRU I, Nr. 103, S. 50 f. (1158); MGH DD HdL, Nr. 41, S. 57–61 (verunechtet).

52 SHRU I, Nr. 132, S. 68 f. (1174); MGH DD HdL, Nr. 103, S. 155–157 (unecht), hier S. 156.

53 SHRU I, Nr. 174, S. 91 f. (1192 Dezember 23).

54 Ebd., Nr. 228, S. 119 f. (1201).

des hochmittelalterlichen Landesausbaus seitens der Kirche an damit betraute weltliche Herren abgetreten, weswegen sich nachfolgend zahlreiche derartige Belege beibringen lassen.[55]

Der erste Graf, der anscheinend ausdrücklich mit der Herrschaft über Nordelbingen belehnt worden ist, war aber kein Schauenburger, sondern Albrecht II. von Orlamünde (nach 1182–1245). Als dessen Lehnsherr fungierte weder der Kaiser noch ein sächsischer Herzog. Es handelte sich vielmehr um seinen Onkel mütterlicherseits, nämlich den dänischen König Waldemar II. Nach seinem Sieg über Adolf III. ordnete dieser zwischen dem Herbst 1203 und dem Sommer 1204 die Herrschaftsverhältnisse in Nordelbingen ganz neu: Adolf III. musste auf seine Herrschaftsrechte vollständig verzichten.[56] An seiner statt übergab der König Holstein, Stormarn, Wagrien und den größten Teil der Grafschaft Ratzeburg ohne Wittenburg und Gadebusch als Lehen an Albrecht II. von Orlamünde, einen Sohn seiner Schwester Sophie (1159–1208) und des Grafen Siegfried III. von Orlamünde (um 1155–1207). Dithmarschen gehörte dagegen nicht zu Albrechts Lehen. Man weiß von dieser Belehnung nun nicht aus einer Chronik, sondern aus dem ersten am 4. Juli 1224 abgefassten Vertrag über die Freilassung des Königs Waldemar II. und seines gleichnamigen Sohnes aus der Gefangenschaft des Grafen Heinrich I. von Schwerin (um 1155–1228), in die beide 1223 geraten waren.[57] Und hatte sein Vater noch einen Adler im Siegel geführt, so hielt nun Albrecht auf seinem Siegel eine Fahne wohl zum Zeichen seiner Belehnung durch den dänischen König; als Wappen führte er – als erster dänischer Lehnsmann überhaupt – zwei übereinander schreitende Löwen, die wiederum Zeichen seiner Lehnsabhängigkeit – sein königlicher Lehnsherr hatte bekanntlich drei Löwen im Wappen – und zugleich auch seiner nahen Verwandtschaft zu selbigem waren.[58] Die Tatsache, dass Albrecht von Orlamünde der erste Graf hierzulande gewesen ist, der offenbar formell belehnt wurde, verwundert nach dem bisher Gesagten nicht. Das Lehnswesen war mittlerweile in der Region präsent. Albrecht mag die weitere Entwicklung noch stärker befördert haben, wirkte er doch generell als erkennbarer Beschleuniger der feudalen Entwicklung,

---

55 Siehe etwa SHRU I, Nr. 599, S. 269 f. (1240 vor August 20).

56 Dazu grundlegend Freytag, Eroberung, S. 241.

57 MUB I, Nr. 305, S. 290–294; DD I,6 (1224–1237), Nr. 16, S. 21–28 (1224 Juli 4); SHRU I, Nr. 419, S. 190–192 (1224 Juli 4), hier S. 291: „Terram etiam illam, quam comes Albertus de Orlamunde a rege in phevdo tenuit [...].“ Vgl. auch Gaethke, Knud VI., S. 14–16; Biereye, Albrecht, S. 373, Anm. 2, mit Verweis auf Albrechts ältestes Siegel von 1206, das den Umfang der Belehnung klar benennt; siehe auch Ders., Urkunden, S. 2–8.

58 Biereye, Urkunden, S. 2–7 mit Tf. 1–3; Hoppmann, Herzog, S. 6, mit einer schönen Siegelabbildung auf S. 11.

was wohl nicht zuletzt an seiner Abkunft aus dem in dieser Hinsicht wesentlich moderneren Mitteldeutschland lag.[59]

Als dann Albrecht von Orlamünde nach den beiden schweren Niederlagen bei Mölln 1225 und Bornhöved 1227 wieder aus der Holsteiner Grafschaft und Grafenwürde verdrängt worden war,[60] legte sich Herzog Albrecht I. von Sachsen (1175–1260) zwischen 1233 und 1241 demonstrativ den vielsagenden Titel eines „dominus Nordalbingie" zu,[61] womit er prinzipiell oberlehnsherrliche Ansprüche auch auf Holstein anmeldete, wo sich nun erneut ein Schauenburger, Adolfs III. Sohn Adolf IV. (1205–1261), als Graf festgesetzt hatte. Wie der Graf von Schwerin im Februar 1227, so hat Adolf IV. anscheinend schon vor der Entscheidungsschlacht bei Bornhöved Herzog Albrecht I. auch als seinen Lehnsherrn anerkannt bzw. die Grafschaft Holstein aus dessen Hand zu Lehen empfangen. Zwar ist eine entsprechende Urkunde nicht überliefert, doch findet sich in einer Urkunde von 1229 der kurze Hinweis auf eine solche Belehnung.[62] Und sogar schon im September 1226, als Adolf IV. „in generali omnium holtsatorum expeditione" gegen den Dänenkönig eine Urkunde wegen der Neugründung des Klosters Preetz ausstellte, hatte er dazu Herzog Albrechts Zustimmung eingeholt und damit dessen Lehnsoberhoheit anerkannt.[63] Herzog Albrecht I. begegnet auch später noch als Lehnsherr des Holsteiner Grafen Adolf, so zum Beispiel 1238, als es um die Verlegung der Lübecker Benediktiner nach Cismar und deren Grundausstattung mit Besitz ging, wozu Adolf erneut die Zustimmung des Herzogs einholte; von diesem hatte er – seinen Worten zufolge – das Land mit der Gerichtsbarkeit an Haupt und Händen inne.[64]

Im Verlauf des 13. Jahrhunderts erscheint das Lehnswesen übrigens auch im Innern Holsteins voll etabliert, wie nun eine fast schon überbordende Zahl an überlieferten Urkunden insgesamt und beispielhaft der Friedensvertrag zwischen

---

59 Siehe dazu insgesamt Auge, Dynastiegeschichte.

60 Auge, Schlacht bei Mölln; Ders., Traum vom Imperium.

61 SHRU I, Nr. 513, S. 236 f. (1233); Nr. 518, S. 238 (1234 Febr.); Nr. 519, S. 238 f. (1234 Febr.), Nr. 557, S. 251 (1237 November 3); MUB I, Nr. 460, S. 458 (1237); SHRU I, Nr. 562, S. 253 (1237); Nr. 567, S. 254 (1238 April 4); Nr. 610, S. 275 f. (1241 März 4); Auge, Sieger, S. 117; Meyn, Schlacht von Bornhöved, hier S. 14 und S. 23, Anm. 56. Auch zum Folgenden.

62 SHRU I, Nr. 476, S. 216 f. (1229): „domini nostri ducis Alberti, de quo terram tenemus."; Gaethke, Knud VI., S. 36; siehe auch die weiteren Quellenhinweise bei Auge, Sieger, S. 127, Anm. 53 bzw. bei Meyn, Schlacht bei Bornhöved, S. 23, Anm. 58.

63 SHRU I, Nr. 446, S. 203 f. (1226 Sept. 29); Auge, Sieger, S. 117; Meyn, Schlacht von Bornhöved, S. 11; Gaethke, Knud VI., S. 34; siehe nun auch Auge, Gründungsgeschichte, besonders S. 32 f.

64 SHRU I, Nr. 578, S. 260 f. (1238 um Juli 21), hier S. 261: „[...] de quo terram tenemus cum capitis et manus iuditio."

den Grafen Johann I. (um 1229–1263) und Gerhard I. (1232–1290) von Holstein mit Otto von Barmstede (1246–1269/1270) vom 21. Dezember 1259 vor Augen führen: Otto erhielt von den Grafen alle Lehnsgüter, die er vor seiner Fehde mit selbigen inne gehabt hatte, bei vollem Recht zurück, musste dafür jedoch den Lehnseid leisten und versprechen, sich niemals mehr gegen sie zu erheben, sondern ihnen als Vasall treu zu dienen.[65]

Bei der formellen Belehnung der Holsteiner Grafen durch die Herzöge von Sachsen blieb es dann nachweislich zumindest bis 1318.[66] Ab diesem Zeitpunkt allerdings wurde die oberlehnsherrliche Position der Sachsenherzöge offenkundig faktisch bedeutungslos. Zwar leisteten die Herzöge – anders als im Falle Mecklenburgs 1348[67] bzw. 1360[68] – keinen ausdrücklichen Verzicht darauf, sondern Erich V. von Sachsen-Lauenburg (vor 1411–1435) hielt in seinem auf 1414 verfälschten, eigentlich aber erst 1422 ausgestellten königlichen Lehnbrief ausdrücklich am überkommenen Lehnsanspruch auch auf die Grafschaft Holstein fest.[69] Indes kam es nach 1318 anscheinend zu keiner weiteren offiziellen Belehnung der Grafen durch die Herzöge mehr. Und 1434 sowie 1438 wurde explizit der Bischof von Lübeck vom König mit den Regalien belehnt, was eine Afterbelehnung des Holsteiner Grafen Adolf VIII. (1401–1459) durch selbigen Bischof 1438 nach sich zog, ohne dass ein sächsischer Herzog dagegen protestiert hätte.[70] Auch 1460, als Christian I. (1426–1481) durch Räte und Ritterschaft der Lande zu Ripen zum Nachfolger Adolfs VIII. als Herzog von Schleswig und Graf von Holstein gewählt wurde, erhob kein sächsischer Herzog Widerspruch dagegen. Mit einem möglichen lehnrechtlichen Einspruch unter anderem von herzoglicher Seite hat der Aussteller des Ripener Privilegs, Christian I., aber gerechnet, wie man aus dem Wortlaut seiner Urkunde erfährt.[71] Auf ihre Weise

---

65 SHRU II, Nr. 191, S. 82 f. (1259 Dezember 21), hier S. 82: „[...] quod nos dicto domini Ottoni terram Haseldorpe et omnia bona sua, que a nobis prius in pheodo tenuerat, restituimus pleno iure. Idem vero Otto, homagio nobis facto, iuravit et fide media promisit, quod numquam contra nos debeat excedere, sed tamquam vasallus noster fideliter nobis servire."; vgl. dazu Habermann, Niederadel, S. 56–59 und S. 69.

66 SHRU III, Nr. 158, S. 85 (1307 September 21); Nr. 201, S. 106 (1309 Mai 16); Nr. 332, S. 177 f. (1316 April 14); Nr. 333, S. 178 (1316 April 15); Nr. 359, S. 193 (1318 April 16).

67 MUB X, Nr. 6860, S. 194–200 (1348 Juli 8).

68 MUB XIV, Nr. 8776, S. 626–637 (1360 August 10).

69 Vgl. dazu LASH, Urk.-Abt. 210, Nr. 227. Siehe auch Meyn, Sachsen-Lauenburg, S. 130, und jetzt Auge, Herzöge von Sachsen-Lauenburg, S. 315–320.

70 LASH, Urk.-Abt. 1, Nr. 25.

71 Ripener Privileg, S. 31: „Nachdeme de inwonere desser vorg(enomeden) land uns sodane gunst, willen unde vruntschop bewiset hebben, so lave wy en unde eren nakomelingen se alle to holdende schadelos van aller maninge, ansprake, veyde unde anvechtinge de

verdeutlicht die betreffende Textpassage, dass man sich des staatsstreichartigen Charakters der am geltenden Lehnrecht vorbei vollzogenen Ripener Wahl durchaus bewusst gewesen ist. Im Jahr 1474 wurde Holstein ohnedies von Kaiser Friedrich III. (1415–1493) zum reichsunmittelbaren Herzogtum erhoben, was sächsische Lehnsansprüche im Prinzip obsolet machen musste.[72] Indes sollten sich die Sachsen-Lauenburger Herzöge im Verlauf des 16. Jahrhunderts im Rahmen ihres langwierigen, aber letztlich vergeblichen Streits um die sächsische Kurwürde und Titulatur auch wieder auf die Lehnshoheit über Holstein zurückbesinnen, ohne dass dies aber jemals konkrete Auswirkungen zeitigte.[73] In der 1530 auf dem Reichstag zu Augsburg erfolgten kaiserlichen Belehnung – der ersten Belehnung eines Lauenburger Herzogs seit 1414! – wurde Herzog Magnus I. (1470–1543) zwar lediglich als Herzog „zu der Lawenburg" bezeichnet, aber immerhin wurden ihm der Titel eines Herzogs von Sachsen, Engern und Westfalen sowie die damit verbundenen Lehen des Landes und der Pfalzgrafschaft Sachsen, der Grafschaft Holstein und des Landes Stormarn, der Herrschaft Schauenburg und Hoya auch nicht vollständig in Abrede gestellt.[74] Eine offizielle Auflösung dieser Lehnsansprüche erfolgte nicht mehr.

2.2 Schleswig

Weitaus spannungsreicher gestaltete sich Schleswigs Lehnsgeschichte, da diese von der Überschneidung sächsisch-deutscher und nordisch-dänischer Lehnsvorstellungen geprägt ist. Schleswig spielte im dänischen Kontext von vornherein eine gewisse Sonderrolle, nahm es doch eine andere Entwicklung als die sonstigen sogenannten Fürstenlehen, mit denen Waldemar II. versucht hatte, seine nicht thronberechtigten ehelichen wie unehelichen Söhne mit der für den Königsthron festgelegten Primogeniturregelung abzufinden.[75] Um Lehen im sonst gebräuchlichen Sinn handelte es sich bei den Apanagen der Fürstenlehen eigentlich nicht. Die Schleswiger Sonderstellung spiegelte sich jedenfalls

---

schen mochten, offte etlike sik seden recht to hebbende to dessen vorg(enomeden) landen, samptliken edder besundergen [...] ok offt jemand sik mende to wesende eyn lenhere der lande Holsten unde Stormeren, samptliken edder bezundergen, offte ok nu ew sik vorleninge mende to hebbende uppe etlike desser land van macht des keysers edder wor id aff were gestlik edder werlik."

72 Sammlung der wichtigsten Urkunden, Nr. 17, S. 28–30 (1474).

73 Siehe bspw. den kaiserlichen Lehnbrief für Herzog Magnus II., LASH, Urk.-Abt. 210, Nr. 494.

74 LASH, Urk.-Abt. 210, Nr. 640; Auge, Herzöge von Sachsen-Lauenburg, S. 326–328; Kobbe, Herzogthum 2, S. 220 mit Anm. 7.

75 Siehe dazu insgesamt Hoffmann, Königserhebung, S. 118 f.; Mackeprang, Fyrstelen.

punktgenau in den Fahnbelehnung vielleicht schon Herzog Waldemars III. 1254,[76] sicher aber in derjenigen der Herzöge Waldemar IV. (um 1265–1312) 1286[77] und Erich II. (um 1288–1325) 1312[78] wider. „Die Überreichung einer Fahne war [nämlich, O. A.] bei der Belehnung mit deutschen Reichslehen üblich und im Norden Europas ungewöhnlich."[79] Augenfällig wurde Schleswig hier mehr und mehr an die Rechtsverhältnisse und Rechtsgewohnheiten, die mittlerweile in der südlich angrenzenden Region etabliert waren, angepasst. Eine klare verfassungsrechtliche Bestätigung der Erblichkeit des schleswigschen Lehens durch den König erfolgte dabei aber offenbar zu keinem Zeitpunkt, auch wenn der Danehof zu Nyborg im Jahr 1285 im Prinzip einen gewohnheitsrechtlichen Anspruch des Abel-Geschlechts auf das Herzogtum anerkannte.[80] Einen wichtigen Meilenstein in der Lehnsgeschichte der Schleswiger Herzöge stellte sodann der Vertrag dar, den König Erich VI. Menved (1274–1319) mit Herzog Erich II. am 9. August 1313 zu Horsens schloss.[81] Der König verzichtete darin auf das gesamte südjütische Königsgut und – wenig später – auch auf sein Recht, „Männer zu nehmen", also die männliche Bevölkerung Südjütlands zu Kriegsdiensten heranzuziehen. So blieb allein die Verpflichtung des Herzogs zur Heerfolge im Umfang von 50 bewaffneten Reitern, wobei diese Zahl durch Sonderverträge zeitweilig verdoppelt wurde. „Damit war das schleswigsche Territorium […] aus der allgemeinen Volksaufgebotspflicht des dänischen Reiches herausgenommen worden und eine für Dänemark höchst ungewöhnliche lehnsrechtlich orientierte Verpflichtung zur Heerfahrt an ihre Stelle getreten."[82]

Von besonderer Bedeutung für die Schleswiger Herrschaftsgeschichte und damit einhergehend die Entwicklung des Lehnswesens wurde vor allem im 14. Jahrhundert das Zusammenspiel von Pfandschaft und Pfandlehen. Schon

---

76 Siehe dazu bereits die kritischen Bemerkungen im Forschungsüberblick des vorliegenden Beitrags.

77 DD II,3, Nr. 170, S. 167–170 (1286 März 31): „[...] contulit nobis cum uexillo ducatum Sunder Iutiæ, et alia bona nostra patrimonialia."

78 DD II,6, Nr. 437, S. 349 (1312 Juli 7); SHRU III, Nr. 252, S. 132 (1312 Juli 7); siehe dazu auch Hoffmann, Spätmittelalter, S. 116.

79 Zitat aus Hoffmann, Spätmittelalter, S. 168. – Zum Vergleich sei darauf verwiesen, dass die Rügenfürsten als wichtigste Vasallen des dänischen Königtums explizit erstmals im Jahr 1304 als Inhaber eines Fahnlehens belegt sind: PUB IV, Nr. 2185, S. 157 f. (1304); Fabricius (Hg.), Urkunden Rügen, Nr. 527, 37 f. (1304); Sammlung Landes-Urkunden, Nr. 29, S. 283 (1304): „[…] iure feodali quod vulgariter faneleen dicitur […]."

80 DD II,3, Nr. 139, S. 140–142 (1285 Mai 28); Hoffmann, Spätmittelalter, S. 116.

81 DD II,7, Nr. 82, S. 58–61 (1313 August 9); Albrectsen, Abel-Geschlecht, S. 59; Hoffmann, Spätmittelalter, S. 118. Auch zum Folgenden.

82 Zitat aus Hoffmann, Spätmittelalter, S. 118.

1260 hatten die Grafen Johann I. und Gerhard I. von ihrer Schwester Mechthild (1220/1225–1288), zugleich Witwe Herzog Abels von Schleswig (1218–1252), nördlich ihrer Grafschaft das zu Schleswig gehörende Gebiet zwischen Eider und Schlei als Pfand zum Wert von 8.000 Silbermark erhalten.[83] Fortan ließen sich im Windschatten der Grafen holsteinische Adlige in diesem Gebiet nieder und verdrängten schrittweise die dort bisher Ton angebenden Schleswiger Adelsfamilien.[84] Die Vormundschaft des Holsteiner Grafen Gerhard III. (um 1293–1340) über seinen Neffen Waldemar V. (1314–1364), den unmündigen Herzog von Schleswig, ab 1325 führte dann zu einer Verpfändung des ganzen Herzogtums, wiederum verbunden mit Vereinbarungen über ein Bündnis und finanzielle Unterstützung seitens der Schauenburger. Als Waldemar 1326 nach dem Sturz König Christophs II. (1276–1332) sogar selbst den dänischen Thron bestieg, bereitete dies nicht nur Gerhards III. faktischer Beherrschung Dänemarks den Weg, sondern führte auch im selben Jahr zur Übergabe des gesamten Herzogtums Schleswig als Fahnlehen an Gerhard und zur Belehnung Graf Johanns III. von Holstein-Plön (circa 1297–1359) mit Fehmarn.[85] Ausdrücklich hat Hoffmann darauf hingewiesen, dass man die Vergabe von Lehen unter Gerhards Vormundschaft nicht absolut und einseitig als Versuch, „Dänemark zu einem Lehensstaat nach west- und mitteleuropäischem Muster umzugestalten", verstehen dürfe;[86] vielmehr wurden Verpfändungen und ihre partielle Kopplung an Lehen in erster Linie genutzt, um Unterstützer für ihre Hilfe zu entschädigen. Aber dennoch machte die lehnsgeschichtliche Entwicklung in Schleswig damit einen Sprung nach vorn bzw. glichen sich die dortigen Verhältnisse mehr und mehr denjenigen im Reich und Westeuropa an. Wie Hoffmann herausgestellt hat, waren Pfandbesitz und Lehen (darunter auch Erblehen) im Fall des Schauenburger Einflusses in Dänemark in den Jahren von 1326 bis 1340 nicht nur je nach Gebiet nebeneinander zu finden, sondern konnten einander auch überlagern, wie dies etwa beim Herzogtum Schleswig der Fall war.[87]

Gerhard III. nutzte dänische wie Schleswiger Pfandlehen massiv dazu, um über die daraus erzielten Erträge sein Heer zu finanzieren, und vergab sie zum Teil als Unterpfänder weiter an seine Mannen. Im nordschleswigschen Raum

---

[83] SHRU II, Nr. 205, S. 89 (1260 Mai 12).
[84] Hoffmann, Spätmittelalter, S. 128.
[85] Siehe dazu das Folgende und SHRU III, Nr. 666, S. 378 (1328 November 30); Sammlung der wichtigsten Urkunden, Nr. 4, S. 7 (1328); vgl. auch die Detmar III, S. 455 f., § 549.
[86] Hoffmann, Spätmittelalter, S. 168.
[87] Ebd., S. 172, mit einer Karte, S. 174, 180, 188.

hatten holsteinische Adelige Pfandlehen auch nach Gerhards Tod 1340 inne.[88] Eine nach Hoffmann geradezu revolutionäre Veränderung erfuhr die Schleswiger Lehnsgeschichte, als der holsteinische Graf Gerhard III., wie eben bereits angesprochen, am 15. August 1326 von seinem Neffen und Mündel König Waldemar III. Schleswig als freies, erbliches Fahnlehen empfing.[89] Ganz offensichtlich beschleunigte dies die Angleichung der Verhältnisse in Schleswig an die Lehnsgewohnheiten im Reich. „Denn gegenüber den Zuständen in Deutschland und Westeuropa besaßen ja bisher die dänischen Fürstenlehen weder das Erbrecht noch die Freiheit von allen Lehnsdiensten." Als Herzog brauchte Gerhard jedenfalls keinen Verpflichtungen mehr gegenüber dänischem Reich und dänischem König nachzukommen.[90] „Der König behielt wohl ein formelles Recht darauf, den Lehnsvertrag für Herzog Gerhards Erben zu erneuern, dies war aber eine bedeutungslose Formalität, denn der König war verpflichtet, die Belehnung zu erneuern, wenn die Erben darum baten." Zwar blieb Gerhards Herzogszeit nur eine kurze, knapp vierjährige Episode. Aber sein Neffe und Nachfolger Herzog Waldemar V. ging 1336 noch einen Schritt weiter, indem er sein Herzogtum gegenüber dem Papst nun sogar als selbständiges Gebiet bezeichnete und das eigentlich existierende Lehnsverhältnis verschwieg.[91]

Nach dem söhnelosen Tod des letzten Herzogs aus dem Abelgeschlecht namens Heinrich (1364–1375) setzten sich die Holsteiner Grafen faktisch wieder in den Besitz ganz Schleswigs.[92] Und angesichts ihrer eigenen Kriegspläne gegen Schweden ließ die dänische Regentin Margarete (1353–1412) die Grafen von Holstein durch ihren Sohn Olaf (1270–1387) im August 1386 tatsächlich mit Schleswig als erblichem Lehen belehnen.[93] Damit schaltete sie bis auf Weiteres die bisherige militärische Bedrohung der dänischen Südgrenze aus und passte zugleich die rechtlichen Verhältnisse in Schleswig doch nur den Realitäten an, wobei sie dem dänischen Königtum durch die Belehnung immerhin eine formale Oberhoheit über das Herzogtum sicherte.[94] Schleswig blieb also ein Lehen des dänischen Königs. Die Belehnung erfolgte 1386 übrigens erstmalig

---

88 Ebd., S. 185.

89 DD II,9, Nr. 295, S. 259 (1326 August 15); SHRU III, Nr. 590, S. 330 f. (1326 August 15); dazu und zum Folgenden Hoffmann, Spätmittelalter, S. 168 (hieraus auch das folgende Zitat).

90 Siehe dazu auch Albrectsen, Abel-Geschlecht, S. 60. Hieraus auch das folgende Zitat.

91 DD II,9, Nr. 295, S. 259–261 (1326 August 15); Albrectsen, Das Abel-Geschlecht, S. 60.

92 Albrectsen, Abel-Geschlecht, S. 63; Hoffmann, Spätmittelalter, S. 206 f.

93 Sammlung der wichtigsten Urkunden, Nr. 5, S. 7 f. (1386); Auge, Margrete I., S. 38 f.; Kraack, Schauenburger, S. 48 f.; Bohn, Geschichte, S. 26; Hammel-Kiesow/Pelc, Landesausbau, S. 119; Hoffmann, Spätmittelalter, S. 218–222; vgl. auch DD IV,3, Nr. 399 (1388 Sommer): Bestätigung des Lehnbesitzes für Gerhard durch Margarete.

94 Siehe dazu Auge, Sieg.

zur gesamten Hand, das heißt die nächsten männlichen Verwandten des neuen Herzogs Gerhard II. (als Graf von Holstein Gerhard VI.) (um 1367–1404) nahmen die Belehnung mit ihm gemeinsam entgegen.[95]

Mit dem offenkundigen, bald auch gewaltsam verfochtenen Ziel, das nun von den Holstein-Schauenburger Grafen beherrschte Herzogtum Schleswig wieder fest in seinen eigenen Machtbereich zu integrieren, erhob der dänische König Erich VII. (von Pommern) (um 1382–1459) ab 1413 Zweifel an der Rechtmäßigkeit der holsteinischen Lehnsansprüche auf das Herzogtum und erklärte, Herzog Gerhard II. habe sich 1397, als er, Erich, zum neuen König gekrönt geworden sei, geweigert, mit dem Herzogtum Schleswig belehnt zu werden. Vielmehr seien die Schauenburger nur noch zu Diensten für den König gegen Entlohnung bereit gewesen.[96] Auf dem Reichstag zu Nyborg im Juli 1413 wurde gegen den Protest der herzoglichen Seite, die dort eigentlich ihre förmliche Belehnung hatte entgegennehmen wollen und daher auch der entsprechenden Urteilsverkündung fernblieb, folgerichtig entschieden: Die Witwe Herzog Gerhards II. und ihre Söhne hätten das Herzogtum als Lehen verwirkt, weil sie Krieg gegen ihren königlichen Lehnsherrn geführt hätten.[97] Schleswig gehöre damit dem König. Der römisch-deutsche König Sigismund (1368–1437) bestätigte im Juni 1415 in Konstanz das argumentativ nicht unbedingt konsistente Urteil zugunsten seines

---

95 Albrectsen, Abel-Geschlecht, S. 63.

96 Siehe vor allem DD V, Nr. 13960301001 [1396 März bis 1413 Juli 26.–29], abrufbar unter https://tekstnet.dk/books/dipdan/1396/dd_13960301001: „dat vorscreuen vorspreken vnde vorsmaden de vorbenomede greue Clawes vnde sines broders greue Hinrikes sones alle dree vnde wolden dat vorscreuen hertichrike van dem vorbenomeden vnsem here konig Erike to lene nicht entfangen vnde ock syne man vnde denere nicht dar aff werden. Vnde wolden syne man vnde denere nicht werden ane he moste en ghelt dar vöre wissen vnde gheuen dar vnser een deles vore loueden alse wol witlik ys."; mit Lesefehlern Fragmenter IV, S. 85 f., bes. S. 86; danach Danmarks riges krønike, S. 130; Holberg (Hg.), Dänische Reichs-Historie 1, S. 512 f.; Albrectsen, Herredømmet, S. 75 f., bes. S. 76 mit Anm. 84 führt einen weiteren Beleg an (mit dem Widerspruch des Herzogs von Braunschweig-Lüneburg als Bruder Herzogin Elisabeths); Hoffmann, Spätmittelalter, S. 223 f. (mit der einleuchtenden Erklärung des Vorgangs in der Nachfolge Albrectsens: „Danach bedeutet die Weigerung der Schauenburger, die Belehnung entgegenzunehmen, daß sie die theoretisch auch nach 1386 noch bestehende Verpflichtung zu Lehnsdiensten abschütteln wollten und daher in Zukunft Hilfeleistungen nur noch für Soldzahlungen zu geben gedachten."); nicht ganz korrekt gibt folglich Werlich, Margarete, S. 122 f. und S. 129, die damaligen Ereignisse wieder; siehe die Bestätigungen für entsprechende Geldzahlungen von 1398 und 1399: DD IV,6, Nr. 662 f., S. 590–593 (1398 November 11); DD IV,7, Nr. 130, S. 146 f. (1399 November 24).

97 DD V, Nr. 14130729001 (1413 Juli 29), abrufbar unter: https://tekstnet.dk/books/dipdan/1413/dd_14130729001 (Letzter Zugriff am 03.07.2025), siehe speziell ebd.: „felonias contra nos dicti pheodi dominum". Auch zum Folgenden.

dänischen Vetters König Erich.[98] Doch Gerhards Söhne weigerten sich, dieses Urteil anzuerkennen und nannten sich vielmehr nun auch ohne rechtskräftige Belehnung demonstrativ Herzöge von Schleswig – im Übrigen ein weiterer, diesmal allodifizierender Schritt bei der Angleichung der lehnrechtlichen Verhältnisse an diejenigen im Reich. Bisher hatte es nämlich immer nur einen Schleswiger Herzog gegeben, auch wenn dieser mehrere Brüder besaß.

Der Konflikt war durch das Nyborger Urteil nun keinesfalls gelöst, sondern ging unter Beteiligung auch anderer Akteure beider Herrschaftsbereiche unvermindert weiter, wobei Erich VII. seine Argumentationslinie 1424 eklatant änderte und erklärte, Schleswig sei aufgrund seiner Sprache, Gesetze und Geschichte dänisch. Folglich könne es gar kein Lehen sein, weil es in Dänemark keine Lehen gebe; vielmehr sei Schleswig ein Teil der dänischen Krone und eine Provinz wie andere Landschaften in Dänemark. Der römisch-deutsche König Sigismund bekräftigte diese neuartige Argumentation, die sich auf die Zeugenaussage des Erzbischofs von Lund, Peder Lykke (amtierend 1418–1436), stützte, in einem weiteren Urteil, das er diesmal zu Ofen fällte.[99] Die im Rahmen der Urteilsfällung befragten holsteinischen Adeligen hatten demgegenüber betont, dass Schleswig zwar ein Lehen des dänischen Königs, jedoch kein Teil des Königreichs Dänemark sei, wobei sie insbesondere auf die regionale Eingrenzung des Herzogtums zwischen Levensau und Kolding und auf das eigene Wappen mit seinen zwei blauen Leoparden auf goldenem Grund verwiesen.[100]

Nach neuen Kämpfen, die letzten Endes zur Absetzung Erichs VII. führten, erreichte die Schauenburger Seite vom neuen König Christoph III. (1416–1448) am 10. April 1440 in Kolding dann doch die Belehnung mit Schleswig als freiem und unbelastetem Lehen,[101] was so von ihm nochmals 1443[102] und durch seinen Nachfolger Christian I. (1426–1481) eigens 1455[103] bestätigt wurde. Die Tatsache,

---

98 DD V, Nr. 14150614001 (1415 Juni 14), abrufbar unter https://tekstnet.dk/books/dipdan/1415/dd_14150614001 (Letzter Zugriff am 03.07.2025); RI XI,1, Nr. 1757, S. 114; Albrectsen, Abel-Geschlecht, S. 66; Hoffmann, Spätmittelalter, S. 240.

99 DD V, Nr. 14240509004 (1424 Mai 9–1424 Juni 27), abrufbar unter https://tekstnet.dk/books/dipdan/1424/dd_14240509004 und DD V, Nr. 14240628001 (1424 Juni 28), abrufbar unter https://tekstnet.dk/books/dipdan/1424/dd_14240628001 (Letzter Zugriff am 03.07.2025); Albrectsen, Abel-Geschlecht, S. 67; Hoffmann, Spätmittelalter, S. 250; Hedemann, Danmark, S. 166–170; siehe zum gesamten Lehnskonflikt zwischen König Erich VII. und den Holsteiner Grafen auch Olesen, Macht und Recht; Hedemann, Danmark. Auch zum Folgenden.

100 DD V, 14240511001 (1424 Mai 11), abrufbar unter https://tekstnet.dk/books/dipdan/1424/dd_14240511001 (Letzter Zugriff am 03.07.2025).

101 Sammlung der wichtigsten Urkunden, Nr. 8, S. 11–13; Albrectsen, Abel-Geschlecht, S. 67; siehe dazu nochmals Hoffmann, Spätmittelalter, S. 258 f.

102 Sammlung der wichtigsten Urkunden, Nr. 9, S. 13 (1443).

103 Ebd., Nr. 12, S. 17 f. (1455).

dass es sich bei Schleswig um ein Lehen handelte, das der dänische König verlieh, war schließlich 1460 für den mächtigen Ratsadel der Lande ein wichtiges Argument dafür, ebendiesen dänischen König trotz bestehender Erbansprüche Erbansprüche des mit dem söhnelosen Herzog-Grafen Adolf I./VIII. (1401–1459) verwandten Grafen Otto II. von Holstein-Pinneberg (1400–1464) zum neuen Herzog von Schleswig und gleichzeitig Grafen von Holstein zu wählen, um eine neue gewaltsame Konfrontation wegen Schleswig zu vermeiden.[104]

Noch kurz sei hinzugefügt, dass die Lehnsabhängigkeit des Schleswig-Holsteiner Herzogs auf Gottorf schließlich nach der totalen Niederlage Dänemarks gegen Schweden im sogenannten Panikfrieden von Roskilde 1658 aufgehoben worden ist. Gottorf hatte mithin die volle Souveränität für seinen Schleswiger Herrschaftsbereich erlangt, was Herzog Friedrich III. zu dem Ausspruch veranlasst haben soll, er kenne in Schleswig fortan keinen anderen obersten Herrn mehr über sich als Gott im Himmel.[105] Allerdings blieb diese Schleswiger Souveränität bekanntlich nur eine Episode von sehr begrenzter zeitlicher Erstreckung, da nach dem Nordischen Krieg 1720/1721 ganz Schleswig auf Dauer an den dänischen König fiel. Dieser Vorgang ging freilich nicht mehr mit der Wiedererrichtung der vormaligen Lehnsabhängigkeit einher, sondern Schleswig blieb dem König-Herzog unmittelbar zugeordnet.[106]

3. Resümee

Damit ist das Ende unserer Spurensuche erreicht, die sich ausgehend von der Fundamentalkritik von Susan Reynolds an der überkommenen Sicht auf das Lehnswesen nochmals von Grund auf mit der Geschichte desselben in den Landen Schleswig und Holstein befasste. Der zeitliche Fokus der Betrachtung erstreckte sich von der Billungerzeit, die vormals als fest eingefügt in lehnsgeschichtliche Kontexte galt, bis zuletzt ins 18. Jahrhundert. Dabei wurde deutlich, dass ein redimensioniertes Lehnswesen in Holstein unbedingt erst ab dem Ausgang des 12. Jahrhunderts festgemacht werden kann, dann aber in rasant kurzer Frist in der ersten Hälfte des 13. Jahrhunderts als sowohl im Inneren als auch in den Außenbeziehungen fest etabliertes Herrschaftssystem erkennbar ist. In Schleswig lagen die Dinge zunächst anders. Hier formte sich ein den Verhältnissen in Holstein vergleichbares Lehnswesen erkennbar erst rund 100 Jahre später aus. Wichtige Impulse setzten dabei – kaum verwunderlich – die Grafen von Holstein in ihrem machtpolitischen Ausgriff nach dem Norden.

---

104 Auge, Koldinger Union, S. 226.
105 Henningsen, Herzöge von Gottorf, S. 162; Rathjen, Friedrich III., S. 34.
106 Rasmussen, Könige, S. 98 f.

Ab 1386 mit dem Herzogtum Schleswig belehnt, entwickelte sich die Frage ihrer Lehnsabhängigkeit gegenüber dem dänischen König in der ersten Hälfte des 15. Jahrhunderts zum konfliktbehafteten Dauerthema, das selbst den römisch-deutschen König beschäftigte. Der Streit gipfelte in der Aussage König Erichs VII., Schleswig sei kein Lehen, weil es in Dänemark keine Lehen gebe. Diese Behauptung argumentierte nur zu offensichtlich an den historischen Gegebenheiten in Schleswig vorbei. Sie wurde freilich zur Grundlage für die bis heute im Forschungsdiskurs aufscheinende Argumentation, in Dänemark habe kein Lehnswesen existiert

Ungedruckte Quellen

Landesarchiv Schleswig-Holstein (LASH)
Urk.-Abt. 1, Nr. 25.
Urk.-Abt. 210, Nr. 227, 494, 620.

Gedruckte Quellen

Arnoldi Chronica Slavorum. Ex recensione I. M. Lappenbergii in usum scholarum ex Monumentis Germaniae historicis recudi fecit Georgius Heinricus Pertz (MGH SS 7,14), Hannover 1868.

Chronicon Holsatiae = Pertz, Georg Heinrich (Hg.): Presbyter Bremensis, Chronicon Holsatiae, in: Historici Germaniae Saec. XII (MGH 21), Stuttgart/Hannover 1869, S. 251–306.

Danmarks Riges Krønike = Huitfeldt, Arild: Danmarks Riges Krønike, Faksimile der Ausgabe Kopenhagen 1595–1604 (ND Kopenhagen 1976–1978).

DD V = Diplomatarium Danicum, abrufbar unter https://tekstnet.dk/books/dipdan/ (Letzter Zugriff am 03.07.2025).

DD I,6 = Skyum-Nielsen, Niels (Hg.): Diplomatarium Danicum, 1. Række, Bd. 6: 1224–1237, Kopenhagen 1979.

DD II,1 = Blatt, Franz/Hermansen, Gustav (Hgg.): Diplomatarium Danicum, 2. Række, Bd. 1: 1250–1265, Kopenhagen 1948.

DD II,3 = Afzelius, Adam/Blatt, Franz (Hgg.): Diplomatarium Danicum, 2. Række, Bd. 3: 1281–1290, Kopenhagen 1939.

DD II,6 = Blatt, Franz/Olsen, Kåre (Hgg.): Diplomatarium Danicum, 2. Række, Bd. 6: 1306–1312, Kopenhagen 1948.

DD II,7 = Blatt, Franz (Hg.): Diplomatarium Danicum, 2. Række II, Bd. 7: 1318–1322, Kopenhagen 1956.

DD II,9 = Afzelius, Adam (Hg.): Diplomatarium Danicum, 2. Række, Bd. 9: 1323–1327, Kopenhagen 1946.

DD IV,3 = Riis, Thomas (Hg.): Diplomatarium Danicum, 4. Række, Bd. 3: 1386–1388, Kopenhagen 1993.
DD IV,6 = Andersen, Aage (Hg.): Diplomatarium Danicum, 4. Række, Bd. 6: 1396–1398, Kopenhagen 1998.
DD IV,7 = Andersen, Aage (Hg.): Diplomatarium Danicum, 4. Række, Bd. 7: 1399–1400, Kopenhagen 2009.
Detmar III = Historische Commission bei der Königlichen Akademie der Wissenschaften (Hg.): III. Detmar-Chronik von 1101–1395 mit der Fortsetzung von 1395–1400, in: Die Chroniken der niedersächsischen Städte. Lübeck, Bd. 1 (Chroniken der deutschen Städte vom 14. bis zum 16. Jahrhundert 19), Leipzig 1884, S. 187–597.
Fragmenter = Krieger, Andreas Frederik (Hg.): Antislesvigholstenske Fragmenter, Bd. 4 (H. 14–16), Kopenhagen 1851.
Helmolds Slavenchronik = Schmeidler, Bernhard: Helmolds Slavenchronik (MGH SS 7), Hannover [3]1937.
Hermann von Lerbeck = Hohlt, Sascha (Ed./Übers.): Hermann von Lerbeck, Cronica comecie Holtsacie et in Schouwenberg. Chronicon comitum Schauwenburgensium, Chronica comitum de Schovvenberg, Chronica comeciae de Schovenborg, Kiel 2012.
Holberg, Ludvig (Hg.): Dänische Reichs-Historie 1, Flensburg 1743–1744.
MGH DD HdL = Jordan, Karl (Bearb.): Die Urkunden Heinrichs des Löwen. Herzogs von Sachsen und Bayern (MGH DD 5), Leipzig 1941–1949.
MUB I = Verein für Meklenburgische Geschichte und Alterthumskunde (Hg.): Mecklenburgisches Urkundenbuch, Bd. 1, Schwerin 1863.
MUB X = Verein für Meklenburgische Geschichte und Alterthumskunde (Hg.): Mecklenburgisches Urkundenbuch, Bd. 10: 1346–1350. Nachträge zu Band I–X, Schwerin 1877.
MUB XIV = Verein für Meklenburgische Geschichte und Alterthumskunde: Mecklenburgisches Urkundenbuch, Bd. 14: 1356–1360, Schwerin 1886.
PUB IV = Winter, Georg (Bearb.), Pommersches Urkundenbuch, Bd. 4: 1301–1310 (Veröffentlichungen der Historischen Kommission für Pommern 2), Stettin 1903 (ND Köln 1970).
RI IV,1,1 = Petke, Wolfgang (Hg.): Regesta Imperii, Bd. 4. Ältere Staufer, Abt. 1: Die Regesten des Kaiserreichs unter Lothar III. und Konrad III., Tl. 1: Lothar III., Köln 1994.
RI XI = Altmann, Wilhelm (Hg.): Regesta Imperii, Bd. 11. Die Urkunden Kaiser Sigmunds (1410–1437), Tl. 1: 1410–1424, Innsbruck 1896–1897.
Ripener Privileg = Gottfried Ernst Hoffmann (Hg.): Das Ripener Privileg vom 5. März 1460 und die „Tapfere Verbesserung“ vom 4. April 1460, in: Dat se bliven ewich tosamende ungedelt. Festschrift der Schleswig-Holsteinischen Ritterschaft zur 500. Wiederkehr des Tages von Ripen am 5. März 1960, hg. von Henning von Rumohr, Neumünster 1960, S. 21–44.

Sammlung der wichtigsten Urkunden = Falck, Niels Nikolaus (Hg.): Sammlung der wichtigsten Urkunden, welche auf das Staatsrecht der Herzogthümer Schleswig und Holstein Bezug haben, Kiel 1847.

Sammlung Landes-Urkunden = Dähnert, Johann Carl (Hg.) Sammlung gemeiner und besonderer Pommerscher und Rügischer Landes-Urkunden Gesetze, Privilegien, Verträge, Constitutionen und Nachrichten. Zur Kenntniß der alten und neueren Landes-Verfassung insonderheit des Königlich-Schwedischen Landes-Theils. Der Supplementen und Fortsetzung Erster Band, Greifswald 1782.

Saxo = Winkel Horn, Frederik (Hg.): Saxo Grammaticus. Danmarks kronike, Kopenhagen 1911.

SHRU I = Hasse, Paul (Bearb.): Schleswig-Holsteinische Regesten und Urkunden, Bd. 1: 786–1250, Hamburg 1886.

SHRU II = Hasse, Paul (Bearb.): Schleswig-Holsteinische Regesten und Urkunden, Bd. 2:1250–1300, Hamburg 1888.

SHRU III = Hasse, Paul (Bearb.): Schleswig-Holstein-Lauenburgische Regesten und Urkunden, Bd. 3: 1301–1340, Hamburg 1896.

Urkunden Rügen IV,1 = Fabricius, Karl Gustav (Hg.): Urkunden zur Geschichte des Fürstenthums Rügen unter den eingebornen Fürsten, Bd. 4.1: 1303–1310 [mit einem Nachtrage zum ersten und zweiten Hefte], Berlin 1858.

Darstellungen

Albrectsen, Esben: Das Abel-Geschlecht und die Schauenburger als Herzöge von Schleswig, in: Die Fürsten des Landes. Herzöge und Grafen von Schleswig, Holstein und Lauenburg, hg. von Carsten Porskrog Rasmussen u. a., Neumünster 2008, S. 52–71.

Ders.: Herredømmet over Sønderjylland 1375–1404. Studier over Hertugdømmets lensforhold og indre opbygning på dronning Margrethes tid [Mit deutscher Zusammenfassung], Kopenhagen 1981.

Ders.: Var Sønderjylland i middelalderen en del af Danmarks rige?, in: HTD 88 (1988), S. 1–17.

Auge, Oliver: Als der Traum vom Imperium platzte. Waldemar II. und die Schlacht von Bornhöved, in: Heimatkundliches Jahrbuch für den Kreis Segeberg 70 (2024), S. 15–41.

Ders.: Ausbildung und Verbreitung des Lehnswesens im Reich und in Italien im 12. und 13. Jahrhundert – eine Zusammenfassung, in: Ausbildung und Verbreitung des Lehnswesens im Reich und in Italien im 12. und 13. Jahrhundert (VuF 76), hg. von Karl-Heinz Spieß, Ostfildern 2013, S. 337–355.

Ders.: Dynastiegeschichte als Perspektive vergleichender Regionalgeschichte. Das Beispiel Albrechts II. von Orlamünde (* nach 1182; † 1245), in: ZThG 72 (2018), S. 9–40.

Ders.: Zur Gründungsgeschichte von Kloster Preetz, in: Kloster Preetz im Mittelalter (Forschungen zu Kloster und Stift Preetz 3), hg. von Oliver Auge und Klaus Gereon Beuckers, Kiel 2024, S. 23–34.

Ders.: Die Herzöge von Sachsen-Lauenburg und ihr Streit um die sächsische Kurwürde (1422–1689), in: 1423–2023. 600 Jahre Sachsen(-Meißen). „Sächsische" Fürstentümer, König- und Kaiserreiche und ihre Traditionen (10.–16. Jahrhundert) (Quellen und Forschungen zur sächsischen und mitteldeutschen Geschichte 52), hg. von Enno Bünz und Wolfgang Huschner, Leipzig/Stuttgart 2025, S. 311–325.

Ders.: Hominium, tributum, feudum. Zu den Anfängen des Lehnswesens im Nordosten des Reiches bis 1250, in: Das Lehnswesen im Hochmittelalter. Forschungskonstrukte – Quellenbefunde – Deutungsrelevanz (Mittelalter-Forschungen 34), hg. von Jürgen Dendorfer und Roman Deutinger, Ostfildern 2010, S. 195–216.

Ders.: „Das tat sie mit großer Klugheit" – Margarete I., die Herrscherin dreier Reiche / „det magede hun med stor klogskab" – Margarete I., herskerinde over tre riger (1353–1412), in: Zwischen Macht und Schicksal. Acht Herrscherinnen des Nordens aus acht Jahrhunderten (1200–2000) / Mellem magt og skæbne. Otte herskerinder i norden fra otte århundreder (1200–2000) (Große Schriftenreihe der Gesellschaft für Flensburger Stadtgeschichte 78), hg. von Oliver Auge u. a., Handewitt 2013, S. 32–55.

Ders.: 555 Jahre „Koldinger Union". Ein Streifzug durch die schleswig-holsteinisch-dänische Unionsgeschichte im Spätmittelalter, in: Natur- und Landeskunde 128.10/12 (2021), S. 225–243.

Ders.: Art. „Lehnrecht, Lehnswesen", in: HRG 3 (^{2}2014), Sp. 717–736.

Ders.: Die vergessene Schlacht bei Mölln von 1225. Politische Weichenstellung für Lübecks Reichsfreiheit und die politische Neuordnung Nordelbingens, in: ZLG 98 (2018), S. 13–42.

Ders.: „[...] und so kam die That der Rache [...], welche bald Europa in Staunen setzte." Die Gefangennahme König Waldemars II. durch Graf Heinrich I. von Schwerin aus deutscher Sicht, in: Mecklenburgische Jahrbücher 139 (2024), S. 7–26.

Ders.: Um den Sieg betrogene Verbündete? Der Stralsunder Frieden von 1370 und die norddeutschen Fürsten, in: HansGbll 139 (2021), S. 1–37.

Ders.: Sieger und Verlierer oder: Das Ende der dänischen Hegemonie, das staufische Kaisertum und die Entstehung der Landesherrschaft in Norddeutschland im 13. Jahrhundert, in: Die Staufer und der Norden Deutschlands (Schriften zur staufischen Geschichte und Kunst 35), hg. von Karl-Heinz Rueß, Göppingen 2016, S. 111–130.

Ders.: „[...] und so kam die That der Rache [...], welche bald Europa in Staunen setzte." Die Gefangennahme König Waldemars II. durch Graf Heinrich I. von Schwerin aus deutscher Sicht, in: Mecklenburgische Jahrbücher 139 (2024), S. 7–26.

Ders./Kraack, Detlev: 900 Jahre „Belehnung“ Adolfs I. von Schauenburg mit Holstein und Stormarn. Einführung zu einer kritischen Würdigung, in: 900 Jahre Schauenburger im Norden. Eine Bestandsaufnahme (QuFGSH 121), hg. von Oliver Auge und Detlev Kraack, Kiel/Hamburg ²2015, S. 7–13.

Biereye, Wilhelm: Albrecht. Graf von Orlamünde und Holstein, in: Nordelbingen 6 (1927), S. 371–399.

Ders.: Die Urkunden des Grafen Albrecht von Orlamünde und Holstein, in: ZSHG 57 (1928), S. 1–152.

Bock, Günther: Das Ende der Hamburger Grafen 1110. Eine historiographische Konstruktion, in: 900 Jahre Schauenburger im Norden. Eine Bestandsaufnahme (QuFGSH 121), hg. von Oliver Auge und Detlev Kraack, Kiel/Hamburg ²2015, S. 15–75.

Bohn, Robert: Geschichte Schleswig-Holsteins (Beck'sche Reihe 2615), München ²2015.

Dendorfer, Jürgen/Deutinger, Roman (Hgg.): Das Lehnswesen im Hochmittelalter. Forschungskonstrukte – Quellenbefunde – Deutungsrelevanz (Mittelalter-Forschungen 34), Ostfildern 2010.

Dendorfer, Jürgen/Patzold, Steffen: Tenere et habere. Leihen als soziale Praxis im Früh- und Hochmittelalter, in: Tenere et habere. Leihen als soziale Praxis im frühen und hohen Mittelalter (Besitz und Beziehungen 1), hg. von Jürgen Dendorfer und Steffen Patzold, Ostfildern 2023, S. 11–23.

Deutinger, Roman: Vom Amt zum Lehen. Das Beispiel der deutschen Herzogtümer im Hochmittelalter, in: Ausbildung und Verbreitung des Lehnswesens im Reich und in Italien im 12. und 13. Jahrhundert (VuF 76), hg. von Karl-Heinz Spieß, Ostfildern 2013, S. 133–158.

Erslev, Kristian: Europæisk feudalisme og dansk Lensvæsen, in: HTD II,7 (1899), S. 247–304.

Freytag, Hans-Joachim: Die Eroberung Nordelbingens durch den dänischen König im Jahre 1201, in: Aus Reichsgeschichte und Nordischer Geschichte. Karl Jordan zum 65. Geburtstag (Kieler Historische Studien 16), hg. von Horst Fuhrmann, Hans Eberhard Meyer und Klaus Wriedt, Stuttgart 1972, S. 222–243.

Fried, Johannes: Debate. Susan Reynolds, Fiefs and Vassals, in: GHIL Bulletin 19,1 (1997), S. 28–41.

Gaethke, Hans-Otto: Knud VI. und Waldemar II. von Dänemark und Nordalbingien 1182–1227, Teil 3 und Schluss, in: ZSHG 121 (1996), S. 7–44.

Ganshof, François Louis: Was ist das Lehnswesen?, Darmstadt ⁴1975 (Qu'est-ce que la féodalité, Brüssel ⁴1968).

Habermann, Jan: Spätmittelalterlicher Niederadel im Raum nördlich der Elbe. Soziale Verflechtung, Fehdepraxis und Führungsanspruch regionaler Machtgruppen in Südholstein und Stormarn (1259 bis 1421) (Verherrschaftungen in Reich, Raum und Regionen 1), Norderstedt 2015.

Hammel-Kiesow, Rolf/Pelc, Ortwin: Landesausbau, Territorialherrschaft, Produktion und Handel im hohen und späten Mittelalter (12.–16. Jh.), in:

Geschichte Schleswig-Holsteins. Von den Anfängen bis zur Gegenwart, hg. von Ulrich Lange, Neumünster ²2003, S. 59–143.

Hechberger, Werner: Das Lehnswesen als Deutungselement der Verfassungsgeschichte von der Aufklärung bis zur Gegenwart, in: Das Lehnswesen im Hochmittelalter. Forschungskonstrukte – Quellenbefunde – Deutungsrelevanz (Mittelalter-Forschungen 34), hg. von Jürgen Dendorfer und Roman Deutinger, Ostfildern 2010, S. 41–56.

Hedemann, Markus: Danmark, Slesvig og Holsten 1404–1448 – konflikt og konsekvens (Skrifter udgivet af Historisk Samfund for Sønderjylland 114), Apenrade 2018.

Henningsen, Lars N.: Die Herzöge von Gottorf, in: Die Fürsten des Landes. Herzöge und Grafen von Schleswig, Holstein und Lauenburg, hg. von Carsten Porskrog Rassmussen u. a., Neumünster 2008, S. 142–185.

Hoffmann, Erich: Königserhebung und Thronfolgeordnung in Dänemark bis zum Ausgang des Mittelalters (Beiträge zur Geschichte und Quellenkunde des Mittelalters 5), Berlin 1976.

Ders.: Spätmittelalter und Reformationszeit (Geschichte Schleswig-Holsteins 4, Tl. 2), Neumünster 1986.

Hoppmann, Jürgen: Herzog Abels Siegel-Typar – nach 750 Jahren in Köln entdeckt, in: Slesvigland 22,1 (2002), S. 5–11.

Kasten, Brigitte: Zum Deutungsstreit über das Lehnswesen im Frühmittelalter in der deutschen mediävistischen Forschung, in: Kontroversen in der jüngeren Mediävistik, hg. von Hans-Werner Goetz, Köln/Wien 2023, S. 323–362.

Kobbe, Peter von: Geschichte und Landesbeschreibung des Herzogthums Lauenburg, Bd. 2, Altona 1836.

Konstanzer Arbeitskreis für mittelalterliche Geschichte (Hg.): Studien zum mittelalterlichen Lehnswesen. Vorträge gehalten in Lindau am 10.–13. Okt. 1956 (VuF 5), Lindau 1960.

Kortüm, Hans-Henning: Mittelalterliche Verfassungsgeschichte im Bann der Rechtsgeschichte zwischen den Kriegen – Heinrich Mitteis und Otto Brunner, in: Das Lehnswesen im Hochmittelalter. Forschungskonstrukte – Quellenbefunde – Deutungsrelevanz (Mittelalter-Forschungen 34), hg. von Jürgen Dendorfer und Roman Deutinger, Ostfildern 2010, S. 57–78.

Kraack, Detlev: Die frühen Schauenburger als Grafen von Holstein und Stormarn (12.–14. Jahrhundert), in: Die Fürsten des Landes. Herzöge und Grafen von Schleswig, Holstein und Lauenburg, hg. von Carsten Porskrog Rasmussen u. a., Neumünster 2008, S. 29–52.

Lammers, Walther: Das Hochmittelalter bis zur Schlacht von Bornhöved (Geschichte Schleswig-Holsteins 4, Tl. 1), Neumünster 1981.

Magnou-Nortier, Elisabeth: La féodalité en crise. Propos sur « Fiefs and Vassals » de Susan Reynolds, in: Revue historique 296 (1996), S. 253–348.

Mackeprang, Mouritz: De danske fyrstelen i middelalderen. Deres udvikling og statsretlige stilling, Kopenhagen 1895.

Meyn, Jörg: Die Schlacht von Bornhöved (1227) und ihre Folgen. Das askanische Herzogtum Sachsen bis zum Ende des 13. Jahrhunderts, in: Herrscherwechsel im Herzogtum Lauenburg (Kolloquium. Lauenburgische Akademie für Wissenschaft und Kultur 10), hg. von Eckardt Opitz, Mölln 1998.
Ders.: Sachsen-Lauenburg im Hohen und Späten Mittelalter, in: Herzogtum Lauenburg. Das Land und seine Geschichte. Ein Handbuch, hg. von Eckardt Opitz, Neumünster 2003, S. 55–147.
Mitteis, Heinrich: Lehnrecht und Staatsgewalt. Untersuchungen zur mittelalterlichen Verfassungsgeschichte, Weimar 1933.
Ders.: Der Staat des hohen Mittelalters. Grundlinien einer vergleichenden Verfassungsgeschichte des Lehnszeitalters, Darmstadt [11]1986.
Oexle, Otto Gerhard: Die Abschaffung des Feudalismus ist gescheitert. Susan Reynolds' Versuch, das Vasallentum zu leugnen und die Mittelalterforschung umzukrempeln, in: FAZ, Nr. 116, 19. Mai 1995, S. 41.
Olesen, Jens E.: Macht und Recht. Erich von Pommern und die Holsteinischen Grafen, in: Liber Amicorum Kjell Å. Modéer, hg. von Bernhard Diestelkamp, Lund 2007, S. 519–534.
Patzold, Steffen: Das Lehnswesen (Beck'sche Reihe 2745), München 2012.
Petersohn, Jürgen: Pommerns staatsrechtliches Verhältnis zu den Nachbarmächten im Mittelalter, in: Die Rolle Schlesiens und Pommerns in der Geschichte der deutsch-polnischen Beziehungen im Mittelalter. 12. deutsch-polnische Schulbuchkonferenz der Historiker vom 5. bis 10. Juni 1979 in Allenstein/Olsztyn (Polen), hg. von Rainer Riemenschneider, Braunschweig [2]1983, S. 98–115.
Rasmussen, Carsten Porskrog: Die dänischen Könige als Herzöge von Schleswig und Holstein, in: Die Fürsten des Landes. Herzöge und Grafen von Schleswig, Holstein und Lauenburg, hg. von Dems. u. a., Neumünster 2008, S. 72–109.
Rathjen, Jörg: Friedrich III. Gottorf im Räderwerk der Nordeuropäischen Mächtepolitik, in: Die Herzöge und ihre Sammlungen (Gottorf im Glanz des Barock. Kunst und Kultur am Schleswiger Hof 1544–1713), hg. von Heinz Spielmann und Jan Drees, Schleswig 1997, S. 29–34.
Reynolds, Susan: Debate. Susan Reynolds responds to Johannes Fried, in: GHIL Bulletin 19,2 (1997), S. 30–40.
Dies.: Fiefs and vassals. The medieval evidence reinterpreted, Oxford 1994.
Dies.: The Middle Ages without feudalism. Essays in criticism and comparison on the Medieval West (Variorum collected studies series 109), Farnham 2012.
Spieß, Karl-Heinz (Hg.): Das Lehnswesen in Deutschland im hohen und späten Mittelalter, Stuttgart 32011.

Stüben, Joachim: Regionalgeschichte und Heilsgeschehen in Holstein und Schleswig. Beobachtungen zum Geschichtsbild des Presbyter Bremensis, in: 900 Jahre Schauenburger im Norden. Eine Bestandsaufnahme (QuFGSH 121), hg. von Oliver Auge und Detlev Kraack, Kiel/Hamburg 2015, S. 235–299.

Werlich, Ralf-Gunnar: Margarete. Regentin der drei nordischen Reiche, in: Fürstinnen und Städterinnen. Frauen im Mittelalter, hg. von Gerald Beyreuther, Barbara Pätzold und Erika Uitz, Freiburg i. Breisgau 1993, S. 110–141.

Windmann, Horst: Schleswig als Territorium. Grundzüge der Verfassungsentwicklung im Herzogtum Schleswig von den Anfängen bis zum Aussterben des Abelschen Hauses 1375 (QuFGSH 30), Neumünster 1954.

Die Machtprobe aufs Exempel. Lehnswesen und adelige Gefolgschaft in Ostsachsen während des deutschen Thronstreits (1198–1208/1218)

Jan Habermann

Jan Habermann focusses on the extremely complex political situation in Eastphalia at the beginning of the 13th century, referring to the region under investigation as a "close-meshed conflict zone of permanent royal interest". He first introduces the relevant actors in the area he is analyzing. Then he uses three early inventories of fiefdoms, among other things, to gain a deeper understanding of the conditions there during the German dispute over the throne around 1200. The granting or re-granting of fiefs and offices apparently served to assemble a noble following.

I. Einleitung

Auf dem Höhepunkt seiner politischen und militärischen Geltung inmitten des Kampfes gegen König Philipp von Schwaben angelangt, erhält König Otto IV. aus Rom bemerkenswerte Anerkennung. Der anonyme Schreiber der „Gesta Innocentii" lobt die Errungenschaft des welfischen Thronprätendenten, dessen Einfluss sich geschlossen über die Landschaften „von der Mosel hinab bis nach Cambrai und von dort bis nach Dänemark" erstrecke. Dies sei in der Hauptsache die Folge einer beträchtlichen Anhängerschaft Ottos IV., bestehend aus dem „Erzbischof von Köln und dessen Suffraganen, dem Erzbischof von Bremen und den weltlichen Fürsten, darunter die Herzöge von Brabant und Limburg sowie der Pfalzgraf bei Rhein, der Landgraf von Thüringen sowie viele Grafen".[1]

Philipp hingegen habe mit den übrigen Fürsten den Rest der Ländereien unterworfen, sodass das Reich geteilt sei – und doch gelangt der Schreiber im direkten Anschluss zur Haltung der deutschen Reichfürsten zu einer bemerkenswerten, jeden machtpolitischen Vorsprung grundsätzlich in Frage stellenden Formulierung; so heißt es über die fürstlichen Anhänger: „quamvis nec isti nec illi fimiter adhaerent".[2] In seiner verallgemeinernden Feststellung, dass diese Fürsten des Reiches keineswegs fest an das eine oder andere Lager zu

[1] Aus der Liste der Anhänger Ottos IV. aus den „Gesta Innocentii" nach Hucker, Kaiser, S. 687 f. Hierzu auch Ders., Otto IV., S. 80 f.

[2] Hucker, Kaiser, S. 688.

binden waren, stellte der kuriale Schreiber interessanterweise beiden Thronrivalen gleichzeitig die Handhabe in Abrede, sich der vor allen Dingen notwendigen militärischen Unterstützung einmal gewonnener Gefolgsleute dauerhaft zu versichern.

Damit ist der Kern der übergeordneten Fragestellung zur Funktionalität und Institutionalisierung des Lehnswesens im Norden Europas ab dem 12. Jahrhundert bezeichnet. Es herrscht Einigkeit in der Auffassung darüber, dass der deutsche Thronstreit zwischen Philipp von Schwaben und Otto IV. und die mit ihm einhergehende Konkurrenzsituation um die Treue und Gefolgschaft von Anhängern einen instruktiven historischen Zeitabschnitt umreißen lässt, in welchem beide Prätendenten über bestehende Lehnsbeziehungen zu Fürsten hinaus durch zusätzliche materielle und ideelle Zugeständnisse ritterliche Waffendienste in ausreichendem Umfange sicherzustellen sich verpflichtet sahen.[3] Das persönliche Treueverhältnis zwischen dem jeweiligen Thronanwärter und seinem Gefolgsmann stellte sich hierbei als grundlegende Voraussetzung dar, dessen Intensität und Wechselhaftigkeit sich in erster Linie über eine methodisch kritische Auswertung der Zeugenlisten königlicher Urkunden mittelbar fassen lässt.[4] Wie über den Bündnisvertrag, über verwandtschaftliche Bindung und Wege der Konfliktbeilegung die „Großen des Reiches" an den jeweiligen königlichen Rivalen (neu- oder wieder-) gebunden werden konnten, wurde auf der gesellschaftlichen Stufe des fürstlichen Hochadels dabei für bestimmte süddeutsche, westfälische und hessische Regionen bereits beispielhaft untersucht.[5] Demgegenüber blieb eine fokussierte Untersuchung der Region Ostsachsens, gewissermaßen einem Teil vom „Norden des Reiches", in dem vorbezeichneten Kontext allenfalls ein bisher kaum erkanntes Desiderat. Indes muss unter dem Begriff Ostsachsen ein politischer Raum verstanden werden, welcher nach dem Sturz Heinrichs des Löwen und damit der Vernichtung der welfischen Vormachtstellung 1180/1181 in augenfälligem Zuschnitt von einem dichten Konglomerat einer Vielzahl von weitgehend eigenständigen Herrschaftsträgern aus der Schicht der Grafen und Herren geprägt war.[6]

Auf diese engere Herrschaftslandschaft Ostfalens, eingrenzbar zwischen dem nordwestlichen Harz im Süden, dem Flusslauf der Aller im Norden und

---

3 Deutlich und beispielhaft zuletzt bei Krätschmer, Rittertum, S. 381 f.; ferner Zotz, Werra magna, S. 32 f.

4 Friedl, Pragmatismus, S. 220–224.

5 Mamsch, Kommunikation; Lorenz, König; Gerlich, Könige; Krieb, Vermitteln.

6 Schubert, Politik, S. 525–534.

Osten und demjenigen der Innerste im Westen will das eingangs zitierte Bild aus den „Gesta Innocentii" von einer auch durch „viele Grafen" getragenen Geschlossenheit während des Thronstreits gar nicht so recht passen. Durch die dichte Gemengelage unterschiedlicher Dienstbeziehungen, Besitzstellungen und vor allem weitgehender Unabhängigkeiten von fürstlichen Gewalten, war eine auch nur vorübergehende flächendeckende Gefolgschaft der dort herrschaftsbildenden Adelskräfte bis zum Tod Philipps von Schwaben 1208 für keinen der beiden Thronrivalen zu erreichen.[7] Allein zwischen der staufertreuen Reichsstadt Goslar am Nordwestharz und dem welfischen Stammsitz und Herrschaftsmittelpunkt Braunschweig war mit Ausbruch des Thronstreits 1198 eine engmaschige Konfliktzone dauernden königlichen Interesses entstanden. Mehrfach führten die Kontrahenten um den Thron besonders zwischen 1199 und 1204 ihre Streitkräfte und Feldzüge um die Einnahme strategisch wichtiger Vorposten und Städte in diesen hart umkämpften Grenzbereich ihrer jeweiligen Machtressourcen.[8] Unter der unmittelbaren Einwirkung königlicher Konkurrenz wurde die Wirksamkeit bestehender Dienst- und Lehnsbeziehungen jener dort ansässigen Grafen von Herren auf eine regelrechte „Machtprobe aufs Exempel" gestellt. Gleichwohl fallen in jener Splitterzone bestimmte Dynasten auf, deren Treue und Dienste entweder für die staufische oder die welfische Seite ungebrochen schienen. Auf diese Untersuchungsgruppe soll sich im Folgenden der Fokus stärker richten.

Von besonderem Interesse sind vor dem zeitlichen und thematischen Hintergrund drei Lehnsverzeichnisse, die sich mit den Vorgängen des deutschen Thronstreits in Beziehungen setzen lassen, sofern sich der chronologische Gesichtskreis in der Frühzeit bis zum Sturz Heinrichs des Löwen und in der Spätzeit bis zum Tode Kaiser Ottos IV. (1218) ausdehnt.

In diesen Lehnsaufzeichnungen spielen Grafen und Herren bezeichnenderweise eine tragende Rolle. Zum Ersten steht die sogenannte Goslarer Reichsvogteigeldlehenrolle als städtisches Aktiv-Lehnsverzeichnis hauptsächlich prostaufischer Dynasten im Fokus, deren Abschrift zwar erst auf das Jahr 1244 datiert, deren Ursprung gleichwohl, wie noch zu zeigen sein wird, bis in die Zeit Philipps von Schwaben zurückreicht.[9] Zum Zweiten wird das bekannte Lehnsregister des

7 Insofern ist auch die von Hucker, Kaiser, S. 688, Anm. 11, aus der von ihm konsultierten und bereits auf das Jahr 1203 datierten Liste der Anhänger Ottos IV. eigenständig vorgenommene Ableitung zahlreicher bedeutender Grafenfamilien in Reichweite und Umfang im weiteren Verlauf der vorliegenden Darstellungen an Hand vorgetragener Beispiele stark zu hinterfragen.

8 Schütte, König, S. 66 f.

9 UB Stadt Goslar I, Nr. 606, S. 562–565.

welfennahen Grafen Heinrichs I. von Regenstein, dessen älteste Niederschrift in die Zeit um 1212 und 1217 zu datieren ist, vor dem Hintergrund des Thronstreits erneut in den Blick zu nehmen sein.[10] Schließlich wird auch das ebenfalls bereits edierte Lehnsregister (zwischen 1200 und 1218) eines der entschiedensten und engsten adeligen Anhänger Ottos IV. im betreffenden Raum herangezogen: Luthard II. von Meinersen.[11] Zielstellung des vorliegenden Artikels wird es demnach sein, während der Neubetrachtung dieser Lehnsverzeichnisse den darin aufscheinenden Personenkreisen im Umfeld der konkurrierenden Thronanwärter urkundlich nachzuspüren und Hinweise auf deren Rekrutierung und Gefolgschaft im Kontext von Lehen und Amt exemplarisch nach Fraktionszugehörigkeiten einzuordnen.

II. Grafen und Herren im ostfälischen Sachsen in der Zeit um etwa 1200

Zum Verständnis der politischen Sondersituation, die in dieser staufisch-welfischen Splitterzone zwischen Goslar und Braunschweig mit dem Ausbruch des deutschen Thronstreits im Jahre 1198 entstanden war, ist es unerlässlich, einen Überblick über jene Herrschaftslandschaft voranzustellen, wie diese durch den Sturz Herzog Heinrich des Löwen unter Kaiser Friedrich I. Barbarossa ihre charakteristischen Grundzüge erhalten hatte. Dieser Rückblick vor Beginn der Thronwirren hat letztlich im Kern geholfen, den Verlauf und die langfristigen Folgen der Reichsheerfahrt Friedrichs I. nach Sachsen gegen Heinrich den Löwen im Spätsommer 1180 aus lehnsrechtlicher Perspektive zu analysieren.

Das Urteil von Gelnhausen gegen Heinrich den Löwen über den Verlust der Herzogsgewalt in Sachsen war kaum beurkundet,[12] da setzten die ersten Kampfhandlungen um Lehen und Amt im interessierenden Gebiet ein. Heinrich der Löwe versuchte noch Ende April 1180 die staufertreue Pfalzstadt Goslar einzunehmen und zerstörte nach erfolgloser Belagerung die nahegelegenen Silberhütten.[13]

Nach dem Regensburger Hoftag vom 13. Juli rüstete auch Kaiser Friedrich I. zum Kampf und führte ab Ende Juli ein stark gerüstetes Heer nach Sachsen,[14]

[10] Fenske/Schwarz, Lehnsverzeichnis.
[11] Przybilla, Edelherren, S. 449–458; 574–586.
[12] Zu Hoftag und Urkunde von Gelnhausen (1180 April 13) Weinfurter, Entmachtung, S. 187 f.
[13] Zusammenfassend Ehlers, Heinrich der Löwe, S. 337.
[14] RI IV,2,3, Nr. 2553, S. 259.

um einerseits den Gelnhäuser Beschluss zur Reichsheerfahrt gegen den Löwen zu vollziehen, andererseits die Stellung des Reiches auf der Grundlage von Reichslehen in Ostsachsen wieder zu stärken. Ausdruck insbesondere letztgenannter Zielsetzung ist der im Zuge der Heerfahrt angesetzte Hoftag des Kaisers in der sächsischen Pfalz Werla am 15. August und die dabei gesetzten Bestimmungen zum Übertritt welfischer Gefolgsleute zu bestimmten Fristen.[15] Die letztlich im November 1180 tatsächlich erfolgten Unterwerfungen der Burgen Herzberg, Staufenberg, Schildberg sowie der Grafen von Wöltingerode, der von Scharzfeld, Dannenberg und Ilfeld[16] führten überwiegend solche Stützpunkte und Anhänger zurück an das Reich, die ganz oder teilweise von ebendort ursprünglich besitzrechtlich ausgestattet oder begründet worden waren. Darunter fallen die Burg Staufenberg mit ihren ehemaligen Reichsministerialen unter Lothar III.[17] ebenso wie die gleichfalls als zum Reich gehörend feststellbaren Burgen Herzberg und Scharzfeld[18] im Harz wie selbstverständlich auch die Herren von Wöltingerode, einst bedacht mit umfassenden Reichslehen und Reichsämtern in der ersten Hälfte des 12. Jahrhunderts.[19]

Eine weitere, auf jenem Hoftag zu Werla bewirkte Wiederbelebung kaiserlicher Geltung auf der Grundlage von Lehen und Amt erreichte Friedrich I. mit dem dort ebenfalls erlassenen Wiederaufbau der Harzburg (n. Goslar) und der Übersiedelung der Grafen von Wohldenberg auf die Reichburg („castrum imperiale").[20] Friedrich I. erhob die Grafen von Wohldenberg zu neuen Burghauptleuten auf der Harzburg und betraute sie im weitesten Sinne mit der Aufgabe des Schutzes über das Goslarer Umland. Dieses vom Reich verliehene Amt gestaltete sich für die eingesetzten Wohldenberger Grafen herrschaftsbildend und identitätsstiftend, denn in zeitlicher Nähe nach den Vorgängen um die kaiserliche Reichsheerfahrt 1180 ließen sich Graf Burchard I. und Hoier I. von Wohldenberg in Urkunden bezeichnenderweise nach der Harzburg titulieren.[21]

Damit richtet sich der Blick auf einen Kreis von Grafen und Herren, die während des Krieges Friedrich I. gegen Heinrich den Löwen mit einem politischen Opportunismus entweder keine, allenfalls lose oder nur fragile Beziehungen zum Hof Heinrichs des Löwen unterhielten und beim Vorstoß der Reichsheerfahrt 1180

---

15 RI IV,2,3, Nr. 2556, S. 259.
16 Ebd., Nr. 2568, S. 264.
17 Habermann, Aufstieg, S. 20 f.
18 MGH DD F I., Nr. 199, S. 333.
19 Petke, Grafen.
20 Ehlers, Heinrich der Löwe, S. 339; Petke, Grafen, S. 322.
21 Ebd., S. 330.

in ihr Gebiet sogar hierdurch Vorteile in Form von lehnsrechtlichen Belohnungen bezogen. Die am Nordharz unter Friedrich I. Barbarossa emporgekommenen Herren und Grafen von Falkenstein[22] zählten am kaiserlichen Hof zu jenen ehrend hervorgehobenen „Mächtigen des Landes“, die sich gegenüber dem Staufer durch Treue und Dienste besonders hervorgetan hatten.[23] Am Hof Heinrichs des Löwen erschienen sie nicht. Zum Zeitpunkt der Reichsheerfahrt gegen den Löwen bedurfte es keiner öffentlichen Unterwerfung. Vielmehr erhielten die Falkensteiner im Nachgang des kaiserlichen Eingreifens in den Machtbereich des Löwen die wichtige und einträgliche Vogtei über die Stadt Quedlinburg mit ihrem ottonischen Reichsstift zu Lehen; zur Ausübung dieser Funktion wurde ihnen zusätzlich das Kommando über die größte Reichsburg am Nordharz zuteil, der Lauenburg (b. Thale), nach welcher sie sich gerade einmal drei Jahre nach Barbarossas Heerfahrt in Urkunden zu nennen begannen.[24] Eindrucksvoll zeigt sich in dieser Analogie zu den Grafen von Wohldenberg und deren Einsetzung auf der Harzburg, wie sich innerhalb einer von Friedrich I. Barbarossa nachträglich besonders geförderten Adelsgruppierung Seitenverwandtschaften zur Festigung und Behauptung des gemeinsamen Ranges ausbildeten. Denn das noch sehr viel später nachweisbare Konnubium zwischen den Grafen von Falkenstein (–Lauenburg) und den Grafen von Wohldenberg (–Harzburg) wurzelte genealogisch in der spätstaufischen Ära.[25]

Verlauf und Nachwirkungen der Reichsheerfahrt Friedrichs I. lassen gleichwohl auch einen gewissen Kreis von Grafen und Herren fassbar werden, die entgegen der zuvor nur beispielhaft veranschaulichten Beziehungen zum Reich enge Dienstbeziehungen zu Heinrich dem Löwen aufrecht erhielten. So leisteten die Grafen von Blankenburg den kaiserlichen Truppen bis zuletzt erbitterten Widerstand. Ihre Burg wurde mit einigem Aufwand bestürmt und schließlich geschleift.[26] Mit Blankenburg und Regenstein rücken Herrschaftsmittelpunkte und Stammsitze im Harz in den Fokus, die als Lehen aus sächsisch-welfischen Erbeigentum über Lothar III. an Heinrich den Löwen ihre Lehnsträger auf das

---

22 Bislang einschlägig Schymalla, Grafen.

23 UB Quedlinburg I, Nr. 16, S. 14 (1174 März 3): Kaiserlicher Hoftag in Quedlinburg. Graf Burchard II. von Falkenstein erscheint in der Zeugenliste an zweiter Stelle hinter dem Burggrafen von Magdeburg unter den „magnates terre“.

24 Habermann, Harzgrafen, S. 131 – allerdings ist dort irrig Graf Hoyer II. von Falkenstein statt Hoyer I. von Falkenstein als Graf von Lauenburg identifiziert.

25 Nach dem Verwandtschaftsnachweis bei Petke, Grafen, S. 88–92.

26 RI IV,2,3, Nr. 2560, S. 261; Ehlers, Heinrich der Löwe, S. 339.

engste mit dem welfischen Herzogtum in ein Vasallenverhältnis brachten.[27] Jordan von Blankenburg hielt selbst nach dem Fall der namensgebenden Burg zum Löwen (folgte diesem sogar ins Exil), ebenso treu ergeben blieben die Grafen Konrad von Roden, Liudolf II. von Dahlum sowie die Städte Braunschweig, Lüneburg und Haldensleben.[28] Die Liste jener bedeutenderen adeligen Anhänger, die sogar nach dem Exil Heinrichs des Löwen diesem noch immer Zuzug leisteten (und dies nicht zuletzt auf Grund von Lehen aus dessen verbliebenen Eigengut), muss auf weitere Edelfreie und Ministeriale erweitert werden, welche sich bei Ausbruch des Thronstreits sogleich Otto IV. anschlossen. Darunter sind zu nennen die Grafen von Wölpe, die Edlen von Plesse, die Herren von Veltheim und die von Bortfeld sowie die Ministerialen von Esbeck, von Wenden und die von Volkmarode.[29] Mit den in der Teilungsurkunde Ottos IV. für seinen Bruder Wilhelm aus dem Jahr 1202 genannten Burgen Lauenburg, Blankenburg, Regenstein und Heimburg werden überdies diejenigen Stammsitze und Stützpunkte nochmals als zur welfischen Besitzmasse gehörig ausgewiesen, die bereits unter Heinrich dem Löwen als Aktiv-Lehen an die prowelfisch orientierten Grafen von Blankenburg und Regenstein ausgegeben worden waren und somit neben den hauptsächlich im Norden und Nordwesten Ostfalens gelegenen Vasallenlehen auch einen randmäßigen, am östlichen Harz situierten Dominanzbereich welfischer Anhängerschaft im interessierenden Raum erkennen lassen.[30]

---

27 Fenske/Schwarz, Lehnsverzeichnis, S. 44 f.; Fenske, Geschichte, S. 10 f.

28 Ehlers, Heinrich der Löwe, S. 340.

29 Vgl. hierzu die Testate der Urkundenzeugen in: MGH DD HdL, Nr. 118, S. 174 f. (1186 August 11 Northeim); Nr. 120, S. 177 f. (1188 Braunschweig); Nr. 126, S. 182 f. (1190 Schöningen); Nr. 128, S. 185 f. (1191 Juni 6 Braunschweig) mit denjenigen in den Urkunden Ottos IV. in MGH DD O IV., BFW 211 (1199 Januar Braunschweig) und BFW 222 (1202 Paderborn). BFW steht für Böhmer – Ficker – Winkelmann und verweist auf die entsprechenden Nummern in RI V,1.

30 Fenske/Schwarz, Lehnsverzeichnis, S. 530 f. und S. 538. Vorsicht ist gleichwohl bei der sogenannten Lauenburg (östlich von Thale) geboten, denn dort saßen nach dem Sturz Heinrichs des Löwen die von Friedrich I. Barbarossa eingesetzten, staufertreuen Grafen von Falkenstein (s. oben Anm. 23). Es dürfte sich hierbei demnach um einen abgeleiteten Besitzanspruch über eine Reichsburg handeln, der erst mit Ottos IV. Alleinregierung nach 1208 und dem Zusammenbruch der staufischen Fraktion verwirklicht werden konnte.

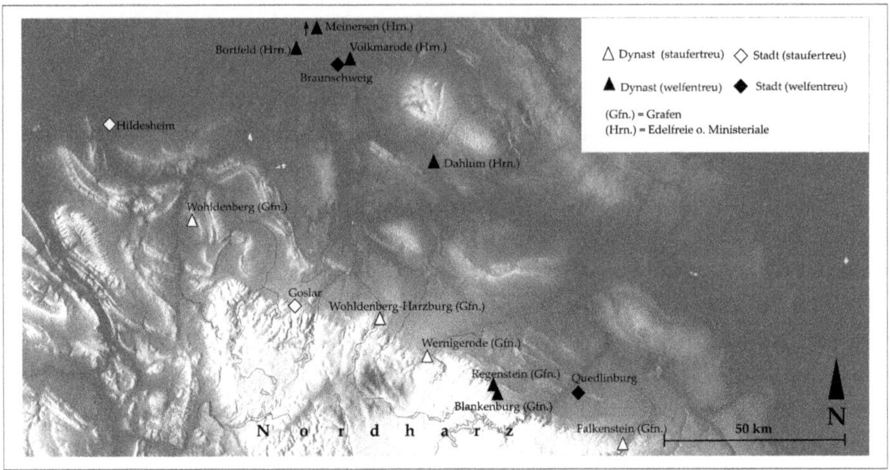

Abb. 1: Grafen und Herren in der ostsächsischen Splitterzone staufischer und welfischer Machtressourcen beim Ausbruch des deutschen Thronstreits um 1200 (Karte: Jan Habermann, 2023).

III. Lehen, Amt und Gefolgschaft während des deutschen Thronstreits (1199–1208/1218) – drei frühe Lehnsverzeichnisse aus Ostsachsen

Für den hier vornehmlich interessierenden Beobachtungsraum sind gleich drei bemerkenswerte Lehnsverzeichnisse überliefert, die Vorgänge von Belehnungen mit unmittelbarem oder mindestens mittelbarem Bezug zum deutschen Thronstreit greifbar werden lassen, sofern unter diesem Konflikt auch die nach 1212 stattgefundenen Kämpfe zwischen Kaiser Otto IV. und dem staufischen Gegenkönig Friedrich II. verstanden werden wollen.

Das erste Lehnsverzeichnis stammt aus der Pfalzstadt Goslar und ist seit seiner ersten, bis heute einzig vollständigen Edition von Georg Bode aus dem Jahr 1893 unter der Bezeichnung Goslarer „Vogteigeldlehnrolle“[31] bekannt und dabei in der bisherigen Forschung unter verschiedenen Fragestellungen in unterschiedlicher Einzelheit befasst worden.[32] Bei der Vogteigeldlehnrolle handelt

31 UB Stadt Goslar I, Nr. 606, S. 562–565. Original im Stadtarchiv Goslar (heute Kulturmarktplatz Goslar) unter der Signatur Urkunden Stadt Goslar 8.

32 Zuletzt in Zusammenfassung bis dahin einschlägiger Forschungsliteratur bei Scholz, Reichsvogt, S. 65 f. Ferner auch mit besonders kritischer Haltung zu bis dahin formulierten Deutungen der Vogteigelder Przybilla, Edelherren, S. 410–431.

es sich schrifttypologisch um einen der eher selten überlieferten Rotuli mit nicht weniger als 129 Zentimetern Länge. Der Rotulus verzeichnet die Namen von mehr als 150 Grafen, Edelfreien und Ministerialen, welche aus der Goslarer (Reichs-) Vogtei mit jährlichen Geldrenten in unterschiedlicher Höhe belehnt wurden sowie jene, die als Empfänger von Afterlehen bestimmte Anteile dieser Geldrenten von den Hauptlehnsträgern weitergereicht erhielten. Die in der Eingangszeile vorzufindende Jahreszahl der Aufzeichnung 1244 hält dabei lediglich jenen Zeitpunkt fest,[33] an welchem der genannte Goslarer Stadtschreiber Heinrich von Freiberg die bis dahin bekannten Auszahlungsverfügungen chronologisch und abschnittsweise zusammenfasste. Für die zeitliche Einordnung der hinter den Zahlungsanweisungen wirksam gewesenen Belehnungsvorgängen ist es demnach an erster Stelle voraussetzend, die Aufzeichnungen der Vogteigeldlehnrolle als Retrospektive stufenweiser, zeitlich weit hinter das Jahr 1244 zurückreichender, dabei aber auch in Zielsetzung und Zweck unterschiedlicher Vorgänge und Hintergründe zu erkennen.[34] Das bis heute extrapolierte Funktionsmodell zu den Geldrenten an Hand der erst dreißig Jahre später entstandenen Bergordnung Herzog Albrechts I. von Braunschweig, nach welcher Empfänger von Geldrenten aus der Goslarer Vogtei die Waldleute (Hüttenarbeiter) bei Goslar zu beschirmen hätten,[35] greift angesichts eines zeitlich eigenständigen, normativen Kontextes des entsprechenden Artikels zu kurz und lässt sich nicht verallgemeinernd auf die Frühzeit der Belehnungen mit Vogteigeldlehen zurückübertragen. Vielmehr fällt bei genauerem Blick auf den Eingangsabsatz der Aufzeichnungen (jenem schon von Georg Bode erkannten ältesten „Grundstock der Rolle“[36]) auf, unter wessen Veranlassung und mit welcher Zweckbindung die bedeutendsten Belehnungen mit den jeweils höchsten Geldrenten vorgenommen wurden.

So heißt es im ersten Absatz, dass sich die an die Grafen Hermann (I.) und Heinrich (I.) von Wohldenberg auszuzahlenden 155 Mark Silber – dem Löwenanteil von mehr als einem Drittel der Gesamtsumme aller Geldrenten – in seinem Hauptanteil von 100 Mark von König Philipp von Schwaben für die „civitas“ Fallersleben zusammensetzten. Zudem fällt darunter noch ein Anteil von jährlichen 20 Mark für einen Burgsitz auf der Harzburg, der den beiden genannten

---

33 UB Stadt Goslar I, Nr. 606, S. 562–565: „Anno domini M° CC° XL IIII collegit et conscripsit Heinricus de Vriberch, scriptor burgensium in Goslaria …“

34 So bereits Bode in UB Stadt Goslar I, Nr. 606, S. 565.

35 UB Stadt Goslar II, Nr. 169, S. 219 (1271 April 25). „XXIII. De de gelt hebbet ut des rikes vogedye, de scullet de woltlude bevreden unde beschermen liker wis alse or egene gut.“ Darauf zuletzt einseitig erklärenden Bezug nehmend Scholz, Reichsvogt, S. 66.

36 Siehe oben Anm. 33.

Grafen von ihrem Vater vererbt worden sei. Diese erste Zahlungsanweisung muss nicht nur auf Grund der ersten Position und des monetären Spitzenanteils, sondern unter dem Blickwinkel der dahinter namhaft zu machenden historischen Vorgänge als ursprüngliche Einrichtung der Vogteigeldlehen betrachtet werden.

Mit der Erwähnung der Grafen von Wohldenberg und ihrer Belehnung mit 100 Mark Geldrente für die Stadt Fallersleben durch König Philipp wird ein Hauptschauplatz der frühen Kämpfe des deutschen Thronstreits betreten. Bereits im September 1198 war Otto IV. nach Sachsen aufgebrochen, um die staufertreuen Kräfte in Nähe seiner Stammbesitzungen zu unterwerfen. Nach erfolgreicher Einnahme von Nordhausen am Südharz wandte sich der Welfe gegen Goslar, das er vor dem 24. Dezember zu belagern begann. Im letzten Moment wurde die Pfalzstadt durch Philipp vor Ablauf einer Übergabefrist entsetzt und Otto IV. Richtung Braunschweig abgedrängt.[37] Der beinahe erfolgte Fall Goslars dürfte Philipp mit einiger Besorgnis gezeigt haben, wie notwendig ein ausreichender militärischer Schutz der ihm treu ergebenen und strategisch wichtigen Pfalzstadt war. Bevor Philipp nach Abwehr des Welfen wieder aus Goslar Richtung Osterland abzog, hinterließ er ihr nach Auskunft der Braunschweigischen Reimchronik die Besatzung einer starken „ritterscapht zo hute“.[38] Nach den politischen und militärischen Erfolgen Philipps im Jahr 1199, die von dem großen und dichterisch besungenen Weihnachtshoftag zu Magdeburg gekrönt wurden, begab sich der Staufer Ende Januar 1200 nach einem Besuch Hildesheims gezielt nach Goslar.[39] Dort entstanden, jeweils am 26. und am 27. Januar, zwei Diplome, die einerseits ein Eingreifen Philipps in die städtischen Verhältnisse, andererseits dessen unmittelbares Gefolge in Goslar offenkundig werden lassen. An erster Stelle hat sich eine Urkunde für das Kloster Neuwerk erhalten, in welchem der staufische Thronprätendent seinem getreuen Reichsvogt („fidelibus suis advocato“) sowie der Einwohnerschaft der gesamten Stadt Goslar untersagt, das Kloster Neuwerk zu behelligen.[40] Eine Zeugenliste weist diese Urkunde nicht auf. Die zweite Urkunde, die in der älteren Forschung bislang verallgemeinernd unter Fälschungsverdacht gestellt worden ist, jedoch in den neueren Monumenta-Editionen der Urkunden Philipps von Schwaben inzwischen als inhaltlich unbedenklich ausgewiesen

---

37 Mit Bezug auf den Bericht in der Sächsischen Weltchronik: RI V,1,1, Nr. 210c, S. 59 f.; unter Heranziehung der Braunschweigischen Reimchronik: Hucker, Kaiser, S. 84 f.

38 Braunschweigische Reimchronik, S. 524, Z. 5217 f.

39 Winkelmann, König, S. 144–153.

40 MGH DD Phil, Nr. 32, S. 77–79; UB Stadt Goslar I, Nr. 353, S. 380 (o. J. Januar 26 Goslar); Schütte, König, S. 67.

wurde, erteilt Privilegien an die Goslarer Kaufleute und enthält zudem eine Zeugenliste, welche neben dem Grafen Adalbert (III.) von Wernigerode auch die Grafen und Gebrüder Hermann (I.) und Heinrich (I.) (von Wohldenberg) und den Reichsvogt Dietrich aufführt.[41] In den Grafen sind die späteren Empfänger der Vogteigeldlehen wiederzuerkennen. Doch nicht nur dies: es wird in diesem Zusammenhang gestaltender Eingriffe in Goslars innerstädtische Ordnungen ebenso die Maßnahme König Philipps gewesen sein, durch welche den Wohldenberger Grafen schließlich die im Jahr 1384 nachweisbaren Reichslehen über die „civitas" Fallersleben sowie über die sich anschließende Grafschaft über den Papenteich und auch über die Goslarer Reichsvogtei zugekommen waren.[42] Dabei kann es keinen geeigneteren und die Kämpfe um den Thron flankierenden Zeitpunkt für die Belehnung der Wohldenberger Grafen gegeben haben als der Januar-Aufenthalt Philipps von Schwaben in Goslar im Umfeld des entsprechenden Gefolges.[43] Das trifft jedoch auch für die erste Einrichtung der Vogteigeldlehen zu, die als zusätzliche Motivation und materielle Stütze für einen entscheidenden Kriegsdienst der Wohldenberger geltend zu machen waren. Denn mit der den Grafen durchaus planvoll zu Lehen gegebenen „civitas" Fallersleben fern der Wohldenberger Besitzungen wurde eine für die staufische Sache strategisch wertvolle Brückenposition nördlich von Braunschweig unter Kontrolle gebracht, der es gestattete, den welfischen Herrschaftsmittelpunkt Ottos IV. zu umklammern und diesen unter Ausnutzung nahegelegener Verkehrswege für die Zuführung von Streitkräften und Versorgungstruppen zu belagern. Hierzu schien das Kriegsjahr 1200 geradezu vorbezeichnet zu sein, weilte der Welfe in dieser Zeit doch zurückgeschlagen am Rhein, während Philipps Anhang in Ostsachsen größer denn je war. Im späten Juli 1200 ergriff König Philipp sodann die Gelegenheit und schritt zur umfassenden Umzingelung und Belagerung Braunschweigs, das zu diesem Zeitpunkt von Ottos Bruder, Pfalzgraf

---

41 MGH DD Phil, Nr. 33, S. 79–82, insbes. zur Urkundenkritik S. 79 f. Noch unter einseitigem Fälschungsverdacht in UB Stadt Goslar I, Nr. 354, S. 380 f. mit Anm. (1200 Januar 27 Goslar).

42 Ausgangspunkt ist die Urkunde König Wenzels für Bischof Gerhard I. von Hildesheim, die in der Aufzählung der Wohldenberger Reichslehen einer älteren Vorlage aus der Zeit Philipps von Schwaben entlehnt ist. Das verlorene Original ist gedruckt in UB Hildesheim Hochstift VI, Nr. 639, S. 451 f. (1384 Juni 29 Prag), zur Urkundenkritik und zur Einordnung des durch Philipp von Schwaben vorgenommenen Belehnungsaktes: Petke, Grafen, S. 337 f., 357 f. sowie die neueren Anmerkungen zu den Hintergründen des MGH DD Phil, Nr. 33, S. 81.

43 Petke, Grafen, S. 358 ist erst noch unter Vorsicht geneigt, für diesen Vorgang einen Zeitraum zwischen 1200 und 1204 einzugrenzen, stellt jedoch schließlich den Goslar-Besuch Philipps im Januar als herausragendste Möglichkeit dar.

Heinrich, entsetzt und verteidigt werden musste.[44] Wenngleich die Einnahme der Stadt durch die staufischen Truppen gescheitert war und Philipp die Belagerung am 21. August hatte wieder aufheben müssen, übten die Wohldenberger Grafen weiterhin ihre durch Lehen und Amt verliehene Funktion als Befehlshaber über Goslarer Verteidigungskräfte,[45] aber auch als Kriegsanführer im weiteren Gebiet um Goslar aus. Auf dieser Grundlage erfolgte etwa der Feldzug des Grafen Hermann I. von Wohldenberg gegen die welfische Burg Lichtenberg wohl zum Ende des Jahres 1205 oder zu Beginn des Jahres 1206, die mit der Einnahme der Burg für die staufische Fraktion endete.[46] Auch bei der am Ende vergeblichen Verteidigung Goslars gegen die Streitmacht des welfischen Truchsessen Gunzelin von Wolfenbüttel wird den Grafen von Wohldenberg bezeichnenderweise das Kommando über die verteidigenden Kräfte zugeschrieben.[47] Die laufenden, jährlich ausgegebenen Vogteigeldlehen aus Goslar in Höhe von 100 Mark Silber hatten den gräflichen Kriegsdienst für König Philipp initial wie konstitutiv ermöglicht und waren nicht erst eine Belohnung für vergangene Taten. Wenngleich der erste Absatz der Goslarer Vogteigeldlehnrolle mit Burchard I. von Wöltingerode und Heinrich von Herzberg staufische Getreue bereits aus der Zeit Friedrichs I. Barbarossa erwähnt,[48] so erfüllen die Vogteigelder erst im Kontext der Konkurrenz im deutschen Thronstreit einen ersten, funktionstragenden

---

44 Zur Belagerung Braunschweigs 1200: Schütte, König, S. 69; Winkelmann, König, S. 184–186.

45 Bereits die in der Vogteigeldlehenrolle aufgeführten Weiterverlehnungen der Wohldenberger Vogteigeldlehen an herausgehobene Goslarer Ritterfamilien, wie die von der Gowische, von dem Dike (de Piscina), von Goslaria und von Wallmoden bezeugen Lehnsbeziehungen auf der Ebene lokaler, kriegsdienstbezogener Kräftebündelung.

46 Ausführlichste Quelle zur Einnahme des Lichtenbergs ist Arnoldi Chronica Slavorum, lib. VI, cap. 5, S. 217: „Medio tempore Lichtenberg ab Hermanno comite de Hartesburch insidiose capta est, et civitas de tanta obsidione partim soluta est."

47 Arnoldi Chronica Slavorum, lib. VI, cap. 6, S. 218: „Presidio tamen erat Hermannus cum paucis de Hartesburch, qui quoniam resistere non valebat irruentibus hostibus fugiens cum suis evasit." Zur welfischen Eroberung Goslars am 8. Juni 1206 und der wirtschaftspolitischen Folgen in Ostsachsen auch Hucker, Kaiser, S. 75–77.

48 Zur Summe der Wohldenberger an Vogteigeld über 155 Mark Silber heißt es, dass darin 20 Mark Silber umfasst seien, welche die Grafen Heinrich I. und Hermann I. von ihrem Vater von einer Burgkurie auf der Harzburg innegehabt hätten („de curia in Hartisborch, que fuit patris eorum, XX marcas"). Genealogisch ist damit Graf Burchard I. von Wöltingerode angesprochen, welcher sich nach der Reichsheerfahrt Barbarossas gegen Heinrich den Löwen 1187 zuerst nach der Harzburg urkundlich zu bezeichnen ließ und sich zusammen mit seinem Bruder Hoier I. auch sonst in die engeren Dienste des Stauferkaisers begeben hatte (Petke, Grafen, S. 322–324). Der weiterhin erwähnte Heinrich von Herzberg, der mit der Hälfte eines Burgsitzes auf der Harzburg nach Auskunft der Vogteigeldlehenrolle ausgestattet war, erscheint nach dem Sturz Heinrichs des Löwen ebenfalls im engeren

Sinn in der Verklammerung von Lehen, Amt und Gefolgschaft.[49] In dieser Art und Weise hat sich der staufische Thronprätendent langfristig nicht nur der Unterstützung der mächtigsten Grafen in der ostfälischen Splitterzone bis zum Fall Goslars (1206) versichert,[50] sondern auch derjenigen der Grafen von Wernigerode, die seit Adalbert III. in überregionaler Gefolgschaft für König Philipp als besonders staufertreu hervorragten.[51] Die in einem nachfolgenden

Gefolge Barbarossas, so zu Nordhausen: UB Stadt Goslar I, Nr. 320, S. 355 (1188 August 28) und Gernrode: ebd., Nr. 324, S. 358 (1188 November 22).

49 Dies gegen die bisher verbreitete und nie infrage gestellte Annahme, die Vogteigeldlehen seien im Zusammenhang der Erneuerung der Harzburg und der Einsetzung der Grafen von Wohldenberg auf ihr nach dem Sturz Heinrichs des Löweneingeführt worden. Diese Hypothese ist seit Jordan, Goslar, S. 75 und später auch von Petke, Grafen, S. 328 f. immer wieder aufgegriffen worden lediglich auf Grundlage der in vorheriger Anm. 47 vorzufindenden Namen jener unter Barbarossa urkundlich nachweisbaren Adeligen im ersten Absatz der Goslarer Vogteigeldlehnrolle. Dem entgegenzuhalten ist, dass Friedrich I. Barbarossa im Zuge seiner Reichsheerfahrt während des Werla-Hoftags am 15. August sowie bei der Entgegennahme der Kapitulation der Anhänger des Löwen noch um den 11. November 1180 in der „Nähe Goslars", wie es in den historiographischen Quellen heißt (s. oben Anm. 15), zwar die Möglichkeit hatte, Belehnungen einzelner Vasallen etwa mit der Vergabe des Burgsassenamtes über die Harzburg sowie die Verleihung einzelner Burgkurien vorzunehmen. Eine Belehnung mit Vogteigeld jedoch, dabei der Festlegung einer angemessenen Höhe sowie die Verfügung über die Auszahlung gegenüber dem Reichsvogt konnte nur in Goslar vollzogen sein. Ein solcher Eingriff konnte vor 1187 und der Selbstbezeichnung der Grafen von Wohldenberg als Grafen von Harzburg zu Goslar unter Friedrich I. Barbarossa nicht erfolgt sein. Es bleibt allein König Philipps Itinerar während der Frühphase des Thronstreits für solch eine Einrichtung und Gestaltung persistenter Geldleistungen für bestimmte Kriegs- und Vasallenleistungen in Betracht zu ziehen.

50 Gegen diesen eindeutigen Befund weist Hucker, Kaiser, S. 688 Anm. 11, irreführenderweise die „Grafen von Wöltingerode[sic!]–Harzburg" als König Ottos IV. Anhang angeblich für die Zeit um 1203 aus. Die „von Wöltingerode" hatte es als feste Zubezeichnung um diese Zeit schon nicht mehr gegeben; dies einhergehend mit der Umwandlung der zuerst namensgebenden Burg Wöltingerode in ein Benediktinerkloster, das bald danach in ein Zisterzienserinnenkonvent umgeformt wurde. Nach 1200 werden diese Dynasten durchweg nach der Burg Wohldenberg im Ambergau benannt, insbesondere jene, die als Burgsassen auf der Harzburg ihr Amt erfüllten und sich nach dieser Burg zu bezeichnen ließen. Zudem waren sämtliche Repräsentanten der Wohldenberger bis zum Tod Philipps von Schwaben staufertreu. Erst mit der Alleinherrschaft König Ottos IV. begaben sich die Dynasten in die Dienste des Welfen, hierzu Petke, Grafen, S. 313–319, S. 335–364.

51 So zum Beispiel Adalberts III. überregionale Gefolgschaft für König Philipp zu Gelnhausen: UB Mansfeld, Nr. 17a, S. 670 f. (1201 Juli 28); und zu Würzburg: RI V,1,1, Nr. 101, S. 32 (1203 März 9) sowie ebd., Nr. 109, S. 33 (1205 Mai 23 Würzburg). Eine aufschlussreiche Zusammenstellung der Nachweise der Grafen Adalbert II. und Adalbert III. im Gefolge staufischer Könige seit Friedrich I. Barbarossa aus den Regesta Imperii (gleichwohl ohne konkrete Quellenangabe) bei Grosse, Frühgeschichte, S. 134. Wenn hingegen Hucker,

Absatz der Vogteigeldlehnrolle sichtbare Erwähnung der Söhne Adalberts III., Gebhard I. und Friedrich I. von Wernigerode, mit der zweithöchsten jährlichen Einkunft an Vogteigeld hinter derjenigen der Grafen von Wohldenberg in Höhe von 30 Mark Silber[52] geht ursprünglich auch auf die Reichsdienste ihres Vaters, Adalberts III., unter König Philipp von Schwaben zurück.

Das Zustandekommen derart gefestigter Treuebindungen bestimmter Grafenhäuser Ostsachsens zu Philipp von Schwaben scheint im Kern auf die vorangegangene, dynastische Herrschaftsbildung im 12. Jahrhundert unter maßgeblicher Förderung Friedrich I. Barbarossa zurückzuführen zu sein. Sowohl bei den Wohldenberger Grafen, deren Herrschaftsschwerpunkt im Ambergau um den neu errichteten Stammsitz unter maßgeblicher Förderung des Stauferkaisers geschaffen werden konnte,[53] als auch bei den ursprünglich aus Südschwaben stammenden Grafen von Wernigerode, deren Stammburg und Grafschaft am nördlichen Harz im 14. Jahrhundert als Reichslehen eindeutig zu fassen ist,[54] hatte ein Zusammenwirken von Reichsdienst und einer Grundausstattung von Herrschaftsrechten als Motor des gesellschaftlichen Aufstiegs eine offensichtliche Kontinuität von Treue und Gefolgschaft begründet, wobei der aktive Eintritt in den Kriegsdienst – am Beispiel der Goslarer Vogteigeldlehen – mit zusätzlichen Geldeinkünften und Amtsverleihung (die Reichsvogtei an die Wohldenberger Grafen) verknüpft war.

Ob dieser Zwischenbefund durch weitere Beispiele aus dem gewählten Beobachtungsraum erhärtet werden kann, wird anschließend mit vergleichendem Blick auf zwei weitere Lehnsverzeichnisse zu klären sein, welche aus dem Lager der bis zum Jahr 1218, dem Tod Kaiser Ottos IV., entschieden welfentreuen Dynasten Ostsachsens stammen und zu den frühesten Lehnsverzeichnissen überhaupt zählen. Auf Grundlage der darin aufscheinenden Dienst- und Personenbeziehungen ist hierbei gleichsam eine Gegenprobe zum Befund auf der Stauferseite möglich.

Kaiser, S. 688, Anm. 11, hinter den namentlich nicht ausdrücklich genannten „vielen Grafen" in der Anhängerliste Ottos IV. für 1203 den Grafen Adalbert III. von Wernigerode erblicken möchte, dann außerhalb jener eindeutig dagegen sprechenden Quellenbelege.

52 UB Stadt Goslar I, Nr. 606, S. 563: „Comes Gevehardus et comes Fredericus de Werningerode XXX m(arcas)".

53 Petke, Grafen, S. 287–293.

54 Hierzu die Urkunde König Ludwigs IV. u. a. über das Reichslehen an der Grafschaft Wernigerode: Regg. Ludwig d. B. H. XII, Nr. 107, S. 63. Zur südschwäbischen Abstammung der Grafen von Wernigerode: Heinrichsen, Adelsgeschlechter, S. 84–88.

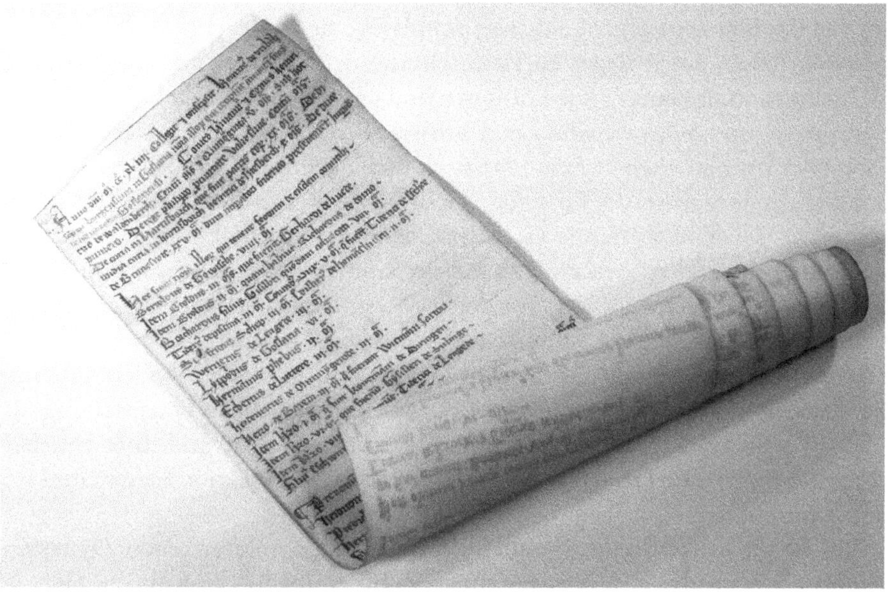

Abb. 2: Die Goslarer Vogteigeldlehnrolle von 1244 mit dem ersten Absatz der Lehnsverfügungen aus der Zeit König Philipps von Schwaben (Stadtarchiv Goslar, Urkunden Stadt Goslar 8, Foto: Martin Schenk).

Das erste Verzeichnis ist dasjenige des Grafen Heinrich I. von Regenstein. Es wurde von Lutz Fenske und Ulrich Schwarz ediert und ausgesprochen umfassend kommentiert.[55] Es handelt sich um ein Verzeichnis verschiedener Niederschriften, Fassungen und Entwicklungsstufen. Die älteste Niederschrift, als deren Veranlasser der Regensteiner Graf Heinrich I., Sohn des Grafen Konrad I. von Regenstein, geltend gemacht werden kann, wird auf Grund der im Verzeichnis genannten Personen und ihres urkundlichen Inerscheinungtretens in die Zeit zwischen 1212 und 1227, dabei mit größerer Annäherung an das Jahr 1212, datiert.[56] Parallel dazu entstand ein Lehnsverzeichnis des Bruders Graf Heinrichs I., des Grafen Siegfried I. von Blankenburg, das mit ziemlicher Sicherheit in das Jahr 1212 zu datieren ist.[57] Beide Verzeichnisse weisen in den Bezugnahmen auf Passiv-Lehen eine Beziehung zu den „domini de Bruneswic“, den drei welfischen Brüdern Otto IV., Wilhelm von Lüneburg und Pfalzgraf Heinrich, auf sowie

---

55 S. oben, Anm. 10.

56 Fenske/Schwarz, Lehnsverzeichnis, S. 65–73.

57 Ebd., S. 509 f.

im Teil des Blankenburger Lehnsverzeichnisses eine ausdrückliche Ausweisung gewisser Lehen des Pfalzgrafen Heinrich und dem 1212 verstorbenen Herzog Wilhelm von Lüneburg.[58] Die Editionen und wissenschaftlichen Erarbeitungen von Fenske und Schwarz sind für den ostsächsischen Raum geradezu als eine Pionierleistung anzusehen. Sehr präzise wurden neben den vielfältigen Analysen anhand der Verzeichnisse, Entstehungszeiträume, Besitz und Lagebeziehungen elaboriert. Gleichwohl fehlte es entsprechend der Zielstellung der Studie an dem nutzbringenden Versuch, anhand der einmal festgestellten, signifikanten Entstehungsdaten eine Einordnung der Verzeichnisse in den breiteren regionalen wie reichsgeschichtlichen Kontext des deutschen Thronstreits vorzunehmen. Der vorliegende Beitrag vermag dies keineswegs im hinreichenden Umfang zu erreichen, allerdings erscheint es für die übergeordnete Fragestellung als überaus lohnenswert, auf der Grundlage der Verzeichnisse und ihrer Urheber einige Personen- und Dienstbeziehungen zur welfischen Fraktion Kaiser Ottos IV. aufzuspüren.

Da ist an erster Stelle die auch schon bei den staufertreuen Dynasten beobachtete, in die Zeit König Ottos IV. hineinreichende Kontinuität von Treueverhältnissen der bereits zur Zeit Friedrichs I. Barbarossa und Heinrichs des Löwen hervorgetretenen Spitzenvasallen aus der behandelten Region zu nennen. Der Onkel des Verzeichnisurhebers, Graf Heinrich I. von Regenstein, war Graf Konrad I.,[59] der sich als erster der Blankenburger Linie nach der Burg Regenstein im Jahr 1169 zu bezeichnen ließ.[60] Für ein Rechtsgeschäft des Löwen ein Jahr darauf begegnet der Regensteiner sogar als dessen Spitzenzeuge.[61] Sichtbarster Ausdruck der herausgehobenen Stellung des Grafen Konrad I. am Hof Heinrichs des Löwen ist seine Aufzählung bereits an dritter Stelle im welfischen Gefolge bei der Schweriner Versammlung zur Weihe der Domkirche des Zisterzienserklosters Dargun am 11. September 1171, ein vor dem Hintergrund der Erschließung rechtselbischer Gebiete auch von den Zeitgenossen als bedeutsam empfundenes Ereignis.[62] Früher noch als seine Blankenburger Brüder hatte sich Graf Konrad von Regenstein im Zuge der Reichsheerfahrt Kaiser Friedrichs I. dem Staufer

58 Ebd., S. 66; S. 508 f.

59 Schmidt, Genealogie, S. 3 f.; S. 6 f. sowie die Stammtafel im Anhang S. 254 sowie Fenske/Schwarz, Lehnsverzeichnis, S. 51.

60 MGH DD HdL, Nr. 80, S. 118 (1169 April 20): Graf Konrad I. als Urkundenzeuge an zweiter Position.

61 Ebd., Nr. 83, S. 124 (1170 November 12).

62 Ehlers, Heinrich der Löwe, S. 161 f.

ergeben und seine Burg ausgeliefert.[63] Dennoch hatten sich keine Regensteiner anschließend ganz in den Dienst der Staufer begeben. Dagegen ist Konrad von Regenstein bezeichnenderweise in König Ottos IV. starkem Aufgebot auszumachen,[64] mit welchem der Welfe während seines Winterfeldzugs vom 13. Januar bis Anfang Februar 1201 rheinaufwärts bis nach Weißenburg nach Süden vorstieß.[65] Der nächste und wohl bemerkenswerteste Hinweis auf Lehns- und Dienstbeziehungen führt in die zweite Phase des Thronstreits nach der Königswahl Friedrichs II. und der auch nach Ostsachsen getragenen, erneuten Kämpfe um die Königswürde. Zugleich rückt diese Nachricht in einen engeren zeitlichen Kontext mit der Niederschrift der beiden Lehnsverzeichnisse Heinrichs I. von Regenstein und Siegfrieds I. von Blankenburg. Es handelt sich um eine Urkunde über die Schlichtung eines Streits zwischen dem Abt von Walkenried und dem Regensteiner Vasall Albert von Schlanstedt, welche auf das Jahr 1213 datiert ist; als Ausstellungsort wird die Burg Regenstein genannt und die Beilegung der Rechtsstreitigkeit dabei ausdrücklich unter Anwesenheit Kaiser Ottos IV. ebendort dokumentiert. Zugegen sind ferner die beiden Urheber der Regensteiner Lehnsverzeichnisse, Heinrich I. von Regenstein und Siegfried I. von Blankenburg.[66] Offenbar war die Burg Regenstein zu dem Zeitpunkt der leider ohne Monat und Tag beglaubigten Beurkundung insbesondere für Kaiser Otto IV. im engeren Harzgebiet der einzig sichere Rückzugsort für den Vollzug. Dies lässt für das Jahr 1213 angesichts der regionalen Konfliktverläufe und Kräfteverhältnisse den Herbst 1213 ab Oktober 1219 annehmen, in welchem der gegnerische König Friedrich II. mit einer großen Streitmacht zur Belagerung des dem Regenstein nahen Quedlinburgs herangerückt war, in dessen Verlauf der welfische Vogt Caesarius das Stift auf dem Burgberg in eine Befestigungsanlage hatte umwandeln lassen.[67] Die Belagerung hatte Friedrich II. bei Einbruch des ersten Schnees aufgeben müssen; jedoch war Kaiser Otto IV. gezwungen, während dieses Herbstfeldzuges des Staufers nur noch auf befestige Außenposten in Ostsachsen zurückzugreifen. Die Grafen von Blankenburg und Regenstein

---

63 S. oben Anm. 14 und 26.

64 Dies hervorgehend aus der Erwähnung des Regensteiners in der Dispositio jener in Weißenburg ausgestellten Königsurkunde MGH DD O IV., BFW 216, S. 17 (1201 Februar 3).

65 Zum Winterfeldzug Ottos IV. 1201: Hucker, Kaiser, S. 371; Winkelmann, König, S. 207 f.; Schütte, König, S. 55.

66 UB Walkenried I, Nr. 78, S. 127 f.

67 Die nach wie vor ausführlichste Darstellung zu den regionalen Auseinandersetzungen mit Heranziehung der einschlägigen Quellen von Winkelmann, Kaiser, S. 347 f.; hierzu auch Hucker, Kaiser, S. 495.

werden Kaiser Otto IV. nicht nur die Tore ihrer Burg geöffnet, sondern auch militärische Unterstützung gegen Friedrich II. geleistet haben, denn zumindest Graf Siegfried I. von Blankenburg war während Ottos IV. Abwesenheit in Köln Ende Januar 1213 als Kriegsanführer des Pfalzgrafen Heinrich bereits in einen Feldzug gegen den staufertreuen Magdeburger Erzbischof Albrecht von Käfernburg hervorgetreten.[68] Dabei werden die Kriegsdienste des Grafen Siegfried nicht ohne zusätzliche Belehnungen etwa nur auf der Grundlage der bereits bestehenden „Hauptlehnstück" an der Blankenburg[69] aktiviert worden sein, zumal laut Teilungsvertrag der Welfen von 1202 Herzog Wilhelm von Lüneburg jener Anteil an der Stammburg zugefallen war.[70] Hier sind die Einträge der welfischen Passiv-Lehen im Lehnsverzeichnis des Grafen Siegfried von 1212 aufschlussreich, wonach dieser vom Pfalzgrafen einen enormen Bestand von 113 Hufen Lehnsgut im Harzgau sowie am Elm aus dem Bestand Gandersheimer Stiftslehen erworben hatte.[71] In einer nicht mehr genau bestimmbaren Phase des Thronstreits – in jedem Falle noch vor dem Krieg gegen das Erzstift Magdeburg 1213 und der Niederschrift des Lehnsverzeichnisses 1212 – hatte sich der Pfalzgraf als stellvertretender Feldherr Kaiser Ottos IV. der Kriegsdienste des Grafen von Blankenburg mit einer umfänglichen Neubelehnung liegenschaftlichen Lehnsguts versichert. Zugleich finden sich auch in der ältesten Fassung des Lehnsverzeichnisses Graf Heinrichs I. von Regenstein von 1212/1213 Hinweise auf die Absicherung von Diensten für die welfischen Unternehmungen gegen König Friedrich II. und seinen staufischen Anhang in Ostsachsen. Ein Eintrag nennt mit dem „Dominus Iordanus de

68 Ebd., S. 491 f. kennt Siegfried I. von Blankenburg entsprechend der logischen Generationszählung als Siegfried II. von Blankenburg. In der Genealogie der Grafen von Blankenburg und Regenstein seit Gustav Schmidt wird er erste Träger dieses Namens nicht mit einer Ordnungszahl versehen. Zur Beteiligung Graf Siegfrieds am Feldzug des Pfalzgrafen Heinrichs gegen den Magdeburger Erzbischof gibt ein späterer Ausgleichsvertrag Auskunft, der überliefert ist in: Mülverstedt (Hg.), Regesta, Nr. 556, S. 254 (1219 September 11): Dass trotz des späten Ausgleichs nur der Zeitraum der Kämpfe gegen das Erzstift im Jahr 1213 gemeint sein kann, in welchem der Pfalzgraf vor seinem Übertritt zu König Friedrich II. noch für Otto IV. stellvertretend Krieg führte (s. hierzu Winkelmann, Kaiser, S. 341, mit Anm. 1) ergibt sich aus der im Vertrag sichtbaren Schlüsselrolle des welfischen Schultheißen „Caesarius", welcher in den Kriegsjahren ab 1213 bis Ottos IV. Tod „die welfenkaiserliche Burgbesatzung in Quedlinburg befehligte und 1215/1216 in einer Urkunde Kaiser Ottos als ‚Caesarius advocatus de Quidelingeburch' erscheint" (Fenske/Schwarz, Lehnsverzeichnis, S. 380).

69 Ebd., S. 538.

70 MGH DD O IV., BFW 223, S. 21 (1202 Paderborn).

71 Fenske/Schwarz, Lehnsverzeichnis, S. 536 f.

Blankenburg" und seinen 4 Hufen gräflichen Lehnsgut zu Quedlinburg[72] mit einem Ministerialen und Truchseß einen der wichtigsten Hofamtsinhaber, die Pfalzgraf Heinrich zugeordnet werden.[73] Zugleich findet sich an späterer Stelle ein Eintrag über insgesamt 12 Hufen Regensteiner Lehen, die an den Truchsess Kaiser Ottos IV., Jusarius von Blankenburg,[74] in fünf verschiedenen Ortschaften entlang des Nordostharzes vergeben worden waren.[75] Diese Belehnungen wurden vor dem Jahr 1212 vollzogen und gehören dabei aus personengeschichtlicher Perspektive in den ersten Zeitabschnitt des Thronstreits zwischen Otto IV. und Philipp von Schwaben. Mit derartigen, neuen Zwischenbelehnungen durch ergebene Grafen sicherten sich die welfischen Brüder offenkundig die Kontrolle über ihre Dienstmannschaften zur Zeit ihrer Abwesenheit. In diesem Bezug ebenfalls aufschlussreich sind die im Lehnsverzeichnis Heinrichs von Regenstein folgenden Nachträge von derselben, die erste Niederschrift verfassenden, anlegenden Hand A. Diese erfasst das Lehen der Vogtei über 7 Hufen an Pertinenzen der Ortschaft Gunsleben an den Schultheißen Dietrich aus der Familie der Caesarii, zugleich einem Sohn des hier schon mehrfach erwähnten welfenkaiserlichen Feldherren und Quedlinburger Vogtes Caesarius.[76] Zudem wird mit dem Reichstruchseß Gunzelin von Wolfenbüttel in einem späteren Nachtrag einer der „bedeutendsten Ministerialen seiner Zeit überhaupt",[77] „militärisch wie politisch mehrfach auf der Seite Ottos IV. aus[-gezeichnet]" und damit „der bedeutendste Parteigänger Ottos IV. aus Kreisen des Niederadels".[78] Derartige Neubelehnungen aus dem Bestand Blankenburg-Regensteiner Herrschaftsrechte werden sich entsprechend der Chronologie der Nachträge und Personenbeziehungen zwischen 1213 und dem Tod Kaiser Ottos IV. am 19. Mai 1218 ereignet und in gleicher Zielrichtung für die militärische Absicherung Ostsachsens in der zweiten Phase des Thronstreits die gegen Friedrich II. verfügbaren Kräfte durch doppelte Lehnsbindung durch die Grafen für etwaige Kriegsdienste verpflichtet oder belohnt haben; die Quellenlage entzieht sich hier einer genauen zeitlichen Bestimmung.

In jedem Falle führen die Beobachtungen mehrseitiger Neubelehnungen innerhalb der welfischen Fraktion zu einem weiteren Lehnsverzeichnis, dessen

72 Ebd., S. 264 f.
73 Hucker, Kaiser, S. 398.
74 Ebd.
75 Fenske/Schwarz, Lehnsverzeichnis, S. 270.
76 Ebd., S. 273; S. 380.
77 Ebd., S. 485.
78 Vogtherr, Hof, S. 160.

Urheber mit dem Edelherren Luthard II. von Meinersen als einer der engsten Gefolgsleute und Anhänger Kaiser Ottos IV. zu bewerten ist.[79] Zwar wird das älteste Verzeichnis (Lehnsregister I [LR I]) in seiner neuesten Edition erst in die Zeit kurz nach dem Tode Kaiser Ottos IV. in den Zeitraum zwischen 1218 und 1220 datiert, gleichsam als Verzeichnung jener Vasallität, die Pfalzgraf Heinrich namhaft gemacht werden sollte. Gleichwohl enthält es als hauptsächliches Aktiv-Lehnsverzeichnis die Informationen über die Ausgabe vieler „Lehen an welfische Ministeriale",[80] in denen zum Teil bedeutendste Gefolgsleute während der zwei Phasen des deutschen Thronstreits zu sichten sind. So werden innerhalb der 111 Einträge von Aktiv-Lehen die Herren und Ministerialen von Volkmarode, einschließlich des welfisch-kaiserlichen Kriegsmarschalls Friedrich II. von Volkmarode, an Goslarer Vogteigeld sowie Hufenbesitz in vier verschiedenen Ortschaften erwähnt.[81] Bei denen von Volkmarode-Esbeck, die mit Friedrich I. und Friedrich II. jeweils das oberste militärische Hofamt bei Otto IV. versehen hatten, handelte es sich ihrer Funktion und Ergebenheit nach um die welfischen Spitzenvasallen gleich hinter dem Reichstruchseß Gunzelin von Wolfenbüttel.[82] Auch Basilius von Osterode, der als „führender Ministerialer" das Kommando auf den wieder welfisch gewordenen Burgen Staufenberg und Schildberg am Westharz für Otto IV. führte,[83] wird im Lehnsverzeichnis Luthards II. als dessen Vasall durch insgesamt 23 Hufen Lehnsbesitz sowie der dazugehörigen Vogtei in der Ortschaft Bornum angesprochen.[84] Bemerkenswerterweise folgen als weitere Einträge die auch schon von den Blankenburg-Regensteiner belehnten welfischen Spitzenvasallen und Hofamtsinhaber Reichstruchseß Gunzelin I. von Wolfenbüttel und Truchseß Jordan III. von Blankenburg.[85] Die Belehnung insbesondere Jordans lässt sich durch dessen Übernahme aus der Ministerialität aus den Diensten Pfalzgraf Heinrichs in die Gefolgschaft Ottos IV. in den Zeitraum der Jahre zwischen 1204 und 1217 einordnen.[86] Diese zusätzlichen Belehnungen innerhalb der Gefolgschaft welfentreuer Dynasten umfassen

79 Przybilla, Edelherren, S. 38 f.; als Teilnehmer der Romfahrt zur Kaiserkrönung Ottos IV. ausgewiesen bei Hucker, Kaiser, S. 645.

80 Przybilla, Edelherren, S. 450.

81 Ebd., S. 570; S. 575.

82 Hucker, Kaiser, S. 396 f.

83 Ebd., S. 262.

84 Przybilla, Edelherren, S. 576.

85 Ebd., S. 581.

86 Hucker, Kaiser, S. 474.

hauptsächlich liegenschaftliches Lehnsgut und Vogteirechte, dagegen in eher geringem Maße Geldlehen.

Ähnlich wie die behandelten Grafen und Herren hat Kaiser Otto IV. im Kampf gegen Friedrich II. selbst von Neubelehnungen Gebrauch gemacht, um potentielle Vasallen zu konkreten militärischen Diensten zu mobilisieren. Eindrucksvollen, wenngleich nur schlaglichtartigen Einblick in derartigen Maßnahmen bietet die Lehnsurkunde Kaiser Ottos IV. für den Edelherren Hermann von Habke und dessen Neffen Otto über die Belehnung mit der dem Kaiser zuvor aufgelassenen Burg Harbke. An diese Belehnung waren Waffendienste innerhalb der Burg und darüber hinaus ausdrücklich verknüpft, darunter die Bereithaltung von zwanzig Männern in Waffen in der Burg und die Entsendung von 5 Waffenknechten in das Heer Kaiser Ottos.[87] Diese Neubelehnung und Vasallenmobilisierung gehört in die Zeit der letzten Kämpfe, die der Welfenkaiser noch einmal mit dem Aufgebot all seiner verfügbaren und verbliebenen Kräfte gegen Erzbischof Albrecht von Magdeburg und Markgraf Dietrich von Meißen im Sommer 1217 führte.[88]

---

[87] Niedersächsisches Landesarchiv, Abteilung Wolfenbüttel, 1 Urk, Nr. 9 = MGH DD O IV., BFW 507, S. 494 f. (1217 Juni 21 Salzdahlum): „quod ipsi in perpetuum nobis contra omnes homines in mundo fideliter servire non omittent et quod in eodem castro viginti homines armatos ad servicium nostrum tenebunt et cum quinque militibus et eorum servientibus in exercitub nostro."

[88] Winkelmann, Kaiser, S. 461. Bei Hucker, Kaiser, S. 291–319, enden entsprechend seiner „imperialen" und europäischen Sicht auf Otto IV. dessen Kämpfe mit der Niederlage bei der Schlacht von Bouvines 1215. Die regionalen Kriegszüge in Ostsachsen werden nicht weiter beachtet.

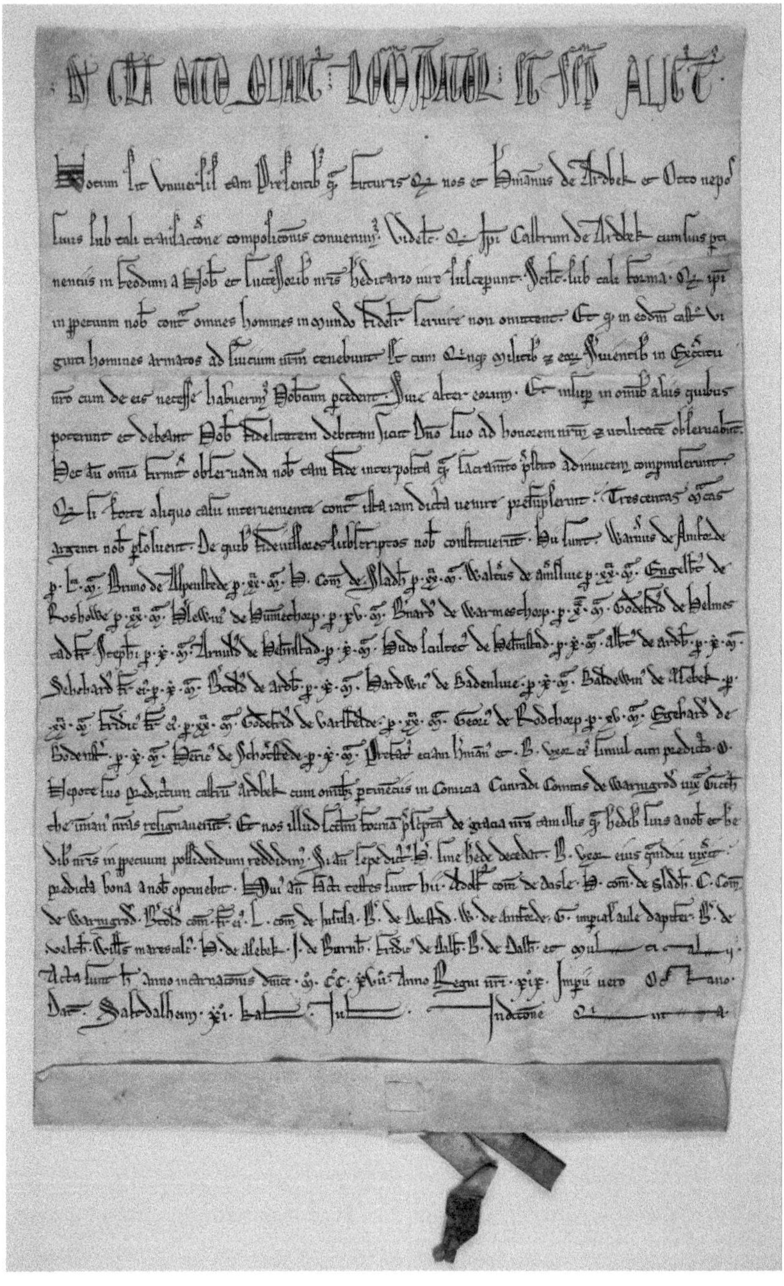

Abb. 3: Lehnsurkunde Kaiser Ottos IV. für die Edelherren von Harbke, Salzdahlum, Niedersächsisches Landesarchiv, Abteilung Wolfenbüttel, 1 Urk, Nr. 9 (1217 Juni 21). Mit freundlicher Genehmigung.

IV. Schlussbetrachtung

Am Ende dieser Beobachtungen steht die Erkenntnis, dass sich innerhalb eines politisch unübersichtlichen Raumes in Ostsachsen, einer regelrechten Splitterzone von Treueverhältnissen und Lehnsbeziehungen, durchaus eine Gruppe von Grafen und Herren identifizieren ließ, die während der Kämpfe des deutschen Thronstreits fest entweder der staufischen oder welfischen Seite angeschlossen hatten. Während die großen Fürsten häufig zwischen den Fraktionen schwankten und ihren Anschluss in immer neuen Bündnisverträgen verhandelten, ist bei den hier beispielhaft behandelten Dynasten in bemerkenswerter Weise ein Festhalten an Lehnstraditionen festzustellen, welche in die Zeit Friedrich I. Barbarossa und Heinrichs des Löwen zurückreichten. Diese Kontinuität hatte dabei gleichwohl eine wesentliche Voraussetzung: die Grundausstattung des entsprechenden Adelsgeschlechts mit Stammsitz oder grundlegenden Herrschaftsrechten von der staufischen oder von der welfischen Hand. Als ausschlaggebend für die Aktivierung dieser Vasallen für den Kriegsdienst in jedweder Phase des Thronstreits erschienen die Neubelehnungen, auf der staufischen Seite waren dies insbesondere die wahrscheinlich um 1200 durch Philipp von Schwaben eingerichteten Goslarer Vogteigeldlehen sowie innerhalb der welfentreuen Adelsgruppierung die mehrseitige Absicherung von Zuzug und militärischen Dienst über den Weg der Neubelehnung mit Lehnsgut und Herrschaftsrechten durch Grafen und Edelfreie an welfische Ministeriale. Die drei in diesem Zusammenhang befassten frühen Lehnsverzeichnisse mit ihren Bezügen zu den Auseinandersetzungen und militärischen Unternehmungen der konkurrierenden Könige zeigten auf, wie die gezielte Neuvergabe von Lehen und Amt zumindest im ostsächsischen Gebiet die für die Durchsetzung königlicher Herrschaftsansprüche notwendigen adeligen Gefolgschaften in einer andauernden Machtprobe im Wesentlichen mobilisierte und aufrechterhielt.

Ungedruckte Quellen

Niedersächsisches Landesarchiv, Abteilung Wolfenbüttel
1 Urk, Nr. 9.
Stadtarchiv Goslar (Kulturmarktplatz Goslar)
Urkunden Stadt Goslar 8.

Gedruckte Quellen

Arnoldi Chronica Slavorum = Lappenberg, Johann Martin (Hg.): Arnoldi Chronica Slavorum (MGH SS 21), Hannover 1869, S. 100–250.

Braunschweigische Reimchronik = Weiland, Ludwig (Hg.): Braunschweigische Reimchronik, in: Deutsche Chroniken und andere Geschichtsbücher des Mittelalters, 2. Bd., Hannover 1877, S. 430–574.

MGH DD F I. = Appelt, Heinrich (Bearb.): Die Urkunden Friedrichs I., 5. Bde. (MGH DD 10), Hannover 1975–1990.

MGH DD HdL = Jordan, Karl (Bearb.): Die Urkunden Heinrichs des Löwen, Herzogs von Sachsen und Bayern (MGH DD 5), Leipzig 1941–1949.

MGH DD O IV. = Rzihacek, Andrea/Spreitzer, Renate (Hgg.): Die Urkunden Ottos IV. (MGH Digitale Vorab-Edition), 24.02.2023, abrufbar unter https://mgh.de/de/die-mgh/editionsprojekte/die-urkunden-ottos-iv (Letzter Zugriff am 03.07.2025).

MGH DD Phil = Rzihacek, Andrea u. a. (Bearb.): Die Urkunden Philipps von Schwaben (MGH DD 12), Wiesbaden 2014.

Mülverstedt, George Adalbert von (Hg.): Regesta archiepiscopatus Magdeburgensis. Sammlung aus Urkunden und Annalisten zur Geschichte des Erzstifts und Herzogthums Magdeburg, 2. Tl.: Von 1192 bis 1269, Magdeburg 1881.

Regg. Ludwig d. B. H. XII = Menzel, Michael (Hg.): Regesten Kaiser Ludwigs des Bayern (1314–1347) nach Archiven und Bibliotheken geordnet, Heft 11, in: Bulach, Doris (Bearb.): Die Urkunden aus den Archiven und Bibliotheken Berlins, Brandenburgs, Mecklenburg-Vorpommerns, Sachsens, Sachsen-Anhalts, Thüringens, Köln/Weimar/Wien 2018.

RI IV,2,3 = Böhmer, Johann Friedrich (Hg.): Regesta Imperii IV. Lothar III. und ältere Staufer 1125–1197, 2. Abt.: Die Regesten des Kaiserreiches unter Friedrich I. 1152(1122)–1190. 3. Lieferung 1168–1180, bearb. von Ferdinand Opll, Wien/Köln/Weimar 2001.

RI V,1,1 = Böhmer, Johann Friedrich (Hg.): Regesta Imperii V. Jüngere Staufer 1198–1272. Die Regesten des Kaiserreichs unter Philipp, Otto IV., Friedrich II., Heinrich (VII.), Konrad IV., Heinrich Raspe, Wilhelm und Richard, 1. Abt., hg. von Julius Ficker, Innsbruck 1881.

UB Hildesheim Hochstift VI = Hoogeweg, Hermann (Bearb.): Urkundenbuch des Hochstifts Hildesheim und seiner Bischöfe, 6. Teil: 1370–1398 (QDNds 28), Hannover 1911.

UB Mansfeld = Krühne, Max (Bearb.): Urkundenbuch der Klöster der Grafschaft Mansfeld (QProvSachs 20), Halle 1888.

UB Quedlinburg I = Janicke, Karl (Bearb.): Urkundenbuch der Stadt Quedlinburg, Bd. 1 (QProvSachs 2), Halle 1873.

UB Stadt Goslar I = Bode, Georg (Bearb.): Urkundenbuch der Stadt Goslar und der in und bei Goslar belegenen geistlichen Stiftungen, Bd. 1: 922 bis 1250 (QProvSachs 29), Halle 1893.

UB Stadt Goslar II = Bode, Georg (Bearb.): Urkundenbuch der Stadt Goslar und der in und bei Goslar belegenen geistlichen Stiftungen, Bd. 2: 1251 bis 1300 (QProvSachs 30), Halberstadt 1896.

UB Walkenried I = Dolle, Josef (Bearb.): Urkundenbuch des Klosters Walkenried, Bd. 1: Von den Anfängen bis 1300 (QFBrschwG 38; VHKNB 210), Hannover 2002.

Darstellungen

Ehlers, Joachim: Heinrich der Löwe. Der ehrgeizige Welfenfürst, Darmstadt 2021.
Fenske, Lutz: Zur Geschichte der Grafen von Regenstein vom 12. bis zur Mitte des 14. Jahrhunderts, in: Harz-Zeitschrift 45,1 (1993), S. 7–34.
Ders./Schwarz, Ulrich: Das Lehnsverzeichnis Graf Heinrichs I. von Regenstein 1212/1227. Gräfliche Herrschaft, Lehen und niederer Adel am Nordostharz (VMPI 94), Göttingen 1990.
Friedl, Christian: Politischer Pragmatismus – Opportunismus – Treue? Zeugenkontinuität von Philip von Schwaben bis Friedrich II., in: Philipp von Schwaben. Beiträge der internationalen Tagung anlässlich seines 800. Todestages. Wien, 29. bis 30. Mai 2008 (Österreichische Akademie der Wissenschaften. Denkschriften, Philosophisch-Historische Klasse 399/ Forschungen zur Geschichte des Mittelalters 19), hg. von Andrea Rzihacek und Renate Spreitzer, Wien 2010, S. 215–225.
Gerlich, Alois: Könige, Fürsten, Adel und Städte am Mittelrhein und in Franken zwischen Thronstreit und Mainzer Reichslandfrieden 1198–1235 (QFHessG 127), Darmstadt 2001.
Grosse, Walter: Aus der Frühgeschichte der Grafschaft Wernigerode. C. Vom Ursprung der ersten Grafen von Wernigerode, in: Zeitschrift des Harzvereins für Geschichte und Altertumskunde 68 (1935), S. 126–135.
Habermann, Jan: Aufstieg und Formierung der Reichsministerialität im Harz, in: Harz-Zeitschrift 72 (2020), S. 11–30.
Ders.: Die Harzgrafen im 13. Jahrhundert. Hochadlige Selbstbehauptung zwischen Reichsnähe und Welfenferne, in: Der letzte Welfe im Norden. Herzog Albrecht „der Lange" von Braunschweig (1236–1279). Ein „großer" Fürst und seine Handlungsspielräume im spätmittelalterlichen Europa (KWSt/A 54), hg. von Oliver Auge, Jan Habermann und Frederieke Maria Schnack, Berlin 2019, S. 109–152.
Heinrichsen, Anselm: Süddeutsche Adelsgeschlechter in Niedersachsen im 11. und 12. Jahrhundert, in: NdsJbLG 26 (1954), S. 24–114.
Hucker, Bernd Ulrich: Kaiser Otto IV. (MGH Schriften 34), Hannover 1990.
Ders.: Otto IV. Der wiederentdeckte Kaiser. Eine Biographie, Frankfurt a. Main/Leipzig 2003.
Jordan, Karl: Goslar und das Reich im 12. Jahrhundert, in: NdsJbLG 35 (1963), S. 49–77.

Krätschmer, Marco: Rittertum und Lehnswesen im Stauferreich. Zu Organisation und Rekrutierung der Ritterheere im 12. und 13. Jahrhundert, in: FMSt 54 (2020), S. 349–394.

Krieb, Steffen: Vermitteln und Versöhnen im deutschen Thronstreit 1198–1208 (Norm und Struktur 13), Köln/Weimar/Wien 2000.

Lorenz, Sönke: König Philipp und Pfalzgraf Rudolf von Tübingen. Zu einem Helfer im Thronstreit und verwandten Dynasten, in: ZWLG 69 (2010), S. 37–70.

Mamsch, Stefanie: Kommunikation in der Krise. Könige und Fürsten im deutschen Thronstreit (1198–1218) (Wissenschaftliche Schriften der WWU Münster, Reihe X, 14), Münster 2012.

Petke, Wolfgang: Die Grafen von Wöltingerode-Wohldenberg. Adelsherrschaft, Königtum und Landesherrschaft im 12. und 13. Jahrhundert (Veröffentlichungen des Instituts für historische Landesforschung der Universität Göttingen 4), Hildesheim 1971.

Przybilla, Peter: Die Edelherren von Meinersen. Genealogie, Herrschaft und Besitz vom 12. bis zum 14. Jahrhundert (VHKNB 236), Hannover 2007.

Schmidt, Gustav: Zur Genealogie der Grafen von Regenstein bis zum Ausgange des 14. Jahrhunderts, in: Zeitschrift des Harzvereins für Geschichte und Altertumskunde 22 (1889), S. 1–48.

Scholz, Michael: Vom Reichsvogt und Stadtvogt. Zur Geschichte eines Amtes und der Goslarer Gerichtsverfassung im Mittelalter, in: Stadtrechte, Willküren und Polizeiordnungen. 1. Goslar und Wernigerode (Harz-Forschungen 32), hg. von Dieter Pötschke, Wilhelm Brauneder und Gerhard Lingelbach, Berlin 2017, S. 61–78.

Schubert, Ernst: Politik, Verfassung, Wirtschaft vom 9. bis zum ausgehenden 15. Jahrhundert. Geschichte Niedersachsens II,1 (VHKNB 36), Hannover 1997.

Schütte, Bernd: König Philipp von Schwaben. Itinerar, Urkundenvergabe, Hof (MGH Schriften 51), Hannover 2022.

Schymalla, Joachim: Die Grafen von Falkenstein im Mittelalter, in: Burg Falkenstein (Schriftenreihe der Stiftung Dome und Schlösser in Sachsen-Anhalt 4), hg. von Boje E. Hans Schmuhl und Konrad Breitenborn, Dößel 2006, S. 11–35.

Vogtherr, Thomas: Der welfische Hof unter Albrecht I. von Braunschweig. Fürstlicher Rat, Hofämter, Ministerialität und Ritterschaft. Mit einem Exkurs: Zur Verfasserfrage der „Braunschweigischen Reimchronik“, in: Der letzte Welfe im Norden. Herzog Albrecht „der Lange“ von Braunschweig (1236–1279). Ein „großer“ Fürst und seine Handlungsspielräume im spätmittelalterlichen Europa (KWSt/A 54), hg. von Oliver Auge, Jan Habermann und Frederieke Maria Schnack, Berlin 2019, S. 153–182.

Weinfurter, Stefan: Die Entmachtung Heinrichs des Löwen, in: Heinrich der Löwe und seine Zeit. Herrschaft und Repräsentation der Welfen 1125–1235. Katalog der Ausstellung Braunschweig 1995, hg. von Jochen Luckhardt, Franz Niehoff und Gerd Biegel, München 1995, S. 180–189.
Winkelmann, Eduard: Philipp von Schwaben und Otto IV. von Braunschweig, Bd. 1: König Philipp von Schwaben (Jahrbücher der Deutschen Geschichte), Leipzig 1873.
Ders.: Philipp von Schwaben und Otto IV. von Braunschweig, Bd. 2: Kaiser Otto IV. von Braunschweig 1208–1218 (Jahrbücher der Deutschen Geschichte), Leipzig 1875 (ND Darmstadt 1963).
Zotz, Thomas: Werra magna et dissensio nimis timenda oritur inter principes Theutonicos de imperio. Der Thronstreit zwischen Philipp von Schwaben und Otto von Braunschweig 1198–1208, in: ZWLG 69 (2010), S. 17–35.

Lehen, Pfand und Amt in der Mark Brandenburg im Hoch- und Spätmittelalter. Entwicklung, strukturelle Ähnlichkeiten und Unterschiede

*Grischa Vercamer**

Grischa Vercamer identifies the pragmatic use of various forms of loans, appointments to offices and pledges by the rulers of Brandenburg. For his detailed examination of the source material, he has divided the period under investigation, which extends from the 12th to the 15th century, into six chronological sections. In additional to numerous charters (especially for the noble family Rochow), the so-called "Landbücher", as land registers, are important sources in this context. Vercamer derives a total of twenty (see at the end of the article) from his explanations and emphasizes, among other things, the verifiability of bourgeois fief takers (approximately one third of all goods in the 14th century). An internal differentiation within the nobility is also discernible: for the majority, living conditions did not differ significantly from those of rich peasants (up to 10 hides). On the other hand, for the year 1375, one can identify a group of approximately 30 families who constituted the noble elite in the Mark Brandenburg. They resided in castles (beschlossene) and had a larger number of villages. In the second half of the 15th century, a service nobilty (Dienstadel) increasingly can be recognized, whose members received monetary payments for their service.

Ausgehend von der Einsicht der modernen Mediävistik, dass das sehr einheitlich und gleichzeitig viel zu eindimensional konstruierte Lehnssystem à la François Louis Ganshof und Heinrich Mitteis so in der mittelalterlichen Realität nie existiert hat, wurden in den letzten Jahren vermehrt Versuche unternommen, um auszuloten, welche Strukturen anstatt dessen zum Tragen kamen.[1] Die Forschung bewegt sich dabei tastend nach vorne, Jürgen Dendorfer sprach von einer „produktiven Verunsicherung".[2] Eine Forschungsstrategie besteht darin, neue Fragen an die Quellen heranzutragen, indem man in zunächst viel offeneren hermeneutischen Konzepten für Verleihungen denkt, da die altbekannten Termini in den Quellen („beneficium", „feudum") sich leider als zu verwirrend und zu vielfältig in ihrer lebensweltlichen Ausformung erwiesen haben. Jürgen Dendorfer und Steffen

* Diese Studie wurde im Rahmen einer Heisenberg-Professur mit der DFG-Gepris-Projektnummer 543627402 erstellt.

1 Reynolds, Fiefs, hat den Anstoß für dieses Umdenken gegeben. Vgl. dazu die Auseinandersetzung in der deutschen Mediävistik seit den 2010er Jahren: Dendorfer/Deutinger, Lehnswesen; Patzold, Lehnswesen; Spieß, Ausbildung. Und jüngst: Dendorfer/Patzold, Tenere.

2 Dendorfer, Lehnrecht, S. 194.

Patzold haben dies in einem jüngst publizierten, wegweisenden Band getan,[3] indem sie drei Containerbegriffe definierten („normale Leihe“, „Leihe gegen Dienst“, „Leihe gegen Abgaben“), die als Konzepte dienen können, um zunächst jegliche Formen von Verleihungen – man könnte sagen – für die künftige Forschung ‚vorzusortieren‘. Daneben sollen aber – das sei unterstrichen und so betonen sie es auch – die halbwegs präzise bestimmbaren, bereits im Mittelalter enger gefassten Konzepte der ‚Prekarie‘, der ‚Pacht‘ und des ‚Pfandes‘ beibehalten werden.

Die „produktive Verunsicherung“ lässt es geboten erscheinen, in den Dimensionen Raum und Zeit sehr viel genauer hinzuschauen. Roman Deutinger fasste das bereits 2010 kompakt zusammen: „Als fruchtbar [...] dürfte es sich erweisen, neuere Ansätze von Rechtsgeschichte und Rechtssoziologie aufzugreifen und das Lehnswesen insgesamt weniger als logisch-formales System, sondern als rechtlich-soziale Praxis zu begreifen, die durch große Varietät in Zeit und Raum gekennzeichnet ist.“[4] Mittlerweile ist klar geworden: Das karolingische Frühmittelalter ist sehr deutlich vom staufischen Hochmittelalter zu unterscheiden – beim letzteren kommen vermehrt Phänomene zusammen, die wir als die klassische Verbindung von „Gut“ und „Dienst“ (meist militärisch) bezeichnen würden – allerdings mit der Einschränkung, dass ein großer Teil der erhaltenen Urkunden darauf hinweist, dass die „Leihe“ eben als Belohnung für schon geleistete Militärdienste vergeben wurde (die dann offenbar zunächst auf einer anderen rechtlichen Basis eingefordert wurden). Es lässt sich damit einhergehend eine stärkere Ritualisierung feststellen, welche sich durch Handgang, Treueeid und Investitur im klassischen Sinne gut nachweisen lässt.[5] Jedoch können neben dem klassischen Stück Land auch Ämter, Herrschaftsrechte (Regalien) oder Einkünfte (zum Beispiel eine Zollstation) verliehen werden, mit Charles West lässt sich von einer „Verdinglichung politischer Macht“ in dieser Zeit sprechen. Die Fürsten verliehen Güter und Ämter an besonders verdienstvolle Personen aus ihrer Umgebung, die gleichzeitig am Hof oder in der Landesherrschaft bereits wichtige Aufgaben ausfüllten und somit belohnt wurden.[6] Das Ämterwesen differenzierte sich besonders im Hoch- und Spätmittelalter immer weiter aus, sodass konkret mehr Personen versorgt werden konnten.[7] Die Praxis des Verleihens verändert

---

3 Dendorfer/Patzold, Tenere, S. 20 f., betonen moderne Forschungsbegriffe (Konzepte) zu nutzen, weil der alte Zugriff über die Quellenwörter (die meist zu unspezifisch sind) eben letztlich versagt hat.

4 Deutinger, Lehnswesen, S. 470.

5 Ebd., S. 460. Betont sei, dass diese Rituale sich gut durch historiographische oder epische Quellen nachweisen lassen und eben nicht alleine durch rechtliche Zeugnisse.

6 Roach, Reichshistoriographie, S. 209–211, betont für die Salier und Staufer deutlich, dass auch Ämter als „beneficia“ verliehen wurden.

7 Zur Ausdifferenzierung des hoch- und spätmittelalterlichen Ämterwesens: Peters, Ämter.

sich dann nochmals im 13. Jahrhundert durch die zunehmende Monetarisierung:[8] Das Verpfänden von Gütern durch die Vergabe von Pfandgut wurde zu einer mehr und mehr genutzten Option für die Fürsten, um schnell an Geld zu kommen – umgekehrt konnten die Pfandgeber bzw. Gläubiger dadurch lukrative Geschäfte machen, weil sie bis zur Rückzahlung über Jahre die Einnahmen aus den verpfändeten Ämtern und Gütern bezogen.[9]

Als ein künftiges Desiderat für hochmittelalterliche Verhältnisse resultiert aus dem wegweisenden Band, dass das eingeführte Konzept „Leihen gegen Abgaben" (also Land/Einkünfte/Ämter gegen Konditionen) dort kaum mit belastbaren Quellennachweisen ausgefüllt werden konnte. Auch zeigt sich, dass sich die seit dem 12. Jahrhundert vormals in Italien entwickelten verschriftlichten Lehnsgewohnheiten zunehmend im Reich nördlich der Alpen widerspiegeln (in Form von „Mutungen" oder „Leiheketten"). Hierfür sind aber weitere regionale Studien nötig und es ist dabei sehr wahrscheinlich, dass sich verschiedene „Leiheformen" im Hoch- und Spätmittelalter nach regionalen Gewohnheiten und Voraussetzungen differenzieren lassen. Ergänzend sei noch ein jüngerer Aufsatz von Oliver Auge genannt,[10] in dem es unter anderem darum geht, dass in Dänemark des 14. Jahrhunderts Lehen und Pfandbesitz durchaus gleichberechtigt nebeneinanderstanden, da die Verpfändung ein wichtiges Herrschaftsinstrument des dänischen Königs war, um seine Unterstützer für geleistete Hilfe zu entschädigen.

Aufgabe des vorliegenden Beitrags soll es daher sein, für die Mark Brandenburg des Hoch- und Spätmittelalters zu prüfen, welche Formen der „Leihe" sich feststellen lassen. Weiterhin soll analysiert werden, wie sich das Verhältnis dieses rechtlich-sozialen „Ordnungssystems" (also herkömmlich: das Lehnswesen) in Bezug auf Verwaltung und Geldwesen verhält.[11] Sinnvoll erscheint es, sich diesem Vorhaben über zwei Schritte anzunähern: (1) Einerseits sollen landesherrliche Bestimmungen und Verzeichnisse (Verordnungen, Güterverzeichnisse, Lehnslisten, Huldigungen, Schiedsurteile, Einigungen, Urkunden) berücksichtigt werden, die es erlauben, zwischen verschiedenen Bindungsformen der landesherrlichen „Leihegeber"

---

[8] Vgl. Büttner, Geld, S. 48: „Die allgemeine Tendenz ging [im 13. Jahrhundert] jedoch hin zu Leistungen in Geld [im Gegensatz zu Sachwerten], wenn auch nicht ohne Widerstand."

[9] Dendorfer/Patzold, Zusammenfassung, S. 445–450, 463 f. (mit Bezügen zu den Beiträgen von Roman Deutinger, Rüdiger Lorenz und Jürgen Dendorfer im selben Band).

[10] Auge, Lehnswesen revisited.

[11] Vgl. die Einführung von Oliver Auge und Frederic Zangel im vorliegenden Band. Im Einladungsschreiben zur Tagung hieß es dazu: „Das im Fokus des Projekts stehende Lehnswesen wurde in jüngeren Arbeiten als Ordnungskonzept verstanden, das es in den Schriftquellen zu erschließen gilt. Dabei wurden bereits Bezüge zum Geldwesen hergestellt. Weiterhin stellt sich die Frage, in welchem Verhältnis es zum Verwaltungswesen steht."

und der adeligen „Leihenehmer" zu unterscheiden.[12] (2) Andererseits sollen pars pro toto landesherrliche Urkunden für die adelige Familie der von Rochow analysiert werden, um auch hier über verschiedene Leiheformen zu reflektieren. Vorauszuschicken ist, dass eine Quantifizierung – also: wie viele „normale Leihen", wie viele „Leihen gegen Dienst", wie viele Pfandlehen, wie viele Ämtervergaben aufgrund von Verleihung lassen sich feststellen – zwar wünschenswert wäre, in diesem Rahmen aber nicht leistbar ist. Auch konzentriere ich mich einzig auf die brandenburgischen Markgrafen als Landesherren, während daneben noch andere märkische Grundherren aufgeführt werden könnten (zuvorderst die drei Bischöfe von Brandenburg (an der Havel), Havelberg und Lebus, dann die Herren von Ruppin, sowie die Herren von Putlitz, das Domkapitel zu Brandenburg und Havelberg sowie die Äbte von Chorin und Lehnin), die Aftervasallen hatten.[13]

Zunächst soll nun kurz in die landeshistorische Quellenlage und Forschungsliteratur zum Thema und allgemein in die Herrschafts- und Adelsgeschichte der Mark Brandenburg eingeführt werden, unter anderem da die jeweiligen Dynastiewechsel bedeutenden Einfluss auf die Verwaltung und somit das „Leihesystem" hatten.

Grundsätzlich lässt sich sagen, dass die Quellenlage für die Mark Brandenburg als äußerst günstig bezeichnet werden kann, besonders der zentrale „Riedel" ist hervorzuheben.[14] Eine quantifizierende Auswertung der Güterurkunden könnte daher in einer größer angelegten Studie durchaus von Erfolg gekrönt werden.

---

[12] Betont sei an dieser Stelle, dass die bisherige Forschung immer wieder auch das bürgerliche Element im brandenburgischen Lehnswesen unterstrichen hat, so forderte Peter-Michael Hahn 1988, dass man von Lehnsleuten und nicht von Adeligen sprechen solle, da auch viele Bürgerliche in den „erbar manschaften" anzutreffen seien, dazu Hahn, Adel, S. 48.

[13] Zu den geistlichen Grundherrschaften vgl. Abb/Wentz (Bearb.), Bistum Brandenburg; Heimann/Neitmann/Schich (Hgg.), Brandenburgisches Klosterbuch. – Zum Verhältnis der Landesherren zu den unabhängigen Grundherren auf dem Territorium der Mark jüngst Stellmacher, Herrschaft.

[14] Der von Adolph F. J. Riedel herausgegebene Codex diplomaticus Brandenburgensis insbesondere mit Hauptteil 1 bzw. A (25 Bände – zur Geschichte von adligen Familien, Städten und Burgen in der Mark Brandenburg) sowie Hauptteil 3 bzw. C (3 Bände – zu allgemeinen Landes- und kurfürstlichen Hausangelegenheiten) ist für den hiesigen Kontext wichtig. Hinzukommend können folgende Editionen herangezogen werden: Raumer, Codex; Ders., Regesta; Krabbo/Winter, Regesten; Gollmert, Landbuch; Schultze (Hg.), Landbuch; Ribbe, Aufzeichnungen; Huch/Ribbe, Regesten. Daneben gibt es noch vereinzelt Editionen zu brandenburgischen Adelsfamilien, z. B. Mülverstedt, Codex. – Für eine größere Studie müssten Archivalien im Geheimen Staatsarchiv Preußischer Kulturbesitz eingesehen werden, besonders bezüglich der Lehnsangelegenheiten: GStA, I. HA, Rep. 78 (Kurmärkische Lehnskanzlei); GStA, I. HA GR, Rep. 62 (Kurmärkische Lehnssachen).

Zur Forschungsliteratur muss man konstatieren, dass in den letzten Jahren wenig grundlegende Arbeiten erschienen sind: Schon älter sind die Überblickswerke zur Mark Brandenburg im Mittelalter – ein neuer, größerer Überblick ist derzeit in Arbeit.[15] Verwiesen sei insbesondere auf monographische Spezialstudien zur Landesherrschaft sowie zu Adel und Burgen.[16] Zu den hier relevanten Schlagworten „Lehen",[17] „Amt"[18] und „Pfand"[19] in Kombination mit der brandenburgischen Landesgeschichte lassen sich noch einige, jedoch meist deutlich ältere Beiträge in Artikelform finden. Insgesamt lässt sich wohl etwas pauschal unterstreichen, dass die brandenburgische Landesgeschichte bislang die oben beschriebene, noch recht junge Kehrtwende bezüglich des Lehns-/Leihewesens noch nicht vollzogen hat, obgleich man für das Vorantreiben dieses Anliegen generell auf umfassende Spezialstudien zum Adel und zu Burgen in der Mark Brandenburg zurückgreifen kann.

Strukturelle Spezifika der Landesgeschichte Brandenburgs bezüglich der ländlichen Eliten im Hoch- und Spätmittelalter

Bereits im 14. Jahrhundert wird die Mark Brandenburg *expressis verbis* in drei große Regionen unterschieden: die Altmark, die Mittelmark und die Neumark.[20]

Adolph F. J. Riedel hatte diese Dinge seinerzeit nur vereinzelt in den Codex diplomaticus Brandenburgensis aufgenommen.

15 Schultze, Mark Brandenburg; Assing/Ribbe (Hgg.), Geschichte (mit wichtigen Beiträgen von Helmut Assing, Heidelore Böcker und Felix Escher). Hinzuweisen ist auch auf den exzellenten wissenschaftlichen Ausstellungsbegleitband: Bergstedt u. a., Dialog. – Geplant ist unter der Hauptautorenschaft von Doris Bulach und Uwe Tresp ein neuer Überblick zur mittelalterlichen Geschichte, im Rahmen der Reihe „Brandenburgische Geschichte in Einzeldarstellungen".

16 Es seien hier nur einschlägige Monographien (meist Qualifikationsarbeiten) in chronologischer Reihenfolge genannt: Ruhe, Lehnsbeziehungen (1914); Engel, Feudalherren (1973); Podehl, Burg (1975); Hahn, Struktur (1979); Preschel, Entwicklung (1985); Ahrens, Residenz (1990); Stephan, Vogtei (2006); Winkelmann, Mark Brandenburg (2011); Stellmacher, Herrschaft (2020).

17 Riedel, Unterschiede; Holtze, Geschichte; Zahn, Besitzungen; Schultze, Lehnrecht; Schultze, Landstandschaft; Hahn, Adel; Esders, Friedrich II.; Schröder, Quellen; Schlinker, Belehnung.

18 Heinrich, Amtsträgerschaft; Hahn, Amt.

19 Ribbe, Burg- und Amtsverpfändungen, S. 214, sieht die Pfandpolitik als Wirtschaftsform in Brandenburg als schlecht erforscht an.

20 Im Landbuch Karls IV. von 1375 wird von „marchia transalbeana", „marchia media" und „marchia transoderana" gesprochen, vgl. Schultze (Hg.), Landbuch, S. 62–66.

Nochmals wurde in kleinere Regionen wie der Prignitz, der Uckermark, dem Barnim, der Zauche oder dem Teltow unterschieden – diese werden in den Quellen des Spätmittelalters (z. B. dem Landbuch von 1375) als Verwaltungsbezirke (Vogteien) angeführt und die regionalen Bezeichnungen sind heute noch gebräuchlich. Die großen Regionen der Mark durchliefen je für sich genommen recht unterschiedliche Entwicklungen, so lässt sich darauf hinweisen, dass die erst spät von den märkischen Landesherren erschlossene Neumark (jenseits der Oder) von Beginn an ein regionales Eigenbewusstsein bewahrte, da diese Region bereits vor den Askaniern ausgebaut wurde.[21] Die Altmark wiederum (also die Region westlich der Elbe) war in ihrer Entwicklung ebenfalls älter als die Mittelmark und hatte dadurch auch später noch traditionelle Anbindungen an das magdeburgische Erzbistum oder die benachbarten sächsischen Städte.[22] Gerade die Mittelmark war altes slawisches Siedlungsgebiet, wo die Askanier vollkommen neue Bedingungen schufen. Sie ist durch das Landbuch von Karl IV. von 1375 äußerst präzise erfasst: Dabei lässt sich schon feststellen, dass die Masse der ausgegebenen Hufen in den Dörfern zinspflichtigen Bauern gehörte – lediglich 1/10 war als Lehnsgüter an ritterliche Vasallen und Schulzen (keine Adligen!) gegen Lehensdienst ausgegeben.[23]

Die brandenburgische Adelslandschaft, die uns hier vor allem interessieren soll, ist sehr stark durch den Niederadel geprägt – es gab lediglich ein einziges Grafengeschlecht, das von Lindau-Ruppin (mit dem Machtzentrum um die heutige Stadt Neuruppin), welches bis 1524 herrschaftlich unabhängig von den Markgrafen und späteren Kurfürsten von Brandenburg blieb.[24] Ebenfalls waren die Bischöfe von Brandenburg (an der Havel) und Havelberg sowie die märkischen Stifte und Klöster von einem Lehnsverhältnis mit den Markgrafen ausgenommen – sie besaßen ihren Landbesitz als volles Eigentum (häufig ehemaliges Reichsgut) und erst das päpstliche Nominationsrecht von 1447 für die brandenburgischen Kurfürsten brachte die Bischöfe und Prälaten zunehmend in Abhängigkeit von den Hohenzollern.[25] Daneben zählten nur die Edlen Gans Herren zu Putlitz zum vom Landesherren unabhängigen Adel, da sie ihre Güter vom Bischof von Havelberg als Lehen bekommen hatten. Die Grafen von Hohenstein gehörten

[21] Gahlbeck, terra Transoderana, S. 154 f.

[22] Erst vor kurzem hat Krüger, Sonderfall, darauf aufmerksam gemacht.

[23] Schultze (Hg.), Landbuch, in der Einführung, S. XV. Nur in der Uckermark war der ritterliche Anteil etwas höher.

[24] Vgl. Stellmacher, Herrschaft.

[25] Schultze, Landstandschaft, S. 69 f.

Ende des 15. Jahrhunderts auch zum märkischen Herrenstand (sie hatten die Herrschaften Vierraden und Schwedt erworben).[26]

Die Geschichte des Niederadels in der Mark Brandenburg, besonders der Mittelmark mit den Städten Berlin/Cölln als Zentrum im Spätmittelalter, ist insofern bemerkenswert, da im Rahmen des Wendenkreuzzuges 1147 mit dem späteren ersten Markgrafen Albrecht dem Bären (1100–1170) viele Familien in die vormalig slawischen Gebiete strömten, deren soziale Herkunft doch nur unzureichend zu klären ist.[27] Die autochthonen slawischen Eliten wurden in den nach der konkreten Eroberungszeit ausbrechenden Verteilungskämpfen in den allermeisten Fällen übergangen, sodass komplett neue Herrschaftsstrukturen geschaffen wurden.

Die erwähnten Familien entstammten in ihrer ursprünglichen Heimat meist einfachen Ministerialgeschlechtern,[28] aber in den eroberten Gebieten erlangten sie als Lokatoren in der zweiten Hälfte des 12. Jahrhunderts häufig einen derartig autonomen Handlungsspielraum, dass sie oft sogar ohne markgräfliche Erlaubnis eigene Burgen bauten.[29] Sie konnten also größeren Landbesitz arrondieren, mussten aber andererseits auf den landesherrlichen Burgen aufgrund ihrer Burglehen als Burgmannen Dienst tun.[30] Neben einer solchen Burgbezirksverfassung existierte parallel eine Vogteiverfassung – erste Amtsleute der Markgrafen können in dieser Phase festgestellt werden.[31] Die Vögte von Salzwedel, Tangermünde, Wolmirstedt, Arneburg und Gardelegen hatten ihre Sitze nachweislich auf Burgen, die früh landesherrliche Herrschaftsmittelpunkte waren. Leider haben sich für diese Phase

---

26 Ebd., 71.

27 Ribbe, Herkunft, S. 255 f., weist folgende deutsche Edelherren für das Jahr 1147 nach: Die Edlen Gans im Norden der Prignitz, die Edlen von Plotho und von Jerichow in Kyritz, Wusterhausen und Friesack, sowie die Edlen von Arnstein im Land Ruppin. Ribbe hielt es für weniger wahrscheinlich, dass diese Geschlechter slawischen Ursprungs waren – beweisen lässt es sich freilich nicht endgültig –, sondern eher, dass den deutschen Herren die neuen Gebiete von slawischen Vorgängern übertragen wurden. Vgl. hierzu auch Schultze, Wendenkreuzzug. Ob nun ein Geschlecht wie die Gans von Putlitz aus einer (in diesem Fall angenommenen) brabantischer Heimat kamen oder aber selbst doch slawischen Ursprungs waren, ist schwer beweisbar.

28 Helbig, Gesellschaft, S. 1–6.

29 Ribbe, Herkunft, S. 256–258, weist darauf hin, dass viele Burgen eigenständig angelegt wurden.

30 Podehl, Burg, S. 614, konnte das für die Burg Salzwedel nachweisen. Allerdings mit dem Hinweis, dass wir aus der frühen Zeit nur sehr wenige Quellen zu diesem Sachverhalt haben.

31 Bohm, Teltow, S. 293 f.; Ribbe, Burg- und Amtsverpfändungen, S. 211. Schon zu Beginn der Askanier wurden im gesamten Gebiet Vogteien eingerichtet.

wenig Urkunden für Adelige erhalten – eher für geistliche Institutionen.[32] Es ist jedoch Herbert Helbig zuzustimmen, dass eine frühe Unterscheidung in eine abhängige Dienstmannschaft und eine freie Vasallengruppe in der Mark kaum Sinn macht, da in dieser ersten Phase einzig die Entwicklung dieser Gruppen zu einem gemeinsamen landesherrlichen, professionellen Kriegerstand wichtig erscheint.[33] Im 13. Jahrhundert lässt sich im Allgemeinen feststellen, dass die Landesherren ihre Vorrechte (niedere und hohe Gerichtsbarkeit, Kirchenpatronat, Anspruch auf Leistungen aus der bäuerlichen Bevölkerung) vielerorts an die Vasallen („vasalli", so auch in den Quellen genannt) und Städte veräußerten.[34] Diese Privilegien bildeten in der Folgezeit die Grundlage für den Adel, auf den regionalen Landtagen (noch nicht gesamtmärkisch) seit dem 13. Jahrhundert mitzuwirken.

Im 14./15. Jahrhundert wird der brandenburgische Adel in den Verwaltungsquellen schließlich sehr klar in „beschlossene" und „unbeschlossene" Geschlechter unterschieden (das Gros bildeten die „Unbeschlossenen", also die ritterlichen Grundherren in den Dörfern, mit oftmals lediglich 3–6 Hufen Grundbesitz). Gerd Heinrich sprach für den nordostdeutschen Adel insgesamt im Spätmittelalter von „Groß-Adeligen" (lediglich 5 % des Gesamtadels) und „Zaunjunkern" bzw. „Krautjunkern", also Dorfadeligen. Die Groß-Adeligen hatten laut Heinrich oftmals das 50–90-fache des Jahreseinkommens der Dorfadeligen und blickten daher im gewissen Maße auf die Dorfadeligen herab.[35] Diese beschlossenen Geschlechter forderten für sich zunehmend rechtliche Privilegien ein (z. B. Einladungen zu den Landtagen direkt von der Hofkanzlei).[36] Joachim Schneider verglich die Aufnahme eines Adeligen in diesen erlesenen, kleinen Kreis sogar mit der Verleihung der Grafenwürde.[37]

Die konkret damit verbundenen sozialen und herrschaftlichen Implikationen für die Mark sind bislang wenig untersucht – grundlegende Forschung hierzu ist teils über 150 Jahre alt.[38] Die Zahl der archäologisch nachgewiesenen kleineren und größeren Burgen übersteigt bei weitem die Zahl der schriftlich

---

32 CDB Chronologisches Register 1, passim.

33 Helbig, Gesellschaft, S. 4. Ihre Privilegien wurden im Übrigen erst 1662 auf Betreiben des nicht schloßgesessenen Adels aufgehoben, vgl. Podehl, Burg, S. 618.

34 Schultze, Landstände, S. 72.

35 Heinrich, Adel, S. 108; Podehl, Burg, S. 618.

36 Helbig, Gesellschaft, S. 5.

37 Schneider, Niederadel, S. 231. Mir scheint dieser Vergleich jedoch ein wenig zu hoch gegriffen.

38 Riedel, Unterschiede. Zusammenfassend zum Stand der Forschung: Stephan, Der hofgesessene Adel. Im begrenzten Rahmen für die Altmark: Ders., Vogtei.

bekannten Anlagen, die in den Händen der Schlossgesessenen waren,[39] und dieses Missverhältnis ist bis heute von der Forschung nicht aufgelöst worden.[40] Burgen machten jedenfalls, soweit ist sich die Forschung einig, den entscheidenden Unterschied: Für den gesamten norddeutschen Raum wurde festgestellt, dass der Besitz von Burgen und später Schlössern gerade die niederadeligen Geschlechter auszeichnete, welche die Hochgerichts- und Steuerbezirke dominierten und auf die wichtigen lokalen Ressourcen zurückgreifen konnten.[41] Es scheint für den brandenburgischen Raum so, dass für die Ausdifferenzierung in beschlossene/ unbeschlossene Adelsgeschlechter der ursprüngliche soziale Stand kaum eine Rolle gespielt hat, sondern lediglich die konkrete „Durchsetzungskompetenz" vor Ort zählte.[42] Der Aufstieg von Teilen des brandenburgischen Niederadels sieht man schon früh zum Beispiel in einem markgräflichen Vertrag (der jüngeren Linie der Askanier) von 1280, in welchem 56 Rittergeschlechter mit den askanischen Markgrafen aushandelten, dass diese auf jegliche Steuererhebungen gegenüber den genannten Familien verzichten sollten. Hinzu wurde den Geschlechtern bei landesherrlichem Wortbruch sogar ein Widerstandsrecht eingeräumt.[43] Es waren offensichtlich nur die mächtigsten Familien einbezogen.

Mit dem Ende der Askanier (1319) waren es über circa ein Jahrhundert wittelsbachische und luxemburgische Markgrafen, mit einem Wort: landfremde Landesherren, die das Geschick der Mark Brandenburg prägten.[44] Es kam dadurch zum Machtverlust bei der zentralen Herrschaft, wobei lokale Rittergeschlechter in das entstandene Machtvakuum vorstießen und sich (durch die Ferne der Landesherren) interessanterweise auch eine allgemeine Landesidentität ausprägte.[45]

Die Landesbeschreibung der Mark von 1373, ein nicht ganz so umfassender, wenig älterer Vorläufer des oben erwähnten Landbuchs von 1375, führt insgesamt 31 edle Familien („nobiles vasalli marchionis Brandenburgensis") auf (also circa 5–7 pro Landschaft),[46] die im Besitz von Burgen und Städten

---

39 Podehl, Burg, S. 3. Zur neueren archäologischen Burgenforschung in der Mark Brandenburg vgl. Biermann/Posselt, Burgen.
40 Schneider, Niederadel, S. 209–232.
41 bei der Wieden, Formierung, S. 328.
42 Riedel, Unterschiede, S. 276; Assing, Landesherrschaft, S. 149; Michas, Burgen.
43 CDB III,1, Nr. 8, S. 9 f. (1280 August 1280 Berlin), dazu Schultze, Landstände, S. 74.
44 Diese Phase ist sehr umfassend in der Dissertation von Winkelmann, Mark Brandenburg, untersucht worden.
45 Ahrens, Residenz, S. 343–344; Winkelmann, Mark Brandenburg, S. 316–319.
46 Schultze (Hg.), Landbuch, S. 2–5.

waren – interessanterweise zählten nicht alle Schlossbesessenen hierzu.[47] Da dieses Verzeichnis sehr zentral ist, sei es hier in extenso zitiert. **Mittelmark:** die Torgau (mit Stadt Zossen), die Rochow (mit Burg Golzow), die Bredow (mit Friesack, die Gröben (mit der Burg Beuthen und der Insel Postdamp), die Wulkow (mit der Burg Falkenhagen), die Stegelitz (mit der Burg Biesenthal), die Lochen (mit der Stadt Wriezen). **Altmark:** die Schulenburg (mit der Burg Beetzendorf, Burg und Stadt Apenburg), die Bartensleben, die Alvensleben (mit der Burg Kalbe), die von Alvensleben (mit der Burg Klötze [zweiter Zweig]), die Jagow (mit der Burg Aulusen (bei Seehausen)), die Burg Gartow (steht einzeln für sich, Anm. d. Verf.), die Erxleben (mit der Burg und Stadt Erxleben), der Schenk von Flechtingen (mit der Burg Flechtingen), die Mundschenke von Arneburg, die Wederden, die Oberge, die Bodendik. **Prignitz:** Gans von Putlitz (mit der Burg Putlitz), die von Rohr, die von Bösel (mit der Burg Stavenow), die von Quitzow (mit der Burg Quitzow), die Burg Stuer (steht einzeln für sich, Anm. d. Verf.), die Burg Goldbeck (steht einzeln für sich, Anm. d. Verf.). **Uckermark:** die Greifenberg (mit Burg und Ort Greifenberg), die Blankenburg (mit Burg), die Holzendorf (mit Burg Wernicz), die Stegelitz (mit Stadt Broczow). **Neumark:** die Wedel (mit der Burg Falkenburg, der Stadt Wedel, der Stadt Noremberg, Stadt Freienwalde, Stadt Küstrin, mit Stadt und Burg Bernau, Stadt und Burg Recz, Burg und Stadt Uchtenhagen, Stadt Tupcz, Stadt Mellen, Stadt Schievelbein, Stadt Fürstenfelde), die Uchtenhagen (mit der Burg und Stadt Santoch), die Brederlow (mit der Burg Dirschau und der Burg Retczaw), die von Osten (mit Burg und Stadt Driesen) und die Vockenrode (mit Burg und Stadt Sonnenburg).

Die einflussreichsten Geschlechter waren von den Aufgezählten sicherlich die Rochows, Bredows und Gröben in der Mittelmark („marchia media"), die Schulenburgs und die Alvensleben in der Altmark („marchia transalbeana"), die Edlen Gans zu Putlitz und die Quitzows in der Prignitz, die Greifenbergs und die Blankenburgs in der Uckermark sowie die Wedel in der Neumark („marchia transoderana").[48] Als edelfreies Geschlecht standen die Grafen von Arnstein in Ruppin – das wurde schon betont – für sich.[49]

Das wenig später folgende Landbuch der Mark Brandenburg von 1375 (von Kaiser Karl IV. in Auftrag gegeben) verzeichnet leider lediglich die Abgaben und den Landbesitz in den Dörfern (bezeichnenderweise also die konkreten

---

47 Vgl. Podehl, Burg, S. 618. Ein Burgbesitz war also kein Garant, um in die höhere Gruppe aufzurücken.

48 Assing, Landesherrschaft, S. 149.

49 Abrufbar unter https://www.brandenburgikon.net/index.php/de/sachlexikon/herrschaft-ruppin (Letzter Zugriff am 03.07.2025).

Besitzungen der „Schlossbesessenen“ gerade nicht),[50] jedoch geht aus dieser Quelle deutlich hervor, wie sehr die auswärtigen Markgrafen im 14. Jahrhundert durch Exemtionen, Privilegierung und Landveräußerungen zugunsten des Niederadels eigene Einnahmequellen aufgegeben hatten.[51] So zum Beispiel für das Dorf Glinicke (heute ein Berliner Stadtteil): Hier sind 49 Hufen, von denen die beiden Niederadeligen Berktzow und Musolff jeweils 16 Hufen frei („liberos“) besitzen. Das Gasthaus und die Kossäten zahlten Abgaben an sie und Musolff hatte die hohen und niedrigen Gerichte und die Fuhrdienste („servitium curruum“). Beide stehen zum Markgrafen in einem Vasallenverhältnis („servicium vasallionatus“) und der Schreiber hält fest, dass der Markgraf in diesem Dorf keine Einnahmen oder Rechte hat: „Dominus marchio nichil habet ibi.“[52] Im benachbarten Kleinmachnow (heute im Speckgürtel Berlins) hat die niederadelige Familie der Quast von 48 Hufen 12 Hufen zum freien Besitz. Sie verfügen über ähnliche Rechte wie im vorherigen Beispiel. Der Schreiber notiert, dass sie aussagten: „Eciam dicunt, quod non recordantur, dominum marchinem aliquid ibi habuisse.“[53] Diese Niederadeligen wussten offenbar gut darüber Bescheid, dass der Landesherr kaum eine Orientierung über die ihm zustehenden Rechte und Abgaben vor Ort hatte – man könnte hierin sogar eine bewusste Aneignungsstrategie sehen, die in vielen Fällen wohl aufging.

Nur am Rande sei das Phänomen Stadtbürger/Vasall gestreift: Im Landbuch erscheinen in den Dörfern neben den landsässigen Niederadeligen auch viele Bürger aus Berlin, Cölln oder anderen märkischen Städten, die teils überdurchschnittlich großen Besitz hatten und für diesen Besitz in einem Vasallenverhältnis stehen konnten, so zum Beispiel: „Hans de Aken habet eandem villam cum omni iure, non obligatur ad servicium quia habet in pheudum a Henrico de Richenbach.“[54] Hans von Aken war Bürger Berlins und stand für seinen Besitz in einem Vasallenverhältnis mit Heinrich von Reichenbach (der offenbar aus einer schlesischen oder sächsischen Kleinstadt stammte). Das Verhältnis Stadtbürger/Vasallität ist für die Mark Brandenburg ein durchaus wichtiges Thema; in den 1970er Jahren wurde es bereits einmal zentral von Herbert Helbig untersucht, der dabei feststellte, dass die Lehnbürger im Landbuch

50 Schneider, Niederadel, S. 218; Schultze (Hg.), Landbuch.

51 Das bestätigt Schich, Landesherrschaft, S. 24.

52 Schultze (Hg.), Landbuch, S. 77. Helbig, Gesellschaft, S. 41, hält fest, dass der Landesherr in Teltow nur noch in 2 von 94 Dörfern, im Barnim in 3 von 197, im Havelland in 6 von 103 und in der Zauche in 17 von 105 die Obergerichtsbarkeit besaß.

53 Ebd., S. 77.

54 Ebd.

laut den dort gemachten ländlichen Abgaben (in „frustra" gerechnet: eine Einheit zu 20 Schillingen) ungefähr ein Drittel der Güter ausmachten.[55]

Wir bleiben beim Adel: Größere niederadelige Familien wie die Quitzows, die Gans von Putlitz (das einzige Freiherren-Geschlecht in Brandenburg) oder die von Plotho gingen in dieser Zeit sehr aktiv vor, eigneten sich oftmals gewaltsam neue Territorien an und führten langjährige Fehden mit den brandenburgischen Städten.[56] Die Lektüre des zeitgenössischen „Memoriale" (circa um 1423 verfasst) des aus der Stadt Brandenburg stammenden Engelbert Wusterwitz[57] macht eindrucksvoll deutlich, wie frei und unbehelligt sich besonders die Quitzows in den beiden Jahrzehnten am Übergang vom 14. zum 15. Jahrhundert in der Mark bewegen konnten (daher auch als „Quitzow-Zeit" bezeichnet).

Erst mit dem von König Sigismund als Hauptmann und Verwalter eingesetztem Burggraf von Nürnberg Friedrich VI. (1411) konnte das ungezügelte Fehdeverhalten des Niederadels eingegrenzt werden – der aus Franken stammende Friedrich konnte jedoch nicht ungehindert walten, sondern war darauf angewiesen, mit dem brandenburgischen Adel Kompromisse auszuhandeln.[58] Seine Strategie bestand häufig darin, besonders widerwilligen Niederadeligen ihre Burgen kurzfristig zu entziehen – er musste sie aber nolens volens dort später wieder einsetzen. De facto fand also in dieser Zeit kein tiefgreifender Elitenwechsel statt (was die ältere Forschung noch teils angenommen hatte). 1417 wurde der Nürnbergische Burggraf endgültig mit der Mark Brandenburg belehnt und somit etablierten sich die Hohenzollern für Jahrhunderte (bis 1918) in der Region. Zunächst wurden die hohenzollerschen Erblande im Fränkischen noch mit der Mark gemeinsam in einer Hand regiert. Mit der Residenzbildung (Schlossbau) in der märkischen Doppelstadt Berlin-Cölln in den 1440–1450er Jahren wurde aber immer deutlicher, dass die Doppelbelastung der geographisch weit auseinanderliegenden Gebiete nicht mehr zu leisten war, sodass es in Konsequenz 1473 schließlich zur hohenzollerschen Erbteilung („Dispositio Achillea") in einen brandenburgischen und einen fränkischen Zweig kam.

---

55 Helbig, Gesellschaft, S. 21. – Die großen altmärkischen, schlossgesessenen Geschlechter der Alvensleben, Bartenleben, Jagow, Schulenburg und Bodenik zogen 561 „frustra" ein, während sie 356 bereits verkauft oder verlehnt hatten, davon 303 an Stadtbürger. Die Ritterfamilien der Altmark nahmen 1115 „frustra" ein, davon hatten sie 435 veräußert (309 an bürgerliche Lehnsempfänger).

56 Bezeichnend ist, dass es zu den Quitzows kaum neuere Literatur gibt: Bergstedt, Schuldscheine (nur ein kurzer Beitrag).

57 Ribbe, Aufzeichnungen.

58 Hahn, Adel, S. 53; Vercamer, Brandenburg.

Vor dem Hintergrund des bisher Geschilderten lassen sich sechs Herrschaftsphasen deutlich voneinander unterscheiden, die auch für das regionale Leihewesen Unterschiede machen dürften:

1. Die Etablierungsphase der Askanier: Albrecht (der Bär) – Albrecht II. (1147–1220)
2. Ein intensiver Land- und Städteausbau – die zweite Askanierperiode: Johann I./Otto III. – Waldemar I. (1220–1319)
3. Die Wittelsbacher Phase: Ludwig I. der Ältere – Otto V. (1323–1373)
4. Die Luxemburger Phase: Wenzel der Faule – Sigismund (1373–1411)
5. Die Hohenzollern: Etablierungsphase (1411–1440)
6. Die Hohenzollern ab 1440/1451: Residenzbildung in Berlin-Cölln, Einbindung der brandenburgischen Hochadeligen über den Schwanenorden, Erbteilung zwischen Franken und Brandenburg (1473) etc.

Diese Phasen sollen nun näher behandelt werden und dabei sollen sowohl landesherrliche Bestimmungen als auch die Urkunden für das schlossgesessene Geschlecht der von Rochow[59] auf die Fragen nach Lehen, Amt und Pfand befragt werden (wie oben bereits erklärt).

1. Etablierungsphase der Askanier: Albrecht (der Bär) – Albrecht II. (1147–1220)

Aus der frühsten Eroberungszeit sind keine Urkunden erhalten, die in dem Kontext von Lehen/Leihe, Amt und Pfand Auskunft geben würden. Erstmals aus dem Jahr 1196 (28. Nov.) ist eine Urkunde der askanischen Brüder Otto II. und Albrecht II. überliefert, in welcher sie all ihre „predia nostra […] tam infeudata quam libera“ in der Mark der Kirche von Magdeburg übergeben – es muss sich dabei um eine sehr große Verschreibung gehandelt haben, da auch die Grafschaften von Dietrich von Groitzsch und Otto von Falkenstein miteingefasst werden.[60] Es wird aus dieser Urkunde deutlich, dass es in der Mark in dieser frühen Zeit sowohl freien Besitz wie auch Leihegüter gab – genau quantifizieren und

---

[59] Zu diesem Geschlecht gibt es für die mittelalterliche Phase lediglich Publikationen aus dem 19. Jahrhundert, die umfassendste ist von einem Familienangehörigen, dem preußischen Oberst Adolf Friedrich August von Rochow zusammengetragen worden – Rochow, Nachrichten. Davon abgesehen, werden sie in den oben genannten Werken zum Adel in der Mark Brandenburg immer mal wieder thematisiert. Die längere Ausführung von Riedel, Schloß, kann man in der Edition für die Urkunden des Geschlechts (CDB I,10) finden.

[60] CDB III,1, Nr. 2, S. 2 (1196 November 24, 25 und 28).

gegeneinander abwägen lassen sich die beiden Güterarten jedoch leider nicht. Im Jahr 1204 wiederum ist eine markgräfliche Bestätigung über einen Kauf von Gütern durch das Zisterzienserkloster Lehnin überliefert. Es werden dabei vier Adelige (zwei davon „milites") genannt, die ihre Güter dem Kloster verkauft haben: Hermann von Plotho, Heidenreich von Elboy, Otto von Ziesar und ein Ritter Hoolf.[61] Hermann von Plotho hatte ein „beneficium" in der „ville Wachowe [Wachow bei Nauen] quam a me in feodo tenebat, consensu heredum suorum tali sub conditione michi resignasse, ut eam claustro lenin perpetualiter possidendam conferrem". Er hatte also ein Gut vom Markgrafen verliehen, welches er nun demselben (Otto II.) überlässt, sodass der Markgraf es dem Kloster zum ewigen Besitz auftragen kann. Dafür musste Hermann von Plotho die Zustimmung seiner Erben einholen, er konnte das also nicht eigenmächtig entscheiden. Das Kloster hatte ihm für das Gut zuvor 30 Mark gezahlt. Hierbei scheint bemerkenswert, dass Hermann das „beneficium" nicht direkt an das Kloster abgeben konnte, sondern den Umweg über den Leihegeber (Lehnsherren) gehen musste. Die anderen Adeligen verkauften in ähnlicher Weise ihre Güter („Conradus de borch consentientibus sibi heredibus suis"), offenbar war das 1180 gegründete Kloster zu diesem Zeitpunkt dabei, seinen Besitz auszubauen.

Beim Ritter Hoolf ist jedoch ein Unterschied feststellbar, da er kein Gut innehatte, sondern den Zehnten verkaufte, der ihm früher verliehen worden war („decima ville plothe, qua eundem hoolfum inbeneficiavit"). Wir sehen hier ein frühes Beispiel von verliehenen Einkünften ohne konkrete Güter.

2. Intensiver Land- und Städteausbau – zweite Askanierperiode: Johann I./Otto III. – Waldemar I. (1220–1319)

In dieser Phase sehen wir, dass sich der Niederadel langsam von den Landesherren emanzipiert.[62] Es existiert ein Vertrag vom 18. August 1280[63] (bereits oben kurz erwähnt) von den Markgrafen der jüngeren askanischen Linie (Otto V., Albrecht III. und Otto VI.) mit „nostri fideles et vasalli". Insgesamt waren 56 Ritter (darunter auch ein Rochow: „Henricus de Rachow") aus der Altmark, Prignitz, Havelland, Barnim, Teltow, Zauche und Neumark nach Berlin gekommen, um den Markgrafen dort offenbar ihre Bedingungen zu diktieren: Ein Verzicht auf jegliche Steuererhebungen („super omni genere exactionis precarie et perangarie") seitens der Markgrafen für die Leihenehmer (diese werden nochmals spezifiziert in „ministeriales", „milites", „armigeri", „vasalli"). Bei Wortbruch verbürgten die

61 CDB I,10, Nr. 14, S. 188 (1204).

62 Podehl, Burg, S. 617.

63 CDB III,1, Nr. 8, S. 9 f. (1280 August 18 Berlin).

Markgrafen den Vasallen sogar ein Widerstandsrecht. Das Dokument wurde zwar bei der späteren Ausfertigung zerschnitten, das Siegel abgerissen und die Urkunde mit einem „non valet" (eine Handschrift des 15. Jahrhunderts) auf der Rückseite versehen, aber im Jahr 1280 war der Vertrag offenbar bittere Realität für die Landesherren.[64]

Im darauffolgenden Jahr (1. Mai 1281)[65] ist wieder über die Steuerlast („Urbede") verhandelt worden und nun bestimmten die drei Markgrafen (dieses Mal sind es die Brüder Johann II., Otto IV. und Konrad I.), dass „vasalli nostri" den Landesherren gegen den zukünftigen Verzicht der Landesherren auf jegliche außerordentliche Steuerbelastung einmalig im ersten Jahr zu zwei Terminen eine Wispel (24 Scheffel) Hartkorn (Weizen, Gerste, Roggen) oder zwei Wispel Hafer und zusätzlich ein Talent (40 Schilling) geben sollten. Im nächsten Jahr wurde die Last reduziert und ebenfalls zu zwei Terminen (St. Walpurgis und St. Andreas) eingezogen: eine Wispel (24 Scheffel) Hartkorn (Weizen, Gerste, Roggen) oder zwei Wispel Hafer, aber nun nur noch zusätzlich 1 Schilling (anstatt 20 über das halbe Jahr). Ritter („miles") und Knappen („famulus") waren von dieser Regelung mit einem Besitz bis zu 6 Hufen (Ritter) bzw. 4 Hufen (Knappen) ausgenommen – für weitere zahlten sie dann wie die anderen bäuerlichen Hufen.[66] Die genaue Form der Naturalabgaben spielt hier eine untergeordnete Rolle, wichtig ist jedoch: Die Leihenehmer konnten sich von der unberechenbaren, für sie allzu spontan auftretenden Belastung freikaufen. Die Markgrafen verkauften somit ein Herrschaftsrecht, welches dann als Privileg dem brandenburgischen Adel verliehen wurde („petitionem sive precariam exactoriuam, quam in terra sive territorio Marchie dignoscimur habuisse, vendidimus iuxta virorum nostrorum consilium discretorum scilicet sub hac forma") [es folgen die Zahlungsmodalitäten des Getreides]. Später kommt in der Urkunde zur Sprache, dass die „vasalli" die „bona nostra", welche sie von den Markgrafen gekauft haben, für das gleiche Geld den Markgrafen wieder verkaufen dürfen („debent nobis pro eadem pecunia [...] resignari"). Danach erfolgt ein Satz, der deutlich darauf hinweist, dass der Dienst und die Herrschaftsanerkennung, welche die Vasallen, den Markgrafen schulden, von den Gütern völlig unabhängig sind: „Item prehabita venditio vasallos nostros

64 Schultze, Landstandschaft, S. 74, stellt die Frage in den Raum, ob die Ritterschaft eigenständig (also organisiert) nach Berlin gekommen ist oder durch die Markgrafen gerufen wurde.

65 CDB III,1, Nr. 9, S. 10–12 (1281 Mai 1 Sandau).

66 Allerdings gaben die Ritter und Knappen (also der Niederadel) ihre dann fällig werdenden Urbede-Schulden direkt an ihre untertänigen Bauern („subditi vasallorum") weiter, sodass sie faktisch komplett von dieser Steuerzahlung befreit wurden. Vgl. Helbig, Gesellschaft, S. 46.

a dominatione et servitiis nostris non secludet, sed dominationi et servitiis nostris debent esse veluti prius obnoxii et astricti". Einerseits haben wir hier einen hervorragenden Beweis dafür, dass „beneficium"/Leihegüter und „servitium"/ Dienst völlig getrennt voneinander funktionierten und andererseits kommt klar zum Vorschein, dass es sich im Zuge der Monetarisierung im 13. Jahrhundert eben um ein Geldgeschäft handelte (wobei die Vasallen aber nur zum ursprünglichen Kaufpreis wieder verkaufen konnten).

Ungefähr 25 Jahre später privilegierten die Markgrafen Otto IV., Johann IV. und Waldemar im Jahre 1305 die Stadt Stendal und stellten dabei als Bürgen alle Ritter und Knappen, die auf den Häusern Wolmirstedt und Tangermünde Burglehen („Borchleen") besaßen. Es wurden insgesamt 21 Ritter und Knappen aus neun Familien (von Gardelegen, von Lüderitz, von Büste, von Rochow, von Schwechten, von Brunkow, von Schäplitz, von Wahrburg und von Osterburg) aufgezählt, die ihre Stammsitze (mit einer Ausnahme) in der Vogtei Tangermünde und Stendal hatten. Neben der Vogteiverfassung existierte nachweislich bis zum Ende des Mittelalters das Burglehen-System, welches die Vasallen an eine konkrete Burg (und ihre Verteidigung) band. Wir sehen insgesamt: Die ursprünglich unfreien „ministeriales" wurden in den Quellen im Laufe des 13./frühen 14. Jahrhunderts „domini", „nobiles" und „vasalli".

Gleichzeitig kristallisiert sich langsam eine Landeselite heraus. Ausschlaggebend für die soziale Stellung wurde der Umfang an Besitzungen und Rechten sowie eine eigene Burg. Es hatte dabei letztlich auch einfach mit Geld zu tun – der letzte askanische Markgraf Waldemar (reg. 1308–1319) verpfändete große Teile Brandenburgs.[67] Hierzu passt, dass wir bis in die 1270er Jahre noch 150–200 Ritter als Mitglieder des fürstlichen Gefolges (vor allem als Zeugen) feststellen können, während sich die Zahl am Ende der Askanier auf circa 50 Adelige als häufige Zeugen in landesherrlichen Urkunden reduzierte.[68] Unter den Räten (nicht immer expressis verbis so genannt) der letzten Askanier (Otto IV., Konrad I., Otto V., Albrecht III., Hermann und Waldemar) finden sich ausgewählte märkische Adelsfamilien, die immer enger an den Fürstenhof gebunden wurden.[69]

Erstmals tauchten 1238 die Rochows, die ursprünglich aus der magdeburgischen Altmark stammten, in der Mark Brandenburg auf – mit 15 Hufen in einem heute nicht mehr existenten Dorf Rochau bei Stendal: „Filii domini Wighardi habent

---

67 Assing, Landesherrschaft, S. 124.
68 Spangenberg, Hof- und Zentralverwaltung, bes. S. 9–135.
69 Ahrens, Residenz, 1990, S. 90.

in villa Roegawe quindecim mansos"[70] – ein noch bescheidener Besitz, als Leihe von den Grafen von Osterburg und Altenhausen.[71] Adolph Riedel nahm an, dass die Familie Rochow jedoch bereits unter Albrecht dem Bären oder seinem Sohn mit dem Besitz um Golzow ausgestattet wurde,[72] einen urkundlichen Nachweis darüber gibt es freilich nicht. 1301 wird ein Heinrich von Rochow (Heinrich II.) als Vogt von Tangermünde geführt,[73] der gemeinsam mit dem Truchsess Konrad Raven und einem Marschall H. einen Streit zwischen dem Stendaler St. Nicolai-Domstift und dem Vikar von St. Stephani ebendort schlichtete. Wenige Jahre später (1305) trat er mit Nikolaus von Buch als Organisator und Umsetzer der oben genannten markgräflichen Stendaler Urkunde auf. In seinem Amt als Vogt war er sicherlich einflussreich, wir können jedoch keine Verleihungen feststellen, die unmittelbar mit diesem Amt zusammenhingen.[74] Eine zeitgleiche Urkunde (1309) von Markgraf Waldemar informierte alle Vögte und Untervögte („recognoscimus omnibus advocatis et subadvocatis") bezüglich Krimineller in seinem Herrschaftsbereich, aber die Vögte und ihre genauen Bereiche werden leider auch hier nicht detailliert ausgeführt.[75] Erst circa 35 Jahre (1340) später haben wir eine erste Rechnungslegung des Vogtes Marquard von Loterbeck – der erste überlieferte Nachweis für eine markgräfliche Rechnungslegung überhaupt.[76] Aus dieser Quelle wird deutlich, dass die Vögte in ihrem Bereich für sämtliche Verwaltungsaufgaben verantwortlich waren. Es handelte sich entsprechend um prestigereiche Ämter, die an ausgewählte Geschlechter verliehen oder verpfändet wurden.

3. Wittelsbacher Phase: Ludwig I. der Ältere – Otto V. (1323–1373)

Wie oben erwähnt, lässt sich ab 1319 bis zum Herrschaftsantritt der Hohenzollern eine schwere Herrschaftskrise in Brandenburg feststellen. Viele ursprüngliche Landesburgen fielen in die Hände von Adeligen, von wo diese wiederum

---

70 CDB I,6, Nr. 2, S. 450 f. (1238). – Peckenstein, Laurentius: Von dem Ursprunge, Alterthum, rühmlichen Thaten und Aufnahme der berühmten Familie von Rochow 1607, sieht die von Rochow mit Aventinus und anderen humanistischen Autoritäten zu fränkischen Zeiten (S. 767) bei Basel mit „tausend anderen vornehme Adelsgeschlechter" – als die schweizerischen Städte sich dann unabhängig machten, zog der Adel ab. Sein Beitrag ist hier zitiert nach Rochow, Nachrichten, S. 1 f.

71 Riedel, Schloß, S. 111 f.

72 Ebd., S. 113.

73 CDB I,10, Nr. 2, S. 119 (1301 November 3 Stendal). Vgl. Rochow, Nachrichten, S. 8.

74 Podehl, Burg, S. 570, mutmaßt, dass ihm als Entschädigung für seine Dienste vom Markgraf Waldemar die Burg Golzow verliehen wurde.

75 CDB III,1, Nr. 16, S. 15 (1309 Juni 25 Frankfurt).

76 Bulach, Vogteirechnungen.

Fehden – gerade gegen die Städte – führten.[77] Wesentliche Teile des landesherrlichen Besitzes gingen damals an die Geistlichkeit, den Adel oder die Städte über. Die ökonomische Grundlage des märkischen Adels bildete fortan nicht mehr nur die Verleihung bzw. der Lehnsbesitz, sondern sie wurde zunehmend aus den landesherrlichen Einkünften generiert, indem die Inhaber von Ämtern stärker an den Erträgen ihrer Ämter beteiligt wurden oder aufgrund von Geldleihen an lukrative Pfandgüter herankamen. Ein Beispiel: Die Familie Bredow (vor allem im Havelland begütert) konnte im Verlauf des 14. Jahrhunderts sichtbar aufsteigen – insbesondere Matthias II. hatte zwischen 1350 und 1368 mehrere wichtige Ämter inne und hielt sich nachweislich im Gefolge des Markgrafen auf. So war er „camerarius“ und Küchenmeister und konnte durch diese Ämter seinen Besitz erheblich erweitern.[78] Die Kleinstadt und Burg Friesack mit Land wurde z. B. 1352 („iusto pfeodi titulo a nobis“) von Ludwig dem Römer an Peter von Bredow (Sohn von Matthias II.) verliehen – gleichzeitig mit dem konkreten Auftrag verbunden, den Niederadeligen Ulrich von Grieben, der seinen Besitzes wegen Hochverrats („crimen lese maiestatis“) abgesprochen bekam, aus seinem Gut, im Lande Friesack gelegen, zu verdrängen und die nötige Strafe zu exekutieren.[79]

Die Bredows hatten diese Güter schon einige Jahre zuvor „tu eime rechten lene“ als Entschädigung für 700 geliehene Gulden vom Markgrafen Ludwig übertragen bekommen – es handelt sich also im Grunde um eine Verpfändung. Hier ist ein sehr interessanter Passus zu den Afterlehen: „Riddern und knechte die in den landen gut haben, die soulten dat von uns behalten und scolen us also dan dinst tun, als sie pflichtich sin. Alle burger und bure die darinne lengut hebben, die scolen das von den vorbenumenden von bredowe oder von ihren ersamen wan sie afgiengen entssan und hebben zu rechteme lene.“[80] Die Lehnsverfassung des kleinen Landes Friesacks wird also tiefgreifend modifiziert: Die Ritterlehen bleiben beim Markgrafen, die Bürger und Bauern gehen mit ihren Lehen zu den Bredows. Das zeigt sich auch beim Erbe: „Storven aver riddere ader knechte an leverven, der gut scal an us und an use ersamen vallin.“ Die Bauern- und Bürgerlehen dürfen die Bredow folglich aufkaufen – die Rittergüter aber nicht antasten. Die Bredows stellten im Gegenzug noch am gleichen Tag einen Lehnsrevers aus, in dem die Modalitäten der Belehnung dargelegt werden: Gegen Rückzahlung von 2.500 Mark konnte der Markgraf das Land Friesack wieder zurückkaufen.

---

77 Podehl, Burg, S. 619; Helbig, Gesellschaft, S. 52.

78 Ribbe, Burg- und Amtsverpfändung, S. 217 f., der das Geschlecht an der Stelle ausführlich analysiert.

79 CDB I,7, Nr. 5, S. 49 f. (1352 November 3).

80 Ebd., Nr. 3, S. 48 f. (1290 November 10).

Sollten die Bredows künftig bürgerlichen und bäuerlichen Besitz kaufen, dann sollte es in ihren Besitz übergehen. Sollten es sich jedoch um bäuerliche oder bürgerliche Lehnsgüter handeln, dann würden sie bei Tod der Lehnsinhaber an den Markgrafen zurückfallen.

In dieser Zeit können wir in den Quellen sehr viele Verpfändungen (auch von Ämtern) wahrnehmen[81] – z. B. wurde Thile Brügge (dem Münzmeister in Berlin) die Vogteien Berlin, Spandau, Nauen, Rathenow mit dem Lande Teltow verpfändet.[82] In der Regel gingen die Verpfändungen an Adelige,[83] wie z. B. für das Jahr 1371, als Markgraf Otto der Faule das Schloss Köpenick, Burg und Stadt Oderberg und die Stadt Alt Landsberg für 1.115 Mark (eine beträchtliche Summe) an die niederadelige Familie von Bismarck verpfändete – interessanterweise mit der Bestimmung, dass sie von den Einkünften 110 Mark für sich behalten durften, während die anfallenden Überschüsse langsam die Schulden abbauen sollten. Eine Form also, bei welcher das Pfand die Schuld amortisierte.

Auch das Geschlecht der von Rochow konnte von den Verhältnissen dieser Epoche deutlich profitieren, also Einfluss und Güter ausbauen. Es deutet vieles darauf hin, dass sie ihren 1375 im Landbuch verzeichneten Besitz über insgesamt 19 Dörfern in der Zauche und die Burg Golzow bei Potsdam bereits zu großen Teilen 1329 innehatten.[84] Dort wird für die Dörfer der Rochows bei einigen Schulzen angegeben, dass sie ihre Güter „ad equum pfeudalem" hielten. Viele gaben jedoch schon ½ Mark „pro equo pheudali" – waren also gegen Geldzahlung von ihrem Militärdienst befreit.[85]1344 verpfändete („obligavimus") Markgraf Ludwig der Römer einem Heinrich von Rochow für 300 Mark das Dorf Schartau bei Stendal – es wird in der Urkunde unterstrichen, dass der Markgraf das Dorf jederzeit für den gleichen Betrag wieder einlösen könne.[86] 1351 erfolgt eine für die Rochows zentrale landesherrliche Urkunde, die in Zusammenhang mit einer

---

81 Winkelmann, Mark Brandenburg, S. 76.

82 CDB I,7, Nr. 26, S. 422 f. (1356 Juni 29 Tangermünde).

83 Ribbe, Burg- und Amtsverpfändung, S. 215.

84 Podehl, Burg, S. 569–571, der sich auf eine Urkunde – CDB I,5, Nr. 111, S. 75 (1329 September 7 Golzow) – bezieht, in welcher die vier Söhne des früher genannten Heinrichs II. (Heinrich, Wichard, Betke, Johann) gemeinsam urkundeten. Nach CDB I,5, Nr. 5, S. 120 (1335 Dezember 5 Berlin) resignierten sie dem Markgrafen Ludwig der Ältere den Wald Kapendunk und das Städtchen Golzow, den Zoll und die beiden Mühlen, das Vorwerk und den Weingarten am Ort. Nur der Havelbruch sollte in ihrem Besitz bleiben. Dafür sollten sie verschiedene Hebungen und Besitzungen im Havelland erhalten – CDB I,10, Nr. 6, S. 120 f. (1335 Dezember 5). Dieses markgräfliche Zwischenspiel in Golzow (es ist in dieser Zeit sogar ein Vogt von Golzow bezeugt) ging bis 1351 (vgl. weiter unten).

85 Schultze (Hg.), Landbuch, S. 219 ff.

86 CDB I,10, Nr. 9, S. 123 f. (1344 Februar 3 Stendal).

vorhergehenden Pfandverschreibung von 1337 steht.[87] Das Schloss Golzow war beim Kauf eines anderen Schlosses (Boitzenburg) durch Markgraf Ludwig d. R. 1337 verpfändet worden. Minutiös wurde in dieser Urkunde geregelt, dass der Markgraf seinen Gläubigern (Dietrich von Kerkow und Johannes von Buch) in Golzow eine ebenso große Mannschaft stellen sollte, wie er es in dem anderen Schloss erwarten könne – die Pfandnehmer konnten also auf eine landesherrliche Burgmannschaft zurückgreifen (bzw. diese wurde ihnen im Grunde genommen mitverpfändet).[88] Vielleicht damit im Zusammenhang stehend wurde festgelegt, dass die Burg Golzow für die Mannen des Markgrafen offen bleiben solle (also ein herrschaftliches Öffnungsrecht). Jederzeit sollte der Markgraf die Burg Golzow für 400 Mark zurückkaufen dürfen. 1351 übernahmen die Rochows diese Summe, da Ludwig ihnen sowieso 800 Mark für ihre Dienste und 200 Mark für ein Ross und einen Umbau auf der Burg schuldete. Summa summarum kamen somit stattliche 1.400 Mark zusammen. Der Markgraf bevorzugte es in dieser Situation, anstatt wieder neue Schulden zu machen, den Rochows einfach die ganze Burg „zu einem rechten Erblehn, mit einer gesamten Hand" aufzutragen. Spätestens in diesem Jahr 1351 rückten die Rochows endgültig als schlossgesessener Adel in die Elite des Brandenburger Adels auf. Sie verfuhren übrigens auf ihrer Ebene genauso wie die Markgrafen. So wurde am 22. Juli 1353 eine Urkunde von Wichard von Rochow ausgestellt, in welcher er zwei benachbarten Niederadeligen (Lüdeke und Klaus von Vinzelberg) den Jahreszins des Dorfes Polkau („en punt pennignhe tynses in deme dorpe to polkow") für vier Mark Silber und 1/8 der Gerichtsgefälle im benachbarten Ort Rochow für eine Mark Stendaler Silber verkaufte – mit einem Rückkaufsrecht über drei Jahre zum gleichen Preis.[89] Auch hier wird wieder sichtbar, dass oftmals schlicht Einnahmen verpfändet oder verkauft wurden und die genauen Konditionen dafür fließend und elastisch waren. In dieser Zeit, also dem Aufstieg der Rochows in den schlossgesessenen märkischen Adel, lässt sich ein Johann von Rochow am 24. März 1356 im zentralen Amt des markgräflichen Hofrichters feststellen.[90]

Gleichzeitig formte sich nun langsam der gesamtmärkische Landstand heraus (erstmals ist ein gesamtmärkischer Ständetag für das Jahr 1345 nachweisbar) und somit ein Zusammengehörigkeitsgefühl der Landeseliten. Im 13. und frühen 14. Jahrhundert hatten die Stände noch in ihren jeweiligen Landschaften getrennt

---

87 CDB I,10, Nr. 7, S. 121 f. (1337 Februar 14); Nr. 11, S. 124 (1451 Dezember 21 Berlin).
88 Der Rest blieb also dann beim Markgrafen, obgleich administrativ eigentlich zu der Burg gehörend.
89 CDB 1,10, Nr. 12, S. 125 (1353 Juli 22 Rochow).
90 CDB 1,10, Nr. 15, S. 127 (1356 März 24 Müncheberg).

getagt. Ab 1374 (also mit Karl IV.) fanden regelmäßige Ständetage statt. Die Stände der Mark empfanden sich also allmählich als einen einheitlichen Landstand – im 15. Jahrhundert sprach man wegen des Vorherrschens des Adels allgemein noch von Herrentagen, expressis verbis von „Landtagen“ dann erstmals erst seit 1540.[91]

4. Luxemburger Phase: Karl IV. – Wenzel der Faule – Sigismund (1373–1411)

Die Mark Brandenburg war mit dem Tod Karls IV. (1378) zu einem Spielball und einem böhmischen Nebenland geworden: 1388 wurde sie von Sigismund an Jobst von Mähren für 565.263 Gulden verpfändet. Jobst sah das Fürstentum wohl schlicht als Kapitalanlage,[92] er kümmerte sich kaum darum. Bezeichnenderweise sind für die Rochows für diese Phase keine (zumindest edierten) landesherrlichen Urkunden zu finden.

In dieser Phase ist anderswo im Alten Reich eine an Schärfe zunehmende Abgrenzung von stifts- und landtagsfähigen Geschlechtern oder von den nobilitierten und patriziatischen Familien besonders gut zu beobachten.[93] Für die Mark fehlen derartig klare Distinktionsmerkmale. Dennoch erkennen wir anhand der Gütergrößen, dass die großen Geschlechter (circa 5 % des Gesamtadels in Brandenburg) einfach viel mehr Dörfer, teils Städte, besaßen[94] und auf die einfachen „Krautjunker“ (Begriff von Heinrich übernommen) herabblickten.[95]

---

91 Helbig, Gesellschaft, S. 59.

92 Winkelmann, Mark Brandenburg, S. 94.

93 Hahn, Adel, S. 48.

94 Heinrich, Adel, 1984, S. 108: „Ein regionaler ‚Großer‘ auf der Westseite der Elbe (ein Alvensleben, Bismarck, Schulenburg, Knesebeck oder Jagow) oder in der Niederlausitz (Biberstein, Ileburg, Köckritz u. a. m.) verlangte und erreichte eine verfassungsmäßige und protokollarische Sonderbehandlung (‚Schloßgesessene‘) und blickte wohl auf die Masse des mittelmärkischen, hinterpommerschen, westpreußischen oder polnischen Kleinadels (‚Krautjunker‘) herab.“

95 Schultze (Hg.), Landbuch, nennt 1375 – um einen Eindruck zu vermitteln – nennt in der Altmark 67 Ritterhöfe, in der Zauche 10, im Havelland 80, in Teltow 35, auf dem Barnim 114 und in der Uckermark 190 – all diese Höfe hatten jedoch Größen zwischen gerade einmal 4 Hufen (Altmark) bis zu 10 Hufen (Barnim) – größere Bauernhöfe also (auch die Gebäude). Stephan, Der märkische Adel, S. 295; Eine Rechnung für die Altmark erbringt folgende Verteilung der Gesamtheit der „frusta“, die Bauern, Kossäten, Müller und Krüger in den altmärkischen Dörfern aufbrachten (ein „frustum“ ist eine Maß- und Recheneinheit, in die eine bestimmte Anzahl von Geld oder Agrarprodukten umgerechnet wurde): Von insgesamt 6.359 „frusta“ erhielten 561 der schlossgesessene Adel (fünf Familien), 1151 die Ritterschaft (80 Familien), 1727 die Geistlichkeit und kirchliche Institutionen, 2.774 (knapp 41 %) Lehnbürger, davon 1886 allein 88 Stendaler Bürger. Die Markgrafen erhielten lediglich 195. – Schich, Landesherrschaft, S. 24, Schich schloss aus dieser Statistik: „Die Relationen

Die Burgen der großen Adeligen konnten sich durchaus mit den landesherrlichen oder sogar Reichsburgen vergleichen, z. B. die sogenannte Gänseburg Pollitz (des Geschlechts Gans von Putlitz).[96]

Diese sehr selbstbewusste adelige Macht nahm wohl auch der damalige Landesherr wahr, daher verbot Karl IV. am 8. September 1377, Befestigungen ohne landesherrliche Erlaubnis zu errichten und gestattete den Städten östlich der Oder (in der Neumark), derartige Burgen zu brechen und Räuber zu richten.[97] Gleichzeitig erlaubt der Kaiser und märkische Landesherr, dass Gebäude von Rittern, Bürgern und Bauern an ihrem Wohnort („jeder Bederman, Borger edder Gebowir, in dorfern irer wohnunghen oder Bergfried") von 24 Fuß Höhe (also circa 7 Meter, drei Stockwerke) errichtet werden dürften. Allerdings sollten keine äußerlichen Verteidigungsanbauten hinzugefügt werden („ane allerley umbelauf, fredwere und ane grosse uf geschossene erker").

5. Hohenzollern: Etablierungsphase (1411–1440)

Zwar hat auch der erste Hohenzoller in der Mark Friedrich I., wie die Wittelsbacher und Luxemburger vor ihm, zwecks Geldbeschaffung wiederholt landesherrliche Burgen an Angehörige des landsässigen Adels oder an verdiente Amtsleute verpfändet, aber die adligen Pfandbesitzer solcher Burgen mussten sich in der Regel dem Landesherren gegenüber ausdrücklich verpflichten, die Burgen nicht für ihre Privatfehden zu nutzen, sondern den Landesfrieden überall zu halten.[98] Im Falle der Rochows ist es recht interessant zu beobachten, dass der fränkische Statthalter Friedrich die Burg Golzow mit allen seinen Zubehörungen zunächst dem sächsischen Adeligen und Unterhauptmann der Mark, Wend von Ilenburg, verschrieben hat – jedoch nur unter der Bedingung, dass der junge Wichard von Rochow ohne Lehnserben sterben sollte. Für diese Verschreibung sollte Wend dann „uns zu dinste domit sitzen und dovon tun, als des landes in der Marke czu Brandemburg und lehensguter recht ist."[99] Wichard von Rochow befand sich damals in der adeligen Opposition gegen den neuen römisch-deutschen König Sigismund und die Verschreibung an den Unterhauptmann liest sich als eine sehr deutliche Drohung des Nürnbergers an Wichard von Rochow. Ein

---

waren nicht in allen Teilen der Mark gleich, wohl aber stimmten sie in der Tendenz überein. Hauptverlierer der vorausgegangenen Entwicklung waren die Markgrafen, Hauptgewinner die führenden Bürgerfamilien". Vgl. auch Helbig, Gesellschaft, S. 21.

96 Biermann/Posselt, Gänseburg, S. 5.

97 CDB III,1, Nr. 46, S. 42 f. (1377 September 8 Tangermünde).

98 Böcker, Festigung, S. 174.

99 CDB I,10, Nr. 28, S. 136 (1411 September 27).

Jahr später zitierte König Sigismund Wichard sogar direkt zu sich nach Ungarn, wo er ihm „als ihrem rehten Erbheren“ huldigen sollte.[100] Wichard unterwarf sich dem neuen Landesherren aber erst 1416 vollkommen und bekam dann im Gegenzug das Schloss Golzow aufs Neue verliehen. Die Urkunde ist recht lang und zeigt präzise, was bei einer Lehnsverschreibung nach brandenburgischen Recht erwartet wurde: Treue und Dienst in Friedens- und Kriegszeiten, Öffnung des Schlosses („offen Slosz“), keine Unterstützung von Feinden der Mark („wider den egnanten minen gnedigen herren und sine erben nymmer ton noch syn, mit worten noch mit wercken, heimlich noch offenlich“). Sollte Wichard irgendwie eines Verrats dieser Grundsätze schuldig befunden werden, würde er sofort das Schloss mit allen seinen Gütern verlieren. Der zeitgenössische Chronist Engelbert Wusterwitz notierte in seiner Märkischen Chronik etwas ironisch: „Ist [Wichard von Rochow] also mit schaden klug worden. Wo bleiben nu seine freunde die Quitzowen, darauf er sich hat verlaßen?“[101]

Friedrich I. schaffte es zwischen 1411 und 1417 aber eben nicht, eine komplette Konsolidierung und Befriedung des märkischen Adels herzustellen, wie Wolfgang Ribbe (gegen die frühere Forschung von Johannes Schultze) 1973 feststellte. Der Regent und spätere Kurfürst konnte zwar oftmals widerrechtlich besetzte Burgen mit Geld auslösen, musste diese dann aber sofort weiterverpfänden (in der Regel an den märkischen Adel, der das Geld geliehen hatte). So konnte der Burggraf von Nürnberg zwar bewirken, dass Dietrich von Quitzow das Städtchen Strausberg gegen 400 Schock böhmische Groschen räumte, er musste Strausberg aber sogleich für eben dieselbe Summe an Albrecht von Holzendorf weiterverpfänden, der ihm das Geld zuvor geliehen hatte.[102] Wolfgang Ribbe sprach sogar davon, dass der Burggraf mit seinem „Versuch, die Mark zu befrieden, gescheitert“ war.[103]

Erstmals ist für die Mark Brandenburg ein ausführliches Lehnsregister (für die Jahre 1412–1424, in der Edition 27 Seiten) erhalten,[104] welches vor allem aus Namen, Gütern und Abgaben besteht. Viele der Lehensbestätigungen gehen an Bürger aus märkischen Städten. Die Dienstgutinhaber mussten zum Burggrafen kommen und ihren Besitz oder Kauf per Zettel nachweisen. Friedrich I. bestätigte

---

100 CDB I,10, Nr. 30, S. 137 (1412 Oktober 30).
101 Ribbe, Aufzeichnungen, S. 156.
102 Ribbe, Interpretation, S. 206.
103 Ebd., S. 213.
104 CDB III,1, Nr. 52, S. 47–75 (1412 bis 1424).

dann die Güter. Die Besitzrechte sind recht vielfältig: freier Besitz, Pfandbesitz, Dienstgüter, Lehen werden genannt.[105]

Die neuartige, penible Buchführung und Verwaltung wird in der väterlichen Disposition vom 7. Juni 1437 deutlich, als Friedrich I. zwischen seinen vier Söhnen eine Landesteilung der hohenzollernschen Besitzungen vornimmt: „Auch umb alle lehenpucher, Register und schuldpucher, die sol man alle abeschreiben und iglichem heren der ein abeschrift geben, das er sich darnach nach siner notdorft gerichten muge."[106] Im gleichen Jahr verkauften die Rochows dem Rat der Neustadt Brandenburg eine Getreide-Rente im Dorf Beenz und Sassen (1 Wispel Roggen) für 15 Schock (2 Pfund Pfennig für einen Schock).[107] Zusatzpassus: Sollten die Erben und Hufbauern nicht liefern, so dürfe der Rat pfänden. Für 15 Schock könnten die Güter (bzw. die Rente) wieder von den Rochows freigekauft werden. Auf einer Mikroebene wird gut sichtbar, dass die Pfandgeschäfte durchgehend auch im 15. Jahrhundert in der Mark Brandenburg eine relevante Rolle spielten.

Die landesherrliche Schuldenpolitik ist sicherlich nicht nur mit dem Lehnswesen verbunden, so finden sich immer wieder Fälle, die zeigen, dass der Markgraf Bürgern für ihre Dienste über Jahre Geld schuldete. Dabei gingen sie durchaus geschickt vor. Irgendwann musste dieses Geld natürlich zurückbezahlt werden und das wurde dann genau gegengerechnet. Der Tuchhändler Friedrich Nabel (Bürger von Berlin) hatte den Markgrafen und seine Ehefrau zum Beispiel über etwas mehr als zwei Jahre mit Tuch versorgt (Nov. 1433–6. Jan. 1436) und rechnete in der Kanzlei in Spandau am 6. Januar 1436 in Anwesenheit des Hofmeisters Konrad von Seckendorf seine Auslagen über etwas mehr als

---

105 Einige Beispiele: Benedictus Hoppenrode hat Zinsanteile in Zepernick; „Kersten Saniz" hat einen „freyen hoff" mit 6 Hufen zu „Bizedal", „Betiken Boetyl" hat 8 Hufen bei Betzelaw „czu einem worwerk one dienste"; „Ebel Duzek" hat in Pankow 12 Stück Geld und einen freien Hof mit 8 Hufen, dazu „das halbe dinste", das halbe Kirchlehen, das halbe oberste Gericht und zwei Stück zu „Selchow"; „Heinrich Goritzgk" hat 50 Hufen in Friedrichsdorf und 12 zusätzlich „czu einem pande" [Pfand]; „Beteke Puel" hat Mathis Belkow 10 Hufen bei Schönefeld „zu dienste" verkauft. Er gelobt dem Burggrafen, dass er den Dienst darauf nun von seinen anderen Gütern leisten möchte. Offenbar gelobt er das auf einem beiliegenden Zettel, falls „wert sake, dat he des nicht derfaren konde, dat ik des dinstes ledig were"; „Bertram Hase" bekamen für seinen Dienste einen Hof im Uckerland, welche vorher Benedictus, Hermann und Tile innehatten – diese waren nicht zur rechten Zeit gekommen, um ihr Lehen zu empfangen und daher fiel das Lehen an den Burggrafen zurück, der es nun neu ausgab. – Eine eingehende Analyse des Registers würde lohnen, kann hier aber nicht geleistet werden.

106 CDB III,1, Nr. 141, S. 223–232, hier S. 231 (1437 Juni 7 Plassenburg).

107 CDB I,10, Nr. 37, S. 142 f. (1437 Juli 10).

152 Schock böhmische Groschen (also circa 450 Gulden) ab.[108] Am Ende der Quelle ist eine Schuldurkunde des Markgrafen angehangen, der das Geld bis Pfingsten 1436 zurückzahlen wollte. In der Mitte der Quelle erscheint dann eine sehr detaillierte Aufzählung, was Friedrich Nabel in der Zwischenzeit bereits eingenommen hatte, da er nämlich an verschiedenen Einnahmen des Markgrafen beteiligt wurde: Er bekam von Henning Strobande für Lehnware (also Abgaben aus einem Lehen) 4 Schock und 40 Groschen, von dem Bernauer Rat die „Urbede" über 17 Schock usw. Diese Abgaben summierten sich auf insgesamt 159 Schock und 40 Groschen und entsprachen somit ziemlich exakt den Ausgaben Nabels über die erwähnten zwei Jahren. Dieses Beispiel führt gut bildlich vor Augen, wie die Markgrafen bestimmte Leistungen (hier: Tuch- und Kleiderversorgung) durch die zeitweise Verpfändung eigener Einnahmen (auch wenn wortwörtlich nicht so benannt) ausglichen. Dieses Transaktionsgeschäft wurde wahrscheinlich anfangs lediglich mündlich und nicht schriftlich festgehalten und erst in einer Endabrechnung konkret gegengerechnet.

6. Hohenzollern ab 1440/1451: Residenzbildung in Berlin-Cölln, Schwanenorden, Teilung von Franken usw.

Der scheidende Kurfürst Friedrich I. soll seinen Söhnen noch auf dem Sterbebett (gest. 20. September 1440) geraten haben, die Ritterschaft in ihren Herrschaften zu fördern: „das ir eur ritterschaft in eren und lieb habt, an den geb ich euch den höchsten schatz … und das ir eur kuchen und keller offen last stehen gein der ritterschaft, das ist der sold, den wir ihne geben".[109] Die Gründung des „Ordens der Ritter Unserer Lieben Frau zum Schwan" (gemeinhin: Schwanenorden) durch Friedrich II. am 29. September 1440 auf dem Harlunger Berg nahe Brandenburg a. d. Havel schließt unmittelbar an diesen Wunsch an und kann als wichtiger Integrationsakt für den brandenburgischen Adel bezeichnet werden. Angesichts der Tatsache, dass beim Leichenbegängnis des Vaters nur fränkische Adelige vertreten waren (namentlich in der Quelle genannt),[110] entschloss sich der Sohn offenbar bewusst dazu, den Schwanenorden in Brandenburg a. d. H. zu gründen.[111] Die Gründungsurkunde liest sich wie ein Who's Who des brandenburgischen Adels: von Lindow, Gans von Putlitz, von Waldow, Schulenburg, Jagow, Kerkow, Schnecke (diese haben das Prädikat „Riddere"), Berensleben, Schlieben,

108 CDB III,1, Nr. 136, S. 218 f. (1436 Januar 6 Spandau).
109 Denkwürdigkeiten, S. 119 f.
110 CDB III,1, Nr. 147, S. 237 (1440 September 20).
111 Statuten des Ordens: Ebd., Nr. 161, S. 257–269 (1443 August 15).

Bredow, Alvensleben, ein anderer Zweig der Schulenburg, Schenke, Schlieben, Crummensee, von Arnim, Borchstorp, Slabberendorf, Claus Sparre.

Auch die „Hauptstadtwerdung“ fällt in diese Phase: Das selbstbewusste Verständnis der Doppelstadt Berlin-Cölln wurde dabei vom neuen Landesherrn förmlich über mehrere Jahre gebrochen (Stichwort: Berliner Unwillen, 1440–1448) und 1451 konnte in Cölln eine markgräfliche Residenz errichtet werden. Einhergehend damit wurden wichtige Institutionen zusammengeführt: Das markgräfliche Hofgericht kam von Tangermünde nach Cölln und die markgräfliche Kanzlei zog von der Berliner Klosterstraße ebenfalls in das neue Schloss um. 1469 wurde zudem der Berliner Dom mit dem Berliner Propst an der Spitze und neun Stiftsherren eingerichtet. Das neue Schloss wurde mit Burglehen ausgestattet, so z. B. für den fränkischen Ritter Jürgen von Waldenfels am 15. Dezember 1451, der die ehemalige Residenz der Markgrafen in Berlin, das sogenannte „Hohe Haus“ neben dem Franziskanerkloster (heute eine Ruine) verliehen bekam.[112] Er erhielt auch bestimmte Rechte der Berliner Bürger (Backen, Brauen, Verkauf usw.). Bei Abwesenheit des Kurfürsten sollte er das Schloss schützen und verteidigen und generell bei Aufforderung durch den Kurfürsten sofort im Schloss erscheinen. Man kann diese Art der Verleihungen auch als eine „Verbürgerlichung“ des Adels sehen, sie wurden mit Häusern in den Städten ausgestattet und bekamen konkrete Bürgerrechte. Es handelt sich dabei um eine neue Form des Dienstadels: So nahm Friedrich II. am 22. September 1445 den meißnischen Adeligen Peter von Maltiz in seinen Dienst, indem er ihm 30 Gulden pro Jahr zahlt. Obgleich in der Urkunde kein Lehen oder Gut genannt wird, ist dieser Lohn auch gleichzeitig als Belohnung für bisher geleistete Dienste des sächsischen Adeligen („[...] solich getrew und mannichfeldig dienst, die uns und unser herschapp unser lieber getruwer Peter von Malticz gewiszt und gethat hat [...]“) und als Grundlage für eine Huldigung zu sehen („Darumme er uns huldung, als ein Mann sinem hern thun sal, gethan hat.“).[113] Eine weitere Urkunde in diese Richtung wurde von Friedrich II. am 26. September 1448 für einen Zimmermannsmeister namens Conrad ausgestellt, der sich um den Schlossbau in Cölln verdient gemacht hat: Dieser Meister Conrad bekam zu seiner Lebenszeit einen Jahreslohn (30 Schock Landeswährung, sowie freie Wohnung, Hofgewand und ausreichend Korn [2 Wispel Roggen]) garantiert. Der Markgraf sagte ihm zudem zu, sich um ein Amt für ihn zu kümmern. Interessant: Der Fürst konnte das Amt seinerseits offenbar nicht einfach so neu erschaffen (von einem diesbezüglichen Amt ist später auch nichts bekannt). Meister Conrad sollte laut

---

112 CDB III,1, Nr. 186, S. 303–305 (1451 Dezember 15 Alt-Kölln).

113 Ebd., Nr. 168, S. 277 (1445 September 22 Prenzlau).

der Urkunde alle landesherrlichen Bauten in der Mark Brandenburg betreuen und zusätzlich jegliche anfallenden Zimmermannsarbeiten an der neuen Residenz leiten. Auch müsse er auf Heerfahrten mitziehen, wenn der Markgraf ihm das befiehlt (allerdings zu Kosten des Fürsten). Fazit: Der Handwerksmeister wird für vergangene Dienste belohnt, für kommende Dienste (auch militärischer Art) mit einem Sold derartig abgesichert, dass er seinen Lohn auch bei Krankheit („er sie krangk oder gesunt") erhalten müsse. Als einziger Unterschied zum adeligen Lehen fällt auf, dass die genannte Soldverleihung nicht vererbbar war. Der umgekehrte Fall ist jedoch auch belegbar: So bekam der Hoftrompeter des Kurfürsten, mit dem sprechenden Namen Hans Schwanenschnabel, mit seiner Frau Christine eine Hofstätte (auf der er bereits gebaut hatte) für seine Dienste „zcu rechten manlehen" erblich verliehen.[114] Wir sehen also sehr verschiedene Formen der Belohnung für den Fürstendienst: Erbliche Verleihungen ohne ländliche Güter (Wohnungen oder Burglehen), garantierter lebenslanger Sold, Jahressold – jeweils mit Verweis auf bereits geleistete Dienste.

Über die Anzahl der zum Hof gehörigen Personen sind wir in der zweiten Hälfte des 15. Jahrhunderts überhaupt gut informiert (besonders unter der Herrschaft von Albrecht Achilles und Johann Cicero): In einer detaillierten Anordnung des Kurfürsten Albrecht Achilles vom 10. März 1473 instruierte er seinen Sohn Johann Cicero, dass er nur 100 Pferde für den Hofstaat halten dürfe (z. B. vier für den Hausvogt, vier für den Marschall usw.).[115] Der junge Johann Cicero seinerseits schloss mit einer Verordnung und einem Register vom 10. April 1473[116] direkt daran an: Der Regent forderte eine klare Kassenführung auf allen Ebenen, angefangen von der Hofhaltung durch Lorenz von Schönberg (Hofmeister), Andreas von Seckendorf (Marschall) sowie Hans Schultze (Küchenmeister), dann über alle Vögte, Richter, Zöllner, Land- und Heidereiter im Land. In dem Register wird der gesamte Hofstaat aufgeführt: 10 Räte und Grafen, 4 Kanzleimitarbeiter, 3 Kämmerer, 3 Küchenmeister (samt Knechten), 4 Kellner und Mundschenke usw. – letztlich lediglich eine Anzahl von circa 50–60 Personen. Wenn die Hofleute in der Quelle mit Namen identifizierbar sind, handelte es sich meist um fränkische oder sächsische Adelige und kaum um Angehörige des brandenburgischen Adels. Eine weitere Verordnung von Albrecht Achilles vom 30. August 1476[117] zeigt deutlich, dass er seinen (zu diesem

---

114 Ebd., Nr. 153, S. 251 (1442 Juli 13 Tangermünde). Für die Ehefrau wird das Haus als Leibgedinge, falls der Trompeter früher sterben sollte, extra verschrieben.

115 CDB III,2, Nr. 78, S. 93–96 (1473 März 10 Alt-Kölln).

116 Ebd., Nr. 93, S. 115–126 (1473 April 10); ebd., Nr. 94, S. 126–128 (1473 April 10).

117 Ebd., Nr. 150, S. 180–184 (1476 August 30 Alt-Kölln).

Zeitpunkt circa 21 Jahre alten) Sohn Johann Cicero als Regenten der Mark eher an der kurzen Leine halten wollte und ihm offensichtlich wenig Vertrauen entgegenbrachte: Johann bekam von seinem Vater einen festen Jahresetat von lediglich 13.000 Gulden zugebilligt, über deren Verausgabung er dem Vater auch noch Rechnung ablegen musste. Er durfte ferner keine Schlösser oder Städte der Mark verpfänden oder mindern und keine heimfallenden Lehen, die über 100 Schock wert waren (die musste er dem Vater überlassen) wiederverleihen. Er sollte im Übrigen im Jahr 10 Wochen in der Altmark, 10 Wochen in der Neumark und 10 Wochen in der Uckermark/Stettinischen unterwegs sein (im besten Sinne also Reiseherrschaft praktizieren), um den Berliner Hof bei der Hofhaltung und den Ausgaben zu entlasten. Interessant weiterhin: Man solle Bürgern kein Rittergut und umgekehrt Edelleuten kein Bürgergut verleihen („Item man sol auch kein Rittergu den burgern leihen. Auch sol man kein burgergut den Edelleuten leyhen, sonder ydes in seinem wesen lassen, als es ist.“). Die Unterscheidung von Ritterlehen und bürgerlichen Lehen begegnete uns schon früher im 14. Jahrhundert (vgl. oben für die Bredows). Es wird deutlich, dass der Landesherr diese unterschiedlichen sozialen Schichten sehr klar getrennt halten wollte. Für die Hofführung wurden ferner 150 Personen (80 davon zu Pferde) vorgesehen, deren Sold präzise festgelegt wurde (mit Pferd höchstens 30 Gulden, ohne höchstens 20 Gulden). Johann Cicero (reg. 1473–1499) hielt sich nicht an diese väterliche Anordnung, da er relativ fest auf Cölln als Residenz und Ausstellungsort fixiert war (77 %), während er beispielsweise in Tangermünde (also der Altmark) nur noch selten (8 %) anzutreffen war. „Das war möglich geworden durch eine präziser arbeitende, an fränkischen Beispielen geschulte Zentral- und Regionalverwaltung, durch den Ausbau regionaler Behörden und Institutionen der mittleren und insbesondere unteren Ebene. Land und Herrschaft gerieten in stärkerem Maße in den allgemeinen territorialen Verdichtungsprozess, dessen brandenburgische Höhepunkte während des 15. Jahrhunderts gegen 1470/1473 und um 1480 feststellbar sind.“[118] Die Zahl der an Hof und Residenzstädte gebundenen Amtsträger hatte seit der Herrschaft von Albrecht Achilles und Johann stark zugenommen.[119]

Auch bezüglich der Ämter auf dem Land gibt es für diese Epoche verschiedene Verzeichnisse, die uns recht gut informieren: So wurden die Vögte, Landreiter und Schlossbesitzer beim Herrschaftsübergang auf Albrecht Achilles in einem Schreiben aufgefordert, zwischen dem 20. Juni und dem 4. Juli 1470 einen

118 Böcker, Festigung, S. 222; Heinrich, Amtsträgerschaft, S. 187; Hahn, Kirchenschutz, S. 157.
119 Enders, Grundherrschaft, S. 74; Podehl, Burg, S. 432.

Treueschwur auf den neuen Kurfürsten abzulegen.[120] Es werden konkret die Vogteien von Küstrin, Schievelbein und Dramburg, Köpenick, Spandau und Potsdam; die Landvogtei in der Uckermark; das Amt von Tangermünde und Arneburg; die Landreiter von „habeland“ (Havelland), vom Niederen Barnim, vom Hohen Barnim, von Teltow; der Heidenreiter von Köpenick; die Zöllner von Köpenick, Berlin, Oderberg, Neustadt Eberswalde; der Mühlmeister von Berlin; der Richter von Berlin; die Schlossherren zu Lentzen (Dietrich von Quitzow), zu Neu Angermünde (Nicel Pfuhl), Boitzenburg (Berndt von Bredow), Oderberg (Matias von Bredow), Küstrin (Werner Pfuhl) genannt. Alles in allem werden 20 Ämter[121] und fünf Schlossbesitzer genannt – bei Letzteren ist davon auszugehen, dass es sich um verpfändete Schlösser handelte. Seit Friedrich II. (regierte von 1440–1470) wurde es üblich, bei Verpfändungsgeschäften mit Burgen ebenfalls gleich das Amt oder die Vogtei als Pfand mitzugeben – der Pfandinhaber wurde also zugleich Vogt bzw. Amtsmann in der jeweiligen Vogtei.[122] Dafür wurde von der landesherrschaftlichen Kanzlei eine feste Formel entwickelt, zum Beispiel für das Schloss Potsdam im Jahr 1456: Achim Hake bekam wegen der Schulden des Markgrafen bei ihm (334 Gulden, 271 Schok Groschen) „unsner Slos und Stat Postamp. Das genannt unnser Slosz und Stat postamp [...] sol er inn haben, sich des gebruchen und genissen [...] und sal daselbs auch unnser Amtmann und voyt sein und unnser Slos, stat und Ampt daselbst getrewlich vorsten, vorwesen und dy lute daselbst beschutzen, beschyrmen und sy myt ungewonlicher beschatzung nicht besweren.“[123]

Die oben genannten Schlösser (insgesamt lediglich fünf) zeigen im Umkehrschluss gut, dass die Landesherren beim Adel offenbar nicht so viele Schulden machten. Das wird über ein Verzeichnis von 1470 unterstrichen, in welchem Kurfürst Friedrich II. seinem Nachfolger genau aufführt, welche Schulden er ihm hinterlässt: Es werden fast nur Städte als Gläubiger aufgeführt (im Schnitt zwischen 500 und 1.300 Gulden Schulden), daneben nur wenige Adelige mit zudem niedrigen Schuldbeträgen (Bredow von Friesack: 300 Gulden, die Schenken: 40 Gulden).[124]

Interessant ist diesbezüglich eine zwei Jahre später (24. August 1472) erfolgte einmalige Zahlung der märkischen Landstände (Prälaten, Grafen, Herren,

---

120 CDB III,1, Nr. 376, S. 530–532 (1470 Juni 20 bis Juli 4).

121 Es werden vereinzelt Ämter fehlen, so wird auch 1470 ebd, Nr. 379, S. 533 (1470 Juli 6 Alt-Kölln) ein Heinrich Borck als Landvogt der Neumark genannt.

122 Ribbe, Burg- und Amtsverpfändungen, S. 214.

123 CDB I,11, Nr. 30, S. 177 (1451 Dezember 19 Alt-Kölln).

124 CDB III,1, Nr. 388, S. 543 f. (1470).

Ritterschaft, Mann und Städte) an Albrecht Achilles über 100.000 Gulden (eine recht hohe Summe) unter der Voraussetzung, dass der Markgraf Schlösser, Land und Leute, die er nun aus dem Pfand auslösen wird, zukünftig nur noch mit Zustimmung der Landstände verkaufen oder verpfänden dürfe.[125] Man wollte also vonseiten der Landstände einer neuerlichen Verschuldung beziehungsweise einem künftigen Ausverkauf landesherrlicher Schlösser aufgrund einer allzu laxen landesherrlichen Wirtschaftspolitik oder einer luxuriösen Hofhaltung unbedingt entgegenwirken – ein neues Selbstverständnis des märkischen Adels wird darin sichtbar. Dieses war auch zunehmend nötig, weil die Spitzenämter in der Mark vielfach (oben ausgeführt) von Franken und Sachsen besetzt wurden. Beispielhaft können die beiden langjährigen Kanzler Friedrich Sesselmann (amt. 1445–1483) und Sigmund Zerer (amt. 1483–1509) – beides Franken – dafür genannt werden, die in der Regierungszeit von Friedrich II., Albrecht Achilles, Johann Cicero und sogar noch Joachim I. dienten.

Ein bedeutender Teil der ehemals verpfändeten Burgen konnte also während dieser Zeit in die landesherrliche Verwaltung zurückgeführt werden. Der brandenburgische Adel sah dabei zunehmend, dass es immer wichtiger wurde, sich direkt an den Hof anzubinden. Der Fürstendienst, das heißt neben dem Hofdienst die Übernahme regionaler Landeshauptmannschaften oder zentraler Verwaltungsaufgaben, wurde zur entscheidenden Aufstiegschance des einheimischen Adels.[126] Einhergehend damit stand die wirksame Eindämmung der Fehde bis Ende des 15. Jahrhunderts.[127] Auch die Lehnsheere waren immer weniger zeitgemäß, die Fürsten griffen mehr und mehr auf professionelle Söldner zurück.[128]

---

[125] CDB III,1, Nr. 63, S. 62 f. (1472 August 24 Alt-Kölln): „Sie haben uns auch gebethen und ersuchtet, dass wir unseren Erben und Nachkommen hinführo unser erblich Schloss, Landt und Leuthe, die wir jetzo haben, und sie uns lösen, nicht vergeben, verkauffen oder versetzen, dann mit Rath der Landschafft, sondern die unbekümmert bey diesem Fürstenthumb behalten."

[126] Heinrich, Amtsträgerschaft, S. 187. – Nun kam sogar eine kontrollierende Instanz in der Administration hinein: Der Vogt von Tangermünde unterstand z. B. dem Landeshauptmann der Altmark.

[127] Die Garantie des Landfriedens gehörte zu den wichtigsten Aufgaben der Landvögte. Fehden waren noch bis Ende des 15. Jahrhunderts normal (die Landfriedensordnung des Landvogts Wilhelm von Pappenheim 1484 für die Altmark ist dahingehend instruktiv). Eigentlich sollten die Landvögte unabhängig sein, waren aber de facto von den Städten ihres Landvogteibezirks abhängig. Vgl. Böcker, Festigung, S. 222.

[128] Für den Landesherrn bestand das Hauptproblem in Notzeiten darin, Sold und Waffen eines Kriegszuges zu finanzieren: Neben der wertloser werdenden Funktion der wehrfähigen Adligen (in der Mark Brandenburg umfasste ein normales Lehnpferd-Aufgebot circa

Die Bindung an den Hof bei den märkischen Adeligen nahm merklich zu und damit auch die Tendenz zum Studium.[129] Suse Andresen hat dahingehend 95 Räte der Mark des 15. Jahrhunderts auf ihre Ausbildung (in der Regel ein Studium in Leipzig oder Erfurt) untersucht. Nur 1/3 dieser Räte kam überhaupt aus der Mark (die anderen aus Franken). Von den Juristen hatten immerhin 44 % einen adeligen Hintergrund, während die Theologen und Mediziner alle bürgerlich waren. Albrecht Achilles (1414–1486) beschäftigte 63 studierte Räte und war damit ein absoluter Spitzenreiter unter den Fürsten seiner Zeit.[130] Dabei kamen aus der Mark aber lediglich sieben Personen (vier davon adelig, die anderen bürgerlich).[131] Die lange Amtsdauer der bereits oben genannten Kanzler Friedrich Sesselmann und Sigmund Zerer erklärt Andresen folglich damit, dass Gelehrte in Brandenburg nur im geringen Maße zur Verfügung standen und die Mark sehr weit von Franken entfernt lag: „An der Peripherie dürfte die personelle Kontinuität ein Garant für stabile Verhältnisse gewesen sein.“[132] Dieses Missverhältnis sollte sich im 16. Jahrhundert grundlegend verändern: Nun lassen sich alleine unter den Rochows acht Personen feststellen, die studiert hatten, unter den Alvensleben waren es sogar 33 Personen.[133] Zwischen 1470 und 1620 zählte Peter-Michael Hahn dementsprechend 317 brandenburgische Amtsträger auf wenigstens 526 Ämter (verteilt auf 129 Geschlechter, 66 aus dem kurmärkischen Adel, 55 aus dem Ausland, 8 aus dem Bürgertum) – dabei hatten 22 märkische Familien 283 Ämter inne (53,5 %) – diese 22 Familien bildeten laut Hahn den „Kern der Machtelite“.[134]

1.100 Reiter, vgl. Heinrich, Adel, S. 111), übernahmen die kapitalkräftigen Familien immer mehr in solchen Situationen eine Finanzier-Rolle für die Landesherrschaft. Der Kampf um das landesherrliche Aufgebotsrechte und die damit verbundenen Pflichten des Adels verlief eher in der Stille. Erst Albrecht Achilles konnte 1472/1478 den Adel und die Städte wieder einigermaßen geschlossen zu ihren militärischen Diensten verpflichten. Vgl. generell dazu Tresp, Söldner.

129 Vgl. Andresen, Auftrag.

130 Kaiser Friedrich III. hatte 170 Räte. – Andresen, Räte, analysierte alleine die Räte unter Albrecht Achilles und verglich dabei auch mit den vorhergehenden Markgrafen: Über die gesamte Zeit 1440–1486 lassen sich bei diesem Fürsten 390 Berater feststellen, 64 Räte davon hatten studiert (16 %). Bei seinem Vater Friedrich I. waren es noch lediglich 112 Berater und davon nur 17 Studierte (11 %). Friedrich II. (sein Bruder) hatte 200 Berater, von denen 26 eine Universität besuchten hatten (14 %).

131 Andresen, Räte, S. 154.

132 Ebd., S. 163.

133 Vgl. Hahn, Struktur, S. 112.

134 Hahn, Struktur, S. 206.

Was machten, abschließend gefragt, die Rochows während der besprochenen Zeitphase? Sie verpfändeten mehrmals Güter gegen hohe Geldsummen.[135] Zunächst immer mit vorausgehender Zustimmung des Landesherrn, in späteren Urkunden in den 1470er/1480er Jahren erfolgten die Zustimmungen jedoch erst nach der Verpfändung – es geht also offenbar nur noch um eine Form der Bestätigung eines schon vorgenommenen Geschäfts. Diese Emanzipation vom obersten Leihegeber/Lehensherrn scheint neu.

Bezüglich des zunehmenden, oben angesprochenen Fürstendienstes im 15. Jahrhundert[136] ist Folgendes für die Rochows festzustellen: Im Jahr 1487 schickt der Kurfürst den Ritter Hans von Rochow als Abgesandten nach Hamburg, um dort wegen Herzog Johann von Sachsen zu beraten, schon hier wird er mit anderen zusammen: „unnser Rete" genannt. Drei Jahre später (1490) wird derselbe von Rochow in einer Urkunde nochmals explizit „Ritter, unser Rat" genannt.[137] Diese Nennung einer Ratsstelle, also eines hohen Amts, erfolgt für die Rochows im landesherrlichen Zusammenhang in diesen beiden Urkunden erstmals. Leider ist keine diesbezügliche Bestallungsurkunde erhalten, jedoch können wir eine Urkunde für Dietrich von Wrede vergleichend heranziehen, die am 21. November 1471 vom Markgrafen ausgestellt wurde: Albrecht Achilles erklärt seinen „getrewen Diedrichen von Wrede zw unnserm Diener und Hofgesinde aufgenomen und mit sampt seinen knechten, pferden, Habe unnd gut in unnser sunderliche schutzung, Beschirmung unnd vertheydigung Empfanngen haben [...] als annder unnser diner unnd Hofgesind getrewlich schutzen, schirmen unnd verteidingen sullen und wollen [...] als sich danne derselb Diedrich auch wieder gegen unns verslichtet, globt unnd zugesagt hat, unns als annder unnser diner nund Hofgesind getrew, gehorsam und gewerttig zu sein [...]".[138] Gegenseitiger Schutz und Beistand wird ausgemacht, zusätzlich erfährt man, dass Dietrich mit seinem gesamten Gefolge (samt den Pferden) am Hof des Kurfürsten aufgenommen wird – anderes wird es bei Hans von Rochow auch nicht gewesen sein.

Eine fast schon kuriose Urkunde wird vom Bischof Dietrich von Brandenburg am 24. Mai 1468 ausgestellt, in welcher er auf ein Geschäft rekurriert, welches der Markgraf und Freunde des jungen Hans von Rochow mit ihm abgeschlossen haben sollen. Für 3.000 rheinische Gulden sollte dem Bischof das Schloss Golzow

---

135 CDB I,10, Nr. 43, S. 147 f. (1450 April 26); Nr. 44, S. 148 (1451 April 19); Nr. 65, S. 149 f. (1470 August 30); Nr. 66, S. 161 (1479 Oktober 14); Nr. 68, S. 162 (1483).

136 Vgl. auch Thumser, Hertnidt vom Stein; Andresen, Auftrag, passim.

137 CDB I,10, Nr. 71, S. 163 f. (um 1490).

138 CDB III,2, Nr. 57, S. 57 f. (1471 November 21 Salzwedel).

mit allen Zubehörungen verschrieben werden („[…] die Goltzow myt aller tobehorunge und gerechtigkeyt vor dry dusent rinsche gulden verschreven und vorsettet iss, […]"). In der Urkunde verneint der Bischof jedoch, dass es zur Realisierung dieses Rechtsgeschäfts gekommen sei: „Bekennen wy openbar myt dussem brive […], dat wy den gnanten unsem gnedigen heren noch Hans von Rochowes frunden up sulck Slot Golczow und syne tobehorung neyn gelt getan edder gelegen hebben, sundern wat von solicker vorschrivinge wegen geschen und vorgenhomen, dat dat geschen iss dem gnanten Hans von Rochow to gude".[139] Aus dem letzten Satz wird deutlich, dass der sehr wahrscheinlich zu diesem Zeitpunkt noch minderjährige Hans von Rochow (der bereits obengenannte, spätere fürstliche Rat) vermutlich über kurze Zeit ohne Vormund dastand (der Vater Dietrich war 1467 gestorben) und dass sowohl der Markgraf als auch die „Freunde" des jungen Rochows daraus Kapital schlagen wollten, was letztlich doch irgendwie vereitelt wurde.

Ein prägnantes Beispiel für die exponierte Stellung der Rochows in Verbindung mit der Neustadt Brandenburg sei noch genannt: Am 29. Oktober 1454 kaufte die Neustadt Brandenburg ein Feld (Reckahn/„Rikane") von einem Lehnsmann (namens Balzar Bogwitz) Dietrichs von Rochow. Kurfürst Friedrich II. bestätigte umgehend, dass er den Bürgern der Neustadt Brandenburg das ehemalige Lehen „zu einem rechten eigenthumb gnediglich vereygent haben" und dass sowohl Dietrich seinen Lehnsmann Bogwitz als auch er, der Markgraf, als oberster Lehnsherr Dietrich aus dem Lehen entlassen habe („die lehen daran vor uns verlassen hat").[140] Hier wird also Lehnsgut in Eigentum verwandelt und man fragt sich unwillkürlich, welchen Vorteil Dietrich davon hatte. Dahingehend gibt es ein Jahr später einen Nachtrag:[141] Am 25. Nov. 1455 kam es nochmals zu einer Einigung mit der Neustadt Brandenburg: Dietrich hat den Brandenburger Neustädtern hier offensichtlich im Nachhinein das Recht abgerungen, im Rat unangemeldet ein- und auszugehen, wie es ihm und seinen Nachkommen belieben sollte: „Ock willen wie Borgermeistere unde Ratmanne der uppgnanten nien Stad Brandeborch, dat alle die von Rochow, die nu sin edder noch to komende werden, upp unser Stad Radhuss mogen gan unde to uns in deme Rade komen, wanneher sie Gewerff vor uns hebben, ane voreischend, gelike anderen unsern Medebesworen des Rades ane Geverde."

139 CDB A 10, Nr. LXIV, S. 160.

140 CDB I,10, Nr. 49 (1454 Oktober 29).

141 Ebd.: „Wir, Diederick von Rochow tur Golzow, unde Borgermeitere unde Radmanne, old und nie, der nien Stad Brandeborch, bekennen etc., dat wie med gudem Rade unde wol bedachtem Mude uns eintrechtliken vordragen und fruntliken vorgeenyget haben umme dat Land to Rikane, […]."

Damit möchte ich den Beitrag beenden. Perspektivisch würde es lohnen, die umfangreichen Lehnsregister des Kurfürsten Joachim I. (reg. 1499–1535) der Jahre 1499–1500 und 1500–1536[142] durchzusehen, es handelt sich um 15 resp. 72 Seiten. Die beiden Verzeichnisse formen somit zwei wichtige prosopographische Quellen für den märkischen Adel am Übergang zur Frühen Neuzeit. Sie sind jedoch für unser Thema nicht so ergiebig, weil die dort aufgeführten Lehen lediglich einheitlich aufgezählt werden, d. h. nicht in verschiedene Kategorien unterschieden werden.

Fazit

Die neuere Forschung zum Lehnswesen unterscheidet in „normale Leihe", „Leihe gegen Dienst", „Leihe gegen Abgaben". Zudem wurde in den letzten Jahren festgestellt, dass Fürsten ihre Bindung zum landsässigen Adel auch über die Vergabe von „Ämtern" und „Pfandgütern, -einkommen" regelten. Die dadurch aufgekommenen Fragen nach der Anwendung und Proportionalität dieser Instrumente im Rahmen eines rechtlich-sozialen Ordnungssystems durch die Landesherrschaft wurden für die Mark Brandenburg (mit Konzentration auf die Mittelmark) für das Hoch- und Spätmittelalter geprüft. Dieses geschah chronologisch (ab dem Wendenkreuzzug 1147 bis Ende des 15. Jahrhunderts) und kapitelweise mit Hinblick auf die jeweils regierende Dynastie (Askanier, Wittelsbacher, Luxemburger, Hohenzollern). Einerseits wurden landesherrliche Verordnungen, Register und größere Privilegien für eine Gruppe von Adeligen analysiert, andererseits erfolgte der Zugriff über ein niederadeliges Geschlecht aus der Region, die Rochows. Die Analyse konnte zwangsläufig nicht so umfassend erfolgen, dass sich auch nur annährend quantitativ die Proportionalität der unterschiedlichen Instrumente abschätzen ließe. Nichtsdestotrotz lassen sich auf einer qualitativen Ebene alle oben angezeigten Bindungen (Leihen, Ämter, Pfand) gut in Brandenburg nachweisen, besonders im 15. Jahrhundert.

Es lassen sich dabei mehrere bemerkenswerten Ergebnisse festhalten:

1. Das Vokabular „feodalis" oder „zu len" bleibt über den gesamten Zeitraum gleich, hier lässt sich keine Differenzierung vornehmen.
2. Der Adel konnte bereits im 12. Jahrhundert oftmals eigene Burgen bauen und eine herausgehobene Gruppe von circa 50–60 Rittern und Knechten („nostri fideles et vasalli") konnte im 13. Jahrhundert eine größere Selbständigkeit gegenüber dem Landesherrn erringen (was sich in den Privilegien 1280 und

[142] CDB III,2, Nr. 345, S. 429–444 (1499 und 1500); Nr. 346, S. 444–516 (1500 bis 1536).

1281 zur Steuererleichterung dieser Gruppe gut zeigt). Diese Zahl lässt sich auch in anderen landesherrlichen Urkunden Ende des 13. Jahrhunderts feststellen.

3. Aus der Urkunde von 1281 wird deutlich, dass die adeligen Mitglieder dieser elitären Gruppe ihre Güter auch verkaufen durften, aber die Landesherren bestanden darauf, dass die dem Landesherrn schuldigen Dienste davon unberührt bleiben und in jedem Falle zu leisten seien („sed dominationi et servitiis nostris debent esse veluti prius obnoxii et astricti"). Hier ist also der Nachweis für eine „Leihe mit Dienst", bei der das Gut vom Dienst schließlich sogar unabhängig behandelt wurde.
4. Neben der Entfaltung einer niederadeligen Schicht in der Mark (v. a. aus Ministerialengeschlechtern) gab es nachweislich von Anfang an ein Burglehen-System (bis in 15. Jahrhundert) und eine Vogteiverfassung.
5. Spätestens mit dem Landbuch (1375) lässt sich feststellen, dass die Masse des ausgegebenen Landes (in Hufen) zinspflichtigen Bauern gehörte, lediglich circa 1/10 waren Lehnsgüter ritterlicher Vasallen.
6. Die meisten dieser Ritter und Knechte waren Niederadelige, die unter großbäuerlichen Bedingungen in den Dörfern lebten. Im Landbuch werden jedoch insgesamt 31 edle Familien („nobiles vasalli marchionis Brandenburgensis") angeführt, die sich deutlich abhoben und welche die höchste Landeselite ausmachten (unter ihnen auch die Rochows). Diese Schicht war im Besitz von Burgen und Städten.
7. Die „mittlere" Elite lässt sich in der Mark Brandenburg auch in „Beschlossene" und „Unbeschlossene" unterscheiden. Die Schlossbesessenen saßen auf Burgen und wurden vom Landesherrn bevorzugt (beispielsweise direkt angeschrieben). Diese Gruppe war größer als die zuvor genannten circa 30 Adeligen, wobei die Forschung Schwierigkeiten hat, die Zahl exakt zu benennen.
8. Bereits im 14. Jahrhundert lässt sich eine sehr starke Gruppe an bürgerlichen Lehnsempfängern feststellen (circa ein Drittel aller Güter). Die Bürgerlehen wurden in der Mark bis zum Ende des Mittelalters von Ritterlehen strikt getrennt behandelt und durften nicht vermischt werden.
9. Anhand des Beispiels der Bredows Mitte des 14. Jahrhunderts kann gut nachgewiesen werden, wie sehr ein herausgehobenes Amt (Kämmerer und Küchenmeister in diesem Fall) und geliehenes Geld (700 Mark) darüber entscheiden, dass ein Adelsgeschlecht große Güter verschrieben bekam (in diesem Fall die Kleinstadt Friesack).
10. In einem anderen Fall wurden unter dem letzten Wittelsbacher (Otto dem Faulen) mehrere Schlösser (u. a. Köpenick) als Pfand (für 1.115 Mark) an die Familie von Bismarck verpfändet. Ein Teil der jährlichen Einkünfte

sollte ihnen bedingungslos zufallen, ein anderer Teil sollte dazu dienen, die landesherrlichen Schulden langsam zu amortisieren. Hier haben wir also eine spezielle Form der Verpfändung vor uns.

11. Verpfändungen im 14./15. Jahrhundert wurden teils derart abgewickelt, dass der Landesherr verpfändete Güter von einer adeligen Familie löste, dabei aber gleich Schulden bei einer anderen Familie machte und somit oftmals die „befreite" Burg oder Stadt in andere Hände weiter verpfändete.
12. Ein erstes märkisches Lehnsregister ist für die Jahre 1412–1424 erhalten (also erst unter den Hohenzollern): Es zeigen sich sehr unterschiedliche Leihe- und Besitzformen (freier Besitz, Pfandbesitz, Dienstgüter, Lehen, Burglehen).
13. Im 15. Jahrhundert kommt verstärkt der Dienstadel auf: Der meißnische Adelige Peter von Maltiz wurde z. B. 1445 für 30 Gulden pro Jahr (also ohne Gut) für seine bisherigen Dienste belohnt und für künftige Dienste abgesichert.
14. Es gab Mitte des 15. Jahrhunderts sehr verschiedene Formen der Leihe: Wohnungen/Häuser (nur lebenslang oder auch erblich verschrieben), garantierter lebenslanger Sold oder nur Jahressold werden verliehen. Jeweils wird unterschiedslos das Wort „Lehen" verwendet.
15. Verpfändungsgeschäfte konnten derart laufen, dass ein bestimmter Dienst über mehrere Jahre durch Zuflüsse von landesherrlichen Einnahmen abgegolten wurde. Am Ende wurde zwischen der markgräflichen Administration und dem Dienstgeber abgerechnet, wobei der exakte Wert der erbrachten Dienste mit den zugeflossenen landesherrlichen Einnahmen gegengerechnet wurde (im konkreten Falle ein Tuchhändler und Schneider aus Berlin).
16. Rein zahlenmäßig lassen sich auf dem Land circa 20 Ämter (mehrheitlich Vogteien und Landreiter) feststellen, die durch die einflussreichsten Familien besetzt wurden. Mit den Hohenzollern wurde es zudem normal, dass der Pfandnehmer bei Verpfändungen von Ämtern (also eigentlich nur deren Einnahmen) gleichzeitig auch das ihm verpfändete Amt „in persona" ausübte.
17. Die Rochows, als Beispiel eines wichtigen märkischen Geschlechts, können seit Mitte des 14. Jahrhunderts mit dem Schloss Golzow (bei Potsdam) und circa 20 Dörfern in der Mittelmark festgemacht werden. Sie gehörten mit diesem Besitz zur „schlossgesessenen" Elite.
18. Auf unterer Ebene verfuhren die Rochows exakt wie die Landesherren, indem sie bestimmte Einkünfte (z. B. Gerichtsgefälle) oder kleinere Güter verpfändeten.

19. 1356 lässt sich ein Rochow (Johann) als markgräflicher Hofrichter (ein hohes Amt) festmachen (also in der gleichen Zeit, als sie ihren Besitz mit Schloss Golzow erhielten).
20. Ende des 15. Jahrhunderts lässt sich ein Hans von Rochow als Rat des Kurfürsten festmachen. Mit dem neuaufkommenden Fürstendienst konnte das Geschlecht (wie auch die Alvensleben und andere einflussreiche Geschlechter) näher an die Landesherren heranrücken. In Konsequenz schickten die adeligen Familien ihre Sprösslinge zunehmend häufig zum Studium (vor allem des Rechts), da die Amtsausübung eine zunehmende Professionalisierung erforderte.

Alles in allem ließ sich für die Mark Brandenburg gut nachweisen, dass alle Formen der Leihe und Ämterbesetzung sowie der Pfandgeschäfte vorkamen und dass diese Instrumente von den Landesherren (besonders gut fürs 14. und 15. Jahrhundert sichtbar) sehr pragmatisch eingesetzt wurden. Oftmals wurden landesherrliche Schulden durch neue Schulden ausgeglichen, was in Phasen erhöhter Verschuldung der Landesherrschaft zu flächenmäßigen Verpfändungen von Burgen, Städten, Gütern, Einkünften, Ämtern, Privilegien führte. In ruhigeren Phasen wiederum konnte der Landesherr diese Pfandschaften wieder zurückerwerben (in der Regel zum gleichen Preis). Interessanterweise bestand der märkische Adel im 15. Jahrhundert zunehmend darauf (konkret 1472 als Forderung gegen eine einmalige Zahlung des Adels an den Landesherrn über 100.000 Gulden), dass der Landesherr zurückerworbene Burgen nicht mehr verpfändete (sehr wahrscheinlich sollte hier des allzu großen Einflusses sächsischer und fränkischer Adelsgeschlechtern vorgebeugt werden).

Ungedruckte Quellen

Geheimes Staatsarchiv Preußischer Kulturbesitz (GStA)

I. HA Rep. 78: Kurmärkische Lehnskanzlei.

I. HA GR, Rep. 62: Kurmärkische Lehnssachen.

XX. HA: Historisches Staatsarchiv Königsberg.

Gedruckte Quellen

CDB I,5 = Riedel, Adolph Friedrich (Hg.): Codex diplomaticus Brandenburgensis. Sammlung der Urkunden, Chroniken und sonstigen Quellenschriften für die Geschichte der Mark Brandenburg und ihrer Regenten, 1. Hauptteil, Bd. 5, Berlin 1845.

CDB I,6 = Riedel, Adolph Friedrich (Hg.): Codex diplomaticus Brandenburgensis. Sammlung der Urkunden, Chroniken und sonstigen Quellenschriften für die Geschichte der Mark Brandenburg und ihrer Regenten, 1. Hauptteil, Bd. 6, Berlin 1846.
CDB I,7 = Riedel, Adolph Friedrich (Hg.): Codex diplomaticus Brandenburgensis. Sammlung der Urkunden, Chroniken und sonstigen Quellenschriften für die Geschichte der Mark Brandenburg und ihrer Regenten, 1. Hauptteil, Bd. 7, Berlin 1847.
CDB I,10 = Riedel, Adolph Friedrich (Hg.): Codex diplomaticus Brandenburgensis. Sammlung der Urkunden, Chroniken und sonstigen Quellenschriften für die Geschichte der Mark Brandenburg und ihrer Regenten, 1. Hauptteil, Bd. 10, Berlin 1856.
CDB I,11 = Riedel, Adolph Friedrich (Hg.): Codex diplomaticus Brandenburgensis. Sammlung der Urkunden, Chroniken und sonstigen Quellenschriften für die Geschichte der Mark Brandenburg und ihrer Regenten, 1. Hauptteil, Bd. 11, Berlin 1856.
CDB III,1 = Riedel, Adolph Friedrich (Hg.): Codex diplomaticus Brandenburgensis. Sammlung der Urkunden, Chroniken und sonstigen Quellenschriften für die Geschichte der Mark Brandenburg und ihrer Regenten, 3. Hauptteil, Bd. 1, Berlin 1859.
CDB III,2 = Riedel, Adolph Friedrich (Hg.): Codex diplomaticus Brandenburgensis. Sammlung der Urkunden, Chroniken und sonstigen Quellenschriften für die Geschichte der Mark Brandenburg und ihrer Regenten. 3. Hauptteil, Bd. 2, Berlin 1860.
CDB Chronologisches Register 1 = Riedel, Adolph Friedrich (Hg.): Codex diplomaticus Brandenburgensis. Sammlung der Urkunden, Chroniken und sonstigen Quellenschriften für die Geschichte der Mark Brandenburg und ihrer Regenten. Chronologisches Register zu sämmtlichen Bänden, Bd. 1: 786–1414, Berlin 1867.
Denkwürdigkeiten = Höfler, Karl Adolf Constantin (Hg.): Des Ritters Ludwig von Eyb Denkwürdigkeiten brandenburgischer (hohenzollerischer) Fürsten. Mit einem aus Archivalien des ehemaligen brandenburgischen geheimen Haus- und Staatsarchivs verf. hist. Commentare, Bayreuth 1849.
Gollmert, Ludwig (Hg.): Das Neumärkische Landbuch Markgraf Ludwigs des Älteren vom Jahre 1337. Nach einer neu aufgefundenen Handschrift des 14. Jahrhunderts, Frankfurt a. d. Oder 1862.
Huch, Gaby/Ribbe, Wolfgang (Hgg.): Regesten der Urkunden zur Geschichte von Berlin, Cölln im Mittelalter (1237 bis 1499). Mit Nachträgen für die Zeit von 1500 bis 1815 (Berlin-Forschungen der Historischen Kommission zu Berlin 13), Berlin 2008.
Krabbo, Hermann von/Winter, Georg (Bearb.): Regesten der Markgrafen von Brandenburg (1100–1300), Berlin 1910–1955.

Mülverstedt, Georg Adalbert von (Hg.): Codex Diplomaticus Alvenslebianus. Magdeburg 1879.
Raumer, Georg Wilhelm von (Hg.): Codex Diplomaticus Brandenburgensis Continuatus, Sammlung ungedruckter Urkunden zur Brandenburgischen Geschichte, 2 Bde., Berlin/Stettin/Elbing 1831–1833.
Raumer, Georg Wilhelm von (Hg.): Regesta Historica Brandenburgensis. Chronologisch geordnete Auszüge aus allen Chroniken und Urkunden zur Geschichte der Mark Brandenburg. Erster Band bis zum Jahr 1200, Berlin 1836 (ND 1975).
Ribbe, Wolfgang (Hg.): Die Aufzeichnungen des Engelbert Wusterwitz. Überlieferung, Edition und Interpretation einer spätmittelalterlichen Quelle zur Geschichte der Mark Brandenburg (Einzelveröffentlichungen der Historischen Kommission zu Berlin 12), Berlin 1973.
Schultze, Johannes (Hg.): Das Landbuch der Mark Brandenburg von 1375, Berlin 1940.

Darstellungen

Abb, Gustav/Wentz, Gottfried (Bearb.): Das Bistum Brandenburg (Germania Sacra 1,1), Berlin 1929.
Ahrens, Karl-Heinz: Residenz und Herrschaft. Studien zu Herrschaftsorganisation, Herrschaftspraxis und Residenzbildung der Markgrafen von Brandenburg im späten Mittelalter (Europäische Hochschulschriften, Reihe 3, 427), Frankfurt a. Main 1990.
Andresen, Suse: In Fürstlichem Auftrag. Die gelehrten Räte der Kurfürsten von Brandenburg aus dem Hause Hohenzollern im 15. Jahrhundert (Schriftenreihe der Historischen Kommission bei der Bayerischen Akademie der Wissenschaften 97), Göttingen 2017.
Dies.: Gelehrte Räte im Dienst des Markgrafen und Kurfürsten Albrecht. Qualifikation und Tätigkeiten in fürstlichem Auftrag, in: Kurfürst Albrecht Achilles (1414–1486), Kurfürst von Brandenburg, Burggraf von Nürnberg (Jahrbuch des Historischen Vereins für Mittelfranken 102), hg. von Mario Müller, Ansbach 2014, S. 151–172.
Assing, Helmut: Die Landesherrschaft der Askanier, Wittelsbacher und Luxemburger (Mitte des 12. bis Anfang des 15. Jahrhunderts), in: Brandenburgische Geschichte, hg. von Dems. und Wolfgang Ribbe, Berlin 1995, S. 85–168.
Assing, Helmut/Ribbe, Wolfgang (Hgg.): Brandenburgische Geschichte, Berlin 1995.
Auge, Oliver: Lehnswesen revisited: Dänemark als regionaler Sonder- oder europäischer Normalfall im Mittelalter? Aufgaben und Perspektiven der Forschung in: ZRG GA 139, 1 (2022), S. 237–252.

bei der Wieden, Brage: Die Formierung des norddeutschen Niederadels, in: Herrschaftspraxis und soziale Ordnungen im Mittelalter und in der frühen Neuzeit (VHKNB 232), hg. von Peter Aufgebauer und Christine van den Heuvel, Hannover 2006, S. 311–329.

Bergstedt, Clemens u. a. (Hgg.): Im Dialog mit Raubrittern und schönen Madonnen. Die Mark Brandenburg im späten Mittelalter. Begleitband zum Ausstellungsverbund „Raubritter und Schöne Madonnen" (Studien zur brandenburgischen und vergleichenden Landesgeschichte 6), Berlin 2011.

Biermann, Felix/Posselt, Normen: Burgen vom Typ Motte zwischen Altmark und Niederschlesien. Archäologische Forschungen zum hoch- und spätmittelalterlichen Befestigungswesen (Studien zur Archäologie Europas 35), Bonn 2022.

Dies.: Die Gänseburg bei Pollitz (Altmark) und die Edlen Herren Gans zwischen Aland und Elbe, in: Jahrbuch für die Geschichte Mittel- und Ostdeutschlands 63 (2017), S. 3–26.

Böcker, Heidelore: Die Festigung der Landesherrschaft durch die hohenzollernschen Kurfürsten und der Ausbau der Mark zum fürstlichen Territorialstaat während des 15. Jahrhunderts, in: Brandenburgische Geschichte, hg. von Helmut Assing und Wolfgang Ribbe, Berlin 1995, S. 169–230.

Bohm, Eberhard: Teltow und Barnim. Untersuchungen zur Verfassungsgeschichte und Landesgliederung brandenburgischer Landschaften im Mittelalter (Mitteldeutsche Forschungen 83), Köln 1978.

Bulach, Doris: Die Vogteirechnungen Marquards von Loterbeck für Markgraf Ludwig von Brandenburg aus dem Jahr 1340, in: 100 Schlüsselquellen zur Geschichte von Berlin, Brandenburg und Preußen, https://www.hiko-berlin.de/Vogteirechnungen-1340 (Letzter Zugriff am 03.07.2025).

Büttner, Andreas: Geld – Gnade – Gefolgschaft. Die Monetarisierung der politischen Ordnung im 12. und 13. Jahrhundert (Forschungen zur Kaiser- und Papstgeschichte des Mittelalters 47), Köln 2022.

Dendorfer, Jürgen: Das Lehnrecht und die Ordnung des Reiches. „Politische Prozesse" am Ende des 12. Jahrhundert, in: Ausbildung und Verbreitung des Lehnswesens im Reich und in Italien im 12. und 13. Jahrhundert (VuF 76), hg. von Karl-Heinz Spieß, Ostfildern 2013, S. 187–220.

Ders./Deutinger, Roman (Hgg.): Das Lehnswesen im Hochmittelalter. Forschungskonstrukte – Quellenbefunde – Deutungsrelevanz (Mittelalter-Forschungen 34), Ostfildern 2010.

Ders./Patzold, Steffen (Hgg.): Tenere et habere. Leihen als soziale Praxis im frühen und hohen Mittelalter (Besitz und Beziehungen 1), Ostfildern 2023.

Dies.: Tenere et habere. Leihen als soziale Praxis im Früh- und Hochmittelalter, in: Tenere et habere. Leihen als soziale Praxis im frühen und hohen Mittelalter (Besitz und Beziehungen 1), hg. von Jürgen Dendorfer und Steffen Patzold, Ostfildern 2023, S. 11–23.

Dies.: Zusammenfassung und Folgerungen, in: Tenere et habere. Leihen als soziale Praxis im frühen und hohen Mittelalter (Besitz und Beziehungen 1), hg. von Jürgen Dendorfer und Steffen Patzold, Ostfildern 2023, S. 437–468.

Deutinger, Roman: Das hochmittelalterliche Lehnswesen. Ergebnisse und Perspektiven, in: Das Lehnswesen im Hochmittelalter. Forschungskonstrukte – Quellenbefunde – Deutungsrelevanz (Mittelalter-Forschungen 34), hg. von Jürgen Dendorfer und Roman Deutinger, Ostfildern 2010, S. 463–473.

Enders, Lieselott: Die spätmittelalterliche Grundherrschaft in der Uckermark, in: JbRG 15 (1988), S. 56–74.

Engel, Evamaria: Feudalherren, Lehnbürger und Bauern in der Altmark. Eine Analyse der ländlichen Sozialstruktur anhand des brandenburgischen Landbuchs von 1375, Berlin 1963.

Esders, Stefan: Friedrich II., die Mark Brandenburg und das Erzbistum Magdeburg. Zur Kommerzialisierung von Lehensbeziehungen und Entstehung politischer Stände im Gefolge des Thronstreites, in: ZRG GA 123 (2006), S. 67–109.

Gahlbeck, Christian: Von der terra Transoderana bis zur Provinz Neumark. Zur Ausprägung eines ständischen Regionalismus im Land östlich der Oder zwischen 1300 und 1600, in: Brandenburg und seine Landschaften. Zentrum und Region (Schriften der Landesgeschichtlichen Vereinigung für die Mark Brandenburg NF 1), hg. von Lorenz Friedrich Beck, Berlin 2009, S. 131–156.

Hahn, Peter-Michael: Adel und Landesherrschaft in der Mark Brandenburg im späten Mittelalter und der frühen Neuzeit, in: Jahrbuch für brandenburgische Landesgeschichte 38 (1987), S. 43–57.

Ders.: Landesherrliches Amt und Stadtbürgertum in Brandenburg im 16. Jahrhundert, in: Ämterhandel im Spätmittelalter und im 16. Jahrhundert. Referate eines internationalen Colloquiums in Berlin vom 1.–3. Mai 1980 (Einzelveröffentlichungen der Historischen Kommission zu Berlin 45), hg. von Ilja Mieck, Berlin 1984, S. 252–274.

Ders.: Kirchenschutz und Landesherrschaft in der Mark Brandenburg im späten 15. und frühen 16. Jahrhundert, in: Jahrbuch für die Geschichte Mittel- und Ostdeutschlands 28 (1979), S. 179–220.

Ders.: Struktur und Funktion des brandenburgischen Adels im 16. Jahrhundert, Berlin 1979.

Heimann, Heinz-Dieter/Neitmann, Klaus/Schich, Winfried (Hgg.): Brandenburgisches Klosterbuch, 2 Bde. (Brandenburgische historische Studien 14), Berlin 2007.
Heinrich, Gerd: Nordostdeutscher Adel im Übergang vom Spätmittelalter zur Neuzeit. Bemerkungen zur Sozialverfassung regionaler Führungsschichten, in: Festschrift der Landesgeschichtlichen Vereinigung für die Mark Brandenburg zu ihrem hundertjährigen Bestehen, 1884–1984, hg. von Eckart Henning und Werner Vogel, Berlin 1984, S. 104–125.
Ders.: Amtsträgerschaft und Geistlichkeit. Zur Problematik der sekundären Führungsschichten in Brandenburg-Preußen 1450–1786, in: Beamtentum und Pfarrerstand 1400–1800. Büdinger Vorträge 1967, hg. von Günther Franz, Limburg 1972, S. 179–238.
Helbig, Herbert: Gesellschaft und Wirtschaft der Mark Brandenburg im Mittelalter (Veröffentlichungen der Historischen Kommission zu Berlin 41), Berlin 1973.
Holtze, Friedrich: Zur Geschichte der kurmärkischen Lehnskanzlei im 15. Jahrhundert, in: Forschungen zur brandenburgischen und preußischen Geschichte 6 (1893), S. 57–81.
Krüger, Klaus: Sonderfall Altmark. Städte, Herren und Fürsten im 14. und 15. Jahrhundert, in: Nahaufnahmen. Landesgeschichtliche Miniaturen für Enno Bünz zum 60. Geburtstag, hg. von Alexander Sembdner und Christoph Volkmar, Leipzig 2021, S. 457–476.
Michas, Uwe: Burgen und Befestigungen in Barnim und Nordteltow im Hoch- und Spätmittelalter, in: Jahrbuch für brandenburgische Landesgeschichte 65 (2014) S. 9–30.
Patzold, Steffen: Das Lehnswesen (Beck'sche Reihe 2745), München 2012.
Peters, Inge-Maren: Ämter und spätmittelalterliche Landesherrschaft, in: LexMA 1 (^{2}1999), Sp. 551–553. Digitale Version, abrufbar unter https://apps.brepolis.net/lexiema/test/Default2.aspx (Letzter Zugriff am 03.07.2025).
Podehl, Wolfgang: Burg und Herrschaft in der Mark Brandenburg. Untersuchungen zur mittelalterlichen Verfassungsgeschichte unter besonderer Berücksichtigung von Altmark, Neumark und Havelland (Mitteldeutsche Forschungen 76), Köln 1975.
Preschel, Christina: Die Entwicklung des Grundeigentums im Berliner Stadtrecht innerhalb des feudalen Rechtssystems der Mark Brandenburg vom 13. bis zum 15. Jahrhundert. Eine Untersuchung zum Verhältnis von Stadt und Land, Berlin 1985.
Reynolds, Susan: Fiefs and Vassals. The Medieval Evidence Reinterpreted, Oxford 1994.
Ribbe, Wolfgang: Burg- und Amtsverpfändungen in der Mark Brandenburg, in: Ämterhandel im Spätmittelalter und im 16. Jahrhundert.

Referate eines internationalen Colloquiums in Berlin vom 1.–3. Mai 1980 (Einzelveröffentlichungen der Historischen Kommission zu Berlin), hg. von Ilja Mieck, Berlin 1984, S. 211–230.
Ribbe, Wolfgang: Herkunft, Ausbildung und weitere Entwicklung der Herrschaftsformen des Adels, in: Das Havelland im Mittelalter, hg. von Dems. und Walter Podehl, Berlin 1987, S. 247–267.
Ders.: Zur Interpretation der Wusterwitz-Aufzeichnungen, in: Die Aufzeichnungen des Engelbert Wusterwitz. Überlieferung, Edition und Interpretation einer spätmittelalterlichen Quelle zur Geschichte der Mark Brandenburg (Einzelveröffentlichungen der Historischen Kommission zu Berlin 12), hg. von Wolfgang Ribbe, Berlin 1973, S. 14–53.
Riedel, Adolph Friedrich: Schloß und Städtchen Golzow mit der Familie von Rochow, in: CDB I,10, S. 102–118.
Ders.: Von dem Unterschiede zwischen den beschlossenen und den unbeschlossenen Geschlechtern der Brandenburgischen Ritterschaft, in: Märkische Forschungen 1 (1841), S. 266–290.
Roach, Levi: Reichshistoriographie der späten Salier- und frühen Stauferzeit (ca. 1070–1150), in: Tenere et habere. Leihen als soziale Praxis im frühen und hohen Mittelalter (Besitz und Beziehungen 1), hg. von Jürgen Dendorfer und Steffen Patzold, Ostfildern 2023, S. 185–211.
Rochow, Adolph Friedrich August von: Nachrichten zur Geschichte des Geschlechts derer von Rochow und ihrer Besitzungen, Berlin 1861.
Ruhe, Walter: Die magdeburgisch-brandenburgischen Lehnsbeziehungen im Mittelalter, Halle a. d. Saale 1914.
Schich, Winfried: Die Landesherrschaft und die Entwicklung der Kulturlandschaft im Bereich der Mark Brandenburg vom 13. bis zum 16. Jahrhundert, in: Die Kunst des Mittelalters in der Mark Brandenburg, hg. von Ernst Badstübner, Berlin 2008, S. 14–29.
Schlinker, Steffen: Die Belehnung Burggraf Friedrichs VI. von Nürnberg mit dem Kurfürstentum Brandenburg 1415 und 1417, in: Jahrbuch des Historischen Vereins für Mittelfranken 105 (2019), S. 123–143.
Schneider, Joachim: Spätmittelalterlicher deutscher Niederadel. Ein landschaftlicher Vergleich (Monographien zur Geschichte des Mittelalters 52), Stuttgart 2003.
Schröder, Kathrin: Archivalische Quellen zum Lehnwesen der Niederlausitz in Beständen des Brandenburgischen Landeshauptarchivs, in: Niederlausitzer Studien 35 (2009), S. 60–73.
Schultze, Johannes: Landstandschaft und Vasallität in der Mark Brandenburg, in: Blätter für deutsche Landesgeschichte 106 (1970), S. 68–75.
Ders.: Lehnrecht und Erbrecht in der brandenburgischen Territorialpolitik, in: Forschungen zu Staat und Verfassung. Festgabe für Fritz Hartung, Berlin 1958, S. 53–67.

Ders.: Die Mark Brandenburg, 5 Bde., Berlin 21961–69.

Ders.: Der Wendenkreuzzug 1147 und die Adelsherrschaften in Prignitz und Rhingebiet, in: Jahrbuch für die Geschichte Mittel- und Ostdeutschlands 2 (1953), S. 95–124.

Spangenberg, Hans: Hof- und Zentralverwaltung der Mark Brandenburg im Mittelalter, Leipzig 1908.

Spieß, Karl-Heinz (Hg.): Ausbildung und Verbreitung des Lehnswesens im Reich und in Italien im 12. und 13. Jahrhundert (VuF 76), Ostfildern 2013.

Stellmacher, André: Die Herrschaft Lindow-Ruppin im Spätmittelalter zwischen Selbstbehauptung und Abhängigkeit (Veröffentlichungen des Brandenburgischen Landeshauptarchivs Potsdam 73), Berlin 2020.

Stephan, Joachim: Der hofgesessene Adel in den Vogteien Tangermünde und Stendal, in: Die Altmark von 1300 bis 1600. Eine Kulturregion im Spannungsfeld von Magdeburg, Lübeck und Berlin, hg. von Jirí Fajt, Berlin 2011, S. 135–139.

Ders.: Der märkische Adel im späten Mittelalter, in: Im Dialog mit Raubrittern und schönen Madonnen. Die Mark Brandenburg im späten Mittelalter. Begleitband zum Ausstellungsverbund „Raubritter und Schöne Madonnen" (Studien zur brandenburgischen und vergleichenden Landesgeschichte 6), hg. von Clemens Bergstedt u. a., Berlin 2011, S. 294–305.

Ders.: Die Vogtei Salzwedel. Land und Leute vom Landesausbau bis zur Zeit der Wirren, Frankfurt a. Main 2006.

Thumser, Matthias: Hertnidt vom Stein (ca. 1421–1491). Bamberger Domdekan und markgräflich-brandenburgischer Rat. Karriere zwischen Kirche und Fürstendienst (Veröffentlichungen der Gesellschaft für Fränkische Geschichte 9/38), Neustadt a. d. Aisch 1989.

Tresp, Uwe: Söldner aus Böhmen. Im Dienst deutscher Fürsten. Kriegsgeschäft und Heeresorganisation im 15. Jahrhundert (Krieg in der Geschichte 19), Paderborn u. a. 2004.

Vercamer, Grischa: Brandenburg und Preußen, Brandenburg-Preußen, Königreich Preußen (1415–1701). Etappen der Staatsbildung aus der Sicht Polens, in: Perspektivwechsel: Ein anderer Blick in die Geschichte Brandenburg-Preußens. Beiträge des ersten Colloquiums in der Reihe „Kulturgeschichte Preußens – Colloquien" vom 11. Oktober 2013, hg. von Jürgen Luh (KultGeP – Colloquien 1), abrufbar unter https://www.perspectivia.net/publikationen/kultgep-colloquien/1-2014/vercamer_staatsbildung (Letzter Zugriff am 03.07.2025).

Winkelmann, Jan: Die Mark Brandenburg des 14. Jahrhunderts. Markgräfliche Herrschaft zwischen räumlicher „Ferne" und politischer „Krise" (Studien zur brandenburgischen und vergleichenden Landesgeschichte 5), Berlin 2011.

Zahn, Wilhelm: Besitzungen, Lehen und Vasallen des Erzstiftes Magdeburg in der Altmark, in: Geschichtsblätter für Stadt und Land Magdeburg 44 (1909), S. 126–160.

Die Stadt Stralsund und ihre Bürger als Pfandinhaber und Besitzer von Lehngütern vom 14. bis zum frühen 16. Jahrhundert

Dirk Schleinert

In this contribution, Dirk Schleinert first explains the importance of the Hanseatic city of Stralsund in the Principality of Rügen, which included not only the island of the same name but also areas on the mainland. One focus is on the relationship to the surrounding area of the city. Then the citizens are presented as mortgage holders as well as owners of princely fiefs. Schleinert uses the Mörder family, which at times was able to occupy important positions within the urban elite, as a case study. But the possession of princely fiefs by Stralsund citizens was the exception and not the rule.

1. Stralsund im Fürstentum Rügen im 14. und 15. Jahrhundert

Die Stadt Stralsund entstand im Zuge des hochmittelalterlichen Landesausbaus in den westslawischen Gebieten zwischen Elbe und Oder. 1234 verlieh Fürst Wizlaw I. dem Ort Stralow dasselbe Recht wie es bereits Rostock besaß, das heißt das lübische Recht.[1] 1240 wiederholte er diese Stadtrechtsverleihung, doch nun in ausführlicherer Form, für den jetzt die neue Stadt „Stralesund" genannten Ort.[2] Dieser entwickelte sich rasch und erwarb bereits bis zum Ende des 13. Jahrhunderts umfangreiche Privilegien, die im Ergebnis einer für die Stadt erfolgreichen Auseinandersetzung mit dem Landesherren, Fürst Wizlaw III. von Rügen, im zweiten Jahrzehnt des 14. Jahrhunderts nochmals erheblich erweitert werden konnten.[3]

Zu den Privilegien gehörte auch das Eigentum an allem bereits erworbenen und noch zu erwerbenden Grundbesitz im Umkreis von einer Meile, das heißt knapp 10 Kilometer.[4] Hinzu kamen die Befreiung von der fürstlichen Gerichtsbarkeit

---

1 PUB I, Nr. 307, S. 233 (1234 Oktober 31 Charenz).

2 Ebd., Nr. 375, S. 303 (1240 Februar 25 Perun).

3 Fritze, Entstehung, S. 12–14. Zum Thema Privilegien allgemein: Heinig, Privileg(ien); Kalb, Privileg; Isenmann, Stadt, S. 311–314.

4 PUB V, Nr. 3244, S. 423 (1319 März 18 Stralsund): „Thun hiermit kund unserm gegenwärtigen als auch zukünftigen glücklichen Volk: daß Wir aus besonderer Gnade, und mit Bewilligung unsrer getreuen Räthe, unsern geliebten Ratmannen, Alterleuten und der ganzen Gemeinheit der Stadt Stralsund auf ewig gegeben und überlassen haben, alles Eigentum und alle Freiheit über den ganzen Distrikt Landes, so zum Nutzen der Stadt teils angekauft ist, teils noch angekauft werden möchte, nebst allen Landgütern und Höfen und was zu selbigen gehört,

und das Versprechen, im Umkreis von zwei Meilen keine Befestigungen neu anzulegen und die bereits bestehenden abzubrechen.[5] 1383 präzisierte und erweiterte Herzog Wartislaw VI. diese Privilegien nochmals.[6] Rund um die Stadt war damit ein nahezu autonomer Bezirk entstanden, für den sich bald der Name „Sundische Böre“ einbürgerte.

Der Sieg der Stadt war wohl auch deshalb möglich geworden, weil dem Fürsten nur der festländische Adel zur Seite stand. Mit dem Adel der Insel Rügen hatte Stralsund 1316 ein Bündnis geschlossen, wodurch dieser quasi neutralisiert wurde.[7] Die Niederlage Wizlaws III. hatte noch weitere finanzielle Folgen für ihn. Für geleistete militärische Hilfe musste er seinen Vasallen Teile seiner Einkünfte auf dem festländischen Teil des Fürstentums Rügen verpfänden. Erhalten hat sich ein Verzeichnis für die Vogtei Loitz von 1322.[8] Ob es gleiche Verzeichnisse auch für die anderen Vogteien gab, muss offenbleiben, kann aber durchaus angenommen werden.

Einen tiefen Einschnitt in der Geschichte des Fürstentums Rügen, dessen mit Abstand größte Stadt Stralsund inzwischen war, stellte der nach dem mit dem Tod Wizlaws III. erfolgten Aussterben des einheimischen Fürstenhauses 1325

---

was nämlich eine Meile weit um der Stadt liegt, was sie auch für Landgüter, und von wem sie dieselben auch gekauft haben mögen; von selbigen sollen sie Uns und unsern Nachfolgern keinen Dienst oder Arbeit zu tun schuldig sein, auch keine Schatzung oder Abgabe weder Uns noch unsern Nachfolgern oder Beamten entrichten.“ (deutsche Übersetzung aus: Dähnert, Sammlung II, S. 9).

5 Ebd. Ausführlich allgemein zu Burgenbauverboten Zangel, Castrum, S. 251–260.

6 Dähnert, Sammlung II, S. 12–14: „Auch sollen sie weder in geistlichen oder bürgerlichen Sachen, noch auch in Lehn-Rechts Sachen, ausser unsrer Stadt Stralsund, weder von Uns, unsern Erben und Nachfolgern, noch von Herren weltlichen oder geistlichen Standes, oder von unseren Unterthanen, wes Standes und Würden sie seyn, vorgefordert und citiret werden. Und wenn ja, welches ferne sey, dieselben gefordert und vorgeladen werden sollten, wollen Wir sie, und einem jeden von ihnen, auf Unsere, unserer Erben und Nachfolger Kosten, frey davon machen, und schadlos halten. Es sollen auch vorbemeldete unsere Ratmannen und Bürger, und alle ihre künftigen Nachfolger, zu beständigen Zeiten das völlige und alleinige Eigentum, mit aller Freiheit und mit allem Recht, über alle Güter, Dörfer, Höfe und Äcker haben und besitzen, welche sie zu ihrem eigenen Nutzen und zum Dienst unserer vorberührten Stadt, in dem Umkreis gedachter unserer Stadt, innerhalb einer Meile, auf beiden Seiten des salzen Wassers, gekauft haben, oder künftig etwa kaufen möchten; als an welchen Wir Uns, unsern Erben und Nachfolgern, nichts vorbehalten. Was auch besagte unsere Ratmannen und Bürger in unserm Fürstentum Rügen gekauft oder kaufen mögen, und auch verkaufen sollten, das wollen Wir, unsere Erben und Nachfolger, ihnen bestätigen, wenn Wir von ihnen darum ersucht werden, und wollen es denen, an welchen sie solche verkauft, bestätigen; wenn aber auch solches nicht geschehen sollte: so sollen sie doch nichts desto weniger bei ihrem Lehen und Rechte unbeschadet und unverkürzt bleiben und gelassen werden.“ (deutsche Übersetzung ebd., S. 14 f.).

7 PUB V, Nr. 2989, S. 246 (1316 Januar 6 Stralsund).

8 PUB VI, Nr. 3574, S. 94 (1322 Januar 25–März 14).

und des unerwartet frühen Todes seines Nachfolgers, Herzog Wartislaw IV. von Pommern-Wolgast, 1326 ausgebrochene Rügische Erbfolgekrieg dar. Dieser endete zunächst 1328 mit dem Frieden von Brudersdorf, brach dann 1340 erneut aus und wurde schließlich mit dem am 12. Februar 1354 geschlossenen Frieden von Stralsund beendet. Die Ansprüche der Herzöge von Mecklenburg und der mit ihnen verbündeten Herren von Werle wurden abgewiesen und die Nachfolge der Herzöge von Pommern-Wolgast als Fürsten von Rügen bestätigt.[9]

Für unser Thema von Interesse ist der Umstand, dass im Brudersdorfer Frieden von 1328 große Teile von Festlandrügen, das Fürstentum Rügen bestand aus der Insel Rügen und einem ähnlich großen Gebiet auf dem gegenüberliegenden Festland,[10] dem Herzog von Mecklenburg und den Herren von Werle verpfändet wurden. Die nicht erfolgte Rückzahlung der Pfandgelder war dann der Grund für die Wiederaufnahme der kriegerischen Auseinandersetzungen ab 1340. Da auch gleichzeitig die den Herzögen von Pommern-Wolgast verbliebene Vogtei Loitz an eigene Adlige verpfändet war und große Teile der Vogtei Stralsund sich bereits im Besitz von Stralsund befanden, war der unmittelbar der Verfügungsgewalt der Herzöge unterstehende Besitz auf dem Festland sehr gering.[11] Auf der Insel Rügen hatten sie ebenfalls nur geringen Besitz.[12]

Wichtig ist auch die Tatsache, dass eine der drei am 27. Juni 1328 ausgestellten Urkunden eine Bürgschaft der Städte Stralsund, Greifswald, Anklam und Demmin für die Einhaltung der in den anderen beiden Urkunden getroffenen Vereinbarungen ist.[13] Dies belegt klar den großen Einfluss der Städte auf den Gang und die Ergebnisse der Verhandlungen, zeigt aber auch, dass den Städten sehr an der Wiederherstellung des Friedens gelegen war, denn Handel und Gewerbe und damit die wirtschaftlichen Grundlagen waren durch die Kriegshandlungen zweifellos eingeschränkt gewesen.

---

9 Zum Ersten Rügischen Erbfolgekrieg Schroeder, Erbfolgekrieg; Strecker, Politik, S. 9–10, zum Zweiten Rügischen Erbfolgekrieg ebd., S. 48–54, S. 79–86 und S. 255–257. Eine kurze Darstellung bietet auch Auge, Handlungsspielräume, S. 70–73. Die Urkunden des Brudersdorfer Friedens in PUB VII, Nr. 4395–4397 (alle 1328 Juni 27 Brudersdorf), die des Stralsunder Friedens in MUB XIII, Nr. 7890, S. 428 (1354 Februar 12 Stralsund).

10 Reimann u. a., Rügen, S. 89–116.

11 Schleinert, Umfeld. Zum Grundbesitzerwerb Stralsunds bis zum zweiten Viertel des 14. Jahrhunderts siehe unten in Abschnitt 3.

12 Schulmann, Atlas, Karte 8. Frühere Verzeichnisse liegen nicht vor, aber mit einiger Gewissheit kann man annehmen, dass der fürstliche Grundbesitz auf Rügen auch in der ersten Hälfte des 14. Jahrhunderts nicht wesentlich größer gewesen sein dürfte. Wichtigste Quelle dieser Karte für die Insel Rügen ist das Verzeichnis der Güter und Hebungen von 1532, beschrieben und teilweise ediert von Haas, Hebungen.

13 PUB VII, Nr. 4397, S. 212.

Mit dem Stralsunder Frieden von 1354 gingen die an Mecklenburg und Werle verpfändeten Vogteien Barth, Grimmen und Tribsees zwar wieder in den Besitz der Herzöge von Pommern-Wolgast über, aber Tribsees wegen anderweitiger Ansprüche der Herren von Werle erst mit einiger Verzögerung, Barth und Grimmen sollten den Mecklenburgern und Werlern für den Fall als Sicherheit gelten, dass die Herzöge von Pommern-Wolgast den Frieden nicht halten würden. Diese Ansprüche wurden endgültig erst nach weiteren Auseinandersetzungen mit dem Ribnitzer Vertrag von 1369 fallen gelassen.[14]

Stralsunds Hauptaugenmerk lag in den 1360er Jahren auf den Auseinandersetzungen der verbündeten Hansestädte mit König Waldemar IV. von Dänemark, die im Stralsunder Frieden von 1370 einen für die Städte erfolgreichen Ausgang nahmen. Sowohl Herzog Albrecht II. von Mecklenburg als auch die Herzöge von Pommern-Wolgast waren in diese Auseinandersetzungen involviert, allerdings in unterschiedlicher Intensität. Zudem wechselten die Pommern im Verlauf der Auseinandersetzungen die Fronten. Gleichzeitig befanden sie sich in einem innerdynastischen Konflikt, der schließlich zur Landesteilung von 1368/1372 führte. Stralsund war wie die anderen Städte, die Prälaten und der Adel auch an der Beilegung dieses Konflikts beteiligt.[15]

Diese beiden Handlungsspielräume – Hansestadt auf der einen Seite, Landstadt im Fürstentum Rügen auf der anderen – bestimmten das Agieren Stralsunds auch in den folgenden Jahrzehnten.[16] Die wirtschaftliche und daraus resultierende finanzielle Potenz dieser mit geschätzten bis zu 13.000 Einwohnern für mittelalterliche Verhältnisse großen Stadt bestimmte ihre Bedeutung in beiden Handlungsspielräumen. Diese Potenz war aber auch die Grundlage für die im Folgenden näher zu betrachtenden Rollen als Pfandinhaber und Besitzer von Lehngütern sowohl der Stadt selbst als auch ihrer Bürger.

2. Stralsund und seine Bürger als Pfandinhaber landesherrlicher Besitzungen

Wie oben ausgeführt war die Inbesitznahme des Fürstentums Rügen durch die Herzöge von Pommern-Wolgast mit umfangreichen Verpfändungen verbunden. Dies setzte sich auch nach dem Stralsunder Frieden von 1354 fort. Jetzt waren aber nicht mehr auswärtige Fürsten die Pfandinhaber, sondern die eigenen Untertanen, allen voran die großen Städte.

Im Herbst 1368 fand ein Waffengang der Wolgaster Herzöge Wartislaw VI. und Bogislaw VI. zunächst mit den Herren von Werle und schließlich auch mit

---

14 Strecker, Politik, S. 85 f. und S. 255–257.

15 Schleinert, Stralsund.

16 Ders., Pommern.

dem Herzog von Mecklenburg statt. Um Martini, so die Chroniken, kam es bei Damgarten zur Schlacht, die für die Wolgaster verloren ging. Erst am 7. Juli 1369 erfolgte die Aussöhnung mit Herzog Albrecht II. von Mecklenburg. Die Zahlung von zumindest einem Teil der dabei vereinbarten Lösegelder wurde von den Städten Stralsund und Greifswald übernommen. Dafür verpfändeten ihnen die beiden Wolgaster Herzöge Wartislaw VI. und Bogislaw VI. die Vogteien und Schlösser Loitz, Grimmen, Tribsees, Damgarten, Hertesburg und Barth, also den gesamten festländischen Besitz der Herzöge im Fürstentum Rügen. Ein Zeitraum war in der Urkunde ebenso wenig angegeben wie eine Pfandsumme. Allerdings ist auch nicht die eigentliche, von den Herzögen ausgestellte Pfandurkunde erhalten, sondern nur die Bestätigungsurkunde der beiden Städte vom 7. August 1369, und auch die nur abschriftlich. Dort heißt es dann allgemein, dass sie die Pfandstücke solange behalten, bis die Herzöge sie vollständig ausgezahlt haben.[17]

Das war höchstwahrscheinlich 1375 der Fall. Am 11. Januar 1375 stellten die beiden Städte fest, dass ihnen die beiden Herzöge von 4.000 Mark lötigen Silbers noch 604 Mark und 4 ½ Schilling schuldig waren sowie Stralsund allein noch 72 Schilling für 2 Mühlensteine, die nach Tribsees geliefert worden waren.[18] Ob damals auch die Rückgabe der verpfändeten Vogteien erfolgte, kann nicht eindeutig bejaht oder verneint werden. Wahrscheinlich ist aber, dass das spätestens bis zum 5. Dezember 1376 erfolgt war, denn an dem Tag teilten die Herzöge Wartislaw VI. und Bogislaw VI. ihr Herrschaftsgebiet und Wartislaw erhielt das Fürstentum Rügen.[19] Die vorherige Rückgabe der verpfändeten Vogteien könnte dafür die notwendige Voraussetzung gewesen sein.

Die Vogtei Loitz ist aber anscheinend gleich wieder verpfändet worden, denn 1384 löste Herzog Wartislaw VI. sie von der adligen Familie Buggenhagen aus.[20] Es kann natürlich auch sein, dass die Buggenhagen schon vor 1375/1376 Pfandinhaber gewesen sind, denn Weiterverpfändungen kamen durchaus vor. So wissen wir zum Beispiel, dass Heinrich II. von Mecklenburg die ihm im Brudersdorfer Frieden von 1328 verpfändete Vogtei Barth gleich weiter verpfändete.[21] Insofern ist es auch möglich, dass die beiden Städte Loitz nach 1369 an die Buggenhagen weiter verpfändeten. Als weitere Möglichkeit kommt in Betracht, dass die Buggenhagen schon viel länger im Pfandbesitz von Loitz waren. 1341 starb nämlich Ludolf Maltzahn als Pfandinhaber von Loitz, 1342 rechnete der Marschall der Wolgaster

---

17 Schleinert, Landesteilungen, S. 30. Die Urkunden über die Aussöhnung sind abgedruckt in MUB XVI, Nr. 9938, S. 458 (1369 Juli 7) und Nr. 9939, S. 465, die Bestätigung der Verpfändung im Liber memorialis, S. 84 f. (1369 August 7).

18 StAS, StU, Nr. 476.

19 Pyl, Geschichte, S. 674.

20 Schleinert, Umfeld, S. 20.

21 PUB VIII, Nr. 5275, S. 439.

Herzöge, Wedego Buggenhagen, die Einnahmen und Ausgaben über Loitz bei den Wolgaster Herzögen ab und 1346 bestätigten diese ihm den weiteren Pfandbesitz über Loitz.[22] Wenn dieser Pfandbesitz noch 1369 Geltung hatte, haben die beiden Städte Stralsund und Greifswald den Pfandbesitz über Loitz nur vorbehaltlich der Rechte der Buggenhagen bekommen.

Die Besitzverhältnisse der Vogtei Tribsees in den 1380er Jahren sind etwas unklar. Ca. 1386 oder kurz danach entsandte der Stralsunder Rat den Sohn des Bürgermeisters Bertram Wulflam, Wulf, mit einer Streitmacht und 6.000 Mark nach Tribsees, um das dortige Schloss einzunehmen und die Straßenräuber zu bekämpfen. Ob das im Einvernehmen mit dem Herzog oder weil Tribsees noch Stralsunder Pfand war, geschah, oder es eine reine Eigenmächtigkeit der Stadt zum Schutz ihrer Kaufleute war, muss aufgrund der Quellenlage unentschieden bleiben.

In den folgenden Jahrzehnten bestand die Aufteilung des Herrschaftsgebietes der Wolgaster Herzöge, so wie sie in den Teilungen von 1372 und 1376 erfolgt war, fort. Auf Wartislaw VI. und Bogislaw VI. folgten Wartislaws Söhne, Barnim VI. und Wartislaw VIII. Nach dem Ende der Vormundschaft für die Söhne Wartislaws VIII., Barnim VIII. und Swantibor II., sowie des jüngeren Sohns Barnims VI., Barnim VII., teilten diese zusammen mit dem älteren, bereits volljährigen Sohn Barnims VI., Wartislaw IX., das Herrschaftsgebiet erneut, wobei sich diese Teilung an der von 1376 orientierte. Barnim VIII. und Swantibor II. erhielten das Fürstentum Rügen mit den Vogteien und Schlössern Barth, Hertesburg, Damgarten, Tribsees, Grimmen und Loitz, Wartislaw IX. und Barnim VII. das Herzogtum Pommern nördlich der Peene und westlich der Swine einschließlich der heimgefallenen Grafschaft Gützkow.[23]

Trotz oder vielleicht gerade wegen dieser sehr kleinräumigen Herrschaftsbildung erfolgten weiterhin Verpfändungen größeren Maßstabes an die Stadt Stralsund. Am 16. März 1412 verpfändete Wartislaw VIII. der Stadt Stralsund für 737 böhmische Groschen das Schloss Hertesburg auf dem Darß.[24] Kurz nach der Landesteilung von 1425 verpfändete Barnim VIII., auch im Namen seines Bruders Swantibor II., der Stadt Stralsund am 20. Februar 1426 Schloss, Stadt, Vogtei und Land Tribsees mit dem Dorf Stremlow für 8.000 Mark sundisch.[25]

Als nach dem Tod von Barnim VIII. sein Vetter Wartislaw IX. 1451 die beiden 1376 entstandenen Teilherrschaften wieder vereinigte, kam es aufgrund der

---

22 Schleinert, Umfeld, S. 18 und 20.

23 Pyl, Geschichte, S. 697 f. Die originale Teilungsurkunde findet sich im LAG, Rep. 2 Duc, Nr. 262.

24 StAS, StU, Nr. 669.

25 LAG, Rep. 2 Stralsund, Nr. 57.

wohl als ungeschickt zu bezeichnenden äußeren Politik Wartislaws IX. zu einem erneuten Anstieg von Verpfändungen und Verkäufen. Barnim VIII. hatte eine Nichte: Katharina, Tochter seiner Schwester Sophia. Diese war mit einem mecklenburgischen Herzogssohn verlobt. Katharina hatte aber auch eine Geldforderung von 20.000 Gulden, wofür ihr von ihrem Onkel die Vogtei Barth und der Zingst verpfändet waren. Wartislaw IX. erkannte nach dem Antritt der Herrschaft diese Forderung jedoch nicht an und kam dadurch in Konflikt mit den Herzögen von Mecklenburg. Stralsund und die anderen Städte verweigerten ihm die Hilfe und Wartislaw verlor den Krieg.[26]

Als im Januar 1453 ein Frieden zustande kam, in dem sich Wartislaw IX. dann doch zur Zahlung der Forderungen Katharinas bereit erklären musste, übernahmen die drei Städte Stralsund, Greifswald und Demmin die Bürgschaft und auch die Auszahlung der auf 21.500 rheinische Gulden festgesetzten Summe. Nicht ganz uninteressant ist dabei, dass die drei Städte ihre Zahlungspflicht bereits am 16. Januar anerkannten, der eigentliche Frieden zwischen den Herzögen aber erst am 18. Januar geschlossen wurde. Allerdings übernahmen die Städte die Zahlung nicht ohne Absicherung. Am 17. Januar 1453, also auch noch vor dem Friedensschluss, übergab ihnen Herzog Wartislaw IX. Stadt und Land Barth, den Darß, die Hertesburg sowie Stadt und Schloss Tribsees pfandweise.

Wir haben hier im Prinzip die gleiche Konstellation wie schon 1369: ein verlorener militärischer Konflikt, die Verpflichtung zur Zahlung einer vereinbarten Geldsumme, die Übernahme dieser Zahlungsverpflichtung durch die Städte und die Verpfändung von Ländereien mit den entsprechenden Einkünften als Sicherheit.

Für die Städte war das gut investiertes Geld. Während der Pfandzeit hatten sie die direkte Kontrolle über Gebiete im Hinterland und damit auch über die Landhandelswege.[27] Und des Wohlwollens des Landesherrn konnte man sich auch sicher sein, solange sich dieser in finanzieller Abhängigkeit befand.[28]

Auf der anderen Seite war es aber auch für die Herzöge eine nicht unkomfortable Situation. Solange die wichtigsten Städte ihres Herrschaftsgebietes bereit waren, in ihre Politik zu investieren, konnten sie sich ihrer Loyalität einigermaßen sicher sein.[29] Der Wechsel zu einem anderen Landesherrn, in Frage wären hier wohl vor allem die Herzöge von Mecklenburg gekommen, hätte für die Städte zu viele Risiken mit sich gebracht, als dass es eine realistische Option gewesen wäre.

---

26 Fritze, Bürgertum, S. 160 f.; Auge, Handlungsspielräume, S. 145 f.

27 In diesen Zusammenhang gehört auch die oben erwähnte Expedition des Wulf Wulflam im Auftrag des Stralsunder Rates nach Tribsees ca. 1386, vgl. Koeppen, Ratsfamilien, S. 52.

28 Vgl. dazu Auge, Handlungsspielräume, S. 137–154.

29 Ebd.; Ertl/Thaler, Einleitung, insbesondere S. 150.

Der Umgang der mecklenburgischen Herzöge mit „ihren" Hansestädten Rostock und Wismar im 14. Jahrhundert und die Städtepolitik der brandenburgischen Markgrafen aus dem Hause Hohenzollern im 15. Jahrhundert bestärkten sie sicher in der Auffassung, dass es sich unter der Herrschaft der vergleichsweise schwachen Herzöge von Pommern besser aushalten ließ.[30]

Knapp drei Jahre nach dem Friedensschluss von 1453 verkaufte Wartislaw IX. der Stadt Stralsund für 2.000 rheinische Gulden die Dörfer Saal, Schlichtmühl (Hessenburg), Bartelshagen, Karnin, Kenz, Spoldershagen und Schlemmin.[31]

Auch die Bürger Stralsunds fungierten als Pfandinhaber bzw. Käufer landesherrlicher Güter, wenn auch in deutlich bescheidenerem Maße. Folgende Übersicht, die keinen Anspruch auf Vollständigkeit erhebt, soll dies verdeutlichen.

Tab. 1: Verpfändungen und Rentenverkäufe durch die Fürsten von Rügen und Herzöge von Pommern an Stralsunder Bürger.

Datum	Veräußerer	Erwerber	Objekt	Pfand- bzw. Kaufsumme	Signatur
01.05.1310	Wizlaw III.	Gerwin von Semlow	Bede von 19 Hufen in Devin	190 Mark wendisch	PUB IV, Nr. 2613
23.02.1342	Bogislaw V., Barnim IV., Wartislaw V.	Heinrich Lensan	Dumsevitz	200 Mark sundisch	StAS, Rep. 8 U, Nr. 39 (PUB XI, Nr. 6007)
23.02.1352	Bogislaw V.	Dietrich Witte, Bertold und Gerhard Kindervater	1/3 der Bede des Landes Rügen	1.500 Mark sundisch	StAS, StU, Nr. 354.
26.11.1369	Wartislaw VI., Bogislaw VI.	Bertram Wulflam	Bede und Münzpfennig in Garlepow und Ruddevitz	300 Mark sundisch	LAG, Rep. 2 Stralsund, Nr. 23
24.03.1388	Wartislaw VI.	Bertram Wulflam	Geld- und Kornrente aus Velgast	300 Mark sundisch	LAG, Rep. 2 Stralsund, Nr. 30
03.04.1435	Wartislaw IX., Barnim VII.	Cord van Vloten	Dienste und Abgaben aus Hinrichshagen bei Greifswald	200 Mark sundisch	LAG, Rep. 2 Stralsund, Nr. 65

(*Fortsetzung nächste Seite*)

[30] Zu Mecklenburg Fritze, Kampf S. 244 f.; Hamann, Wismar; Auge, Handlungsspielräume, S. 142. Siehe auch: Knoch, Wismar. Zu Brandenburg Krüger, Herren.

[31] LAG, Rep. 2 Stralsund, Nr. 96.

Tab. 1: (*Fortsetzung*)

Datum	Veräußerer	Erwerber	Objekt	Pfand- bzw. Kaufsumme	Signatur
03.04.1435	Wartislaw IX., Barnim VII.	Cord van Vloten	Bede und Hundekorn aus Subzow	450 Mark sundisch	LAG, Rep. 2 Stralsund, Nr. 66
03.04.1435	Wartislaw IX., Barnim VII.	Cord van Vloten	Abgaben aus Ungnade	222 Mark sundisch	LAG, Rep. 2 Stralsund, Nr. 67
07.05.1440	Barnim VIII.	Heinrich von Haren	Geldrente aus Neuendorf bei Grimmen	100 Mark sundisch	LAG, Rep. 2 Stralsund, Nr. 77
13.11.1444	Barnim VIII.	Alf Greverode	Pacht aus Üselitz	1.050 Mark sundisch	LAG, Rep. 2 Stralsund, Nr. 85
10.09.1445	Barnim VIII.	Alf Greverode	Pacht aus Üselitz	500 Mark sundisch	LAG, Rep. 2 Stralsund, Nr. 86
09.05.1448	Barnim VIII.	Alf Greverode	Üselitz	200 Mark sundisch	LAG, Rep. 2 Stralsund, Nr. 89
01.08.1455	Wartislaw IX.	Tydeke Junghe	Reinkenhagen	Unbekannt[32]	LAG, Rep. 2 Stralsund Nr. 97
29.06.1456	Wartislaw IX.	Tydeke Junghe	Bremerhagen	Unbekannt	LAG, Rep. 2 Stralsund, Nr. 98
29.05.1470	Wartislaw X.	Clawes Stevelde	Bremerhagen	Unbekannt	LAGw, Rep. 2 Stralsund, Nr. 112

Da es sich um deutlich geringere Pfandsummen handelte, kann man annehmen, dass damit vor allem akute Geldnöte kleineren Umfangs inklusive der Auslösung älterer Verpfändungen gedeckt wurden. Ein „Verwendungszweck" wird in aller Regel in der Pfandverschreibung nicht angegeben.

32 Für die letzten drei Urkunden LAG, Rep. 2 Stralsund, Nr. 97, 98 und 112, liegen keine vollständigen Regesten vor. Eine Einsichtnahme in die Originale war wegen einer längeren Schließung des Lesesaals des Landesarchivs Greifswald im Sommer 2023 nicht möglich.

3. Stralsund und seine Bürger als Besitzer von fürstlichen Lehngütern

Mit dem Landesausbau des 13. Jahrhunderts wurde auch das Lehnrecht in Pommern und im Fürstentum Rügen eingeführt. Erkennbar ist dies nicht zuletzt an der Verwendung entsprechender Begriffe in den Urkunden. Es ist hier nicht der Ort, die Diskussion zu referieren oder sich gar an dieser zu beteiligen, ob durch diese Begriffe ein vollausgebildetes Lehnssystem belegt wird oder nicht. Dazu sei auf andere Beiträge dieses Bandes verwiesen. Wir sehen sie als Hinweise für die Existenz von lehnsrechtlichen Verhältnissen.[33]

Im Folgenden wollen wir unter anderem auch der Frage nachgehen, ob der Erwerb von Lehngütern durch Bürger zur Ausbildung eines Lehnbürgertums führte. Das Phänomen des Lehnbürgertums ist insbesondere für den süddeutschen Raum schon seit langem untersucht worden.[34] Für Norddeutschland hat sich Evamaria Engel vor ziemlich genau 60 Jahren mit den Lehnbürgern in den altmärkischen Städten beschäftigt.[35] Wie in der DDR üblich, wurde die Dissertation nicht als Ganzes, sondern in Teilen an verschiedenen Stellen publiziert, hier vor allem in einem Aufsatz in den Hansischen Geschichtsblättern von 1964 und in einem Sammelband von 1967.[36] Relevant für unser Thema sind auch die Untersuchungen von Konrad Fritze zu den Stadt-Land-Beziehungen in den wendischen Hansestädten, im Zuge derer er auch der Frage nach dem Grundbesitzerwerb nachging.[37]

Engels Untersuchungen basieren im Wesentlichen auf einer Quelle, dem Landbuch Karls IV. für die Mark Brandenburg von 1375, die sie mit weiterem urkundlichem Material ergänzt hat. Eine vergleichbare Quelle existiert für unser Untersuchungsgebiet nicht. Deshalb stützen sich die folgenden Ausführungen ausschließlich auf das urkundliche Material, vor allem aus den Beständen des Stadtarchivs Stralsund. Für das 14. und 15. Jahrhundert umfasst allein der Bestand Städtische Urkunden etwas mehr als 1.700 Urkunden und Briefe. Hinzu kommen die Urkunden der Kirchen, Klöster und Hospitäler, der Gewandschneider- und der Kramerkompanie, nochmals mehrere hundert für die beiden Jahrhunderte.[38]

---

33 Diestelkamp, Lehen; Spieß, Lehnswesen.

34 Isenmann, Stadt, S. 679–689, mit Hinweisen zu weiterführender Literatur; Grabscheid, Bürgerlehen.

35 Raschke, Feudalherren.

36 Engel, Lehnsbesitz; Dies., Lehnbürger.

37 Fritze, Bürger; Ders., Stadt-Land-Beziehungen; Vgl. auch Engel, Aspekte.

38 Hacker, Urkundenbestand; Wartenberg, Archivführer, S. 164 f. Nach der Reinigung, Neuverpackung und Einlagerung ins neue Zentraldepot der Hansestadt Stralsund umfasst der Gesamtbestand an Urkunden gegenwärtig 5.820 Stück (2.696 städtische

Die Mehrzahl der den Erwerb von Grundbesitz betreffenden Urkunden haben den vollständigen Erwerb zu Eigentum oder zeitlich befristete Erwerbungen zum Inhalt. Nur vergleichsweise wenige Erwerbungen erfolgten in der Form von Lehen. Neben dem dauerhaften Erwerb von Grundbesitz spielte der Kauf von Renten, zumeist zeitlich befristet, eine bedeutende Rolle. Hier verschwimmen dann die Grenzen zum Pfandbesitz, denn ein Rentenkauf ist ja nichts anderes als die Vergabe eines Kredits (Hauptsumme oder Hauptstuhl genannt), für den die Rente den Zins darstellte.[39]

Die meisten Erwerbungen erfolgten durch Bürger, also natürliche Personen. Das betraf auch diejenigen, die über mehrere Stationen schließlich Besitz geistlicher Einrichtungen wurden. Die Stadt als solche tritt als direkter Erwerber sehr selten in Erscheinung, auch wenn es auf den ersten Blick so scheint, als ob sie selbst schon früh über ausgedehnten Grundbesitz verfügen würde.

Denn am 18. März 1319 übergab Fürst Wizlaw III. der Stadt Stralsund „alles Eigentum und alle Freiheit über den ganzen Distrikt Landes, so zum Nutzen der Stadt teils angekauft ist, teils noch angekauft werden möchte, nebst allen Landgütern und Höfen und was zu selbigen gehört, was nämlich eine Meile weit um die Stadt liegt, was sie auch für Landgüter, und von wem sie dieselben auch gekauft haben mögen; von selbigen sollen sie Uns und unsern Nachfolgern keinen Dienst oder Arbeit zu tun schuldig sein, auch keine Schatzung oder Abgabe weder Uns noch unsern Nachfolgern oder Beamten entrichten." Wir haben dieses Privileg bereits oben erwähnt.

Am 5. Mai 1321 bestätigte derselbe der Stadt Stralsund ihre Privilegien und Ländereien, die dabei aufgezählt werden: Devin, Teschenhagen, Zitterpenningshagen, Voigdehagen, Wendorf, Lüdershagen, Vogelsang, Lüssow, Langendorf und Kedingshagen.[40]

Nach der Übernahme der Herrschaft im Fürstentum Rügen durch Herzog Wartislaw IV. von Pommern-Wolgast erweiterte dieser nur wenige Wochen später

---

Urkunden, 1.202 Testamente, 1.922 Urkunden der Kirchen, Klöster und Korporationen). Hinzu kommen noch 166 Hanserezesse, die aber ab dem 2. Viertel des 16. Jahrhunderts immer mehr den Charakter von Akten annehmen. Die Anzahl der physisch vorhandenen Urkunden dürfte noch geringfügig höher liegen, denn häufig sind bei Rentenverkäufen, die mehrfach verlängert wurden, die einzelnen Urkunden zusammengeheftet und unter einer Signatur abgelegt.

39 Fritze, Bürger, S. 57–62. Zur Institution des Rentenkaufs siehe Gilomen, Rente, Sp. 735–738. Vgl. auch Ertl/Thaler, Einleitung, S. 148.

40 PUB VI, Nr. 3497, S. 35.

den Stralsunder Besitz. Hinzu kamen jetzt Brandshagen, Zimkendorf, Pütte, der Hof Born, Schmedshagen, Prohn, Damitz und Altefähr.[41]

Geht man das urkundliche Material jedoch etwas genauer durch, so stellt sich schnell heraus, dass sich die Stadt und einzelne Bürger oft den Besitz teilten. Und auch nichtstädtische Anteilsbesitzer kamen vor. Wir werden diese generellen Besitzbestätigungen wohl so zu interpretieren haben, dass sie auch eine Art Oberherrschaft des Rates über den Grundbesitz der Stadtbürger beinhalten. Das Ergebnis war schließlich die schon erwähnte Stralsunder Böre als Hebe- und Gerichtsbezirk. Böre ist Niederdeutsch und kommt von dem Verb bören/boren = heben, auch in der Bedeutung erheben von Abgaben.[42]

So lassen sich für Kedingshagen in den Jahren 1320 bis 1323 Conrad Rode, Johannes Vullenpunt, Bertoldus de Kedingshagen und Everhard Hup als Besitzer von Höfen bzw. Äckern nachweisen.[43] In Lüdershagen sind nach dem städtischen Einnahmeregister aus der Zeit um 1300 getreideabgabepflichtige Inhaber von Hufen: Nicolaus de Flemingdorp, Ghisla de Zemelowe, Bernardus Wlfardi, Suederus, pueri Brakele, Gherardus, Syfridus Bileke, Nicolaus de Gripeswald.[44] Langendorf befand sich zu Beginn des letzten Viertels des 13. Jahrhunderts in adligem Besitz, vor allem der Familie von Rethem. Ab 1279 erwarben verschiedene Stralsunder Bürger Anteile im Dorf, außer vier Hufen, die ein Lehen des Bischofs von Schwerin waren und 1280 vom Kloster Neuenkamp gekauft wurden.[45]

Hierzu passt dann auch ein weiteres Privileg Wizlaws III. vom 10. Mai 1321. Darin regelte er bezüglich der von der Stadt bzw. ihren Bürgern erworbenen Lehngüter: „Desweiteren, was von ihrem Eigentum zu Lehnsrecht oder zu Mannrecht liegt, das sollen unsere Ratsherren von Stralsund und deren Nachkommen lehnen auf ewige Zeiten.“[46]

Doch was bedeutet das? Das mittelniederdeutsche Wort „lenen“ kann sowohl aktiv als auch passiv verstanden werden, also etwas zu Lehen nehmen, aber auch etwas zu Lehen vergeben. Ist beides gemeint? Wahrscheinlich haben wir in dieser Urkunde den Ursprung der sogenannten Ratslehen zu sehen.[47] Aber das

---

41 PUB VI, Nr. 3891, S. 303.

42 Schiller/Lübben, Wörterbuch I, S. 192 f., insbesondere Bedeutung 3.

43 Stadtbuch II, Nr. 507, S. 54; ebd., Nr. 538, S. 57 und 61; ebd., Nr. 586, S. 67; ebd., Nr. 652. Vgl. auch Curschmann (Bearb.), Matrikelkarten, S. 189.

44 Stadtbuch I, S. 186 f. Vgl. auch Curschmann (Bearb.), Matrikelkarten, S. 199 f.

45 Ebd., S. 533 mit den weiteren Nachweisen.

46 PUB VI, Nr. 3499, S. 37. Der mittelniederdeutsche Originaltext lautet: „Vortmer wes da licht an eren eghendom tho leenrechte edder tho manrechte, dat scolen unse ratmann tho deme Sunde vorbenomed unde ere menen nakomelinghe lenen tho ewyghen tyden.“

47 Fritze, Bürger, S. 59.

Privileg kann darüber hinaus auch bedeuten, dass die ursprünglich zu Mann- oder Lehnsrecht erworbenen Güter nicht zwangsläufig weiterhin als solche behandelt werden mussten.

Eine andere Beobachtung scheint diese Annahme zu stützen. Es fällt nämlich auf, dass Belehnungen von Bürgern durch den Landesherrn zumeist eine merkwürdige besitzrechtliche Kombination aufweisen.

1270 übergab Fürst Wizlaw II. von Rügen dem Stralsunder Bürger Wicbern das halbe Dorf Lüssow zu Lehnsrecht – „iure pheodali“ –, ergänzte dann aber, dass Wicbern diese Güter unter dem Titel Eigentum – „titulo proprietas“ – auf ewig und frei von allen Lasten besitzen möge.[48] Ganz ähnlich in einer Urkunde 31. März 1303: Die Fürsten Wizlaw III. und Zambor von Rügen übergaben dem Stralsunder Bürgermeister Gerwin Semlow das von jenem gekaufte Dorf Devin zu Lehen, aber frei von Lehns- und sonstigen Diensten.[49]

In vielen anderen Urkunden finden sich ähnliche Formulierungen, am häufigsten die, dass der verliehene Besitz frei von allen Lasten und Diensten sei. Sind das noch echte Belehnungen?

Eine weitere Beobachtung ist, dass sich bislang keine Lehnsbestätigungen bzw. -erneuerungen finden ließen. Man könnte das als überlieferungsbedingten Zufall erklären, aber so konsequent?

Ein relativ gut dokumentiertes Beispiel soll den besitzrechtlichen Übergang eines adligen Lehnguts in städtischen bzw. bürgerlichen Besitz illustrieren. Es handelt sich um Barnkevitz im Kirchspiel Altefähr auf Rügen, direkt am Strelasund gegenüber von Stralsund gelegen: Am 2. Juni 1334 verkaufte der Knappe Gottfried von Reetz dem Stralsunder Bürger Heinrich Pape („Hinricus dicto Papen“) eine jährliche Rente von 8 Mark für eine Schuld von 60 Mark aus seinen Gütern und seinem Hof in Barnkevitz. Zehn Jahre später kaufte derselbe Heinrich Pape von Heinrich („Hinricus“) Glaswerchte eine halbe Hufe in Barnkevitz. In den Jahren 1353 und 1356 erfolgten zwei weitere Rentenverkäufe des Hennekin von Reetz an verschiedene Bürger der Stadt Stralsund. Diese scheinen dann den endgültigen Verkauf des Gutes verursacht zu haben, der am 11. März 1358 erfolgte. Der Knappe Hennekin von Reetz verkaufte sein Gut in Barnkevitz an Conrad von Bokem und dessen Sohn Hinricus. Zugleich versprach er die Auflassung und Neubelehnung der Käufer beim Herzog zu erbitten. Das erfolgte fast genau ein Jahr später am 6. März 1359 durch Herzog Barnim IV. von Pommern. Die Urkunde hat auch wieder diese schon oben in der von 1270

---

48 PUB II, Nr. 931, S. 246.

49 PUB IV, Nr. 2088, S. 87.

festgestellte besitzrechtliche Doppelformulierung: „iusto pheodi iure omagio“ und „cum omni libertate … possidere“.[50]

Dieser Besitzwechsel betraf aber nur einen Teil von Barnkevitz. Am 27. April 1375 verkauften Johann von Reetz und dessen Sohn Arnold der Stadt Stralsund für 600 Mark ihr Gut, sprich ihren Anteil, in Barnkevitz.[51] Auch sie versprachen die Auflassung des Lehns beim Herzog. Ein Lehnbrief ist hier aber nicht erhalten. Ebenso wenig ist eine Lehnserneuerung für den ersten Anteil überliefert.

Dazu passt dann auch, was sich am Ende unseres Betrachtungszeitraums abspielte. Am 24. November (Mittwoch nach Elisabeth) 1484 saßen sich mehrere Räte Herzog Bogislaws X. und der Stralsunder Rat im Stralsunder Rathaus gegenüber. Die herzoglichen Räte hatten eine lange Liste von Streitpunkten mitgebracht, die sie mit dem Rat klären wollten. Gleich der zweite betraf die Lehngüter. Der Vorwurf der herzoglichen Räte lautete: „Item, so underwunden se sick unser lehnguder und angefelle und kopen und vorpanden tho sick sunder unse und der herschop willen, dat doch wedder de lehnrechte iß. (Item, so wagten sie es, unsere Lehngüter und Angefälle zu kaufen oder an sich zu pfänden ohne unseren Willen, was doch gegen die Lehnrechte ist.)“[52]

Die Antwort des Rates war, dass sie ein Privileg hätten, wonach sie Güter, die sie außerhalb ihres Eigentums kaufen oder pfandweise an sich bringen würden, vom Landesherrn zu Lehen bekommen würden. Wenn sie die Belehnung nicht nachsuchten, so sollte der Besitz gleichwohl nicht verfallen sein. Wahrscheinlich war damit ein Passus aus dem Privileg Herzog Wartislaws IX., des Großvaters von Bogislaw X., vom 1. Januar 1452 gemeint, wo es heißt:

> … vnd alle Landgöder, dar se Breue uppe hebben van der Herschop edder van andern Herrn, Försten, Grauen, Banner-Herrn, Prälaten, Riddern edder Knapen, de se edder de ehren in Wehre vnd fredesahmliker Besittinge hebben, vnd sind darmede in der Besittinge bejaret vnd vordaget, dar schölen se ewiglicken sünder Anseggent vortan rowlicken anbliwen, doch Vns vnd enen jeweliken tho beholdende den Wedderkop in dem Wedderschatte, vnd de Losinge, wohr Wy edder ein ander in den Güdern de hebben, alse man mit Vrkund mag bewisen. (… und alle Landgüter, über die sie Briefe haben von der Herrschaft oder von anderen Herren, Fürsten, Grafen, Bannerherren, Prälaten, Rittern oder Knappen, die sie oder die ihren in Wehre und friedsamer Besitzung haben, und sind damit im Besitz bejahrt und vertagt, darin sollen sie ewiglich ohne Ansagen geruhsam verbleiben, doch uns und einem jedwedem den Wiederkauf oder Einlösung

50 Schleinert, Barnkevitz, mit den urkundlichen Nachweisen.

51 Ebd., S. 27.

52 APS, AKS, I/5744 (Rep. 4, Tit. 100, Nr. 1), S. 115–127, hier S. 115. Eine Transkription des frühen 20. Jahrhunderts befindet sich im LAG, Rep. 2 Duc, Nr. 371/1. Hochdeutsche Übersetzung vom Verfasser.

des Pfandes vorbehalten, wenn wir oder ein anderer es [das Recht zur Einlösung] in den Gütern hat, was man mit Urkunden beweisen mag).[53]

Das bedeutete aber im Grunde nichts anderes als die Umwandlung von Lehngütern in freies Eigentum. Konrad Fritze nannte als Gründe für die Bevorzugung des vollständigen Erwerbs anstelle der Belehnung: Widerwille gegen die sich aus dem Besitz eines Lehens ergebenden Pflichten, insbesondere Kriegsdienst, gegenüber dem Lehnsherrn und Vermeidung einer zusätzlichen Einflussnahme des Lehnsherrn in die städtischen Angelegenheiten.[54] Dem lässt sich noch der Passus aus dem lübischen Recht hinzufügen, nachdem es Bürgern und insbesondere Ratsherren verboten war, sich in die Dienste fremder Herren zu begeben.[55]

Es muss an der Schwäche der pommerschen Herzöge gelegen haben, dass sie diese Praxis zuließen, denn die Umwandlung der Lehngüter in freies Eigentum bedeutete schließlich auch eine Verringerung der ihnen zustehenden Dienste der Vasallen. Offenbar ließ ihnen die im vorigen Abschnitt deutlich gewordene finanzielle Abhängigkeit von den Städten und insbesondere von Stralsund aber gar keine andere Wahl. Darüber hinaus scheinen sie das Lehnsrecht aber auch insgesamt nicht sonderlich konsequent angewendet zu haben. Huldigungsprotokolle, Verzeichnisse von Vasallen und Lehnbriefen, Nachweise von Lehnsmutungen und weitere in diesen Zusammenhang gehörende Schriftquellen sind erst aus dem frühen 16. Jahrhundert überliefert. Einmal mehr bestätigt sich hier die in der Literatur bereits mehrfach getroffene Feststellung, dass neben anderen Bereichen auch beim Lehnsrecht erst Herzog Bogislaw X. eine konsequentere Handhabung eingeführt hat.[56] Das Verhandlungsprotokoll von 1484 ist dafür ein Beleg.

Der überwiegende Teil der nachfolgenden 29 Klagepunkte des Verhandlungsprotokolls von 1484 behandelte Einzelfälle von Grundbesitzerwerb, zumeist von Angefällen des Herzogs, also heimgefallenen Lehen, die Stralsunder Bürger käuflich oder pfandweise erworben hatten. Ihren Unmut über die Art und Weise, wie die Stralsunder die Verhandlungen führten, äußerten die herzoglichen Räte mit einer Bemerkung am Schluss des Protokolls. Sie bekamen die Privilegien, weder das Privilegienbuch noch die Originalurkunden, zum Lesen bzw. in die Hände, weil „... ere schriver wide affstundt und laß uth deme boke edder uth breven de artikele dhe ehn denden up eine yßlike thosprake und lede ße denne wedder uth de hand. (... ihr Schreiber weit weg stand und aus dem Buch oder

53 Dähnert, Sammlung II, S. 16. Hochdeutsche Übersetzung vom Verfasser.
54 Fritze, Bürger, S. 59.
55 Ebel, Lübisches Recht, S. 229–231.
56 Konow, Rechtsfall.

aus den Urkunden die Artikel las, die ihnen für die jeweilige Klage [als Antwort] dienten, und legte sie dann wieder aus der Hand.)"[57]

Die herzoglichen Räte wollten sich mit den Antworten der Stralsunder nicht zufriedengeben, konnten aber nach langen Verhandlungen schließlich nur einen Kompromiss erzielen, der unter Vermittlung der Herzöge von Mecklenburg im Rostocker Rezess vom 3. März 1504 niedergeschrieben ist.[58] Die Regelungen bezüglich der Lehn- und sonstigen Güter sind gleich als erster Punkt aufgeführt:

> Die erworbenen Lehngüter sollen die Stralsunder entsprechend dem Wortlaut der darüber ausgestellten Urkunden behalten. Was inzwischen Eigentum ist, soll Eigentum bleiben. Sollten die Urkunden verloren gegangen sein, dürfen sie die Güter behalten, wenn die Besitzer sie dreißig Jahre ohne Ansprache in Besitz gehabt haben. Den Besitzern der verpfändeten Lehngüter soll die Einlösung gestattet sein und die Stralsunder sollen das Geld annehmen. Wäre ein Adliger zur Einlösung nicht in der Lage, so kann der Herzog stattdessen die Einlösung fordern, sofern er die Einwilligung des Pfandgebers dazu hat. Die Stralsunder sollen künftig ohne Zustimmung des Herzogs keine Lehngüter mehr kaufen oder an sich pfänden. Tun sie es doch, verlieren sie ihr Geld und der Verkäufer bzw. Pfandgeber das Gut.[59]

Der nach erneuten Auseinandersetzungen zwischen Bogislaw X. und Stralsund 1512 geschlossene Greifswalder Vergleich bestätigte die 1504 getroffenen Vereinbarungen. Hinzu kam aber, dass die Stadt dem Herzog die Nieder- und Hochgerichtsbarkeit in sieben Dörfern, nämlich Bussin, Kummerow, Niepars, Wüstenhagen, Lassentin, Zansebuhr und Duvendieck, abtrat.[60]

Das Huldigungsregister von 1524 belegt dann, dass es nur ganz wenige sich im Besitz von Stralsunder Bürgern befindliche fürstliche Lehngüter gab.[61] Und diese standen auch mit einem Sonderfall in Zusammenhang, der im Folgenden behandelt werden soll.

4. Der Sonderfall: die Familie Mörder in Stralsund

Die seit dem Jahr 1253 im Fürstentum Rügen urkundlich belegte adlige Familie Mörder gehört zu jenen Adelsgeschlechtern, die im Mittelalter nicht nur enge

---

57 APS, AKS, I/5744, S. 123.

58 StAS, StU, Nr. 1841 (Ausfertigung für Stralsund); LAG, Rep. 2 Stralsund, Nr. 140 (Ausfertigung für den Herzog). Abdruck in Dähnert, Sammlung II, S. 22–24. Zu den Auseinandersetzungen Bogislaws X. mit Stralsund siehe Wehrmann, Stralsund; kurz zusammengefasst Auge, Handlungsspielräume, S. 148 f.

59 Dähnert, Sammlung II, S. 22.

60 StAS, StU, Nr. 1888 und Nr. 1889. Abdruck in Dähnert, Sammlung II, S. 25–27. Vgl. Wehrmann, Stralsund, S. 139–141; Auge, Handlungsspielräume, S. 149.

61 LAG, Rep. 40 II, Nr. 14.

Beziehungen zur Stadt Stralsund unterhielten und sich dort auch ansiedelten, sondern schließlich selbst Bürger und Ratsmitglieder wurden.[62]

1273 erscheint ein Johannes Mörder als fürstlicher Stadtvogt, der wohl in der Nähe des fürstlichen Hofes in der Neustadt selbst einen Hof (curia) besaß.[63] Eine neue Qualität der Zugehörigkeit zur Stadt und ihrer Bürgerschaft erlangte dann der Knappe Paul Mörder, der in der ersten Hälfte des 15. Jahrhunderts lebte und 1424 in eine Urkunde ausdrücklich als „borgher tho deme Sunde" genannt wird.[64] Einer seiner Söhne war auf dem Gut Mützkow, ca. 12 km südwestlich von Stralsund und seit 1862 in Ober- und Untermützkow geteilt, angesessen, der zweite, Cord, heiratete eine Tochter des Stralsunder Bürgermeisters Cord Bischop und wurde 1453 in den Stralsunder Rat gewählt.[65] Die weiterhin bestehende Doppelstellung als Adlige und zugleich Stralsunder Ratsherren kommt bei Cords ältestem Sohn Paul zum Ausdruck. 1479 wurde er in den Rat gewählt, zur Ehefrau hatte er Hyppolyta von Putbus aus dem bekannten rügischen Adelsgeschlecht, die vorher bereits mit dem Stralsunder Bürgermeister Erasmus Stenweg verheiratet gewesen war.[66] Nach dem Aussterben der Linie der Mörder auf Todenhagen, circa 10 km südöstlich von Ribnitz-Damgarten, versuchte er letztlich vergebens, sich in den Besitz von deren Gütern zu setzen.[67]

Mit Pauls jüngerem Bruder Henning erreichte die Stellung der Familie Mörder in Stralsund ihren Höhepunkt. Er wurde im Jahr 1500 Bürgermeister und bestimmte als solcher gemeinsam mit seinem Schwager Zabel Oseborn, der ebenfalls Bürgermeister und mit seiner Schwester Gertrud verheiratet war, im ersten Jahrzehnt des 16. Jahrhunderts maßgeblich die Geschicke der Stadt Stralsund. Durch seine Ehe mit Gertrud, Tochter des Bürgermeisters Roloff Möller, hatte Henning auch Verbindungen zu dieser einflussreichen Familie aufgebaut. Diese wurden noch weiter intensiviert, weil der Bruder seiner Frau, der ebenfalls Roloff Möller hieß, seine Schwester Barbara heiratete.[68]

---

[62] Das Folgende zur Familie Mörder, wenn nicht anders angegeben nach Koeppen, Ratsfamilien, S. 157–161 (Stammtafel mit Erläuterungen). Eine Zusammenstellung adliger Familien, die in die Oberschicht, dort nicht ganz zutreffend als „Patricierfamilien" bezeichnet, der Stralsunder Bürgerschaft aufstiegen bei Pyl, Rubenows Leben, S. 122 f.

[63] Möller, Stadthöfe, hier S. 80. Auf S. 81 eine Zusammenstellung weiterer adliger Familien, die Höfe in der Stadt besaßen.

[64] Koeppen, Ratsfamilien, S. 108 f.

[65] Ebd., S. 109.

[66] Ebd., S. 110.

[67] Ebd., S. 110 f.

[68] Ebd., S. 111–116. Eine detaillierte Darstellung des Streits auch bei Fock, Reformation, S. 76–82.

Der Bruch mit seinem Schwager Zabel Oseborn kam mit dem Tod von Hennings anderem Bruder Albrecht, der 1514 oder kurz davor erfolgte. Anlass des Streites waren die Ansprüche auf Albrechts Erbe, insbesondere das Gut Mützkow. Der Streit der beiden wurde sogar mehrfach auf den Tagen der Hanse- bzw. wendischen Städte behandelt. Henning verließ schließlich die Stadt und starb 1517 in Stettin, wo er kurz zuvor sein Testament aufsetzte. Nach seinem Tod setzte sich der Streit zunächst zwischen seiner Witwe und Oseborn fort,[69] aber schließlich kam es 1523 zu einer Einigung, nach der die Witwe einen Hof in Mützkow behielt, der gesamte andere Besitz in Mützkow und anderen Orten an Oseborn fiel.[70]

Herzog Bogislaw X. erkannte diesen Vergleich jedoch nicht an und erwirkte noch im selben Jahr ein Urteil, nach dem beide Streitparteien die strittigen Güter von ihm zu Lehen nehmen sollten.[71] Dem wurde dann auch nachgekommen, denn die im Huldigungsregister von 1524 aufgezählten Personen, die mit Mützkow belehnt wurden, waren einmal Oseborns Söhne Joachim und Cordt (Conrad) sowie seine Schwiegersöhne Christoph Lorber, Peter Bölkow bzw. dessen Söhne Merten, Zabel und Conrad (Curdt) Böke (Buke), zum anderen Roloff Möller von wegen Henning Mörders Witwe.[72]

Die für das Thema dieses Aufsatzes besonders interessanten Aspekte des Streites zwischen Mörder und Oseborn bestehen einmal darin, dass Mörder auch den Herzog mit einbezog und dass er das Gut Mützkow dem Herzog 1515 zu Lehen auftrug. Wie in der oben zitierten erweiterten Privilegienbestätigung Herzog Wartislaws VI. von 1383 formuliert, hatte die Stadt die alleinige und ausschließliche Gerichtsbarkeit über seine Bürger, das sogenannte „privilegium de non evocando".[73] Eine Einbeziehung des Herzogs in einem Rechtsstreit zweier Stralsunder Bürger war folglich eine Verletzung dieser Privilegien, deren vollständige Gültigkeit nochmals im Rostocker Rezess von 1504 und im Greifswalder Vergleich von

---

69 Unmittelbar nach Mörders Tod richtete Herzog Bogislaw X. zwei Schreiben an den Stralsunder Rat, in denen dieser einmal aufgefordert wurde, Oseborn zur Herausgabe der Güter zu veranlassen, und zum anderen sich wegen der an Mörder begangenen Gewalttaten schriftlich zu verantworten (StAS, StU 1939 und 1940). Oseborn erkannte das Testament Mörders nicht an und prozessierte deswegen, letztlich erfolglos, auch vor dem Reichskammergericht in Wetzlar, wie der entsprechende Bestand in Stettin zeigt, dazu APS, Sąd Kameralny Rzeszy w Wetzlar, Nr. 996.

70 Koeppen, Ratsfamilien, S. 116–120. Der Vergleich in StAS, Hs 7, Bl. 7.

71 Fock, Reformation, S. 82. Eine Abschrift in: StAS, Hs 292, S. 301 f.

72 LAG, Rep. 40 II, Nr. 14, Bl. 56v und Bl. 57r. Abschrift des Lehnbriefs der Herzöge Georg I. und Barnim IX. vom 28. Juni 1528 in StAS, Hs 292, S. 303 f.

73 Dazu grundsätzlich Modéer, Gerichtsbarkeiten, S. 45–47.

1512 bestätigt worden sind. Mit der Lehnsauftragung wollte Henning Mörder die Ansprüche Zabel Oseborns oder besser seiner Schwester, Oseborns Ehefrau, abweisen, denn die Nachfolge in den Lehen stand nur den männlichen Erben zu, anders als bei Erbgütern. Als weiteren Grund gab Mörder an, dass er nicht wie sein Bruder Paul seinerzeit die Güter der Todenhagenschen Linie jetzt die Güter seines Bruders verlieren wolle. Deshalb habe er vom Herzog untersuchen lassen, ob es Lehn- oder Erbgüter seien. Dem Urteil würde er sich fügen.[74]

Der Streit berührte Grundfragen des Verhältnisses der Stadt zum Herzog. Deshalb bemühten sich die anderen wendischen Städte auch so intensiv um eine Lösung. Einmal ging es um die Anerkennung der Privilegien Stralsunds im Hinblick auf die Gerichtsbarkeit durch den Herzog, zum anderen aber auch um die Frage der Appellation. Traditionell gingen die Appellationen von den Stralsunder Gerichten nach Lübeck. Aber seit Bogislaw X., und dafür ist dieser Streit ein guter Beleg, versuchten die Herzöge, die Appellation an ihr Hofgericht durchzusetzen, was aber nicht vollständig gelang.[75]

Der Streit belegt auch einmal mehr die bereits weiter oben gemachte Feststellung, dass der Erwerb von Grundbesitz durch die Bürger vorzugsweise zu vollem Eigentum angestrebt wurde, um den Einfluss des Landesherrn als Lehnsherrn der Bürger in die innerstädtischen Angelegenheiten zurückzudrängen.

5. Fazit

In der politischen Geschichte des Fürstentums Rügen seit der Übernahme der Herrschaft durch die Herzöge von Pommern-Wolgast bis zur Mitte des 15. Jahrhunderts kam es mehrfach zu Situationen, in denen die Lösung von Konflikten und damit letztendlich die Sicherung der herzoglichen Herrschaft nur durch Geldzahlungen der größeren Städte, allen voran Stralsunds als größter Stadt, möglich war. Als Gegenleistung erhielten die Städte umfangreiche Ländereien mit ihren Einkünften als Pfand. Dies sollte aber nicht nur als Zeichen der finanziellen Not der Herzöge gesehen werden, sondern auch als Mittel der Herrschaftssicherung. Denn solange das pfandrechtliche Verhältnis bestand, hatten beide Seiten ein Interesse an dem Fortbestehen des gegenseitigen Verhältnisses Herrscher/Untertan. Dies diente nicht zuletzt der Herrschaftssicherung der Herzöge.

---

[74] HR III,6, S. 678. Vgl. auch Koeppen, Ratsfamilien, S. 111.

[75] Modéer, Gerichtsbarkeiten, S. 45. Die pommersche Hofgerichtsordnung von 1566/1569 ließ den Appellanten die Wahl zwischen dem Lübecker Oberhof und dem herzoglichen Hofgericht.

Die Verpfändung bzw. der zeitlich befristete Verkauf von Besitz und Einkünften an Bürger durch die Herzöge muss dagegen im Kontext der fürstlichen Hofhaltung gesehen werden. Es handelte sich um vergleichsweise – jedenfalls im Verhältnis zu den Verpfändungen an die Städte als solche – kleine Summen, die sicher zur kurzfristigen Deckung außerordentlicher Ausgaben dienten, die durch die regulären Einnahmen nicht bezahlt werden konnten.

Schon wenige Jahrzehnte nach der Stadtrechtsverleihung begann der Erwerb von Landbesitz, darunter auch lehnsrechtlich gebundenem, durch Stralsunder Bürger. Dabei ist von Anfang an das Bestreben zu erkennen, die lehnsrechtlichen Bindungen aufzulösen und das volle Eigentum zu erwerben. Grundsätzlich begünstigt wurde dies durch ein Privileg von 1321. Die Auseinandersetzungen der Stadt mit Herzog Bogislaw X. seit den 1480er Jahren zeigen, dass die Stadt und ihre Bürger dieses Privileg offenbar sehr großzügig auslegten. Mit dem Rostocker Rezess von 1504 und dessen Bestätigung von 1512 wurde der status quo festgeschrieben. Der Sonderfall der Familie Mörder bzw. deren Gutes Mützkow bestätigt dabei die Regel, dass Stralsunder Bürger ihren Landbesitz nicht als fürstliche Lehen besaßen.

Ungedruckte Quellen

Archiwum Państwowe w Szczecinie (APS)

Archiwum Książąt Szczecińskich (AKS).

Sąd Kameralny Rzeszy w Wetzlar (Reichskammergericht in Wetzlar).

Landesarchiv Greifswald (LAG)

Rep. 2 Duc (= Ducalia).

Rep. 2 Stralsund.

Rep. 40 II.

Stadtarchiv Stralsund (StaS)

Handschriften (Hs).

Städtische Urkunden (StU).

Gedruckte Quellen

Dähnert, Johann Carl (Hg.): Sammlung gemeiner und besonderer Pommerscher und Rügischer Landes-Urkunden, Gesetze, Privilegien, Verträge, Constitutionen und Ordnungen. Zur Kenntniß der alten und neueren Landes-Verfassung insonderheit des Königlich-Schwedischen Landes-Theils, Bd. 2, Stralsund 1767.

HR III,6 = Schäfer, Dietrich (Bearb.): Hanserecesse, 3. Abt., Bd. 6: 1510–1516, Leipzig 1899.
MUB XIII = Verein für Meklenburgische Geschichte und Alterthumskunde (Hg.): Mecklenburgisches Urkundenbuch, Bd. 13: 1351–1355, Schwerin 1884.
PUB I = Klempin, Robert (Hg.): Pommersches Urkundenbuch, Bd. 1,1: 786–1253. Regesten, Berichtigungen und Ergänzungen zum Codex Pomerania diplomaticus von Hasselbach und Kosegarten, Stettin 1868.
PUB IV = Winter, Georg (Bearb.): Pommersches Urkundenbuch, Bd. 4: 1301–1310, Stettin 1903.
PUB V = Heinemann, Otto (Bearb.): Pommersches Urkundenbuch, Bd. 5: 1311–1320, Stettin 1905.
PUB VI = Heinemann, Otto (Bearb.): Pommersches Urkundenbuch, Bd. 6: 1321–1325 (VHKP, Reihe II, 6), Stettin 1907.
PUB VII = Frederichs, Hans/Sandow, Erich (Bearb.): Pommersches Urkundenbuch, Bd. 7: 1326–1330, Stettin 1934/1940.
PUB VIII = Assmann, Erwin (Hg.): Pommersches Urkundenbuch, Bd. 8: 1331–1335 (VHKP, Reihe II, 10), Köln/Graz 1961.
PUB XI = Conrad, Klaus (Hg.): Pommersches Urkundenbuch, Bd. 11: 1341–1345 (VHKP, Reihe II, 11), Köln/Wien 1990.
Liber memorialis = Schroeder, Horst-Diether (Bearb.): Der Stralsunder Liber memorialis, Teil 1 (Veröffentlichungen des Stadtarchivs Stralsund 6,1), Schwerin 1964.
Stadtbuch I = Fabricius, Ferdinand (Hg.): Das älteste stralsundische Stadtbuch (1270–1310), Berlin 1872.
Stadtbuch II = Ebeling, Robert (Bearb.): Das zweite Stralsundische Stadtbuch (1310–1342). Im Anschluss an den von Christian Reuter, Paul Lietz und Otto Wehner veröffentlichten ersten Teil, Stralsund 1903.

Darstellungen

Auge, Oliver: Handlungsspielräume fürstlicher Politik im Mittelalter. Der südliche Ostseeraum von der Mitte des 12. Jahrhunderts bis in die frühe Reformationszeit (Mittelalterforschungen 28), Ostfildern 2009.
Curschmann, Fritz (Bearb.): Matrikelkarten von Vorpommern 1692–1698, Karten und Texte, 1. Teil. Dorfbeschreibungen zu Blatt 3, 4, 7 und 8. Amt Barth, Barther und Stralsunder Distrikt, Amt Franzburg (VHKP, Reihe III, Historischer Atlas der Provinz Pommern 1. Folge, Abt. III, 1), Greifswald/Rostock 1944/1948.
Diestelkamp, Bernhard: Art. „Lehen, -wesen; Lehnrecht. I. Allgemein; Frankenreich und Deutsches Reich“, in: LexMA 5 ([2]2003), Sp. 1807–1811.
Ebel, Wilhelm: Lübisches Recht, Bd. 1, Lübeck 1971.

Engel, Evamaria: Zu einigen Aspekten spätmittelalterlicher Stadt-Land-Beziehungen vornehmlich im Bereich von Hansestädten, in: Jahrbuch für Geschichte des Feudalismus 4 (1980), S. 151–172.

Dies.: Bürgerlicher Lehnsbesitz, bäuerliche Produktenrente und altmärkisch-hamburgische Handelsbeziehungen im 14. Jahrhundert, in: HansGbll 82 (1964), S. 21–41.

Dies.: Lehnbürger, Bauern und Feudalherren in der Altmark und 1375, in: Feudalstruktur, Lehnbürgertum und Fernhandel im spätmittelalterlichen Brandenburg (Abhandlungen zur Handels- und Sozialgeschichte 7), hg. von Dies. und Benedikt Zientara, Weimar 1967, S. 29–220.

Ertl, Thomas/Thaler, Lienhard: Einleitung, in: VSWG 109.2 (2022), S. 147–156.

Fock, Otto: Reformation und Revolution (Rügensch-pommersche Geschichten aus sieben Jahrhunderten 5), Leipzig 1868.

Fritze, Konrad: Bürger und Bauern zur Hansezeit. Studien zu den Stadt-Land-Beziehungen an der südwestlichen Ostseeküste vom 13. bis zum 16. Jahrhundert (Abhandlungen zur Handels- und Sozialgeschichte 16), Weimar 1976.

Ders.: Bürgertum und Fürsten in der Konfrontation. Stralsunds Konflikte mit den Pommernherzögen in der zweiten Hälfte des 15. Jahrhunderts, in: Hansische Stadtgeschichte – Brandenburgische Landesgeschichte (Hansische Studien 8; Abhandlungen zur Handels- und Sozialgeschichte 26), hg. von Evamaria Engel, Konrad Fritze und Johannes Schildhauer, Weimar 1989, S. 158–170.

Ders.: Entstehung, Aufstieg und Blüte der Hansestadt Stralsund, in: Geschichte der Stadt Stralsund (Veröffentlichungen des Stadtarchivs Stralsund 10), hg. von Herbert Ewe, Weimar 1984, S. 12–14.

Ders.: Der Kampf zwischen Bürgertum und Feudalfürstentum an der südwestlichen Ostseeküste zu Beginn des 14. Jahrhunderts, in: Wissenschaftliche Zeitschrift der Ernst-Moritz-Arndt-Universität Greifswald 8 (1958/1959), Gesellschafts- und sprachwissenschaftliche Reihe, Nr. 3, S. 243–249.

Ders.: Stadt-Land-Beziehungen im hansischen Bereich im Mittelalter, in: Gewerbliche Produktion und Stadt-Land-Beziehungen (Hansische Studien 4; Abhandlungen zur Handels- und Sozialgeschichte 18), hg. von Ders. u. a., Berlin 1979, S. 109–117.

Gilomen, Hans-Jörg: Art. „Rente, -nkauf, -markt“, in: LexMA 7 ([2]2003), Sp. 735–738.

Grabscheid, Dietrich Hermann: Bürgerlehen im altdeutschen Reichsgebiet, [Regensburg] 1957.

Haas, Albert: Die landesfürstlichen Hebungen und Einkünfte auf der Insel Rügen im Jahre 1532, in: BSt NF 33.1 (1931), S. 125–142.

Hacker, Hans-Joachim: Zum Urkundenbestand des Stadtarchivs Stralsund, in: Communitas et Dominium. Festschrift zum 75. Geburtstag von Johannes Schildhauer, hg. von Horst Wernicke, Großberkau 1994, S. 94–101.

Hamann, Manfred: Wismar-Rostock-Stralsund-Greifswald zur Hansezeit. Ein Vergleich, in: Vom Mittelalter zur Neuzeit. Zum 65. Geburtstag von Heinrich Sproemberg (Forschungen zur mittelalterlichen Geschichte 1), hg. von Hellmut Kretzschmar, Berlin 1956, S. 90–112.

Heinig, Paul-Joachim: Art. „Privileg(ien) III. Städtische Privilegien“, in: LexMA 7 ([2]2003), Sp. 226–228.

Isenmann, Eberhard: Die deutsche Stadt im Mittelalter 1150–1550. Stadtgestalt, Recht, Verfassung, Stadtregiment, Kirche, Gesellschaft, Wirtschaft, Köln u. a. [2]2014, S. 311–314.

Kalb, Herbert: Art. „Privileg“, in: Enzyklopädie des Mittelalters, Bd. 1, hg. von Gerd Melville und Martial Staub, Darmstadt [3]2017, S. 198–200.

Knoch, Werner: Wismar, Rostock und Heinrich II. von Mecklenburg 1310/4 nach der Reimchronik Ernst von Kirchbergs (1378), in: HansGbll 110 (1992), S. 43–56.

Konow, Karl-Otto: Der Maltzansche Rechtsfall. Zur Rechtspraxis Bogislavs X., in: BSt NF 62 (1976), S. 36–52.

Koeppen, Hans: Führende Stralsunder Ratsfamilien vom Ausgang des 13. bis zum Beginn des 16. Jahrhunderts (Greifswalder Abhandlungen zur Geschichte des Mittelalters 10), Greifswald 1938, S. 106–120.

Krüger, Klaus: Zwischen Herren und Hanse. Die Städte der Mark Brandenburg im 14. und 15. Jahrhundert, in: Hansestädte und Landesherrschaft (Hansische Studien XXVIII), hg. von Rudolf Holbach und Henning Steinführer, Wismar 2020, S. 155–172.

Modéer, Kjell Åke: Gerichtsbarkeiten der schwedischen Krone im deutschen Reichsterritorium, Bd. 1: Voraussetzungen und Aufbau 1630–1657 (Rättshistoriskt bibliotek 24), Stockholm 1975.

Möller, Gunnar: Landesherrliche und niederadlige Stadthöfe im spätmittelalterlichen Stralsund, in: Stralsunder Hefte für Geschichte, Kultur und Alltag (2014), S. 78–85.

Pyl, Theodor: Geschichte des Cistercienserklosters Eldena im Zusammenhange mit der Stadt und Universität Greifswald, 2. Theil, Greifswald 1882.

Ders.: Dr. Heinrich Rubenows Leben und die Geschichte seiner Vorfahren (Pommersche Geschichtsdenkmäler 3), Greifswald 1870.

Raschke, Evamaria: Feudalherren, Lehnbürger und Bauern in der Altmark. Eine Analyse der ländlichen Sozialstruktur anhand des brandenburgischen Landbuchs von 1375, Dissertation Berlin 1963.

Reimann, Heike u. a.: Rügen im Mittelalter. Eine interdisziplinäre Studie zur mittelalterlichen Besiedlung Rügens (Forschungen zur Geschichte und Kultur des östlichen Mitteleuropa 36), Stuttgart 2011.

Schiller, Karl/Lübben, August: Mittelniederdeutsches Wörterbuch, Bd. 1, Bremen 1875.

Schleinert, Dirk: Barnkevitz Anno 1358. Ein Beitrag zur spätmittelalterlichen Agrargeschichte Vorpommerns, in: StraleSunth 5 (2015), S. 25–29.

Ders.: Die Landesteilungen der Wolgaster Herzöge von 1386 und 1372, in: BSt NF 107 (2021), S. 19–42.

Ders.: Zwischen Pommern und der Hanse – Handlungsfelder der Stadt Stralsund vom 14. bis zum 16. Jahrhundert, in: Die Stadt des 12. bis 16. Jahrhunderts in Brandenburg und Pommern. Urbane Zentralitäten im Vergleich (Einzelveröffentlichungen der Brandenburgischen Historischen Kommission 28), hg. v. Felix Biermann u. a., Berlin 2025, S. 137–155.

Ders.: Stralsund und die Herzöge von Pommern-Wolgast zur Zeit des Stralsunder Friedens, in: Frieden im Ostseeraum. Konfliktbewältigung vom Mittelalter bis 1945 (VHKP, Reihe V: Forschungen zur pommerschen Geschichte 59), hg. von Ders., Köln u. a. 2022, S. 15–39.

Ders.: Zum ereignisgeschichtlichen Umfeld des Loitzer Bederegisters, in: BSt NF 83 (1997), S. 17–23.

Schroeder, Horst-Diether: Der Erste Rügische Erbfolgekrieg. Ursachen – Verlauf – Ergebnisse, in: Beiträge zur Geschichte Vorpommerns. Die Demminer Kolloquien 1985–1994, hg. von Haik Thomas Porada, Schwerin 1997, S. 129–139.

Spieß, Karl-Heinz: Das Lehnswesen in Deutschland im hohen und späten Mittelalter, Stuttgart ^{3}2011.

Strecker, Werner: Die äußere Politik Albrechts II. von Mecklenburg, in: Jahrbücher des Vereins für mecklenburgische Geschichte und Altertumskunde 48 (1913), S. 1–300.

Schulmann, Werner von: Historischer Atlas von Pommern NF, Karte 8: Besitzstandskarte von 1530, Köln u. a. 1984.

Wartenberg, Heiko: Archivführer zur Geschichte Pommerns bis 1945 (Schriften des Bundesinstituts für Kultur und Geschichte der Deutschen im östlichen Europa 33), München 2008.

Wehrmann, Martin: Stralsund und Herzog Bogislaw X. von Pommern, in: BSt NF 36 (1934), S. 121–143.

Zangel, Frederic: Castrum, curia, berchvrede. Die Burgen Holsteins und Stormarns in ihrer geschichtlichen Bedeutung und Wahrnehmung (1134 bis 1534) (Kieler Schriften zur Regionalgeschichte 6), Kiel 2021.

Lehen und Verwaltung im Ordensland Preußen

Jürgen Sarnowsky

The conquest of the land by the Teutonic Order was of major importance for the „Lehnswesen" in Prussia. Until 1454, around 60 percent were under the direct control of the Order, while the remaining 40 percent were often granted as fiefs. However, considerable differences can be observed both in terms of space and time. This concerns, for example, the fundamental changes in the legal sphere and the increasing sovereignty of the fiefs and their owners. Conflicts shaped their relationship with the Teutonic Order, not least the Thirteen Years' War that broke out in 1454 following the denial of the homage.

Das Lehnswesen in Preußen war durch die besondere Situation der Eroberung des Landes durch den Deutschen Orden gekennzeichnet.[1] Mit der Goldenen Bulle von Rimini von 1226/1235 hatte der Orden das Land von Kaiser Friedrich II. übertragen bekommen, mit allen Rechten, wie sie auch die Reichsfürsten hatten.[2] Die Adligen, die dem Orden in den Kreuzzügen gegen die noch heidnischen Prußen halfen, zogen weitgehend wieder in ihre Heimat zurück. Dennoch griff der Orden seit den Anfängen seiner Territorienbildung in Preußen auch auf Adlige und höhergestellte Freie zurück, die mit größeren Verleihungen als Träger seiner Herrschaft gewonnen werden sollten.[3] Neben der Gründung von Städten wurden zunächst vor allem größere ländliche Gebiete zu Lehen vergeben; spätestens mit der endgültigen Eroberung 1283 setzte dann die dörfliche Siedlung ein, die der Orden vielfach selbst in die Hand nahm.[4] Eine Ausnahme bildeten vor allem die bischöflichen bzw. domkapitularen Territorien, die zusammen jeweils ein Drittel der vier Diözesen ausmachten und in denen Bischöfe und Domkapitel als Landes- und Grundherren auftraten.[5]

Die Folge dieser Siedlungspolitik war, dass bis 1454 regional unterschiedlich rund 60 % von Grund und Boden im Ordensland Preußen in direkter Kontrolle des Ordens verblieben, im eigentlichen Preußen stärker als im Kulmerland oder in Pommerellen.[6] Daneben entstanden durch die Verleihungen des Ordens relativ

---

1 Sarnowsky, Eroberung, S. 411–441.

2 Siehe u. a. Matison, Lehnsexemtion; Weise, Interpretation; Gouguenheim, L'empereur; zur späteren Bedeutung vgl. Bar, Privilegien.

3 Czaja/Nowak, Attempt, S. 15: „Settlers arriving from Silesia and the German states: knights, townspeople and peasants, formed the social base of power of the new government".

4 Guddat, Entstehung, S. 34.

5 Radzimińki, Church, S. 110 f., 135 f.

6 Siehe u. a. Samsonowicz, Orden, S. 105.

selbstständige weltliche Gutsbezirke als Kern adliger Grundherrschaften. Als Verpflichtung gegenüber dem Orden finden sich dabei neben einem formalen Rekognitionszins und Getreideabgaben vor allem unterschiedlich gestaltete Kriegsdienste.[7] Verliehen wurden größere und kleinere, quantitativ wie räumlich definierte Gebiete oder bereits angelegte Ortschaften, dazu meist eine Form der Gerichtshoheit. Die Rechte und Pflichten wurden in eigenen Urkunden, den Handfesten, festgehalten, die wahrscheinlich schon das Ergebnis von Verhandlungen zwischen dem Orden und den neuen Ansiedlern waren. Zumindest in späteren Jahren erfolgten die Verleihungen oftmals in Gegenwart anderer Lehnsleute.[8] Lehensverleihungen an fremde Herren gab es praktisch nicht.[9]

Ein Lehen (oder lateinisch: „feudum", „beneficium") meint im engeren Sinne die Versorgung eines Abhängigen innerhalb eines Vasallitätsverhältnisses, nicht nur mit Land, sondern auch mit Einkünften und Rechten.[10] Rechtlich war dies „ein doppelter [Vorgang]: Ein Lehnsmann huldigte einem Lehnsherrn und gelobte ihm Treue; der Lehnsherr verlieh dem Lehnsmann ein Lehen".[11] Die gelobte Treue schloss traditionell „Rat und Hilfe" ein, insbesondere die Verpflichtung zum Kriegsdienst. Die Verleihung von Ämtern und Rechten erforderte eine angemessene Verwaltung; Grund und Boden konnten in Eigenwirtschaft genutzt oder auch im Rahmen einer Grundherrschaft an Dritte weitervergeben werden. Alle Beteiligten waren persönlich frei.

Die ältere Forschung zum auf der Lehnsvergabe beruhenden Lehnswesen ist in den letzten Jahrzehnten vielfach infrage gestellt worden.[12] Konsens besteht aber sicher in der Feststellung, dass das Lehnswesen nicht nur chronologisch, sondern auch regional jeweils eine eigene Ausprägung erfuhr. Dabei spielte auch die zunehmende Verschriftlichung im späteren Mittelalter eine Rolle, die die Lehen in das System spätmittelalterlicher Verwaltung integrierte.[13] Unter den

---

7 Zusammenfassend Aubin, Geschichte, S. 11–13; vgl. im Überblick für zwei Komtureien Guddat, Entstehung, besonders S. 31–153.

8 ASP I, S. 13.

9 Eine Ausnahme ist das Privileg für Sambor von Pommerellen, der einen Teil des Werders „von Zantir" (wohl des Werders zwischen neuer Nogat und Weichsel) von 2x½ Meile zu Lehen erhielt, siehe PrUB I,1, Nr. 254 und Nr. 283, S. 194 f. und 214 f. (1251 Dezember 7 und 1254 März 10).

10 Auge, Lehnrecht; Keller, Lehen.

11 So meines Erachtens immer noch grundlegend Theuerkauf, Lehnswesen, S. 16; auch das Folgende baut, ohne hier auf die allgemeinen Diskussionen über Lehnswesen und Feudalismus eingehen zu können, auf den Überlegungen Theuerkaufs auf.

12 Für einen Überblick über die Debatten siehe Dendorfer, Einleitung.

13 Ein Beispiel untersucht Luger, Landesfürst.

umrissenen Bedingungen haben sich auch im Ordensland Preußen eigene Formen von Lehen und Lehnsvergabe entwickelt, die im Zentrum dieses Beitrags stehen sollen. Während die ältere Forschung meist einzelne Aspekte oder Regionen in den Blick genommen hat,[14] soll hier der Versuch unternommen werden, einen knappen Überblick über die Entwicklungen zu geben.

Am Anfang werden die ersten Verleihungen am Beginn der Herrschaftsbildung des Deutschen Ordens in Preußen vorgestellt (I). Auf dieser Grundlage soll gefragt werden, was sich über die Bezeichnung, Stellung und Differenzierung der Lehnsnehmer sagen lässt, die sich in Preußen nicht zuletzt über die Amtsbücher des Ordens fassen lassen (II). Seit dem zweiten Drittel des 15. Jahrhunderts kam es zunehmend zu Konflikten mit den Landesherren, die nach 1454 zu einer völligen Umgestaltung des Lehnswesens in Preußen führten (III).

I. Die Lehensvergaben am Beginn der Herrschaftsbildung in Preußen

Die erste große Verleihung des Deutschen Ordens in Preußen war die Kulmer Handfeste vom 2. Dezember 1232, die die Grundlage des Kulmer Rechts als eine regionale Ableitung des Magdeburger Rechts bildete.[15] Sie wurde am 1. Oktober 1251 mit einigen Änderungen erneuert. Obwohl die meisten Bestimmungen die Städte betreffen, werden auch für den ländlichen Raum relevante Aspekte und damit Grundfragen des Lehnswesens geregelt.[16] Artikel 15 erlaubt den Verkauf von Gütern, die der Orden verliehen hat, sofern diese nach demselben Recht wie zuvor weitergegeben werden und die Käufer die Güter aus der Hand der Brüder empfangen.[17] Für den Kauf von zehn Hufen wird dabei die Verpflichtung zum Kriegsdienst mit voller Rüstung, leichten Waffen und einem angemessenen Pferd festgelegt. Die Kriegsdienste sind dann noch einmal in Artikel 17 näher definiert.[18] Für einen Grundbesitz von 40 Hufen und mehr ist ein vollständig gerüsteter und bewaffneter Reiter mit einem gepanzerten Pferd zu stellen, hinzu kommen mindestens zwei weitere Pferde. In Artikel 18 wird dann die Höhe des Rekognitionszinses für jene bestimmt, die „ein Erbe von unserem Haus"

14 Als Beispiele seien genannt: Aubin, Geschichte; Kasiske, Siedlungstätigkeit; Guddat, Entstehung; Wunder, Bevölkerungsgeschichte; Vercamer, Verwaltungsgeschichte.

15 Dazu u. a. (mit weiterer Literatur) Janicka, Kulmer Handfeste. – In der Datierung folge ich Löwener, Einrichtung, S. 67 f., der auf den Gebrauch des Weihnachtsstils verweist (die Urkunde spricht von 1233).

16 Synoptische Ausgabe der beiden Versionen in: Kisch, Kulmer Handfeste, S. 110–125.

17 Ebd., S. 118 f.

18 Ebd., S. 120 f.

haben.[19] Er beträgt einen Kölner oder fünf Kulmer Pfennige und zwei Mark (rund 468 Gramm) Wachs. Der Text definiert dies als Lehnsverhältnis. Der Lehnsnehmer untersteht der Herrschaft und Rechtsprechung des Ordens, und dafür müssen ihn die Brüder „huldvoll unterstützen und gegen alle, die ihm Unrecht zufügen, nach Kräften unsere Hilfe zuteilwerden lassen".[20] Damit waren auch die Grundlagen für die Vergabe von Lehen im Ordensland gelegt.

Die Kulmer Handfeste eröffnet zugleich einen Zugang zu den ersten Lehnsträgern in Preußen. In der Fassung von 1232 erscheint eine Gruppe von Rittern, die wahrscheinlich unter der Führung des Burggrafen Burchard (VI.) von Magdeburg nach Preußen gekommen waren.[21] Darunter finden sich mindestens zwei Ritter, die Verleihungen im Lande bekamen, auch wenn sie diese nur für einige Zeit behielten. So erscheint der aus Meißen stammende Johannes de Pak mit Unterbrechungen bis mindestens 1246 in Preußen. In diesem Jahr hatte er acht Hufen in der Nähe des neugegründeten Elbing,[22] sein eigentlicher Besitz lag aber wahrscheinlich im Kulmerland, denn im Februar 1260 bat ein „Albertus miles dictus de Pach", wohl der Sohn Johannes', den Meister und die Brüder des Deutschen Ordens in Preußen, die 100 Hufen beim Ort Heimsode („Heiminsod"), die er dem Bischof von Kulm vor drei Jahren verkauft habe, diesem nunmehr endlich zu übertragen.[23] Vermutlich hatte sich die Familie wieder aus Preußen zurückgezogen.

Noch kürzer war der Aufenthalt Bernhards von Kamenz, der aus einer Familie stammte, die sich zuvor bereits in der Lausitz etabliert hatte, und bereits im September 1234 wieder in seiner Heimat war.[24] Er muss aber zuvor erheblichen Grundbesitz in Pomesanien vom Orden erhalten haben, denn bei der Teilung des Bistums zwischen Bischof und Orden diente sein an den Orden zurückgefallenes Lehen zur räumlichen Abgrenzung.[25] Obwohl der Landmeister Ludwig von

19 „[...] Quilibet homo hereditatem a domo nostra habens", ebd., S. 120 f.

20 „[...] Et nos eum favorabiliter confovendo, contra eos, qui sibi iniuriam intulerint, debemus, quantum possumus", ebd.; Übersetzung nach: Weinrich (Hg.), Quellen, S. 451.

21 Krollmann, Herkunft, S. 10.

22 In der Handfeste für Elbing, PrUB, I,1, Nr. 181, S. 32 (1246 April 10), wird sein Besitz ausdrücklich von der Verleihung ausgenommen: „Excipimus etiam octo mansos, quod domino Johanni de Pac contulimus".

23 Brief Alberts in UB Culm I, Nr. 58, S. 43 (1260 Februar 5); weder er noch seine Erben würden darauf jemals wieder Anspruch erheben.

24 Krollmann, Herkunft, S. 13.

25 PrUB I,1, Nr. 233, S. 172 (1250 März 18); vollständig in Codex diplomaticus Prussicus I, Nr. 84, S. 79 f. (1250 März 18).

Queden diese Ländereien für sich behalten wollte, konnte sich der Bischof ein Drittel sichern und den Besitz im Juli 1260 päpstlich bestätigen lassen.[26]

Weder für Johannes de Pak noch für Bernhard von Kamenz hat sich eine Handfeste erhalten. Anders ist dies für eine andere frühe Verleihung, jene an Dietrich von Tiefenau („Dypenow") aus Niedersachsen.[27] Dietrich erhielt im Januar 1236 von Landmeister Hermann Balk nach der Eroberung Pomesaniens 300 flämische Hufen an unbebautem, also nicht von Prußen besiedelten Gebiet, bei Marienwerder; Dazu kamen Fischereirechte in der Nogat und benachbarten Seen sowie die Zehnten von den Haken dreier prußischer Dörfer. Als Rekognitionszins wurden ein mpfd. Wachs und ein Kölner Denar festgelegt, für den Kriegsdienst waren zwei Ritter und ein Knecht zu stellen, auch von den nachfolgenden Besitzern im Falle eines Verkaufs.[28] Dietrichs Besitz wurde in den Jahren 1239 und 1242 noch einmal erweitert,[29] unter anderem durch die Übertragung prußischer Dörfer. Möglicherweise kam Dietrich bald darauf in den Kämpfen gegen die Prußen um, jedenfalls scheinen seine Erben den Besitz nicht mehr lange behalten zu haben.

Die großen Lehensvergaben der frühen Jahre scheinen somit insgesamt wenig erfolgreich gewesen zu sein. Die Überlieferung zu kleineren Verleihungen nach Kulmischem Recht setzt spätestens Ende der 1250er Jahre ein. So bestätigte Gerhard von Hirsberg, Vizelandmeister des Deutschen Ordens, im Oktober 1258 Udulgardis, die Witwe des Nikolaus, im Besitz von 18 Hufen zu kulmischem Recht,[30] Landmeister Hartmut von Grumbach verlieh Ulrich von Schidowe im Mai 1259 4 Hufen „de bonis quibus a domo nostra sunt infeodati", insgesamt musste er aber von 13 Hufen Kriegsdienst leisten,[31] und um 1260 vergab derselbe Landmeister 31½ Hufen an Gerke von Paslock und seiner Schwester Christine zu kulmischem Recht.[32]

Vermutlich sind aber viele der frühen Verleihungen nicht mehr erhalten. Einen Hinweis gibt ein Privileg des Vizelandmeisters Konrad von Thierberg für polnische Ritter im Ordensland vom November 1278.[33] Diese seien unter

---

26 Siehe die Urkunde Alexanders IV., PrUB I,2, S. 118 f. (1260 Juli 1).

27 Dazu siehe Zippel, Kolonisation, S. 196; Perlbach, Geschichte.

28 UB Pomesanien I, S. 1 f. (1236 Januar 29), dort nach dem Abdruck im Codex diplomaticus Prussicus I, Nr. 46, S. 45 f. (1236 Januar 29); einer der Zeugen war Johannes de Pak.

29 UB Pomesanien I, Nr. 1, 2 f., S. 3 f. (1236 Januar 29).

30 PrUB I,2, Nr. 67, S. 62 f., (1258 Oktober 7).

31 Ebd., Nr. 77, S. 68 (1259 Mai 14).

32 Ebd., Nr. 153, S. 128, [1259–1261], nach einer Urkunde Heinrichs von Plotzke von 1308 März 12.

33 Codex diplomaticus Prussicus I, 157, S. 171–174; vgl. ASP I, Nr. 8, S. 29 f.

Landmeister Hermann Balk (1230–1239) belehnt und mit Privilegien ausgestattet worden. Das allgemeine Privileg sei aber in den Kämpfen gegen die Prußen zerstört worden, sodass Konrad nunmehr eine Erneuerung vornahm und die Rechte der polnischen Ritter bestimmte. Für den freien Besitz ihrer Güter sollten die Ritter in Polen, Pommerellen und Preußen Kriegsdienst leisten. Statt eines Zinses sollten sie den Zehnten ihrer Erträge an den Orden abführen. Ihr Besitz sollte im Todesfall an den ältesten Sohn oder Bruder übergehen, alle Erben sollten in die Verpflichtungen gegenüber dem Orden eintreten; eine Teilung des Guts war ausgeschlossen. Zudem erhielten die Ritter die niedere Gerichtsbarkeit mit den daraus anfallenden Einkünften, die große Gerichtsbarkeit blieb beim Orden. Ihnen wurde die Fischerei mit „cleinen geczoy" für den eigenen Verbrauch und die Jagd erlaubt, letztere unter Abgabe von Anteilen an die Häuser des Ordens.[34]

Die polnische Ritterschaft sollte auch in den folgenden Jahrzehnten in Preußen eine wichtige Rolle spielen, aber noch bedeutsamer war, dass dem Orden in erheblichem Maße die Integration der prußischen Führungsschicht gelang.[35] So setzt parallel zu den Verleihungen mit Kulmischem Recht auch die Lehnsvergabe an Prußen ein. Eine Reihe von Urkunden der Zeit um 1260 betrifft das Gebiet Königsberg, als der Orden begann, sich ungeachtet der zweiten Erhebung der Prußen dort zu etablieren. So nahm der Königsberger Komtur Burchard von Hornhusen vor 1257 im Auftrag von Hochmeister Poppo von Osterna eine Verleihung von Gütern an den Prußen Ybuthe und seine Söhne vor, die danach vom Landmeister Gerhard von Hirzberg bestätigt wurde.[36] Im Dezember 1261 ergänzte dann der neue Komtur Dietrich die bisherigen Verleihungen für die Söhne des Ybuthe, Kerse und Nekarkis, um die hohe Gerichtsbarkeit.[37] Dieses Recht war jedoch eher die Ausnahme, wie die Urkunde desselben Komturs für den Samen Berischo vom August 1261 zeigt, dem fünf Familien im Dorf Sunegoge und elf Haken aus seinem Besitz zu Erbrecht übertragen wurden.[38] Den Lehnscharakter dieser Verleihungen belegt die Urkunde des Königsberger Komturs für den Prußen Scharduno von Oktober 1261.[39] Er erhielt 20 Familien mit den ihnen seit langem gehörenden Äckern und Wiesen übertragen. Im Gegenzug sollten er und seine Erben dem Orden mit Schild und Lanze gegen dessen Feinde dienen und den üblichen Rekognitionszins entrichten.

---

34 Codex diplomaticus Prussicus I, Nr. 157 S. 173.
35 Wenskus, Orden, S. 421 f.
36 PrUB 1,2, 84, S. 76 [1257–1259], nur zu erschließen nach der folgenden Urkunde.
37 Ebd., 140, S. 116 f. (1261 Dezember 2).
38 Ebd., 137, S. 113 f. (1261 August 19).
39 Ebd., 138, S. 114 f. (1261 Oktober 16).

Dass die Verleihungen in den Bistümern Ermland und Samland auch schon früher eingesetzt haben müssen, zeigen die Regelungen bei der Aufteilung der Diözesen zwischen dem Orden und den Bischöfen. So erkannte zum Beispiel im April 1251 Bischof Anselm von Ermland die Verleihungen von Gütern an, die der Orden zuvor auf dem Gebiet seines Bistums vorgenommen hatte.[40] Im Bistum Samland kam es jedoch zunächst zu Konflikten, sodass im Mai 1258 ein Vergleich geschlossen werden musste, nach dem der Orden für die dem Bischof zustehenden, aber vom Orden weiterverliehenen Rechte im Zweifelsfall Ersatz leisten sollte.[41] In der Folge wurden einige Verleihungen des Ordens ausdrücklich vom Bischof bestätigt, so im Mai und August 1258 die Urkunden für die Prußen Ibotho und Sclodo sowie für Ponato, der 40 Haken erhalten hatte.[42] Es ist möglich, dass frühe Verleihungen – auch die nach Kulmischem Recht – mündlich erfolgt waren. Auf jeden Fall spielte seit den 1260er Jahren die Verschriftlichung der Lehnsvergaben eine stärkere Rolle.

II. Bezeichnung, Stellung und soziale Differenzierung der Lehnsleute

Die bereits angeführte Urkunde für Ulrich von Schidowe im Mai 1259 spricht von den Gütern, „die von unserem Orden zu Lehen vergeben wurden".[43] Der Terminus „infeudare" erscheint bereits in der Kulmer Handfeste.[44] Der Orden vergab also Lehen, sodass deren Inhaber in den Quellen auch als Lehnsleute erscheinen. So verlieh zum Beispiel der preußische Landmeister Ludwig von Baldersheim im Juni 1267 „theutonici feodales nostri in Warmia et Natangia" ein Privileg über die Begrenzung ihres Kriegsdiensts nach dem Ende der Kämpfe gegen die Prußen.[45] Noch im Mai 1432 wurde am Rand der Urkunde über das Bündnis des Ordens mit dem litauischen Großfürsten Svitrigaila bei den beteiligten Rittern, Landrichtern

40 Regest: PrUB I,1, 247, S. 180 (1251 April 27 Elbing); Druck nach Transskript des 17. Jh.: Codex diplomaticus Warmiensis I, Mainz 1860, S. 47–49 (1251 April 27 Elbing).

41 Regest: PrUB, I,2, Nr. 56 f., S. 50 f. (1258 Mai 28); ediert im UB Samland I, Nr. 61 und Nr. 62A–B, S. 31–33 (1258 Mai 28).

42 UB Samland, Nr. 63–65, S. 33 f. (1258 Mai 28 und August 28).

43 Wie zu Anm. 31.

44 Kisch, Kulmer Handfeste, S. 112 f., hier negativ im Kontext von Zusagen an die Städte, das Gebiet mit Zuständigkeit der städtischen Richter nicht zu verkaufen oder als Lehen zu vergeben.

45 Codex diplomaticus Prussicus I, Nr. 157, S. 157 f. (1267 Juni); vgl. ebd., Nr. 172, S. 187–189 (1285 April 30): Landmeister Konrad von Thierberg bestimmt die Rechte und Pflichten der „fideles nostri in Warmiensis districtu constituti".

und Bannerführern der Vermerk „feodales" – Lehnsleute – eingetragen.[46] Ähnlich verhandelte Bischof Johann Mönch im Juli 1378 mit den „feodales et vasalli ecclesie Pomezaniensis" über Abgaben.[47]

Das wohl häufigste deutschsprachige Äquivalent sind die „Ritter und Knechte". Im Juli 1386 bestätigten namentlich benannte „rittere [und] manne" den Bündnisvertrag des Ordens mit dem Herzog von Pommern-Stettin gegen den neuen polnischen König Władysław-Jagiełło.[48] Die Bezeichnung findet sich immer wieder in den Akten der Ständetage, dort insbesondere zur Abgrenzung gegen die Städte. So forderten „dy ritter und knechte gemeynlich dis landes" auf dem Ständetag im Dezember 1399, dass die Einwohner der Städte, die mit ihren Leuten im Streit lägen, sich an die ländlichen Gerichte wenden sollten, während Forderungen der ländlichen Bevölkerung an Einwohner der Städte auch in den Städten verhandelt werden sollten.[49] Dies wurde 1400 auf einer Versammlung der Ritter und Knechte des Kulmerlands erneut besprochen,[50] ebenso auf einem folgenden Städtetag.[51] Immer häufiger wurde in der Folge die Meinung der Ritter und Knechte eingeholt,[52] verstärkt nach 1410. So wurde im Januar 1434 eine Verordnung zugunsten aller „ritter und knechte diss ganczen landes" erlassen, die aufgrund der Kriegsschäden verschuldet waren.[53] Bei Verhandlungen mit Polen waren dann im September 1434 sieben namentlich benannte Ritter und „sust vil ander ritter und knechte" anwesend.[54]

Daneben gibt es auch die Kennzeichnung als „Ehrbarleute". So hatte Hochmeister Paul von Rusdorf „dy erbarnlewte von Pomerellen" wegen der Erhebung der Steuern zum Kampf gegen die Hussiten in Böhmen zu Anfang Januar 1427 zu einer regionalen Versammlung eingeladen, sagte diese aber wieder ab, nachdem die Ältesten dieser „Ehrbarleute" vor ihm einer Abgabe zugestimmt hatten.[55] Im Februar 1432 kam es dann unter den „Ehrbarleuten" im Gebiet Balga zum Streit über die Zahlung eines Geschosses zur Finanzierung des Kriegs gegen

46 ASP I, Nr. 426, S. 565 f. (1432 Mai 15), zusammen mit den „Lyvonienses feodales" und den Städten.

47 Codex diplomaticus Prussicus III, Nr. 128, S. 169–171 (1378 Juli 1).

48 ASP I, Nr. 30, S. 49 (1386 Juli 12), nach dem vollständigen Text bei Schütz/Chytreus, Historia, fol. 85r–86r.

49 ASP I, Nr. 57, S. 89 f. (1399 Dezember 7).

50 Ebd., Nr. 59, S. 91 f. (1400).

51 Ebd., Nr. 60, S. 92 (1400 Oktober 15), mit Verhandlungen „von dem gerichte der rittere und knechte".

52 Ebd., Nr. 76, S. 107 (1407 März 6), Ständetag, hier zur Frage der Gewichte im Lande.

53 Ebd., Nr. 486, S. 624 (1434 Januar 27).

54 Ebd., Nr. 506, S. 649 f., Aufzeichnung über die Tagfahrt von 1434 September 8.

55 Ebd., 362, S. 466 f. (1427 Januar 2), die Abgabe betrug 1 sc. gering je Hufe.

Polen.[56] Zur selben Zeit hatte auch der Komtur von Elbing „alle erbar lewthe und fryen unsirs gebietes Elbing“ zu Verhandlungen über die Steuer vorgeladen.[57]

Die angeführten Beispiele zeigen deutlich, welche Rolle die Lehnsleute im Rahmen der Herrschaft des Ordens und seiner Verwaltung spielten. Zusammen mit den Prälaten und den Städten waren sie über Ständetage und regionale Versammlungen an den grundlegenden politischen Entscheidungen beteiligt. Dies reichte von Einzelfragen bis hin zur Bewilligung von Steuern und Abgaben. Selbst an den Bündnissen des Ordens sowie (seit 1422) an den Friedensschlüssen waren sie beteiligt.[58] Ritter und Knechte waren zur persönlichen Huldigung gegenüber Hochmeister und Orden verpflichtet und waren folglich auch auf den Huldigungstagen vertreten,[59] die häufig Kritik am und Forderungen an den Orden formulierten.[60] Nicht zufällig wählte Hochmeister Paul von Rusdorf im November 1432 unter anderem vier Ritter für seinen Landesrat aus.[61] Die bedeutende Stellung der Lehnsleute blieb auch nach 1466 erhalten, wenn etwa die Ritter und Lehnsleute des Bistums Samland im März 1474 – nach der Verhaftung des Bischofs Dietrich von Cuba –[62] Aussagen über den Zustand des Bistums bei dessen Amtsübernahme 1474 machten, die notariell bezeugt wurden.[63]

Doch waren nicht alle Lehnsleute gleich, wie bereits aus der Ladung des Komturs von Elbing von 1432 mit der Erwähnung von „Ehrbarleuten“ und Freien hervorgeht.[64] Schon die Kulmer Handfeste unterscheidet nach der Größe des verliehenen Grundbesitzes zwei Kategorien von Lehnsleuten, die zu unterschiedlichen Formen von Kriegsdienst herangezogen wurden.[65] Eine

---

56 Ebd., 414, S. 553 (1432 Februar 7), Schreiben des Komturs von Brandenburg, mit Verweis auf den Bericht des Kompans des Komturs von Balga über eine Versammlung der „erbaren lute“ des Gebiets, auf der die Vertreter der Ritter auf dem Ständetag zu Elbing beschuldigt wurden, „sie truncken us vorgolten koppen und nemen die hende vol pfennige und obirgeben er gut“, d. h. das Gut der anderen, während sie selbst in Reichtum lebten.

57 Ebd., 415, S. 554, Schreiben des Komturs vom gleichen Datum.

58 Neitmann, Stände, hier besonders S. 63.

59 Allgemein formuliert von Toeppen in ASP I, S. 13.

60 Dazu vgl. Sarnowsky, Kritik, S. 407.

61 Dazu den Rezess zum Ständetag, ASP I, Nr. 430, S. 571–573 (1432 November 12), sowie die Notiz über die Vereidigung der neuen Landesräte, ebd., Nr. 434, S. 576.

62 Zu ihm Forstreuter, Cuba, S. 435.

63 JH II, Nr. 3358 (1474 März 31), Hochmeister Heinrich von Richtenberg lässt die Aussagen der Ritter und Lehnmannen notariell bekunden.

64 Wie Anm. 57.

65 Oben zu Anm. 18 f. – Ein Dreiteilung findet sich dagegen in der Werbung Georgs, des Vizelandmeister in Livland, an Lübecker, sowohl um Hilfe wie um Deutsche, „quos volumus infeodare in locis vacantibus“, in denen Kurländer erschlagen worden seien, von 1261 April 27; die Ansiedlung solle erfolgen auf einem „feodum militi vel honesto burgensi“,

Trennung zwischen zwei Gruppen findet sich auch in den Steueransätzen. So sollen nach einem im November 1431 vorgelegten, dann allerdings abgelehnten Entwurf „ritter und knechte iczlicher von synem gesesse“ (Sitz) ein Viertel einer Mark geben, „gemeyne freyen und scholczen“ dagegen nur 4 sc. (ein Sechstel einer Mark).[66] Dieselbe Aufteilung findet sich – mit den gleichen Sätzen – auch in einem Steueranschlag des Jahres 1433.[67]

Aufschlussreich ist in diesem Zusammenhang ein Brief des Hauskomturs zu Preußisch Mark an den Hochmeister aus dem Januar 1454, kurz vor dem Abfall des Preußischen Bundes.[68] Er schreibt, er habe alle „freyen grosz und cleyn“, die nicht dem Preußischen Bund angehörten, vorgeladen. Den „großen Freien“ seien dann die Artikel über die Vorwürfe des Bundes vorgelesen worden, dies hätten die „erbar lewte alle gutlich ufnomen“. Damit zeigt sich, dass nur die Gruppe der großen Freien mit den „Ehrbarleuten“ identisch war.[69] Zudem wurde bei ihnen die Kenntnis der deutschen Sprache vorausgesetzt, anders als bei den „kleinen Freien“. Mit diesen verhandelte der Hauskomtur offenbar im Anschluss „durch den tolken“ (Übersetzer).

Diese Trennung findet sich auch in den Amtsbüchern des Ordens, so im „Großen Zinsbuch“, das aufgrund mehrerer Visitationen um 1414 und um 1437 angelegt wurde und die Einkünfte und Dienste der verschiedenen Ordensämter zusammenfasst. Zu Christburg heißt es dort zum Beispiel zu 1437: „Summa summarum allir dinste obers gancze gebiete beide gros und cleyn freyen sien 252 dinste“.[70] Wie in der Kulmer Handfeste wurde damit nach den Kriegsdiensten unterschieden. Die kleinen Freien, in Christburg rund drei Viertel aller Freien mit Freigütern von 1½ bis 10 Haken, waren überwiegend prußischer Herkunft und zu prußischem Recht angesiedelt. Dagegen bildeten die großen Freien die eigentliche Oberschicht, die in den Quellen auch mit den Begriffen „Ehrbarleute“ bzw. „Ritter und Knechte“ bezeichnet wurde.[71]

---

mit 60 Hufen, auch mit einem „probo famulo“ (mit 40 Hufen) bzw. einem „servo cum equo et plata“(mit 10 Hufen), dazu PrUB I,2, Nr. 135, S. 112.

66 ASP I, Nr. 406, S. 543 (1431 November 25).

67 Ebd., Nr. 441, S. 586 (1433 März 8).

68 ASP IV, Nr. 121, S. 247 f. (1454 Januar 7); vgl. Wunder, Bevölkerungsgeschichte, S. 113.

69 Dazu auch das Schreiben des Obersten Marschalls, ASP II, Nr. 253, S. 401 f. (1442 Februar 22), nach dem „die erbarlewte und freyen“ der Zahlung des Schalwenkorns zugestimmt hätten; die „Ehrbarleute“ mussten dann aber wieder gestrichen werden, damit die Einigung zustande kam.

70 Thielen (Hg.), Zinsbuch, S. 35.

71 Wunder, Bevölkerungsgeschichte, S. 113–115.

Auch für diese Oberschicht muss aber noch weiter differenziert werden. Im „Großen Zinsbuch“ werden für die Zeit um 1417 summarisch die Dienste unter anderem der Komturei Brandenburg angegeben: „item 45 colmissche dinste, item 33 meydeburgissch dinste, item 50 scholczen, item 400 prussche dinste slechte fryhen“.[72] Charakteristisch für das eigentliche Preußen (d. h. anders als in Kulmerland und Pommerellen) ist zunächst die hohe Zahl der kleinen Freien, die hier als prußische schlechte (d. h. geringe) Freie erscheinen. Daneben sind kulmische und magdeburgische Dienste genannt, ebenso die Dorfschulzen, die ähnlich wie die kleinen Freien zum Dienst mit leichten Waffen verpflichtet waren.

Die großen Freien sind damit nach Kulmischen, Magdeburgischen und sonstigen Freien unterschieden. Unter den Freien nach Kulmer Recht wird man die Nachfahren der deutschen Adligen vermuten können, die sich in Preußen dauerhaft niedergelassen haben.[73] Aber auch Prußen erhielten Verschreibungen nach Kulmer Recht. So verlieh Landmeister Helmerich 1262/1263 dem Prußen Grunaw 14 Hufen im Felde „Smayditten“ nach kulmischem Recht,[74] und im Mai 1284 erhielt der Pruße Makie seinen Anteil an dem Gebiet Bolditten bei Balga zu kulmischem Erbrecht übertragen.[75]

Tatsächlich sind die Grenzen zwischen den Gruppen von großen Freien nicht immer scharf.[76] Ein mögliches Kriterium für die Differenzierung könnte der Besitz der hohen und niederen Gerichtsbarkeit sein. Dieser wird in einigen der Urkunden mit besonderem Nachdruck hervorgehoben. So erhielt zum Beispiel der Pruße Tulekoite im Dezember 1302 seine Besitzungen übertragen „cum omni iurisdiccione, iure et utilitate, nihil nobis iuris in eis vel in colonis, quos ibidem locare potuerint, reservantes“,[77] also mit der gesamten Jurisdiktion, allen Rechten und Nutzungen, während sich der Orden keinerlei Rechte, auch nicht in Bezug auf die anzuwerbenden Siedler, vorbehielt. Mehrfach ist auch ausdrücklich von der Verleihung von „iudiciis maioribus et minoribus“ die Rede.[78] In anderen Verschreibungen wird die hohe oder Blutgerichtsbarkeit ausdrücklich den

---

72 Thielen (Hg.), Zinsbuch, S. 3 und 5.
73 Wunder, Bevölkerungsgeschichte, S. 115, 119.
74 PrUB I,2, Nr. 215, S. 164 f. (ohne Datum).
75 Ebd., Nr. 438, S. 279 f. (1284 Mai 17): Verschreibung des Landmeisters Konrad von Thierberg.
76 So auch Boockmann, Ostpreußen, S. 135.
77 PrUB I,2, Nr. 809, S. 503 f. (1302 Dezember 31), Verschreibung des Landmeisters Konrad Sack.
78 Ebd., Nr. 173 f., S. 141 f. (1262), Urkunden des Landmeisters Helmerich für die Prußen Tropo und Gedune; vgl. auch oben zu Anm. 37.

Brüdern des Ordens vorbehalten.[79] So erhielt der Pruße Paul zwischen 1264 und 1269 von Landmeister Ludwig seinen Besitz „cum omni utilitate iure Culmensi", mit allen Nutzungen des Kulmer Rechts, übertragen, doch wurden die „iudicia maiora" davon ausgenommen.[80] Nicht immer dürften aber die Verhältnisse klar aus den Urkunden hervorgehen. So hat Heide Wunder für Christburg bis 1400 18 Verschreibungen mit hoher und niederer Gerichtsbarkeit ermittelt, 20 nur mit niederer Gerichtsbarkeit. Gerade für die größeren Güter fehlen jedoch alle Angaben, doch wird man davon ausgehen können, dass viele davon mit hoher und niederer Gerichtsbarkeit ausgestattet waren.[81] Vielleicht schloss schon die Verleihung des Kulmer Rechts beide Gerichtsbarkeiten ein.

In einem weiteren Amtsbuch, dem Danziger Komtureibuch, sind Verschreibungen des Danziger Gebiets nach Kulmer und Magdeburger Recht zusammengestellt. In vielen Fällen erfolgt die Übertragung nach Kulmischem Recht, die Güter „fry, erplich und eweclich zcu besiczczen".[82] Dieselbe Formel findet sich auch bei den Verleihungen nach Magdeburgischem Recht, so in einer Urkunde vom Juni 1358, mit der Hochmeister Winrich von Kniprode dem polnischen Freien Woyciech Piser das Gut Trzebislawitz übertrug.[83] Das war aber nicht auf polnische Lehnsleute beschränkt, wie eine Verleihung desselben Hochmeisters an Hannus Dytleben vom August 1352 zeigt.[84] Magdeburgisches Recht erscheint dann im 15. Jahrhundert bei einzelnen Neuverleihungen, wie etwa im November 1417 das Gut Occalitz durch Hochmeister Michael Küchmeister an Caspar von Bogdansdorff vergeben wurde.[85] Verschreibungen

79 Ebd., Nr. 204, S. 157–159 (1263 Juni 6): „[...] die grossern gerichte sullen die bruder selbir adir ander, die sie dorczu worden setczen, richten".

80 Ebd., Nr. 294, S. 205, [zwischen 1264 und 1269, anhand der Zeugenliste datierbar]; entsprechend ebd., Nr. 319, S. 217 (1274 Januar 5), für die Prußen Gastimus und Luthymer.

81 Wunder, Bevölkerungsgeschichte, S. 118 f.

82 Księga Komturstwa Gdańskiego, Nr. 9, S. 7 f., Verschreibung des Hochmeisters Konrad Zöllner v. Rotenstein für Ditmar Reber über Mudirstentz (Nassenhuben) (1384 Oktober 3); vgl. auch die Urkunden ebd., Nr. 10, S. 8 f. (1365 Mai 5), Nr. 21, S. 20 f. (1382 April 29), und Nr. 45, S. 45 (1378 September 14). – Lateinisch in der Verschreibung des Hochmeisters Dietrich von Altenburg für Gotko über Groß Lessen, ebd., Nr. 16, S. 17 (1338 Mai 17): „[...] iure Colmensi perpetue, libere et hereditarie possidenda".

83 Ebd., Nr. 24, S. 22 f. (1358 Juni 19), offenbar in Ablösung des polnischen Rechts; entsprechend in einer Verleihung des Danziger Komturs Sifried Walpod von Bassinheym für Michal Kunostowicz, ebd., Nr. 26, S. 24 (1376 Juni 21).

84 Ebd., Nr. 67, S. 60 (1352 August 31), über Jodowitz; entsprechend ebd., Nr. 69, S. 61 f. (1363 Januar 9), für den Ritter Peter von der Kacze über Groß und Klein Kacze; ebd., Nr. 97, S. 75 f. (1357 November 15), für Henning Lankow über das Gut (Klein) Dampraw.

85 Ebd., Nr. 83, S. 72 f. (1417 November 4), in den Grenzen, in denen es der verstorbene Berthram innegehabt habe. – Anders ist dies bei der Erneuerung älterer Urkunden etwa

nach Magdeburger Recht finden sich schon früh auch in den Komtureien Tuchel[86] und Brandenburg,[87] ohne dass besondere Faktoren diese Vergabeform erklären würden. Als Besonderheit lassen sich in Pommerellen zudem Verleihungen nach polnischem Ritterrecht fassen.[88]

Das Magdeburgische Recht stellte in der Vergabepraxis des Ordens offenbar so etwas wie eine Zwischenstufe zwischen dem prußischen und dem Kulmer Recht dar.[89] Grischa Vercamer hat auf den Fall einer Besserstellung eines Lehnsmanns in den verschiedenen Versionen des relevanten Amtsbuchs, der Handfestensammlung der Komturei Königsberg, aufmerksam gemacht. So wurden Tyle von Pandis im Januar 1397 zunächst nur fünfeinhalb Haken zu prußischem Recht verschrieben, nach der (korrigierten) Abschrift erhielt er jedoch sieben Hufen zu Magdeburger Recht.[90] Aus einer wohl der Zeit Michael Küchmeisters entstammenden Visitationsordnung geht hervor, dass die Ordensleitung versuchte, die Verschreibungen nach Magdeburgischem Recht zu kontrollieren.[91] Wohl infolgedessen konzentrierten sich die Komture und anderen Amtsträger meist auf Vergaben nach prußischem oder Kulmer Recht, während die Hochmeister magdeburgisches oder kulmisches Recht auch an Prußen vergeben konnten.[92]

Der entscheidende Unterschied zwischen prußischem, Magdeburger und Kulmer Recht war das Erbrecht. Während nach Kulmer Recht die männlichen und weiblichen Verwandten und Erben bei der Erbfolge gleichberechtigt

---

durch den Danziger Komtur Nikolaus Poster, ebd., Nr. 126, S. 107 f. (1447 Januar 6) und 129, S. 111 f. (1438 März 29).

86 Urkunden Tuchel Komturei, Nr. 27, S. 32 f. (1346 November 18), Nr. 29, S. 34 f. (1349 März 13), Nr. 38, S. 45 (1352 Mai 6) und Nr. 140, S. 140 f. (1403 März 22), mit denselben Formeln.

87 Handfesten, Nr. 3, S. 290 (1388 April 7), Nr. 79, S. 312 (1394 Juli 3 Domnau) und Nr. 97, S. 317 (1394 Juli 3 Domnau).

88 „[...] zcu polanschem ritterrechte", dazu siehe die Urkunden ebd., Nr. 88–90, S. 76–78 (1362 Februar 16, 1363 Dezember 13 sowie 1364 Januar 1); weiter finden sich mehrfach Verleihungen nach polnischem Recht, etwa ebd., Nr. 164, S. 145 f. (1424 Mai 14), durch den Danziger Komtur Conrad von Beldersheim.

89 Zur Entstehung und zum Charakter des Magdeburger Rechts siehe Brünneck, Geschichte, S. 85–89.

90 Vercamer, Verwaltungsgeschichte, S. 12, Anm. 67.

91 „Item sall keyn gebitiger Meydeburgisch recht vorschreiben noch keyn dinst czusampne slan, noch keyn gebuwerissche erbe czu dinste machen ane des homeisters willen und wissen [...]", ediert in Sarnowsky, Wirtschaftsführung, Nr. 4, S. 715–717, hier S. 716 [um 1420].

92 So für die Komturei Königsberg bei Vercamer, Verwaltungsgeschichte, S. 113.

waren,[93] war das prußische Recht im Wesentlichen nur auf die Erbfolge der Söhne beschränkt. Das Magdeburger Recht brachte eine gewisse Besserstellung, insofern nun auch der nächste männliche Verwandte das Erbe antreten konnte.[94] In der ersten Hälfte des 15. Jahrhunderts wurde das vom Orden enger zu seinen Gunsten ausgelegt, um einen Heimfall der Lehen – entweder zur Neuverleihung zu seinen Bedingungen oder zur finanziell günstigeren Ausgabe an Zinsbauern – zu erleichtern. 1440 fragte Hochmeister Paul von Rusdorf bei Erzbischof Gunther von Magdeburg an, wie beim Tod eines Lehnsmannes ohne lehnsfähige Erben vorzugehen sei. Der Erzbischof antwortete dem Hochmeister nach Sächsischem Lehnrecht – da es ein genuin Magdeburgisches Lehnrecht nicht gab –, dass das Lehnsgut eines ohne Söhne verstorbenen Mannes an den Lehnsherrn fallen solle.[95] Dies führte im Ordensland zunehmend zu Spannungen. Eine endgültige Klärung brachten erst die Regelungen unter Hochmeister Martin Truchsess von Wetzhausen im August 1487, die auf Initiative der Stände und mit Hinweis auf die vorangegangenen Konflikte erlassen wurden.[96] Damit wurde die Erbfolge über männliche und weibliche Nachkommen ermöglicht, allerdings nur in gerader Linie: die Erbfolge über Frauen war nur möglich, wenn kein männlicher Erbe bereitstand. Damit waren zum Beispiel Brüder und Schwestern eines Erblassers ausgeschlossen, sodass das Lehngut an die Landesherrschaft zurückfiel.

III. Die Kritik der Stände und die Wandlungen nach 1466

Die ältere Forschung hat betont, dass das Magdeburgische Recht trotz allem vom Orden als Lehnsrecht behandelt worden sei, ebenso wie das Kulmer Recht. Dabei wurde allerdings oft die Frage diskutiert, ob es mit den „großen Freien", den „Rittern und Knechten" bzw. den „Ehrbarleuten" in Preußen schon vor 1466 einen Adel gegeben habe – oder ob man besser bei den genannten Quellenbegriffen bleiben solle.[97] Hartmut Boockmann hat dazu 1992 betont, „daß es sich auch

93 Kisch, Kulmer Handfeste, Nr. 10, S. 116–119; vgl. Wunder, Bevölkerungsgeschichte, S. 116 f.

94 Brünneck, Geschichte, S. 94 f.

95 Ebd., S. 105–107; zur Antwort des Erzbischofs JH II 2525 (1440 September 24), Original mit Siegel.

96 Edition: ASP V, Nr. 136, S. 404–408 (1487 August 1); siehe Brünneck, Geschichte, S. 115–118; Auszug aus der Einleitung bei Vercamer, Verwaltungsgeschichte, S. 222, Anm. 373, nach GStA, XX. HA (Historisches Staatsarchiv Königsberg), Ordensfol. 92, fol. 121r–122v. Kasimir IV. hatte im selben Kontext bereits 1476 das prußische, pommersche und Magdeburger Recht für das königliche Preußen abgeschafft und das Kulmer Recht zur einzigen Grundlage erklärt, dazu Brünneck, Geschichte, S. 113.

97 Guddat, Entstehung, S. 34 f.

bei den Besitzungen der großen Freien um verliehene Güter handelte und nicht um freies adliges Eigentum". Weiter stellt er fest: „Obwohl der Ausdruck Lehngüter üblich war, waren es aber auch keine Lehen. Die Inhaber zahlten einen Rekognitionszins, eine Abgabe, die signalisierte, daß der Eigentümer dieser Güter der Orden war. Die Inhaber der Dienstgüter waren also keine Adligen".[98] Boockmann ist insofern zu widersprechen, als die Vergabe von Lehen nicht von der Existenz von Allodien, freiem adligen Eigentum, abhängt. Zudem wurden die nach Kulmischem Recht übertragenen Güter erblich, ohne eine jeweils notwendige Erneuerung durch den Landesherrn, weitergegeben. Wenn die „großen Freien" im Selbstverständnis als Landesritter erscheinen, kann man auch von einem preußischen Adel sprechen.

Diese Bemerkungen Boockmanns lesen sich wie die verkehrte Widerspiegelung jener Vorwürfe, die die Stände gegen den Orden erhoben und die Marian Biskup so formuliert hat: „Der örtlichen Ritterschaft wurde die Aufnahme in den Orden verwehrt, zudem galt sie den Ordensbeamten, welche zumeist aus dem Südwesten des Reiches kamen, als gesellschaftlich niedrigere Klasse, ohne wirkliche Adelsrechte, was den Antagonismus vergrößerte".[99] Kurz gesagt: Der Orden habe die Ausbildung einer Adelsschicht im eigentlichen Sinne verhindert, um seine Herrschaft zu stärken. Tatsächlich hat einer der Gebietiger vor dem Abfall der Stände 1454 radikale Vorschläge formuliert, die in diese Richtung gehen. Ausgehend davon, dass der Aufruhr gegen den Orden nach der Goldenen Bulle Karls IV. zu einem Verlust der Privilegien führen musste, sollte ein einheitliches Recht im Ordensland eingeführt werden, das durch einen häufigen Rückfall der Lehnsgüter dem Orden ermöglichen sollte, Bauern auf dem Land der „Ehrbarleute" anzusetzen, um mit deren Zinszahlungen die Söldnertruppen zu finanzieren. Die Ausbildung von Allodien sollte vermieden und Dienstgüter in der Nähe von Ordensburgen sollten aufgekauft werden.[100] Auch wenn die zitierte Schrift nicht die Realität widerspiegelt, waren derartige Tendenzen in der Politik des Ordens doch erkennbar. Während der Landadel seine traditionelle Rechte wahren wollte, wollte der Orden seine Stellung durch die Einschränkung des Erbrechts ausbauen. Dies trug wesentlich zu den Ständekonflikten der ersten Hälfte des 15. Jahrhunderts bei.[101]

---

98 Boockmann, Ostpreußen, S. 135.
99 Biskup/Labuda, Geschichte, S. 422.
100 Boockmann, Ziele, besonders S. 73–76 sowie in der Edition Art. 3–8, S. 101.
101 Siehe u. a. Burleigh, Society, S. 93–95.

Die ständische Kritik am Orden begann bereits vor 1410.[102] Waren es zunächst die Städte, die auf den Stände- und Huldigungstagen Forderungen gegenüber den Landesherren vorbrachten, traten seit dem frühen 15. Jahrhundert auch „Ritter und Knechte" aktiv an den Orden heran. 1407 verweigerten sie die weitere Zahlung von Schalwenkorn und Wartgeld, weil der Kampf gegen die Litauer und Samaiten, der damit unterstützt werden sollte, beendet sei.[103] Im Mai 1408 präsentierten sie dem neuen Hochmeister Ulrich von Jungingen zusammen mit den Städten eine Liste von Klagen, die unter anderem die Ausfuhrverbote sowie Gerichts-, Wald- und Fischereirechte betrafen.[104] Dies setzte sich nach 1410 verstärkt fort. Neben Details rückten mehr und mehr grundsätzliche Fragen in den Vordergrund. Um 1425 berichtete vermutlich der Komtur zu Balga dem Hochmeister von den Klagen der Landstände und der Städte seines Gebietes. Danach seien die „Ehrbarleute" unzufrieden mit ihren Urkunden und Handfeste, ließen diese heimlich glossieren und Auszüge daraus anfertigen, um sich dann mit Forderungen an den Hochmeister zu wenden, Davor wolle er ihn warnen.[105]

Im Zuge des erneuten Krieges gegen Polen-Litauen gingen die Befürchtungen der lokalen Amtsträger des Ordens teilweise noch weiter. Im August 1432 informierte der Komtur von Thorn den Hochmeister über einen Streit des Komturs von Strasburg mit den Rittern und Knechten seines Gebiets, der zu Problemen führen könne, wenn dessen Ordensburg nicht mit einem starken Kontingent von Truppen abgesichert werde.[106] Verrat im Kulmerland, speziell in Strasburg und benachbarten Gebieten, befürchtete im Oktober 1432 auch der Komtur zu Osterode.[107] Die Klagen der „Ritter und Knechte" spiegeln sich in den Entwürfen für eine Landesordnung, die in den folgenden Jahren vorgelegt wurden, um die Situation durch Reformen zu entschärfen. Eine zentrale Forderung, so zum Beispiel in einem Entwurf von 1434, war, „das ritter, knechte, stete und das gancze lant bey eren rechten und privilegien bliben, und in keynerley weise dovon gedrungen werden, also das eyn iczlich recht bey seynen wirden bleibe und gehalden werde".[108] Weiter wurde gefordert, die aufgekauften Dienste von Ritter und Knechten wieder zu besetzen und die Güter nach Magdeburger oder

[102] Sarnowsky, Kritik, besonders S. 407–411.
[103] ASP I, Nr. 6, S. 29 [vor 1280]: „sint die lant betwengin werin czu Littowin und czu Samaythin".
[104] Ebd., 79, 1–2, 7–8, S. 110 f. (1408 Mai 6).
[105] Ebd., Nr. 344, S. 440 [1425].
[106] Brief des Komturs von Thorn ebd., Nr. 428, S. 569 f. [1432 August 4].
[107] Ebd., 429, S. 570 f., Zettel zu einem Brief von 1432 Oktober 10.
[108] Ebd., 487, 6, S. 625 (1434).

preußischem Recht auch an Brüder oder Vettern weiterzugeben, wenn diese sie mit den Diensten übernehmen könnten.[109]

Diese Forderungen spielten dann bei der Gründung des Preußischen Bunds im März 1440 eine wichtige Rolle. Auch wenn es unter Hochmeister Konrad von Erlichshausen gelang, die Spannungen der vorangehenden Jahre abzubauen, blieben die wesentlichen Probleme ungelöst und trugen zur Eskalation unter Konrads Nachfolger, Ludwig von Erlichshausen, bei. Mit der Aufsagung der Huldigung durch die Stände Anfang 1454 begannen grundlegende Veränderungen, nicht nur im nunmehr königlichen Teil Preußens, sondern auch im Rest-Ordensland. Die Finanznöte des Ordens, der immer mehr seiner Besitzungen verpfänden oder als Lehen vergeben musste, führten – so die Sicht nicht nur der älteren Forschung – erst jetzt zur Entstehung eines preußischen Adels.[110] Tatsächlich haben viele der bekannten preußischen Adelsfamilien, wie die Dohna, Schlieben und Eulenburg, ihren Besitz erst durch die Landvergabe des Ordens im oder nach dem Dreizehnjährigen Krieg erworben.

Unzureichende Mittel zur Finanzierung der Söldner führten schon früh dazu, dass der Orden nicht nur Wertgegenstände,[111] sondern auch seine Häuser und Burgen im Reich und in Preußen verpfänden musste. Die bekannte Folge war, dass die Marienburg und weitere Ordensburgen von den Söldnern an den polnischen König und die Stände verkauft wurden.[112] Auch im noch vom Orden beherrschten Teil des Landes ließen sich die Söldnerhauptleute in den Burgen und Städten des Landes nieder. Mitunter forderten sie sogar von der bäuerlichen Bevölkerung die Huldigung, etwa im August 1459 Georg von Schlieben („Jorge von Slywen") und Fritz von Raueneck („Rauneck") in ihren Gebieten ebenso wie Albrecht Voith im Mai 1466 in seinem Gebiet Rastenburg.[113] Georg von Schlieben ließ sich bereits im Februar 1458 vom Hochmeister sowie vom Komtur zu Elbing zusichern, dass er ein anderes Ordensschloss erhalten würde, wenn er das ihm

---

109 Ebd., 487, Nr. 32 und Nr. 38, S. 629 (1434).

110 Aubin, Geschichte, S. 108: „Erst von jetzt an, d. h. der zweiten Hälfte des 15. Jahrhunderts, kann man im Ordenslande von einem wirklich bedeutenden und angesehenen Adelsstande sprechen".

111 1455 verpfändeten Hochmeister und Konvent zu Marienburg Herzog Balthasar von Sagan für 20.000 fl. die silbernen Bilder der Jungfrau Maria und der hl. Barbara mit Kronen und weiteren Reliquien, JH I, Nr. 14120 (ohne Datum).

112 Vgl. u. a. Weise, Dokumentensammlung; Rautenberg, Verkauf.

113 Nach dem kurzen Regest in dem frühneuzeitlichen Sammelwerk in der Bibliothek der Akademie der Wissenschaften zu Vilnius, LMAVB, RS; F 15–73, S. 19 (1459 August 5), dazu Sarnowsky, Regestenwerk, S. 171 f.; JH I, Nr. 16049 (1466 Mai 27).

übertragene Allenstein aufgeben müsse.[114] Bei der Eroberung Allensteins durch Schlieben Ende 1455 hatten Bürger und ländliche Bevölkerung offenbar noch dem Orden gehuldigt.[115]

Mit der längeren Dauer des Krieges verstetigte sich die Kontrolle der Söldnerführer über die ihnen übertragenen Besitzungen. Ein Beispiel für eine kleinere Verleihung ist die Übertragung des Dorfes Döhern im Gebiet Elbing mit 72 Einwohnern („Häuptern") und der Mühle an Niclas van Uttenhaffen im Dezember 1465. Sie erfolgte frei und erblich zu Magdeburgischem Recht, ausdrücklich für seine Dienste im Ständekrieg.[116] Ähnliche Verleihungen folgten verstärkt nach dem Ende des Krieges. So bekam im Juni 1467 Ruprecht von Milen für seinen Dienst und Schadensersatz ebenso wie für den seines Bruders Pheiltz (Felix) das Dorf Pollewitten (Polbitten) im Gebiet Balga verliehen.[117]

Daneben gab es etliche größere Verleihungen. Im Januar 1468 erhielt Albrecht Voith „umb seiner manchfaltigen und getreuen dienste willen, die er unserm orden in den nechstvergangenen langen, schweren und harten kriegen manchfaltiglich und getreulich gethan hat",[118] die Stadt Leunenburg, zusammen mit dem dazugehörigen Hof, dem Dorf, einer Mühle, hoher und niederer Gerichtsbarkeit, dem Kirchenlehen in Leunenburg und weiteren Rechten nach Magdeburgischem Recht, gegen die Verpflichtung zum Dienst mit schweren Waffen und Zahlung eines Rekognitionszinses. Ähnlich wurde im August 1468 Hans von Weier zu Magdeburger Recht das Schloss Wohnsdorf übertragen, zusammen mit den Dörfern Kummerau und Plauen, dem Schulzen in Schönbaum, dem Lehen über die Kirche vor dem Schloss sowie hoher und niederer Gerichtsbarkeit.[119] Auch die Familie von Schlieben wurde mit weiteren Gütern versorgt. Im April 1469 erhielt sie vom Hochmeister-Statthalter Heinrich Reuß v. Plauen unter anderem Schloss, Stadt und Mühle in Gerdauen, Stadt und Mühle in Nordenburg und mehrere Dörfer.[120]

114 Nach JH I, Nr. 15001 (1458 Februar 22).

115 Auch wenn nicht ganz klar ist, wem gehuldigt wurde: JH I, Nr. 14178 (1456 Januar 4).

116 Virtuelles Preußisches Urkundenbuch, JH I, Nr. 15993a [handschriftliche Ergänzung] (1465 Oktober 21), abrufbar unter https://www.spaetmittelalter.uni-hamburg.de/Urkundenbuch/pub/orden1465.html (Letzter Zugriff am 03.07.2025).

117 Nach JH II, Nr. 3135 (1467 Juni 11), mit umfangreicher Zeugenliste der Großgebietiger und Gebietiger.

118 JH I, Nr. 16127 (1468 Januar 10), auch nach anderer Vorlage gedruckt bei Borchardt (Bearb.), Urkunden, Nr. 10, S. 75 (1468 Januar 10).

119 JH II, Nr. 3178 (1468 August 16).

120 Nach dem kurzen Regest in JH I, Nr. 16178 (1469 April 8).

In anderen Fällen wurden die Besitzungen zunächst nur als Pfand für noch ausstehende Sold- und Schadenszahlungen verliehen. So wurden Segemund Berenwalt ebenfalls im April 1469 für Schulden von 1.100 ungarischen und 400 rheinischen Gulden drei Dörfer in den Gebieten Brandenburg und Preußisch Eylau verschrieben,[121] und gleichzeitig wurden Anshelm und Hans von Tettau für ihre Forderungen das Schloss Angerburg mit weitreichenden Rechten sowie zehn Dörfern verpfändet.[122] Im Juni 1469 erhielt schließlich Burchardt von Querfurt für seine Forderungen an Sold und Schadensersatz die Stadt Passenheim mit mehreren Dörfern und Mühlen.[123] Daneben finden sich etliche Schuldbriefe ohne die Übertragung von Ortschaften, Rechten und Grundbesitz.[124] Die Sold- und Schadensforderungen sollten den Orden noch bis ins frühe 16. Jahrhundert belasten.[125] Die verpfändeten Besitzungen und Rechte dürften, wie etwa bei den Tettaus nachweisbar,[126] in erblichen Besitz übergegangen sein.

Am Ende der Ordenszeit befanden sich die sozialen Strukturen des östlichen Preußens im Umbruch. Die Lehnsvergabe des 13. Jahrhunderts hatte im Prinzip zwei Gruppen von Lehnsträgern geschaffen, die in den Quellen als „große" und „kleine Freie" bezeichnet werden und von denen letztere überwiegend prußischer Herkunft waren. Die „großen Freien", die in den Quellen auch als „Ritter und Knechte" oder „Ehrbarleute" bezeichnet werden, verfügten zwar meist nicht über freien Eigenbesitz (Allod), lassen sich aber doch als Adel verstehen, insbesondere, weil weder beim Wechsel des Hochmeisters als Vertreter der die Landesherrschaft tragenden Korporation noch beim Erbgang nach dem Tod des bisherigen Lehnsträgers eine Neubelehnung stattfand. Üblich waren nur die Huldigung gegenüber Hochmeister und Orden beim ersten Umritt bzw. auf der Huldigungsversammlung sowie die Entrichtung eines formalen Rekognitionszinses. Im Laufe des früheren 15. Jahrhunderts wurde das nicht nur an Deutsche, sondern auch an Prußen verliehene Kulmer Recht mehr und mehr durch das Magdeburger Recht ergänzt oder abgelöst – neben fortbestehenden Vergaben nach prußischem oder polnischem Recht. Da das zu einem leichteren

---

121 JH II, Nr. 3210 (auch als Nachtrag JH I, Nr. 16178a) (1469 April 8); vgl. auch Virtuelles Preußisches Urkundenbuch, PrUB, über 300 ungarische und 50 rheinische Gulden (1469 April 14), abrufbar unter https://www.spaetmittelalter.uni-hamburg.de/Urkundenbuch/pub/orden1469.html (Letzter Zugriff am 03.07.2025), nach Ergänzung zu JH I, Nr. 245.

122 Nach JH II, Nr. 3211 (1469 April 9); dazu zählten auch Wasser- und Fischereirechte; weitere Verpfändungen in JH II, Nr. 3233 und Nr. 3235 (1469 April 22 und 23).

123 JH II, Nr. 3247 (1469 Juni 21).

124 Über Summen von 43 m. bis 748 Gulden, vgl. u. a. JH II, Nr. 3227–3232 (1469 April 15–20).

125 Dazu ausführlich Laczny, Schuldenverwaltung.

126 Tettau, Geschichte, S. 210 f.

Heimfall der Lehen an den Orden führte, dessen Amtsträger durch die Vergabe von Gütern an Zinsbauern höhere Einnahmen generieren wollten, kam es vor 1454 zu wachsenden Spannungen zwischen dem Orden und der Ritterschaft.

Das mündete in die Aufsage der Huldigung gegen Hochmeister und Orden im Februar 1454[127] und in den Dreizehnjährigen Krieg. Die Lehnsvergabe im und nach dem Krieg etablierte die ehemaligen Söldnerführer als neue Adelsschicht, die sich auch mit dem älteren preußischen Adel verband. Waren die Lehen vor 1454 über ihre Dienstpflichten in die Verwaltung des Ordens eingebunden – wie sich das nicht zuletzt in den Amtsbüchern des Ordens spiegelt –, gewannen die Lehnsträger am Ende der Herrschaft des Deutschen Ordens über Preußen größere Selbstständigkeit. Das führte auch zu Änderungen in der Begrifflichkeit der Quellen, wenn für die Lehnsträger häufiger auch der Begriff der „Herren" und des „Adels" Verwendung findet. In einem Bericht über eine Versammlung des Adels werden 1524 Both von Eulenburg, Heinrich von Kitlitz und Peter von Dohna sogar als „freyhern" bezeichnet.[128] Die nunmehr starke Stellung des Adels in Preußen wurde 1525 auch durch den neuen Herzog bestätigt.[129] Sie bildete eine wichtige Grundlage für die weitere Entwicklung Ostpreußens.

Ungedruckte Quellen

Geheimes Staatsarchiv Preußischer Kulturbesitz (GStA)

XX. Hauptabteilung (Historisches Staatsarchiv Königsberg).

Vilnius, Bibliothek der Litauischen Akademie der Wissenschaften (LMAVB)

RS; F 15–73.

Gedruckte Quellen

ASP I = Toeppen, Max (Hg.): Acten der Ständetage Preußens unter der Herrschaft des Deutschen Ordens, Bd. 1: Die Jahre 1233–1435 (Publikation des Vereins für die Geschichte von Ost- und Westpreussen), Leipzig 1878.

ASP II = Toeppen, Max (Hg.): Acten der Ständetage Preußens unter der Herrschaft des Deutschen Ordens, Bd. 2: Die Jahre 1436–1446 (Publikation des Vereins für die Geschichte von Ost- und Westpreussen), Leipzig 1880.

127 Formale Aufsage ediert bei Weise (Hg.), Staatsverträge, Nr. 288, S. 114–116 (1454 Februar 4).

128 So ASP V, Nr. 287, S. 756 (1524).

129 Albrecht bestätigte zusammen mit seinen mitbelehnten Brüdern den Ständen noch am 11. April in Krakau alle bisherigen Rechte, Freiheiten, Privilegien und Gewohnheiten, dazu Joachim, Politik, S. 135; ebd., Nr. 231, S. 395.

ASP IV = Toeppen, Max (Hg.): Acten der Ständetage Preußens unter der Herrschaft des Deutschen Ordens, Bd. 4: August 14 1453–September 1457 (Publikation des Vereins für die Geschichte von Ost- und Westpreussen), Leipzig 1878. Leipzig 1884.
ASP V = Toeppen, Max (Hg.): Acten der Ständetage Preußens unter der Herrschaft des Deutschen Ordens, Bd. 4: 1458–1525 (Publikation des Vereins für die Geschichte von Ost- und Westpreussen), Leipzig 1878. Leipzig 1886.
Borchardt, Karl (Bearb.): Urkunden aus Leunenburg in Preußen von 1368 bis 1563, in: Beiträge zur Geschichte Westpreußens 16 (1999–2000), S. 55–93.
Codex diplomaticus Prussicus I = Voigt, Johannes (Hg.): Codex diplomaticus Prussicus, Bd. 1, Königsberg 1836.
Codex diplomaticus Prussicus III = Voigt, Johannes (Hg.): Codes diplomaticus Prussicus, Bd. 3, Königsberg 1848.
Codex diplomaticus Warmiensis I = Wölky, Carl Peter/Saage, Johann Martin (Hgg.): Codex diplomaticus Warmiensis oder Regesten und Urkunden zur Geschichte Ermlands Bd. 1, Mainz 1860, 26, (ii), S. 47–49.
Schütz, Caspar/Chytreus, David: Historia rerum Prussicarum, Warhaffte und eigentliche Beschreibung der Lande Preussen, ihrer gelegenheit, namen und teilunge, von den eltesten Königen an […], Danzig 1599.
Handfesten Knauten = Stephan, Joachim: Die Handfesten des ostpreußischen Kammeramts Knauten, in: BlldtLG 150 (2014), S. 283–323.
Thielen, Peter Gerrit (Hg.): Das große Zinsbuch des Deutschen Ritterordens (1414–1438), Marburg 1958.
JH I = Joachim, Erich (Bearb.)/Hubatsch, Walther (Hg.): Regesta Historico-Diplomatica Ordinis Sanctae Mariae Theutonicorum 1198–1525. Tl. 1: Index Tabularium Ordinis S. M. Theutonicorum. Regesten zum Ordensbriefarchiv Bd. 1: 1198–1454, Göttingen 1948.
JH II = Joachim, Erich (Bearb.)/Hubatsch, Walther (Hg.): Regesta Historico-Diplomatica Ordinis Sanctae Mariae Theutonicorum 1198–1525. Tl. 2: Regesta Privilegiorum Ordinis S. Mariae Theutonicorum. Regesten der Pergament-Urkunden aus der Zeit des Deutschen Ordens, Göttingen 1948.
Księga Komturstwa Gdańskiego = Ciesielska, Karola/Janosz-Biskupowa, Irena (Hgg.): Księga Komturstwa Gdańskiego (Towarzystwo Naukowe w Toruniu, Fontes 70), Warszawa/Poznań/Toruń 1985.
PrUB I,1 = Philippi, Rudolf (Hg.): Preußisches Urkundenbuch. Politische Abtheilung, Bd. 1,1, Königsberg 1882.
PrUB I,2 = Seraphim, August (Hg.): Preußisches Urkundenbuch. Politische Abtheilung, Bd. 1,2: Die Bildung des Ordensstaats, Königsberg 1909.
UB Culm I = Woelky, Carl Peter (Bearb.): Neues Preußisches Urkundenbuch. Westpreußischer Theil, II. Abtheilung: Urkunden der Bisthümer, Kirchen und Klöster, I: Urkundenbuch des Bisthums Kulm, Bd. 1: Das Bisthum Kulm unter dem Deutschen Orden, 1243–1466, Danzig 1885.

UB Pomesanien I = Cramer, Hermann (Hg.): Urkundenbuch zur Geschichte des vormaligen Bisthums Pomesanien, Bd. 1 (Zeitschrift des historischen Vereins für den Regierungsbezirk Marienwerder Heft 15), Marienwerder 1885.
UB Samland I = Woelky, Carl Peter/Mendthal, Hermann (Hgg.): Neues Preußisches Urkundenbuch. Ostpreußischer Theil, II. Abtheilung: Urkunden der Bisthümer, Kirchen und Klöster, II: Urkundenbuch des Bisthums Samland, Bd. 1, Leipzig 1891.
Urkunden Tuchel Komturei = Panske, Paul (Bearb.): Urkunden der Komturei Tuchel. Handfesten und Zinsbuch (Quellen und Darstellungen zur Geschichte Westpreußens 6), Danzig 1911.
Virtuelles Preußisches Urkundenbuch = Sarnowsky, Jürgen (Hg.): Das virtuelle preußische Urkundenbuch, abrufbar unter https://www.spaetmittelalter.uni-hamburg.de/Urkundenbuch/ (Letzter Zugriff am 03.07.2025).
Weinrich, Lorenz (Hg.): Quellen zur deutschen Verfassungs-, Wirtschafts- und Sozialgeschichte bis 1250 (Ausgewählte Quellen zur deutschen Geschichte des Mittelalters. Freiherr vom Stein-Gedächtnisausgabe 32), Darmstadt 1977.
Ders. (Hg.): Die Staatsverträge des Deutschen Ordens in Preußen im 15. Jahrhundert, Bd. 2: 1438–1467, Marburg 1955.

Darstellungen

Aubin, Gustav: Zur Geschichte des gutsherrlich-bäuerlichen Verhältnisses in Ostpreussen von der Gründung des Ordensstaates bis zur Steinschen Reform, Leipzig 1910.
Auge, Oliver: Art. „Lehnrecht und Lehnswesen“, in: HRG 3 (^{2}2014), Sp. 717–736.
Bar, Přemysl: Päpstliche und kaiserliche Privilegien für den Deutschen Orden in Preußen zwischen Recht und Erinnerung. Einführung ins Thema, in: Studia Brunensia 65 (2018), S. 79–101.
Biskup, Marian/Labuda, Gerard: Die Geschichte des Deutschen Ordens in Preußen. Wirtschaft, Gesellschaft, Staat, Ideologie (1986, aus dem Polnischen von Jürgen Heyde und Ulrich Kodur) (Klio in Polen 6), Osnabrück 2000.
Boockmann, Hartmut: Ostpreußen und Westpreußen (Deutsche Geschichte im Osten Europas), Berlin 1992.
Ders.: Zu den politischen Zielen des Deutschen Orden in seiner Auseinandersetzung mit den preußischen Ständen, in: Jahrbuch für die Geschichte Mittel- und Ostdeutschlands 15 (1966), S. 57–104.
Brünneck, Wilhelm von: Zur Geschichte des Grundeigenthums in Ost- und Westpreußen, II: Die Lehngüter, I. Abt.: Das Mittelalter, Berlin 1895.

Burleigh, Michael: Prussian Society and the German Order. An aristocratic corporation in crisis, c. 1410–1466 (Cambridge Studies in Early Modern History), Cambridge 1984.

Czaja, Roman: Zenon Hubert Nowak, An Attempt to Characterise the State of the Teutonic Knights in Prussia, in: The Teutonic Order in Prussia and Livonia. The Political and Ecclesiastical Structures, 13th to 16th century, hg. von Roman Czaja und Andrzej Radzimiński, Wien/Toruń 2015, S. 13–31.

Dendorfer, Jürgen: Einleitung, in: Das Lehnswesen im Hochmittelalter. Forschungskonstrukte – Quellenbefunde – Deutungsrelevanz (Mittelalter-Forschungen 34), hg. von Jürgen Dendorfer und Roman Deutinger, Ostfildern 2010, S. 11–39.

Forstreuter, Kurt: Art. „Cuba, Dietrich von", in: NDB 3 (1957), Sp. 435.

Gouguenheim, Sylvain: L'empereur, le grand maître et la Prusse. La Bulle de Rimini en question, in: Bibliothèque de l'École des chartes 162 (2004), S. 381–420.

Guddat, Wilhelm: Die Entstehung und Entwicklung der privaten Grundherrschaften in den Ämtern Brandenburg und Balga (Wissenschaftliche Beiträge zur Geschichte und Landeskunde Ostmitteleuropas 96), Marburg 1975.

Janicka, Danuta: Art. „Kulmer Handfeste", in: HRG 3 (^{2}2014), Sp. 307–309.

Kasiske, Karl: Die Siedlungstätigkeit des Deutschen Ordens im östlichen Preußen bis zum Jahre 1410 (Einzelschriften der Historischen Kommission für ost- und westpreußische Landesforschung 5), Königsberg 1934.

Kisch, Guido: Die Kulmer Handfeste. Text, rechtshistorische und textkritische Untersuchungen nebst Studien zur Kulmerhandfeste, dem Elbinger Privilegium von 1246 und einem Beitrag zur Geschichte des Begriffs „ius teutonicum", „Deutsches Recht" im Deutschordensgebiet (Forschungen und Quellen zur Rechts- und Sozialgeschichte des Deutschordenslandes 2), Sigmaringen 1978.

Krollmann, Christian: Die Herkunft der deutschen Ansiedler in Preußen, in: Zeitschrift des Westpreußischen Geschichtsvereins 54 (1912), S. 1–103.

Laczny, Joachim: Schuldenverwaltung und Tilgung der Forderungen der Söldner des Deutschen Ordens in Preußen nach dem Zweiten Thorner Frieden. Ordensfoliant 259 und 261, Zusatzmaterial (Beihefte zum Preußischen Urkundenbuch 5), Göttingen 2019.

Löwener, Marc: Die Einrichtung von Verwaltungsstrukturen in Preussen durch den Deutschen Orden bis zur Mitte des 13. Jahrhunderts (Deutsches Historisches Institut Warschau. Quellen und Studien 7), Wiesbaden 1998.

Luger, Daniel: Der Landesfürst als Lehensherr. Urkundliche Quellen zum Lehenswesen in den habsburgischen Erblanden des Spätmittelalters, in: Studia historica Brunensia 65 (2018), S. 103–117.

Matison, Ingrid: Die Lehnsexemtion des Deutschen Ordens und dessen staatsrechtliche Stellung in Preußen, in: DA 21 (1965), S. 194–248.
Neitmann, Klaus: Die preußischen Stände und die Außenpolitik des Deutschen Ordens vom I. Thorner Frieden bis zum Abfall des Preußischen Bundes (1411–1454), in: Ordensherrschaft, Stände und Stadtpolitik. Zur Entwicklung des Preußenlandes im 14. und 15. Jh. (Schriftenreihe Nordost-Archiv 25), hg. von Udo Arnold, Lüneburg 1985, S. 27–79.
Perlbach, Max: Zur Geschichte des ältesten Grossgrundbesitzes im Deutschordenslande, in: Altpreußische Monatsschrift 39 (1902), S. 78–124.
Radzimiński, Andrzej: Church Divisions in Prussia, in: The Teutonic Order in Prussia and Livonia. The Political and Ecclesiastical Structures, 13th to 16th century, hg. von Roman Czaja und Andrzej Radzimiński, Wien/Toruń 2015, S. 109–144.
Rautenberg, Wilhelm: Der Verkauf der Marienburg 1454–1457. Mit Beiträgen zum zeitgenössischen Pfand- und Herrschaftsrecht wie zur Treuepflicht im Landrecht, in: Studien zur Geschichte des Preußenlandes. Festschrift Erich Keyser, hg. von Ernst Bahr, Marburg/Lahn 1963, S. 119–150.
Samsonowicz, Henryk: Orden als Wirtschaftsmacht des Ostseeraums, in: Zur Wirtschaftsentwicklung des Ordens im Mittelalter (Quellen und Studien zur Geschichte des Deutschen Ordens 38), hg. von Udo Arnold, Marburg 1989, S. 103–112.
Sarnowsky, Jürgen: Die Eroberung Preußens und Livlands, in: Herrschaft über fremde Völker und Reiche. Formen, Ziele und Probleme der Eroberungspolitik im Mittelalter (VuF 93), hg. von Hermann Kamp, Ostfildern 2022, S. 411–441.
Ders.: Die ständische Kritik am Deutschen Orden in der ersten Hälfte des 15. Jahrhunderts, in: Das Preußenland als Forschungsaufgabe. Eine europäische Region in ihren geschichtlichen Bezügen. Festschrift für Udo Arnold zum 60. Geburtstag (Einzelschriften der Historischen Kommission für Ost- und Westpreußische Landesforschung 20), hg. von Bernhart Jähnig und Georg Michels, Lüneburg 2000, S. 403–422.
Ders.: Ein frühneuzeitliches Regestenwerk zur Geschichte Preußens (I), in: Preußenland 13 (2022), S. 132–183.
Ders.: Die Wirtschaftsführung des Deutschen Ordens in Preußen, 1382–1454 (Veröffentlichungen aus den Archiven Preußischer Kulturbesitz 34), Köln u. a. 1993.
Tettau, Wilhelm Johann Albert Freiherr von: Urkundliche Geschichte der Tettauschen Familie in den Zweigen Tettau und Kinsky, Berlin 1878.
Theuerkauf, Gerhard: Das Lehnswesen in Westfalen, in: Westfälische Forschungen 17 (1964), S. 14–27.
Vercamer, Grischa: Siedlungs-, Sozial- und Verwaltungsgeschichte der Komturei Königsberg in Preußen (13.–16. Jahrhundert) (Einzelschriften der

Historischen Kommission für ost- und westpreußische Landesforschung 29), Marburg 2010.

Weise, Erich: Eine Dokumentensammlung zum Verkauf der Marienburg vom Jahre 1457. Entgegnung auf Manfred Hellmann, in: Jahrbuch für die Geschichte Mittel- und Ostdeutschlands 9/10 (1961), S. 311–318.

Ders.: Interpretation der Goldenen Bulle von Rimini (März 1226) nach dem kanonischen Recht, in: Acht Jahrhunderte Deutscher Orden in Einzeldarstellungen (Quellen und Studien zur Geschichte des Deutschen Ordens 1), hg. von Klemens Wieser O. T., Bad Godesberg 1967, S. 15–47.

Wenskus, Reinhard: Der Deutsche Orden und die nichtdeutsche Bevölkerung des Preußenlandes unter Berücksichtigung der Siedlung, in: Die deutsche Ostsiedlung des Mittelalters als Problem der europäischen Geschichte. Reichenau-Vorträge 1970–1972, hg. von Walter Schlesinger (VuF 18), Sigmaringen 1975, S. 417–438.

Wunder, Heide: Siedlungs- und Bevölkerungsgeschichte der Komturei Christburg (13.–16. Jahrhundert) (Marburger Ostforschungen 28), Wiesbaden 1968.

Zippel, Oskar: Die Kolonisation des Ordenslandes Preussen bis zum Jahre 1309, in: Altpreußische Monatsschrift 58 (1921), S. 176–213.

SEKTION III

Das Reich und der Süden

Der neue Lohn des Dienstes: Die Pfandpolitik der römisch-deutschen Könige bis zur Mitte des 13. Jahrhunderts

Andreas Büttner

The granting of pledges by kings and emperors of the Holy Roman Empire in the 12th as well as in the first half of the 13th century was always a consequence of their lack of money. The pledge served as security for a loan granted and as a reward for services already rendered and for those to be rendered in the future. Peaks in the granting of pledges as a reward for service could be caused by military conflicts, especially in the late 1240s: The various contenders for the throne required large amounts of money, which they had to borrow. Already in the late Middle Ages, and even in older research, the increasing granting of pledges was seen as squandering, but this at least in the short term significantly improved the ruler's options for action.

Im Sommer und Herbst 1254 stellte die Kanzlei König Wilhelms eine Reihe von Urkunden aus, die auf wenigen Zeilen allesamt eine Botschaft hatten: Der König werde die in der jeweiligen Urkunde genannte Stadt nicht auf irgendeine Weise dem Reich entfremden, sei es durch Schenkung, Leihe oder Verpfändung: „quod nunquam vos et oppidum [...] donationis, infeudationis seu obligationis titulo alienabimus".[1] Was hatte die Sorge der Städte hervorgerufen? Wieso ging die Durchsetzung von Wilhelms Herrschaft nach dem Tod Konrads IV. mit solchen Zusagen einher, die es zwar zuvor immer wieder gegeben hatte, jedoch nicht in einer solchen Konzentration?

Das wechselseitige Verhältnis zwischen erbrachter Leistung und erhaltener Gegenleistung, zwischen Dienst und Belohnung, war ein zentraler Bestandteil der politischen Ordnung des hohen Mittelalters. Die hierfür lange Zeit üblichen Formen waren die Vergabe von Rechten, Schenkungen und Verleihungen,[2] um so die Untergebenen „zum bereitwilligeren und wohlwollenderen Dienst" zu

---

1 MGH DD Wilh 2, Nr. 319, S. 386–389, Nr. 321, S. 393, Nr. 326, S. 396 f., jeweils in Verbindung mit einer eigenständigen Bestätigung der Privilegien (außer gegenüber Bern), so auch (mit Erweiterung um den Verkauf) bezüglich Vogteien Nr. 317, S. 385, und Nr. 339, S. 406. Siehe ähnlich schon Nr. 303, S. 353–355 (1254 Februar) und später Nr. 391, S. 456 f. (1255 November).

2 Vgl. Büttner, Geld, S. 260–264. Die Annales Quedlinburgenses, S. 513, nennen zum Jahr 1000 „Schenken und Belohnen" („largiri", „remunerare") als königliche Aufgaben neben Regieren und Verzeihen; vgl. Patzold, Verzeihen. Lorenz, Königs- und Kaiserurkunden, S. 238 und S. 286 f., zeigt sich hinsichtlich einer konkreten Verbindung von Leihe und Gegenleistung skeptisch, obgleich er eine entsprechende „Erwartungshaltung" für wahrscheinlich hält.

bringen.[3] Doch Land und Rechte waren endlich und außerdem nicht Selbstzweck, sondern sie dienten (auch) der Generierung von Einkünften. So lag es nahe, dass infolge der Ausweitung der Geldwirtschaft im hohen Mittelalter[4] das Geld selbst als Form der Belohnung verstärkt in Erscheinung trat.

Wenn der Bedarf an Dienst die Mittel überstieg, die aus laufenden Einkünften und Rücklagen zur Verfügung standen, boten sich verschiedene Auswege an, darunter die Übergabe eines Pfandes bis zur Begleichung des ausstehenden Betrags. Die zunehmende Bedeutung der Verpfändungen, die sich in immer höheren Summen widerspiegelt,[5] gab der Forschung seit Götz Landwehr Anlass zu der Ansicht, im Spätmittelalter habe diese Form der Belohnung die zuvor vorherrschende Vergabe eines Lehens ersetzt: „Vielleicht wird man zur Charakterisierung des Spätmittelalters einmal von einem Verpfändungszeitalter sprechen, das dem Lehnszeitalter gefolgt sei", so mutmaßte Hans-Georg Krause 1970, hatte doch Landwehr selbst das 14. Jahrhundert als Zeit des Umbruchs benannt.[6]

Solchen Einordnungen lag allerdings die ältere Vorstellung eines seit Jahrhunderten existierenden Lehnswesens zugrunde, die seither durch neue Sichtweisen ersetzt wurde und weiterhin wird.[7] Vor dem Hintergrund einer Neubewertung des 12. Jahrhunderts als „Neuanfang" statt als „Abschluss"[8] und

---

3 MGH Const. II, Nr. 322, S. 432, § 7 (1234), Heinrich (VII.) unter Verweis auf die diesbezügliche Erlaubnis seines Vaters: „conferendi et concedendi beneficia et feoda vacantia, ut ex hoc magnates et nobiles ad utriusque servitium promptiores et plus benivolos haberemus".

4 Grundlegend Lopez, Revolution; Spufford, Money.

5 Vgl. die Übersicht bei Landwehr, Verpfändung.

6 Krause, Pfandherrschaften, S. 532. Landwehr, Verpfändung, S. VII: „Immerhin kann als Tendenz der spätmittelalterlichen Entwicklung bereits auf Grund unserer Untersuchung festgehalten werden, daß das Lehnwesen, obwohl noch existent und in Übung, seiner ursprünglichen Funktionen entkleidet und an seiner Stelle das Pfand zu einem Mittel ausgebildet wird, um Anhänger an sich zu binden und Amtsträger für Aufgaben des Reiches zu gewinnen." Ähnlich Ders., Einordnung, S. 116: „Das 14. Jahrhundert bringt dann jedoch – jedenfalls für das Reich – das politische, nicht indes das rechtliche Ende dieser Verfassungseinrichtung [das Lehnsrecht, A. B.]. [...] Dienste für Kaiser und Reich wurden wie eh und je mit der Vergabe von Land auf Zeit entlohnt, jedoch war an die Stelle des Lehen das Pfand, die Reichspfandschaft, getreten." Vgl. auch Oppitz, Pfandschaft, wonach „die Pfandschaft in vielen Fällen an die Stelle einer Lehensübertragung treten sollte". Siehe für die fürstliche Pfandpolitik im Spätmittelalter jetzt Ertl/Thaler, Einleitung, über die Beiträge in diesem Zeitschriftenband. Der Begriff „Verpfändungszeitalter" im selben Band der VSWG bei Thaler, Anbruch.

7 Vgl. Dendorfer/Patzold, Tenere, S. 12–16.

8 Deutinger, Lehnswesen, S. 467.

einer schon länger zurückreichenden Rehabilitierung des Spätmittelalters[9] soll im Folgenden danach gefragt werden, wie die römisch-deutschen Könige in dieser Übergangszeit[10] Dienst belohnten und welche Rolle dabei Verpfändungen spielten.[11] Hierzu sollen zunächst kurz andere Formen der Belohnung in den Blick genommen werden, um anschließend die königlichen Verpfändungen bis zum Regierungsende König Wilhelms eingehend zu untersuchen. Hierbei ist ein besonderes Augenmerk sowohl auf die Terminologie als auch auf die zeitliche Entwicklung zu legen. So hat sich gezeigt, dass vieles, was in einem Regest oder der Forschung als „Belehnung" eingestuft wird, in den Quellen selbst nicht als „beneficium" oder „feudum" erscheint.[12] Gleichzeitig gilt es, aus den Quellen abgeleitete Termini[13] wie das „Pfandlehen" auf ihren inhaltlichen Gehalt zu prüfen. Die frühen Verpfändungen dürfen außerdem weder auf die genannte Pfandsumme reduziert noch im Licht der späteren Praxis eingeordnet werden, sondern sie müssen als eigenständige Phase in der Entwicklung dieser Rechtsform gewürdigt werden.

Formen des Lohns und Überlieferungsbedingungen

Schenkung, Leihe und Verpfändung bedeuteten alle eine dauerhafte Schmälerung des Reichsguts, was seit dem 12. Jahrhundert – ebenso wie beim Kirchengut – zunehmend als problematisch erachtet wurde.[14] Ein Vergleich dieser

9 Grundlegend Krieger, Lehnshoheit; Rödel, Reichslehenswesen; Spieß, Lehnsrecht.

10 Vgl. auf Basis der Historiographie Deutinger, Reichschronistik, S. 228: „Das staufische Jahrhundert zwischen 1150 und 1250 ist eine entscheidende Phase in der Ausbildung lehnrechtlicher Ordnungsmodelle im deutschen Reich."

11 Zum König als Empfänger von Leihen geistlicher Fürsten und diesbezüglicher Geldzahlungen, in einem Fall auch in Form einer Verpfändung, vgl. Büttner, Geld, S. 393 f.

12 Vgl. Deutinger, Amt, zum Beispiel S. 140, Anm. 30: „Man vergleiche nur die ‚Belehnungstabelle' bei Hauser, Staufische Lehnspolitik [...] für die Jahre 1180–1198. Eine Nachprüfung der dort genannten Belege ergibt, dass die Quellen in keinem einzigen Fall lehnrechtliche Terminologie verwenden."

13 Vgl. zur Terminologie allgemein Dendorfer/Patzold, Leihen, S. 16–21, zu den Urkunden Lorenz, Königs- und Kaiserurkunden, S. 237 f. und 273–282, dort auch zur Wortverbindung mit „ius", „nomen" und „titulus" (S. 278–280) und mit dem Hinweis, dass im Einzelfall „nicht unbedingt rechtsterminologische Genauigkeit, sondern vielmehr das Bestreben nach (repräsentativer) Vielfalt des lateinischen Ausdrucks" entscheidend gewesen sein dürfe (S. 282).

14 Vgl. grundlegend Hoffmann, Unveräußerlichkeit, als neuerer Beitrag Esders/Patzold, Justinian. Zu den frühen Belegen des 12. Jahrhunderts im Reich siehe Lorenz, Königs- und Kaiserurkunden, S. 271 f. In königlichen Versprechungen der Unveräußerlichkeit wurden die verschiedenen Formen gleichberechtigt nebeneinander genannt, wobei insbesondere

unterschiedlichen Formen der Übertragung, der über eine reine Zählung hinausgehen will, sieht sich mit der Herausforderung konfrontiert, eine monetäre Bewertung der vorgenommenen Vergaben vorzunehmen. Ältere Studien über Verluste des Reichsguts können hierfür eine Grundlage bilden. Da jedoch der Versuch einer Quantifizierung von Andreas Christoph Schlunk undurchsichtig und fehlerhaft ausfiel und keine Folgestudien nach sich zog, bedürfte es hierfür weiterer Forschung.[15]

Es scheint daher verlockend, sich allein auf die leichter greifbaren Verpfändungen zu konzentrieren. Dies birgt für die Bewertung jedoch die Gefahr von Fehleinschätzungen: Sicherlich kann man beginnend mit der Spätzeit Friedrichs II. eine „nicht abreißende Kette von Verpfändungen des Reichsguts" konstatieren, was zu einem „fortdauernde[n] Substanzschwund des deutschen Königtums" geführt habe.[16] Doch bleibt dieses Bild unvollständig, wenn man nicht die Schenkungen und Verzichte einbezieht,[17] wie sie beispielsweise Friedrich II. 1212 im Zuge seiner Herrschaftsetablierung im Reich nördlich der Alpen den Fürsten gegenüber machte.[18]

Leihe und Pfand hervorgehoben wurden: Siehe neben oben, Anm. 1, beispielsweise auch MGH DD F II., Nr. 513, S. 172 (1219): „sive per infeodationem vel inpignorationem vel quocumque ingenio alienationis". Ähnlich Nr. 524, S. 192; Nr. 525, S. 194. Allgemeiner dagegen beispielsweise noch MGH DD H IV., Nr. 179, S. 235 (1066): „aut in beneficia dare aut alio iniuste vertere"; MGH DD F I., Nr. 597, S. 80 (1173), als Ergänzung zur Vorurkunde Heinrichs III. mit „ne ab imperio alienetur". Vgl. Lorenz, Königs- und Kaiserurkunden, S. 248 f. (dessen Aussage zu Wilhelm sich jedoch nur auf die Regierungszeit bis 1250 bezieht) und Landwehr, Verpfändung, S. 171–233, dort außerdem zur Notwendigkeit der (kur-)fürstlichen Zustimmung.

15 Schlunk, Königsmacht, mit den zusammenfassenden Tabellen S. 211–220, die auch die „Verlustarten" aufschlüsseln. Zur Einordnung vgl. beispielsweise die Rezension von Rübsamen, Rezension. Siehe zuvor bereits Frey, Schicksale. Niese, Verwaltung, S. 35–50, verzeichnet dagegen die staufischen Erwerbungen für Reich und Hausgut.

16 Rauch, Bündnisse, S. 178 f. Genauer Planitz, Grundpfandrecht, S. 87: „beginnt dann mit [...] Konrad IV. eine unabsehbare Reihe von Verpfändungen dieser Art".

17 Das gilt auch für die längerfristige Entwicklung, kam es doch unter Rudolf von Habsburg zu einer sprunghaften Zunahme der Verpfändungen und unter Ludwig IV. und Karl IV. zu einem erneuten Anstieg; Landwehr, Verpfändung, S. 455. Zu fragen wäre allerdings, in welchem Maße dies mit einem Rückgang anderer Formen der Belohnung einherging.

18 MGH DD F II., Nr. 173, S. 8–10: Schenkungen an den Herzog von Böhmen sowie Bestätigung von Leihen; zwei dieser Güter waren von Friedrich I. erworben worden, ohne dass der Kaufpreis überliefert ist, dazu RI IV,2,3, Nr. 2518, S. 244 f. und RI IV,2,4, Nr. 3225. MGH DD F II., Nr. 175, S. 13–15: Verzicht auf Besitzungen, die Friedrichs Vorgänger von der Mainzer Kirche innehatten, außerdem Überlassung aller Rechte in der Stadt Mainz und in den übrigen dem Erzbischof unterworfenen Orten. Ebd., Nr. 176, S. 15–17: Ähnlich für den Bischof von Worms. Zuvor hatte Philipp während des Thronstreits dem Erzbischof

Das Zusammenspiel der verschiedenen Formen zeigen die Zusagen Ottos IV., mit denen er nach dem Tod seines Konkurrenten Philipp den Erzbischof von Magdeburg zur Anerkennung seiner Herrschaft bewegen konnte: Neben einem Zahlungsversprechen von 3.500 Mark Silber[19] an den Erzbischof und seine Räte sowie einer Verpfändung in Höhe von 1.000 Mark an dessen Brüder sicherte der König die Freiheit von Abgaben und Herberge zu und verzichtete auf welfische Besitzungen und Leihen, auf Münze und Zoll bei Hoftagen sowie auf die Einrichtung neuer Münz- und Zollstätten, ferner auf das Spolienrecht, und zwar auch gegenüber den Suffraganen.[20] Viel mehr als Geld war also notwendig, um Otto die Gefolgschaft des Erzbischofs zu sichern.

Für den Vergleich von Schenkung, Leihe und Verpfändung sowie Anweisung und direkter Geldzahlung sind unterschiedliche Überlieferungschancen in Rechnung zu stellen.[21] Der Überlieferungsverlust äußert sich für Verpfändungen darin, dass manche nur durch Auslösung,[22] Bestätigung[23] oder anderweitige Erwähnung[24] bekannt sind. Da die rechtliche Bedeutung einer

---

von Magdeburg das Spolienrecht zugestanden und das Bistum Lebus samt Burg und Stadt geschenkt – MGH DD Phil, Nr. 81, S. 184–186; Nr. 157, S. 359 f. – und u. a. den Landgrafen von Thüringen mit Verleihungen für sich gewonnen, wie es zuvor schon Otto IV. getan hatte, vgl. Büttner, Geld, S. 281 f.. Allgemein zu dieser Praxis Continuationes Weingartenses, S. 480: „Astipulantibus itaque principibus, [...] singulis largis muneribus, beneficiis et promissionibus illectis." Solche Zuwendungen waren jedoch nicht auf kritische Phasen zum Herrschaftsbeginn beschränkt, wie die Vergabe des Fürstentums Lorsch an den Erzbischof von Mainz im Jahr 1232 zeigt, die mit dessen eifrigem Dienst und der Bedeutung seiner Kirche für das Reich begründet wurde; Historia diplomatica IV, S. 326–328, sowie schon zuvor durch Heinrich (VII.), dazu Historia diplomatica III, S. 377 f. (1228).

19 Im Folgenden ist mit der Einheit „Mark" stets die Mark Silber gemeint. Eine gesonderte Angabe erfolgt, wenn die Quellen die Art des Gewichts, den Feinheitsgrad oder die Münzsorte spezifizieren; vgl. dazu allgemein Büttner, Geld, S. 55–60.

20 MGH Const. II, Nr. 26, S. 30–32, mit weiteren Zusagen als Gegenleistung für die Anerkennung (§ 17, S. 32: „ipse nobis prestabit fidei sacramentum et serviet nobis tamquam domino suo regi"). Vgl. Rauch, Bündnisse, S. 63–66; Haider, Wahlversprechungen, S. 111–113 sowie Frey, Schicksale, S. 91–93, dort auch, S. 93 f., zur späteren Modifikation, die sich hier findet: RI V,1,1, Nr. 279.

21 Vgl. hierzu Büttner, Geld, S. 25–30, allgemein Esch, Überlieferungs-Chance.

22 Monumenta Boica 29,1, Nr. 578, S. 518 (1205); MGH DD F II., Nr. 356, S. 366 (1216); ebd., Nr. 512, S. 169 (1219); Historia diplomatica II, S. 889 (1226); Historica diplomatica V, S. 677 f. (1240); MGH DD Wilh, Nr. 46, S. 81 (1248), aber wohl Fälschung; ebd., Nr. 319, S. 387; Nr. 321, S. 388 (1254).

23 Ebd., Nr. 247, S. 159 (1214).

24 RI V,1,1 [Online-Nachtrag], Nr. 271a–N (1209), abrufbar unter http://www.regesta-imperii.de/id/1209-02-27_1_1_5_1_1_578A_271A (Letzter Zugriff am 03.07.2025), chronikalische Überlieferung der Verpfändung einer Vogtei; MGH DD F II., Nr. 173, S. 10 (1212), Vergabe

Verpfändungsurkunde mit dem Auslösen des Pfands gegenstandslos wurde, sank ihre Überlieferungswahrscheinlichkeit danach deutlich, zumal sie dem Pfandherren zurückgegeben werden musste.[25]

Die komplexe Situation der Überlieferungs- wie der Sachlage veranschaulicht die Verpfändung einer Pfründe der Pfarrkirche von Bregenz an einen königlichen Ministerialen, deren Auslösung für 50 Mark eine Urkunde Friedrichs II. aus dem Jahr 1232 erwähnt.[26] Die eigentliche Verpfändung in Höhe von 20 Mark, die etwa drei Jahrzehnte zuvor König Philipp vorgenommen hatte, überliefert dagegen das Traditionsverzeichnis des Prämonstratenserstifts Weißenau.[27] Heinrich (VII.) schenkte die Pfründe zusammen mit einer Kapelle später erneut dem Stift, das für die Auslösung aber selbst aufzukommen hatte.[28] Doch der Sohn des ursprünglichen Pfandnehmers hatte mittlerweile einen Teil des Pfands an seine beiden Brüder als Leihe („iure feodi") ausgegeben und verweigerte daher die Herausgabe. Der anschließende Rechtsstreit endete mit einem Vergleich, wonach das Stift dem Pfandinhaber 40 Mark zahlte, seinen Brüdern zehn Mark und seiner Frau fünf Pfund. Alle Brüder verzichteten gegenüber dem König auf ihre Ansprüche, deren genaue Form offengelassen und als „Leihe oder Pfand" bezeichnet wurde.[29] So gelangte das Kloster wieder in den Besitz der

---

einer Burg, falls diese abgelöst werden kann; MGH Epp. saec. XIII, II, Nr. 338, S. 252 (1247), Verpfändung Konrads IV. erwähnt in einem päpstlichen Schreiben.

25 Vgl. Landwehr, Verpfändung, S. 364, Anm. 27, mit Belegen aus dem 14. und 15. Jahrhundert für die Aushändigung der Pfandurkunde. Zu diesen wäre neben unten, Anm. 31 (1292), zu ergänzen: WUB III, Nr. 855, S. 353 (1234): „Et quia per H. illustrem Romanorum regem, karissimum filium nostrum, coactus est de predicta summa remittere mille marcas et indultum nostre celsitudinis privilegium resignare [...]". Siehe aber beispielsweise die Urkunde über die Überlassung mit Wiederkaufoption an den Erzbischof von Magdeburg, die auch nach der Auslösung offenbar in dessen Besitz verblieb; MGH DD F II., Nr. 364, S. 383 f. (1216).

26 WUB III, Nr. 812, S. 307 (1232 Mai 1 Cividale): „collatam prefati religiosi viri pro quinquaginta marcis argenti redimerunt".

27 Acta s. Petri in Augia, S. 80: „quam dominus Phylippus rex quondam militi cuidam, domino scilicet Cunoni de Rinegge, sub nomine pignoris pro XX marcis argenti obligaverat". Zur Quelle vgl. Waldschütz, Prämonstratenserstift.

28 Acta s. Petri in Augia, S. 80: „donavit ecclesie Augensi, ita videlicet ut, soluta debita pecunia creditori, proprietas et ius patronatus prebende memorate prefate cederet ecclesie integraliter". Zur Urkunde WUB III, Nr. 719, S. 203 f. (1226), ohne Erwähnung der Verpfändung.

29 Acta s. Petri in Augia, S. 80, zum ersten Sohn: „quicquid iuris habebat sub nomine feodi vel pignoris in prebenda illa Prigantie penitus resignavit eadem regi". So auch bezüglich der Brüder, wobei betont wird, dass diese eigentlich keinen Anspruch hätten: „cum nichil haberent iuris nomine feodi vel pignoris in ipsa prebenda, tamen ad maiorem cautelam resignaverunt [...] domino regi etiam hoc idem, quod se volebant habere". Da in der Urkunde

ihm einst von Heinrich VI. geschenkten Pfründe, nachdem es die von Philipp vorgenommene Verpfändung mit einem Vielfachen des ursprünglichen Betrags abgelöst hatte.

Einen weiteren Einfluss hatte die Form des Pfands, also ob es sich um eine Tot- oder um eine Ewigsatzung handelte. Bei der Ewigsatzung wurden die Einkünfte nicht auf den Pfandwert angerechnet, sodass eine Auslösung nur bei Bezahlung des vollständigen Betrags erfolgte. Bei einer Totsatzung dienten dagegen die Einkünfte der Abbezahlung, was eine Ablösung sehr viel wahrscheinlicher machte, in der Regel nach etwa einem Jahrzehnt. Wenn daher viele der heute erhaltenen Pfandurkunden die Ewigsatzung explizit vorsehen oder sie implizit angenommen werden kann,[30] darf dies nicht vergessen lassen, dass anderweitige Regelungen eine deutlich geringere Chance auf Überlieferung hatten. Die Ewigsatzung kam außerdem vor allem bei der Verpfändung von Reichsstädten zur Anwendung, wohingegen die Totsatzung vielfach für verpfändete Einkünfte aus Reichsgut nachweisbar ist,[31] aber auch für Vogteien Verwendung fand.[32]

Die Ewigsatzung war insofern problematisch, als das Konzil von Tours im Jahr 1163 eine Verpfändung als Wucher eingestuft hatte, wenn der Nutzen des Pfands nicht auf die Pfandsumme angerechnet wurde.[33] Gleichwohl wurde eine solche Bestimmung gelegentlich explizit in eine Urkunde aufgenommen.[34] Die

---

Friedrichs II. von 50 Mark die Rede ist (oben, Anm. 26), wurde offenbar das Geld an die Ehefrau nicht einbezogen, zumal der Betrag in einer anderen Einheit angegeben wurde.

30 Vgl. Planitz, Grundpfandrecht, S. 56 und S. 103; Sybel/Sickel, Kaiserurkunden, S. 257 f.; Landwehr, Verpfändung, S. 329 f., zu den Reichsstädten. Zum Burglehen als Ewigsatzung Krieger, Lehnshoheit, S. 60–62.

31 Belege bei Küster, Reichsgut, S. 165, Anm. 6; Planitz, Grundpfandrecht, S. 104, Anm. 1; Landwehr, Verpfändung, S. 330 f. Zu ergänzen: RI VI,2, Nr. 612 (1295). In großem Stil geschah dies beispielsweise 1292 gegenüber dem Herzog von Brabant, dem für ein Darlehen von 16.000 Mark Kölner Pfennige zahlreiche Einkünfte verpfändet wurden, mit denen diese Schuld abgetragen werden sollte; UB Duisburg I, Nr. 126, S. 159 f., vgl. RI VI,2, Nr. 91. Hinzu kam die Auslösung von Einkünften, die etwa ein Jahrzehnt zuvor und möglicherweise als Ewigsatzung verpfändet worden waren – RI VI,1 Nr. 1764, wodurch die diesbezügliche Urkunde wieder in königlichen Besitz kam.

32 Acta Imperii inedita II, Nr. 144, S. 114 (1282), zur Erstattung des Geldes, mit dem die Vogtei zuvor ausgelöst worden war: „obligamus tenendam tam diu, quousque predictam summam pecunie complete percipiat de eadem, ita quod percepta annis singulis defalcentur". Vgl. RI VI,1, Nr. 1718.

33 Meibom, Pfandrecht, S. 343; Planitz, Grundpfandrecht, S. 37 f. und S. 187 zur geringen Relevanz dieser Bestimmung. Papst Innozenz III. wandelte daher eine Verpfändung in eine Leihe auf Lebenszeit um, damit der Inhaber die Einkünfte nicht von der Pfandsumme abrechnen musste; RI V,2,3 Nr. 6130 (1212).

34 MGH DD Wilh, Nr. 311, S. 371 (1254): „quod fructus de quinque milibus marcis provenientes in sortem predicto comiti minime computentur pro eo, quod nos pro necessitate imperii

Notwendigkeit seiner gesonderten Begründung scheint jedoch erst seit dem ausgehenden 13. Jahrhundert häufiger gesehen worden zu sein, indem in der Regel auf den besonderen Einsatz des Pfandnehmers und die damit verbundenen Ausgaben Bezug genommen wurde.[35] Vereinzelt konnte die Pfandsumme aufgrund der Kosten für Ausbau oder Erhaltung nachträglich sogar weiter ansteigen.[36]

Im römisch-deutschen Reich nördlich der Alpen wurden seit dem ausgehenden 11. Jahrhundert und insbesondere unter Friedrich I. „milites" wie „principes" vermehrt mit Geldzahlungen für ihren Einsatz belohnt.[37] In der Regel mussten die Fürsten unter den staufischen Herrschern allerdings den Reichsdienst auf eigene Kosten bestreiten, was zu erheblichen Belastungen führte.[38] In kritischen Momenten der königlichen Herrschaft wurden Geldzahlungen aber gezielt eingesetzt, um eigene Anhänger zu belohnen und so ihre Loyalität zu sichern.[39]

Wenn die finanziellen Mittel hierfür nicht in ausreichendem Maße zur Verfügung standen, griff man seit dem 12. Jahrhundert verstärkt auf Verpfändungen zurück.[40] Die grundlegende und vielzitierte Studie von Landwehr zu diesem Thema umfasst das gesamte Spätmittelalter einschließlich der Anfänge des Phänomens in der Stauferzeit.[41] Die Untersuchung erfolgt allerdings über eine Zusammenschau aller

---

dicta quinque milia marcarum sibi duximus promittenda et addenda priori debito". Bei MGH DD HRas, Nr. 16, S. 2 (1247), in einer eigenen Urkunde, ergänzend zur eigentlichen Verpfändung, ebd., Nr. 15, S. 19: „ne in sortem, quando redimitur, conputetur, aut ne species usure a perversoribus dici valeat, sibi suisque successoribus liberaliter dandum duximus et benigne".

35 Vgl. Landwehr, Verpfändung, S. 320, mit 13 Belegen für die Zeit von 1285 bis 1368.

36 MGH DD Wilh 1, S. 27 f. (1247); Monumenta Wittelsbacensia I, Nr. 47, S. 109 (Konrad IV., 1251).

37 Vgl. Weiland, Reichsheerfahrt, S. 160–163; Violante, Imperatori, S. 520 f.; Keupp, Dienst, S. 424–444; Krätschmer, Rittertum, sowie Ders., „Milites", im vorliegenden Band; Büttner, Geld, S. 261–265.

38 Vgl. Büttner, Geld, S. 236–250. Zum Umgang mit Kirchengut vgl. Planitz, Grundpfandrecht, S. 24–28.

39 Vgl. Büttner, Geld, S. 278–300.

40 Vgl. systematisch zum Pfand bereits Meibom, Pfandrecht; Planitz, Grundpfandrecht, mit der Entwicklung vom „Nutzungspfand" zum „Substanzpfand" (S. 85). Den königlichen Geldmangel als zentralen Grund betont gegen Heinrich Mitteis zu Recht Goez, Leihezwang, S. 172 f., allerdings mit dem problematischen Begriff „Scheinverpfändungen".

41 Landwehr, Verpfändung, zur Einordnung Krause, Pfandherrschaften, mit Verweis auf weitere Literatur, zuvor bereits Werminghoff, Verpfändungen; Planitz, Grundpfandrecht, S. 85–104. An jüngeren Arbeiten sei auf Fischer, Reichsstädte, und Thaler, Anbruch, (zu Tirol im Spätmittelalter) verwiesen. Auch im Rahmen des Lehnswesens wurden Verpfändungen behandelt, vgl. Goez, Leihezwang, S. 171–181 (zur Ausgabe von Fürstentümern und Grafschaften als Pfand); Krieger, Lehnshoheit, S. 52–58 (zum „Pfandlehen als eine eigenartige Zwischenform zwischen Lehnrecht und Pfandrecht").

verfügbaren Belege, die nicht auf die Besonderheiten einzelner Verpfändungen eingeht und diachrone Veränderungen außen vorlässt.[42] Um der Gefahr einer Rückprojektion späterer Gewissheiten auf frühere Offenheit zu begegnen, soll daher im Folgenden die Entwicklung bis zum Ende der Regierungszeit König Wilhelms 1256 betrachtet werden und nach den Formen der Verpfändung ebenso wie nach den politischen Hintergründen gefragt werden.

Verpfändungen des 12. Jahrhunderts

Der erste römisch-deutsche König, der eine Verpfändung vornahm, dürfte Heinrich III. gewesen sein, auch wenn der Rechtsakt noch nicht mit diesem Begriff bezeichnet wurde und daher als Verkauf auf Wiederkauf einzuordnen ist: Im Jahr 1044 übergab der König an den Bischof von Worms bestimmte Besitzungen „in proprietatem“ und erhielt dafür zwanzig Pfund Gold sowie zweihundert Mark Silber, sicherte sich und seinen Erben aber gleichzeitig das Recht der Wiedereinlösung zum gleichen Betrag.[43] Ganz ähnlich ging Heinrich IV. vor, der einem Kloster für das ihm gewährte Darlehen ein Gut übereignete und sich dessen Rückkauf vorbehielt – allerdings nur für sich und nicht für seine Erben.[44]

Königliche Verpfändungen, die explizit als solche bezeichnet werden („obligare“, „invadiare“, „sub pignore“, „titulo pignoris“), finden sich erstmals unter Friedrich I. in den 1170er-Jahren. Sie dienten als Sicherung für die Rückzahlung eines Darlehens, zunächst für andere[45] und dann für den Kaiser selbst. Für die vertraglich zugesicherte Vergabe der Leihen, die der Graf von Sulzbach von der Bamberger Kirche innehatte,

---

42 Der „historische Befund“ behandelt zwar die Verpfändungen in chronologischer Reihenfolge (Landwehr, Verpfändung, S. 5–41), jedoch zumeist nur unter Nennung von Betrag, Pfand und Pfandnehmer. Auch Planitz, Grundpfandrecht, S. 85, verweist einleitend auf die notwendige Beschränkung seiner Studie.

43 MGH DD H III., Nr. 125, S. 155 (1044). Vgl. Krause, Pfandherrschaften, S. 530–532, zu den Problemen für die mittelalterliche Rechtswissenschaft und neuzeitliche Forschung, diese Rechtsform angemessen zu erfassen. Heinrich III. verpfändete zeitweise auch seine Krone, die das Kloster Hersfeld für ihn auslöste und dafür mit der Unterstützung bei der Rekuperation von Gütern belohnt wurde; MGH DD H III., Nr. 302, S. 411 (1053), vgl. dazu Violante, Imperatori, S. 516 f.

44 MGH DD H IV., Nr. 316, S. 417 (1079), wobei die Auslösung anstelle von Geld mit anderen Gütern im gleichen Wert erfolgen konnte.

45 MGH DD F I., Nr. 581, S. 58 (1171), als Bürgschaft für den Erzbischof von Trier (zusammen mit dem Bischof von Lüttich): „Ad huius vero contractus omnem ambiguitatem removendam et firmam inde securitatem exhibendam [...] curtem nostram, que Crouia dicitur, cum omnibus suis attinentiis Treuirensi archiepiscopo pro pignore obligavimus.“

an seine eigenen Söhne versprach der Kaiser dem Bischof 1.000 Mark zu bezahlen, bis zu deren Begleichung er selbst wiederum ein „beneficium" verpfändete.[46] In derselben Höhe war der Kaiser auch dem Bischof von Lüttich verpflichtet, der ein Darlehen aufgenommen hatte, um dem kaiserlichen „Geldmangel" („pecuniariis defitientibus") abzuhelfen. Um das Geld zu bekommen, hatte er Güter seiner Kirche verpfändet, wofür ihm wiederum Reichsgut für 1.000 Mark verpfändet wurde.[47] Dies schloss die diesbezüglichen Einkünfte ein, die nur mit Zustimmung des Bischofs oder seiner Kirche bei Rückzahlung auf den Betrag angerechnet werden sollten. Die Verpfändung glich hier also eine zuvor erfolgte Verpfändung aus, weshalb auch der Bezug der Erträge explizit zugesichert wurde.[48] Auch unter Heinrich VI. wurde ein Darlehen auf diesem Wege abgesichert.[49]

Verpfändungen des 13. Jahrhunderts (I): Die Staufer und Otto IV.

Unter den veränderten Herrschaftsbedingungen im Zuge des Thronstreits seit 1198 traten erstmals Verpfändungen als Belohnung oder Entschädigung der Getreuen auf. Schon vor seiner Wahl hatte Philipp den Herzog von Zähringen zum Verzicht auf seine Kandidatur bewegen können, indem er ihm die Reichsvogtei Schaffhausen verlieh. Ob darüber hinaus die Burg Breisach im Falle einer Nichtzerstörung für 3.000 Mark verpfändet werden sollte, ist dagegen weit weniger klar, als es die Forschung annimmt: Die chronikalisch überlieferte

---

46 MGH DD F I., Nr. 624, S. 117 (1167–1174, wohl 1174), mit weiteren Zahlungen und Verpfändungen für Freunde des Bischofs und das Domkapitel: „Episcopus vero tenebit in vadio totum illud beneficium, quod est ab Amberg usque Babenberg, donec sibi mille marcę persolvantur." Vgl. Riedmann, Beurkundung, S. 147–149; Dendorfer, Gruppenbildung, S. 418 f. Bei Landwehr, Verpfändung, S. 7 f., ist diese Verpfändung nicht erwähnt. Vgl. auch den Vertrag zwischen Friedrich I. und dem Herzog von Zähringen, wonach Allod des Herzogs als Pfand für seine versprochene militärische Unterstützung diente, MGH DD F I., Nr. 12, S. 24 (1152).

47 MGH DD F I., Nr. 663, S. 171 (wohl 1176), zunächst durch den Erzbischof von Köln auf kaiserlichen Auftrag und dann von Friedrich I. bestätigt, wobei im Todesfall das Pfand an die Lütticher Kirche ging.

48 Ebd., S. 171 f.: „omni fructuario usu habeat et [...] pignus predictus cum suo emolumento possideat et sive brevi sive longo tempore modicum vel multum inde provenerit, nichil tamen de tota summa mille marcarum in die redemptionis nisi consensu episcopi vel ęcclesię cadat".

49 MGH Const. I, Nr. 339, S. 485 f., § 2 und 3 (1191), Verpfändung zweier Orte an Cremona für 1.000 Pfund Imperialen („se accepisse ex causa mutui") einschließlich der Einkünfte („ita quod nullo tempore in sortem computentur"). Vgl. Büttner, Geld, S. 386 f. sowie zur schwierigen Lage, in der sich der Kaiser damals befand, Rauch, Bündnisse, S. 40 f.

Formulierung „pro castro trium milium marcarum sibi debitor esset“ dürfte vielmehr als eine Geldschuld zu interpretieren sein.[50]

Zunächst mussten die staufischen Besitzungen in Schwaben als Pfand herhalten, was dort Anlass zu vehementer Klage gab.[51] Der als Grund für die Verpfändungen genannte Geldmangel erscheint auch in einer Urkunde über ein Darlehen von 200 Mark, wofür Einkünfte in bestimmter Höhe, nicht aber die diesbezüglichen Besitzungen, verpfändet wurden.[52] Für denselben Betrag verpfändete Philipp die Vogtei der Reichsabtei Ursberg, was dort als „ungewohnt“ und „Unrecht“ aufgefasst wurde und auf Widerstand stieß.[53] Der König gestattete daher dem Kloster, die Vogtei aus eigenen Mitteln wieder abzulösen und anschließend für vier Jahre von Abgaben frei zu sein.[54]

Neben weiteren kleineren Verpfändungen in Höhe von 20 und 100 Mark[55] kam es bald erstmals auch zur Verpfändung einer königlichen Stadt: So wurde 1204 Duisburg für 1.800 Mark an den Herzog von Brabant verpfändet („obligare“), womit ein jährlicher Bezug von 250 Mark verbunden war.[56] Überstiegen die

50 Annales Marbacenses, S. 72 f. Vgl. in diesem Sinne schon Frey, Schicksale, S. 16, anders Winkelmann, Philipp von Schwaben, Bd. 1, S. 72; Landwehr, Verpfändung, S. 9; Csendes, Philipp von Schwaben, S. 74.

51 Chronik Burchards von Ursberg, S. 91 f.: „Hic cum non haberet pecunias, quibus salaria sive solda preberet militibus, primus cepit distrahere predia, que pater suus Fridericus imperator late acquisierat in Alamannia, ita ut cuilibet baroni sive ministeriali villas seu predia rusticana vel ecclesias sibi contiguas obligaret.“ Vgl. Oberweis, Interpolationen, S. 122–127.

52 Monumenta Boica 29,1, Nr. 568, S. 499 (1200): „quod nos a preposito et fratribus vivifice crucis apud Augustam necessitatem habentes accredere peccuniam, CC marcas examinati argenti apud ipsos mutuavimus, pro quibus in annua pensione XX libras Augustensis monete de villicationibus nostris Otringen et Durenkeim ipsis obligavimus“. Als Grund für den Geldmangel nennt Winkelmann, Philipp von Schwaben, Bd. 1, S. 194, den Verlust des Schatzes an Otto IV. Die Einkünfte waren noch über drei Jahrzehnte später im Besitz des Stifts, dem Heinrich (VII.) sie „attendentes paupertatem“ bestätigte; Historia diplomatica IV, S. 679–681, Zitat S. 681.

53 MGH DD Ph, Nr. 65, S. 154 (1203): „Quod cum aliquantulum preter iustitiam fecisse videamur [...]“. Chronik Burchards von Ursberg, S. 92: „Hic modus obligationis et solutionis ecclesiarum, maxime Cisterciensis et Premonstratensis ordinis, hactenus inusitatus fuit et libertatibus privilegiorum ipsorum valde contrarius.“

54 MGH DD Ph, Nr. 65, S. 154 (1202). Friedrich II. verpfändete die Vogtei später erneut für 200 Mark, worauf das Kloster sie wiederum selbst ablöste; Historia diplomatica II, S. 889 (1226, jetzt verbunden mit einem Alienationsverbot für die Zukunft). Vgl. Chronik Burchards von Ursberg, S. 121.

55 Siehe oben, Anm. 22 (1205) und Anm. 27.

56 MGH DD Ph, Nr. 83, S. 192 (1204; die Bezahlung erfolgte unter Aufsicht eines königlichen Boten „qui aliam in Dusburg non habebit potestatem, sed quod erit testis pecunie percipiende“.

tatsächlichen Einkünfte diesen Betrag, so waren sie an den König abzuführen; fielen sie zu gering aus, so mussten sie aus den Erträgen von Kaiserswerth aufgefüllt werden.[57] Diese genaue Bestimmung der mit dem verliehenen Pfand verbundenen Einkünfte deutet darauf hin, dass der Fokus auf dem jährlichen Ertrag und nicht auf der Pfandsumme lag – ansonsten hätte der Herzog schlicht alle Einkünfte aus dem verpfändeten Ort beziehen können. Hierzu passt auch, dass explizit geregelt wurde, dass bei einer teilweisen Begleichung der Pfandsumme die jährlichen Einkünfte entsprechend verringert werden sollten.[58]

Die Verpfändung war Teil des Friedensschlusses zwischen König und Herzog.[59] Heinrich von Brabant sagte sich damit von Otto IV. los und leistete stattdessen dem Staufer das „hominium".[60] Im Gegenzug erhielt er eine Reihe von Zusagen und Vergünstigungen, wozu neben der Verpfändung Duisburgs und einer jährlichen Weinlieferung die Belehnung mit der Abtei Nivelles und der Stadt Maastricht gehörten. Dagegen sollte Nijmegen, das in den Besitz des Herzogs gekommen war, gegen eine angemessene Entschädigung in Gütern wieder ausgelöst werden.[61] Es liegt nahe, dass der Ort zuvor von Otto verpfändet oder verliehen worden war, wie es für Nivelles überliefert ist.[62] Otto hatte dem Herzog außerdem Sinzig verpfändet, dann aber mit Geld wieder ausgelöst, das er sich vom Kölner Erzbischof lieh. Für die Rückzahlung erhielt er einen zeitlichen Aufschub, musste aber bei erneuter Verzögerung dem Erzbischof Dortmund als Pfand geben.[63] Auch hier ging die Verpfändung also auf ein Darlehen zurück.

---

57 Ein solches Vorgehen wird bei Landwehr, Verpfändung, S. 323, als „Sonderfall" eingestuft, mit Verweis auf weitere Beispiele aus den Jahren 1278, 1292 und 1312. Werminghoff, Verpfändungen, S. 54, Anm. 37, diskutiert die Möglichkeit einer Totsatzung, was jedoch aus dem Wortlaut der Quelle nicht hervorgeht.

58 MGH DD Ph, Nr. 83, S. 192 (1204 November 12 oder kurz danach [Koblenz]): „Si autem de memorata pignoris sorte terciam sive quartam seu amplius duci solvamus, pro rata sortis parte partes accessionis ducentarum et quinquaginta marcarum minuentur".

59 Vgl. Smets, Henri I., S. 111–113.

60 MGH DD Ph, Nr. 82, S. 190 (1204): „hominium nobis fecit et de manu nostra recepit feudum, quod ab imperio tenere debet". Zur Verwendung des Begriffs „hominium" im 12. Jahrhundert vgl. Dendorfer, Konkordat, S. 313–328. Für die Chronistik des beginnenden 13. Jahrhunderts vgl. Deutinger, Reichschronistik, S. 220.

61 MGH DD Ph, Nr. 82, S. 190 (1204) und Nr. 83, S. 193 (1204).

62 Trophées de Brabant, S. 60 (1209). Durch Fürstenurteil sei eine solche Alienation jedoch für unrechtmäßig erklärt worden. Vgl. auch das Kopfregest zu MGH DD Ph, Nr. 82, S. 188 (1204).

63 MGH Const. II, Nr. 24, S. 29, § 8 (1202). Die Übereinkunft war Teil eines umfangreicheren Vertrags, vgl. zu diesem Rauch, Bündnisse, S. 51–53.

Als Otto nach dem Tod Philipps die Anerkennung des zuvor auf staufischer Seite stehenden Erzbischofs von Magdeburg erlangte, musste er hierfür auf Eigengut und Leihen verzichten und weitere Zugeständnisse machen.[64] Die Brüder des Erzbischofs, die Grafen von Kevernburg, erhielten für ihren Übertritt außerdem die Stadt Saalfeld, die für 1.000 Mark wieder ausgelöst werden konnte.[65] Hier stand die Verpfändung also eindeutig im Zusammenhang mit einem zu leistenden Dienst, der jedoch nicht konkret bestimmt wurde, sondern in der Anerkennung als Herrscher bestand. Die 3.500 Mark, die der Erzbischof und sein Hof erhielten, wurden dagegen nicht durch ein Pfand abgesichert.[66] Ansonsten sind für Otto nur zwei weitere Verpfändungen überliefert, jedoch nicht durch eigene Urkunden.[67]

Als es Friedrich II. im Jahre 1212 unternahm, Otto IV. die Herrschaft zu entreißen, spielte die Belohnung seiner eigenen Anhänger eine wichtige Rolle.[68] Eine Verpfändung ist dabei nur an den Herzog von Lothringen überliefert, und zwar als Bestandteil der Absicherung eines versprochenen Geldbetrags. Als Zweck der Zahlung wurden die Anerkennung Friedrichs als König und die zu erwartenden Kriegskosten genannt. Von den versprochenen 3.200 Mark waren etwa zwei Drittel durch Bürgen gedeckt, die verbliebenen 1.000 Mark aber durch die Verpfändung des königlichen Anteils am Ort Rosheim abgesichert.[69] Diese trat jedoch nicht sofort in Kraft, sondern nur, wenn der König bei Aufforderung des Herzogs nicht den gesamten oder zumindest den halben Betrag aufbringen konnte. Außerdem bestand die Möglichkeit, binnen etwa drei Monaten weitere Bürgen zu stellen und dafür den Ort zurückzuerhalten.[70] Friedrich hegte also die Hoffnung, in Kürze wieder über ausreichende finanzielle Mittel zu verfügen

---

64 Siehe oben, Anm. 20.

65 MGH Const. II, Nr. 26, S. 31, § 11 (1202): „concedemus civitatem Saleuelt sub hac forma, ut quandocumque nos ipsis solverimus mille marcas, libera sit civitas nobis, et sic cum archiepiscopo in nostro servitio permanebunt".

66 Ebd., § 10, mit Zahlungsterminen.

67 Siehe oben, Anm. 23 und 24 aus den Jahren 1209 und 1214.

68 Vgl. Büttner, Geld, S. 288 f.

69 MGH DD F II., Nr. 174, S. 12 (1212): „quod de villa Rodesheim ad nos spectare dignosciturr, obligatum ei recognoscimus". Zur weiteren Überlieferung vgl. Büttner, Geld, S. 31, mit Anm. 33.

70 MGH DD F II., Nr. 174, S. 12 f. (1212): „Si vero pro mille marcis argenti fideiussores ipsi duci dederimus circa nativitatem domini proxime affuturam, hinc ad nos revertetur portio illa ville pretaxate nec erit ipsi duci super prelibatis in aliquo amplius obligata". Nicht erwähnt bei RI V,1,1 Nr. 674 (1194): „während er ihm das was von der villa Rodesheim sein ist, für den rest von 1.000 mark verpfändet."

(„quantocius deo dante pecuniam habuerimus"),[71] sodass die Verpfändung nur als letztes Glied einer Kette von Sicherungen fungierte und durch andere, für den König vorteilhaftere Formen ersetzt werden konnte. Nur für den Fall, dass die Begleichung der Schulden nicht erfolgte, sollte der Herzog dann allerdings den ihm verpfändeten Ort als Leihe innehaben, sodass offenbar eine spätere Auslösung nicht mehr möglich war.[72]

Während der Herzog von Lothringen für zukünftige Ereignisse bedacht wurde, erhielt der Erzbischof von Magdeburg im Jahr 1216 die Burg Schönburg und den Ort Oberwesel rückwirkend für geleistete Dienste und erlittene Schäden. Diese Übertragung konnte durch eine Zahlung von 2.000 Mark rückgängig gemacht werden, was den ursprünglich beim Erzbischof bestehenden Schulden entsprach.[73] Weniger klar sind dagegen die genauen Umstände der Verpfändung von drei Orten an den Markgrafen von Baden für 2.300 Mark, da sie nur durch eine spätere Urkunde überliefert sind und im Zusammenhang mit weiteren Übertragungen als Leihe und als Eigentum im Kontext eines Gütertauschs erwähnt werden.[74] Daneben kam es in den folgenden Jahrzehnten weiterhin zu Verpfändungen,

---

71 Hierzu passt auch, dass für den Fall, dass der Betrag zumindest zur Hälfte zurückgezahlt wurde, dem König für den Rest eine erneute Frist zu setzen und den Bürgen ein Aufschub zu gewähren war.

72 MGH DD F II., Nr. 174, S. 12 (1212): „Quod si forsitan contigerit minime adimpleri, portionem ville prefate, sicut ad nos pertinet, titulo pignoris sibi obligatam nomine et iure legali feodi possideat." Eine ähnlich gelagerte Bestimmung in einem vom König beurkundeten Vergleich, dazu UB Hohenlohe I, Nr. 141, S. 84 (1235), und Nr. 142, S. 86 (1235). Lorenz, Königs- und Kaiserurkunden, S. 270, sieht bei Rosheim „nur die ‚possessio', nicht aber die ‚proprietas' übertragen", wodurch „eine dauerhafte Entfremdung des Reichsguts zumindest der (Vertrags-)Form nach verhindert" werde.

73 MGH DD F II., Nr. 364, S. 384 (1216), die diesbezügliche Schuld („debitum") Nr. 650, S. 439 (1220). Die Auslösung erfolgte wohl Anfang der 1230er-Jahren, vgl. Schmidt, Geschichte, S. 455. Für eine Schenkung mit ähnlicher Begründung im vorherigen Jahr siehe MGH DD F II., Nr. 299, S. 258–261 (1215).

74 WUB III, Nr. 855, S. 353 (1234). Vgl. Schäfer, Reichslandpolitik, S. 224; Schneidmüller, Welfen, S. 270 f., 274 und 280.

die als Sicherheit für vertragliche Abmachungen fungierten,[75] ebenso wie für erhaltene Darlehen[76] und für ausstehende Zahlungen.[77]

Diese Einsatzformen des Pfands wandelten sich infolge der Konflikte, die sich seit 1239 im Reich nördlich der Alpen zwischen den Staufern und den päpstlichen Anhängern intensivierten. Ein wichtiger staufischer Anhänger am Niederrhein war Graf Wilhelm IV. von Jülich. Ob ihm im Herbst 1241 allerdings die Stadt Düren für 10.000 Mark verpfändet wurde, muss fraglich bleiben: Die nur in späteren Abschriften überlieferte Urkunde wurde aus formalen Gründen als Fälschung eingestuft,[78] wofür auch die außerordentliche Höhe sprechen könnte. Außerdem hatte der Graf bereits im Zuge eines Bündnisvertrags mit der Stadt Aachen 500 Mark Kölner Pfennige erhalten,[79] was als der realistischere Betrag für die Belohnung seiner Dienste erscheint.

In der Tat unternahm Wilhelm einen erfolgreichen Kriegszug gegen den Kölner Erzbischof. Anstelle der Auslieferung seines hochrangigen Gefangenen an Konrad IV. ließ er diesen jedoch gegen ein Lösegeld frei.[80] Für seinen erneuten Übertritt

---

75 Acta imperii selecta, Nr. 319, S. 279 f. (1226): Verpflichtung Heinrichs (VII.) zur Zahlung von 1.000 Mark an den Bischof von Straßburg, falls er für eine Einigung nicht die Zustimmung seines kaiserlichen Vaters erhalten sollte, wofür die Burg Wickersheim als Pfand gesetzt wurde. WUB IV, Nr. 1004, S. 54 (1243): Esslingen als Pfand bei ausbleibender Zahlung des restlichen Kaufpreises in Höhe von 1.000 Mark. Zuvor sollten 700 Mark in bar und 500 Mark aus der „precaria" Esslingens und Gemündens bezahlt werden. Für die restlichen 1.000 Mark wurde zwar ein Zahlungstermin, aber keine Sicherheit genannt. Historia diplomatica VI, S. 889–891 (1250): Nördlingen als Pfand im Zusammenhang mit anstehenden Restitutionen.

76 Historia diplomatica V, S. 677 f. (1240), bezüglich 562,5 Kölner Mark an einen Wiener Kaufmann, „pro quibus videlicet obligaveramus ei villam unam in Austria tenendam et usufruendam sibi quousque de ipsa pecunia quietaretur a nobis".

77 So die Verpfändung des Lands Pleißen und Altenburgs für die Mitgift in der üblichen Höhe von 10.000 Mark an den Markgrafen von Meißen, die freilich auch der Bindung dieses Fürsten diente: „in obstagio decem millium marcarum argenti ratione sponsalii"; Horn (Hg.), Princeps [...]. Codex Diplomaticus, Nr. 14, S. 306 (1246); vgl. Lutz, Heinrich der Erlauchte, S. 204–209; Thieme, Burggrafschaft, S. 185–187. Anders Landwehr, Verpfändung, S. 254, der „das erste Pfandgeschäft für eine Mitgiftvereinbarung" auf 1277 datiert.

78 UB Düren I, Nr. 33a, S. 28. Historia diplomatica VI, S. 823 f. (1241 Oktober). Vgl. RI V,1,2, Nr. 4446.

79 UB Niederrhein II, Nr. 260, S. 134 (1241 Dezember): „Propter hunc autem fidelitatis affectum recepit ab imperio ad augmentationem sui feodi quingentas marcas coloniensium denariorum, quas cum requisitus fuerit, demonstrabit." Allgemein Chronica regia Coloniensis, S. 282 (1242): „Imperiales in diocesi Coloniensi in partem suam traxerunt Wilhelmum comitem Iuliacensem per pecuniam." Wohl in dieser Zeit erhielt auch der Aachener Schultheiß zwei Häuser, eines als Pfand für 300 Mark und eines als Leihe; Aachener Urkunden, Nr. 257, S. 550 (1243 August, Bestätigung Friedrichs II.).

80 Vgl. Kraus, Jülich, S. 94–100; Witowski, Ehering, S. 159–161.

auf die staufische Seite wurden ihm vier Jahre später 3.000 Mark versprochen. Die diesbezügliche Gegenleistung der Landesverteidigung wurde nun genauer geregelt, 400 Mark sofort entrichtet und feste Termine für die weiteren Raten (600, 1.000 Mark) vereinbart, wobei Düren als Pfand für die verbliebenen 1.000 Mark fungierte.[81]

Seit etwa Mitte der 1240er-Jahre war die finanzielle Situation Konrads IV. zunehmend angespannt. Bei der Verpfändung eines Dorfes an den Wildgrafen zur Begleichung einer Schuld von 460 Mark rechnete man allerdings offenbar noch mit einer zeitnahen Auslösung: Für fast ein Jahr sollten die Einkünfte weiterhin an den König fließen und die Verpfändung erst in Kraft treten, wenn bis dahin nicht die Pfandsumme entrichtet worden war.[82] Doch schon im Folgejahr wurde bei der Begleichung von entstandenen Ausgaben der aktuelle Geldmangel explizit benannt („dum ad manus nobis pecunia defuisset") und neben einem Wald auch Einkünfte verpfändet[83] – eine Praxis, die noch häufiger zur Anwendung kommen sollte.[84]

Auch die Vogtei des Klosters Rheinau wurde zu dieser Zeit erneut an die Herren von Krenkingen verpfändet, obwohl Friedrich II. sie erst wenige Jahre zuvor für 1.200 Mark ausgelöst und versprochen hatte, sie nicht wieder aus

81 UB Düren, Bd. 1, Nr. 34, S. 29; UB Niederrhein II, Nr. 306, S. 160 (1246). Bei Nichtbezahlung der vereinbarten Tranchen sollten die bereits entrichteten 400 Mark angerechnet werden, sodass die Pfandsumme Dürens in diesem Fall auf 600 Mark sank.

82 Acta imperii inedita I, Nr. 483, S. 404 (1245): „obligavimus sub hac forma, quod omnes proventus ville predicte et eorum, que ad eandem villam pertinere noscuntur, intacti et sine diminutione qualibet usque ad epifaniam domini proximam reserventur. Et si usque ad predictum terminum comiti memorato debitum suum non fuerit persolutum, ipse comes extunc se de memoratis proventibus sine contradictione qualibet intromittat et deinceps sepedictam villam cum omnibus eius pertinentiis, prout superius continetur, titulo pignoris usque ad integram solutionem sui debiti possidebit." Ähnlich Historia diplomatica VI, S. 889 (1250), für ein Jahr lang.

83 Ebd., S. 871 f. (1246).

84 Acta imperii selecta, Nr. 338, S. 290 (1249, kopial überliefert): „han globet zu geben zwei hundert mark. Unde seit daz wir des geldes nit gereit han, so han wir ime davor zu phande gesaczet unsere gulde die wir han in den dorferen zu Ostheim und Walstatt". WUB IV, Nr. 1211, S. 280 (1251), unter Verweis auf die diesbezügliche Urkunde („sicut in instrumento de parte domini regis exinde conscripto plenius continetur"), die nicht erhalten ist: „obligavit titulo pignoris de precaria sua in civitate Hallensi valorem quadringentarum et quinquaginta librarum Hallensium annis singulis"; vgl. hierzu kritisch Ulshöfer, König, S. 8. Zuvor war bereits die Anweisung von zukünftigen Einkünften praktiziert worden, wie zum Beispiel im Zuge der Auslösung der Vogtei Rheinaus über eine künftige Bede („videlicet medietatem in prima precaria et reliquam medietatem in seconda precaria quas in Alamannia continget imponi"); Historia diplomatica V, S. 1129 (1241).

der Hand zu geben.[85] Neben dem König nahmen kaiserliche Bevollmächtigte Verpfändungen vor, um Anhänger zu gewinnen, wie es für die Grafen von Ortenburg mit 600 Mark belegt ist.[86] Noch höhere Beträge gingen an den Herrn von Hohenlohe (3.000 Mark), den Grafen von Oettingen (500 und 1.590 Mark) und den Herzog von Bayern (3.000 Mark und 400 Pfund Regensburger Pfennige). Während die Zahlung in einem Fall der stellvertretenden Begleichung von Schulden diente,[87] wurde ansonsten allgemein auf die Treue des Begünstigten verwiesen oder dessen konkrete Verdienste und Verluste angeführt.[88] Diese Verpfändungen waren also keine Sicherheit für ein Darlehen mehr, sondern der Lohn des Dienstes. Die meisten dieser Vergaben erfolgten im Sommer und

---

85 Erwähnung der Verpfändung bei MGH Epp. sacc. XIII, II, Nr. 338, S. 252 (1247). Zur Auslösung 1241 Historia diplomatica V, S. 1129 f. und S. 1159–1161, dort auch S. 1160: „in demanio et manibus nostris eos tenere de cetero promittentes".

86 Historia diplomatica VI, S. 753 (1249), Anm. 1, Graf Meinhard von Görz als „capitaneus Styrie": „predium provincie in Grazzlup pro quadam summa pecunie obligavimus, ut domino nostro preclaro imperatori servitia exhibeat grata et accepta". Zum Betrag in der kaiserlichen Bestätigung ebd., S. 752.

87 Ebd., S. 889 f. (1250): Aus den Einnahmen des für 500 Mark verpfändeten Nördlingens sollte der Graf von Oettingen jährlich 150 Mark an die geschädigten Bürger von Regensburg und 20 Pfund Heller an zwei seiner Ritter zahlen („pro debito sexaginta marcarum in quibus eis de promissione nostra tenemur").

88 Acta imperii selecta, Nr. 344, S. 292 (1251 Oktober 7), Verpfändung zweier Orte, einer Burg, einer Vogtei und eines Zehnten für 1.590 Mark (wobei eine Auslösung nur en bloc möglich sein sollte): „attendentes fidem puram et praeclara fidei merita, quae Ludovicus comes de Ottingen [...] hactenus nobis exhibuit et in antea poterit exhibere". UB Hohenlohe, Nr. 245, S. 159 (1251 August), Verpfändung Rothenburgs samt der dortigen Juden sowie den Ort Gebsattel für 3.000 Mark: „nos attendentes dilectionem et fidem puram, quibus Gotfridus de Hohinloch [...] tanquam alumpnus persone nostre a teneris annis nobis affuit et semper aderit sicut firmiter credimus diebus suis, considerantes nichilominus graves et multiplices expensas, quas in nostris servitiis per imperium hinc inde fecit, habentes quoque pia consideratione respectum ad inportabilia dampna sua, que apud Frankenvurt in captivitate sue militie et rersum varum amissione dinoscitur pertulisse". Keine Begründung dagegen bei der Verpfändung zweier Burgen für 3.000 Mark und 400 Pfund Regensburger; Monumenta Boica 30,1, S. 319 (Oktober 1251; falscher Betrag bei RI V,1,2, Nr. 4561 und bei Landwehr, Verpfändung, S. 13). Es liegt nahe, dass Konrad im Gegenzug vom bayerischen Herzog Geld für seinen Zug nach Süden erhielt, wie es allgemein die Annales Sancti Rudberti, S. 792, berichten: „Chunradus rex heres Friderici, occupatis et distractis per infeodationem sive per obligationem possessionibus suis [...] in Lombardiam se transtulit." Allerdings war der Herzog auch zum Statthalter eingesetzt worden – RI V,1,2, Nr. 4550 (1251). Weitere Verpfändungen zu dieser Zeit gingen an den Schenken von Limburg – WUB IV, Nr. 1211, S. 280 (1251 September) – und den Grafen von Habsburg – RI V,2,4, Nr. 14785 (1251, genaue Datierung unsicher). Außerdem nahm Konrad zahlreiche Verleihungen vor, teilweise an dieselben Personen, die auch Verpfändungen erhalten hatten – RI V,1,2 Nr. 4546–4548, 4552, 4557, 4558, 4560 (1251 Mai bis Oktober).

Herbst 1251, als Konrad IV. seinen Aufbruch nach Süditalien vorbereitete:[89] Nun war der Zeitpunkt gekommen, die entstandenen Aufwendungen zu bündeln und zu vergüten, um so die fortwährende Gefolgschaft sicherzustellen.

Verpfändungen des 13. Jahrhunderts (II): Heinrich Raspe und Wilhelm

Die gegen die Staufer erhobenen Könige Heinrich Raspe und Wilhelm griffen in unterschiedlichem Maße auf Verpfändungen zurück. Während sie unter Wilhelm eine große Vielfalt an Formen aufwiesen, sind aus der kurzen Regierungszeit Heinrich Raspes nur zwei Verpfändungen überliefert. Dies dürfte vor allem daran liegen, dass die Belohnung vieler seiner Anhänger mittels der päpstlichen Hilfsgelder direkt erfolgen konnte.[90] Die Verpfändung der Würzburger Juden an den dortigen Bischof für 2.300 Mark weist dabei die Besonderheit auf, dass die Auslösung erst unter dessen Nachfolger erfolgen konnte.[91]

Eine solche solide finanzielle Ausgangsbasis war bei Wilhelm weniger gegeben, wozu Schulden seines Vorgängers hinzukamen.[92] Die Verpfändungen setzten daher unmittelbar nach seiner Königserhebung ein, als Wilhelm vom Niederrhein aus die Durchsetzung seiner Herrschaft betrieb.[93] Der Empfängerkreis konzentrierte sich auf Adlige dieser Region, deren Einsatz für die königlich-päpstliche Sache hervorgehoben wurde.[94] Hinsichtlich der für diese Übertragungen gebrauchten

---

89 Die Abreise Konrads erfolgte im Oktober 1251, dazu RI V,1,2, Nr. 4568a und 4568b. Zu diesem Zeitpunkt lagen die in der Verpfändungsurkunde genannten Verluste des Herrn von Hohenlohe in der Schlacht bei Frankfurt genau fünf Jahre zurück.

90 Abrechnungsliste: MGH Const. II, Nr. 458, S. 629–631 (1246). Vgl. Büttner, Nervus rerum, S. 480 f. Auch die Verpfändung von Besitzungen und Rechten in Höhe von 200 Mark aus dem Anfang von Heinrichs Regierungszeit diente der Gewinnung militärischer Unterstützung gegen die Staufer. Das ausbezahlte Geld sollte dann zum Erwerb von Gütern und Einkünften verwendet werden, die vom König zu Lehen gingen („quos in feodo tenebunt a nobis, et homaium pro eisdem excellencie regali prestabunt"); MGH DD HRas, Nr. 9, S. 13 (1246).

91 MGH DD HRas, Nr. 15, S. 19 (1247). In einer gesonderten Urkunde wurde außerdem garantiert, dass die Abgaben der Juden nicht auf die Pfandsumme angerechnet werden sollten, dies aber auch nicht als Wucher angesehen werden durfte (siehe oben, Anm. 34).

92 Vgl. Büttner, Nervus rerum, S. 482.

93 Würth, Regnum, S. 30 f. und 55–66.

94 Siehe zum Beispiel MGH DD Wilh 1, Nr. 1, S. 27 (1247): „nos considerantes constantem devocionem ac devotam constanciam, quas dilectus fidelis noster [...] ad nostram gerit serenitatem et imperium, in remuneracionem sui pii facti". Außerdem Nr. 28, S. 58 (1248); Nr. 34, S. 66 (1248); Nr. 83, S. 120 (1249); Nr. 127, S. 172 (1250); Nr. 147, S. 194 (1251). Anders zum Beispiel Nr. 71/77, S. 107/113 (1249): 700 Mark Kölner Pfennige „recipere debet debita

Form bestand offenbar eine gewisse Unsicherheit, wie am Umgang mit Nijmegen ersichtlich wird: Zunächst wurde die Burg für 10.000 Mark nach Lehnrecht übertragen („titulo feodi infeodavimus"), ohne dass von einer Möglichkeit zur Auslösung die Rede ist.[95] Ein Dreivierteljahr danach bestätigte Wilhelm diese Urkunde und erhöhte dabei den Betrag auf 16.000 Mark. Der Pfandcharakter wurde jetzt deutlich herausgestellt und die Überlassung „zur größeren Sicherheit" als Leihe auf den Geldbetrag selbst bezogen.[96] Bei der erneuten Erhöhung sechs Jahre später ist in der Urkunde – die anders als zuvor jetzt in der königlichen Kanzlei entstand – von einer Leihe nicht mehr die Rede; der Betrag erscheint nun als „Schuld" und die Vergabe als „Verpfändung" („obligare").[97] Diese Entwicklung setzte sich unter Wilhelms Nachfolger Richard fort, der bei seiner Bestätigung von einer „pignoratio" sprach.[98] Die hohe Bedeutung, die dieser Absicherung samt der Einstufung als „Pfand" für den Grafen von Geldern hatte, lässt sich daran

---

contracta" und 1.323,5 Mark Kölner Pfennige „quas [...] ad necessitates et ad usus nostros sub certa ratione contraxit". Die Verbindung von „Schäden und Schulden" („de dampnis et debitis") bei Nr. 367, S. 434 (1255). Zu den Urkundenempfängern vgl. insgesamt Würth, Regnum, S. 43–55.

95 MGH DD Wilh, Nr. 1, S. 27 f. (1247), an den Grafen von Geldern, zusammen mit weiteren Vergünstigungen. Das Kopfregest zur Urkunde spricht – wie schon Landwehr, Verpfändung, S. 54 – von „verpfändet", RI V,1,2, Nr. 4889, dagegen von „belehnt". Es handelt sich um eine Empfängerausfertigung. Zur Umsetzung der Vergabe siehe das kurze Mandat MGH DD Wilh, Nr. 4, S. 31. Vgl. insgesamt Thissen, Nimwegen, S. 44–48.

96 MGH DD Wilh, Nr. 34, S. 66 (1248): „non solum obligavimus pro sexdecim milibus marcarum puri et legalis argenti, immo ad maiorem cautionem concessimus sibi et suis heredibus dictam pecuniam in feodum a nobis et a successoribus nostris habendam, donec eidem comiti vel suis heredibus dicta pecunia integraliter fuerit persoluta". Die Möglichkeit der weiblichen Nachfolge wurde nun konkret auf Nijmegen bezogen, was in der erneuten, mit weiteren kleineren Präzisierungen versehenen Bestätigung nach der Königskrönung wieder ausgeweitet wurde, dazu Nr. 62, S. 97 (1248).

97 Ebd., Nr. 311, S. 371 (1254): „quinque milia marcarum argenti sibi promittimus et addimus illi debito, in quo ei tenemur et pro quo castrum Nouimagii olim sibi duximus obligandum. Volentes, ut dictum castrum tamdiu teneat obligatum, quamdiu [..., bis zur Begleichung des Gesamtbetrags, weiterhin ohne Anrechnung der Einkünfte]". Zu dem für die Kanzlei bedeutenden Notaren WF siehe die Einleitung ebd., S. XLII–XLIX. Zur gleichen Zeit erhielt der Graf außerdem eine Burg „in feodum", dazu ebd., Nr. 313, S. 381.

98 Acta imperii selecta, Nr. 375, S. 307 (1257 April 6, vor der Krönung): „quod nos pignorationem castri Novimagensis [...] consentimus; redimere pro tanta pecunie quantitate, pro quanta nunc erga dictum comitem pignori obligatum existit". Ebd., Nr. 376, S. 308 (1257 Mai 20, nach der Krönung), als Vidimus der Urkunden MGH DD Wilh, Nr. 62, S. 96 f. (1248), und Nr. 311, S. 371 (1257): „Nos vero obligationem predictam et omnes et singulos ipsius obligationis articulos cartasque et omnia contenta in eis [...] rata habemus", ergänzt um das Versprechen, die Burg bei Auslösung an niemand anderen auszugeben, sondern als „nostrum speciale palatium" zu behalten.

erkennen, dass er sich direkt nach der Königswahl von Richards Anhängern eine solche Urkunde versprechen ließ.[99]

Auch zwei weitere Urkunden aus dem Anfang von Wilhelms Regierungszeit weisen eine begriffliche Offenheit auf, wenn von einer „Verpfändung" „als Almosen und Leihe" die Rede ist.[100] Die Bezeichnung als „elemosina" wurde in England seit dem 12. Jahrhundert für bestimmte Leihen an geistliche Institutionen, später auch an Laien gebraucht.[101] So wäre es denkbar, dass Wilhelm die Befreiung von Dienst oder Abgaben betonen wollte, wohingegen in der Forschung unter dem Label „Pfandlehen" meist eine intendierte besondere Bindung postuliert wird.[102] Skeptisch stimmen sollte allerdings, dass diese Formulierung nur in jenen beiden Urkunden zu Beginn der Regierungszeit gebraucht wurde und fortan in diesem

---

99 UB Niederrhein II, Nr. 431, S. 234: „pignoratio"; „pignori obligatur" (1257 Februar 6), zur Datierung vgl. RI V,2,4, Nr. 11778.

100 MGH DD Wilh, Nr. 28, S. 58 (1248), Höfe und Reichsgefälle für 320 Mark an den Grafen von Berg: „in elemosinam et feodum pro trecentis et viginti marchis titulo pignoris obligasse" ohne Anrechnung der Einkünfte und mit der Möglichkeit zur Ablösung. Ebenso Nr. 29, S. 59 (1248), Duisburg für 1.200 Mark an den Grafen von Limburg. Beide Urkunden dürften in der königlichen Kanzlei entstanden sein.

101 Vgl. Douglas, Origins, S. 95–132.

102 Thissen, Nimwegen, S. 45 f., unter Verweis auf Landwehr, Verpfändung; Krause, Pfandherrschaften; Krieger, Lehnshoheit: „Diese kombinierte Rechtsform bot dem König als Pfandgeber den Vorteil, dass über das nach der Verpfändung lediglich verbleibende Auslösungsrecht hinaus noch eine rechtliche Beziehung zum Pfandnehmer hin begründet wurde. Er wurde für den Verlust des Pfandobjekts wenigstens teilweise durch Treueid und lehensrechtliche Dienstleistungspflichten des Pfandnehmers entschädigt. Dem König als Lehensherren bot sie den Vorteil, daß er durch Drohung, die Pfandsumme einzulösen, auf das Verhalten des Lehensmanns Einfluß nehmen konnte. Dem Pfandnehmer gab das Pfandlehen Sicherheit gegen Pfandablösung, also die Auslösung und Übernahme durch Dritte." Würth, Regnum, S. 58: „Durch den Charakter der Vergabe als Pfandlehen, also durch die Schaffung einer lehensrechtlichen Bindung zwischen dem König und dem Pfandnehmer, konnte sich Wilhelm darüber hinaus auch in Zukunft der Treue seines Cousins gewiss sein." Dies., Königtum, S. 34, bezüglich Duisburgs: „Vielmehr könnte man von einem Profit für Wilhelm sprechen, da er wie im Falle Nijmegens ein Pfandlehen in Höhe von 1.200 Mark aushändigte, also abermals eine enge rechtliche Bindung mit dem Pfandnehmer Walram schuf." Anders Werminghoff, Verpfändungen, S. 8: „Die in ihrer Hand [der Großen, A.B.] vereinigten Reichslehen, die doch Grund ihrer Dienste und Belohnung zugleich sein sollten, genügten nicht mehr, oder man behauptete es wenigstens." Lorenz, Königs- und Kaiserurkunden, S. 271, spricht dagegen von einem „Nutzungspfand": „Die Verpfändung ‚in feudum' unterstreicht letztendlich nur nochmals das Übertragen von Nutzung und Fruchtziehung."

Kontext nicht mehr vorkam, sodass wohl kein dezidiertes Konzept dahinter stand.[103]

Gleichwohl spielte die Verbindung von Geld und Leihe weiterhin eine wichtige Rolle. So sollte die Gräfin von Geldern „titulo feudi“ auf Lebenszeit jährlich 1.000 Mark Pfennige aus einem Rheinzoll beziehen, den ihr Mann nach gleichem Recht innehatte.[104] Auch kleinere Beträge von wenigen Mark wurden in dieser Form als jährliche Zahlung vergeben.[105] Außerdem konnten Einkünfte als direkte Zahlung bis zu einem bestimmten Betrag oder Zeitpunkt angewiesen werden,[106] aber auch als Pfand, bei dessen Auslösung für die Höhe der Pfandsumme Güter erworben und als Leihe empfangen werden mussten.[107] Daneben konnten verliehene Güter gegen die Zahlung eines bestimmten Betrags wieder ausgelöst werden, was auch für andere Formen der Übertragung möglich war.[108]

---

103 Vgl. das Register MGH DD Wilh, S. 621. Lorenz, Königs- und Kaiserurkunden, S. 270 f., sieht die Urkunden dagegen als Beleg dafür an, „dass Mitte des 13. Jahrhunderts im Norden des Reichs ein ähnlich reflektierter Umgang mit Vertragsformen vorzufinden ist wie hundert Jahre zuvor in Oberitalien“.

104 MGH DD Wilh, Nr. 68, S. 104 (1248): „quod etiam ipse comes a nobis et imperio iure possidet feudali“.

105 Ebd., Nr. 60, S. 95 (1248): 4 Pfund holländische Pfennige „titulo feudi“ aus einer lokalen Bede, mit der Möglichkeit zur Auslösung mit 40 Pund, für die wiederum 4 Pfund Einkünfte als Leihe erworben werden mussten. Nr. 357, S. 425 (1255), zehn Mark „feudi titulo“ von den Speyerer Juden. Nr. 442, S. 488 (1239–1256), 4 Pfund holländische Pfennige „quas a nobis in feodum tenuit“.

106 Ebd., Nr. 71, S. 107 (1249), an den Burggrafen von Kaiserswerth (beziehungsweise an seine Erben) bis zur Erstattung seiner Kosten in Höhe von 2.023,5 Mark, wenig später um die Erstattung möglicher Schäden erweitert (Nr. 77, S. 113 [1249]). Nr. 121, S. 165 (1251), 1.500 Pfund flämische Pfennige an die Gräfin von Flandern bis zur endgültigen Regelung der Schäden.

107 Ebd., Nr. 152, S. 198 (1251), Verpfändung von Gericht und Zoll („titulo pignoris obligare“) für 500 Mark: „De illis vero quingentis marcis taliter persolutis dictus episcopus aliquod predium comparabit, quod a nostre maiestatis celsitudine titulo feodi perpetuo obtinebit.“ Dagegen Nr. 65, S. 102 (1248) nicht explizit als Verpfändung, sondern als Übertragung („dare“) von Einkünften in Höhe von jährlich 10 Mark Kölner, die nach Erlangung von 100 Mark an den König zurückfielen: „et de prefatis C marcis conparabit bona, que idem R. et liberi sui possideant a nobis titulo feodali“. Siehe so auch oben, Anm. 105. Diese Vorgänge wurden von der Forschung als „Lehnsauftragung“ eingeordnet, vgl. Brückner, Lehnsauftragung.

108 MGH DD Wilh, Nr. 132, S. 177 (1250): „de bonis in Hursten imperio attinentibus communiter infeudamus“, mit der Wiederauslösung für 100 Mark, in Ergänzung zu einem Geldversprechen von 300 Mark für ein eidliches Hilfsversprechen, für das zwei Raten vereinbart wurden. Überlassung („concedere“) von Gütern bis zu Wiederauslösung mit 500 Mark Nr. 178, S. 233 (1252); Schenkung („contulere“; „donatio“) von Land mit der Möglichkeit zur Rückerwerbung für 100 Mark Nr. 360, S. 428 (1255).

Diese Vielzahl und Vielfalt an Formen der Übertragung wurde im Laufe von Wilhelms Regierungszeit mehr und mehr durch die Verpfändung abgelöst. Beim erstmaligen Auftreten 1249 stand hierbei noch die Sicherung eines bestimmten jährlichen Ertrags im Vordergrund, der mindestens 10 % betragen sollte.[109] Die Pfandsumme belief sich nun meist auf mehrere hundert Mark.[110] Deutlich höher fiel sie aus, wenn der verpfändete Ort bedroht oder noch zu erobern war: Der militärische Dienst des Pfandnehmers wird hier besonders klar greifbar, sein Einsatz sollte offenbar besonders gefördert und mit der königlichen Sache verknüpft werden.[111]

---

109 Ebd., Nr. 83, S. 120 (1249), Verpfändung von Gütern für 400 Mark, ergänzend zu einem Zahlungsversprechen von 300 Mark: „eo pacto scilicet et condicto, ut, si quid defuerit in predictis de redditibus quadraginta marcarum, supplere plenarie teneamur. Si quid autem superest, aut restituet aut de celsitudinisi nostre gratia obtinebit." Nr. 93, S. 134 (1249): Mitgift von 4.000 Mark Kölner Pfennige, dafür Verpfändung eines Zolls für Einkünfte von jährlich 400 Mark, die notfalls über andere benannte Zolleinkünfte sichergestellt werden sollten. Auch der Ort der Auszahlung und die Übernahme der Transportrisiken wurden eigens geregelt.

110 Ebd., Nr. 127, S. 172 (1250): Gericht und Vogtei für 200 Mark („obligare") an den Herrn von Schöneck; Nr. 232, S. 286 (1252): Vogtei für 200 Mark („titulo pignoris obligare") an den Grafen von Württemberg; Nr. 365, S. 432 (1255), Güter für 500 Mark („obligare") an den Grafen von Leiningen; Nr. 366, S. 433 (1255), Güter für 300 Mark („titulo pignoris obligare") an den Wildgrafen. Die Dauer der Übertragung wird dabei stets explizit bis zur Auslösung durch den genannten Betrag bestimmt. Im Fall der Verpfändung an den Wildgrafen behielt sich der König außerdem vor, dass bei der Auslösung binnen etwa acht Monaten die diesbezüglichen Einnahmen an ihn fallen sollten. In unbestimmter Höhe bezüglich der Schäden und Schulden des Grafen von Katzenelnbogen sowie der Herren von Eppstein und Hanau Nr. 367, S. 434 (1255), was zur Hälfte durch Verpfändung beglichen werden sollte („de bonis imperii [...] obligare"; „obligatio"). Deutlich höher war die Pfandsumme bei der Mitgift für Wilhelms Schwester (siehe oben, Anm. 109).

111 MGH DD Wilh, Nr. 67, S. 103 (1248), Dortmund für 1.200 Mark „titulo pignoris" an den Erzbischof von Köln: „Idem etiam archiepiscopus in debito et consueto iure fovebit homines nostros et contra indebitos molestatores defendet." Siehe auch Nr. 149, S. 196 (1251), Überlingen an den Bischof von Konstanz für 1.000 Mark. In der zu erbringenden Leistung des Pfandnehmers darüber hinausgehend ebd., Nr. 239, S. 291 (1252), Stadt und Burg Oppenheim für 1.000 Mark an den Erzbischof von Mainz: „bona fide promisit, quod contra Oppenheim et alios nostros rebelles et imperii vires suas et ecclesie Maguntine fideliter exercebit et eos publice diffidabit ac omnia ea sive in Francia sive in Alemania vel alias pro viribus suis operabitur efficaciter et constanter, que honorem et utilitatem nostram respicient et ad exterminium facient eorundem." Auch Gelnhausen und Frankfurt dürften verpfändet worden sein, während sie sich noch im staufischen Lager befanden; vgl. die Aufhebung ebd., Nr. 319, S. 387 (1254) und Nr. 321, S. 388 (1254). Zu den Rechtsfolgen von Pfand und Leihe vgl. allgemein Krieger, Lehnshoheit, S. 56–58.

Den Spitzenwert nach dem Grafen von Geldern erreichte Graf Johann von Burgund, dem 1251 die Reichseinkünfte und -rechte in Besançon und Lausanne für 10.000 Mark verpfändet wurden. Im Gegenzug hatte er eidlich die Unterstützung gegen Konrad IV. versprochen und war Lehnsmann („fidelis et vassallus") König Wilhelms geworden.[112] Hier wurde das Pfand also nicht wie bei Nijmegen zunächst als Leihe vergeben, sondern es diente – bei fraglichem Nutzen[113] – explizit der Begründung einer besonderen Treuebindung.[114]

Fazit

Die von Königen im ausgehenden 12. und in der ersten Hälfte des 13. Jahrhunderts vorgenommenen Verpfändungen weisen eine große Vielfalt hinsichtlich Anlass, Funktion und Ausgestaltung auf. Dabei wandelte sich das Pfand im Wesentlichen von einem Sicherungsobjekt für ein gewährtes Darlehen[115] über die Absicherung eines Zahlungsversprechens zu einer Ausgabenerstattung und damit zu einer Belohnung für geleisteten beziehungsweise zu leistenden Dienst. Waren Darlehensgeber und Empfänger der finanziellen Leistung zunächst oft nicht identisch, so kam es mehr und mehr zu einer direkten Beziehung von Dienst und Verpfändung.

Ausschlaggebend für die Verpfändung war stets der Geldmangel des Königs, was gelegentlich explizit ausgesprochen wurde. Zunächst herrschte häufig die Erwartung vor, das Pfand würde in naher Zukunft ausgelöst werden. Die immer angespanntere Lage der Herrscher in konfliktträchtigen Zeiten führte jedoch dazu, dass entsprechende Regelungen kaum noch Verwendung fanden. Außerdem trat die Sicherung von Einkünften als Zweck der Verpfändung an Bedeutung

112 MGH DD Wilh, Nr. 147, S. 194 (1251), unter Verweis auf den derzeitigen Geldmangel des Königs („quia ad presens solvendi eas non habuimus facultatem").

113 Vgl. Resmini, Arelat, S. 39, Anm. 7.

114 Vier Jahre später folgte die Vergabe der „feuda et bona", die der verstorbene Herzog Otto von Meranien in der Freigrafschaft Burgund vom Reich innegehabt hatte; MGH DD Wilh, Nr. 377, S. 443 (1255). Diese waren zuvor von Wilhelm zur Belohnung an den Burggrafen von Nürnberg ausgegeben worden, der diese Verleihung durch den Verkauf an Graf Johann für 7.000 Mark in bare Münze umwandeln konnte; Nr. 81, S. 117 f. (1249) und Nr. 379/380, S. 445–447 (1255). Vgl. Resmini, Arelat, S. 38–41, der zu 1251 annimmt, Johann habe „als Reichslehen die Herrschaft Salins" empfangen. Das „quam" der Urkunde dürfte sich jedoch leidglich auf das verliehene Münzrecht („moneta") und nicht auf die zuvor genannte „villa Salinensi" beziehen; MGH DD Wilh, Nr. 146, S. 193 (1251).

115 Diese Funktion entsprach der römischen und kirchlichen Rechtslehre, vgl. Ertl/Thaler, Einleitung, S. 148.

zunehmend hinter die Pfandsumme selbst zurück:[116] Die Rente wurde später in der Regel mit 10 % angesetzt, während sie in der Stauferzeit bei einer expliziten Bestimmung teilweise auch deutlich darüber lag.[117]

Die Verbindung von Pfand und Leihe, die noch der Sachsenspiegel als unzulässig ansah,[118] erfuhr ebenfalls verschiedene Ausprägungen.[119] Diese können jedoch mit den späteren „Pfandlehen", wie sie seit dem ausgehenden 14. Jahrhundert belegt sind, nicht adäquat erfasst werden.[120] Zwar kam es unter König Wilhelm vereinzelt zu einer Verpfändung „in feudum", doch blieb dies eine kurzzeitige

---

116 Diesen Wandel verkennt Planitz, Grundpfandrecht, S. 103.

117 MGH DD Ph, Nr. 83, S. 192 (1204): 13,89 %; WUB IV, Nr. 1211, S. 280 (1251, bei unsicherer Überlieferung): etwa 27 %; Historia diplomatica VI, S. 890 (1250): etwa 31 %. Mit 10 % MGH DD Wilh, Nr. 83, S. 120 (1249), mit mindestens 10 % dagegen Nr. 93, S. 134. Als Ausnahme allein bei einem Darlehen Monumenta Boica 29,1, Nr. 568, S. 499 (1200): 20 Pfund Augsburger Pfennige bei 200 Mark Silber, also etwa 10 % (jedoch abhängig von dem zugrunde gelegten Wechselkurs). Für die Zeit nach 1273 siehe Küster, Reichsgut, S. 91: „Geringe Ausnahmen abgerechnet, ist nämlich hier die Rente, d. h. der jährlich aus dem Pfande zu ziehende Nutzen, durch den Vertrag durchgängig auf 10 % normirt." Die in Anm. 2 genannten Abweichungen betrugen 12–15 %. Allgemein für das Spätmittelalter auch Planitz, Grundpfandrecht, S. 58–60.

118 Eckhardt (Hg.), Sachsenspiegel, Lehnrecht, c. 55, § 8, S. 73 f. Vgl. Meibom, Pfandrecht, S. 391; Krieger, Lehnshoheit, S. 52.

119 Die hier für das Königtum vorgenommene Untersuchung wäre um die fürstliche Pfandpolitik zu erweitern. So findet sich eine Verbindung von Leihe und Pfand beispielsweise bei einer Verpfändung des Bischofs von Hildesheim aus dem Jahr 1166, die zum Freikauf von der kaiserlichen Heerfahrt erfolgte: „pro septuaginta marcis in pignere posuimus et in beneficium contulimus hoc videlicet pacto, ut eam iure beneficiali absque omni inquietationis molestia possideant". Der Zeitpunkt der Auslösung wurde hier konkret mit drei Jahren benannt; UB Hildesheim Hochstift I, Nr. 337, S. 323 (1166).

120 Krieger, Lehnshoheit, S. 52, spricht davon, dass „dieses Rechtsgeschäft der Sache nach bereits seit dem 13. Jahrhundert in der königlichen Urkundenpraxis" nachzuweisen sei und verweist dafür auf zwei Urkunden König Wilhelms, die aber eben auch die einzigen Belege aus dieser Zeit sind. In der königlichen Kanzlei taucht der Begriff erst 1398 wieder auf; ebd., so auch Auge, Pfandlehen. Landwehr, Verpfändung, S. 254: „Regelrechte Pfandlehen wurden an reichsstädtischen Rechten nur sehr selten bestellt", mit den Urkunden Wilhelms von 1247 und 1248 als Beleg, außerdem aus der Zeit Rudolfs und Sigismunds. Im Falle Rudolfs handelt es sich um ein Pfand (Weinberge), das in ein Lehen umgewandelt wurde, aber ablösbar blieb (in diesem Fall endete das „homagium"); II, Nr. 334, S. 476 (1289). Auch die von Rödel, Reichslehenswesen, S. 300, angeführten Belege aus der Zeit Wilhelms und Rudolfs stellen eine Leihe auf Wiederkauf und keine Verpfändung dar, sodass sich die „Beispiele echter Pfandlehen" auf Null reduzieren. Die von Goez, Leihezwang, S. 171–181, behandelten „Verpfändungen großer Reichslehen" setzen abgesehen von der Verpfändung von Teilen der Grafschaft Laufen durch Friedrich II. mit Rudolf ein, die meisten Belege stammen aus dem 14. und 15. Jahrhundert.

Episode.[121] Man wird aus diesen angeblichen „Pfandlehen" daher wohl keine besondere Bindung des Pfandnehmers als Lehnsmann ableiten können, auch wenn im (Sonder-)Fall des Grafen von Burgund eine Verpfändung offenbar dazu beitrug, ein Lehnsverhältnis zu begründen.

Ein entscheidender Moment für den verstärkten Rückgriff auf Verpfändungen als Lohn des Dienstes waren die intensivierten militärischen Auseinandersetzungen in den späteren 1240er-Jahren, die den Finanzbedarf der Kontrahenten stark ansteigen ließen. Die frühere Praxis der Verpfändung durchlief nun einen entscheidenden Wandel, die starke königliche Position in den Einzelbestimmungen trat hinter den geschuldeten Betrag zurück. Wilhelm griff zu Beginn seiner Herrschaft und nach dem Tod Konrads IV. verstärkt auf Verpfändungen zurück,[122] sein Konkurrent vor allem vor seiner Abreise nach Süditalien. Hieran zeigt sich, dass der auf diesem Wege belohnte Dienst sowohl bereits geleistet worden sein konnte als auch noch erwartet wurde, die üblichen Formulierungen der Urkunden also keine bloßen Formeln oder Topoi waren. Besonders deutlich in die Zukunft weisen dabei die Verpfändungen von noch zu erobernden Gütern.

Durch die Verpfändung wurde der Pfandnehmer auf die königliche Sache verpflichtet, lag es doch in seinem eigensten Interesse, das Pfand zu schützen. War dies auch bei einer Leihe der Fall, so bot die Verpfändung aus Sicht des Königs den Vorteil, nach dem erhofften Sieg und der damit verbundenen Besserung der finanziellen Lage das Gut wieder in seinen Besitz bringen zu können. Die Möglichkeit der Einlösung, sei es durch den König selbst, sei es durch Dritte, dürfte außerdem als Drohkulisse fungiert haben, um die fortwährende Loyalität zu garantieren[123] – gegenüber dem gegenwärtigen Herrscher, aber auch gegenüber dessen Nachfolgern, von denen eine Bestätigung der Verpfändung zu erlangen war.

---

121 Vgl. auch oben Anm. 108: Während 1250 noch eine Leihe („infeudare") mit Geld wieder ausgelöst werden konnte, betraf die Möglichkeit des Rückerwerbs 1252 und 1253 Güter, die anderweitig übertragen worden waren („concedere"; „contulere"; „donatio").

122 In den Jahren 1252 und 1253, in denen kaum Verpfändungen zu verzeichnen sind, erfolgten dagegen zahlreiche Verleihungen, von denen hier nur einige herausgegriffen seien: MGH DD Wilh, Nr. 179, S. 233 (1252), zu Lübeck; Nr. 188, S. 242 (1252), zu ledigen Leihen, die die Herren von Münzenberg vom Reich gehabt hatten; Nr. 268, S. 320 (1253 Februar 15 Braunschweig), zu Leihen, die die Herren von Zerbst vom Reich gehabt hatten; Nr. 273, S. 325 f. (1253), zur Grafschaft Friesland.

123 Vgl. Planitz, Grundpfandrecht, S. 89 f. und S. 94 f.; Landwehr, Verpfändung, S. 359–372.

Wenn die Belohnung des Dienstes erst nachträglich erfolgte, verschaffte sich der Herrscher damit außerdem einen Kredit,[124] indem die Ausgaben für die von ihm in Anspruch genommene, in der Regel militärische Leistung zunächst vom Untergebenen getragen wurden. Dies war umso mehr der Fall, wenn der fortwährende Einsatz nicht durch eine neue Verpfändung, sondern durch die Erhöhung der bestehenden Pfandsumme belohnt wurde:[125] Dieser Dienst war für den König bis zur Auslösung gratis, während er dem Untergebenen eine erhöhte Sicherheit bot, noch länger im Besitz des Pfands zu bleiben. Ein Vorteil für den Pfandnehmer war, dass er für seinen Dienst eine direktere und unmittelbarere Gegenleistung erhielt als die vage Hoffnung auf eine zukünftige Leihe oder Schenkung. Die genauere Bemessung des zu entschädigenden Aufwands bedeutete für beide Seiten zudem eine höhere Berechenbarkeit und Planbarkeit.

Als allerdings die politischen Aktivitäten der Könige und die dafür notwendige Unterstützung der Untergebenen die zur Verfügung stehenden Mittel mehr und mehr überschritten, wurde dieses System zunehmend brüchig. Gerade die ältere Forschung hat dies als „Verschwendung“ und „Verschleuderung“ des Reichsguts kritisiert[126] und damit entsprechende spätmittelalterliche Klagen aufgegriffen, die nicht zuletzt vom König selbst stammten.[127] Im Lichte aktueller Staatsschulden und Sondervermögen mag man hier vielleicht etwas nachsichtiger sein, brachte die Finanzierung gegenwärtigen Handelns mittels zukünftiger Verpflichtungen doch einen erheblichen Gewinn an Handlungsspielraum, insbesondere in schwierigen Situationen.

---

[124] Vgl. für das 15. Jahrhundert Kluge, Könige.

[125] Vgl. die Übersicht mit der diesbezüglichen Spalte bei Landwehr, Verpfändung, S. 396–452, dazu S. 386.

[126] Siehe zum Beispiel Ficker, Willebriefe, S. 49; Stimming, Kaiser, S. 152; Wieruszowski, Reichsbesitz; Schubert, König und Reich, S. 170. Vgl. auch Frey, Schicksale, S. 1, zum Zustand 1250: „überall Auflösung, zertrümmert ist der stolze Bau, auf dem das staufische Königthum ruhte, nur elende Reste sind herrenlos zurückgeblieben und laden den gierigen Nachbarn zum Zugreifen ein.“ Planitz, Grundpfandrecht, S. 87; zurückhaltender Fischer, Reichsstädte, S. 70.

[127] Vgl. Schubert, König und Reich, S. 152 f. Zu dem dort zitierten Vorwurf König Sigismunds sei eine Aussage König Albrechts I. ergänzt, die ironischerweise eine Verpfändungsurkunde einleitete: „dum statum bonorum predicti imperii diligenti scrutinio considerationis attente revolvimus, invenimus quam plurima bonorum ipsorum predecessorum nostrorum temporibus in grave nostrum et ipsius imperii preiudicium alienata indebite ac distracta“; MGH Const. IV,1, Nr. 1, S. 2, § 5, I (1298).

Gedruckte Quellen

Aachener Urkunden = Meuthen, Erich (Hg.): Aachener Urkunden 1101–1250 (Publikationen der Gesellschaft für Rheinische Geschichtskunde 58), Bonn 1972.

Acta imperii inedita = Winkelmann, Eduard (Hg.): Acta imperii inedita seculi XIII. et XIV. Urkunden und Briefe zur Geschichte zur Geschichte des Kaiserreichs und des Königreichs Sizilien, Innsbruck 1880.

Acta imperii selecta = Böhmer, Johann Friedrich (Hg.): Acta imperii selecta. Urkunden deutscher Könige und Kaiser mit einem Anhange von Reichssachen, Innsbruck 1870.

Acta S. Petri in Augia = Baumann, Franz Ludwig (Hg.): Acta S. Petri in Augia, in: ZGO 29 (1877), S. 1–128.

Annales Marbacenses = Bloch, Hermann (Hg.): Annales Marbacenses qui dicuntur. Anhang: Annales Alsatici breviores (MGH SS rer. Germ. 9), Hannover 1907.

Annales Quedlinburgenses = Giese, Martina (Hg.): Annales Quedlinburgenses (MGH SS rer. Germ. 72), Hannover 2004.

Annales Sancti Rudberti = Pertz, Georg Heinrich (Hg.): Annales Sancti Rudberti Salisburgenses (MGH SS 9), Hannover 1851, S. 758–810.

CDRM II = Günther, Wilhelm (Hg.): Codex Diplomaticus Rheno-Mosellanus. Urkunden-Sammlung zur Geschichte der Rhein- und Mosellande, der Nahe- und Ahrgegend, und des Hundsrückens, des Meinfeldes und der Eifel, Bd. 2: Urkunden des 13. Jahrhunderts, Koblenz 1823.

Chronica regia Coloniensis = Waitz, Georg (Hg.): Chronica regia Coloniensis Continuatio V., in: Chronica regia Coloniensis (Annales Maximi Coloniensis) (MGH SS rer. Germ. [18]), Hannover 1880, S. 273–299.

Chronik Burchards von Ursberg = Holder-Egger, Oswald/Simson, Bernhard von (Hg.): Die Chronik des Propstes Burchard von Ursberg (MGH SS rer. Germ. [16]), Hannover/Leipzig ^{2}1916.

Continuationes Weingartenses = Weiland, Ludwig (Hg.): Continuationes Weingartenses chronicorum Hugonis et Honorii (MGH SS 21), Hannover 1869, S. 473–480.

Eckhardt, Karl August (Hg.): Sachsenspiegel (MGH Fontes iuris N.S. 1), Göttingen ^{2}1956.

Historia diplomatica I–VI = Huillard-Bréholles, Jean Louis Alphonse (Hg.): Historia diplomatica Friderici Secundi sive constitutiones, privilegia, mandata, instrumenta quae supersunt istius imperatoris et filiorum eius, 6 Bde., Paris 1852–1861.

Horn, Johann Gottlob (Hg.): Princeps ex maioribus serenissimae et potentissimae domus Saxonicae felicissimus perinde ac gloriosissimus Henricus cognomento illustris Landgravius [...], Frankfurt a. Main/Leipzig 1726.

MGH Const. I = Weiland, Ludwig (Hg.): Constitutiones et acta publica imperatorum et regum, Tl. 1: 911–1197 (MGH Const. 1), Hannover 1893.

MGH Const. II = Weiland, Ludwig (Hg.): Constitutiones et acta publica imperatorum et regum, Tl. 2: 1198–1272 (MGH Const. 2), Hannover 1896.
MGH Const. IV,1 = Schwalm, Jakob (Hg.): Constitutiones et acta publica imperatorum et regum, Tl. 4, Bd. 1: 1298–1313 (MGH Const. 4,1), Hannover 1906.
MGH DD F I. = Appelt, Heinrich (Bearb.): Die Urkunden Friedrichs I., 5. Bde. Hannover 1975–1990.
MGH DD F II. = Koch, Walter (Bearb.): Die Urkunden Friedrichs II., 6 Tle. Hannover/Wiesbaden 2002–2021.
MGH DD H III. = Bresslau, Harry/Kehr, Paul Fridolin (Hgg.): Die Urkunden Heinrichs III. Hannover 1926–1931.
MGH DD H IV. = Gladiss, Dietrich von/Gawlik, Alfred (Hgg.): Die Urkunden Heinrichs IV. Berlin u. a. 1941–1978.
MGH DD HRas = Gawlik, Alfred/Hägermann, Dieter/Kruisheer, Jaap Gerardus (Hgg.): Die Urkunden Heinrich Raspes und Wilhelms von Holland Hannover 1989.
MGH DD Phil = Rzihacek, Andrea/Spreitzer, Renate (Bearb.): Die Urkunden Philipp von Schwabens Wiesbaden 2014.
MGH DD Wilh = Gawlik, Alfred/Hägermann, Dieter/Kruisheer, Jaap Gerardus (Hgg.): Die Urkunden Heinrich Raspes und Wilhelms von Holland Hannover 1989.
MGH Epp. saec. XIII, II = Pertz, Georg Heinrich (Bearb.)/Rodenberg, Karl (Hg.): Epistolae saeculi XIII e regestis pontificum Romanorum selectae 2 (MGH Epist. 3,2), Berlin 1887.
Monumenta Boica 29,1 = Academia scientiarum boica (Hg.): Monumenta Boica, Bd. 29,1, München 1831.
Monumenta Boica 30,1 = Academia scientiarum boica (Hg.): Monumenta Boica, Bd. 30,1, München 1834.
Monumenta Wittelsbacensia I = Wittmann, Franz Michael (Hg.): Monumenta Wittelsbacensia. Urkundenbuch zur Geschichte des Hauses Wittelsbach 1204–1397, Bd. 1 (Quellen und Erörterungen zur bayerischen und deutschen Geschichte 5), München 1860.
RI IV,2,3 = Böhmer, Johann Friedrich: Regesta Imperii IV. Lothar III. und ältere Staufer 1125–1197, 2. Abt.: Die Regesten des Kaiserreiches unter Friedrich I. 1152(1122)–1190. 3. Lieferung 1168–1180, bearb. von Ferdinand Opll, Wien/Köln/Weimar 2001.
RI IV,2,4 = Böhmer, Johann Friedrich: Regesta Imperii IV. Lothar III. und ältere Staufer 1125–1197. 2. Abt.: Die Regesten des Kaiserreichs unter Friedrich I. 1152 (1122)–1190. 4. Lieferung 1181–1190, bearb. von Ferdinand Opll, Wien/Köln/Weimar 2010.
RI V,1,1 [Online-Nachtrag] = RI V,1,1 [Online-Nachtrag], Nr. 271a–N (1209), abrufbar unter http://www.regesta-imperii.de/id/1209-02-27_1_1_5_1_1_578A_271A (Letzter Zugriff am 03.07.2025).

RI V,1,2 = Die Regesten des Kaiserreichs unter Philipp, Otto IV., Friedrich II., Heinrich (VII.), Conrad IV., Heinrich Raspe, Wilhelm und Richard, 1. Abt.: 1198–1272, Kaiser und Könige, Wien u. a. 1882.

RI VI,2 = Böhmer, Johann Friedrich (Hg.): Die Regesten des Kaiserreiches unter Rudolf, Adolf, Albrecht, Heinrich VII. 1273–1313, 2. Abt.: Die Regesten des Kaiserreiches unter Adolf von Nassau 1291–1298, bearb. von Vincenz Samanek, Wien 1948.

Trophées de Brabant = Butkens, Christophe (Hg.): Trophées tant sacrées que profanes du Duché de Brabant contenant l'origine, succession et descendence des Ducs et Princes de cette maison, Bd. 1, II (Preuves), La Haye 1724.

UB Duisburg I = Bergmann, Werner u. a. (Bearb.): Urkundenbuch der Stadt Duisburg, Bd. 1 (Publikationen der Gesellschaft für Rheinische Geschichtskunde. Materialien zur rheinischen Geschichte 67; Duisburger Geschichtsquellen 8), Duisburg 1989.

UB Düren I = Kaemmerer, Walter (Hg.): Urkundenbuch der Stadt Düren 748–1500 (Beiträge zur Geschichte des Dürener Landes 13), Düren 1971.

UB Hildesheim Hochstift I = Hoogeweg, Hermann (Bearb.): Urkundenbuch des Hochstifts Hildesheim und seiner Bischöfe, 1. Teil: Bis 1221 (Publikationen aus den königlich-preußischen Staatsarchiven), Hannover 1896.

UB Hohenlohe I = Weller, Karl (Hg.): Hohenlohisches Urkundenbuch, Bd. 1, Stuttgart 1899.

UB Niederrhein II = Lacomblet, Theodor Josef (Hg.): Urkundenbuch für die Geschichte des Niederrheins oder des Erzstifts Köln, der Fürstentümer Jülich und Berg, Geldern, Moers, Kleve und Mark, und der Reichsstifte Elten, Essen und Werden. Bd. 2: 1201–1300 (Veröffentlichungen der staatlichen Archive des Landes Nordrhein-Westfalen C 10, 2), Essen 1846.

WUB III = Königliches Staatsarchiv in Stuttgart (Hg.): Württembergisches Urkundenbuch [Wirtembergisches Urkundenbuch], Bd. 3: 1213–1240, Stuttgart 1871.

WUB IV = Königliches Staatsarchiv in Stuttgart (Hg.): Württembergisches Urkundenbuch [Wirtembergisches Urkundenbuch], Bd. 4: 1241–1242, Stuttgart 1883.

Darstellungen

Auge, Oliver: Art. „Pfandlehen“, in: HRG 4 (^{2}2018), Sp. 525–527.

Brückner, Thomas: Lehnsauftragung (Studien zur europäischen Rechtsgeschichte 258), Frankfurt a. Main 2011.

Büttner, Andreas: Geld – Gnade – Gefolgschaft. Die Monetarisierung der politischen Ordnung im 12. und 13. Jahrhundert (Regesta Imperii – Beihefte: Forschungen zur Kaiser- und Papstgeschichte des Mittelalters 47), Köln 2022.

Ders.: Nervus rerum und Wurzel allen Übels. Die Rolle des Geldes in den päpstlichen Beziehungen zu Friedrich II., in: Die römische Kurie und das Geld. Von der Mitte des 12. Jahrhunderts bis zum frühen 14. Jahrhundert (VuF 85), hg. von Werner Maleczek, Ostfildern 2018, S. 451–493.

Csendes, Peter: Philipp von Schwaben. Ein Staufer im Kampf um die Macht (Gestalten des Mittelalters und der Renaissance), Darmstadt 2003.

Dendorfer, Jürgen: Adelige Gruppenbildung und Königsherrschaft. Die Grafen von Sulzbach und ihr Beziehungsgeflecht im 12. Jahrhundert (Studien zur bayerischen Verfassungs- und Sozialgeschichte 23), Kallmünz 2004.

Ders.: Das Wormser Konkordat. Ein Schritt auf dem Weg zur Feudalisierung der Reichsverfassung?, in: Das Lehnswesen im Hochmittelalter. Forschungskonstrukte – Quellenbefunde – Deutungsrelevanz (Mittelalter-Forschungen 34), hg. von Jürgen Dendorfer und Roman Deutinger, Ostfildern 2010, S. 299–238.

Ders./Patzold, Steffen: Tenere et habere. Leihen als soziale Praxis im Früh- und Hochmittelalter, in: Tenere et habere. Leihen als soziale Praxis im frühen und hohen Mittelalter (Besitz und Beziehungen 1), hg. von Jürgen Dendorfer und Steffen Patzold, Ostfildern 2023, S. 11–23.

Deutinger, Roman: Vom Amt zum Lehen. Das Beispiel der deutschen Herzogtümer im Hochmittelalter, in: Ausbildung und Verbreitung des Lehnswesens im Reich und in Italien im 12. und 13. Jahrhundert (VuF 76), hg. von Karl-Heinz Spieß, Ostfildern 2013, S. 133–158.

Ders.: Das hochmittelalterliche Lehnswesen. Ergebnisse und Perspektiven, in: Das Lehnswesen im Hochmittelalter. Forschungskonstrukte – Quellenbefunde – Deutungsrelevanz (Mittelalter-Forschungen 34), hg. von Jürgen Dendorfer und Roman Deutinger, Ostfildern 2010, S. 463–473.

Ders.: Staufische Reichschronistik (ca. 1150–1250), in: Tenere et habere. Leihen als soziale Praxis im frühen und hohen Mittelalter (Besitz und Beziehungen 1), hg. von Jürgen Dendorfer und Steffen Patzold, Ostfildern 2023, S. 213–228.

Douglas, Audrey W.: Tenure in elemosina: Origins and Establishment in Twelfth-Century England, in: The American Journal of Legal History 24 (1980), S. 95–132.

Ertl, Thomas/Thaler, Lienhard: Einleitung, in: VSWG 109 (2022), S. 147–156.

Esch, Arnold: Überlieferungs-Chance und Überlieferungs-Zufall als methodisches Problem des Historikers, in: HZ 240 (1985), S. 529–570.

Esders, Stefan/Patzold, Steffen: From Justinian to Louis the Pious. Inalienability of church property and the sovereignty of a ruler in the ninth century, in: Religious Franks. Religion and power in the Frankish kingdoms: Studies in honour of Mayke de Jong, hg. von Rob Meens, Manchester 2016, S. 386–408.

Ficker, Julius: Fürstliche Willebriefe und Mitbesiegelungen, in: MIÖG 3 (1882), S. 1–62.

Fischer, Thorsten: „Verkauft, versetzt, verschrieben“ – die rheinischen Reichsstädte Düren, Duisburg, Kaiserswerth und die königliche Verpfändungspolitik im 13. Jahrhundert, in: Beiträge zur Erforschung des Kulturraums an Rhein und Maas. Dieter Geuenich zum 75. Geburtstag, hg. von Jens Lieven, Uwe Ludwig und Thomas Schilp (Rhein-Maas. Studien zur Geschichte, Sprache und Kultur 8), Hamburg 2018, S. 69–90.

Frey, Carl: Die Schicksale des königlichen Gutes in Deutschland unter den letzten Staufern seit Philipp, Berlin 1881.

Goez, Werner: Der Leihezwang. Eine Untersuchung zur Geschichte des deutschen Lehnrechtes, Tübingen 1962.

Haider, Siegfried: Schriftliche Wahlversprechungen römisch-deutscher Könige im 13. Jahrhundert, in: MIÖG 76 (1968), S. 106–173.

Hoffmann, Hartmut: Die Unveräußerlichkeit der Kronrechte im Mittelalter, in: DA 20 (1964), S. 389–474.

Keupp, Jan: Dienst und Verdienst. Die Ministerialen Friedrich Barbarossas und Heinrichs VI. (Monographien zur Geschichte des Mittelalters 48), Stuttgart 2002.

Kluge, Mathias Franc: Verschuldete Könige. Geld, Politik und die Kammer des Reiches im 15. Jahrhundert (MGH Schriften 77), Wiesbaden 2020.

Krätschmer, Marco: Rittertum und Lehnswesen im Stauferreich. Zu Organisation und Rekrutierung der Ritterheere im 12. und 13. Jahrhundert, in: FMSt 54 (2020), S. 349–394.

Kraus, Thomas R.: Jülich, Aachen und das Reich. Studien zur Entstehung der Landesherrschaft des Grafen von Jülich bis zum Jahre 1328 (Veröffentlichungen des Stadtarchivs Aachen 5), Aachen 1987.

Krause, Hans-Georg: Pfandherrschaften als verfassungsgeschichtliches Problem, in: Der Staat. Zeitschrift für Staatslehre und Verfassungsgeschichte, deutsches und europäisches öffentliches Recht 9 (1970), S. 387–404 und S. 515–532.

Krieger, Karl-Friedrich: Die Lehnshoheit der deutschen Könige im Spätmittelalter (ca. 1200–1437) (Untersuchungen zur deutschen Staats- und Rechtsgeschichte NF 23), Aalen 1979.

Küster, Wilhelm: Das Reichsgut in den Jahren 1273–1313 nebst einer Ausgabe und Kritik des Nürnberger Salbüchleins (Beiträge zur Finanzgeschichte des deutschen Reichs nach dem Interregnum 1), Leipzig 1883.

Landwehr, Götz: Die rechtshistorische Einordnung der Reichspfandschaften, in: Der deutsche Territorialstaat im 14. Jahrhundert, Bd. 1 (VuF 13), hg. von Hans Patze, Sigmaringen 1970, S. 97–116.

Ders.: Die Verpfändung der deutschen Reichsstädte im Mittelalter (Forschungen zur deutschen Rechtsgeschichte 5), Köln/Graz 1967.

Lopez, Robert S.: The Commercial Revolution of the Middle Ages 950–1350 (Spectrum books 252), Englewood Cliffs, NJ 1971.

Lorenz, Rüdiger: Königs- und Kaiserurkunden (1125–1250), in: Tenere et habere. Leihen als soziale Praxis im frühen und hohen Mittelalter (Besitz und Beziehungen 1), hg. von Jürgen Dendorfer und Steffen Patzold, Ostfildern 2023, S. 229–287.
Lutz, Wolf Rudolf: Heinrich der Erlauchte (1218–1288), Markgraf von Meissen und der Ostmark (1221–1288), Landgraf von Thüringen und Pfalzgraf von Sachsen (1247–1263) (Erlanger Studien 17), Erlangen 1977.
Meibom, Viktor von: Das deutsche Pfandrecht, Marburg 1867.
Niese, Hans: Die Verwaltung des Reichsgutes im 13. Jahrhundert. Ein Beitrag zur deutschen Verfassungsgeschichte, Innsbruck 1905.
Oberweis, Michael: Die Interpolationen im Chronicon Urspergense. Quellenkundliche Studien zur Privilegiengeschichte der Reform-Orden in der Stauferzeit (Münchener Beiträge zur Mediävistik und Renaissance-Forschung 40), München 1990.
Oppitz, Ulrich-Dieter: Pfandschaft, in: HRG, Bd. 4, Berlin ²2020, Sp. 541–544.
Patzold, Steffen: Verzeihen, Schenken und Belohnen. Zu den Herrschaftsvorstellungen der Ottonenzeit, in: Die Ottonen. Kunst, Architektur, Geschichte, hg. von Klaus Gereon Beuckers, Petersberg 2002, S. 25–49.
Planitz, Hans: Das deutsche Grundpfandrecht (Forschungen zur deutschen Rechtsgeschichte 13), Weimar 1936 (ND Wien u. a. 1992).
Rauch, Günter: Die Bündnisse deutscher Herrscher mit Reichsangehörigen vom Regierungsantritt Friedrich Barbarossas bis zum Tod Rudolfs von Habsburg (Untersuchungen zur deutschen Staats- und Rechtsgeschichte NF 5), Aalen 1966.
Resmini, Bertram: Das Arelat im Kräftefeld der französischen, englischen und angiovinischen Politik nach 1250 und das Einwirken Rudolfs von Habsburg (Kölner historische Abhandlungen 25), Köln/Wien 1980.
Riedmann, Josef: Die Beurkundung der Verträge Friedrich Barbarossas mit italienischen Städten. Studien zur diplomatischen Form von Vertragsurkunden im 12. Jahrhundert (Österreichische Akademie der Wissenschaften, Philosophisch-Historische Klasse. Sitzungsberichte 291,3), Wien 1973.
Rödel, Volker: Reichslehenswesen, Ministerialität, Burgmannschaft und Niederadel. Studien zur Rechts- und Sozialgeschichte des Adels in den Mittel- und Oberrheinlanden während des 13. und 14. Jahrhunderts (QFHessG 38), Darmstadt 1979.
Rübsamen, Dieter: Rez. zu „Schlunk, Königsmacht“, in: DA 45 (1989), S. 712–714.
Schäfer, Alfons: Staufische Reichslandpolitik und hochadlige Herrschaftsbildung im Uf- und Pfinzgau und im Nordwestschwarzwald vom 11.–13. Jahrhundert, in: ZGO 117 (1969), S. 179–244.

Schlunk, Andreas Christoph: Königsmacht und Krongut. Die Machtgrundlage des deutschen Königtums im 13. Jahrhundert – und eine neue historische Methode, Stuttgart 1988.
Schmidt, Aloys: Geschichte der Stadt Oberwesel, in: Zwischen Rhein und Mosel. Der Kreis St. Goar, hg. von Franz-Josef Heyen, Boppard am Rhein 1966, S. 451–472.
Smets, Georges: Henri I. Duc de Brabant 1190–1235, Bruxelles 1908.
Schneidmüller, Bernd: Die Welfen. Herrschaft und Erinnerung (819–1252) (Urban-Taschenbücher 465), Stuttgart u. a. [2]2014.
Spieß, Karl-Heinz: Lehnsrecht, Lehnspolitik und Lehnsverwaltung der Pfalzgrafen bei Rhein im Spätmittelalter (Geschichtliche Landeskunde 18), Wiesbaden 1978.
Spufford, Peter: Money and its use in medieval Europe, Cambridge 1988.
Stimming, Manfred: Kaiser Friedrich II. und der Abfall der deutschen Fürsten, in: HZ 120 (1919), S. 210–249.
Sybel, Heinrich von/Sickel, Theodor von: Kaiserurkunden in Abbildungen. Text, Berlin 1891.
Thaler, Lienhard: Anbruch eines Verpfändungszeitalters. Eine wirtschaftshistorische Perspektive auf drei Tiroler Pfandschaften (1309–1334), in: VSWG 109 (2022), S. 157–184.
Thieme, André: Die Burggrafschaft Altenburg. Studien zu Amt und Herrschaft im Übergang vom hohen zum späten Mittelalter (Schriften zur sächsischen Landesgeschichte 2), Leipzig 2001.
Thissen, Bert: Die Pfalz Nimwegen zwischen Reichs- und Territorialgewalt, in: Territorium und Residenz am Niederrhein. Referate der 7. Niederrhein-Tagung des Arbeitskreises Niederrheinischer Kommunalarchive für Regionalgeschichte (25.–26. September 1992 in Kleve) (Klever Archiv 14), hg. von Klaus Fink und Wilhelm Janssen, Kleve 1993, S. 33–66.
Ulshöfer, Kuno: König Rudolfs Wiener Schiedsspruch (1280). Hall und Limpurg im 13. Jahrhundert, in: Württembergisch Franken 64 (1980), S. 3–26.
Violante, Cinzio: Gli imperatori Enrico III ed Enrico IV e lo sviluppo dell'economia monetaria, in: Studi Medievali Ser. 3, 40 (1999), S. 515–522.
Waldschütz, Johannes: Das Prämonstratenserstift Weißenau. Geschichte, Erinnerung und Förderer im Spiegel der Acta sancti Petri in Augia, in: Von den Welfen zu den Staufern. Der Tod Welfs VII. 1167 und die Grundlegung Oberschwabens im Mittelalter (Oberschwaben. Forschungen zu Landschaft, Geschichte und Kultur 4), hg. von Thomas Zotz, Andreas Schmauder und Johannes Kuber, Stuttgart 2020, S. 215–236.
Weiland, Ludwig: Die Reichsheerfahrt von Heinrich V. bis Heinrich VI. nach ihrer staatsrechtlichen Seite, in: Forschungen zur Deutschen Geschichte 7 (1867), S. 113–188.

Werminghoff, Albert: Die Verpfändungen der mittel- und niederrheinischen Reichsstädte im 13. und 14. Jahrhundert (Untersuchungen zur Deutschen Staats- und Rechtsgeschichte 43), Breslau 1893.
Wieruszowski, Helene: Reichsbesitz und Reichsrechte im Rheinland (500–1300), in: Bonner Jahrbücher 131 (1926), S. 114–153.
Winkelmann, Eduard: Philipp von Schwaben und Otto IV. von Braunschweig, Bd. 1: König Philipp von Schwaben (Jahrbücher der Deutschen Geschichte), Leipzig 1873.
Witowski, Janis: Ehering und Eisenkette. Lösegeld- und Mitgiftzahlungen im 12. und 13. Jahrhundert (Vierteljahrsschrift für Sozial- und Wirtschaftsgeschichte. Beihefte 238), Stuttgart 2016.
Würth, Ingrid: Das Königtum Wilhelms im sogenannten „Interregnum“ (1247–1256), in: Interregna im mittelalterlichen Europa. Konkurrierende Kräfte in politischen Zwischenräumen (Tagungen zur Ostmitteleuropaforschung 38), hg. von Norbert Kersken und Stefan Tebruck, Marburg 2020, S. 25–43.
Dies.: Regnum statt Interregnum. König Wilhelm, 1247–1256 (MGH Schriften 80), Wiesbaden 2022.

„Milites“ und Geld. Vom Lehns- zum Soldrittertum? Wandlungsprozesse in der Organisation ritterlicher Kriegsdienste im Reich des 12. und 13. Jahrhunderts

Marco Krätschmer

Contrary to older research, the development of knighthood from the 12th to the 13th century, and in particular of its mobilization in a military context, cannot be characterized as a transition from a feudal to a mercenary system. Different forms of compensation for military service existed at the same time, but a transition from a looser reward to a more regular remuneration can be recognized from the written sources. The feudal law was not a tool for mobilizing nobles in the northern Alpine part of the Holy Roman Empire. Even if land transfers were definitely not uncommon as payment for military service, the development of knighthood cannot be explained by the importance of feudal law.

I. Hinführung

Die zwischen 1164 und 1174 verfasste „Historia Welforum“ schildert die Auseinandersetzung Herzog Welfs VI. mit König Konrad III. Sie berichtet, wie Roger II. von Sizilien und der ungarische König Géza II. den welfischen Bayernherzog im Kampf gegen den Staufer unterstützten. Beide, Roger und Géza, seien darüber besorgt gewesen, Konrad könnte ihre Reiche mit Krieg heimsuchen: Mit Geschenken und einer jährlichen Zahlung von 1.000 Mark habe Roger den Welfen daher zur Rebellion angestachelt. Und auch der Ungarnkönig Géza habe dem Herzog versprochen, ihm jährlich nicht wenig Geld zukommen zu lassen. „Daher übte Welf das Geschäft eines tüchtigen Ritters aus“, so kommentiert der Chronist das weitere Vorgehen des Herzogs, der daraufhin das ganze Reich mit so vielen Kriegsstürmen übersät habe, dass Konrad nun mehr an Verteidigung als an die Eroberung auswärtiger Völker gedacht habe.[1] Das „officium“ eines

[1] Vgl. Historia Welforum, c. 26, S. 74: „Guelfo itaque strennui militis officium exercens, modo in Bawaria, modo in Transalpinis partibus Swevie, modo circa Renum tot tempestates bellorum movit, ut regem potius ad defensionem sui quam ad exterarum nationum invasiones excitaret“. Zur Quelle vgl. zuletzt Vercamer, Welfen, mit weiterer Literatur und ausführlicher Auseinandersetzung mit dieser.

„strennus miles“ verknüpft der Chronist hier mit dem Versprechen monetärer Entlohnung.[2]

Bekannt ist der Abschnitt zu Beginn der „Historia“ über die frühen Welfen, der lange als lehnrechtliche Unterwerfung gegenüber dem König gelesen wurde: Die Welfen hätten schon seit jeher die Könige an Reichtümern und Ehre übertroffen und daher dem römischen Kaiser das „honinium“ (sic) verweigert. Einige Kapitel später berichtet der Chronist über die Anfänge des Welfenhauses: Der junge Welfe Heinrich habe dem Kaiser „hominium“ und „subiectio“ geleistet und dafür 4.000 Hufen „in beneficio“ empfangen. Sein Vater sei darüber aber sehr entsetzt gewesen und habe darin eine Minderung seiner „nobilitas“ und „libertas“ gesehen.[3]

Stefan Weinfurter kommentierte die Szene über das „hominium“ des jungen Welfen in dem Tagungsband zum Lehnswesen von 2010 und deutete diese Geschichte als „ein[en] frühe[n] Reflex des Unbehagens gegenüber dem aufsteigenden Lehnswesen, das nicht mehr die alten Regeln adliger Ehre, Macht und Treue und des gleichrangigen Vertrauens beachtete, sondern ein neues System rechtlicher Zu- und Unterordnungen hervorbrachte […].“[4] Und jüngst hat Jürgen Dendorfer diese Szene aufgegriffen und darauf hingewiesen, dass darin nicht zwangsläufig eine aus der Vergabe von Leihen begründete Heerfahrtsverpflichtung ersichtlich werde. Es wird aber deutlich, dass der Chronist mit der Lehnsnahme und dem geleisteten „hominium“ eine hierarchische Unterordnung und den Verlust von Freiheit beklagt. Mit der Vergabe von Leihen und Rechten, so stellt Dendorfer in seiner weiteren Lektüre der „Historia“ fest, seien in erster Linie herrschaftliche Verhältnisse, insbesondere nach Konflikten, geklärt worden.[5] Zweifelsohne kommentierte der Chronist mit der „subiectio“ des jungen Heinrich nicht nur längst vergangenes Geschehen, sondern auch seine eigene Gegenwart, die zweite Hälfte des 12. Jahrhunderts. Barbarossas in Roncaglia erlassene lehnrechtliche Ansprüche liegen zur Zeit der Abfassung der „Historia“ mehr oder

---

[2] Die Bezeichnung „strennus miles“ ließe sich ebenso als verächtlicher oder zumindest tadelnder Kommentar lesen, doch würde dies dem gesamten Grundton der „Historia“ als dynastische Hauschronik der Welfen widersprechen, die ihre Protagonisten doch ins rechte Licht rückt: Welf VI. kommt in der Forschung gar als möglicher Auftraggeber des Werkes in Frage, was eine kritische Äußerung des Chronisten natürlich nicht ausschließt, aber doch unwahrscheinlicher macht. Die Diskussion um die Auftraggeberschaft – für welche neben Welf VI. auch Heinrich der Löwe sowie der Welfenhof als Kollektiv in Betracht kommen – zusammenfassend ebd., S. 101–107.

[3] Vgl. Historia Welforum, c. 1, S. 36 und c. 4, S. 38.

[4] Weinfurter, Lehnswesen, S. 462.

[5] Vgl. Dendorfer, Rechte, S. 187–197.

weniger ein Jahrzehnt zurück und dürften im Selbstverständnis der laienadeligen Großen für einigen Diskussionsstoff gesorgt haben.

Betrachtet man die beiden Episoden zusammen, dann lassen sich zunächst drei Beobachtungen machen, die vor dem Hintergrund der derzeitigen Diskussionen um Lehen und Vasallität für die Geschichte des Rittertums im Reich der Staufer von Bedeutung sind:

1. Das „officium" eines tüchtigen Ritters sah der Chronist nicht zwangsläufig als eine Verpflichtung an, die aufgrund eines vasallitischen Lehnsverhältnisses erfüllt wurde, sondern dieses konnte auch aufgrund von hohen sich jährlich wiederholenden Geldversprechungen geleistet werden.
2. Darüber hinaus zeigt die Episode der Welfengeschichte: Nicht nur besitzarme Ritter, meist ministerialischer Herkunft ohne Lehen, leisteten Kriegsdienst gegen Geldzahlungen, sondern auch die Großen des Reiches, hier gar ein Herzog!
3. Anders als in der Annahme der 4.000 Hufen als „beneficia" und der Ableistung des „hominium" sah der Chronist im Ritterdienst gegen Geld keine Unterordnung, keine Minderung der „nobilitas" und „libertas" der Welfen. Damit ist dem Verhältnis von Geld und Landleihen für ritterliche Kriegsdienste nachzugehen. Geld ist leichter transferierbar als Grund und Boden, war damit flexibler einsetzbar, aber wiederum weniger geeignet, um eine dauerhafte soziale Bindung zu schaffen. Somit liegt eine Frage auf der Hand: Können wir Welf VI. als „Soldritter" von Roger und Géza bezeichnen?

II. Forschung: „Lehnskriegertum" und „Soldrittertum"

Die Geschichte des Rittertums war vor dem Durchbruch von Susan Reynolds' Thesen in der deutschsprachigen Mediävistik eng mit dem Lehnswesen verknüpft. Der klassische Wirkbund von Vasallität, Mannschaft und Lehen galt geradewegs als eine der wichtigen treibenden Kräfte, die zur Entstehung des stauferzeitlichen Rittertums führten. Ich fasse die Geschichte hier in aller Kürze – und mit Absicht äußerst zugespitzt – zusammen, um deutlich zu machen, welche Folgerungen und Fragen sich daraus für die folgenden Ausführungen ergeben. Seit dem 11. Jahrhundert wurden als „servientes", „clientes" und „ministeriales" bezeichnete Personen vermehrt von ihren weltlichen und vor allem geistlichen Herren zu ritterlichen Kriegsdiensten herangezogen. Der Aufstieg dieser Dienenden wurde gerade damit erklärt, dass sie die Vererbbarkeit ihrer Lehen durchzusetzen wussten und sich so in ein etabliertes System lehnrechtlicher Verfahrensregeln integrieren konnten, nach denen die Waffendienste der freien Ritter und Großen geregelt wurden. In dieser Geschichte ist der lehnrechtliche Waffendienst des ritterlichen Vasallen geradezu die Triebfeder für den Aufstieg des Rittertums: Der Lehnskrieger, der auf eigene Kosten seine militärischen Pflichten erfüllt, bildet hier den Idealtypus des hochmittelalterlichen Ritters.[6]

Damit ist eine doch sehr einseitige Perspektive eingenommen, die die damaligen Verhältnisse keineswegs passend erfassen kann. In dieser Geschichte geraten andere Formen und Mechanismen der Be- und Entlohnung, der Motivierung von Rittern und ihrer Mobilisierung aus dem Blick, gelten als Randerscheinungen, Sonderfälle oder als finanzielle Spritze für den ritterlichen Lehnskrieger. Mehr noch konnten diese anderen Formen materieller Be- und Entlohnungspraxis in der älteren Forschung sogar als Dekadenzerscheinungen des hochmittelalterlichen Ritterkriegertums herhalten. Am schlimmsten waren die „milites stipendiarii", Ritter, die für Sold kämpften, von einer solchen moralischen Abwertung betroffen. Für Sold seien doch in erster Linie nur besitzarme, mittellose und unbelehnte Ritter in den Kampf gezogen.[7] Blickt man in die ältere Literatur, dann schneidet das Söldnertum äußerst schlecht ab: Söldner waren blutrünstig, immerzu getrieben von der Gier nach Beute und was wohl noch am schlimmsten wirkt, Söldner waren schamlos im Wechsel ihrer Dienstherren. Dieses Bild ist nicht völlig aus der Luft gegriffen, denn die Quellen bieten allerlei Stoff für derartige Bewertungen. Die traditionelle Aufstiegserzählung vom staufischen Rittertum aus dem klassischen Modell des „Lehnwesens" heraus ist wohl aber nicht ganz unschuldig an einer Zuspitzung der älteren Forschung: Vor dem Hintergrund einer negativen Bewertung des Söldnertums war eine dichotomische Gegenüberstellung von „Lehns"- und „Soldrittertum" sinnvoll, lässt sie sich doch in das gemachte Bild vom mittelalterlichen, loyalen Lehnsritter gut einordnen.[8]

---

[6] Hier seien genannt Fleckenstein, Rittertum; Hechberger, Adel, S. 396–448; Ders., Adel, Ministerialität. Grundlegend zur „Ministerialität" und Lehnrecht war war lange Zeit Bosl, *ius ministerialium*. Zur Ansicht der älteren Forschung ferner auch Bumke, Studien, S. 45 f.; aus jüngerer Zeit Laudage, Rittertum, S. 26. An den Beginn der klassischen Aufstiegserzählung des Rittertums wurde die bekannte „Constitutio de beneficiis" gesetzt, die Konrad II. 1037 während der Belagerung von Mailand erlassen hatte. In diesem Gesetz bestätigte Konrad für die „milites" in Italien die Vererbbarkeit ihrer „beneficia". Vgl. kritisch zu diesem Edikt als Moment des Aufstiegs der „milites" natürlich Reynolds, Fiefs, S. 44 f. Zur jüngeren Einschätzung des Edikts vgl. Keller, Edictum, knapp dazu Patzold, Lehnswesen, S. 45–50. Zur Annahme, dass Lehen die wirtschaftliche Grundlage des Ritters bildeten, vgl. Rösener, Wirtschaftsverhältnisse, S. 302–309; Ders., Kultur, S. 128–131.

[7] Vgl. so zum Beispiel Niese, Geschichte, der Beispiele für die unter Friedrich II. in Italien kämpfenden Ministerialen bietet; ferner Rösener, Wirtschaftsverhältnisse, S. 308 f.

[8] Aus der Fülle der Literatur biete ich hier eine kleine Auswahl: Mikulla, Söldner; Schmitthenner, Söldnertum; Ders., Lehnskriegswesen; Grundmann, Rotten; Gattermann, Fürsten, S. 205 f.;

Peter Thorau warnte schon 1999 in seinem Artikel „Der Krieg und das Geld“, in welchem er Ritter und Söldner in den Heeren Friedrichs II. unter die Lupe nahm, davor, den ritterlichen Lehnskrieger als Idealtypus des hochmittelalterlichen Kriegers zu sehen und den „Soldritter“ als eine Dekadenzerscheinung der ritterlichen Vasallenpflicht zu bewerten.[9] Mindestens seit dem 11. und vermehrt seit dem 12. Jahrhundert lassen sich Geldzahlungen für ritterliche Kriegsdienste sowie der Einsatz von Söldneraufgeboten nachweisen.[10] Dabei prägt die Abgrenzung zwischen Söldner- und Lehnsaufgebot die wenigen jüngeren Überblickswerke zum mittelalterlichen Krieg im deutschsprachigen Raum.[11] Die anglophone Forschung hat bereits seit den 1950er Jahren auf bezahlte Ritter im anglonormannischen Reich aufmerksam gemacht.[12] Von Relevanz ist die Frage nach der Bedeutung des Geldes in der militärischen Organisation des Mittelalters für die damalige Gesellschaft schlechthin: Es ist wohl bezeichnend, dass gerade Chris Wickham in der Einleitung seines jüngsten Überblickswerks zum Mittelalter in der Auseinandersetzung mit Reynolds' Thesen davon ausgeht, „that élite military service was not, for the most part, performed for a salary“. Söldner hingegen machten ihm zufolge den Großteil der Infanterie aus, die Reiterei und die Führungsschicht hingegen habe Dienst aus einer persönlichen Verpflichtung heraus geleistet. Dabei räumt Wickham ein, dass auch sie teilweise entlohnt wurden.[13] Die Frage nach dem Verhältnis von Landleihen, Geldzahlungen und ritterlichem Kriegsdienst ist also noch nicht eindeutig geklärt.

Bis heute sieht sich die Forschung zum mittelalterlichen Krieg mit Problemen bei der Abgrenzung und Definition von Söldnertruppen konfrontiert. Neben der Bezahlung für ihre Kriegsdienste wird noch die „foreignness“ als Hauptkriterium angeführt, also bezahlte, auswärtige Krieger, die nicht demselben sozio-kulturellen Kontext wie ihre Kriegsherren angehörten. Doch mit dieser Unterscheidung grenzten die Zeitgenossen keineswegs durchgehend Ritter von Söldnern ab. Die „foreignness“ ist keine Besonderheit, mit welcher sie ausschließlich bezahlte

Göbbels, Militärorganisation; Wohlfeil, Ritter, S. 326; Contamine, Guerre, S. 192–207; Krieger, Military Service, S. 151–168; Isaac, Fold; Ders., Problem; Thorau, Grenzgänger; Mallett, Mercenaries. Zum Problem der negativen Konnotation des Söldnerwesens in der Forschung vgl. Brown, Military Service.

9 Vgl. Thorau, Krieg, S. 616–625, besonders S. 618.

10 Vgl. die Literatur in Anm. 8.

11 Vgl. zum Beispiel Kortüm, Kriege, S. 130–138.

12 Grundlegend Prestwich, War.

13 Vgl. Wickham, Europe, S. 10 f., Zitat S. 10.

Krieger, sprich Söldner, umschrieben.[14] Nach diesen Kriterien wäre Welf VI. als Söldner zu klassifizieren, bezahlt vonseiten und in den Diensten des sizilianischen und ungarischen Königs. Dies ließe sich allerdings mit dem sehr positiven Grundton der „Historia“ gegenüber den Welfen und den sonst in den Quellen sehr abwertend klingenden Nachrichten über Söldner kaum in Einklang bringen. Weit mehr werden mit den Kategorien „Söldner“ und „Ritter“ vermutlich jüngere Konzepte bedient, deren scharfe Trennung sich nicht ohne Weiteres auf die Verhältnisse des 12. und 13. Jahrhunderts anwenden lässt oder die zumindest damals nicht eindeutig waren.[15]

Mit der Dekonstruktion feudo-vasallitischer Institutionen für die nordalpinen Regionen des Reichs der Salier und Staufer ist über die Kategorie des „ritterlichen Lehnskriegers“ erneut nachzudenken: Hinter der Bezeichnung „miles“ können wir für das 11. und 12. Jahrhundert nicht mehr den klassischen Vasallenkrieger annehmen. Jüngere Untersuchungen, die ihren Schwerpunkt überwiegend auf die historiographischen Quellen legen, haben aufgezeigt, dass mit „miles“ ein gepanzerter Reiterkrieger gemeint ist, der, sofern es die Situation erforderte, wie bei Belagerungen, sicherlich auch zu Fuß kämpfte,[16] aber vom einfachen Kriegsknecht und Fußkämpfer dennoch abgegrenzt wurde.[17] In seiner Studie zum mittelhochdeutschen Ritter-Begriff formulierte Joachim Bumke für die Stauferzeit: „Ritter sind alle, die in ritterlicher Rüstung kämpfen: Könige, Fürsten, Dienstmannen und Söldner.“[18] Von der Bezeichnung „miles“ lässt sich also keineswegs auf eine Rekrutierungspraxis nach dem klassischen Modell des „Lehnswesens“ schließen.

Dies hat wiederum Konsequenzen für die klassische Aufstiegserzählung des Rittertums in salisch-staufischer Zeit. Jan Keupp zeigte 2010, dass für diese Aufstiegserzählung, in welcher die Ministerialität in das vasallitische Rittertum eindringt, eine entscheidende Komponente fehlt: nämlich das ministerialische Dienstlehen. Die Scheidung von echten, vasallitischen Lehen lässt sich zumindest vor 1200 terminologisch in den Quellen nicht greifen. Damit ist die Frage nach der Funktion von Leihen für die ritterlichen Kriegsdienste aufgeworfen. Keupp

---

14 Vgl. zu dieser Problematik DeVries, Mercenaries; Clauss, Militärgeschichte, S. 80. Zum verstärkten Aufkommen „pränationaler“ Stereotypen im 12. Jahrhundert vgl. Schmugge, Vorurteile; ferner dazu, dass selbst bekannte Ritter wie Markward von Annweiler und andere solchen stereotypen Beschreibungen unterlagen, vgl. Houben, Markward.

15 Es ist wohl bezeichnend für das Abgrenzungsproblem, dass die ältere Forschung auch immer wieder Mischformen und fließende Übergänge zwischen Lehnskrieger- und Söldnertum konstatierte, vgl. dazu die Literatur in Anm. 8.

16 Vgl. Bachrach, Feudalism; Ders., *Milites*.

17 Vgl. Dendorfer, Tod, S. 113 f., und jetzt auch ders., Rechte, S. 156–164.

18 Bumke, Studien, S. 58.

schlägt für die Entstehung des Dienstlehens einen alternativen Plot vor: Um 1200 sei mit Dienst- oder Hoflehen eine Leiheform umschrieben worden, die bei Ausheirat der Dienenden in einen fremden Herrschaftsverband die Vererbbarkeit solcher Leihen einschränken sollte.[19]

Die Verquickung von Geld und Lehnrecht bei der Rekrutierung von Kriegsdiensten ist kein absolutes Novum der Forschung, ist aber doch aus bestimmten Blickwinkeln betrachtet worden. Der Monetarisierung von Kriegsdiensten widmete sich zuletzt Carsten Fischer, der allerdings die geldliche Ablösung vom lehnrechtlich geschuldeten Kriegsdienst im Reich und England untersuchte.[20] Zuletzt hat sich Andreas Büttner in seiner Habilitationsschrift ausführlich mit der Monetarisierung von Gefolgschaft im 12. und 13. Jahrhundert befasst und die Entwicklung von einer Be- zu Entlohnung in dieser Zeit nachgezeichnet.[21] Die seit dem 12. Jahrhundert nachweisbaren „Geld"- oder „Rentenlehen" sind von der Forschung lange stiefmütterlich behandelt worden. Bryce D. Lyon widmete sich ausführlich dieser Leiheform und wertete sie als „a transitional military institution which helped to bridge the gap between non-paid feudal service and contractual non-feudal paid service."[22] Hinter dieser Einschätzung über das Geldlehen lässt sich nur zu deutlich die Annahme herauslesen, dass ein zunächst intaktes und im Verlauf des 13. Jahrhunderts verfallendes Lehnskriegertum vom Söldnertum abgelöst worden sei. Wenig verwunderlich bestimmt diese Perspektive die gesamte Studie Lyons von 1957 und dessen Bewertung über die militärische Funktion der „fief-rente".

Der knappe Forschungsabriss und das Konzept dieses Sammelbandes, der nun Befunde aus der bisherigen, jüngeren Forschung zur Verquickung von Geldwirtschaft und Lehnswesen aufgreift und nach Schnittstellen zwischen diesen Phänomenen fragt, drängt doch gerade dazu, die Phänomene Ritterdienst, Geld und Landleihe erneut in den Blick zu nehmen. Die Frage, welche ich in diesem Beitrag verfolge, liegt somit auf der Hand: Welche Funktionen übernahmen Landleihen und Geldzahlung bei der Mobilisierung von ritterlichen Kriegsdiensten? In welchem Verhältnis standen sie zueinander? Damit unternehme ich den Versuch, anhand der genannten Komponenten Leihe, Geld und Ritterdienst einen alternativen Plot zu zeichnen. Dieser Plot soll allerdings keine teleologische Entwicklung aufzeigen, an deren Ende sich der ritterliche Lehnkrieger auf der einen und der bezahlte Soldritter auf der anderen Seite

[19] Vgl. Keupp, Ministerialität.
[20] Vgl. Fischer, Schildgeld.
[21] Vgl. Andreas Büttner, Geld, S. 233–314.
[22] Vgl. Lyon, Fief, vgl. zum Beispiel S. 237, Zitat S. 262.

gegenüberstehen. Vielmehr soll hier – dem Profil dieses Bandes entsprechend – den vielfältigen und komplexen Verflechtungen der genannten Phänomene und der übergeordneten Frage dieses Beitrags nachgegangen werden, ob sich ein Wandel ab 1200 in der Organisation ritterlicher Kriegsdienste abzeichnete. Dass dies nur holzschnittartig an wenigen Beispielen geschehen kann und damit nur grobe Tendenzen aufgezeigt werden können, versteht sich von selbst. Handfeste Erklärungs- und Entwicklungsmodelle, die die Vielfalt regionaler Ausprägungen und Mechanismen der Mobilisierung berücksichtigen, können sicherlich nur regionale Untersuchungen leisten.[23] Ich betone daher, dass es sich hier um einen Versuch handelt, der die untersuchten Komponenten Geld, Leihe und Ritterdienst in eine neue Beziehung zueinander setzen soll, die dem derzeitigen Wissensstand zum „Lehnswesen" gerechter wird.

Ich möchte dies im Folgenden in drei Schritten tun: (1) Zunächst werde ich darauf blicken, wie die Zeitgenossen die Rolle des Geldes in der Kriegsdienstorganisation einschätzten. Gerade vor dem Hintergrund der intensiven Kriege Barbarossas in Italien zeichneten sich – das ist allgemein bekannt – neue Möglichkeiten und Entwicklungen ab, bei denen die Verquickung von Geld, Verpfändung und Militärdienst an Bedeutung gewann. Ebenso ist bekannt, dass der Thronstreit zu Beginn des 13. Jahrhunderts einen deutlichen Bedeutungsschub des Geldes für die Sicherung von Loyalitäten mit sich brachte. Vor diesen Hintergründen ist es doch interessant, wie sich die zeitgenössischen Historiographen am Barbarossa-Hof und darüber hinaus über Geldzahlungen und ritterliche Kriegsdienste äußerten. (2) Sodann ziehe ich die in der Ministerialenforschung als „loci classici" geltenden und als „Dienstrechte" bezeichneten Dokumente heran. Hier werde ich den Untersuchungszeitraum des Tagungsbandes zunächst ein wenig sprengen und bis auf die Zeit um 1100 schauen müssen, um eventuelle Kontinuitäten aufzuzeigen. (3) Und schließlich gilt es, auf die für den Band eigentlich relevante Zeit zu schauen und nach Veränderungen Ausschau zu halten. Konsens besteht darüber, dass sich die „freiwillige" Belohnung von Gefolgschaft im Kriege im Laufe des 13. Jahrhunderts immer mehr zur festen und regelmäßigen Entlohnung wandelte: Vor dem historischen Hintergrund der Thronkämpfe zu Beginn und um die Mitte des 13. Jahrhunderts sowie der fortgeschrittenen Monetarisierung sahen sich die Thronprätendenten immer

---

23 Beispielhaft ist die Studie von Sebastian Kalla (Freiburg), vgl. Kalla, Bistum, hier S. 344–360 und zusammenfassend S. 385–388, zu Leihe, Pfand und Sold im oberfränkischen Bistum. An dieser Stelle danke ich Sebastian Kalla dafür, dass er mir das unveröffentlichte Manuskript seiner Dissertation zur Verfügung gestellt hat und mir so den Einblick in seine Überlegungen zu Leihepraktiken im hochmittelalterlichen Bamberg ermöglichte.

häufiger dazu gezwungen, die Dienstleistungen ihrer Unterstützer dauerhaft für die eigene Seite zu sichern. Damit ist eine deutliche Veränderung in der Art und Weise angesprochen, wie man sich die Loyalitäten von adeligen und ritterlichen Gefolgsleuten im Kriege sicherte.[24] Mittlerweile gilt doch gerade die Zeit ab 1200 in der Forschung zum „Lehnswesen" als eine entscheidende Phase, in der sich neue Praktiken mit lehnrechtlichen und vasallitischen Strukturen, auch anhand neuer Dokumente, feststellen lassen.[25]

III. Das Geld als Feind der Treue

Beispiele dafür, dass Geld als Gegenleistung für bereits geleistete oder noch zu leistende Kriegsdienste an „milites" gezahlt worden ist, lassen sich in den Quellen für die hier untersuchte Zeit zuhauf finden. Darunter fallen auch Zahlungen an die weltlichen wie geistlichen Großen, damit diese ihre Kontingente finanzieren konnten. Monetäre Leistungen für die ritterlichen Kriegsdienste, also für „milites", sind wohl kaum als Besonderheit verstanden worden, zu häufig und mit einer zu großen Selbstverständlichkeit ist davon die Rede.[26] Geld als flexibles Mittel der Gegenleistung, sei es in Form von Be- oder Entlohnung, besaß jedoch seine Tücken, die von den Geschichtsschreibern immer wieder thematisiert werden. Cosmas von Prag brachte diese Tücken in seiner zwischen 1119 und 1125 entstandenen Chronik von Böhmen auf den Punkt: „Oh Geld, König allen Übels, Freund des Trugs, Feind der Treue! Du unterdrückst das Recht und verkehrst gerechte Urteile."[27] Mit diesem Ausruf kommentierte Cosmas den Übertritt des böhmischen Herzogs Bořivoj II., der für tausend Mark die Fronten wechselte, als im Jahre 1103 der Konflikt um die Nachfolge in das polnische Herzogtum zwischen den Söhnen Wladislaws I. ausbrach. Der böhmische Geschichtsschreiber vermittelt eindrücklich, welche Vorstellungen die Zeitgenossen von den Problemen hatten, welche das Geld mit sich brachte. Insbesondere in der Dichtung lassen sich immer wieder kritische Bemerkungen finden, die vor allem die Treue der „milites" im Zusammenhang mit Geld und Geschenken thematisieren. Im August 1073 eroberten die Sachsen die von Truppen König Heinrichs IV. besetzte Heimburg. Das dem König wohlgesinnte „Carmen de bello Saxonico"

---

24 Vgl. Stehkämper, Geld; Büttner, Geld, S. 233–314; Krätschmer, Rittertum, S. 378–391.

25 Zum Überblick Auge, Lehnrecht; Patzold, Lehnswesen, S. 94–120.

26 Eine Reihe an Quellenbelegen findet sich bei Büttner, Geld, S. 233–314; ferner Krätschmer, Rittertum.

27 Cosmae Pragensis Chronica Boemorum, lib. III, c. 16: „O pecunia, tocius mali regina, fraudis amica, fidei hostis et inimica, tu iusticiam comprimis, recta iudicia subvertis!"

erklärte die Niederlage der königlichen Truppen mit dem Abfall der Burgbesatzung. Aufgrund von Versprechungen des sächsischen Pfalzgrafen Friedrich hätte diese die Burg den Gegnern überlassen. Der Dichter kommentierte dabei ganz explizit die Treulosigkeit der „milites", die ihre „fides", ihr kostbarstes Gut, für Gold verkauft und damit einen weit geringen Preis erhalten hätten. Anders lobte der Dichter die königliche Kriegerschar („regius miles") der Harzburg: Die Macht des Goldes sei hier wirkungslos geblieben, die königlichen Krieger hätten ihre Treue nicht verkauft, sondern Ruhm und Tapferkeit erworben.[28] Die Worte des wohl am Königshof schreibenden Dichters sind eine moralisierende Ermahnung an die königliche Kriegergesellschaft. Dabei war für ihn die „fides", die Treue des „miles", das zentrale Moment, an welchem er gutes ritterliches Verhalten bemaß.

Jürgen Dendorfer schlug zuletzt vor, den ritterlichen Verhaltenskodex losgelöst von Lehen und Vasallität zu denken und die Bindung an einen Herrn aus der Ableistung eines Treueeides zu erklären. Dieser musste nicht in erster Linie den aktiven Kriegseinsatz des „miles" beinhalten, umfasste aber wohl die „negative Treue", d. h. dem Herrn keinen Schaden zuzufügen.[29] In diesem Kontext ist eine Rede interessant, die Otto von Freising in seinen „Gesta Friderici" Kaiser Heinrich IV. bei der Vergabe des Herzogtums Schwaben an Barbarossas Urgroßvater, Friedrich von Büren, in den Mund legt. Freilich erklingt in dieser Episode aus dem ersten Buch der „Gesta" noch der negative Grundton der „Historia" Ottos, für welche der Freisinger Bischof das erste Buch ursprünglich angelegt hatte. Zweifelsfrei dient der Abschnitt der Intention der „Gesta", die gegenüber der „Historia" einen positiven Grundton anschlagen: Die „Gesta" sind der Lobpreisung und dem Aufstieg von Barbarossas Vorfahren gewidmet und sollten somit den Ausweg aus den Wirren und dem Chaos der vorangehenden Epoche erklären.[30] Doch überliefert Otto damit ein Bild vom Verhaltenscodex der „milites" oder doch zumindest welche Erwartungen an diese in der Mitte des 12. Jahrhunderts gerichtet worden sind: Der schwäbische Graf Friedrich habe das „officium" eines äußerst tüchtigen und edlen „miles" erfüllt und lange Zeit am Kaiserhof Waffendienst geleistet und dem Kaiser in allen Gefahren beigestanden. Im Kontrast zu diesem vorbildlichen „miles" gestaltete der Bischof die Rede Heinrichs: Der Kaiser beklagt den Verfall der damaligen göttlichen und menschlichen Ordnung. Otto lässt den Herrscher auf die Tapferkeit und

---

28 Vgl. Carmen de bello Saxonico, I, vv. 125–161.
29 Vgl. Dendorfer, Rechte.
30 Vgl. dazu Hageneier, Staufer.

Treue des Grafen verweisen und kontrastiert dies mit seiner eigenen Gegenwart, einer Zeit der Finsternis, in der es völlig an Treue fehle. Den Eltern werde keine Ehrerbietung, den Herrn nicht mehr die schuldige „subiectio“ entrichtet. Mehr noch: Die „sacramenta“, die vom „miles“ gegenüber den Fürsten öffentlich und nach menschlichem und göttlichem Recht geleistet wurden, seien für nichts geachtet worden. Im Gegenteil: Parteiische „iuramenta“, die gegen beide Rechte verstoßen und vom Teufel angespornt seien, hielte man für heilig.[31] Dies fügt sich gut zu dem Versuch, den Jürgen Dendorfer unternommen hat: Im Zentrum stehen die „fides“, Eide, parteiische Verpflichtungen und das Verhalten gegenüber dem Herrn. Geld erwähnt der Bischof als Ursache des Übels in diesem Zusammenhang zwar nicht, doch gerade im Laufe der Italienzüge Barbarossas nimmt dieses mehr an Bedeutung zu. Bezüglich der Kosten und Ausgaben dieser Unternehmungen ist mehrfach auf die Verpfändungen, insbesondere vonseiten der geistlichen Großen, hingewiesen worden.[32]

Zusätzlich sind seit den 1160er Jahren Brabanzonen, Truppen, die für festen Sold kämpften, auf den Zügen in den Süden nachweisbar, die neben den Ritterkontingenten ein ordentliches Vakuum in Barbarossas Geldbeutel hinterlassen haben dürften.[33] Vor diesem Hintergrund wundert es kaum, wenn Rainald von Dassel als enger Berater des Kaisers und Verfechter von dessen Italienpolitik in einem Schreiben an seine Stadtbewohner nach dem Sieg bei Tusculum von 1167 hervorhebt, wie sich die „milites“ allein mit dem Triumph zufriedengegeben hätten, während man den Brabanzonen die gesamte Beute und das Geld überlassen musste.[34] Wohl nicht zuletzt ist Rainalds Schreiben ein deutlicher Hinweis auf die immensen Kosten der italischen Kriegszüge.[35] In den späteren Regierungsjahren Friedrichs ließ die Bereitschaft der Großen, über die Alpen zu ziehen, deutlich nach. In den 1180er Jahren findet Gunther im „Ligurinus“ deutliche Worte, die das problematische Verhältnis von Geld und Treue am Hofe Barbarossas offen thematisieren. In einer Ansprache lässt er Barbarossa stolz behaupten, dass er nicht „mit Geld erbettelte Kohorten anlocke“, sondern

---

31 Vgl. Gesta Friderici, lib. I, c. 8, S. 23 f.

32 Zu den Kosten und Belastungen des Reichsdienstes vgl. Büttner, Geld, S. 236–250; zu den Verpfändungen Gattermann, Fürsten, S. 201–204.

33 Dazu immer noch Grundmann, Rotten.

34 Vgl. Sudendorf, Registrum, Nr. 62, S. 148 (1169): „Omnia vero tentoria Romanorum, arma, loricae, vestes, equi, muli et asini cum omni pecunia, quam adduxerant, in praedam Brabantinorum et servientium cesserunt, militibus solam victoriam gloriose celebrantibus“.

35 So Görich, Friedrich Barbarossa, S. 367.

unentgeltliche und treue Truppen in die Schlacht führe.[36] Der Dichter inszenierte für den Barbarossa-Hof das Bild einer zuverlässigen Kriegergefolgschaft, die eben nicht auf Geld aus sei, sondern um der Treue und Ehre willen die Kriege in Italien gestützt habe.[37] Interessant ist, dass sich bei Gunther der stärkere Einfluss des Geldes in der Kriegsdienstorganisation deutlich aufzeigen lässt: In der Szene, in welcher Barbarossa sein Heer 1160 nach dem zweiten Italienfeldzug mit Belohnungen entlässt, erwähnt Gunther ganz konkret die Verteilung von Münzen.[38] In seiner Vorlage dieser Szene, den „Gesta Friderici" Rahewins, finden Münzen hingegen keine Erwähnung.[39] Gunthers Kritik kann sich also nicht allein auf das Geld als probates Mittel bei der Mobilisierung eines Kriegergefolges beziehen. Geldgaben waren an sich nicht verwerflich, lediglich die schlechten Handlungen, die ihnen folgten.[40] In der politischen Welt des 12. Jahrhunderts wurde selten genauer zwischen Geld und Gabe differenziert: Monetäre Geschenke konnten in Form einer Belohnung für einen treuen Dienst als freiwillige Gabe des Herrschers und somit als Ausdruck sozialer Wertschätzung des Empfängers gewertet werden.[41] Interessant ist Gunthers Schilderung über die Marschordnung des kaiserlichen Heeres auf dem Weg zur Belagerung Mailands von 1158. Die Darstellung Gunthers zeigt nicht nur, wie wenig in dieser Zeit zwischen monetärer Entlohnung und Gabe differenziert wurde, sondern thematisiert abermals die Problematik des Einsatzes von mit Geldmitteln finanzierten Truppen: Die letzte Reihe der Marschkolonne bilden die mit Sold angeworbenen Kohorten, die dem Gebieter („ere" [sic!]) nur einen bescheidenen Eid („modicum votum") für die Erfüllung ihrer Aufgaben leisten. Diese sei doch eine Kriegerschar – Gunther verwendet hier die Bezeichnung „miles" –, die nur den „dona" des Krieges folge und zugleich mit dem Preis („pretium") ihren „favor" wechsle. Diese Truppe sei gewohnt, den

---

36 Vgl. Gunther der Dichter, lib. X, vv. 540–544, S. 489 f.: „Dignatust studiis! Alii venalia castra/ Et mendicatas certa mercede cohortes/Alliciunt, ego gratuitis ultroque paratis/ Fidens auxiliis, ad magna negocia rerum/ Tutus eo fidas ducens in bella catervas."

37 Vgl. dazu Krieg, Herrscherdarstellung, S. 234 f.

38 Gunther der Dichter, lib. X, vv. 559–572, S. 490 f.

39 Vgl. zur Benutzung der „Gesta" als Vorlage die Einleitung von Erwin Assmann in ebd., S. 103–120.

40 Vgl. Kamp, Geld, S. 336–340; Ders., Gutes Geld, S. 91–112.

41 Dazu Kamp, Geld, S. 335 f. Zu der Stelle im „Ligurinus" schon Krätschmer, Rittertum, S. 379. Bezeichnend ist auch die Reaktion Barbarossas auf das Geldangebot der Römer als Gegenleistung für die Kaiserkrone, dazu Gunther der Dichter, lib. III, vv. 500–505, S. 258: „Non extorta decet; captivos ista reosque/ Sors premit, extortis redimant sua tempora nummis./ Munera magnorum leta atque ultronea regum/ Esse volunt, ut dans plus gaudeat accipiente/ Hoc est, gratuitum quod possim dicere, solum,/ Quo plus ille dato, quam gaudeat iste recepto."

Kampf für Geschenke gegen jene aufzunehmen, die ihnen der Geldgeber („dator pretii“) als Feinde zugewiesen hat.[42] Gunthers Äußerungen über diesen Teil der Marschtruppe sind unabhängig von seiner Vorlage: Rahewin beschreibt, wie die „milites“ dem Heer voranschreiten, gefolgt von den Knechten („servi“) und den Lasttieren. Auch bei ihm bildet schließlich ein Söldnerhaufen („mercennaria multitudo“) den Abschluss, allerdings ohne die abfälligen Äußerungen über Eid- und Gunstwechsel.[43] Nach Gunther ließ sich in die Truppen, die lediglich nach finanzieller Be- oder Entlohnung lechzten, kein Vertrauen setzen. Seine Äußerung zielt auf die Rufschädigung dieser Krieger ab: Auf ihre Treue war kein Verlass!

Italien lockte mit Reichtümern und vor allem Geld. Das um 1160 verfasste „Carmen de gestis Frederici“ hebt gerade dies als Argument für den Zug Barbarossas über die Alpen hervor: In die entlegensten Orte des Reiches sei der Ruf des Krieges verbreitet worden, Güter und Reichtümer versprechend.[44] Nur für wenige der ritterlichen Elite des Reiches lässt sich der Einsatz für den Kaiser in Italien gut belegen: Markward von Annweiler, der Truchsess Heinrichs VI., verpfändete („obligare“) im Mai 1194 sein „foedum“ bei Mettenheim und Reichholz, welches er wohl kurz zuvor käuflich erworben hatte, weit über den eigentlichen Wert dieser Ländereien, nämlich für 2.000 Mark Silber. Die Güter waren, so ist es in der Urkunde noch selbst verzeichnet, nicht mehr als 100 Mark wert.[45] Dieses Geschäft tätigte Markward wohl für den anstehenden Zug Heinrichs VI. nach Sizilien. Dass der Geldgeber, der Abt des Zisterzienserklosters Himmerod, sich auf ein solch nachteiliges Pfandgeschäft einließ, mag nicht zuletzt auf Druck des Kaisers hin geschehen sein, der in einer Urkunde den Vorgang bestätigen ließ. Trotz des erfolgreichen Feldzuges blieb Markward dem Abt die Pfandsumme schuldig, sodass die Güter in den Besitz des Klosters übergingen. Er sah auch keinen Anlass, die Summe einzulösen, denn für ihn tat sich im Süden als treuer Begleiter des Kaisers eine neue, bessere Perspektive als Herzog der Romagna und von Ravenna auf.[46] Diepold von Schweinspeunt, ein weiterer Ministeriale und Ritter im Dienste Heinrichs VI., wird in dem um 1196 entstandenen „Liber ad honorem Augusti“ des Dichters Petrus de Ebulo lobend als „vir pure fidei“ und

---

42 Vgl. ebd., lib. VII, vv. 510–514, S. 391: „Ultima ceu modico subitura negocia voto/ Ere dato conducta cohors et bellica miles/ Dona sequens pretioque suum mutare favorem/Suetus et accepto pariter cum munere bello/ Hunc habuisse dator precii quem iusserit hostem.“

43 Vgl. Gesta Friderici, lib. III, c. 38, S. 208 f.

44 Vgl. Carmen de gestis Frederici, lib. III, vv. 1574–1576, S. 52: „Iamque per extremos bellorum fama recessus/ Spargitur imperii, referens bona multa habituros/ Qui fuerint regi comites ditesque futuros.“

45 Vgl. MGH DD H VI., Nr. BB 349, S. 296 (1194 Mai 10).

46 Vgl. dazu Keupp, Dienst, S. 267, 270 f.

als „milicie titulus“ bezeichnet, da er sich nicht von Versprechungen an vielen Pfunden Gold habe beeinflussen lassen.[47]

Das 13. Jahrhundert begann für die politischen Konstellationen im Reich mit einem Paukenschlag, der die Treue und Loyalitäten der Großen ganz besonders auf die Probe stellte. Der Ursberger Dompropst vermerkt zum Thronstreit zwischen Philipp von Schwaben und Otto von Braunschweig, wie Landesfürsten und Barone, in der „ars dyabolica“ unterrichtet, Eide gebrochen und die Treue verletzt und somit das gesamte Recht durcheinandergebracht hätten, weil sie zwischen den Thronprätendenten die Seiten wechselten.[48] In dieser Zeit spielten Geldzahlungen eine wichtige Rolle, nicht zuletzt war der Sold für die „milites“ entscheidend für den militärischen Erfolg oder Misserfolg. Laut einer interpolierten Stelle in Burchards Chronik habe Philipp all seine schwäbischen Ländereien an Große und Ministeriale verpfänden müssen, weil ihm Geld für den Lohn und Sold seiner „milites“ gefehlt habe.[49] Das Prämonstratenserstift Ursberg selbst fiel den Verpfändungsaktionen unter Philipp und Friedrich II. zum Opfer. Der spätere Überarbeiter der Chronik Burchards notierte, dass Verpfändungen solcher Art unüblich gewesen seien und den Freiheiten der Ordensbrüder völlig entgegenstanden.[50] Caesarius von Heisterbach brachte in seinem zwischen 1219 und 1223 verfassten „Dialogus miraculorum“ die Situation des Thronstreits auf den Punkt. Geistliche und weltliche Große seien erschüttert und des Geldes, der Liebe oder der Furcht wegen hätten sie zunächst dem einen, dann dem anderen die Treue geschworen.[51] Auch westlich der Grenzen des Reiches war man sich zu Beginn des 13. Jahrhunderts der problematischen Verbindung von Treue, Gunst und Geld gewahr. In Laon schrieb ein unbekannter Chronist, wie nach der Niederlage von Bouvines 1214

---

47 Vgl. Petrus de Ebulo, c. 38, vv. 1189–1192, S. 185 (fol. 32v).

48 Vgl. Chronicon Burchardi, S. 100–311, 244. Vgl. ferner Krieb, Vermitteln, S. 35–57.

49 Vgl. Chronicon Burchardi, S. 254: „Hic cum non haberet pecunias, quibus salaria sive solda preberet militibus, primus cepit distrahere predia, que pater suus Fridericus imperator late acquisierat in Alamannia, ita ut cuilibet baroni sive ministeriali villas seu predia rusticana vel ecclesias sibi contiguas obligaret. Sicque factum et, ut nichil sibi remaneret preter inane nomen dominii terre et civitates seu villas, in quibus fora habentur, et pauca castella terre.“

50 Vgl. ebd., S. 254–256. Zur interpolierten Stelle vgl. die Einleitung in Becher, Quellen, S. 11, und Oberweis, Interpolationen, S. 38–47.

51 Vgl. Caesarius von Heisterbach IV, dist. X, c. 24, S. 1950: „In praedicto enim schismate non solum principes saeculares, sed et spirituales moti sunt, quia tum propter pecuniam, tum propter amorem, sive timorem, instabiles facti, nunc uni, nunc alteri iuraverunt.“

Otto IV. die Unterstützung seiner Freunde verlor: Ihr „favor" sei lediglich dem Geld, ihre „fides" dem Glück gefolgt.[52]

Kurzum, die Zeitgenossen waren sich bewusst: Geld und treue Gefolgschaft, ritterliches Ethos und Eidverpflichtung gegenüber dem Herrn standen in einem äußerst problematischen Verhältnis zueinander, mehr noch: Die Treue von Rittern und Geldleistungen für deren Kriegseinsatz waren kaum miteinander zu vereinbaren, die Abgrenzung des Rittertums vom Söldnertum war Gegenstand zeitgenössischer Diskussion.[53] Wie gingen die Menschen damals aber nun mit den beiden Phänomenen Geld und Kriegsdienste um? Welche Rolle spielten leihe- bzw. lehnrechtliche Momente, welche Rolle übernahmen Verwaltung, Rechnungslegung und Pfandgeschäfte in der Mobilisierung ritterlicher Kriegsdienste?

IV. Geld und Leihe in den sogenannten „Dienstrechten"

Der Entwicklungsprozess, der in der Forschung unter dem Label „die Formierung der Ministerialität" firmiert und in welchem während des 11. Jahrhunderts die salischen Herrscher sowie die geistlichen und weltlichen Großen vermehrt Personen aus ihren Hofverbänden zum berittenen Kriegsdienst und zu Verwaltungsaufgaben heranzogen, ging mit einer herrschaftlichen und rechtlichen Emanzipation der „servientes", „clientes", „ministri" oder „ministeriales" Genannten einher.[54] Neben zahlreichen Schenkungen, mit welchen die Salier diesen Personen Land zu Eigen übergaben,[55] fand dieser Emanzipationsprozess vor allem in den sogenannten Dienstrechten seinen Niederschlag.[56] In den Jahrzehnten um 1100 entstand eine geraume Zahl dieser echten wie auch gefälschten Dokumente, die uns Einblicke in die militärische Organisation jener Zeit geben. Ihre Zahl und Verbreitung belegt daher, dass in den Jahrzehnten um 1100 im Reich ein

---

52 Vgl. Ex Chronico universali, S. 456: „Defecerant ab eius ausilio qui eius credebantur amici, quorum sequitur et favor pecuniam et fides fortunam."

53 Vgl. zur zeitgenössischen Frage um Söldner und Ritter zum Beispiel Crouch, William Marshal; Ders., Chivalric Turn, S. 279–281; Dendorfer, Tod, S. 112 f.; Krätschmer, Rittertum, S. 378–380; ferner demnächst auch meinen Beitrag Belohnung, Ehre und göttlicher Kampfeseifer. Neue Argumente zur Mobilisierung von ‚milites' im 12. Jahrhundert: Ritterliche Kriegsdienste zwischen Eigeninteresse und Gemeinwohl, in: Rekrutierung von Heeren und Motivation zur Kriegsteilnahme im Mittelalter (Krieg und Konflikt), hrsg. v. Martin Clauss/ Jürgen Dendorfer, Frankfurt a. M. 2026 [im Druck].

54 Einen Überblick bietet Keupp, Dienst, S. 17–98; vgl. ferner Zotz, Formierung; Keupp, Aufstieg.

55 Vgl. Keupp, Heinrichs willige Helfer.

56 Zu den Dienstrechten vgl. Schulz, Dienstrecht; Schulz, Reichsklöster; Bosl, *ius ministerialium*, und Neumeister, Ministeriale.

gesteigertes Bedürfnis existierte, die ritterlichen Kriegsdienstleistungen derjenigen, die auf den Hofverbänden lebten, rechtlich zu regeln und schriftlich zu fixieren. Die Dienstrechte sind aber keine Überbleibsel, an denen sich der stufenweise Aufstieg der Ministerialität anhand eines kodifizierten Lehnrechts ablesen ließe.[57] Weit mehr sind sie als schriftliche Produkte zu lesen, die als „Überreste" schlaglichtartige Einblicke in situative rechtliche Aushandlungen zwischen den Ministerialen und ihren Herren gewähren.[58] Johannes Laudage bezeichnete diese Dokumente als „Tarifverträge"[59], in welchen die Rechte, Pflichten und ritterlichen Kriegsdienstleistungen der Ministerialen festgehalten wurden. Es geht hier im Folgenden darum, nicht einen realen Entwicklungsstand aus den Dienstrechten herauszulesen, sondern Vorstellungen über die Bedingungen des ritterlichen Kriegsdienstes herauszufiltern. Für die Falsifikate kann nicht gesagt werden, inwieweit deren einzelne Bestimmungen Maximalforderungen der jeweiligen Fälscherpartei darstellen, doch auch sie mussten sich im Rahmen des Glaubwürdigen bewegen, wenn sie überzeugen wollten.

Das als Paradebeispiel der Ministerialenforschung geltende Bamberger Dienstrecht aus den frühen 1060er Jahren wird hier als erstes in den Blick genommen. Es liefert interessante Einsichten in die finanziellen und leiherechtlichen Regelungen von Kriegsdienstleistungen der „ministeriales" aus dem oberfränkischen Bistum. Wichtig war das Bamberger Dienstrecht für die ältere Forschung vor allem, da es den Ministerialen die Vererbung eines „beneficium" in männlicher Linie garantierte und somit einen deutlichen Schritt in der Aufstiegserzählung der Ministerialität in das Rittertum markiert, nämlich den zu den echten vasallitischen Lehen.[60] Liest man das Dienstrecht genau, dann zeigt sich, dass aufgrund des Erhalts eines „beneficium" eine Verpflichtung zum Kriegsdienst der Ministerialen streng genommen gar nicht bestand. Inhaber von Landleihen sollten lediglich zu den fünf Hofdiensten, Truchsess, Schenk, Kämmerer, Marschall oder Jägermeister, herangezogen werden.[61] Der aktive

57 Dies betonte schon Fleckenstein, Entstehung, S. 24 f.

58 Vgl. dazu Keupp, Dienst, S. 64; Keupp, Aufstieg, S. 96.

59 Laudage, Rittertum, S. 16, erstmals Ders., Alexander, S. 27.

60 Vgl. so Zotz, Formierung, S. 33 f.

61 Vgl. Codex Udalrici I, Nr. 137, S. 202 (1057 März 30–1063 Dezember 27): „Beneficium habentes a domino suo non constringantur nisi ad V ministeria; hoc est: ut aut dapiferi sint aut pincernę aut cubicularii aut mareschalchi aut venatores." Die Überlieferungssituation des Satzes ist allerdings nicht ganz eindeutig: In den handschriftlichen Zeugen wird die Formulierung „beneficium habentes" der vorherigen Regelung zugeordnet, die über die Ausstattung der Teilnehmer einer Heerfahrt handelt, während alle Edition wohl syntaktisch sinnvoller diese auf die Bestimmungen über die Inhaber der Hofdienste beziehen. Vgl. ebd.,

Waffeneinsatz, die Teilnahme an Kriegszügen, wurde in einer gesonderten Bestimmung behandelt. Dort werden die jeweiligen Kostenübernahmen für verschiedene Feldzüge geregelt: Zunächst sollte sich der Ministeriale auf eigene Kosten bei seinem Herrn einfinden, sodann wurden dessen Ausgaben vom Bischof übernommen. Für Italienfahrten musste der Bischof gar ein Pferd und eine Geldzahlung von 3 Pfund Silber geben. Für einen Feldzug, der nicht nach Italien ging, legte man eine gemeinschaftliche Staffelung zur gegenseitigen Ausstattung der Ministerialen fest. Dieser zufolge sollten zwei die Kosten für einen dritten aufbringen.[62] Ein Brief des Bamberger Schulmeisters an den Bischof überliefert uns, wie sich Ärmere der Bamberger Ministerialen mit ihrem Bischof um diese Staffelung im Vorfeld eines königlichen Feldzugs gegen Ungarn stritten.[63] Der Kriegsdienst der Ministerialen wurde hier immer wieder ausgehandelt. Die Regelungen der Kostenübernahme zeigen, dass die Vergabe und Vererbung von „beneficia“, wie sie im Dienstrecht ebenfalls angesprochen werden, in erster Linie nicht dazu dienten, die Kriegsausgaben ihrer Inhaber zu decken.

Was lässt sich über die Funktion der Landleihen aus dem Dienstrecht entnehmen? Sofern sich ein Ministeriale zum Dienst („ministerium“) beim Bischof anbietet und kein „beneficium“ erhält, stand es ihm zu, Kriegsdienst zu leisten („militare“), wem er wollte, aber nicht als „beneficiarius“, sondern „libere“, also frei. Als „beneficiarius“ zu dienen, schuf also eine gewisse Bindung. Eine solche Bindung seiner „ministeriales“ mit einem auswärtigen Herrn wollte der Bischof hier aber mit dieser Bestimmung vermeiden. Völlig konnte er die Wahl eines anderen Kriegsherrn aber nicht einschränken. Interessant in diesem Zusammenhang ist eine Bestimmung zu Beginn des Dienstrechts. Dort heißt es, dass sich ein Ministeriale in Rechtsdingen gegen seinen Herrn durch einen Eid reinigen konnte. Dies galt aber nicht, falls er einen Anschlag gegen das Leben, die Kammer oder die Burgen des Bischofs ausgeheckt hatte.[64] Das Dienstrecht

---

S. 202, Anm. w–w. In der älteren Forschung wurde über beide Varianten bereits diskutiert, mit dem Ergebnis, dass „beneficium habentes“ eindeutig auf die Hofdienste Bezug nimmt, vgl. Regesten Bischöfe von Bamberg, Nr. 329, S. 156 (1061).

62 Vgl. Codex Udalrici I, Nr. 137, S. 202 (1057 März 30–1063 Dezember 27): „In expeditionem iturus, ex suo sumptu ad dominum veniat, deinceps ex eius impensa alatur. Si expeditio est in Italiam, dominus per singulas loricas unum equum det et III libras. Si vero alio, duo ex illis tercio dent impensas.“

63 Vgl. Erdmann, Briefe, S. 332–431, Nr. 18, S. 408 f. (1063 etwa August). Dazu Keupp, Aufstieg, S. 99–101.

64 Vgl. Codex Udalrici I, Nr. 137, S. 201 (1057 März 30–1063 Dezember 27): „Si quem ex his dominus suus accusaverit de quacumque re, licet illi iuramento se cum suis coęqualibus absolvere; exceptis tribus, hoc est: si in vitam domini sui aut in cameram eius aut in munitiones eius consilium habuisse arguitur.“

rechnete also schon mit eventuellen Wechseln der Ministerialen in die Dienste eines potentiellen Feindes des Herrn. Die Vergabe von Landleihen diente zunächst einmal dazu, die Kriegsdienstleistenden an den Bischof zu binden.

Gesonderten Konditionen unterstanden auch die Kriegsdienstleistungen der „clientes" des Weißenburger Königshofes in Bayern. In einer auf Konrad II. in das Jahr 1029 datierten Fälschung, vermutlich aus dem frühen 12. Jahrhundert, hielt man unter den „iusticia clientum" die materielle Ausstattung und geldliche Vergütung fest, die die „clientes" auf Zügen über die Alpen nach Italien erhalten sollten. Für Italienfahrten sollten sie zehn Talente bekommen, ihre mitgeführten „servientes" jeweils ein Talent. Für Feldzüge, die nicht nach Italien führten, wurden nur fünf Talente veranschlagt.[65] Die Zahlungen und Ausstattung fielen äußerst üppig aus, weshalb es sich hier wohl um eine Maximalforderung der „clientes" handelt. Dennoch zeigen die angehängten Bestimmungen zum Kriegsdienst: Der ritterliche Waffeneinsatz wurde gesondert ausgehandelt und finanziell entlohnt. Das Weißenburger Falsifikat belegt doch, dass die inferioren Kriegsdienstleistenden an diesen Aushandlungsprozessen aktiv beteiligt waren. Ähnlich wie im Bamberger Recht diente hier die Vergabe einer Leihe dazu, den „cliens" an den Königshof in Weißenburg zu binden: Sofern nämlich den Söhnen ein „beneficium" vorenthalten wurde, durften sie nach eigenem Belieben überall leben. Doch konnten sie mit einem „iustum beneficium", welches drei Königshufe umfasste, zurückbeordert werden.[66] Die Leihe schuf hier also die Bindung an den Dienstherrn, der Kriegsdienst unterlag separaten Konditionen, bei welchen Geld eine wichtige Rolle spielte.

Nicht mit Geldzahlungen als Aushandlungsmittel, sondern mit dem Umfang des verliehenen Landes hantierte ein Straßburger Falsifikat zu Beginn des 12. Jahrhunderts. Ab einem „beneficium", das zehn Hufe umfasste, musste der Gepanzerte – mit dem Einverständnis der Grundherrn – überall dort hinziehen,

---

65 Vgl. ebd., Nr. 145, S. 217 (1029 Mai 20, Fälschung 12. Jh.): „Iusticia eorundem clientum scilicet singulorum est, ut in Italia expedicione singuli ab imperiali traditione accipiant X talenta et ferramenta quinque equorum, pelles caprarum duas et burdonem unum oneratum duabus manticis plenis necessariorum cum serviente trahente, alio pellente, et uterque talentum unum et caballum accipiat. Domino eorum victus post Alpes transcursas de curia detur. Ubicumque rex vadat in expeditione alterius terre, dentur clientibus V talenta et caballus absque onere et ferramenta V equorum et due pelles caprarum." Zu Inhalt und Datierung siehe die kritischen Vorbemerkungen zur Edition, vgl. Bresslau, Urkunden, Nr. 140, S. 188–191 (1029 Mai 20); ferner auch Zotz, Grundherrschaft, S. 84, 99 f.; Rieder, Geschichte; Keupp, Helfer, S. 9 f.

66 Vgl. Codex Udalrici I, Nr. 145, S. 216 (1029 Mai 20, Fälschung 12. Jh.): „Expleto autem hoc anno accipient iuxta iusticiam suam beneficium suum, scilicet mansos regales III. Sin autem, potestatem habeant ubivis terrarum degere, nisi iusto beneficio revocentur."

wo ihn Bischof und König hinschickten, die allerdings wiederum für seine Verpflegung sorgen sollten. Separat behandelte man Feldzüge, die der Verteidigung galten: Hier konnten die „servientes“ ohne „beneficium“ herangezogen werden, ihnen sollte jedoch eine Leihe in Aussicht gestellt werden. Geschah dies nach einer dreiwöchigen Probezeit nicht, konnten die Straßburger „servientes“ als „milites“ bei einem anderen Herrn dienen.[67]

Nehmen wir die offenen Dienstverhältnisse ernst, bei welchen sich die Ritter bei anderen Herren verdingen konnten, dann diente die Vergabe von Leihen zunächst dazu, eine dauerhafte Bindung zum jeweiligen Dienstherrn zu schaffen. Die Kriegsdienstleistungen wiederum wurden mit gesonderten Konditionen ausgehandelt, bei denen die Kostenübernahme, Ausstattung und finanzielle Entlohnung, also Geld, einen wesentlichen Teil der Verhandlungen ausmachten. Bei diesen Verhandlungen wurde aber zwischen zu Verteidigungszwecken dienenden Feldzügen einerseits und auswärtigen andererseits unterschieden. Gerade letztere, die über die Alpen nach Italien gingen, wurden besonders kräftig besoldet. An den genannten Beispielen wird deutlich, dass die ritterlichen Kriegsdienste Teile breiterer Aushandlungsprozesse waren, die sich zwischen Leihebindungen, Dienstherrnwechsel und gesonderten Konditionen für den konkreten militärischen Einsatz bewegten. Noch deutlicher treten diese Aushandlungen in den Dienstrechten ab der Mitte des 12. Jahrhunderts zutage. Allerdings lässt sich hier eine Tendenz erkennen, bei der die Zeitgenossen danach strebten, die Kriegsdienste ökonomisch zu rationalisieren. Während in den beiden hier herangezogenen Dienstrechten um 1100 Leihen noch relativ unabhängig vom konkreten Einsatz der ritterlichen Krieger behandelt wurden, lässt sich in den Rechten, die im unmittelbaren Zusammenhang mit der ronkalischen Lehnsgesetzgebung oder zeitlich nach dieser entstanden, eine wesentlich stärkere Verquickung zwischen geldlicher Wertberechnung und leiherechtlichen Verhältnissen bei der Mobilisierung ritterlicher Kriegsdienste erkennen. Die tiefergehenden Ursachen und Gründe für diese Verquickung sind sicherlich in den steigenden finanziellen Ein- und Ausgaben der Italienpolitik Barbarossas zu suchen.[68]

---

67 Vgl. MGH DD Merov., Nr. 69, S. 176 (662 April 2, Fälschung 12. Jh.): „[...] ita etiam ut unusquisque loricatus vir decem mansus possideat, et tunc pergat unusquisque illorum, quocunque velint eos mittere cum victu episcopi sive regis, ipsis laudantibus ministeriis trium villicationum. Si autem quisquam ex eisdem non habens beneficia exigatur in famulatum ipsius loci defensoris, trium ebdomadarum spatio pergat in servicio ad defendendum regnum, quarta intrante, si ei nolit beneficia dare, fiat in presencia eius cuiuscunque velit miles“. Zur Quelle vgl. Kölzer, Merowingerstudien II, S. 118–126.

68 Grundlegend zu den Finanzen der Italienpolitik Barbarossas Haverkamp, Herrschaftsformen.

Als erstes ist hier die bekannte Reichenauer Fälschung zu nennen: In dieser werden die Diskussionen aufgegriffen, die sich nach der ronkalischen Lehnsgesetzgebung von 1154/1158 um die ritterliche Romzugspflicht entfachten.[69] Die Fälschung gewährt somit einzigartige Einblicke in die tariflichen Konditionen für einen vom Kaiser anberaumten Kriegszug. Das Dokument geht von einer aus der Leihe geschuldeten Kriegsdienstpflicht aus: Es handelt mit dem Verlust der „feuda" bei Nichterschienen und räumt die Möglichkeit zur geldlichen Ablöse ein, damit „kein ‚beneficium' unverdient und ohne Dienst verbleibt."[70] Damit tritt die Nähe des Reichenauer Falsifikats zu den ronkalischen Lehnsgesetzen offen zu Tage.[71] Was die Constitutio zu regeln sucht, ist die Frage nach der aus den jeweiligen „beneficia" geschuldeten Zahl der zu entsendenden „milites".[72] Dass ritterliche Kriegsdienste nicht allein auf Basis der vergebenen Landleihe geleistet wurden, die die Ausgaben zu decken hatten, sondern mit gesonderten Gegenleistungen, insbesondere in Form von Soldzahlungen, beglichen werden mussten, geht aus der Bestimmung zur Ablöse vom Romzug deutlich hervor. Die „milites", die nicht mitzogen, sollten die geschuldeten Soldzahlungen („debita stipendia") als Ablösesumme an ihre Herren geben, nämlich so viel, „wie sie von diesen Herren erhalten würden, wenn sie auf den Feldzug gingen."[73] Interessant an dieser Bestimmung ist, dass die „milites" die Ablöse jeweils an ihre „domini" (Plural!) zu leisten hatten: Das konnte doch für jene „milites", die durch den Erwerb mehrerer Leihen einer Reihe von Herren unterstellt waren, recht teuer werden, sodass das Eingehen mehrfacher leiherechtlicher Bindungen für sie kaum noch attraktiv gewesen sein dürfte. Somit kann diese Regelung als Versuch gewertet werden, den Mehrfachbindungen und damit dem Durcheinander offener ritterlicher Kriegsdienstverhältnisse einen Riegel vorzuschieben.

---

69 Vgl. dazu Dendorfer, Roncaglia. Zum Folgenden vgl. auch Krätschmer, Rittertum.

70 Vgl. MGH Const. I, Nr. 447, Art. 5, S. 662 (790 Juni 6, Fälschung circa 1160): „Si autem forte, quod absit, accidat, ut idem milites diversos dominos propter diversa acquirant beneficia, ne aliquod beneficium indebitum vel sine servitio remaneat, [...]." Vgl. zur Quelle Schulz, „Constitutio"; Klapeer, Überlieferung; Scheffer-Boichorst, Heimat; Waitz, Erörterungen; Ficker, Entstehungsverhältnisse.

71 Vgl. Dendorfer, Roncaglia, S. 111–114.

72 Dies wird deutlich aus der Narratio des Dokuments, vgl. MGH Const. I, Nr. 447, S. 663: Art. 1, S. 662: „Interim dum hec agerentur, casu contigit, principes cum militibus de Romana expeditione, que tunc instabat, acerbe contendere, distringentes eos multo plures halspergas de beneficiis suis sibi ducere, quam illi faterentur se posse vel iure debere."

73 Ebd., Nr. 447, Art. 5, S. 663 (Fortsetzung des Zitats aus Anm. 70): „[...] singuli singula debita stipendia singulis dominis persolvant, videlicet quantum ab ipsis, si irent accepturi erant, tantum se daturos cognoscant, vel in prefato loco: ut dictum est, feodum amittant."

Wichtig ist aber noch eine weitere Tendenz, die sich an der „Constitutio“ ablesen lässt: Ihre Bestimmungen können als Versuch gedeutet werden, die finanzielle Belastung ritterlicher Kriegsdienste anhand des Umfangs der Leihen genauer zu kalkulieren. In den Artikeln über die Entlohnung des ritterlichen Kriegsdienstes zeigt sich nämlich eine deutliche Verflechtung zwischen monetären und leiherechtlichen Wertberechnungen. Darüber hinaus wird die Art der herrschaftlichen Bindung berücksichtigt, die zwischen dem „miles“ und seinem jeweiligen Herrn bestand: So werden für jene, die durch ein „hominium“ an ihre Herren gebunden sind, einerseits und für jene, die als „ministeriales“ oder als „clientela“ bezeichnet werden und in den täglichen Diensten ihrer Herren stehen, andererseits jeweils eigene „tarifliche“ Konditionen festgelegt. Interessant ist, dass anhand des Umfangs der Landleihen die zu entsendende Zahl an Panzerreitern („loricati“) und die jeweilige Höhe ihres Soldes festgesetzt werden. Die „per hominium“ Gebundenen sollten ab zehn als Leihe („in beneficio“) gehaltenen Hufen einen Panzerreiter mit zwei Knappen stellen. Ersterer sollte drei Mark, letztere jeweils eine Mark erhalten. Den Herren war es freigestellt, nach ihrem Gutdünken mehr zu geben. Die Ministerialen sollten erst ab einer Leihe von fünf Hufen einen Reiter mit einem Knappen stellen. Zur Vorbereitung sollten sie fünf Pfund erhalten und auf dem Zug von ihren Herren verpflegt werden.[74] Deutlich zeigt sich der Unterschied zwischen den beiden Gruppen auch in der Verteilung der auf dem Feldzug errungenen Beute. Während die „ministeriales“, die versorgt wurden, zwei Drittel des Raubgutes an ihren Herrn abgeben mussten, erhielten die „per hominium“ Gebundenen, die wiederum nicht von ihren Herren versorgt wurden, ein Drittel der Kriegsbeute.[75] Gesonderte Regelungen galten jeweils für die Hofämter der Fürsten, sie sollten in besonderer Weise geldlich entlohnt und versorgt werden.[76] Die jeweilige Form der Bindung, „per hominium“ oder als Ministeriale, hatte also Auswirkung auf die zu entsendende Truppenzahl und die jeweilige Besoldung bzw. Belohnungspraxis durch Beute. Dabei bestand eine Verpflichtung zum Kriegsdienst überhaupt erst – wie im Straßburger Falsifikat – ab einem gewissen Umfang der Leihegüter.

Das längere Kölner Dienstrecht, um 1165/1170 entstanden, weist ebenfalls deutliche monetäre Rationalisierungstendenzen ritterlicher Kriegsdienste auf. Zunächst zur Funktion der Leihe: Der älteste Sohn eines Ministerialen sollte beim Tod seines Vaters dessen „beneficium“ und somit das „ius serviendi“ am Kölner

---

[74] Vgl. ebd., Nr. 447, zu den „per hominium“ Gebundenen Art. 4, S. 662 und zu den Ministerialen Art. 6, 8, 9, S. 662 f.

[75] Vgl. ebd., Art. 10, S. 663.

[76] Vgl. ebd., Nr. 447, Art. 11, S. 663.

Bischofshof mit dem „officium“, zu welchem er geboren wurde, erhalten. Seine Brüder konnten sich als „milites“ zunächst auf Probe in die Dienste des Kölner Bischofs stellen. Wurden sie nach einem Jahr beliehen („inbeneficiare“), dann sollten sie dem Kölner Prälaten auch in Zukunft dienen.[77] Ähnlich wie in den bisherigen Beispielen konnten sie, sofern sie nicht in die „familia“ aufgenommen wurden, von dannen ziehen und nach freien Stücken einem anderen dienen.[78] Die Wahl eines auswärtigen Herrn stand ebenfalls dem belehnten Ministerialen offen, allerdings nur unter der Bedingung, dass der Bischof ihm seine Huld vorenthielt und die Güter des „ministerialis“ ein Jahr lang einkassierte. Wurden allerdings die Güter nicht genommen, sondern nur die Huld, dann durfte der Ministeriale nur das „servitium“ verweigern.[79] In Anbetracht der offenen Dienstverhältnisse schuf die Leihe also in erster Linie Sicherheit und eine Bindung für die Zukunft.

Spannend ist auch, wie die Dienstrechte jeweils über den Diensteintritt handeln: Im Wormser Hofrecht von 1025 liegt die Entscheidung über die Aufnahme eines Fiskalinen in die Dienste der Wormser Kirche noch beim bischöflichen Herrn.[80] Das Bamberger Dienstrecht lässt die Ministerialen vor dem Bischof vorstellig werden („se representare“),[81] das Kölner Dienstrecht hält die einzelnen symbolischen Schritte des Bewerbungsaktes fest: Der Ministerialensohn, der nicht bemittelt genug war, um zu dienen, sollte zum Hof des Erzbischofs kommen,

77 Vgl. Weinrich, Kölner Dienstrecht, S. 276–278 (um 1165/1170): „[...] et si dominus eum in curiam et familiam suam tunc receperit ac postmodum ille per integrum annum domino suo laudabiliter servierit, dominus pro gratia et beneplacito suo eum inbeneficiare tenetur et ille ei in posterum serviet.“ Ähnlich klingt auch das kürzere Kölner Dienstrecht. Zu den beiden Rechten vgl. Frensdorff, Recht; Heinrich von Loesch, Dienstmannenrecht; Weise, Hof, S. 54–59 und S. 203–209. Zur unsicheren Datierung des kürzeren und längeren Rechts zuletzt Schmitt, Ministeriale, S. 73–92.

78 Weinrich, Kölner Dienstrecht, Art. 12, S. 278: „Si autem dominus eum neque curaverit nec in familiam suam eum receperit, ille flexis genibus cum testimonio astantium horam pallii sui deosculabitur et ad dextrarium suum regredietur et eo ascenso quocumque voluerit eat et cuicumque voluerit, serviat.“

79 Vgl. ebd., Art. 3, S. 266–268.

80 Vgl. MGH Const. I, Nr. 438, S. 639–644, hier Art. 29, S. 643 (1023 Dezember–1025 August): „Lex erit: si episcopus fiscalem hominem ad servitium suum assumere voluit, ut ad alium servitium eum ponere non debeat, nisi ad camerarium aut ad pincernam vel ad infertorem vel ad agasonem vel ad ministerialem, et si eum ad tale servitium facere noluerit, quatuor denarios persolvat ad regale servitium et VI ad expeditionem et tria iniussa placita querat in anno et serviat cuicumque voluerit.“ Allerdings ist die Überlieferung dieser Stelle nicht ganz eindeutig, ebenso ist die Lesart „si ad tale servitium facere noluit“ überliefert (vgl. Anm. p), der zufolge die Entscheidung beim Fiskalinen läge (vgl. dazu Zotz, Formierung, S. 25, Anm. 169).

81 Vgl. Codex Udalrici I, Nr. 137, S. 202.

Zaumzeug und Lanze in einen Mühlstein stecken und seinen Schild daneben hängen. Nach dem Gebet in der Kirche, soll er sodann zum Bischof gehen, offen bekennen, dass er „ministerialis“ und „miles“ von St. Peter sei und seinem Herrn „fidelitas“ und „servitium“ anbieten („offere“).[82] Interessant ist, dass der Bewerber sein Bekenntnis als „ministerialis“ und „miles“ ablegen musste. Beide Wörter scheinen hier nicht ein und dieselbe Funktion anzuzeigen. Eingeschränkt wurde die Wahlfreiheit der Kölner Ministerialensöhne, ähnlich wie im Bamberger Recht, allerdings dadurch, dass ihnen auferlegt wurde, sich zunächst am Kölner Hof zu bewerben, bevor sie ihre Dienste anderswo feilbieten konnten.[83] Von einem völlig freien Markt, in welchem ritterliche Kriegsdienste allein durch Nachfrage und Angebot geregelt wurden, kann hier also nicht die Rede sein. Dennoch lässt sich eine gewisse Freizügigkeit bei der Wahl des Kriegsherrn nicht leugnen. Interessant ist, dass das Kölner Dienstrecht den Aspekt des Treueides aufgreift, auf welchen Jürgen Dendorfer für die „milites“ schon verwiesen hat. Dieser Eid war auch in Köln mit dem Aspekt der „negativen Treue“ verbunden: Bereits die erste Bestimmung legte fest, dass jeder Ministeriale dem Erzbischof „fidelitas“ zu leisten hatte. Darüber hinaus wurde geregelt, wie sich der „miles“, der sich in die Dienste eines anderen begeben hatte, im Falle des Konflikts zwischen dem Erzbischof und seinem neuen Herrn zu verhalten habe. Er musste letzteren nicht verlassen, sollte gar dessen Burg weiter verteidigen dürfen, allerdings ohne dem Kölner Prälaten Schaden zuzufügen.[84]

Die Kölner Bestimmungen über die militärischen Pflichten zeichnen ein Bild davon, wie die Kriegsdienstleistungen gesondert ausgehandelt wurden. Und auch hier lassen sich deutliche Unterschiede zwischen Verteidigung und auswärtigen Feldzügen feststellen: Beliehene wie nicht beliehene Ministeriale wurden zur Verteidigung der Bistumsgrenzen und der Gebiete des Erzbischofs, selbst wenn diese außerhalb des Bistums lagen, verpflichtet. Sollte der Bischof aber weiter vorrücken, dann mussten sie ihrem Herrn nur folgen, wenn er sich bei ihnen vorher verdient gemacht hatte oder sie es aus freien Stücken täten.[85] Besondere Konditionen wurden für den Zug über die Alpen zur Kaiserkrönung aufgestellt.

---

82 Vgl. Weinrich, Kölner Dienstrecht, Art. 12, S. 278.

83 Vgl. so schon Keupp, Ministerialität, S. 356 f. und Krätschmer, Rittertum, S. 376–378.

84 Weinrich, Kölner Dienstrecht, Art. 3, S. 268 und Art. 12, S. 278.

85 Vgl. ebd., Art. 2, S. 266: „Si aliquis hominum terram Coloniensem et terminos episcopatus invadere voluerit, universi ministeriales beati Petri tam beneficiati quam non beneficiati ad defendendam terram domino suo archiepiscopo assistere et usque ad terminos episcopatus eum cum armis sequi debent; si autem archiepiscopus ultra procedere voluerit, ipsi eum longius sequi non tenentur, nisi hoc de voluntate sua faciant aut dominus eorum apud eos hoc promereatur.“

Spannend ist, dass es sich hier nicht um Landleihen, sondern um – vermutlich jährliche – Geldzahlungen handelte, also was wir gemeinhin als „Rentenlehen" bezeichnen würden: Nur jene mussten mit in den Süden ziehen, die mit fünf Mark oder mehr belehnt waren („beneficiati sunt"). Diejenigen, die weniger Mark als Einkünfte erhielten, sollten eine Heersteuer geben, die die Hälfte des Ertrags ihres „feudum" ausmachte. Detailliert werden die materielle Ausstattung und finanziellen Zuwendungen festgehalten, welche der „miles" auf dem Zug vom Bischof bekommen sollte Allein 10 Mark erhielt er schon für die Vorbereitung des Zuges, ferner 40 Ellen an rotem Stoff zur Einkleidung seiner „servi". Darüber hinaus sollten sich zwei „milites" ein Lastpferd mit allem Zubehör teilen. Als Sold sollte jeder „miles" für seine Ausgaben eine Mark aus der bischöflichen Kammer erhalten.[86] Interessant ist nun, was geschah, falls dieser Sold ausblieb. Der Ritter durfte heimkehren, ohne dass ihm daraus ein Schaden an seinem Recht, seiner Ehre oder seinem Besitz erwuchs.[87] Unmittelbar spielen Landleihen im längeren Kölner Dienstrecht für eine Verpflichtung zum Kriegsdienst eine untergeordnete Rolle. Die ritterlichen Kriegsdienste der Ministerialen auf dem Romzug über die Alpen wurden durch eine üppige Ausstattung und zusätzlichen Geldzahlungen tariflich geregelt. Aus der Stellung als „ministerialis" erwuchs lediglich die Pflicht, das Bistum zu verteidigen und dem Erzbischof nicht zu schaden.

Die Regelungen zur Kostenübernahme in den Dienstrechten zeigen, dass Landleihen in erster Linie nicht dazu dienten, die Kriegsausgaben ihrer Inhaber zu decken. Die ritterlichen Kriegsdienste mussten mit gesonderten Leistungen, insbesondere Soldzahlungen, vergütet werden. Die Zahlungen in den tariflichen Vereinbarungen der Dienstrechte betrafen überwiegend auswärts, vor allem jenseits der Alpen geführte Feldzüge. Geldzahlungen für den Waffeneinsatz der „milites" waren also keine Sonderfälle, sondern fester Bestandteil der gängigen Praxis in der militärischen Organisation des 11. und 12. Jahrhunderts.

---

86 Ebd., Art. 4, S. 268–270. An zwei Stellen im Dienstrecht werden die Geldzahlungen an die „ministeriales" mit dem Prädikat „beneficiare" umschrieben, beide Stellen im genannten Artikel 4. Die Bezeichnung „feudum" taucht nur im Zusammenhang – wohl im Sinne der Landleihe – mit der geldlichen Ablöse auf. Im kürzeren Dienstrecht heißt es: „Si quis ministerialis sancti Petri beneficium quinque marcarum ad minus non habet, nullam expedicionem domino suo debet, nisi dominus servicio eius condigna rependere satagat." Vgl. Weise, Hof, Art. 11, S. 208.

87 Weinrich, Kölner Dienstrecht, Art. 4, S. 268: „[…] et miles ille stipendium suum per hoc recuperaverit, ipse cum domino suo procedat; sin autem, idem miles in mane ad dominum suum veniet et flexis coram eo genibus cum testimonio duorum domesticorum suorum horam pallii sui deosculabitur et sic licite repatriabit, quod nec iuris nec honoris sui nec rerum detrimentum exinde patietur." Im kürzeren Recht heißt es lediglich: „[…] nichil exinde iuris debens domino suo." Vgl. Weise, Hof, Art. 9, S. 208.

Als eine aus den Leihen bestehende Verpflichtung gegenüber dem Kaiser sich herauszubilden begann, wurden die ritterlichen Kriegsdienste für auswärtige Feld- und Italienzüge weiterhin individuell behandelt. Leihen und ihr Umfang, gleich ob Land- oder Geldleihe, dienten sodann dazu, die Einzelheiten dieser gesonderten Konditionen festzusetzen. Über den Umfang der Leihe sollte nicht zuletzt definiert werden, wie viele Truppen die jeweiligen Inhaber zu entsenden hatten und welcher Sold ihnen für ihren Kriegseinsatz zustand. Leihen dienten also – neben der dauerhaften Bindung an einen Herrn – dazu, die Lasten eines Kriegszuges zu berechnen und aufzuteilen.[88]

Die in den Dienstrechten genannten Zahlungen sind schriftlich fixiert worden, bei Nichterhalt seines Soldes konnte der „miles“ seinen Dienst verweigern. Der ritterliche Waffendienst wurde nicht über eine lehnrechtliche Vasallenpflicht geregelt, sondern Geld war bereits ein wichtiges Element, das ab der Mitte des 12. Jahrhunderts mit leiherechtlichen Vorstellungen eng verwoben wurde. In allen Dienstrechten – mit Ausnahme der „Constitutio“, die allerdings die unmittelbare Beziehung zum Herrscher betraf – tritt ein wichtiges Element in den Aushandlungsprozessen der militärischen Leistungen hervor: Die freie Wahl eines Dienstherrn, falls eine Beleihung durch den eigenen Herrn ausblieb. Vor diesem Hintergrund diente die Vergabe von Leihen zuvorderst – zumindest vor Roncaglia – dazu, den Ritter an seinen Herrn zu binden, ohne dass er sich gleich auf eine eindeutige Verpflichtung zum Kriegsdienst aus ihnen schließen lässt. Über die Rolle des Geldes und der Leihe ließe sich der Aufstieg der „clientes“ und „ministeriales“ zum Rittertum auch anders erzählen: Es ist eben nicht die Integration in ein etabliertes System lehnrechtlicher Verfahrensregeln, nach denen der Herrscher und die Großen des Reiches handelten und an welchem die inferioren Kriegsdienstleistenden zu partizipieren strebten. Ihre Fähigkeiten, sich als berittene und gepanzerte Krieger zu verdingen, ermöglichten ihnen, ihre ritterlichen Dienste anderswo anzubieten. Möglicherweise liegt gerade hierhin eine wichtige Komponente für das Rittertum der salisch-staufischen Zeit. Die Dienstrechte wären somit in erster Linie als frühe Dokumente zu verstehen, die – situativ und regional bedingt natürlich – das Chaos auf Be- und Entlohnung fußender offener Dienstverhältnisse zu ordnen suchten.

[88] Eine ähnliche Funktion der Leihen lässt sich auch in der Chronik Giselberts de Mons aus dem Hennegau entdecken, vgl. dazu Patzold, Lehnswesen. Giselbert unterscheidet in seiner Chronik zwischen „stipendarii“ und „solidarii“, vgl. dazu Napran, Mercenaries.

V. Die Sicherung von Treue und Loyalität – Leihe- und pfandrechtliche Bindungen in Soldverträgen und Verwaltung im 13. Jahrhundert

Die ältere Forschung ging lange Zeit davon aus, dass ab dem 13. und 14. Jahrhundert besoldete Truppen in der Kriegsführung des Reiches das Lehnskriegertum nach und nach abgelöst hätten. Vor dem Hintergrund des Verfalls feudo-vasallitischer Strukturen sei das Geld für die Anwerbung von Kriegern mehr in den Vordergrund gerückt.[89] Eine solche Annahme stützte sich nicht zuletzt darauf, dass der sogenannte „Verdinglichungsprozess" des Lehnswesens durch die fortgeschrittene Geldwirtschaft Italiens angetrieben wurde. Barbarossas Maßnahmen in Roncaglia wurden unter diesem Gesichtspunkt als ein Versuch bewertet, der diese Entwicklung austarieren oder ihr gar entgegensteuern sollte.[90] Richtig ist sicherlich, dass die Besoldung von Kriegern zunehmend an Bedeutung gewann. Doch bildete sich die Zahlung von Geldmitteln als Gegenleistung für geleistete und noch zu leistende Dienste mehr oder weniger im Zusammenwirken mit leiherechtlichen und verwaltungsorganisatorischen Elementen aus. Der Einsatz monetärer Mittel ist im 12. und 13. Jahrhundert innerhalb einer Vielfalt an Praktiken zu sehen, in der man ritterliche Kriegsdienste unterschiedlich anzuwerben suchte: Mit Belohnungen, Gaben, Schenkungen und Entlohnung sind Erscheinungen angesprochen, die die Organisation des Kriegswesens mitbestimmten, deren Übergänge sich in manchen Fällen kaum deutlich voneinander trennen lassen.[91] Sold und leiherechtliche Elemente, das zeigen die Dienstrechte, wurden seit der Mitte des 12. Jahrhunderts mehr miteinander verquickt. Um die finanziellen Lasten von ritterlichen Kriegsdiensten zu stemmen, lässt sich vor allem im Laufe des 13. Jahrhunderts im Reich nördlich der Alpen eine Varietät an Praktiken feststellen, die sich auch in neuen Dokumenten niederschlug. Zwei Phänomene möchte ich hier exemplarisch anschauen und dahingehend untersuchen, welche pfand- bzw. leiherechtlichen Elemente hier zum Tragen kommen, um Treue- und Loyalitätsverhältnisse zu schaffen: Es handelt sich um (a) Soldverträge und um (b) Verwaltung bzw. Rechnungslegung.

---

89 Vgl. etwa die Literatur in Anm. 8; etwas differenzierter zwischen Lehns- und Soldwesen schon Gattermann, Fürsten, S. 206 f.

90 Vgl. Haverkamp, Herrschaftsformen, S. 363–373.

91 Vgl. dazu White, Service; Ders., Politics, der zeigt, dass sich die Darstellungen von „fief-giving" und „gift-giving" in den literaturgeschichtlichen und historischen Quellen sehr ähneln. Vgl. auch Krätschmer, Rittertum, und neuerdings den Sammelband Dendorfer/Patzold, Tenere et habere, der als Ergebnis festhält, dass Leihen meist nachträglich als Belohnung für Dienste ausgegeben wurden, vgl. Dies., Zusammenfassung, S. 465 f.

a. „Soldverträge" – Verpfändung und Geldleihe

Die seit Beginn des 13. Jahrhunderts aufkommenden Dokumente, die regelmäßige Zahlungen zu Kriegsdienstzwecken festhalten, werden von der Forschung gemeinhin als „Sold"- oder „Bündnisverträge" bezeichnet.[92] In diesen nehmen Verpfändungen zur Finanzierung von militärischen Aufgeboten eine wichtige Rolle ein. Insbesondere in den Wirren um den Thron griffen die Thronkandidaten häufig auf Pfandgeschäfte zurück, um sich die Loyalität der Großen zu sichern.[93] Als Friedrich II. 1212 über die Alpen kam und ohne Heer seinen Thronanspruch durchzusetzen gedachte, übertrug er Herzog Friedrich II. von Lothringen 3.000 Mark Silber und 200 Mark für dessen „curia", um die Kosten für die „milites" und den Aufwand für den Krieg abzudecken. Dieses „Soldbündnis" wurde mit der Verpfändung von Anteilen des Ortes Rosenheim im Wert von 1.000 Mark und der Stellung von Bürgen („fideiussores") abgesichert.[94] Dabei konnten zur finanziellen Sicherung der militärischen Unterstützung der Großen leiherechtliche Bindungen mit Verpfändungen verknüpft werden. Im November 1204 wechselten auf dem Hoftag in Koblenz mehrere Adelige auf die Seite Philipps von Schwaben. Herzog Heinrich von Lothringen und Brabant, der zuvor zu den Hauptgegnern des Staufers am Niederrhein gehörte, leistete Philipp das „hominium". Dieser bestätigte dem Herzog wiederum – neben anderen materiellen Zuwendungen und rechtlichen Vergünstigungen – ein „feudum", welches er vom Reich innehielt. Vermutlich handelte es sich dabei um das Herzogtum selbst, in der Aufzählung der Urkunde findet die Herzogswürde aber keine explizite Erwähnung.[95] Beim Ausbleiben männlicher Nachkommen wurde dem Herzog die weibliche Nachfolge in dessen „feuda" gewährt. Im Gegenzug sollte er ein „fidus amicus" gegenüber dem Staufer sein und dessen Feinden den Kampf ansagen.[96] Noch auf derselben Versammlung ließ man über das Bündnis

---

92 Bei der hier im Folgenden genannten Literatur nimmt der starke Kontrast zwischen einem „Lehns"- und einem „Soldwesen" freilich eine mehr oder weniger bedeutende Rolle ein: Vgl. Rauch, Bündnisse, der eine Auflistung solcher „Bündnisverträge" bietet. Vgl. auch Rödel, Reichslehenswesen, S. 321–323, der zwischen Lehnsverträge und Soldverträge strikt unterscheidet, dazu S. 322, Anm. 3; Reichert, Finanzpolitik, S. 176 f., 207 f.; Klein, Söldnerheer.

93 Vgl. Landwehr, Verpfändung.

94 MGH DD F II., Nr. 174, S. 10–13 (1212 Oktober 5).

95 Darauf verwies schon Deutinger, Amt, S. 138 f.

96 Vgl. Die MGH DD Phil, Nr. 82, S. 186–190 (1204 November 12). Der Bündnischarakter dieser Vereinbarung geht eindeutig aus der folgenden Formulierung ebd., S. 190, hervor: „Compromissum est etiam ex parte nostra et ipsius ducis, quod omnium amicorum nostrorum fidus erit amicus et adversariis nostris inimicabitur et nobiscum eos districte persequetur nec aliquem manutenebit. Et nos etiam ipsum ducem in omnibus negociis s[ui]

ein weiteres Diplom ausstellen, in welchem dem Brabanter eine Reihe von weiteren Zugeständnissen gemacht wurden. So verpfändete der Staufer ihm die Stadt Duisburg für 1.800 Mark („obligavimus"). Dem Herzog wurden Einkünfte von 250 Mark aus der Stadt garantiert, nicht mehr und nicht weniger. Sollte diese Höhe nicht erreicht werden, stand ihm das Recht zu, die fehlende Summe aus den Reichsgütern bei Kaiserswerth zu ergänzen; nahm er wiederum mehr ein, sollte der Überschuss an den König gehen.[97] Diese Vereinbarung sollte garantieren, dass sich die Höhe der Pfandschuld und der Wert des Pfandgegenstandes die Waage hielten.[98] Doch die leiherechtliche Bindung und das Pfandgeschäft garantierten Philipp die militärische Unterstützung des Herzogs nicht zwangsläufig. Laut der Kölner Königschronik sah sich Philipp von Schwaben bei der Belagerung von Köln 1205 dazu gezwungen, den Herzog zu besänftigen und ihm „ad sustentationem exercitus" jede Woche 500 Mark zu geben.[99] Das Pfandgeschäft erfüllte hier den Zweck, dem Brabanter einen festen monetären Betrag zu garantieren. Die soziale Bindung, die durch eine solche Obligation geschaffen wurde, besaß aber nur „vorübergehenden Charakter" und konnte durch Zahlung der Pfandsumme gelöst werden.[100]

Deutlich tritt der Unterschied zwischen Leihe und Pfand in einer Urkunde König Heinrichs (VII.) von 1228 hervor: Philipp verpfändete dem „miles dominus" Kuno von Rheineck für 20 Mark die Präbende der Pfarrkirche zu Bregenz. Als König Heinrich diese Pfründe an die Mönche der Propstei Weißenau für die Bewachung der Reichsinsignien auf der Waldburg überlassen wollte,

---

s man[u]te[n]ebimus et [nu]ll[i] inimicorum suorum contra eum auxilium vel consil[iu]m [prestabimus]". Vgl. zum Übertritt des Grafen von Jülich zu Philipp in Koblenz Chronica Slavorum, lib. VIII, c. 1, S. 230 f.

97 Vgl. MGH DD Phil, Nr. 83, S. 191–193 (1204 November 12 oder kurz danach). Zu diesem Bündnis vgl. Rauch, Bündnisse, S. 56–60; Garnier, Amicus, S. 24–37; Krieb, Konfliktregelungen, S. 46–48. Zu den materiellen Zuwendungen an den Herzog vgl. Frey, Schicksale, S. 47–54.

98 Dazu Landwehr, Verpfändung, S. 323. Dass Pfandschuld und Pfandwert einander entsprechen sollten, zeigt sich auch in der Bestimmung, in welcher die Einnahmen von 250 Mark anteilig verringert werden sollten, wenn der Staufer die Pfandsumme zu einem Drittel, Viertel oder mehr zurückgezahlt hatte, MGH DD Phil, Nr. 83, S. 192: „Si autem de memorata pignoris sorte terciam sive quartam seu amplius duci solvamus, pro rata sortis parte partes accessionis ducentarum et quinquaginta marcarum minuentur". Zur Stadt Duisburg als Pfandgut der Krone siehe Landwehr, Verpfändung, S. 404.

99 Vgl. Chronica regia Coloniensis, S. 177: „Veritus rex, ne se relicto ad detrimentum sui Colonie confederaretur, habito consilio, necessitate magis quam voluntate, ad mitigandum ducis animum et ad sustentationem exercitus 500 marcas omni septimana sibi dari constituit." Vgl. Büttner, Geld, S. 284 f.

100 Zum Rechtscharakter des Pfandgeschäfts siehe Landwehr, Verpfändung, S. 373–387, Zitat, S. 383.

weigerte sich Kunos Sohn Burchard mit seinen Brüdern – alle in dem Diplom als „miles" tituliert – das Geld zur Einlösung des Pfands vom Weißenburger Propst zu ihren Lebzeiten anzunehmen. Obwohl die Pfründe dem König „iure herediario" gehörten, bestand Burchard entschlossen darauf, dass er die Pfründe „iure feodi" besessen hätte. Erst nach einer kräftigen Zahlung, die weit über die Pfandsumme hinausging und von der Propstei ausgehändigt wurde, verzichteten Kunos Nachkommen auf alle Rechte, die sie „sub nomine feodi vel pignoris" an den Pfründen besessen hätten.[101] Deutlich wird, dass hier unter dem „ius feodi" eingegangene Bindungen schwieriger zu lösen waren als die Verpfändung. Erst in der Mitte des 13. Jahrhunderts wurden Pfandgeschäfte mit Ewigsatzung genutzt, um dauerhafte personelle Bindungen einzugehen.[102] Der Zweck der Zugeständnisse aus der Verpfändungsurkunde König Philipps wird eindeutig als Teil des gegenseitigen Bündnisses mit dem Herzog aufgegriffen, damit dieser „fideliter" diene und in allem gehorsam („obsequiosus") erscheine.[103] Der zweiteilige Bündnisvertrag zwischen Philipp und Heinrich bestand aus einer leiherechtlichen Bindung, die von Dauer war und die Beziehung zwischen beiden Partnern und deren Treue festigen sollte, während das Pfandgeschäft vorübergehend finanziell die militärische Unterstützung des Herzogs sichern sollte.[104] Die Bestätigung der Brabanter Leihen auf Reichsebene diente hier in erster Linie wohl in der Zeit des Thronstreits dazu, die spannungsgeladenen Parteiwechsel und damit erneutes Konfliktpotential auf Dauer zu entschärfen, indem das Verhältnis zwischen Herzog und Herrscher in geregelte Bahnen gelenkt wurde.

Die Verpfändung und die Auftragung zur Leihe konnten zur Sicherung von ritterlichen Kriegsdiensten auch gemeinsam auftreten, so geschehen im August 1246 vom Gegenkönig Heinrich Raspe: Damit zwei Straßburger „milites" dem Gegenkönig mit ihren Streitkräften („viribus") und ihrem Können „constanter et fideliter" gegen Friedrich II. und seinen Sohn Konrad IV. beistünden, verpfändete er ihnen die zur Burg Wickersheim gehörenden Besitzungen und Rechte für 250 Mark Silber. Für das Geld sollten die beiden Ritter die Besitzungen und jährlichen Einnahmen erwerben, die sie vom Gegenkönig unter Leistung eines Treueids („homaium" [sic!]) wiederum „in feodo" halten sollten.[105]

---

101 Vgl. WUB V, Nr. N31, S. 420–422 (um 1228 Februar): Die Auslösesumme betrug insgesamt 40 Mark Silber an Burchard, zehn Pfund an seine Frau, zehn Mark an seine Brüder.

102 Vgl. für das Bistum Bamberg Kalla, Bistum, S. 288 f., der aber zugleich konstatiert, dass die „normalen" Leiheverhältnisse aufgrund von Pfandgeschäften nicht rückläufig gewesen seien; ferner Krause, Pfandherrschaften, S. 522 f.

103 Vgl. MGH DD Phil, Nr. 83, S. 193.

104 Vgl. so auch Rödel, Reichslehenswesen, S. 321.

105 Vgl. MGH DD HRas, Nr. 9, S. 12 f. (1246 August 13).

Anzusprechen wären noch die Burgleihen, die seit der Mitte des 13. Jahrhunderts vermehrt in Verträgen verschriftlicht worden sind. In diesen treten Geldversprechungen als Gegenleistung für die Burghut auf und sie konnten mit leihe- wie pfandrechtlichen Elementen verknüpft werden. Diese Verträge weisen deutliche Soldkomponenten auf. Diese Art der „Soldverträge" ist schon vereinzelt im 12. Jahrhundert nachweisbar, lässt sich aber vermehrt und deutlich in den Quellen zur Zeit Rudolfs von Habsburg nachweisen.[106] Die Zahlung eines regelmäßigen jährlichen Geldbetrages in Form einer Leihe für geleistete Dienste tritt schon zu Beginn des 12. Jahrhunderts auf. Der bisher wohl früheste Beleg einer solchen Zahlung, die „in feudum propter fidelitatem" und als Belohnung für den guten Dienst („bonum servicium remunerandum") während des Romzuges geleistet wurde, ist die von Heinrich V. für zwei Brüder von Bulgaro erlassene Urkunde von 1111.[107] Weitere solcher jährlichen Geldleihen sind unter Friedrich I. und Heinrich VI. belegt. Barbarossa übertrug im Mai 1164 zwei „fideles" aus Arco für deren kontinuierlich geleisteten Dienst 24 Pfund Imperiale. Als Gegenleistung mussten die beiden Getreuen „hominium" und „fidelitas" leisten, die Geldzahlung selbst wurde aber hier nicht konkret als „beneficium" oder „feudum" bezeichnet. Friedrich behielt es sich vor, die Geldgabe in Land umzuwandeln.[108] Die Umwandlung in Land war aber keineswegs sicher, noch 1209 bestätigte Otto IV. die Geldzahlung erneut.[109] Die frühen Belege betreffen den Umgang mit Personen und ihren Dienstleistungen aus Italien. Inwieweit es sich bei diesen Diensten um ritterliche Kriegsdienste handelte, muss allerdings offenbleiben.

Nördlich der Alpen gewann die jährliche monetäre Zahlung für militärische Unterstützung im Laufe des 13. Jahrhunderts weiter an Gewicht: Insbesondere die Städte bedienten sich dieser Praxis, um die Adeligen ihrer Umgebung und deren Rittergefolge für sich zu gewinnen. Einige solcher Verträge haben sich für die Stadt Köln aus den 1260er Jahren erhalten, als sich die Auseinandersetzung

---

106 Vgl. dazu Krause, Pfandherrschaften, S. 398 f., zu Burglehnsverträgen auch Rödel, Reichslehenswesen, S. 393–431; Krieger, Lehnshoheit, S. 53 f., 58–64; eine Auflistung der Burgleihen unter Rudolf von Habsburg bei Rauch, Bündnisse, S. 224–227, ferner Maurer, Rechtsverhältnisse, sowie Spieß/Willich, Lehnswesen in Deutschland, S. 40 f.

107 MGH DD H V., Nr. 76 (1111/1112 Mai 19).

108 MGH DD F I., Nr. 443, S. 342 f. (1164 Mai 28): „Cum vero opportunitas se nobis offeret, de nostra terra aliqua vel de feudo eos investiemus, de predictis viginti quattuor libris, quas interim a nobis habent, ab eis erimus absoluti." Zu den hier erwähnten Geldleihen Haverkamp, Herrschaftsformen, S. 551–553.

109 Vgl. MGH DD O IV., BFW 292 (1209 August 18); RI V,1,1, Nr. 292. Vgl. ferner Büttner, Geld, S. 261 f.

mit Erzbischof Engelbert II. zuspitzte.[110] Ein Beispiel ist das Abkommen mit Graf Wilhelm von Jülich. Der Graf und seine Nachkommen wurden in den Kölner Bürgerverband aufgenommen, im Gegenzug erklärte er, die Stadt unter ihren Schutz zu nehmen. Damit dieser Vertrag und die Freundschaft getreulich eingehalten wurden, zahlten die Kölner dem Grafen jährlich hundert Mark. Der Betrag sollte an die Nachkommen Wilhelms weitervergeben werden, also vererbbar sein. Darüber hinaus verpflichtete man sich zur gegenseitigen militärischen Unterstützung, die ebenfalls generationsübergreifend eingehalten werden sollte: Im Kriegsfalle sollten Wilhelm und seine Nachkommen mit neun Rittern und 15 Knappen, die er jeweils auf seine Kosten mit fünf Kölner Pfennigen zu entlohnen hatte, der Stadt zur Hilfe eilen. Im Gegenzug verpflichteten sich die Kölner auf ihre Kosten den Grafen mit 25 gut gewappneten Männern zu unterstützen. Um Zwietracht zwischen den beiden Parteien zu vermeiden, ließ man je drei befugte Ritter von der Seite des Herzogs und drei befugte Kölner Bürger innerhalb von vierzig Tagen nach Abschluss des Vertrages einen Treueid ablegen.[111]

Der Vertragsinhalt weist alle Merkmale eines typischen Rentenlehens auf, in den Dokumenten selbst werden die jährlichen Zahlungen an den Herzog aber nirgends als Leihe oder „len" bezeichnet. Es wurde lediglich festgehalten, dass der Adelige die Zahlung weder verkaufen noch verlehnen durfte. Wie bei Rentenlehen konnten die Kölner die jährlichen Geldleistungen durch eine einmalige Zahlung einer hohen Summe (meist des Zehnfachen des jährlich zu leistenden Betrages) ablösen:[112] Am Ende der Auseinandersetzungen mit dem Erzbischof lösten die Kölner 1271 mit 1.000 Mark den Vertrag mit Graf Wilhelm von Jülich auf. Die Verbindung zwischen den Städtern und dem Grafen war damit aber nicht vorüber: Der Graf versprach den Kölnern, dass er eigene Güter, bei denen es sich um Allodgüter handeln sollte, im Wert von 100 Mark darbieten werde („demonstrabimus"), ferner dass er und seine Erben „sub debito conciuilitatis"

---

110 Vgl. zum Beispiel die folgenden Verträge bei Ennen/Eckertz, Quellen II, Nr. 450, 468–470 (1263 Mai 7, mit den Grafen von Jülich); Nr. 456, S. 476–478 (1263 Juni 11); Nr. 457, S. 474–481 (1263 Juni 30, mit dem Grafen von Katzenelnbogen); Nr. 488, S. 535 f. (1266 März 28, beide mit dem Herzog von Limburg) und Nr. 481, S. 529 f. (1265 Oktober 31, mit dem Grafen von Geldern). Vgl. zum Konflikt Stehkämper/Dietmar, Köln, S. 347–361.

111 Vgl. Ennen/Eckertz, Quellen II, Nr. 450, S. 468–470. Die in Anm. 110 erwähnten Verträge wurden fast alle mit den gleichen Konditionen geschlossen. Außer mit dem Grafen von Katzenelnbogen vereinbarten die Städter lediglich eine Zahlung von 40 Mark jährlich und ebenso entfiel die Unterstützung von städtischer Seite mit 25 Mann, vgl. ebd., Nr. 457, S. 474–481.

112 Zum Rentenlehen Spieß/Willich, Lehnswesen in Deutschland, S. 39 f.

zu den Bürgern halten und sie unterstützen werden. Auch bei dieser Auftragung der Güter an die Kölner fand das Lehnrecht keine Anwendung.[113]

Diese Verträge zwischen Städtern und einem Adeligen entsprechen im Grunde den theoretischen Ausführungen der Rechtsbücher. Im Sachsenspiegel heißt es direkt zu Beginn des Lehnrechts, dass alle die „nicht sin van ridderes art [...], de scolen lenrechte darven".[114] Obwohl die städtische Kommune theoretisch nicht Teil der in den Rechtsbüchern dargelegten Heerschildordnung und damit nicht lehnsfähig war, schlossen die Städte realiter aufgrund ihrer finanziellen Ressourcen militärische Bündnisverträge mit dem, was wir unter der Kategorie des „Geld"- oder „Rentenlehens" zu greifen suchen.[115] Doch mit der Umwertung und Umdatierung feudo-vasallitischer Strukturen lässt sich das Handeln der Kommunen nicht damit erklären, dass sie begannen, an einem verfallenden System teilzuhaben, in welchem Landleihen bei der Kriegsdienstorganisation eine entscheidende Rolle spielten und welches vom Geld unterminiert wurde.[116] Die Städter verfolgten mit dieser Art der Bündnisse einen anderen Zweck: König Heinrich (VII.) erließ im Januar 1231 auf dem Hoftag von Worms zugunsten der Fürsten ein allgemeines Bündnisverbot für Städte.[117] Der Adelige als Kölner Bürger war nicht zuletzt eine Möglichkeit, dieses Verbot zu umgehen.[118]

In den hier untersuchten Urkunden der Stadt Köln fehlen lehnrechtliche Anklänge und Terminologie. Obwohl sie in ihrer Form den Rentenlehen gleich sind, fassten die Zeitgenossen die geschlossenen Verträge nicht als lehnrechtlichen Vorgang auf. Die Verpflichtung des Adeligen, der „raden inde helpien" sollte, in „glicher wis, alse ein getrůwe burgere siner stede schůldlich is ze důne",[119] wurde somit in Form einer Bürgeraufnahme geschlossen. Das hatte Vorteile für die Städter: Sie konnten den rechtlichen Handlungsspielraum ihrer

---

113 Vgl. UB Niederrhein II, Nr. 613, S. 362 (1271 Juni 15).

114 Eckhardt, Sachsenspiegel, Lehnrecht, cap. 1, § 1, S. 19. Vgl. dazu Heirbaut/Opsommer, Sachsenspiegel-Lehnrecht, S. 100 f. Im Spätmittelalter sah die Praxis anders aus, Bürger erhielten Lehen vom König, dabei ist aber auch hier mit regionalen Unterschieden zu rechnen, ob Bürger in ein Lehnsverhältnis aufgenommen wurden, vgl. Krieger, Lehnshoheit, S. 225–230, konzis dazu Spieß/Willich, Lehnswesen in Deutschland, S. 28 mit Anm. 73, S. 51, und Patzold, Lehnswesen, S. 109 f.

115 Dazu Domsta, Außenbürger, S. 113–120, der Beispiele erst aus dem beginnenden 14. Jahrhundert dafür bietet, wie die „concivilitas" des Adeligen mit lehnrechtlicher Terminologie zusammenfiel.

116 So Lyon, Role, hier S. 253.

117 Vgl. MGH Const. II, Nr. 299, S. 413 f. (1231 Januar 20/23).

118 Vgl. Domsta, Außenbürger, S. 118 f.

119 Quellen zur Geschichte der Stadt Köln II, Nr. 450, S. 468.

Vertragspartner nach eigenem Gutdünken gestalten.[120] Wohl ganz bewusst agierten die Kölner daher außerhalb des Lehnrechts, weil sie die Rechte und Pflichten, die Bedingungen des Entzugs des Geldes und der Ablöse nach ihrem eigenen Ermessen festlegen konnten. All dies musste nicht erst auf komplizierte Weise vor einem Lehnsgericht entschieden werden, in welchem die Mitvasallen eines Angeklagten das Urteil mitbestimmten.[121] Somit besaß die jährliche Zahlung für Kriegsdienste ohne lehnrechtliche Bindung einen entscheidenden Vorteil für die Städter: Bei Nichteinhaltung der ausgehandelten Bedingungen oder bei Eidbruch konnte die Zahlung leichter eingezogen werden als Land. Herzog Walram von Limburg erneuerte 1266 seine drei Jahre zuvor geschlossene Treue und das „iuramentum" der Freundschaft und der Vereinigung mit der Stadt Köln. Dabei hielten beide Parteien fest, dass die Kölner ihre Zahlungen einstellen durften, wenn der Graf seinen Teil der Abmachung nicht erfüllte, womit das Stellen von Rittern und Knappen im Kriegsfalle gemeint war. Deutlich zeigt sich in diesem Dokument die Flexibilität des Geldes, die Zahlungen sollten nämlich nur solange einbehalten werden, wie der Graf seinen Pflichten nicht nachkam.[122]

Die zwischen Köln und dem umliegenden Adel schriftlich fixierten Abmachungen sind somit nicht als Geldlehen zu verstehen, die den festen Bedingungen des Lehnrechts unterlagen. Vielmehr sind sie als Bündnisverträge mit Soldkomponenten aufzufassen, bei denen sich die Parteien zu gegenseitigem militärischem Beistand verpflichteten.[123] Die Attraktivität solcher Verträge für die Adeligen lag nicht nur in dem regelmäßigen Einkommen, sondern auch darin, dass sie kein lehnrechtliches „homagium" leisteten, wodurch sie sich eine gewisse Flexibilität bewahren konnten.

Lassen sich in den hier untersuchten Beispielen der städtischen Mobilisierung von Rittern leiherechtliche Aspekte im Umgang mit Geld nicht feststellen, so sieht dies für den Hof des Kölner Erzbischofs anders aus.[124] 1234 erhielt der Burggraf von Landskron, Gerhard I. von Sinzig, „ob multa servicia, que nobis et ecclesiae Coloniensi fideliter exhibuit", sechs Mark jährlich aus den Zolleinkünften bei Andernach „in feodo". Der Landskroner Burggraf erhielt die jährliche Zahlung nur solange, bis er sich für 60 Mark ein „allodium"(!) kaufen und dieses von der

120 Vgl. Domsta, Außenbürger, S. 118 f.
121 Zur Funktion des Lehnsgericht und den Rechten sowie Pflichten der Vasallen im Sachsenspiegel vgl. Lück, Lehnrecht, S. 262 f.
122 Vgl. Ennen/Eckertz, Quellen II, Nr. 488, S. 535 f. (1266 März 28 [Köln]), siehe dazu auch den Vertrag von 1263 ebd., Nr. 456, S. 476–478 (1263 Juni 11 [Köln]).
123 Vgl. zum Unterschied von Soldverträgen und Geldleihen Lyon, Fief, S. 262 f.
124 Vgl. zum Lehnshof der Kölner Erzbischöfe Groten, Entwicklung.

Kölner Kirche „in feodo perpetuo" halten sollte.[125] Hier sollte die Zahlung in ein Allod aber wohl in Form einer ewigen Landleihe gewandelt werden. Es hat den Anschein, als besäßen Geldleihen „nur vorläufigen Charakter".[126] Für Gerhard lag der Vorteil der Umwandlung darin, dass ihm das Land nicht so einfach entzogen werden konnte wie das flexibel einsetzbare Geld. Der Vorteil für den Erzbischof muss wohl darin gelegen haben, dass er sich somit eine dauerhafte Bindung schuf und einen möglichen Unterstützer in den Auseinandersetzungen mit den umliegenden Grafen gewann.[127] Die Geldleihe wurde aber Gerhard aufgrund schon geleisteter Dienste gegeben, sozusagen als Belohnung. Ob es sich dabei konkret um Kriegsdienste handelte, muss offenbleiben, ebenso, ob und wie weitere Dienste für den Erzbischof konkret ausgehandelt wurden. Aktive militärische Unterstützung findet in dem Schreiben, wie so häufig, keine Erwähnung.

b. Verwaltungspraxis und Rechnungslegung

Die Intensität von Verwaltung auf Reichs- wie territorialer Ebene wird an dem Aufkommen von Rechnungen gemessen, wobei letztere als schriftlich fixierte Aufstellungen von Einnahmen und Ausgaben zum Zwecke der Rechenschaftslegung verstanden werden.[128] Im europäischen Vergleich ist die Überlieferungslage im Reich äußerst ungünstig: In England beginnt diese mit der berühmten Pipe Roll von 1130, ab der Mitte des Jahrhunderts ist dort eine regelmäßige Rechnungslegung vorhanden. Für das Königreich Sizilien hat sich ein Register der kaiserlichen Mandate von Oktober 1239 bis Juni 1240 erhalten. In diesen Mandaten ist regelmäßig von geldlicher Entlohnung für „milites" im süditalischen Königreich die Rede.[129] Neben der Besoldung von Truppen konnte Friedrich II. in seinem Königreich Sizilien mit seinem dortigen Verwaltungsapparat andere Wege beschreiten: In seinem Edikt contra infideles et inimici imperii vom Februar 1239 stellte er das Nichterscheinen bei der Versammlung des Heeres unter strenge Bestrafung. Wer nicht ausgerüstet zum festgesetzten Termin erschien, dem wurde als Majestätsverbrecher der Bann auferlegt und die „bona feudalia" entzogen. Konkret nahm Friedrich II. dabei auf die in Italien erlassenen Gesetze seines Großvaters, Friedrich Barbarossas, Bezug, womit er wohl indirekt auf die

---

125 Vgl. UB Mittelrhein III, Nr. 509, S. 396 (1234 November).

126 Dies stellte für die frühen Belege von Geldleihen schon Mitteis fest, vgl. Mitteis, Lehnrecht, S. 476.

127 1234 brachen die Konflikte zwischen dem Erzbischof Heinrich I. von Müllenmark und dem Grafen von Jülich aus, die die Geschichte des Erzbistums lange Zeit prägten, vgl. Groten, Entwicklung, S. 13–15.

128 Vgl. Mersiowsky, Anfänge, S. 39.

129 Vgl. Thorau, Krieg; Krätschmer, Rittertum, S. 383–389.

ronkalischen Lehnsgesetze verwies. Unklar bleibt jedoch die Reichweite des Edikts, ob es nämlich wie das Gesetz von Barbarossa auch nördlich der Alpen Geltung besitzen sollte. Überliefert hat es sich in den Statuten von Vercelli und Bergamo.[130] Anders sieht es für das Königreich Sizilien aus: Friedrich II. suchte rigoros seine Ansprüche auf die Heeresfolgepflicht auf Grundlage der Leihegüter („feuda"/„pheuda") durchzusetzen und schickte seine Justitiare zur Kontrolle durch das Land. In den Kriegsjahren 1239/1240, als sich der Konflikt mit dem Papst und den lombardischen Städten verschärfte, war die kaiserliche Kasse durch Feldzüge enorm belastet, sodass die aus den Landleihen geschuldete Heeresfolge mehr an Gewicht gewann.[131] Die Verwaltungsstruktur des südlichen Königreiches ermöglichte dem Kaiser die Kontrolle und Durchsetzung dieses Anspruches.

Im Reich ist die Reichssteuerliste von 1241 zu nennen, die Einblicke in das Rechnungswesen königlicher Steuerverwaltung liefert.[132] Dass Städte und deren monetäre Abgaben zur Finanzierung herangezogen wurden, um „milites" zu erheben, ist keine neue Erscheinung des 13. Jahrhunderts. Schon Barbarossa bediente sich spätestens mit seiner in Roncaglia erlassenen Regaliendefinition, in der er das „fodrum" der oberitalienischen Kommunen einforderte, des Instrumentariums der Geldsteuer für Kriegszwecke.[133] Nördlich der Alpen berichtet Otto von Freising von dem gescheiterten Versuch Heinrichs V., auf Anraten seines englischen Schwiegervaters eine allgemeine Reichssteuer („totum regnum vectigale facere volens") – wohl nach dem Vorbild Englands – einzuführen.[134] Ein Schreiben Friedrichs II. an Erzbischof Siegfried III. von Mainz aus dem Sommer 1238 belegt, dass der Staufer allen Städten und Ortschaften eine Bede („precaria") in ganz „Alemannia" auferlegte. Das eingezogene Geld sollte zur Erhebung der „milites Germanorum" dienen, mit denen der Kaiser beabsichtigte, gegen die Lombarden vorzugehen.[135] Für Köln begegnet 1247 die

---

130 Vgl. MGH Const. II, Nr. 213, S. 286–289 (1239 Februar), hier S. 287 f.

131 Für die Maßnahmen im Königreich Sizilien, über welche das Register von 1239/1240 interessante Einblicke gewährt, vgl. Krätschmer, Rittertum, S. 387–389.

132 Vgl. MGH Const. III, Nr. 1, S. 1–5 (1241), zur Liste Metz, Güterverzeichnisse, S. 98–115.

133 Vgl. Fischer, Schildgeld, 2013, S. 162–173 für Belege aus dem 12. und 13. Jahrhundert.

134 Vgl. Ottonis episcopi Frisingensis Chronica, lib. VII, c. 16, S. 332 f.

135 Vgl. UB Hohenlohe I, S. 103 (1238 April): „Ceterum cum ad Lombardorum rebellium nostrorum vires evirandas vires nostras estate proxima de diversis partibus colligere intendamus ac viribus militum Germanorum securius innitamur, prudentiam tuam hortamur attente, quatinus cum civitatibus nostris et opidis per totam Alemanniam precariam imponi mandaverimus pro militibus inde ad nostra servicia conducendis, circa festinam collecconem tam militum quam precarie omnem quam poteris opem et operam sollicite studeas adhibere." Zu Friedrich II. und den Städten im nordalpinen Reich vgl. konzise Stürner, Friedrich II., S. 209–211.

Befreiung von der Bede unter Wilhelm II. von Holland, was sicherlich als teurer Preis für die Anerkennung als König vonseiten der Kölner zu werten ist.[136]

Auf regionaler Ebene haben sich Rechnungen im Reich ebenfalls sehr rar erhalten.[137] Neigte die ältere Forschung aufgrund der schlechten Überlieferungslage dazu, den Praktiken der Rechnungslegung im Reich eine untergeordnete Rolle zuzuschreiben,[138] so konnten jüngere Untersuchungen, nicht zuletzt mit Verweis auf Überlieferungschance und Überlieferungszufall[139] diese Sicht revidieren und gehen mittlerweile von der Entstehung eines Rechnungswesens seit dem 12. Jahrhundert aus.[140]

Das früheste Zeugnis einer Kriegsrechnung, auf welche hier genauer eingegangen werden soll, ist die bekannte, durch König Konrad IV. erteilte Bestätigung der Abrechnung Gerhards II. von Sinzig, Burggraf von Landskron, aus dem Jahr 1242. Diese ist nur als Abschrift aus dem 18. Jahrhundert überliefert.[141] Die Rechnung Gerhards wurde bereits häufig unter wirtschafts- und verwaltungshistorischen Gesichtspunkten herangezogen und im Zusammenhang mit der bereits angesprochenen Reichssteuerliste ausgewertet.[142] Das Dokument legt dem Herrscher die Ein- und Ausgaben des königlichen „fidelis“ Gerhard über ein Jahr seiner Bezirksverwaltung dar.[143] Da die Rechnung im Kontext des Konflikts entstanden ist, den Konrad mit den beiden Erzbischöfen von Mainz und Köln führte, enthält die Abrechnung eine Reihe von Einträgen, die Kriegsausgaben auflisten. Diese Posten lassen Gerhard eindeutig in der Funktion eines militärischen Befehlshabers erscheinen,[144] für seinen Kriegsdienst („militia“) schuldete der König ihm 20 Mark. Für „milites“, die sich unter Gerhard dem Feldzug des Königs

---

136 Vgl. MGH DD Wilh, Nr. 2, S. 28 f. (1247 Oktober 9). Vgl. ferner dazu Fischer, Schildgeld, 2013, S. 168 f., mit Anm. 147. Zu Köln und Wilhelm knapp Kaufhold, Könige, S. 328.

137 Vgl. Mersiowsky, Anfänge, S. 22, und Ders., Königtum, S. 550–553.

138 Vgl. so zum Beispiel Schubert, König, S. 147–150, und Brühl, Fodrum, S. 636–645.

139 Vgl. Esch, Überlieferungs-Chance.

140 So schon Niese, Verwaltung, S. 157 f.; Metz, Güterverzeichnisse, S. 150, und für das regionale Rechnungswesen Mersiowsky, Anfänge, sowie für die königliche Rechnungslegung Ders., Königtum, bes. S. 553–558.

141 Vgl. MGH Const. II, Nr. 338, S. 446 f. (1242 Mai 2).

142 Vgl. Metz, Güterverzeichnisse, S. 116–121; Zotz, Grundherrschaft, S. 11–11; Mersiowsky, Königtum, S. 559–562.

143 Vgl. MGH Const. II, Nr. 338, S. 446 f. (1242 Mai 2 Rotheburg o. d. Tauber): „Tenore presentium notificamus universis, quod Gerardus de Sinsigh fidelis noster coram officiatis nostris deposuit rationem villicationis sue de uno anno.“

144 Zum ereignisgeschichtlichen Hintergrund und zur Rolle Gerhards von Sinzig als militärischer Befehlshaber vgl. Heinrichs, Gerhard von Sinzig. Gerhard nahm sicherlich verschiedene Funktionen wahr, wie es in der damaligen Zeit üblich war. Die Übergänge zwischen wirtschaftlichem Verwalter und militärischem Befehlshaber waren fließend.

angeschlossen hatten, sind Ausgaben von etwas weniger als 32 Mark verzeichnet. Daneben werden die Kosten für Streitrösser von drei „milites“ aufgelistet; auch werden weitere Ausgaben, darunter Kosten für Bewaffnete („armigeri“), der Verlust von deren Pferden sowie die Herstellungskosten für Steingeschosse und Bogenschützen in dem Dokument aufgeführt. All diese Kriegsausgaben wurden mit den Einnahmen aus Wirtschaft und Verwaltung der Güter, aber auch mit den Einnahmen aus den Kriegszügen selbst verrechnet. Gerhard sollte schließlich eine Differenz von 78½ Mark vom König erhalten.

Aus dem Dokument geht hervor, dass es sich dabei nicht um die einzige schriftliche Abrechnung des Sinziger Verwalters handelte, sondern Gerhard selbst regelmäßig Buch führte. Allerdings sind weitere Stücke nicht überliefert.[145] Aufgrund der splitterhaften Überlieferung sind die Rechnungszeugnisse aber wohl nicht als Überreste einer frühen weitverbreiteten, in regelmäßigen Zeitabständen durchgeführten Verwaltungsroutine zu verstehen, sondern dürften in erster Linie „den Charakter eines Herrschaftsinstruments“ besessen haben.[146] Bereits Gerhards gleichnamigem Vater hatte Friedrich II. 1214 die Burg Landskron und die Verwaltung über das „officium“ Sinzig gegen eine jährliche Zahlung anvertraut,[147] 1216 wurde dem älteren Gerhard die „procuratio“ am Niederrhein unterhalb der Mosel aufgrund seiner „fidelitas“ übertragen.[148] Im Mai 1231 stellte der Herrscher ein Privileg aus, dass Gerhard I. wegen der ihm übertragenen Position („baiolatio“), der Verwaltung von Sinzig und der Burg Landskron, allein dem Herrscher gegenüber verantwortlich sei: Niemandem außer dem König sollte er Rechenschaft ablegen oder dienen.[149] In all diesen Urkunden über die Einsetzung des Sinzigers in sein „Amt“ werden leiherechtliche Aspekte nicht benannt: Aus der Urkunde Friedrichs II. von 1214 geht hervor, dass Philipp von

145 Vgl. MGH Const. II, Nr. 338, S. 447: „Inventum est in apodixa sua, quod nos debemus eidem Gerhardo de proxima computatione sua [...].“ Vgl. dazu Metz, Güterverzeichnisse, S. 118.

146 Dazu Mersiowsky, Königtum, S. 560 und Ders., Anfänge, Zitat dort auf S. 345. Zu den Gründen, weshalb sich Gerhards Abrechnung erhalten hat, vgl. Metz, Güterverzeichnisse, S. 120.

147 Vgl. UB Mittelrhein III, Nr. 19, S. 22 f. (1214 September 18).

148 Vgl. ebd., Nr. 47, S. 51 f. (1216 April 17).

149 Vgl. MGH Const. II, Nr. 307, S. 421 (1231 Mai 1): „Presentium insinuatione ad noticiam universorum cupimus pervenire, quod nos ex plenitudine consilii nostri constituimus, ut fidelis noster Gerardus de Sinzich de baiolatione ipsi a nostra serenitate recommissa nulli respondeat vel intendat nisi nobis.“ Vgl. dazu auch Mersiowsky, Königtum, S. 560, der zu Recht erwähnt, dass hier nicht expressis verbis von einer Rechnungslegung die Rede ist und hinter dieser herrscherlichen Privilegierung von 1231 den älteren Gerhard von Sinzig, also noch den Vater Gerhards II., annimmt, dazu Rödel, Entstehung, S. 46–50.

Schwaben dem Sinziger den Bau der Burg Landeskron aufgetragen und Otto IV. zu diesem Zweck Güter in Westheim verpfändet hatte („sub nomine pignoris"). Als Grund für die Übertragung wird in dem Diplom die Hingabe Gerhards I. in Treue und Ergebenheit („pro illis fidei et devotionis tuae obsequiis") genannt.[150] Die gleiche Ergebenheit für den Kaiser lässt sich auch für den Sohn, Gerhard II., nachweisen: Im Januar 1238 kehrte dieser aus Italien über die Alpen zurück. Anscheinend beteiligte sich Gerhard an den Kämpfen, die der Staufer im Vorjahr gegen den Lombardenbund führte, war beim Triumph bei Cortenuova 1237 vielleicht sogar zugegen. In einem in Lodi ausgestellten Geleitbrief gewährt der Kaiser Gerhard mit seinen fünf „servientes" und sieben Pferden die sichere Heimreise.[151] Der einzige Bezug zu leiherechtlichen Verhältnissen lässt sich in der Abrechnung selbst finden: Aufgelistet werden die geldlichen Ausgaben von jeweils zwei Burgleihen („feudum castellum"), diese Ausgaben sollte Gerhard II. vom König ersetzt bekommen.[152]

Auch wenn es auf den ersten Blick nicht besonders bedeutend erscheinen mag, eine durch Verwaltungspraxis und Rechnungslegung gewährte Bindung als regionaler Funktionsträger des Königs besaß kräftige Wirkung: Erinnert sei hier daran, dass bereits Gerhard I. 1234 eine Geldleihe vom Kölner Erzbischof Heinrich von Müllenark erhielt.[153] Auch zu dem Grafen von Geldern unterhielt dieser eine ähnliche leiherechtliche Beziehung. Laut einer Urkunde von 1230 erhielt er jährliche Einnahmen von 80 Mark, welche er ebenfalls in Gütern anlegen und diese wiederum „in feodo" halten sollte. Im Gegenzug für das finanzielle Einkommen leistete Gerhard dem Grafen „fidelitas" und „hominium".[154] Die Sinziger gingen also durchaus leiherechtliche Beziehungen mit den umliegenden Großen ein. Insbesondere die seit Gerhard I. bestehenden Verbindungen zu den Kölner Erzbischöfen und die Rolle als königliche Funktionsträger sorgten für komplizierte Verhältnisse bei der Ausgestaltung sozialer Beziehungen. Der Sohn Gerhards I., Gerhard II., von welchem sich die hier untersuchte Abrechnung überliefert hat, war, bevor er in das Amt seines Vaters folgte, Ministeriale des Erzbischofs von Trier. Im Dezember 1230 erwarb ihn König Heinrich (VII.) im Austausch mit einem seiner Reichsministerialen („ministerialis imperii") vom Trierer Prälaten.[155] 1248 legte Gerhard II. dem Erzbischof von Köln, Konrad von

---

150 Vgl. UB Mittelrhein III, Nr. 19, S. 22 f. (1214 September 18 im Lager unter Landskron).
151 Vgl. ebd., Nr. 610, S. 466 (1238 Januar 5).
152 Vgl. MGH Const. II, Nr. 338, S. 446 f. (1242 Mai 2 Rothenburg o. d. Tauber).
153 Vgl. UB Mittelrhein III, Nr. 509, S. 396 (1234 November).
154 Vgl. ebd., Nr. 401, S. 317 f. (1230 August 27).
155 Vgl. ebd., Nr. 404, S. 320 f. (1230 Dezember 22).

Hohenstaden, gezwungenermaßen das Versprechen ab, dem Kölner gegenüber „in fidelitate homagii" zu verbleiben und die „fidelitas, sicut vasallus domino suo tenetur" zu bewahren. Der Grund für ein solches Versprechen war seine Entlassung und die seiner Brüder aus erzbischöflicher Gefangenschaft. Gerhard verpflichtete sich darüber hinaus zur „negativen Treue": Sofern es in seiner Macht stünde, sollten gegen das Kölner Erzstift keine Angriffe mehr von seiner Burg Landskron ausgehen. Doch mit einer Ausnahme: Wenn Friedrich II. oder Konrad IV. „personaliter" jenseits der Mosel zu Felde zögen, war der Friedensschluss nicht gültig und in diesem Falle verletzte er sein „iuramentum" nicht.[156]

Das Aufkommen von Rechnungen war nicht nur eine schriftliche Fixierung monetärer Entlohnungspraktiken, die bei der Mobilisierung von „milites" schon lange in Gebrauch waren, sondern Abrechnungen von Kriegseinsätzen und Kriegsentschädigung, wie sie vermehrt seit dem 14. Jahrhundert auftreten,[157] gingen mit Änderungen in der Organisation ritterlicher Kriegsdienstleistungen selbst einher: Der Ausbau der lokalen Amtsverwaltung und die damit einhergehende Rechnungslegung diente den Herrschern in erster Linie dazu, ihre eingesetzten lokalen Funktionsträger und deren wirtschaftliche wie militärische Ressourcen zu kontrollieren und für die eigenen Zwecke zu sichern.[158]

In der Forschung ist mit der herrscherlichen Kontrollfunktion der Rechnungslegung bisher nur eine Seite der Medaille angesprochen worden: Auf der anderen Seite bot das Instrument der Rechnung dem Sinziger Reichsministerialen die Möglichkeit, aus dem Krieg entstandene Kosten und Schäden vom Herrscher einzufordern. Am Ende der Abrechnung von 1242 werden noch weitere, für Gerhard angefallene Kriegsausgaben und Kriegsschäden erwähnt, die in der Auflistung des Dokuments selbst nicht auftauchen: Für 50 Bewaffnete, die er samt deren Reittieren sechzehn Wochen in Dienst nahm, erhielt er keine Auslagen. Ebenso entließ er auf Befehl des Königs Gefangene, für die er 400 Mark hätte erhalten sollen. Auch sind seine Besitzungen, Korn und Weineinnahmen durch den Krieg in Mitleidenschaft gezogen worden. Das Schriftstück endet damit, dass Gerhard für diese Ausgaben die „gratia" Konrads und dessen Vaters, des Kaisers, erwarte.[159] Der Krieg an Mittel- und Niederrhein forderte von Gerhard

156 Vgl. ebd., Nr. 953, S. 712 f. (1248 Juni 13).

157 Vgl. Mersiowsky, Anfänge, S. 49 f., 58 in Anm. 71, 109 f., 135, 142–144, 157–159, 182, 192, 201, 203, 221, 256, 278 f.

158 Vgl. ebd., 345 f. Zum Ausbau der königlichen Lokalverwaltung vgl. Stürner, Friedrich II., S. 204–208; Niese, Verwaltung.

159 Vgl. MGH Const. II, Nr. 338, S. 446 f. (1242 Mai 2 Rothenburg o. d. Tauber): „Dicit etiam idem, Gerardus, quod per sedecim septimanas tenebat quinquaginta armatos cum totidem equitatuum ad nostrum servitium, de quibus ipse nullas accepit expensas. Domus sua

sicherlich Ausgaben über das gewohnte Maß hinaus und diese Ausgaben sind hier gesondert veranschlagt worden.[160]

Die Haltung als getreuer militärischer Funktionsträger des Königs konnte aber sicherlich nur funktionieren, solange die Ausgaben des Sinzigers für sein Amt nicht ins Unermessliche stiegen. 1246 überließ König Konrad dem Reichsministerialen für die von ihm getragenen Auslagen der Burg Landskron fünf Mark an Einkünften aus Grundstücken in Leubsdorf und versprach die Zahlung von 100 Mark. Zur Absicherung verpfändete er Gerhard ein Stück Wald („eodem titulo pignoris duximus obligare").[161] Im Jahre 1251 teilt Konrad Gerhard den Tod seines Vaters, Friedrichs II., mit. Als die Lage für den König also besonders prekär zu werden schien, bat er Gerhard darum, von seiner Treue und der Ergebenheit gegenüber Konrads Vorfahren nicht abzuweichen und versprach, die vom Feind verursachten Schäden durch Geld zu erstatten, welches er bald zu erhalten hoffte.[162] Ob es sich dabei um die offenen Posten aus der Abrechnung von 1242 handelte, muss offenbleiben. Um den Reichsministerialen aber bei der Stange zu halten, waren regelmäßige Kompensationen der Auslagen, die Gerhard aus seinem Amt erwuchsen, sowie Kriegsentschädigung wichtig und notwendig.

Deutlich werden hier die Nachteile, die durch die aufkommende Praxis der schriftlich fixierten Rechnungslegung für den Herrscher entstanden. Als Geld im Kriegswesen zunehmend an Bedeutung gewann und Abrechnungen im Reich langsam in Mode kamen, besaß dies unmittelbare Auswirkungen auf die ritterliche Kriegsdienstorganisation: Es wurde nicht nur eine auf regulärem Sold basierende Entlohnung verschriftlicht, sondern der Anreiz des ritterlich kämpfenden Befehlshabers, seine Tapferkeit und Treue gegenüber seinem Herrn im Krieg über ein gewöhnliches Maß hinaus unter Beweis zu stellen, wurde kalkulierbar. Im Krieg entstandene Kosten und Ansprüche

---

Sintzig combusta et vinum suum et frumentum dissipata sunt et possessiones sue aduste. Captivos quos habebat dimisit ad mandatum nostrum solutos, de quibus poterat habere, ut dicit, CCCC marcas. Super his expectat gratiam imperatoris et nostram."

160 Dazu auch Büttner, Geld, S. 266, und Mersiowsky, Königtum, S. 561.

161 Vgl. UB Mittelrhein III, Nr. 869, S. 650 f. (1246 Mai 31).

162 Vgl. Historia diplomatica VI.2, S. 892 f. (1251 März 20): „Preterea super dampnis et gravaminibus tibi ab hostibus nostris illatis, noveris nos plurimum tibi condolere, nec dubitare te convenit, cum ibidem Domino concedente [venerimus], tibi omne dampnum et gravamina illata ab eisdem hostibus, per pecuniam quam subito nos speramus habituros, juxta beneplacitum tuum liberali provisione refundemus. Unde non tedeat te fidem, et devotionem progenitoribus nostris observatam per te, nobis de te confidimus inviolatam observari."

auf Entschädigungen konnten somit präziser eingefordert werden als zuvor. Der außergewöhnliche ritterliche Kriegseinsatz war nicht mehr nur auf eine freiwillige Gabe des Herrschers angewiesen. Obgleich mit Ausnahme der 400 Mark für die Entlassung der Gefangenen die Kosten in der Auflistung am Ende nicht exakt benannt werden, weist die Abrechnung von 1242 mit dem Verweis auf die „gratia" der beiden Herrscher erste deutliche Tendenzen für diese Entwicklung auf.

VI. Schluss

In der hier eingangs aufgegriffenen Szene der „Historia Welforum" von der Lehnsnahme und dem „hominium" des jungen Welfen findet eine militärische Verpflichtung, die aus den Leihen rechtlich zu leisten sei, keine Erwähnung. Mit Leihen und Treueeid klärten die Zeitgenossen herrschaftliche Verhältnisse, bei denen man sich zur „negativen Treue" verpflichtete. Das „hominium" schränkte somit freilich das „officium" eines emsigen „miles" ein, konnte dieser doch zumindest nicht mehr frei gegen den Herrn handeln, dem er einen solchen Eid geleistet hatte. So versteht sich die Darstellung des Autors der Welfengeschichte als ein Reflex auf die aufkommende Bedeutung leiherechtlicher Bindungen. Der Welfenchronist sah in derartigen Beziehungen eine „subiectio" und den Verlust der „libertas" des großen Adelsgeschlechts. Der Kriegsdienst wurde aber lediglich aufgrund von Vergütung, in den meisten Fällen monetärer Art, geleistet. Noch im 13. Jahrhundert zeigt sich der ritterliche Kriegsdienst nicht als eine aus den Leihen geschuldete Verpflichtung. Um Ritter zu mobilisieren, war Geld immer noch eine wichtige, wenn nicht sogar die wichtigste Komponente. Nicht der aus dem Grund und Boden lehnrechtlich geschuldete Waffendienst, sondern die geldliche Be- bzw. Entlohnung war ein gängiges Phänomen in der Organisation ritterlicher Kriegsdienste, das bis ins 11. Jahrhundert zurückreicht. Der Wandel vom 12. bis zum 13. Jahrhundert war keine Transformation von einem ritterlichen Lehnsaufgebot zum ritterlichen Söldnerwesen. Diese Geschichte vom Lehns- zum Soldrittertum kann meines Erachtens getrost als eine Mär der älteren Forschung ad acta gelegt werden. Zwei Veränderungen in der Mobilisierung von „milites" möchte ich hier abschließend festhalten:

1. Die geldliche Entlohnung ritterlicher Kriegsdienste konnte vor dem Hintergrund der „ministeriales", die sich seit dem 11. Jahrhundert zunehmend als „milites" verdingten und denen unter Einschränkungen die freie Wahl des Dienstherrn gestattet wurde, problematisch werden. Immer wieder heben die Zeitgenossen hervor, dass sich Geld und loyale Dienste

nicht gut vertrugen. Die marginale Überlieferung der strukturierten Verwaltungspraxis im Reich aus der Mitte des 13. Jahrhunderts dokumentiert eindrücklich die Forderung nach geldlicher Be- und Entlohnung als Gegenleistung für den ritterlichen Kriegseinsatz. Wenn man so will, lässt sich hier der Wandel von der loseren Belohnung zur regelmäßigeren Entlohnung greifen: Es ist sicherlich zu betonen, dass in dem hier untersuchten Zeitraum von einer Vielfalt von Be- und Entlohnungspraktiken im Kriegswesen auszugehen ist. Innerhalb dieses Gefüges verschiedener Praktiken ermöglichte die Rechnungslegung dem „miles" allerdings, die Kostenübernahme von Kriegsschäden und Kriegsdiensten beim Herrscher konkret einzufordern.

2. Die von Eike von Repgow dargestellte sechswöchige Verpflichtung des Vasallen auf eigene Kosten zu dienen, war noch im 13. Jahrhundert eine geforderte Idealvorstellung.[163] Eike selbst betonte immer wieder die Diskrepanz zwischen der Rechtswirklichkeit und seinen „theoretischen" Ausführungen. Seinen lehnrechtlichen Teil – sofern er denn der Autor ist[164] – verfasste er in Form eines Lehrbuchs, eines Spiegels, nicht um die Wirklichkeit aufzuzeichnen.[165] Das Lehnrecht war im Reich nördlich der Alpen auch nach 1200 kein Instrument, um aktiv „milites" zu mobilisieren, es schuf allenfalls eine Möglichkeit, dauerhafte und schwer aufzulösende Bindungen einzugehen, regelte es doch konkret den Umgang bei Erbangelegenheiten und Streitfällen und gestalte so herrschaftliche Beziehungen.[166] Die militärische Bedeutung des Lehnrechts liegt also weniger in seinem Potential, im akuten Fall Ritter für den Kampf bereitzustellen, sondern längerfristige Beziehungen zu knüpfen, aus denen sich mithilfe von Zahlungen und Soldverträgen „milites" rekrutieren ließen. Diese Funktion des Lehnrechts wurde im Laufe des 13. Jahrhunderts mit Geldleihen und Pfandgeschäften verknüpft. Gerade letztere boten meist nur mittelfristige Bindungen und konnten durch Loskauf leicht gelöst werden. Neben der Verwaltungspraxis lässt sich somit seit der Mitte des 12. Jahrhunderts ein weiterer Wandel in der ritterlichen Kriegsdienstorganisation feststellen, bei welchem man eine Verbindung von Besoldung und Leiheverhältnissen nutzte, um sich langfristig loyale Ritter zu sichern.

---

[163] Vgl. Eike von Repgow, Lnr. 4, § 1–3.

[164] Vgl. dazu Weinert, Eike von Repgow; vgl. hingegen zur Entstehung des Sachsenspiegels anhand von Notizen aus der Praxis Heirbaut, Anfang.

[165] Vgl. Lück, Lehnrecht, 2013, S. 252 f. mit Anm. 99.

[166] Vgl. dazu auch das Ergebnis des Bandes Dendorfer/Patzold, Zusammenfassung, S. 466 f.

Mit dem Blick auf Geld und „milites“ lässt sich ein anderer Plot vorschlagen, um die Geschichte vom Rittertum im Reich nördlich der Alpen zu erzählen: Die ritterlich kämpfenden „servientes“ und „ministeriales“ strebten nicht danach, sich in ein System lehnrechtlicher Verfahrensregeln zu integrieren. Damit ist natürlich nicht gesagt, dass Leihen und deren Vererbung auf ritterliche Kriegsdienstleistende keine Attraktivität ausübten; das Gegenteil war der Fall. Leiheformen und später dann das konkret formulierte Lehnrecht boten den Herren ebenso eine Möglichkeit, die Dienste der „milites“, die sich für (geldliche) Vergütung auch anderswo verdingen konnten, längerfristig an sich zu binden. Seit dem 11. Jahrhundert lassen sich in den historiographischen und dichterischen Quellen kritische Äußerungen über Geld, Treue und Kriegsdienste der „milites“ finden. Mit der Heranziehung regulärer Söldner seit der zweiten Hälfte des 12. Jahrhunderts und schließlich während des Thronstreits gewinnen diese Äußerungen an Schärfe. Die Suche nach einer (lehn-)rechtlichen Fixierung der „milites“ innerhalb des hochmittelalterlichen Sozialgefüges erweist sich – so viel kann mittlerweile gesagt werden – als wenig hilfreich, um die Entstehung des hochmittelalterlichen Rittertums im Reich zu erklären. Es lässt sich darüber nachdenken, ob wir nicht das Phänomen „Rittertum“ eher verstehen können, wenn wir es als eine Idee aus Erörterungen und Diskussionen begreifen, welche die Angehörigen der ritterlichen Kriegergemeinschaft mit den Geistlichen an den Höfen über ihre moralischen Werte führten. Nicht zuletzt die Frage nach den Gründen und Motivationen, in den Krieg zu ziehen, dürfte ein wesentlicher Faktor gewesen sein, der das zeitgenössische Verständnis von Rang und Status der „milites“ stetig formte.[167]

Gedruckte Quellen

Arnoldi Chronica Slavorum = Lappenberg, Johann Martin (Hg.): Arnoldi Chronica Slavorum (MGH SS rer. Germ. 14), Hannover 1869, S. 115–120.

Becher, Matthias (Hg.): Quellen zur Geschichte der Welfen und die Chronik Burchards von Ursberg (Ausgewählte Quellen zur deutschen Geschichte des Mittelalters/Freiherr vom Stein-Gedächtnisausgabe 18b), Darmstadt 2007.

Bresslau, Harry (Hg.): Die Urkunden Konrads II. Mit Nachträgen zu den Urkunden Heinrichs II. (MGH DD 4), Hannover 1909.

Caesarius von Heisterbach = Nösges, Nikolaus/Schneider, Horst (Bearb.): Caesarius von Heisterbach, Dialogus miraculorum, Bd. 4 (Fontes Christiani 86,4), Turnhout 2009.

[167] Vgl. die Literatur in Anm. 53.

Carmen de bello Saxonico = Holder-Egger, Oswald (Hg.): Carmen de bello Saxonico (MGH SS rer. Germ. 17), Hannover 1889.
Carmen de gestis Frederici = Schmale-Ott, Irene (Hg.): Carmen de gestis Frederici I. imperatoris in Lombardia (MGH SS rer. Germ. 62), Hannover 1965.
Chronica regia Coloniensis = Waitz, Georg (Hg.): Chronica regia Coloniensis (Annales maximi Colonienses) (MGH SS rer. Germ. 18), Hannover 1880.
Chronicon Burchardi = Burchardi praepositi Urspergensis Chronicon, in: Quellen zur Geschichte der Welfen und die Chronik Burchards von Ursberg, hg. von Matthias Becher (Ausgewählte Quellen zur deutschen Geschichte des Mittelalters/Freiherr vom Stein-Gedächtnisausgabe 18b), Darmstadt 2007, S. 101–311.
Codex Udalrici I = Nass, Klaus (Hg.): Codex Udalrici, Tl. 1 (MGH Epistolae 10,1), Wiesbaden 2017.
Cosmae Pragensis Chronica Boemorum = Weinberger, Wilhelm/Bretholz, Berthold (Hgg.): Cosmae Pragensis Chronica Boemorum (MGH SS rer. Germ. N. S. 2), Berlin 1923.
Eckhardt, Karl August (Hg.): Sachsenspiegel. Lehnrecht (MGH Fontes iuris N.S. 1), Göttingen ^{2}1956.
Ennen, Leonard/Eckertz, Gottfried (Hgg.): Quellen zur Geschichte der Stadt Köln, Bd. 2, Köln 1863.
Erdmann, Carl (Hg.): Die Briefe Meinhards von Bamberg, in: Neues Archiv der Gesellschaft für ältere deutsche Geschichtskunde 49 (1931), S. 332–431.
Ex Chronico universali anonymi Laudunensis = Ex Chronico universali anonymi Laudunensis, in: Ex rerum Francogallicarum scriptoribus. Ex historiis auctorum Flandrensium Francogallica lingua scriptis. Supplementum tomi XXIV (MGH SS 26), hg. von Georg Waitz, Hannover 1882, S. 442–457.
Gesta Friderici = Waitz, Georg/Simson Bernhard von (Hgg.): Ottonis et Rahewini Gesta Friderici I. imperatoris (MGH SS rer. Germ. 46), Hannover 1912.
Gunther der Dichter = Assmann, Erwin (Hg.): Gunther der Dichter, Ligurinus (MGH SS rer. Germ. 63), Hannover 1987.
Historia diplomatica VI.2 = Huillard-Bréholles, Jean Louis Alphonse (Hg.): Historia diplomatica Friderici Secundi sive constitutiones, privilegia, mandata, instrumenta quae supersunt istius imperato ris et filiorum eius, Bd. 6,2, Paris 1861.
Historia Welforum = Historia Welforum cum continuatione Steingademensi, in: Quellen zur Geschichte der Welfen und die Chronik Burchards von Ursberg, hg. von Matthias Becher (Ausgewählte Quellen zur deutschen Geschichte des Mittelalters/Freiherr vom Stein-Gedächtnisausgabe 18b), Darmstadt 2007, S. 34–93.

MGH Const. I = Weiland, Ludwig (Hg.): Constitutiones et acta publica imperatorum et regum, Tl. 1: 911–1197 (MGH Const. 1), Hannover 1893.
MGH Const. II = Weiland, Ludwig (Hg.): Constitutiones et acta publica imperatorum et regum, Tl. 2: 1198–1272 (MGH Const. 2), Hannover 1896.
MGH Const. III = Schwalm, Jakob (Hg.): Constitutiones et acta publica imperatorum et regum, Tl. 3: 1273–1298 (MGH Const. 3), Hannover 1904–1906.
MGH DD F I. = Appelt, Heinrich (Bearb.): Die Urkunden Friedrichs I., 5. Bde. (MGH DD 10), Hannover 1975–1990.
MGH DD F II. = Koch, Walter (Bearb.): Die Urkunden Friedrichs II., 6 Tle. (MGH DD 14), Hannover/Wiesbaden 2002–2021.
MGH DD H V. = Thiel, Matthias/Gawlik, Alfred (Bearb.): Die Urkunden Heinrichs V. und der Königin Mathilde. Digitale Vorab-Edition (MGH DD 7), abrufbar unter https://data.mgh.de/databases/ddhv/index.htm (Letzter Zugriff am 03.07.2025).
MGH DD H VI. = Appelt, Heinrich/Pferschy-Maleczek, Bettina/Csendes, Peter (Bearb.): Vorabedition der Urkunden Heinrichs VI. für deutsche, französische und italienische Empfänger, abrufbar unter https://www.mgh.de/de/die-mgh/editionsprojekte/die-urkunde-heinrichs-vi, (Letzter Zugriff am 03.07.2025).
MGH DD HRas = Gawlik, Alfred/Hägermann, Dieter/Kruisheer, Jaap Gerardus (Hgg.): Die Urkunden Heinrich Raspes und Wilhelms von Holland, 2 Tle. (MGH DD 18), Hannover 1989.
MGH DD Merov. = Kölzer, Theo (Hg.): Die Urkunden der Merowinger, 2. Bde (MGH DD Merov. 1), Hannover 2001.
MGH DD O IV. = Rzihacek, Andrea/Spreitzer, Renate (Hgg.): Die Urkunden Ottos IV. (MGH Digitale Vorab-Edition), 24.02.2023, abrufbar unter https://mgh.de/de/die-mgh/editionsprojekte/die-urkunden-ottos-iv (Letzter Zugriff am 03.07.2025).
MGH DD Phil = Rzihacek, Andrea/Spreitzer, Renate (Bearb.): Die Urkunden Philipps von Schwaben (MGH DD 12), Wiesbaden 2014.
MGH DD Wilh = Gawlik, Alfred/Hägermann, Dieter/Kruisheer, Jaap Gerardus (Hgg.): Die Urkunden Heinrich Raspes und Wilhelms von Holland, 2. Bde. (MGH DD 18), Hannover 1989.
Ottonis episcopi Frisingensis Chronica = Hofmeister, Adolf (Hg.): Ottonis episcopi Frisingensis Chronica sive Historia de duabus civitatibus (MGH Script. rer. Germ. 45), Hannover 1912.
Petrus de Ebulo = Kölzer, Theo/Stähli, Marlis (Hgg.): Petrus de Ebulo, Liber ad honorem Augusti sive de rebus Siculis. Codex 120 II der Burgerbibliothek Bern. Eine Bilderchronik der Stauferzeit. Textrevision und Übersetzung von Gereon Becht-Jördens, Sigmaringen 1994.
Regesten Bischöfe von Bamberg = Guttenberg, Erich von (Bearb.): Regesten der Bischöfe und des Domkapitels von Bamberg (Veröffentlichungen der Gesellschaft für Fränkische Geschichte 6), Würzburg 1963.

RI V,1,1 = Böhmer, Johann Friedrich (Hg.): Regesta Imperii V. Jüngere Staufer 1198–1272. Die Regesten des Kaiserreichs unter Philipp, Otto IV., Friedrich II., Heinrich (VII.), Konrad IV., Heinrich Raspe, Wilhelm und Richard, 1. Abt., hg. von Julius Ficker, Innsbruck 1881.
Sudendorf, Hans Friedrich Georg Julius (Hg.): Registrum oder merkwürdige Urkunden für die deutsche Geschichte, Zweiter Theil, Berlin 1851.
UB Hohenlohe I = Weller, Karl (Hg.): Hohenlohisches Urkundenbuch, Bd. 1, Stuttgart 1899.
UB Mittelrhein III = Eltester, Leopold/Goerz, Adam (Bearb.): Urkundenbuch zur Geschichte der jetzt die Preussischen Regierungsbezirke Coblenz und Trier bildenden mittelrheinischen Territorien. Bd. 3: Vom Jahre 1212 bis 1260, Koblenz 1874.
UB Niederrhein II = Lacomblet, Theodor Josef (Hg.): Urkundenbuch für die Geschichte des Niederrheins oder des Erzstifts Cöln, der Fürstenthümer Jülich und Berg, Geldern, Meurs, Cleve und Mark, und der Reichsstifte Elten, Essen und Werden, Bd. 2: Von dem Jahr 1201 bis 1300 einschliesslich, Elberfeld 1846.
Weinrich, Lorenz (Hg.): Das längere Kölner Dienstrecht (Nr. 70), in: Quellen zur deutschen Verfassungs-, Wirtschafts- und Sozialgeschichte bis 1250 (Ausgewählte Quellen zur deutschen Geschichte des Mittelalters 32), Darmstadt 1977, S. 266–279.
WUB V = Königliches Haus- und Staatsarchiv in Stuttgart (Hg.): Württembergisches Urkundenbuch, Bd. 5: 1253–1260, Stuttgart 1889 [ND Aalen 1974].

Darstellungen

Auge, Oliver: Art. „Lehnrecht, Lehnswesen“, in: HRG 3 ([2]2014), Sp. 717–736.
Bachrach, David Steward: Feudalism, Romanticism, and Source Criticism. Writing the Military History of Salian Germany, in: Journal of Medieval Military History 13 (2015), S. 1–25.
Ders.: *Milites* and Warfare in Pre-Crusade Germany, in: War in History 22 (2015), S. 298–343.
Bosl, Karl: Das *ius ministerialium*. Dienstrecht und Lehnrecht im deutschen Mittelalter, in: Studien zum mittelalterlichen Lehenswesen (VuF 5), hg. durch den Konstanzer Arbeitskreis für mittelalterliche Geschichte, Sigmaringen 1960, S. 51–94.
Brown, Stephen D. B.: Military Service and Monetary Reward in the Eleventh and Twelfth Centuries, in: History. The Journal of the Historical Association 74 (1989), S. 20–38.
Brühl, Carlrichard: Fodrum, Gistum, Servitium regis. Studien zu den wirtschaftlichen Grundlagen des Königtums im Frankenreich und in den fränkischen Nachfolgestaaten Deutschland, Frankreich und Italien

vom 6. bis zur Mitte des 14. Jahrhunderts, 2 Bde. (Kölner historische Abhandlungen 14), Köln 1968.
Bumke, Joachim: Studien zum Ritterbegriff im 12. und 13. Jahrhundert. Mit einem Anhang zum Stand der Ritterforschung 1976 (Beihefte zum Euphorion 1), Heidelberg ^{2}1977.
Büttner, Andreas: Geld – Gnade – Gefolgschaft. Die Monetarisierung der politischen Ordnung im 12. und 13. Jahrhundert (Forschungen zur Kaiser- und Papstgeschichte des Mittelalters 47), Köln 2022.
Clauss, Martin: Militärgeschichte des Mittelalters (Beck'sche Reihe 2914), München 2020.
Contamine, Philippe: La guerre au moyen âge (Nouvelle Clio 24), Paris 1980.
Crouch, David: William Marshal and the Mercenariat, in: Mercenaries and Paid Men. The Mercenary Identity in the Middle Ages (History of Warfare 47), hg. von John France, Leiden u. a. 2008, S. 15–32.
Ders.: The Chivalric Turn. Conduct and Hegemony in Europe Before 1300 (Oxford Studies in Medieval European History), Oxford/New York 2019.
Dendorfer, Jürgen: Die Rechte und Pflichten des Herrn und des Vasallen und die Bedeutung der Lehnsbindung im hohen Mittelalter. Ein Versuch zu *milites* und *beneficia*, in: Gebote–Verbote. Normen und ihr sozialer Sinn im Mittelalter (Bamberger interdisziplinäre Mittelalterstudien. Vorträge und Vorlesungen 9), hg. von Klaus van Eickels und Christine van Eickels, Bamberg 2022, S. 141–204.
Ders.: Roncaglia: Der Beginn eines lehnrechtlichen Umbaus des Reiches?, in: Staufisches Kaisertum im 12. Jahrhundert. Konzepte, Netzwerke, politische Praxis, hg. von Stefan Burkhardt u. a., Regensburg 2010, S. 111–132.
Ders.: Der Tod des Ritters im hohen Mittelalter, in: Helden müssen sterben. Von Sinn und Fragwürdigkeit des heroischen Todes (Helden, Heroisierungen, Heroismen 10), hg. von Cornelia Brink, Nicole Falkenhayner und Ralf von den Hoff, Baden-Baden 2019, S. 105–126.
Ders./Patzold, Steffen (Hgg.): Tenere et habere. Leihen als soziale Praxis im frühen und hohen Mittelalter (Besitz und Beziehungen 1), Ostfildern 2023.
Dies.: Zusammenfassung und Folgerungen, in: Tenere et habere. Leihen als soziale Praxis im frühen und hohen Mittelalter (Besitz und Beziehungen 1), hg. von Jürgen Dendorfer und Steffen Patzold, Ostfildern 2023, S. 437–468.
Deutinger, Roman: Vom Amt zum Lehen. Das Beispiel der deutschen Herzogtümer im Hochmittelalter, in: Ausbildung und Verbreitung des Lehnswesens im Reich und in Italien im 12. und 13. Jahrhundert (VuF 76), hg. von Karl-Heinz Spieß, Ostfildern 2013, S. 133–158.
DeVries, Kelly R.: Medieval Mercenaries. Methodology, Definitions, and Problems, in: Mercenaries and Paid Men. The Mercenary Identity in the Middle Ages (History of Warfare 47), hg. von John France, Leiden/Boston 2008, S. 43–61.

Domsta, Hans Josef: Die Kölner Außenbürger. Untersuchungen zur Politik und Verfassung der Stadt Köln von der Mitte des 13. bis zur Mitte des 16. Jahrhunderts (RhArch 84), Bonn 1973.
Esch, Arnold: Überlieferungs-Chance und Überlieferungs-Zufall als methodisches Problem des Historikers, in: HZ 240 (1985), S. 529–570.
Ficker, Julius: Über die Entstehungsverhältnisse der Constitutio de expeditione Romana, in: Sitzungsberichte. Akademie der Wissenschaften in Wien, Philosophisch-Historische Klasse 73 (1873), S. 173–220.
Fischer, Carsten: Schildgeld und Heersteuer. Eine vergleichende Studie zur Entwicklung lehnsrechtlicher Strukturen durch die Umwandlung vasallitischer Kriegsdienste in Geldabgaben im normannisch-frühangevinischen England und staufischen Reich (Studien zur europäischen Rechtsgeschichte 279), Frankfurt a. Main 2013.
Fleckenstein, Josef: Die Entstehung des niederen Adels und das Rittertum, in: Herrschaft und Stand. Untersuchungen zur Sozialgeschichte im 13. Jahrhundert (VMPI 93; Studien zur Germania Sacra 51), hg. von Josef Fleckenstein, Göttingen 1977, S. 17–39.
Ders.: Rittertum und ritterliche Welt, Berlin 2002.
Frensdorff, Ferdinand: Das Recht der Dienstmannen des Erzbischofs von Köln, in: Mitteilungen aus dem Stadtarchiv von Köln 2 (1883), S. 1–69.
Frey, Carl: Die Schicksale des königlichen Gutes in Deutschland unter den letzten Staufern seit König Philipp, Berlin 1881.
Garnier, Claudia: Amicus amicis, inimicus inimicis. Politische Freundschaft und fürstliche Netzwerke im 13. Jahrhundert (Monographien zur Geschichte des Mittelalters 46), Stuttgart 2000.
Gattermann, Günter: Die deutschen Fürsten auf der Reichsheerfahrt. Studien zur Reichskriegsverfassung der Stauferzeit, Dissertation Frankfurt a. Main 1956.
Göbbels, Joachim: Die Militärorganisation im staufischen Königreich Sizilien, in: Friedrich II. Tagung des Deutschen Historischen Instituts in Rom im Gedenkjahr 1994 (Bibliothek des Deutschen Historischen Instituts in Rom 85), hg. von Arnold Esch und Norbert Kamp, Tübingen 1996, S. 486–500.
Görich, Knut: Friedrich Barbarossa. Eine Biographie, München 2011.
Groten, Manfred: Zur Entwicklung des Kölner Lehnshofes und der kölnischen Ministerialität im 13. Jahrhundert, in: BlldtLG 124 (1988), S. 1–50.
Grundmann, Herbert: Rotten und Brabanzonen. Söldner-Heere im 12. Jahrhundert, in: DA 5 (1942), S. 419–492.
Haverkamp, Alfred: Herrschaftsformen der Frühstaufer in Reichsitalien, 2 Bde. (Monographien zur Geschichte des Mittelalters 1), Stuttgart 1970/1971.
Hageneier, Lars: Die frühen Staufer bei Otto von Freising. Oder wie sind die „Gesta Friderici“ entstanden?, in: Grafen, Herzöge, Könige. Der Aufstieg der frühen Staufer und das Reich (1079–1152) (Mittelalter-Forschungen

18), hg. von Hubertus Seibert und Jürgen Dendorfer, Ostfildern 2005, S. 363–396.

Hechberger, Werner: Adel im fränkisch-deutschen Mittelalter. Zur Anatomie eines Forschungsproblems (Mittelalter-Forschungen 17), Ostfildern 2005.

Ders.: Adel, Ministerialität und Rittertum im Mittelalter (Enzyklopädie deutscher Geschichte 72), München [2]2010.

Heinrichs, Johannes: Gerhard von Sinzig und König Konrad IV. Untersuchungen zum geschichtlichen Hintergrund der Sinziger Abrechnung für das Amtsjahr 1241/1242, in: Jahrbuch für westdeutsche Landesgeschichte 11 (1985), S. 55–70.

Heirbaut, Dirk: Am Anfang war das Lehnrecht! Eike von Repgow als Lehnrechtsspezialist und die Entstehungsgeschichte des Sachsenspiegels, in: Von Sachsen-Anhalt in die Welt. Der Sachsenspiegel als europäische Rechtsquelle (Signa Ivris 14), hg. von Heiner Lück, Halle a. d. Saale 2015, S. 105–122.

Ders./Opsommer, Rik: Das Sachsenspiegel-Lehnrecht. Einige Bemerkungen über seine Spezifizität, in: Recht im Wandel – Wandel des Rechts. Festschrift für Jürgen Weitzel zum 70. Geburtstag, hg. von Ignacio Czeguhn, Köln/Weimar/Wien 2014, S. 93–108.

Houben, Hubert: Markward von Annweiler. Ein staufischer Ministeriale aus süditalienischer Sicht, in: Kaiser, Könige und Ministerialen (Beiträge zur Geschichte des Trifels und des Mittelalters 3), hg. von Franz Schmidt, Annweiler 2006, S. 55–76.

Isaac, Steven Wayne: Down upon the Fold. Mercenaries in the Twelfth Century, abrufbar unter https://digitalcommons.lsu.edu/cgi/viewcontent.cgi?article=7783&context=gradschool_disstheses (Letzter Zugriff am 03.07.2025).

Ders.: The Problem with Mercenaries, in: The Circle of War in the Middle Ages (Warfare in history 6), hg. von Donald J. Kagay und L. J. Andrew Villalon, Woodbridge 1999, S. 101–110.

Kalla, Sebastian: Ein Bistum ohne Lehnswesen und Vasallen. Leiheformen und personale Bindungen im Hochstift Bamberg des 12. und 13. Jahrhunderts (Besitz und Beziehungen 3), Ostfildern 2025.

Kamp, Hermann: Geld, Politik und Moral im hohen Mittelalter, in: FMSt 35 (2001), S. 329–347.

Ders.: Gutes Geld und böses Geld. Die Anfänge der Geldwirtschaft und der „Gabentausch“ im hohen Mittelalter, in: Geld im Mittelalter. Wahrnehmung, Bewertung, Symbolik, hg. von Klaus Grubmüller und Markus Stock, Darmstadt 2005, S. 91–112.

Kaufhold, Martin: Die Könige des Interregnum: Konrad IV., Heinrich Raspe, Wilhelm, Alfons, Richard (1245–1273), in: Die deutschen Herrscher des Mittelalters. Historische Portraits, hg. von Bernd Schneidmüller und Stefan Weinfurter, München 2003, S. 315–339.

Keller, Hagen: Das „Edictum de beneficiis“ Konrads II. und die Entwicklung des Lehnswesens in der ersten Hälfte des 11. Jahrhunderts, in: Il Feudalesimo nell'Alto Medioevo (Settimane di studio del Centro italiano di studi sull'alto medioevo 47), Spoleto 2000, S. 227–257.

Keupp, Jan Ulrich: Aufstieg im Verbund. Auf dem Weg zur adligen Unfreiheit, in: Freiheit und Unfreiheit. Mittelalterliche und frühneuzeitliche Facetten eines zeitlosen Problems (Kraichtaler Kolloquien 7), hg. von Kurt Andermann und Gabriel Zeilinger, Epfendorf 2010, S. 91–114.

Ders.: Dienst und Verdienst. Die Ministerialen Friedrich Barbarossas und Heinrichs VI. (Monographien zur Geschichte des Mittelalters 48), Stuttgart 2002.

Ders.: Heinrichs willige Helfer. Die Salier und ihre Ministerialen in Sachsen und im Reich, 2006, abrufbar unter https://www.uni-muenster.de/imperia/md/content/geschichte/mittelalter3/keupp_sachsen.pdf (Letzter Zugriff am 03.07.2025).

Ders.: Ministerialität und Lehnswesen. Anmerkungen zur Frage der Dienstlehen, in: Das Lehnswesen im Hochmittelalter. Forschungskonstrukte – Quellenbefunde – Deutungsrelevanz (Mittelalter-Forschungen 34), hg. von Jürgen Dendorfer und Roman Deutinger, Ostfildern 2010, S. 347–366.

Klapeer, Gottfried: Zur Überlieferung der Constitutio de expeditione Romana, in: MIÖG 35 (1914), S. 725–732.

Klein, Herbert: Das salzburgische Söldnerheer im 14. Jahrhundert, in: MGSLK 66 (1926), S. 99–158.

Kölzer, Theo: Merowingerstudien II (MGH Studien und Texte 26), Hannover 1999.

Kortüm, Hans-Henning: Kriege und Krieger. 500–1500 (Kohlhammer-Urban-Akademie), Stuttgart 2010.

Krätschmer, Marco: Rittertum und Lehnswesen im Stauferreich, in: FMSt 54 (2020), S. 349–394.

Krause, Hans-Georg: Pfandherrschaften als verfassungsgeschichtliches Problem, in: Der Staat 9 (1970), S. 387–404, 515–532.

Krieg, Heinz: Herrscherdarstellung in der Stauferzeit. Friedrich Barbarossa im Spiegel seiner Urkunden und der staufischen Geschichtsschreibung (VuF. Sonderband 50), Stuttgart 2003.

Krieger, Karl-Friedrich: Die Lehnshoheit der deutschen Könige im Spätmittelalter (ca. 1200–1437) (Untersuchungen zur deutschen Staats- und Rechtsgeschichte NF 23), Aalen 1979.

Ders.: Obligatory Military Service and the Use of Mercenaries in Imperial Military Campaigns under the Hohenstaufen Emperors, in: England and Germany in the High Middle Ages. In Honour of Karl J. Leyser (Studies of the German Historical Institute London), hg. von Alfred Haverkamp, Oxford u. a. 1996, S. 151–168.

Krieb, Steffen: Vermitteln und Versöhnen im deutschen Thronstreit 1198–1208 (Norm und Struktur 13), Köln/Weimar/Wien 2000.

Landwehr, Götz: Die Verpfändung der deutschen Reichsstädte im Mittelalter (Forschungen zur deutschen Rechtsgeschichte 5), Köln/Graz 1967.

Laudage, Johannes: Alexander III. und Friedrich Barbarossa (Forschungen zur Kaiser- und Papstgeschichte des Mittelalters 16), Köln u. a. 1997.

Ders.: Rittertum und höfische Kultur in der Stauferzeit. Eine Einführung, in: Rittertum und höfische Kultur der Stauferzeit (Europäische Geschichtsdarstellungen 12), hg. von Johannes Laudage und Yvonne Leiverkus, Köln 2006, S. 11–35.

Loesch, Heinrich von: Das kürzere Kölner Dienstmannenrecht, in: ZRG GA 44 (1924), S. 298–307.

Lück, Heiner: Woher kommt das Lehnrecht des Sachsenspiegels? Überlegungen zu Genesis, Charakter und Struktur, in: Ausbildung und Verbreitung des Lehnswesens im Reich und in Italien im 12. und 13. Jahrhundert (VuF 76), hg. von Karl-Heinz Spieß, Ostfildern 2013, S. 239–268.

Lyon, Bryce Dale: From Fief to Indenture. The Transition from Feudal to Non-Feudal Contract in Western Europe (Harvard Historical Studies 68), New York 1956.

Ders.: What role did communes have in the feudal system?, in: Revue belge de philologie et d'histoire 72 (1994), S. 241–253.

Mallett, Michael E.: Mercenaries, in: Medieval Warfare. A History, hg. von Maurice Hugh Keen, Oxford 1999, S. 209–229.

Maurer, Hans-Martin: Rechtsverhältnisse der hochmittelalterlichen Adelsburg vornehmlich in Südwestdeutschland, in: Die Burgen im deutschen Sprachraum. Ihre rechts- und verfassungsgeschichtliche Bedeutung, Bd. 2 (VuF 19,2), hg. von Hans Patze, Sigmaringen 1976, S. 77–190.

Mersiowsky, Mark: Die Anfänge territorialer Rechnungslegung im deutschen Nordwesten. Spätmittelalterliche Rechnungen, Verwaltungspraxis, Hof und Territorium (Residenzenforschung 9), Stuttgart 2000.

Ders.: Römisches Königtum und Rechnungslegung im 13. und frühen 14. Jahrhundert, in: DA 64 (2008), S. 547–578.

Metz, Wolfgang: Staufische Güterverzeichnisse. Untersuchungen zur Verfassungs- und Wirtschaftsgeschichte des 12. und 13. Jahrhunderts, Berlin 1964.

Mikulla, Johannes: Der Söldner in den Heeren Kaiser Friedrichs II., Gnesen 1885.

Mitteis, Heinrich: Lehnrecht und Staatsgewalt. Untersuchungen zur mittelalterlichen Verfassungsgeschichte, Köln/Wien 1933 [ND Darmstadt 1974].

Napran, Laura: Mercenaries and Paid Men in Gilbert of Mons, in: Mercenaries and Paid Men. The Mercenary Identity in the Middle Ages (History of Warfare 47), hg. von John France, Leiden/Boston 2008, S. 287–299.
Neumeister, Peter: Art. „Ministeriale, Ministerialität", in: HRG 3 (^{2}2016), Sp. 1531–1535.
Niese, Hans: Zur Geschichte des deutschen Soldrittertums in Italien, in: Quellen und Forschungen aus italienischen Archiven und Bibliotheken 8 (1905), S. 217–248.
Ders.: Die Verwaltung des Reichsgutes im 13. Jahrhundert. Ein Beitrag zur deutschen Verfassungsgeschichte, Innsbruck 1905.
Oberweis, Michael: Die Interpolationen im Chronicon Urspergense. Quellenkundliche Studien zur Privilegiengeschichte der Reform-Orden in der Stauferzeit (Münchener Beiträge zur Mediävistik und Renaissance-Forschung 40), München 1990.
Patzold, Steffen: Das Lehnswesen (Beck'sche Reihe 2745), München 2012.
Ders.: Das Lehnswesen im Spiegel historiographischer Quellen des 12. und 13. Jahrhunderts, in: Ausbildung und Verbreitung des Lehnswesens im Reich und in Italien im 12. und 13. Jahrhundert (VuF 76), hg. von Karl-Heinz Spieß, Ostfildern 2013, S. 269–306.
Prestwich, John Oswald: War and Finance in the Anglo-Norman State, in: Transactions of the Royal Historical Society 4 (1954), S. 19–43.
Rauch, Günter: Die Bündnisse deutscher Herrschaft mit Reichsangehörigen vom Regierungsantritt Friedrich Barbarossas bis zum Tod Rudolfs von Habsburg (Untersuchungen zur deutschen Staats- und Rechtsgeschichte NF 5), Aalen 1966, S. 228–239.
Reichert, Winfried: Finanzpolitik und Landesherrschaft. Zur Entwicklung der Grafschaft Katzenelnbogen vom 12. bis zum 15. Jahrhundert (Kleine Schriften zur Geschichte und Landeskunde 1), Trier 1985.
Reynolds, Susan: Fiefs and Vassals. The Medieval Evidence Reinterpreted, Oxford 1994.
Rödel, Volker: Die Entstehung der Herrschaft Landskron, in: Jahrbuch für westdeutsche Landesgeschichte 6 (1980), S. 43–67.
Ders.: Reichslehenswesen, Ministerialität, Burgmannschaft und Niederadel. Studien zur Rechts- und Sozialgeschichte des Adels in den Mittel- und Oberrheinlanden während des 13. und 14. Jahrhunderts (QFHessG 38), Darmstadt u. a. 1979.
Rösener, Werner: Die ritterlich-höfische Kultur des Hochmittelalters und ihre wirtschaftlichen Grundlagen, in: Rittertum und höfische Kultur der Stauferzeit (Europäische Geschichtsdarstellungen 12), hg. von Johannes Laudage und Yvonne Leiverkus, Köln 2006, S. 111–135.
Ders.: Ritterliche Wirtschaftsverhältnisse und Turnier im sozialen Wandel des Hochmittelalters, in: Das ritterliche Turnier im Mittelalter (VMPI 80), hg. von Josef Fleckenstein, Göttingen 1985, S. 296–338.

Rieder, Otto/Kammerl, Reiner (Bearb.): Geschichte der ehemaligen Reichstadt Weißenburg am Nordgau. Bd. 1: Rechts-, Verwaltungs- und Verfassungsgeschichte (Weißenburger Heimatbücher 10), Weißenburg i. Bayern 2002.
Scheffer-Boichorst, Paul: Die Heimat der Constitutio de expeditione Romana, in: ZGO 42/3 (1888), S. 173–191.
Schmitt, Fabian: Ministeriale des Kölner Erzstifts im Hochmittelalter. Dienst, Herrschaft und soziale Mobilität (RhArch 164), Köln 2021.
Schmitthenner, Paul: Lehnskriegswesen und Söldnertum im abendländischen Imperium des Mittelalters, in: HZ 150 (1934), S. 229–267.
Ders.: Das freie Söldnertum im abendländischen Imperium des Mittelalters (Münchener Historische Abhandlungen 2/4), München 1934.
Schmugge, Ludwig: Über „nationale“ Vorurteile im Mittelalter, in: DA 38 (1982), S. 439–459.
Schubert, Ernst: König und Reich. Studien zur spätmittelalterlichen deutschen Verfassungsgeschichte (VMPI 63), Göttingen 1979.
Schulz, Knut: Die „Constitutio de expeditione Romana“, in: Christliches und jüdisches Europa im Mittelalter. Kolloquium zu Ehren von Alfred Haverkamp, hg. von Lukas Clemens und Sigrid Hirbodian, Trier 2011, S. 47–70.
Ders.: Art. „Dienstrecht“, in: LexMA 3 (1986), Sp. 1105–1106.
Ders.: Reichsklöster und Ministerialität. Gefälschte Dienstrechte des 12. Jahrhunderts. Ursachen und Absichten, in: Gesellschaftsgeschichte. Festschrift für Karl Bosl zum 80. Geburtstag, 2. Bd., hg. von Ferdinand Seibt, München 1988, S. 37–54.
Spieß, Karl-Heinz/Willich, Thomas: Das Lehnswesen in Deutschland im hohen und späten Mittelalter (Historisches Seminar NF 13), Idstein 2002.
Stehkämper, Hugo: Geld bei deutschen Königswahlen des 13. Jahrhunderts, in: Wirtschaftskräfte und Wirtschaftswege, Bd. 1 (Beiträge zur Wirtschaftsgeschichte 4), hg. von Jürgen Schneider, Stuttgart 1978, S. 83–136.
Ders./Dietmar, Carl D.: Köln im Hochmittelalter 1074/1075–1288 (Geschichte der Stadt Köln 3), Köln 2016.
Stürner, Wolfgang: Friedrich II. 1194–1250 (Gestalten des Mittelalters und der Renaissance), Darmstadt 32009.
Thorau, Peter: Der (un)willkommene Grenzgänger. Von Söldnern und anderem fremden Kriegsvolk, in: Grenzen erkennen, Begrenzungen überwinden. Festschrift für Reinhard Schneider zur Vollendung seines 65. Lebensjahres, hg. von Wolfgang Haubrichs, Kurt-Ulrich Jäschke und Michael Oberweis, Sigmaringen 1999, S. 205–226.
Ders.: Der Krieg und das Geld. Ritter und Söldner in den Heeren Kaiser Friedrichs II., in: HZ 268 (1999), S. 599–634.
Vercamer, Grischa: Die Welfen in der „Historia Welforum“. Ihre Identifikation mit der süddeutschen Region und ihre Verortung im Reich, in: Legitimation von Fürstendynastien in Polen und dem Reich (Deutsches Historisches

Institut Warschau. Quellen und Studien 31), hg. von Grischa Vercamer und Ewa Wólkiewicz, Wiesbaden 2016, S. 97–130.

Waitz, Georg: Kleine kritische Erörterungen. 8. Die ersten sächsischen Pfalzgrafen. 9. Wann wurde Hermann von Winzenburg Landgraf von Thüringen? 10. Über Zeit und Heimat der sogenannten Constitutio de expeditione Romana, in: Forschungen zur deutschen Geschichte 14 (1874), S. 21–36.

Weinert, Jörn: Eike von Repgow, Verfasser des „Sachsenspiegels"?, in: Zeitschrift für deutsche Philologie 133 (2014), S. 67–98.

Weinfurter, Stefan: Lehnswesen, Treueid und Vertrauen. Grundlagen der neuen Ordnung im Mittelalter, in: Das Lehnswesen im Hochmittelalter. Forschungskonstrukte – Quellenbefunde – Deutungsrelevanz (Mittelalter-Forschungen 34), hg. von Jürgen Dendorfer und Roman Deutinger, Ostfildern 2010, S. 443–462.

Weise, Wilhelm: Der Hof der Kölner Erzbischöfe in der Zeit Kaiser Friedrich Barbarossas (Studia humaniora 38), Düsseldorf 2004.

White, Stephen D.: Service for Fiefs or Fiefs for Service. The Politics of Reciprocity, in: Re-thinking Kinship and Feudalism in Early Medieval Europe (Variorum Collected Studies Series 823), hg. von Stephen D. White, Aldershot/Burlington 2005, S. 63–98.

Ders.: The Politics of Exchange: Gifts, Fiefs, and Feudalism, in: Re-thinking Kinship and Feudalism in Early Medieval Europe (Variorum Collected Studies Series 823), hg. von Stephen D. White, Aldershot/Burlington 2005, S. 1–17.

Wickham, Chris: Medieval Europe, New Haven 2016.

Wohlfeil, Rainer: Ritter – Söldnerführer – Offizier. Versuch eines Vergleichs (1966), in: Das Rittertum im Mittelalter (Wege der Forschung 349), hg. von Arno Borst, Darmstadt 1976, S. 315–348.

Zotz, Thomas: Die Formierung der Ministerialität, in: Die Salier und das Reich. Band 3: Gesellschaftlicher und ideengeschichtlicher Wandel im Reich der Salier (Publikation zur Ausstellung „Die Salier und ihr Reich" veranstaltet vom Land Rheinland-Pfalz in Speyer 1991), hg. von Stefan Weinfurter, Sigmaringen 1991, S. 3–50.

Ders.: Zur Grundherrschaft des Königs im Deutschen Reich vom 10. bis zum frühen 13. Jahrhundert, in: Grundherrschaft und bäuerliche Gesellschaft im Hochmittelalter (VMPI 115), hg. von Werner Rösener, Göttingen 1995, S. 76–115.

Leihe, Pfand und Geld im Südwesten des Reiches. Die Urkunden der Bischöfe von Basel (12./13. Jahrhundert)

Jürgen Dendorfer

The charters of the bishops of Basel are diplomatically well catalogued and therefore also provide an excellent insight into the manorial circumstances in the diocese. The documents from around 1240 onwards can be interpreted in a way that is compatible with the classical concept of the "Lehnswesen". However, a broader interpretation is also conceivable, as close links to financial transactions and the overlapping of different forms of lending can be identified. Pledges of land in the narrower sense, on the other hand, are hardly recognisable in the sources; the principle of lending and re-lending in return for monetary payments, which is visible instead, was possibly pursued because pledgeable property was limited.

Der folgende Beitrag wendet sich ergänzend zu den bisherigen mit dem Südwesten des Reiches einem anderen Raum zu. Im Zentrum steht die weltliche Herrschaft des Bischofs von Basel, die seit dem 13. Jahrhundert als Hochstift – das spätere Fürstbistum – festere Formen gewann.[1] Als Leitquelle für Beobachtungen zu Lehen und Pfand dienen dabei die sogenannten Bischofsurkunden, also kirchliche Urkunden. Zeitlich setzen meine Beobachtungen etwas früher an als die der anderen Beiträge, nämlich im 12. Jahrhundert, und ziehen sich bis 1272 hin. Auch im Zentrum dieses Beitrags stehen die von den Veranstaltern aufgeworfenen Fragen nach der Verflechtung von Lehns- und Pfandwesen.[2] Inwieweit zeigen sich in den Urkunden der Bischöfe von Basel Belehnungen bzw. Leihen von Land und Rechten, Verpfändungen und Geldzahlungen? In welchem Zusammenhang stehen diese Transaktionen? Insbesondere die Frage nach der Terminologie und nach Überschneidungen oder Sonderung der Phänomene Leihe und Pfand lässt sich am Corpus der Basler Bischofsurkunden mit Gewinn diskutieren. Dabei leiten mich folgende Fragen: In welcher zeitlichen Verteilung sind welche Formen der Leihe und Verpfändung greifbar und in welcher Verbindung stehen sie

---

1 Zur Entstehung: Mayer-Edenhauser, Territorialbildung; Boner, Bistum; Rebetez (Hg.), Donation; Ders., Formation. Zum Hochstift im Spätmittelalter und seiner Verwaltung: Weissen, Landesherrschaft; Ders., Verwaltung.

2 Zum Ansatz des Projekts, das den Ausgangspunkt für die dem Band zugrundeliegende Tagung bildete, vgl. Auge, Lehnswesen, S. 247–252, mit Beobachtungen zur Bedeutung des Pfandwesens in Dänemark.

zueinander? Welche Rolle spielte in diesem Zusammenhang der zunehmende Einsatz von Geld? Und: Welche erkennbaren, intendierten oder tatsächlichen Funktionen hatten Leihe und Pfand?

1. Quellen, Raum und Zeit – Die Herrschaft des Bischofs von Basel (11. bis 13. Jahrhundert)

Die Urkunden der Bischöfe von Basel bieten sich für eine Untersuchung an, weil sie durch die diplomatische Forschung gut erschlossen sind. Zudem zeigt sich in Basel eine bemerkenswerte Dynamik in der Ausbildung des Hochstifts, dessen räumliche Schwerpunkte sich vom 11. Jahrhundert bis ins Spätmittelalter deutlich veränderten. In den Urkunden könnte sich diese Veränderungsdynamik in besonderes aussagekräftigen Besitztransaktionen niederschlagen, bei der die Basler Bischöfe mittels Pfand und Leihe, so die Ausgangsüberlegung, ihren Besitz mit allen Mitteln zu halten versuchten oder neue Besitzungen erwarben und diese sicherten. Bis zum Ende des Untersuchungszeitraums im 13. Jahrhundert ist der Ausbau des Basler Hochstifts immer noch im Fluss, festere Form gewinnt dieses erst im 14. Jahrhundert.[3]

Zu den Quellen: Eine Edition der Basler Bischofsurkunden gibt es bis heute nicht. Allerdings erschließen zwei Dissertationen das bischöfliche Urkundenwesen vom Beginn des 11. Jahrhunderts bis ins Jahr 1272 vorbildlich: diejenige des jungen Peter Rück zu den „Urkunden der Bischöfe von Basel bis 1213“ von 1966 und jene von Anton Gössi zum „Urkundenwesen der Bischöfe von Basel im 13. Jahrhundert“ (1216–1274) aus dem Jahr 1974.[4] Die beiden Arbeiten bereiten ein verlässliches Fundament in einer Urkundenlandschaft, die von berüchtigten Fälschungskomplexen durchzogen ist.[5] Rück und Gössi stellen im Ergebnis für den Zeitraum von 1010 bis 1272 295 echte Urkunden fest, davon entfallen sechs auf das 11. Jahrhundert, 68 auf das 12. Jahrhundert und 221 auf die 71 Jahre

---

3 Im Zuge dieser Veränderung des Basler Hochstifts wurde bereits die Bedeutung des Lehnswesens erörtert. Als Lehen ausgegebene Besitzungen wurden dabei als dem Hochstift auf Dauer „entfremdet“ bewertet, vgl. etwa Mayer-Edenhauser, Territorialbildung; Weissen, Verwaltung, S. 223 f.; als Möglichkeit trotz des Verlusts eines direkten Zugriffs personale Verbindungen zu erhalten, wird das Lehnswesen bewertet bei: Dendorfer, Bischof.

4 Rück, Urkunden.

5 Vgl. dazu nur die Urkundenfälschungen Bernadin Buchingers für die Zisterzen Lützel und Pairis im 17. Jahrhundert, die erhebliche Auswirkungen auf die frühen Urkunden des Bistums Basel hatten: Hirsch, Urkundenfälschungen; Ders., Zisterzienserprivilegien. Zu Buchinger: Ludwig, Abt; Ders., Zisterzienserabt.

des 13. Jahrhunderts.[6] Bischofsurkunden haben bekanntlich in dieser Zeit kein festes Format, sondern können von der weitgehend formlosen Bestätigung vorausgehender Rechtsgeschäfte durch den Bischof, bis zur durchgebildeten, an päpstlichen „litterae“ orientierten Form reichen.[7] Dieser offenen Form entspricht eine gewisse inhaltliche Fluidität; man könnte allgemein sagen: Die Urkunden enthalten Rechtsgeschäfte unter Beteiligung des Bischofs.

Der Raum des Bistums Basel liegt im Südwesten des Reiches, das im 12. Jahrhundert in den Quellen auch als „regnum teutonicum“ bezeichnet wird, an der Grenze zum Königreich Burgund. Basel, und das mag überraschen, liegt genau an dieser Grenze. Das mittelalterliche Bistum Basel gehörte dann auch Zeit seines Bestehens zum Erzbistum Besançon; als Reichsfürst ist der Bischof aber auch am Hof der Könige und Kaiser im Reich nördlich der Alpen präsent. Gerade im hohen Mittelalter ist diese Lage keinesfalls mit einer Peripherie zu verwechseln, denn das Bistum Basel lag am Oberrhein, jener vielbeschworenen „vis maxima regni“. Teil des Bistums war etwa der Süden des Elsasses, in dem die Staufer früh belegt sind und im 12. Jahrhundert ihr eigenes Territorium ausbauten.[8] Ein Gebiet, in dem auch die Habsburger früh und reich begütert waren; sie blieben herrschaftlich das ganze Mittelalter in den seit dem 15. Jahrhundert sogenannten „vorderen Landen“ präsent.[9] In diesem Landstrich war ein eigener Herrschaftsaufbau der Bischöfe von Basel gegen mächtige adelige Konkurrenten nur schwer möglich. Die Geschichte ihres Versuchs ein Territorium auszubauen, ist deshalb eine der immer wieder neuen Anläufe und eines wiederholten Scheiterns, bis das Fürstbistum im späten Mittelalter die Form gewann, die es im Wesentlichen auch noch nach der Reformation behalten sollte.

---

6 Vgl. als Übersicht die einschlägigen Listen bei Rück, Urkunden, S. 16–25; Gössi, Urkundenwesen, S. 169–184.

7 Vgl. Härtel, Urkunden.

8 Zur staufischen Präsenz im Elsass vgl. zusammenfassend: Dendorfer, Staufer, S. 156–158. Zur Entwicklung am Ende des 12. Jahrhunderts in der Zeit des Sohnes Friedrich Barbarossas, Pfalzgraf Otto von Burgund: Regenbogen, Erbe, S. 347–398.

9 Zu den Anfängen der Habsburger im Elsass und ihrer Präsenz vor der Zeit Rudolfs von Habsburg in diesem Raum, vgl. Feine, Territorialbildung, S. 176–189; Nuss, Habsbourg; Quarthal, Vorderösterreich, S. 597–599; zuletzt, mit älterer Literatur: Speck, Herrschaftsraum, S. 141–143.

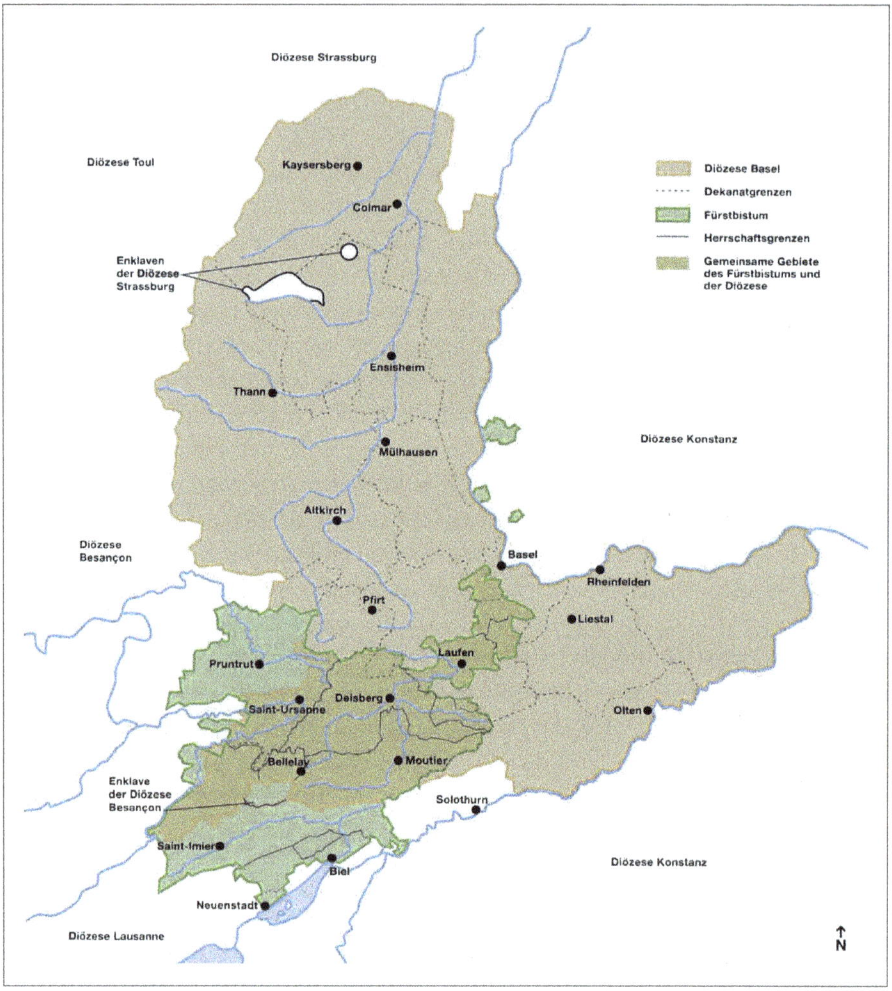

Abb. 1: Diözese und Fürstbistum Basel. Karte aus: Rebetez, Bischof, S. 286.

Die Diözese Basel erstreckte sich danach nördlich der Bischofsstadt, links des Rheins bis auf die Höhe von Colmar, unmittelbar nördlich lag Schlettstadt bereits in der Diözese Straßburg. Der Rhein bildete die Grenze zur Diözese Konstanz. Südlich der Bischofsstadt dehnte sich die Diözese über die Juratäler bis nach Moutier Grandval, heute im Berner Jura, aus.

Im Gegensatz dazu lag das Hochstift Basel am Ende des Mittelalters südlich der Bischofsstadt, an die es nicht einmal mehr heranreichte. Teile, darunter die frühneuzeitliche Bischofsresidenz in Pruntrut/Porrentruy, befanden sich in anderen Diözesen, etwa der Erzdiözese Besançon oder in der Diözese Lausanne.

Hinzuweisen ist nördlich des Rheinknies auf Teile des Hochstifts, die Enklaven im Gebiet der Diözese Konstanz waren: die letzten Reste eines einst weitaus umfangreicheren Basler Besitzes im Breisgau.

Das Kartenbild zeigt den Zustand am Ende des Mittelalters, den man aus Sicht der Basler Bischofskirche nur als den einer Verdrängung aus ursprünglichen Herrschaftsrechten im Norden der Bischofsstadt beschreiben kann.[10] Denn im 11. Jahrhundert hatte das Bistum durch eine Serie von königlichen Schenkungen Herrschaftsrechte und Besitzungen nördlich des Rheinknies erhalten, die sich im linksrheinischen, elsässischen Teil bis auf die Höhe der eigentlichen Bistumsgrenze, also bis nach Colmar und Schlettstadt, erstreckten, im rechtsrheinischen Teil, im Breisgau bis nach Breisach, das bis ins 13. Jahrhundert Stadt des Bischofs von Basel blieb.[11] Diese Entwicklung bildete den Hintergrund für das Ringen um Einflusssphären, um konkrete Herrschaftsrechte zwischen den Bischöfen und einzelnen Adeligen der Region. Erwähnungen von Leihen, von Geldzahlungen oder – seltener – Verpfändungen stehen in diesem historischen Kontext.

2. Vom Lehen zur Leihe – Flexible Praktiken in zunehmend gefestigten Formen?

Die folgende Perspektive auf das Thema Lehen und Pfand unterscheidet sich von einem Großteil der in diesem Band gewählten Zugriffe dadurch, dass sich der Blick vom frühen und hohen Mittelalter auf das 13. Jahrhundert richtet. Aus früh- und hochmittelalterlicher Sicht könnte, nach derzeitigem Forschungsstand, das Lehnswesens in der ersten Hälfte des 13. Jahrhundert eine Gestalt im Sinne des vormaligen Handbuchwissens gewonnen haben[12] – also jene Form, die dann im Spätmittelalter ausgebildet gewesen zu sein scheint.[13]

Die im letzten Jahrzehnt entstandenen neuen Forschungen zum „Lehnswesen" des frühen und hohen Mittelalters[14] fanden einen vorläufigen Abschluss in dem Band „Tenere et habere. Leihen als soziale Praxis im frühen und hohen

---

10 Vgl. dazu im Überblick: Rebetez, Bischof, S. 289.

11 Dazu im Überblick: Zotz, Bischof.

12 Zur Entwicklung im frühen Mittelalter nun: Kasten, Deutungsstreit; zum aktuellen Stand der Debatte vgl. nun auch die Beiträge in Geschichte in Wissenschaft und Unterricht 5/6 (2024), etwa Auge, Statik; Dendorfer, Lehnswesen, S. 314–323.

13 Künftig zur Entwicklung in der ersten Hälfte des 13. Jahrhunderts mit älterer Literatur: Dendorfer, Weg zu; wichtige Beiträge zur Entwicklung im 13. Jahrhundert bereits in: Spieß (Hg.), Ausbildung; zu einer klassischen rechtsgeschichtlich geprägten, heute etwas statisch wirkenden Sicht auf das Lehenswesen im späten Mittelalter: Spieß, Lehnswesen.

14 Vgl. etwa Haack, Krieger; Kalla, Bistum; de Vries, Herrschen.

Mittelalter".[15] Die Beiträgerinnen und Beiträger dieses Bandes gehen vom frühen Mittelalter bis ins 13. Jahrhundert nicht mehr davon aus, dass es ein präzise beschreibbares Lehnswesen als festgefügten, kausalen Zusammenhang von Lehen und Vasallität gab. Vielmehr nehmen sie flexible Praktiken der (Land-)Leihe an, in denen das Handbuchmodell des Lehnswesens so gut wie nie erscheint.[16] Auch wenn im 12. Jahrhundert schriftliche Lehnrechte, die „Consuetudines feudorum", existieren und es zunehmend schärfer gestellte Begriffe gab, die präzisere Vorstellungen zu spiegeln scheinen,[17] ist das „klassische Lehnswesen" noch bis in die erste Hälfte des 13. Jahrhundert nur selten nachweisbar.

Blickt man andererseits aus dem späten Mittelalter der Lehnsbücher, Lehnsurkunden und Lehnsrezesse zurück auf das 13. Jahrhundert, dann nimmt sich dieses als eine Zeit der Anfänge aus.[18] Das bestätigt sich auch in dem 1441 abgefassten Basler Lehnsbuch, das erste Urkunden ab dem Beginn des 13. Jahrhunderts verzeichnet.[19] Ob diese Urkunden dann ein Lehnswesen im ausgeprägten spätmittelalterlichen Sinne kennen, wäre eine eigene Frage, der hier nicht nachgegangen werden kann.

Die Beiträgerinnen und Beiträger des erwähnten Bandes haben umfassende Quellencorpora ergebnisoffen auf die in ihnen erfassbare Vorstellungen von Leiheformen befragt, in der Hoffnung, so beschreibend den Konzepten näherzukommen, die das Handeln der Zeitgenossen strukturierten.[20] Dabei wurde das sog. klassische Lehnswesen nur als eine Leiheform unter anderen gesehen. Die Studien erbrachten überraschende Ergebnisse, die hier nur anzudeuten sind:[21] es gibt eine Vielfalt von Formen der Leihe von Land und Rechten, die flexibel je nach den intendierten Funktionen angepasst werden konnten. Dabei sind Grundbausteine zu erkennen, wie die Übergabe von Besitzungen an geistliche Institutionen und deren konditionale, Punkt für Punkt auszuhandelnde Rückleihe; erkennbar werden auch Belohnungen mit verliehenen Gütern, vor oder häufiger nach geleisteten Diensten. Verliehene Güter können

---

15 Dendorfer/Patzold (Hgg.), Tenere.

16 Zu den Ergebnissen des Bandes: Dendorfer/Patzold, Zusammenfassung.

17 Zur Entwicklung im 12. Jahrhundert, vor allem für die dafür besonders in Frage stehende Zeit Friedrich Barbarossas vgl. Dendorfer, Vasallen.

18 Eine solche spätmittelalterliche Perspektive lässt sich greifen bei Spieß, Lehnswesen.

19 Zum Basler Lehnsbuch von 1441 vgl. Wackernagel, Lehenbuch; ein Digitalisat der reich geschmückten Handschrift: GLA Hfk-HS Nr. 133, abrufbar unter https://www.landesarchiv-bw.de/plink/?f=4-116365 (Letzter Zugriff am 03.07.2025), hier S. 356 f. mit einem Verzeichnis der Urkunden des 13. Jahrhunderts, die 1213 einsetzen.

20 Dendorfer/Patzold (Hgg.), Tenere, S. 11–13.

21 Wie Anm. 16.

dabei mit anderen Arten der Belohnung wie Schenkungen, Geldzahlungen oder Verpfändungen konkurrieren. All dies kommt aber nicht fein säuberlich voneinander geschieden in einzelnen Urkunden vor, sondern kann in ein und derselben Urkunde festgehalten werden. Erst im Laufe des Hochmittelalters scheinen sich die Vorstellungen von gewissen festen Leiheformen und zugleich auch die Fähigkeit, sie beschreibend zu erfassen, zu festigen. Ein Lehnswesen im klassischen Sinne aber wird nur selten sichtbar. Die vorschnelle Deutung von Einzelbelegen oder Begriffen im Sinne eines zuvor fest angenommenen Modells würde gerade diese bunte Vielfalt, die wir beobachten konnten, in ein monochromes und noch dazu verzerrtes Bild bringen.

Im Hinblick auf die Frage nach dem Lehns- und Pfandwesen des 13. Jahrhunderts heißt dies, dass nicht a priori davon auszugehen ist, dass Leihen von Gütern und Besitzungen, Verpfändungen und Geldzahlungen in unterschiedlichen, deutlich voneinander geschiedenen Formen auftreten. Vielmehr ist anzunehmen, dass es vielfältige Erscheinungsformen der Leihe, der Rückleihe oder der Monetarisierung von Grundbesitz gab, ohne diesen dauerhaft aus der Hand zu geben. Das ist aus der Entwicklung des 12. Jahrhunderts und auf der Grundlage der geschilderten Ergebnisse kein Sonderfall, sondern sogar erwartbar. Weiterführend könnte dann die Frage sein, wann es tatsächlich klar voneinander geschiedene Konzepte gab und wie sich deren schriftliche Erfassung veränderte.

3. Leihe und Pfand – Zeitliche Verteilung und inhaltliche Beobachtungen am Urkundencorpus

Wie erwähnt sind insgesamt 295 Basler Bischofsurkunden von 1010 bis 1274 bekannt. Die Basler Bischöfe bestätigen Gründungen von Klöstern und Stiften, Schenkungen anderer an diese oder den Besitz ganzer Einrichtungen; gelegentlich schenkten sie auch selbst oder nahmen andere Besitztransaktionen zugunsten geistlicher Einrichtungen vor. Im 13. Jahrhundert bestätigten sie auch Schiedsgerichtsurteile oder – ein nicht zu vernachlässigender Teil der Urkundenüberlieferung – vidimierten vorgelegte Urkunden.

Die Themen Leihe, Pfand und Geld sind im Corpus in den 264 Jahren, die hier betrachtet werden, in unterschiedlicher Intensität präsent. Die erste Leihe von Gütern wird erst zwischen 1139 und 1147, gleichsam nebenbei, erwähnt. Bischof Ortlieb von Basel übertrug einen Hof an die Zisterze Lützel, den diese von ihm erbat.[22] Dieser Hof war zuvor ein „feudum" der Basler Kirche, weshalb der Bischof im Tausch für ihn bisherige „allodia" Lützels erhielt. Um das Tauschgeschäft

[22] Monuments Bâle I, Nr. 192, S. 292 f.; dazu Rück, Urkunden, S. 85 f. (O 1).

abzusichern, werden diejenigen genannt, die den Hof bisher als Lehen innehatten und deren Zustimmung wichtig war.[23] Wenige Jahre später findet sich ein ähnlicher Fall: Derselbe Bischof will ein Augustinerchorherrenstift (Bellelay) mit einer Kirche ausstatten. Er schenkt ihm diese und die zu ihr gehörigen Zehnten, die an einen Grafen, Volmar von Frohburg, also einen Verwandten Bischof Ortliebs, verlehnt worden waren. Als Entschädigung übertrug er dem Grafen eine Kolonne, also eine unfreie Frau, und Zehnten einer anderen Kirche, die bisher verliehen waren.[24] Wieder wird betont, dass alle Leihenehmer, die namentlich erwähnt werden, zustimmten und dies in Anwesenheit von Zeugen geschah. Diese beiden Zeugnisse aus der Zeit um 1140 sind mit die deutlichsten Aussagen zu Leihen in den Basler Bischofsurkunden bis ins Jahr 1200. Etwas „in feodum" haben, heißt etwas geliehen haben. Derartige Güter unterschieden sich von anderen offenbar dadurch, dass bei ihrer Veräußerung die Zustimmung der bisherigen Leihenehmer eingeholt werden musste. In nicht seltenen Fällen liegt der Schluss nahe, dass die Initiative zur Übertragung von diesen ausging.

Notwendig war die Erwähnung ihrer Zustimmung und der vorherigen Auflassung gewiss, um Rechtssicherheit herzustellen. Dabei sind diese Belege nur ein kleiner Teil der Besitztransaktionen, die im Urkundenbestand festgehalten wurden. Mehrfach wird etwa betont, dass an geistliche Einrichtungen Besitzungen übertragen wurden oder werden durften, die jemand hielt („tenuit") oder hatte („habuit"). Damit wurde die häufig nicht einfach zu beantwortende Frage, ob etwas Lehen oder Allod war, umgangen; nicht selten liegt der Verdacht nahe, dass es sich dabei ebenfalls um von Basel verliehenen Besitz handelte.

Eine Verpfändung findet sich bis 1213 nicht im Urkundenbestand. Der erste Beleg ist dann allerdings spektakulär, da er schlagartig den Geldmangel der Bischöfe offenlegt. Bischof Liutold (1191–1213) schloss danach mit dem Grafen von Thierstein eine Abmachung, auf welche Weise dieser 67 Mark Silber, die er dem Bischof als Vogt des Hochstifts schuldete, einlösen solle.[25] Bedacht werden sollten die Gläubiger des Bischofs. Daneben sorgte er aber auch für sein Totengedenken: Das Domkapitel erhielt 10 Mark für den Kauf eines Gutes, aus dem ein Jahrtag für den Bischof zu bestreiten war.[26] Es ist wahrscheinlich, dass der Bischof hier letztwillige Verfügungen kurz vor seinem Tode traf. Nun sollte wohl auch ein Skandal aus der Welt geschafft werden, denn 26 Mark aus dem Erlös der Vogtei

---

23 Monuments Bâle I, Nr. 192, S. 292.

24 Ebd., Nr. 196, S. 300 f., dazu Rück, Urkunden, S. 91 f. (O 5).

25 UB Solothurn I, S. 161 f.

26 Ebd., Nr. 280, S. 162: „Decem marcas capitulo Maioris Ecclesie dare decrevimus ad emendum allodium quod deserviat fratribus in die anniversarii nostri."

sollte der Graf von Thierstein verwenden, um vom Bischof verpfändete liturgische und sakrale Gegenstände zurückzukaufen. 20 Mark für den golden Kelch, den der Bischof aus Not („necessitate") versetzt habe und sechs Mark für den Bischofsring und ein Seidentuch, das er bei einem jüdischen Pfandleiher als Pfand gelassen hatte.[27] Diese Verpfändung für das Amtsverständnis des Bischofs doch zentraler Gegenstände offenbart die schwierige finanzielle Lage in den ersten Jahrzehnten des 13. Jahrhunderts.[28] Zehn Jahre später, 1223, verpfändete der Nachfolger Liutolds ebenfalls, wenn auch weniger aufsehenerregend, bischöflichen Besitz.[29] Er versetzte seinem Domkapitel für jährlich 30 Mark Silber den Zoll auf die durch Basel gehenden Waren, gleich ob sie aus der Lombardei oder aus Frankreich kämen; und zwar auf die Art und Weise, dass dieses ihn von Christi Himmelfahrt an solange haben sollte, bis der geliehene Betrag erreicht sei, also eine Todsatzung.[30] Dazu zählten auch die „usura", die Zinsen, die sich aus dem Schatz der Basler Kirche bei den Juden ergäben.[31]

Genau in diese Zeit fällt auch der erste urkundliche Beleg für eine aktive Belehnung durch einen Bischof von Basel, ebenfalls noch im Jahr 1213 zu Zeiten des den Goldkelch und Bischofsring versetzenden Bischof Liutolds. Der Dekan und das Domkapitel von Basel übergaben danach mit Zustimmung des Bischofs an den „miles" Konrad von Eptingen ein Leihegut in Dietgen, das zur Kirche von Basel gehöre, wie erwiesen sei.[32] Konrad wird zugestanden, dass ihn das Kapitel im angängigen Streit um dieses Lehen unterstütze. Er aber sagte zu, von diesem Gut, solange es noch strittig sei, jährlich fünf Solidi an das Domkapitel zu geben, wenn der „Rechtsstreit darum aber eingeschlafen sei" („lite sospita")

---

27 Ebd., Nr. 280, S. 162: „item viginti marcas ad reconpensacionem aurei calicis quem in necessitate episcopatus nostri expendimus; item sex marcas ad redimenda pignora videlicet anulum pontificalem et pannum sericum a Villico Iudeo [...]"

28 Zur Verpfändung von Kelchen etc., vgl. Müller, Verpfändung, S. 180, Anm. 7.

29 UB Basel Stadt I, Nr. 103, S. 74; dazu: Gössi, Urkundenwesen, S. 170, Nr. 12.

30 UB Basel Stadt I, Nr. 103, S. 74: „Noverint universi, quod nos obligavimus theloneum nostrum, quod datur de trossellis, sarcinis, mulis et equis transeuntibus per civitatem nostram Basiliensem sive de Lombardia sive Francia venientibus, concanonicis nostris pro triginta marcis argenti tali videlicet conditione, ut ipsi a proximo festo ascensionis inantea accipient omnes reditus inde provenientes, donec recipient summam supradictam."

31 UB Basel Stadt I, Nr. 103, S. 74: „[...] et preterea usuram que ascendit super tesaurum ecclesie nostre apud Iudeos, quam nos solvere tenemur."

32 Monuments Bâle I, Nr. 304, S. 464 f., dazu: Rück, Urkunden, S. 187 (L 20): „Sciant presentes et posteri, quod Hartmannus decanus, totumque capitulum Basiliensis ecclesie militia Conrado de Eptingen, de consilio, voluntate et auctoritate nostra (sc. episcopo Basiliensi) feodum in villa Dietichon, quod ad ecclesiam nostrum cum hominibus et omnibus pertinentiis suis spectare dinoscitur sub hac forma concesserunt, et in salutem anime sue commiserunt."

bezahle er, solange er lebe, 20 Schilling.[33] Die Vereinbarung gilt aber nur für die Lebenszeit Konrads, explizit muss er anerkennen, dass weder sein Sohn noch seine Tochter oder irgendein anderer Erbe das vorgenannte Gut besitzen solle, sondern es nach seinem Tod an die Kirche von Basel zurückfalle.[34] Konrad schwört auch, dass er das Gut weder durch „hominium" – das soll wohl heißen, durch eine mittels Handgang vollzogene Weiterverlehnung – noch auf irgendeine andere Weise der Kirche entfremden werde.[35] Dieses Beispiel ist in mehrfacher Hinsicht bemerkenswert: Die Funktion dieser auf Lebenszeit beschränkte Leihe, man könnte auch sagen „Lehnsvergabe" an den Ritter Konrad von Eptingen ist ganz offensichtlich, Geldzahlungen an das Kapitel zu gewährleisten. Im Gegenzug erhält Konrad die Zustimmung der rechtlichen Unterstützung durch das Kapitel in seinem Streit und – wenn er im Dienst der Kirche bleibe – ein geistliches Begräbnis.[36] Welchen sozialen Sinn die Lehnsvergabe darüber hinaus hatte, erschließt sich uns nicht. Erkennbar ist aber aus der Urkunde, dass in einer Situation der finanziellen Not für Bischof und Domkapitel eine Konstruktion gewählt wurde, die durchaus pfandähnlich war. Konrad erhielt ein Gut auf Lebenszeit geliehen, von dem er jährliche Abgaben leistete und das nach seinem Tod wieder an das Domkapitel zurückfiel. Mit den Begriffen „feodum", „miles", „hominium", finden sich hier Schlüsselworte, die auch ein klassisches Lehnsverhältnis bezeichnen könnten. Die Funktion aber ist eine andere: Auf diese Weise konnte aus sonst nicht ertragreichem, verliehenen Besitz Kapital geschlagen werden.

Stehen die genannten Urkunden im Basler Bestand bis ins zweite Jahrzehnt des 13. Jahrhunderts noch allein, so massieren sich ab den 40er Jahren die Nachweise für Leihen, bei denen Leihenehmer und Leihegeber sowie regelhafte Züge der Auflassung und Übergabe mit Zustimmung beider Seiten erwähnt werden. Klöster werden mit Leihegütern, „feoda", bedacht, wenn sie der Leihenehmer

---

33 Monuments Bâle I, Nr. 304, S. 464: „Ipse (sc. Conradus de Eptingen) juravit, tactis sacrosanctis reliquiis, quod quamdiu idem feodum esset in litigio, ad ipsum liberandum bona fide ac totis viribus niteretur, nec in vita sua sine consensu ac consilio predicti capituli liti cederet, et annuatim ipsis confratribus V solidos, pendente lite persolveret. Lite vero sospita, XX solidos quamdiu viveret annuatim persolveret eisdem."

34 Ebd.: „Ipso autem defuncto, nec filius, nec filia, nec aliquis heredum suorum, nec alius pro eo, prenominatum feodum possidebit, immo ad ecclesiam nostram libere devolvetur."

35 Ebd.: „Juravit etiam, quod nec per hominium, nec per aliquo modo ab ecclesia idem feodum alienabit."

36 Ebd.: „Nos etiam eta confratres nostril firmiter promisimus, quod in ecclesiastico jure, prefato militi constanter et fideliter assistemus, et si contigerit in servicio ecclesie nostre viam universe carnis ingredi, obtinebimus ei, annuente Domino, ecclesiasticam sepulturam."

dem jeweiligen Herrn auftrug und dieser sie dann dem Kloster übergab, so ein Teil der Befunde, in denen in der Regel von Geldzahlungen keine Rede ist.

1241 etwa übertrug der Adelige Burchard von Hasenburg (= Asuel) im Jura all seine Güter und Lehen, darunter die Vogtei über das Stift St. Ursanne, an den Bischof von Basel gegen eine jährliche Rentenzahlung, die ihm auf Lebenszeit zukommen sollte.[37] Die Folge dieses Geschäftes war, dass der Basler Bischof einen Herrschaftskomplex im Jura erwerben konnte, später war die auf diesen Vorgang zurückgehende Herrschaft Asuel eines der „Schwurlehen" des Basler Fürstbistums. In diesem Zusammenhang ist wichtig, dass die Urkunde den Vorgang in einem feudistischen Wortschatz beschreibt. Alles, was Burchard vom Bischof oder der Kirche von Basel unmittelbar („inmediate") als Lehen („in feodo") hatte, sollte er, egal ob er von diesem damit belehnt wurde oder nicht („sive ab eo infeodatum est, sive non"), in die Hände des Bischofs auflassen.[38] Burchard von Hasenburg erkenne auch an, so heißt es in der Urkunde weiter, dass er die Burg (Hasenburg) schon einmal an den Vorgänger Bischof Liutolds II. (1238–1248), also an Heinrich II. (1216–1238) resigniert hatte; namentlich wird eine Reihe von offenkundig zur Burg gehörigen Lehnsträger bzw. Vasallen erwähnt („feodatarii sive vasalli").[39] Als Gegenleistung für die Auftragung des gesamten hasenburgischen Besitzes übergaben Bischof und Domkapitel Burchard eine gewisse Menge Geld und sagten ihm zu, dass er jährlich zwanzig Pfund Basler Münze erhalten solle, und zwar jeweils zehn an Ostern und zehn am Fest Mariae Geburt, sowie 52 Viertel guten und sauberen Dinkels jährlich, solange er lebe, nach seinem Tod seine Frau 40 Viertel.[40] Nach dem Tod beider seien die Nachfolger des Bischofs und der Basler Kanoniker nicht mehr verpflichtet, etwas zu zahlen. Folge dieser Übertragung an den Bischof von Basel war der Übergang der Herrschaft Hasenburg/Asuel an das Bistum Basel, ein wichtiger Schritt für den Ausbau des späteren Fürstbistums im Jura.[41] Wichtig ist, dass Voraussetzung für diesen Übergang an Basel war, dass Burchard Herrschaftsrechte und Besitzungen vom Bistum Basel als Lehen hatten, doch war der Leihecharakter der Güter nicht entscheidend, damit dieses Rechtsgeschäft zustande kam. Zwei Mal wird in der Urkunde betont, Burchards Auflassung bzw. Übertragung der Lehen an Basel solle gelten, egal ob er mit diesen

---

37 Monuments Bâle I, Nr. 378, S. 556–558; dazu: Gössi, Urkundenwesen Nr. 50, S. 172 (1241 Juli 8).

38 Monuments Bâle I, Nr. 378, S. 556 f.: „[...] et quidquid a nobis et ab ecclesia nostra in feodo tenuit immediate, sive ab eo infeodatum est, sive non, in minibus nostris in curia Willelmi ecclesie nostre decani, prout juris ratio et terre consuetudo postulat, resignavit."

39 Ebd., S. 557.

40 Ebd.

41 Vgl. zu Einordnung: Mayer-Edenhauser, Territorialbildung, S. 310 f.

belehnt worden sei oder nicht. Das ist wohl nur so zu interpretieren, dass der Nachweis oder die Kenntnis der Belehnung und ein daraus abgeleiteter Anspruch der Basler Kirche auf den Rückfall der Güter nicht konstitutiv war, sondern die aktuelle Auflassung („resignatio“) und damit Übertragung der Güter an Bischof und Kapitel. Burchard übertrug alles, was er hatte, an den Bischof und erhielt dafür Geld und eine jährliche Rente.

In diesen Jahren bestätigte der Basler Bischof weitere Übertragungen an das Kapitel, in denen zum Teil sehr detaillierte Regelungen getroffen wurden. Voraussetzung ist jeweils eine Übertragung an den Bischof bzw. das Kapitel und ggf. eine Rückleihe. Ohne dass explizit von „feodum“ die Rede ist, verweisen die Verben, mit denen die Vorgänge bezeichnet werden, „auflassen“ („resignare“) und „übergeben“ („tradere“) auf eine Leihe. Entscheidender als die explizite Bezeichnung als „Lehen“ oder „Leihe“ scheint aber die Angabe, dass Jemand Güter „hat“ oder „hält“, und dass festgehalten wird, von wem er sie hat. So „hält und besitzt“ („habuit et possedit“) Ulrich von Rädersdorf, Cellerar der Basler Kirche, auf Grundlage des Erbrechts („iure hereditario“) vom Basler Domkapitel drei Häuser, für die er eine jährliche Zinszahlung entrichtete.[42] Für sein Seelenheil lässt er diese durch die Hand seines leiblichen Bruders dem Domkapitel wieder auf („capitulo et canonicis resignavit“).[43] Ein Vorgang, der wohl als eine Schenkung zum Seelenheil angesehen wurde.

Auch in weiteren Urkunden aus den 40er Jahren zeigt sich ein feudistisc her Wortschatz, immer wieder wird das Auflassen von Gütern mit „resignare“ und „renuntiare“ bezeichnet. Andere Bestandteile des „klassischen Lehnswesens“ erscheinen aber nicht. Nie wird ein Leihenehmer als Vasall bezeichnet, selten als „miles“, was dann aber als sozialer bzw. ständischer Begriff zu deuten ist. „Hominia“ aber tauchen außer in der erwähnten Urkunde für Konrad von Eptingen von 1213 überhaupt nicht auf.

Die Initiative zum Umgang mit Lehen liegt aber, erstaunlich deutlich artikuliert, immer beim Lehnsnehmer, dessen Verfügungsgewalt über das Lehnsgut offenbar zwar nicht de iure aber de facto sehr weitgehend war. Ein Beispiel aus dem Jahr 1249: Der Basler Bischof beurkundete in diesem Jahr, dass

---

42 Vgl. Gössi, Urkundenwesen, S. 173, Nr. 67; Druck: Monuments Bâle II, Nr. 43, S. 59 f.: „Eapropter sciendum duximus universis, quod Ulricus de Ratoltstorf ecclesiae nostrae cellerarius, salutis desyderio exaestuans, tres domos in vico S. Udalrici sitas, cum area sibi adjacente, quae extenditur et producitur usque ad finem plateae, quas etiam jure haereditario a capitulo et canonicis Basiliensis ecclesiae habuit et possedit sub annuo censu sex solidorum et dimidiae amae rubei vini, dictis capitulo et canonicis resignavit.“

43 Monuments Bâle II, Nr. 43, S. 59.

der Reichsministeriale Ulrich von Liebenberg im Besitz bestimmter Güter war („titulo proprietatis libere possederat"), die er ebenso wie 90 Mark Silber zu seinem Seelenheil an das Zisterzienserkloster Wettingen (im Aargau) übertragen habe.[44] Zusätzlich habe er bestimmte Güter in (Efringen-)Kirchen dem Adeligen Walter von Schwarzenberg, von dem er diese „titulo feodali" hielt, unter der Bedingung („ea scilicet conditione") aufgelassen, dass dieser sie dem Konvent für eine gewisse Summe Geldes verkaufe und dann zu Besitz übergebe.[45] Der Lehnsnehmer, um in der klassischen Diktion zu bleiben, lässt also nur unter der Bedingung seine Güter an den „Lehnsherren" auf, damit dieser sie zu einem festgesetzten oder ausgehandelten Preis („summa") an das Kloster übertragt; was der dann auch getan habe, wie die Urkunde rückblickend festhält.

Das deutet bereits einen kreativen Zusammenhang zwischen Leihegütern, lateinisch „feoda", und Geldzahlungen an, die keine Verpfändungen darstellen, aber doch dasselbe Ziel wie diese hatten, Geld aus an sich immobilem Besitz von Land zu schlagen. Die Serie ließe sich fortsetzen. In der Überlieferung des nach 1227 gegründeten Klosters Wettingen haben sich weitere Urkunden erhalten, die offenbar dazu dienten, durch Übertragung Geldzahlungen für die Basler Bischöfe bzw. das Domkapitel zu generieren.[46] Bischof Berthold II. von Basel (1249–1262) bestätigte in den Jahren 1251 und 1252 vier Güterübertragungen an die Zisterze Wettingen, die sich im Gegenzug jeweils zu jährlichen Geldzahlungen verpflichtete.[47] In der ersten Urkunde berichtet der Bischof davon, dass der Basler Cantor Erchenfried den Bischof veranlasste, einen ihm vom Basler Domkapitel geliehenen Bauplatz für eine Mühle in Kleinbasel zu seinem und dem Seelenheil des Bischofs wieder an das Domkapitel zu übertragen („duxit conferendam"), damit dieses ihn Abt und Konvent des Klosters Wettingen übergab.[48] Wettingen

---

44 Gössi, Urkundenwesen, S. 174, Nr. 72; Druck: UB Zürich II, Nr. 772, S. 242.

45 UB Zürich II, Nr. 772, S. 242: „Insuper quedam bona sita in villa Kilcheim asseruit se resignasse pie memorie nobili viro W. dicto de Swarzinberc, que ab eodem possederat titulo feodali, tali adiecta conditione, videlicet ut dictus nobilis prelibata bona prefatis abbati et conventui pro quadam pecunie summa venderet et traderet possidenda, quod et idem nobilis noscitur tunc fecisse, sicut instrumentis super quorumlibet trium premissorum specialiter plenius continetur."

46 Zur Gründungsgeschichte von Wettingen, dass sich im hier fraglichen Zeitraum um 1250 immer noch in der Aufbauphase befand, vgl. Boner, Gründung, S. 9–13, zuletzt Bretscher-Gisiger/Gamper, Einleitung.

47 Vgl. Gössi, Urkundenwesen, S. 175, Nr. 86, 87, 91, 92 und 93. Abschriften aus dem Wettinger kleinen Urbar.

48 Ebd., Nr. 86; Druck: UB Basel Stadt I, Nr. 254, S. 185 f., hier S. 185: „Noverint igitur universi tam presentes quam posteri, quod Erchinvridus cantor Basiliensis ecclesie aream quandam oportunam ad molendini edificationem in ulteriori Basilea in altera parte ripe

hatte dafür jährliche Zahlungen zu leisten, die zum einen am Fest der Hl. Maria Magdalena als Zahlungen an die in Basel residierenden Domkanoniker verteilt werden sollten, zum anderen am Jahrtag des Cantors zur Feier eines bis in liturgische Details hinein geregelten Gedächtnisses dienen sollten.[49] Mit der Gedenkstiftung sollte das „fromme Andenken (‚memoria')" für den Bischof und „den erwähnten Cantor in der genannten Kirche auf ewig gehalten werden."[50] Wieder ist es der Cantor, der das Gut vom Kapitel hält und die Übertragung an das Kloster initiiert, eine Landübertragung wird in jährlich fließende Geldzahlungen umgewandelt.

Die Stiftung des Cantors wird offensichtlich ergänzt durch eine zeitgleiche des Bischofs von Basel, der wiederum selbst einen für eine Mühle geeigneten Platz in Kleinbasel zuerst an das Domkapitel übergab und von diesem für sein Seelenheil an das Kloster Wettingen nach Erbrecht („iure hereditario") übertragen ließ. Wettingen sollte dafür jährlich 30 Denare am Fest des Hl. Martin an das Basler Domkapitel auszahlen.[51] Wenig später überstellte derselbe Bischof dem Kloster sogar das Benediktinerinnenkloster Michelbach, wofür Wettingen wiederum eine jährliche Abgabe an das Basler Domkapitel entrichten sollte.[52] Die Übertragung kam mit Zustimmung des Michelbacher Vogtes, Graf Ulrich von Pfirt, des Bruders Bischof Bertholds II., zustande, und sollte der Reform des Nonnenklosters und seiner Umwandlung in ein Männerkloster dienen. Als Gegenleistung hatte das in der Diözese Konstanz gelegene Wettingen jährlich 40 Solidi an den Dekan des Domkapitels, 60 an die übrigen Domkanoniker und 60 an die Kapelle im Bischofshof in Basel zu entrichten.[53] Auch wenn dieses Geschäft wenig später zugunsten des in der Diözese Basel gelegenen Zisterzienserklosters Lützel rückgängig gemacht wurde,[54] ist die Übertragung

---

sitam sibi de voluntate et consensu capituli nostri collatam a nobis libere et absolute ecclesie beate Marie in Basilea pro remedio anime nostre et sue per manum nostram duxit conferendam, quam aream capitulum eiusdem ecclesie [...] abbati et conventui claustra in Wettingin iure hereditario concessit sub annuo censu sexuaginta solidorum, qui singulis [annis] in festo beati Martini a dictis abbate et conventu persolvi debent pro remedio anime nostre et dicti cantoris per manum decani eiusdem ecclesie distribuendi sub hac forma videlicet [...]."

49 UB Basel Stadt I, Nr. 254, S. 186.

50 Ebd.: „[...] ut in omnibus hiis deus glorificetur et pia memoria nostri ac sepedicti cantoris in prefata ecclesia imperpetuum habeatur".

51 Gössi, Urkundenwesen, S. 175, Nr. 87; Druck: UB Basel Stadt I, Nr. 254, S. 185.

52 Gössi, Urkundenwesen, S. 175, Nr. 91 u. 92; Druck ebd., S. 190 f.

53 Ebd., S. 190, Nr. 91–92.

54 Vgl. dazu ebd., Nr. 93 und 97.

ähnlich wie die Stiftungen der Mühlengründe in Kleinbasel aufgebaut. Gegen eine Übertragung von Gütern an Wettingen werden dem Basler Domkapitel jährliche Einkünfte gesichert.

Die klassische Form eines Lehens, mit dem ja eigentlich keine Zahlungen verbunden sein konnten, taucht hier wie anderorts im Basler Bestand aber nicht auf. Doch spielen sich diese Fälle nicht alle auf einer sozialen Ebene ab, auf der das Lehnswesen nicht zu erwarten ist? Ist hier diese Vermengung von Lehen/Leihe und Pfand denkbar, aber eben nicht im Verhältnis der großen Adeligen des Hochstifts zum Bischof. Zwei abschließende Beispiele sollen zeigen, dass diese Verklammerung von Leihegut und Geldzahlung auch bei den großen Adeligen, bei existenziellen territorialen Konflikten des Bistums eine Rolle spielte.

4. Leihe und Geld in territorialen Konflikten

Beide Fälle sind im linksrheinischen Teil der Diözese, westlich und nördlich der Bischofsstadt zu lokalisieren. Hier verfügte Basel seit den Tagen Kaiser Heinrichs II. (1002–1024) über Herrschaftsrechte, die es bis ans Ende des 13. Jahrhundert mit Nachdruck zu halten versuchte; gerade auch wegen der Grenze zum Bistum Straßburg, die nördlich von Colmar verlief. Im Gregoriental lag unweit von Colmar die alte, schon im 7. Jahrhundert gegründete Benediktinerabtei Münster, die spätestens seit Mitte des 12. Jahrhunderts dem Basler Bischof unterstand.[55] Rund zwanzig Kilometer entfernt wurde in den ersten Jahrzehnten des 13. Jahrhunderts die Siedlung Colmar zur Stadt.[56] In ihr gründete der Bischof von Basel 1237 ein Stift in einer der Pfarrkirchen der Stadt (St. Martin), das Patronat verlieh das Kloster Münster.[57] Der Bischof von Basel zeigte damit Präsenz im nördlichsten Teil seines Bistums, einem Raum in dem es zu massiven Konflikten nicht nur zwischen dem Straßburger und dem Basler Bischof, sondern zwischen größeren und kleineren weltlichen Herren, an der Spitze die Staufer und später die Habsburger, kam.

In den Basler Bischofsurkunden lässt sich in diesem Raum in den 1260er Jahren eine Auseinandersetzung um Rechte über das Kloster Münster im Gregoriental

---

55 Bornert, Abbaye; der erste Beleg für die Unterstellung unter Basel ist eine Papsturkunde von 1146 – ebd., S. 373, D 18, Druck: Monuments Bâle I, Nr. 194, S. 295–297, hier S. 296.

56 Zeilinger, Stadt.

57 Gössi, Urkundenwesen, Nr. 45/46, S. 172; Druck: Monuments Bâle V, Nr. 6, S. 141–143.

greifen.[58] Auf einem Hügel über der Abtei, sozusagen in dessen Wurfweite, begann im Jahr 1261 der Adelige Walter von Geroldseck eine Burg zu errichten.[59] Seine Familie, aus der rechtsrheinischen Ortenau stammend, konnte in dieser Zeit im Elsass in großem Umfang Herrschaftsrechte erwerben; der gleichnamige Sohn Walters war Bischof von Straßburg (1260–1263), dessen Bruder Hermann kaiserlicher Landvogt im Elsass.[60] Mit dem Burgenbau demonstrierte Walter Präsenz in einer herrschaftlichen Konfliktzone, der Vater des Bischofs von Straßburg verkündete damit seinen Anspruch, über das Gregoriental und die Abtei Herrschaft auszuüben. Als Abt und Konvent sahen, dass Walter mit dem Bau der Burg begann, seien sie von Münster immer wieder auf die Baustelle gezogen und hätten protestiert, so eine Urkunde.[61] Es half aber alles nichts, 1262 war die Burg fertig.[62] Betroffen war davon auch der Basler Bischof als Herr der Abtei mit Herrschafts- und Besitzrechten in ihrem Umfeld. Doch im selben Jahr, als die Burg fertiggestellt worden war, unterlag der Sohn des Burgenbauers, Bischof Walter von Geroldseck, in der Schlacht bei Hausbergen seinen Bürgern. Damit wandte sich das Blatt zugunsten Münsters und Basels gegen die Geroldsecker.[63] Im November des Jahres 1262 bestätigte König Richard dem Bischof von Basel den Besitz der Abtei und des Münstertals.[64]

Niedergelegt aber wurde die Burg offenkundig nicht, denn später hatte sie Walter von Geroldseck vom Bischof von Basel zu Lehen. Dies erfahren wir aus einer fast zehn Jahre später ausgestellten Urkunde, die eine Übereinkunft zwischen Bischof Heinrich III. von Basel (1263–1274) und Walter von Geroldseck festhält.[65] Sie ist deshalb für unser Thema interessant, weil in ihr auf klare Weise eine Verbindung zwischen Geldzahlungen und Leihe hergestellt wird. Offenbar konnte

---

[58] Dazu: Ohl, Geschichte, S. 93–97; Mayer-Edenhauser, Territorialbildung, S. 237; Bornert, Abbaye, S. 377.

[59] Schöpflin, Alsatiae diplomaticae I, S. 432, Nr. 594; vgl. Ohl, Geschichte, S. 95 f.; zum Burgenbau: Biller (Hg.), Burgenbau, zu Schwarzenberg S. 216–221, sowie: Metz, Château.

[60] Vgl. Bühler, Herrschaft; Ders., Geroldseck, S. 484; zum Wirken der Geroldsecker im Elsass vgl. Metz, Geschichte, hier zu den Geroldseckern im Elsass um 1260 S. 13 f.

[61] Wie Anm. 59.

[62] Das ergibt sich aus der Erwähnung der Burg im (Friedens-)Vertrag zwischen Walter von Geroldseck und der Stadt Straßburg und ihren Bundesgenossen: UB Strassburg II, Nr. 493, S. 373–375, hier S. 373, in der die offenbar fertige Burg dem Bischof von Basel überantwortet wurde.

[63] Der (Friedens-)Vertrag nach Hausbergen (wie Anm. 62) beginnt mit Regelungen „umbe das tal zi Munstertal und umbe das hus ze Swarzenberc" zwischen Basel und Straßburg, was die Bedeutung dieser Frage zeigt.

[64] Monuments Bâle II, Nr. 88, S. 127 f., dazu Biller (Hg.), Burgenbau, S. 216.

[65] Monuments Bâle II, Nr. 158, S. 208–210, dazu Gössi, Urkundenwesen, S. 183, Nr. 197.

Walter von Geroldseck im Jahr 1271 eine berechtigte Geldforderung von 600 Mark gegenüber Basel erheben; Geld, das er an den derzeitigen Bischof von Basel bzw. an dessen Vorgänger verliehen hatte, und das er nun wiederhaben wollte.[66] In der Urkunde wird ein Zahlungsplan vereinbart; innerhalb von zwei Jahren von St. Martin an sollte Walter die ersten 100 Mark erhalten, und von da an jährlich wieder jeweils 100 Mark, solange bis durch den Bischof oder seine Nachfolger die gesamte Summe gezahlt worden sei.[67] Bischof und Kapitel verpflichteten sich, den Plan einzuhalten und auf jede rechtliche Anfechtung der Vereinbarung zu verzichten; Walter sollte sie, wenn die Zahlungen versäumt würden, mit 14tägiger Frist mahnen können, worauf sich der Bischof in Breisach zu präsentieren habe und das Geld zahlen solle.[68] Die Gegenleistung Walters aber bestand darin, dass er auf das verzichten sollte, was ihm für sein Geld vom Vorgänger des Bischofs, mit dem er die Abmachung schloss, entweder durch Belehnung oder andere Übereinkünfte im Hinblick auf die Burg Schwarzenberg und das Gregoriental zugestanden worden war.[69] Das heißt also, dass die Belehnung mit dieser Burg in bedrohlichster Lage für die Basler Besitzung gegen die Zahlung von Geld erfolgt war, und Walter von Geroldseck damit offensichtlich auch deren Zerstörung verhindert hatte.

Walter sollte zudem anerkennen, so die Urkunde weiter, dass ihn der Bischof von Basel dadurch besonders geehrt habe, dass er für 250 Mark gekaufte Eigengüter an das Bistum Basel übertragen durfte, die er dann wieder als „feodum"

---

66 Monuments Bâle II, Nr. 158, S. 208: „Videlicet quod in sexcentis marcis argentii puri et legalis sibi et heredibus, seu liberis suis, pro universa summa quam a nobis petiit, tam ex causa mutui quam ex alia quaecunque, sive nos, seu successor noster qui pro tempore fuit, satisfaciamus, terminis infra scriptis [...]."

67 Ebd.: „Scilicet a festo beati Martini proximo ad duos annos in centum marcis; ac deinde revoluto anno in ipso festo beati Martini proximo ad duos annos, in centum marcis; ac deinde revoluto anno, in ipso festo, singulis annis, in centum, quousque sibi vel liberis seu heredibus suis, per nos vel successores nostros, predicta summa sexcentarum marcarum fuerit integraliver persoluta."

68 Ebd.: „Quod si in solutione dicte pecunie, vel nos vel successor noster suis terminis defecerimus infra quindecim dies post monitionem factam nobis a dicto nobii, nos apud Brisacum presentabimus, nullatenus inde recessuri quousque pecunia suo termino tunc neglecta ipsi nobili vel suis heredibus persolvatur."

69 Ebd., S. 209: „Renunciavit autem dictus nobilis, pro se et liberis et heredibus suis, omni actioni pro dicta pecunia seu infeodacione vel aliis convencionibus, quas per perfatum predecessorem nostrum de castro Swarzenberc et valle Sancti Gregorii, nostre dyocesis, sibi factis asseruit, aut aliis actionibus quibuscunque, que sibi contra nos, vel ecclesiam nostrum, conpetebant, vel competere videbantur."

zurückerhielt, und die seine bisherigen Basler „feoda" vermehrten.[70] Damit er und seine Nachkommen, so die deutsche Fassung der Urkunde, dem Basler Bischof in Treue verbunden blieben.[71] Auch hier erfolgt also wieder gegen Auftragung von Lehnsgut die Belehnung mit Basler „feoda". Sowohl Walter von Geroldseck als auch sein Sohn Heinrich und sein Neffe Heinrich bestätigten diesen Verzicht auf die Aktionen um die Burg Schwarzenberg und Münster im Gregoriental, und den Empfang der gekauften Höfe als Lehen der Bischöfe von Basel.

Der in dieser detailreichen Urkunde greifbare Vorgang zeigt deutlich, wie die Belehnung mit Gütern und Geldzahlungen aufs Engste miteinander verbunden waren. Walter von Geroldseck, der gegen die Leihe von Geld zum Lehensnehmer der Basler Kirche geworden war, wurden jährliche Zahlungen zugesagt. Der Bischof von Basel war bei seinem Lehensnehmer also verschuldet, der zugleich wiederum ein offensichtliches Interesse daran hatte, sein Basler Lehen durch Zukauf zu vermehren. Wieder bleibt festzuhalten, dass ein Gut als Lehen von Basel zu haben in diesem Fall offenbar im Interesse des Lehnsnehmers war; und die Leihe von Land Teil umfangreicherer finanzieller Transaktionen, hier zur Absicherung des Geldbetrags war. Der Unterschied zur Verpfändung liegt allein darin, dass hier keine Auslöse des Pfandgutes intendiert war, sondern die Verleihung auf Dauer bestehen sollte.

Eine weitere, letzte Leihe, mit der Geldzahlungen verbunden waren, sei erwähnt, sie fällt in denselben Zeitraum um das Jahr 1270/1271 und hätte, wenn sie erfolgreich gewesen wäre, die Geschichte des Hochstifts Basels wenden können. Für nur 850 Mark kaufte der Bischof von Basel Burgen und Orte der Grafen von Pfirt, eines Adelsgeschlechts, das im Süden des Elsass im Sundgau eine dominierende Stellung innehatte.[72] Graf Ulrich II. von Pfirt († 1275) verkaufte seine Güter dem Bischof gegen Erhalt dieser 850 Mark Geldes,[73] von dem er

---

70 Monuments Bâle II, Nr. 158, S. 209: „recognoscens etiam dictus miles in hac parte et aliis ab ecclesia nostra se multipliciter honoratum; duas curtes suas proprias sitas in villa Missenheim, quas emit ab Alberto milite de Tutenstein, pro ducentis quinquaginta marcis argenti, ecclesie nostre Basiliensi libere contulit et tradidit, recipiens eas a nobis in feodum, nomine ecclesie nostre, ut per hec feoda, que antea ab ecclesia nostra possedit et iam possidet, per liberalitatis nostre munificentiam augmentetur."

71 Dazu Gössi, Urkundenwesen, S. 183 f., Nr. 198; Latein/Deutsch; vgl. Monuments Bâle II, Nr. 159, S. 210–213, hier S. 212: „[...] und er und sine erben ime mit truwen sin gibunden."

72 Zur Urkunde, einer Verkaufsurkunde des Graf Ulrichs von Pfirt, vgl. Monuments Bâle II, Nr. 156, S. 205–207; dazu Mayer-Edenhauser, Territorialbildung, S. 291–293; zu den Grafen von Pfirt: Wilsdorf, Histoire des comtes; zu den Grafen von Pfirt und Basel im 13. Jahrhundert: Ders., Ulrich.

73 Monuments Bâle II, Nr. 156, S. 205–207, hier S. 206: „[...] pro octingentis quinquaginta marcis argenti, per manum et consensum Theobaldi filii nostri vendidimus, tradidimus

sie wieder zurück verliehen bekam.[74] Damit mussten die Grafen von Pfirt, die schon länger von Basel behauptete Lehnsoberhoheit über den Kernraum der Grafschaft Pfirt anerkennen, und zugleich bestätigen, dass sie auch darüber hinaus schon ältere, vom Bischof herrührende wesentliche Herrschaftsrechte erhalten hatten.[75] Ausschlaggebend war dafür offenbar eine akute Geldnot des Pfirters und die Möglichkeit des Basler Bischofs eine Lehnsauftragung und damit Ableitung der Rechte von ihm anzuerkennen. Von Diensten oder ähnlichen feudo-vasallitischen Implikationen ist im Vertragswerk keine Rede, wohl aber wurden damit Möglichkeiten für das Hochstift geschaffen, im Fall der Fälle, dem Söhne- oder erbenlosen Tod des Pfirter Grafen, den Heimfall dieses zentralen Lehens durchsetzen. Der Fall sollte tatsächlich eintreten, als der Enkel Ulrichs II., Ulrich III., im Jahr 1324 ohne Söhne verstarb. Doch ließ sich dieser letzte Graf von Pfirt vor seinem Tod vom Basler Bischof das Erbrecht für seine Töchter zugestehen. Eine, Johanna, war mit einem Habsburger verheiratet, weshalb die Grafschaft Pfirt an die Habsburger überging und zu einem Eckpfeiler der habsburgischen Vorlande wurde.[76] Für den Ausbau des Hochstifts Basel war sie damit verloren, auch wenn die Grafschaft Pfirt das wichtigste weltliche Lehen des Hochstifts bleiben sollte.

Beide für die territoriale Gestaltung des künftigen Basler Hochstifts entscheidenden Vorgänge zeigen also, wie eng verzahnt Geldzahlungen und Belehnungen waren. Gegen die Zahlung einer bedeutenden Summe erhielt Walter von Geroldseck die Belehnung mit einer für Besitzungen des Bistums im Gregoriental bedrohlichen Burg. Gegen die Rückzahlung des Betrags wurde versucht, die Belehnung rückgängig zu machen bzw. in ihren Folgen abzuschwächen. Und gegen Geldzahlung erreichte der Basler Bischof die Auftragung der bedeutenden

---

et transtulimus, et in vacuam possessionem misimus, adhibita sollempnitate iuris, facti et consuetudinis, que consuevit huiusmodi contractibus adhiberi.

74 Ebd.: „Recipientes tam nos quam idem Theobaldus filius noster, omnia prescripta in feodum seu beneficium a dicto domino nostro episcopo Basiliensi, nomine ecclesie sue, prestito sibi a nobis fidelitatis corporaliter sacramento, hod adjecto, quod nec nos, nec ipse filius noster, nec aliquis successorum nostrorum dolum, fraudem, vel operam aliquam adhibeat, per quam ab ecclesia Basiliensi possint vel debeant alienari feoda prenotata, vel aliquod eorundem."

75 Ebd., S. 205: „Noverint igitur tam presentes quam posteri, quod nos reverendo patri et domino nostro Heinrico Dei Gratia Basiliensi episcopo, nomine ecclesie sue, a qua una cum progenitoribus nostris, nos multis beneficiis, feodis et aliis pluribus utilitatibus sublimatos recognoscimus, et multipliter honoratos [...]."

76 Zur Gestalt der Grafschaft beim Übergang an die Habsburger vgl. Le terriere du comté de Ferrette.

Herrschaft Pfirt. Die Leihe von Land und Herrschaftsrechten war Teil vielfältiger Formen von Besitztransaktionen.

Zusammenfassung

Die Untersuchung der Basler Bischofsurkunden des 12. und 13. Jahrhunderts hat zum einen gezeigt, dass sich auch hier wie anderorts erst ab der Mitte des 13. Jahrhunderts, präziser ab den 1240er Jahre, differenziertere Beschreibungen von Belehnungsvorgängen finden, die man im Rahmen klassischer Vorstellungen vom Lehnswesen deuten könnte. Allerdings lassen sich die Zeugnisse auf der Grundlage aktueller Forschung und ihre Ergebnisse zu den fließenden Übergängen und Überlappungen von Leiheformen auch anders lesen. Wichtig war die Erkenntnis, dass in Basel die Leihe von Land und Herrschaftsrechten Teil umfassenderer finanzieller Transaktionen war, die im Laufe des 13. Jahrhunderts immer klarer in den Urkunden greifbar werden. Mit Geldzahlungen wurden Güter gekauft und dann aufgetragen, gegen Geldzahlungen wurden sie verliehen, selten auf befristete Zeit, meistens aber mit unbegrenzter Dauer, was spätere Änderungen, Nachverhandlungen oder sogar die Nichtbeachtung des Verhandelten nicht ausschloss. Verpfändungen bischöflicher Güter und Einkünfte gab es dagegen nur selten, wenn dann handelt es sich um kleinere Beträge. Die Leihe und Rückleihe gegen Geldzahlungen könnte ein spezifisches Basler Äquivalent zur Pfandpolitik gewesen sein, verursacht durch eine beschränktere Grundlage des verpfändbaren Besitzes. Sicher aber zeigt der Blick in die Basler Urkunden, dass auch ihr Umgang mit Leihen und Pfand in ein größeres Bild der Monetarisierung der politischen Ordnung des 13. Jahrhunderts eingeordnet werden kann.[77]

Ungedruckte Quellen

Landesarchiv Baden-Württemberg, Generallandesarchiv Karlsruhe (GLA) Hausfideikommiss: Handschriften, Nr. 133, abrufbar unter https://www.landesarchiv-bw.de/plink/?f=4-116365 (Letzter Zugriff am 03.07.2025).

Gedrucke Quellen

Le terriere du comté de Ferrette (vers 1324–vers 1340). Texte allemand et traduction par Christian Wilsdorf avec la collaboration de Philippe Nuss, Riedisheim 2016.

[77] Büttner, Geld.

Monuments Bâle I = Trouillat, Joseph (Hg.): Monuments de l'Histoire de L'Ancien Éveché de Bâle, Tom. I, Porrentruy 1852.
Monuments Bâle II = Trouillat, Joseph (Hg.): Monuments de l'histoire de l'ancien évêché de Bâle, Tom. II, Porrentruy 1854.
Monuments Bâle V = Trouillat, Joseph (Hg.): Monuments de l'Histoire de L'Ancien Éveché de Bale, Tom. V, Porrentruy 1867.
Schöpflin, Johann Daniel (Hg.): Alsatiae diplomaticae pars I, Mannheim 1772.
UB Basel Stadt I = Wackernagel, Rudolf/Thommen, Rudolf (Bearb.): Urkundenbuch der Stadt Basel, Bd. 1, Basel 1890.
UB Solothurn I = Kocher, Ambros (Bearb.): Solothurner Urkundenbuch, Bd. 1: 762–1245, Solothurn 1952.
UB Zürich II = Escher, Jakob/Schweizer, Paul (Bearb.): Urkundenbuch der Stadt und Landschaft Zürich, Bd. 2, Zürich 1890.

Darstellungen

Auge, Oliver: Lehnswesen revisited. Dänemark als regionaler Sonder- oder europäischer Normalfall im Mittelalter? Aufgaben und Perspektiven der Forschung, in: ZRG GA 139 (2022), S. 237–252.
Ders.: Von ausgeforschter Statik zu faktischer Fragilität? Perspektiven auf das Lehnswesen als komplexen Untersuchungsgegenstand, in: GWU 75 (2024), S. 261–270.
Biller, Thomas (Hg.): Der frühe gotische Burgenbau im Elsaß (1250–1300). Mit einem Beitrag von Bernhard Metz (Die Burgen des Elsaß. Architektur und Geschichte 3), München 1995.
Boner, Georg: Das Bistum Basel. Ein Überblick von den Anfängen bis zur Neuordnung 1828, in: Freiburger Diözesanarchiv 88 (1968), S. 5–101.
Ders.: Die Gründung des Klosters Wettingen, in: Beiträge zur aargauischen Geschichte (Aargovia. Jahresschrift der Historischen Gesellschaft des Kantons Aargau 91), hg. von Georg Boner, Aarau 1979, S. 11–44.
Bornert, René: Abbaye Saint-Grégoire de Munster, in: Les monastères d'Alsace, tome II/1 : Abbaye de Bénédictins des origines à la révolution française, Strasbourg 2009, S. 361–515.
Bretscher-Gisiger, Charlotte/Gamper, Rudolf: Einleitung, in: Katalog der mittelalterlichen Handschriften des Klosters Wettingen, Dietikon-Zürich 2009, S. 9–60.
Büttner, Andreas: Geld – Gnade – Gefolgschaft. Die Monetarisierung der politischen Ordnung im 12. und 13. Jahrhundert (Beihefte zu J.F. Böhmer, Regesta Imperii 47), Wien/Köln 2022.
Dendorfer, Jürgen: Der Bischof von Basel und der Adel am Oberrhein – Lehen und Vasallität im 13. Jahrhundert, in: Eine Bischofsstadt zwischen Oberrhein und Jura – Basel 800–1273, hg. von Claudius Sieber-Lehmann und Peter Andrew Schwarz, Basel 2024, S. 266–275.

Ders.: Das Lehnswesen und kein Ende? Fragile Fakten als Ergebnis fragiler Konzepte, in: GWU 75 (2024), S. 314–323.
Ders.: Die Staufer im Elsass, in: Bruchstücke einer Forschungsgeschichte zwischen Vereinnahmung und Distanzierung, in: Nationales Interesse und ideologischer Missbrauch. Mittelalterforschung in der ersten Hälfte des 20. Jahrhunderts (Freiburger Beiträge zur Geschichte des Mittelalters 1), hg. von Martina Backes und Jürgen Dendorfer, Ostfildern 2019, S. 155–179.
Ders.: Auf dem Weg zu einer neuen normativen Ordnung? Das Lehnswesen zwischen sozialer Praxis und gelehrten Rechten. Lehnrechtliche Entscheidungen des Königs- und Hofgerichts zwischen 1150 und 1250, in: Kollision und Interferenz normativer Ordnungen im frühen und hohen Mittelalter (VuF), hg. von Stefan Esders und Karl Ubl, Ostfildern (erscheint voraussichtlich 2026).
Ders./Patzold, Steffen (Hgg.): Tenere et habere. Leihen als soziale Praxis im frühen und hohen Mittelalter (Besitz und Beziehungen 1), Ostfildern 2023.
Ders.: Vasallen und Lehen unter Friedrich Barbarossa: Politische Bindungen durch das Lehnswesen?, in: Verwandtschaft – Freundschaft – Feindschaft. Politische Bindungen zwischen dem Reich und Ostmitteleuropa in der Zeit Friedrich Barbarossas, hg. von Knut Görich und Martin Wihoda, Köln 2019, S. 69–95.
Ders./Patzold, Steffen: Zusammenfassung und Folgerungen, in: Tenere et habere. Leihen als soziale Praxis im frühen und hohen Mittelalter (Besitz und Beziehungen 1), hg. von Jürgen Dendorfer und Steffen Patzold, Ostfilder 2023, S. 437–468.
Feine, Hans-Erich: Die Territorialbildung der Habsburger im deutschen Südwesten vornehmlich im späten Mittelalter, in: ZRG GA 67 (1950), S. 176–308.
Gössi, Anton: Das Urkundenwesen der Bischöfe von Basel im 13. Jahrhundert (1216–1274) (Quellen und Forschungen zur Basler Geschichte 5), Basel 1974.
Härtel, Reinhard: Notarielle und kirchliche Urkunden im frühen und hohen Mittelalter (Historische Hilfswissenschaften 4), Wien/München 2011.
Haack, Christoph: Die Krieger der Karolinger. Kriegsdienste als Prozess gemeinschaftlicher Organisation um 800 (Ergänzungsbände zum Reallexikon der Germanischen Altertumskunde 115), Berlin 2020.
Hirsch, Hans: Die Urkundenfälschungen des Abtes Bernardin Buchinger für die Zisterzienserklöster Lützel und Pairis. Ein Beitrag zur Geschichte der habsburgischen Rechte im Oberelsass, in: MIÖG 32 (1911), S. 1–86.
Ders.: Die elsässisch-burgundischen Zisterzienserprivilegien Friedrichs I., in: Elsaß-Lothringisches Jahrbuch 18 (1939), S. 47–62; wieder in: Ders.: Aufsätze zur mittelalterlichen Urkundenforschung. Mit einem Vorwort herausgegeben von Theodor Mayer, Köln/Graz 1965, S. 182–196.

Kalla, Sebastian: Ein Bistum ohne Lehnswesen und Vasallen. Leiheformen und herrschaftliche Bindungen im Hochstift Bamberg des 12. und 13. Jahrhunderts (Besitz und Beziehungen 3), Ostfildern 2025.

Kasten, Brigitte: Zum Deutungsstreit über das *Lehnswesen* im Frühmittelalter in der deutschen mediävistischen Forschung, in: Kontroversen in der jüngeren Mediävistik, hg. von Hans-Werner Goetz, Köln/Wien 2023, S. 323–362.

Ludwig, Theo: Bernhardin Buchinger (1606–1673), Abt von Maulbronn, Pairis und Lützel. Quellen und Vorarbeiten für eine Biographie, in: Citeaux 35 (1984), S. 268–284.

Ders.: Bernardin Buchinger. Ein Zisterzienserabt des XVII. Jh., in: Cistercienser Chronik 91 (1984), S. 39–73.

Mayer-Edenhauser, Theodor: Zur Territorialbildung der Bischöfe von Basel. Rechtsgeschichtliche Betrachtungen, in: ZGO 52 (1938), S. 255–322.

Metz, Bernhard: Le château de Schwarzenberg : Histoire et architecture, in: Saisons d'Alsace 27 (1980/1981), 1983, S. 27–56.

Müller, Jörg R.: Zur Verpfändung sakraler Kultgegenstände an Juden im mittelalterlichen Reich: Norm und Praxis, in: Pro multis beneficiis. Festschrift für Friedhelm Burgard. Forschungen zur Geschichte der Juden und des Trierer Raums (Trierer historische Forschungen 68), hg. von Sigrid Hirbodian, Christian Jörg, Sabine Klapp und Jörg R. Müller, Trier 2012, S. 179–204.

Nuss, Philippe: Les Habsbourg en Alsace des origines à 1273, Altkirch 2002.

Ohl, Ludwig: Geschichte der Stadt Münster und ihrer Abtei im Gregorienthal. Nach den Dokumenten bearbeitet, Vorbruck-Schirmeck 1897.

Rebetez, Jean-Claude: Der Bischof im Jura. Etappen der Entstehung des Fürstbistums, in: Gold & Ruhm. Kunst und Macht unter Kaiser Heinrich II., hg. von Marc Fehlmann, Michael Matzke und Sabine Söll-Tauchert, Basel 2019, S. 285–289.

Ders. (Hg.): La donation de 999 et l'histoire médiévale de l'ancien Évêché de Bâle, Porrentruy 2002.

Ders.: La formation des territoires du diocèse et de la principauté épiscopale de Bâle du haut Moyen Âge au XIIIe siècle, in: Grenzen, Räume und Identitäten. Der Oberrhein und seine Nachbarregionen von der Antike bis zum Hochmittelalter (Archäologie und Geschichte 22), hg. von Sebastian Brather und Jürgen Dendorfer, Ostfildern 2017, S. 359–381.

Quarthal, Franz: Vorderösterreich, in: Handbuch der Baden-Württembergischen Geschichte, Band I,2: Vom Spätmittelalter bis zum Ende des Alten Reiches, Stuttgart 2002, S. 587–780.

Regenbogen, Clemens: Das burgundische Erbe der Staufer (1180–1227). Zwischen Akzeptanz und Konflikt (Mittelalter-Forschungen 61), Ostfildern 2019.

Rück, Peter: Die Urkunden der Bischöfe von Basel bis 1213. Vorarbeit zu den Regesta episcoporum Basiliensium (Quellen und Forschungen zur Basler Geschichte 1), 2 Bde., Basel 1966.

Speck, Dieter: Der habsburgische Herrschaftsraum am Oberrhein (vorderösterreichische Lande) und die Eidgenossenschaft, in: König Rudolf I. und der Aufstieg des Hauses Habsburg im Mittelalter, hg. von Bernd Schneidmüller, Darmstadt 2019, S. 141–156.

Spieß, Karl-Heinz (Hg.): Ausbildung und Verbreitung des Lehnswesens im Reich und in Italien im 12. und 13. Jahrhundert (Vorträge und Forschungen 76), Ostfildern 2013.

Ders.: Das Lehnswesen in Deutschland im hohen und späten Mittelalter, Stuttgart [3]2011.

Vries, Rebekka de: Herrschen durch leihen. Leihe, Vasallität und *hominium* im *Regnum Italiae* zur Zeit Friedrichs I. Barbarossa (1152–1190) (Besitz und Beziehungen 4), Ostfildern 2024.

Wackernagel, Rudolf: Das Lehenbuch des Bisthums Basel, in: Anzeiger für schweizerische Althertumskunde 6 (1888/1891), S. 267–270.

Weissen, Kurt: „An der stuer ist ganz nuett bezalt.“ Landesherrschaft, Verwaltung und Wirtschaft in den fürstbischöflichen Ämtern in der Umgebung Basels (1435–1525) (Basler Beiträge zur Geschichtswissenschaft 167), Basel/Frankfurt a. Main 1994.

Ders.: Die weltliche Verwaltung des Fürstbistums Basel am Ende des Spätmittelalters und der Ausbau der Landesherrschaft, in: La donation de 999 et l’histoire médiévale de l’ancien Évêché de Bâle, hg. von Jean-Claude Rebetez, Porrentruy 2002, S. 213–240.

Wilsdorf, Christian: Histoire des comtes de Ferrette (1105–1324), Altkirch 1991.

Ders.: Ulrich II de Ferrette et son frère Berthold prévôt de Moutier-Grandval et évêque de Bâle: une fructueuse collaboration (1245–1262), in: La donation de 999 et l’histoire médiévale de l’ancien Évêché de Bâle, hg. von Jean-Claude Rebetez, Porrentruy 2002, S. 187–212.

Zeilinger, Gabriel: Verhandelte Stadt. Herrschaft und Gemeinde in der frühen Urbanisierung des Oberelsass vom 12. bis 14. Jahrhundert (Mittelalter-Forschungen 60), Ostfildern 2018, S. 72–100.

Zotz, Thomas: Der Bischof von Basel am Oberrhein, in: Gold & Ruhm. Kunst und Macht unter Kaiser Heinrich II., hg. von Marc Fehlmann, Michael Matzke und Sabine Söll-Tauchert, Basel 2019, S. 280–285.

Lehen, Pfand und Lehnswesen? Leiheformen und Kriegsdienste im Hochstift Bamberg im 12. und 13. Jahrhundert

Sebastian Kalla

In the course of the investigation of the conditions in the diocese of Bamberg, a "Lehnswesen" in the sense of a link between oaths and land transfers from the middle of the 13th century onwards becomes apparent in the written sources, but this has little in common with classical ideas of a feudal system. Among other things, the recipients of land do not have the characteristics of vassals. In any case, mortgages were of greater importance than the "feuda" sometimes mentioned. This also applies to military service.

Als Bischof Heinrich I. von Bamberg mit seinem eigenen Ministerialen Tayno von Lichtenstein am 16. Mai 1257 einen Vertrag über angehäufte Kriegsschulden schloss, schwiegen die Waffen im Hochstift bereits seit längerem. Eine Hungersnot in Franken hatte den langen Konflikt um das Erbe der Andechs-Meranier zwei Jahre zuvor beendet.[1] Nun hieß es, die in Kriegszeiten eingegangen Verpflichtungen zu begleichen und der Bischof schuldete seinem Ministerialen so einiges: Für die Unterstützung Taynos gegen die Burggrafen von Nürnberg und die Herren von Truhendingen versprach der Prälat ihm – wohl am Anfang des Konflikts – 100 Pfund Denare, für die er mit den Orten Busendorf und Medlitz bürgte.[2] Zu einem späteren Zeitpunkt im Konfliktverlauf wurden für die Organisation der Burghut einer bischöflichen Burg dem Ministerialen weitere 100 Pfund Denare zugesagt. Die Burghut sollte er jedoch nicht selbst übernehmen, sondern einen Kastellan für diese Aufgabe organisieren, der dem Bischof auch „in equis et armis" dienen sollte.[3] Damals verpflichtete sich Tayno seinerseits dazu, dass sein ältester

---

1 Niegel, Berthold, S. 23; Mötsch, Ende, S. 134; Ruß, Edelfreien, S. 52; Frenken, Hausmachtpolitik, S. 782.

2 StA Bamberg, B 21 2 I, f. 81v–82r: „cum Taynoni de Lihtenstein ministeriali nostra [!] promisissemus centum libras denariorum Bambergensis monete, ut nobis assisteret in gwerra, quam habebamus cum nobilibus viris Friderico burggrafio de Nuremberg et Friderico de Truhendingen et pro eisdem se obligassemus [!] villas nostras Busendorf et Medliz."

3 Ebd.: „Postmodum de consilio capituli et ministerialium nostrorum promisimus ei alias centum libras, ut in uno castrorum nostrorum residentiam faceret corporalem aut castellanum loco sui statueret, qui nobis in equis et armis posset decenter servire [...]."

Sohn eine Bamberger Ministeriale heiratete, andernfalls würden Tayno und sein Bruder Albert all ihr vom Hochstift stammendes unfreies Eigen und alle ihre „feoda“ verlieren.[4] Nach Konfliktende wurde zusätzlich vereinbart, dass, würde der Bischof die versprochene Zahlung von 200 Pfund Denaren nicht bis zum St. Jakobstag tätigen, die Hälfte des Ortes Hallstadt dem Ministerialen als Pfand für ein Jahr verschrieben werden sollte.[5] Die Einkünfte wurden mit der Schuld verrechnet und sollten diese im genannten Zeitraum tilgen, weshalb es sich um eine Totsatzung handelte.[6] Der Pfandgegenstand ging aber nicht an Tayno über, sondern wurde der Verwaltung dreier Bambergischer Ministerialer unterstellt, die die entsprechenden Einkünfte an ihn abführen sollten und für den Aufwand mit geringfügigen Abgaben aus Hallstadt entschädigt wurden.[7]

Die ausführliche Darstellung dieser Vereinbarung zu Beginn dieses Beitrags lohnt sich, weil sie viel über die Handhabung von Lehen und Pfändern im Hochstift Bamberg der beginnenden zweiten Hälfte des 13. Jahrhunderts offenbart: Tayno war offensichtlich ein Bamberger Ministerialer. Dies wird nicht nur aus der expliziten Benennung als „ministerialis“ deutlich, sondern auch aus dem vom Hochstift abgeleiteten Charakter seiner Eigengüter. Er besaß darüber hinaus bischöfliche „feoda“, mit denen er für eingegangene Verpflichtungen haften konnte. Offensichtlich verpflichtete ihn nichts davon zu militärischer Unterstützung des Bischofs. Heeresfolge und Burghut wurden stattdessen erst aufgrund von Zahlungsversprechen geleistet, die mit Pfandgeschäften abgesichert wurden.

---

4 Ebd.: „[...] et, ut senior filius suus vel si eum decedere contingeret, quod absit, alter filius suus unam de ministerialibus nostris duxeret in uxorem, quod adimplenius promisit corporali juramento prestito et frater suus Albertus alioquin proprietates temporum [!] et feoda, que ab ecclesia nostra tenent, ad ecclesiam nostram libere et sine contradictione redibunt.“ Das in dem Satz wenig Sinn ergebende temporum geht wohl auf einen Abschreibfehler in der bloß kopial überlieferten Urkunde zurück. Es wird ursprünglich „ipsorum“ an der Stelle gestanden haben müssen.

5 Ebd.: „Dictas vero ducentas libras denarii Bambergensis promisimus ei solvere a festo sancti Jacobi proximo nunc futuro usque ad annum unum alioquin medietatem omni redditum ville Halstat, ex tunc reciperet annuatim donec ei dicte ducente libre denarii, qui tunc in civitate Bambergense essent daturi, plenarie solverentur.“

6 Ebd. Zur Totsatzung siehe Hagemann, Pfandrecht, sowie Landwehr, Verpfändung, S. 321–323, 392.

7 StA Bamberg, B 21 2 I, f. 81v–82r: „Super obligacione predictarum villarum Busendorf et Medliz vel alio modo ceterum pro recognitione, quod medietas ville Halstat esse pignus ipsius, si non solveretur ei pecunia nominata in termino supradicto, posimus [!] in manus L[udwici] pincerne de Rotenhan, S[yfridi] cemerarii et Ludwici de Birne, ut hoc anno de eadem villa sibi solvant unum anserem et unum sumerinum avene.“

Dieser Einzelfall steht damit vollkommen quer zur Vorstellung einer lehnrechtlich begründeten Heeresfolge.[8] Bedenkt man die in der neueren Forschung häufig geäußerte These von der zwischen 1150 und 1250 stattgefundenen Etablierung des Lehnswesens im Reich nördlich der Alpen, so wirft dies einige Fragen auf.[9] Vorweggenommen sei, dass der Umgang mit Pfändern, normalen Leihen[10] („feoda") und Heeresfolge im besprochenen Vertrag keine singuläre Erscheinung im Hochstift Bamberg am Übergang zum Spätmittelalter war. Entwickelte sich also vielleicht gar kein Lehnswesen in Franken? Oder war es schon um die Mitte des 13. Jahrhunderts von Verfallserscheinungen geprägt?[11] Ersetzte womöglich zu der Zeit das Pfand das Lehen?[12] Zur Beantwortung all dieser Fragen reicht der Blick auf den sehr gut überlieferten Konflikt um das Erbe der Andechs-Meranier (1249–1255/1260) nicht aus. Ein weiter zurückreichender Blick auf die vorangegangenen Entwicklungen ist unumgänglich. Deshalb soll hier zunächst dem Aspekt nachgegangen werden, wie sich die Funktion von normalen Leihen seit circa 1150 bis zur genannten Auseinandersetzung im Hochstift entwickelte und in welchem Verhältnis dies zum Forschungskonzept des Lehnswesens steht. Die gleiche Untersuchung wird danach für Pfandgeschäfte durchgeführt. Abschließend wird auf dieser Grundlage anhand des bereits oft

---

8 Zu den gängigen Vorstellungen von der lehnrechtlich begründeten Heeresfolge siehe beispielhaft Krieger, Military Service, insbesondere S. 153–156.

9 Diese These wurde in der jüngeren Debatte zuerst Dilcher, Entwicklung, insbesondere S. 288–290, geäußert. Am stärksten propagierte sie in der Folgezeit Jürgen Dendorfer in verschiedenen Publikationen: Dendorfer, Was war das Lehnswesen?; Ders., Wormser Konkordat; Ders., Roncaglia; Ders., Lehnrecht. Auch Roman Deutinger schloss sich dieser Ansicht in verschiedenen seiner Arbeiten an: Deutinger, Sutri; Ders., Privilegium minus. In jüngerer Zeit teilen auch Seibert, Non predium, sowie Auge, Hominium, diese Meinung.

10 In neueren Publikationen zum Lehnswesen wird aufgrund der dem Begriff „Lehen" innewohnenden Verbindung von Leihe und Vasallität stattdessen lieber von „Leihe" oder „normaler Leihe" gesprochen, wenn ein vasallitischer Kontext nicht offensichtlich ist. Siehe hierzu mit weiterführender Literatur: Dendorfer/Patzold, Tenere et habere, S. 16–21.

11 In der älteren Spätmittelalterforschung trifft man immer wieder auf das Narrativ, dass das Lehnswesen im 13. Jahrhundert bereits von Verfallserscheinungen gekennzeichnet gewesen sei, siehe beispielsweise Reichert, Finanzpolitik, S. 204. Diese Ansicht geht auf Otto Brunner und Heinrich Mitteis zurück, die das Lehnrecht durch den spätmittelalterlichen Territorialstaat überwunden sahen: Diestelkamp, Lehnrecht, S. 65 f. Neuere Arbeiten zum Spätmittelalter betonen hingegen die Unterschiede zwischen der Funktion des Lehnswesens im Hoch- und Spätmittelalter: Diese sei in der letzteren Epoche nicht mehr militärischer Natur, sondern hätte der Einbindung des Adels in den Territorialstaat gedient: Hechberger, Adel, S. 464–466.

12 Diese These wurde insbesondere vertreten von Krause, Pfandherrschaften, vor allem S. 532: „Vielleicht wird man zur Charakterisierung des Spätmittelalters einmal von einem Verpfändungszeitalter sprechen, das dem Lehnszeitalter gefolgt sei."

genannten Erbkonflikts dargestellt, welche Rolle normalen Leihen und Pfändern um 1250 in Franken bei militärischen Auseinandersetzungen zukam. Alle Untersuchungsschritte erfolgen anhand der edierten wie auch ungedruckten Urkundenüberlieferung, die häufig Besitztransaktionen mit normalen Leihen und Pfändern festhält.[13]

Lehen ohne Lehnswesen?

Der handbuchmäßigen Systematisierung von François Louis Ganshof verdanken wir gleich ein ganzes Bündel an mit dem Lehnswesen verbundenen rituellen Handlungen, gegenseitigen Verpflichtungen etc. Darüber, wie unzutreffend diese „klassische" Sicht auf das Lehnswesen ist, wurde in den letzten drei Jahrzehnten viel geschrieben, weshalb hierauf nicht näher eingegangen werden muss.[14] Wenn heutzutage in der Forschung von der Entwicklung eines Lehnswesens gesprochen wird, geht es meist deutlich basaler um die Verknüpfung der normalen Leihen mit einer vasallitisch gedeuteten Mannschaftsleistung, die man entweder aufgrund der Erwähnung entsprechender Ritualhandlungen oder über die Heeresfolge zu fassen glaubt.[15] Vereinzelt wird hierzu stellvertretend auch die Erwähnung eines

---

13 Die Überlieferung der von Bamberger Bischöfen ausgestellten Urkunden zwischen 1102 und 1260 ist im Rahmen meiner Dissertation vollständig aufgearbeitet worden und die bisher ungedruckten Texte sind in Form von Transkriptionen im Anhang der Arbeit einer größeren Öffentlichkeit zugänglich gemacht: Kalla, Bistum.

14 Zum aktuellen Stand der Debatte und der Rolle von Heinrich Mitteis und François Louis Ganshof siehe Dendorfer/Patzold, Tenere et habere, S. 11–16. Siehe auch den von mir verfassten Forschungsüberblick: Kalla, Bistum, S. 17–36.

15 Ein deutliches Beispiel für die dem Homagium zugeschriebene Bedeutung bietet Spieß, Lehnswesen, S. 94 f.: „Die Benefizialleihe ist in der zweiten Hälfte des 12. Jahrhunderts mit der Mannschaftsleistung verbunden und deshalb vasallitisch zu qualifizieren." Dendorfer, Wormser Konkordat, S. 327, sieht das Homagium auch erst ab der Regierungszeit Friedrich I. Barbarossas als lehnrechtlich deutbar. Erst damals sei auch eine lehnrechtliche Heeresfolge entstanden, so Dendorfer, Roncaglia, S. 122. Die Bedeutung eines feudo-vasallitischen Nexus für die Entstehung des Lehsnwesens zeigt sich darüber hinaus in derart vielen Arbeiten, dass sie nicht alle hier aufgezählt werden können. Erwähnt sie hier nur beispielhaft die jüngst erschienene Studie von Deutinger, Reichschronistik, S. 215 f., die das Lehnswesen als rechtlichen Ordnungsrahmen versteht, „der Leihe und Mannschaft in fester Verbindung zusammenfügt". Die in der heutigen Forschung immer noch weit verbreitete Ansicht, dass die Heeresfolge aus dem Lehnswesen abzuleiten sei, geht auf die verkürzte Wiedergabe der Ergebnisse von Heinrich Mitteis im Handbuch von François Louis Ganshof zurück, siehe Ganshof, Lehnswesen, S. 90–98. Vgl. Mitteis, Lehnrecht, S. 591–625, der ebd., S. 596–598, die Verpflichtung der Großen zur Heerfahrt aber nicht aus dem „Lehnsverhältnis" ableitete. Trotzdem sah er, ebd., S. 592, den Waffendienst als wichtigste Verpflichtung der unterhalb

„Lehnrechts" („ius beneficii" oder „ius feudale") herangezogen, weil gemäß älterer Forschungstraditionen das Lehnrecht als Vasallenrecht gedacht wird.[16]

Rituelle Handlungen kommen zwar selten in Urkunden vor, sind aber durchaus im Bamberger Urkundenbestand zu fassen. Vasallitisch zu deutende Investituren fehlen im Bestand jedoch vollständig – was in Anbetracht der Studien von Rudolf Schieffer und Bettina Pferschy-Maleczek auch wenig überraschend ist.[17] Wenn das Quellenwort „investire" von den Urkundenverfassern genutzt wurde, dann meist zur Beschreibung der Einsetzung von Geistlichen in ihr Amt mitsamt der dazugehörenden weltlichen Ausstattung.[18]

Das Versprechen von Treue im Gegenzug für eine Leihe würde den „klassischen" Vorstellungen einer vasallitischen Mannschaftsleistung immerhin nahekommen. Ein expliziter Treueid („sacramentum fidelitatis") ist aber nur einmal 1201 im Quellenbestand belegt und steht dort in keinem Zusammenhang mit einer Verleihung, sondern ist die von allen Ministerialen geforderte Handlung bei Amtsantritt eines neuen Bischofs.[19] Schwurleistungen sind darüber hinaus erkennbar, dann aber als „iuramenta" und „sacramenta" bezeichnet oder mit „fide dare", „fide spondere" und „iusiurandum" ausgedrückt. In zwei Fällen tauchen sie sogar im Kontext von möglichen Verleihungen auf, ohne jedoch mit diesen explizit verbunden zu sein. Der erste Beleg stammt von 1176:[20] Damals erhielt Herzog Hermann von Kärnten die Vogtei über die bischöflichen Einkünfte in Dietrichstein und die übriggebliebenen Leihegüter bei St. Veit an der Glan des 1173 verstorbenen Markgrafen Engelbert.[21] In welcher rechtlichen Form die Übergabe stattfand, wird aber nicht erwähnt. Stattdessen nutzte der Schreiber

---

der Großen verorteten Lehnsnehmer an: „In allen Vergleichsländern ist der wichtigste Dienst der Waffendienst des Vasallen."

16 Ein derartiges Vorgehen kann man beobachten bei Spieß, Lehnswesen, S. 94 f.; Schieffer, Urkunden der Kaiserin, S. 228 f. Zu der gängigen Verbindung des Vasallenrechts mit dem Lehnrecht siehe die immer noch aktuellen Beobachtungen von Ebel, Leihegedanken, S. 16 f.

17 Gemäß ihren Studien lassen sich lehnrechtlich zu deutende Investituren in Königs- und Kaiserurkunden nur für Empfänger in Italien und im Burgund greifen: Schieffer, Königsurkunden, S. 81 f.; Bettina Pferschy-Maleczek, Lehnswesen, S. 204 f.

18 Kalla, Bistum, S. 117–119.

19 StA Bamberg, BU 418: „tali publica conditione interposita a confratribus nostris et ministerialibus ęcclesie, ut quicumque successorum nostrorum per revolutiones temporum eligatur in electione firmam cautionem emittat, quod predictas advocacias nec infeudare nec alio modo alienare presumat et hoc spondeat antequam canonici obedientiam promittant vel ministeriales sacramentum fidelitatis illi present."

20 Ebd., BU 326.

21 Das Hochstift war in Kärnten reich begütert, siehe hierzu Koller-Neumann, Lehen, S. 11–15; Mayer, Herkunft, S. 11–16; Krenzer, Heinrich I., Bd. 1, S. 27.

das für alle möglichen Leiheformen verwendbare „concedere". Den mit Abstand größten Teil der Urkunde nimmt die Beschreibung der Rechte und Pflichten des Vogts ein, die Hermann von Kärnten beeidete und sich noch zusätzlich verpflichtete, dem Bischof treu („fidelis") und wohlwollend („benivolus") zu sein.[22] Dies geschah jedoch ohne einen direkten Bezug zu der am Anfang des Textes erwähnten Verleihung. Der zweite Beleg findet sich in einer undatierten, vermutlich um 1221 herum ausgestellten Urkunde Bischof Ekberts:[23] Ein Salzburger Ministeriale, Konrad von Walde, verkaufte dem Bamberger Prälaten Rechte an einem Wald, die der Bischof ihm daraufhin zurückgab („dare"), damit Konrad die Waldnutzungsrechte an Bamberger „homines" verleihe („infeodare").[24] Auch hier wird die genaue Übertragungsform an den die Leihe direkt empfangenden Ministerialen nicht spezifiziert. Vom Inhalt des Rechtsgeschäftes ausgehend könnte es sich um eine Verleihung gehandelt haben, dieser Sachverhalt war für den Urkundenverfasser aber entweder von keiner Relevanz oder blieb absichtlich unerwähnt. Der eigentliche Zweck der Transaktion lag nämlich in der Sicherung der Waldnutzungsrechte für die in den bischöflichen Fernbesitzungen lebenden „homines" des Hochstifts. Um die Ausübung der erworbenen Rechte auch in Zukunft zu gewährleisten, schwor Konrad zusammen mit seinem davor unerwähnten Bruder Rudolf, allen Mandaten, Befehlen und Ratschlägen des Bischofs künftig Folge zu leisten.[25] Einen direkten Bezug der Eidleistung der beiden Brüder zu der (möglicherweise) vorangegangenen Verleihung an Konrad stellt der Text nicht her, sondern charakterisiert durch den Ausdruck „insuper" beides als voneinander getrennte Vorgänge.[26]

Eine Verbindung von Verleihungen und Eidleistungen lässt sich damit aus dem Quellenbestand nicht belegen. Das letzte Beispiel mit dem von Konrad und Rudolf von Walde beeideten Gehorsam gegenüber dem Bischof weist aber in Richtung einer im Hochstift Bamberg immerhin in Ansätzen fassbaren Entwicklung, nämlich der Etablierung von Mannschaftsleistungen ab den 1230er Jahren. In den

---

22 StA Bamberg, BU 326: „Et, ut hęc rata et inconvulsa conservet et non transgrediatur ipse dux data fide in manum nostram compromisit, adiciens sub eiusdem fidei attestatione, quod in his et in omnibus agendis nostris se nobis fidelem et benivolum semper exhibebit [...]."

23 StA Bamberg, BU 502.

24 Ebd.: „dominus Cunradus de Walde iuri suo, quod in nemore habuit, abrenuntiavit pro quinquaginta talenta, que nos ei dedimus et dictus C[unradus] eodem jure nostros homines infeodavit."

25 Ebd.: „Insuper predictus C[unradus], Rudolfus frater suus [...] dus [...] fide data promiserunt, ut antedictus C[unradus] omni mandato, iussioni et consilio nostro sine contradictione acquiescat."

26 Ebd.

echten Bischofsurkunden finden sich hierfür aber nur noch zwei weitere Belege: Der erste vom 2. Februar 1230 thematisiert einen Handgang („manuplica“)[27] in der Narratio einer Schenkungsurkunde.[28] Die genannte „manuplica“ wurde von Heinrich von Sonnenberg gegenüber dem Grafen von Beichlingen für Güter geleistet, die Letzterer vom Bischof „in beneficio“ hielt.[29] Nach welcher konkreten Rechtsform die Übergabe an Heinrich stattfand, spezifiziert der Urkundenschreiber aber ebenso wenig, wie die möglichen Implikationen eines Handgangs. Das Wort „manuplica“ bleibt im hier untersuchten Quellenbestand, wie auch darüber hinaus, singulär.[30] Der zweite Beleg stammt aus einer kopial überlieferten Urkunde vom Juli 1247:[31] Der am Anfang desselben Jahres verstorbene Graf Heinrich III. von Sayn besaß demnach heute nicht mehr sicher lokalisierbare Leihegüter („feoda“) der Bamberger Kirche.[32] Bischof Heinrich I. teilte das Erbe des Grafen nach seinem Tode in zwei Teile: Die eine Hälfte vergab er an Gottfried von Eppstein und seinen gleichnamigen Sohn mitsamt möglichen weiteren Nachkommen „iure feodali“.[33] Den zweiten Teil gab er an Gottfried von Eppstein und Gottfried Gisonis, die Würzburger Verwalter des Bruders des Bischofs und Heinrichs von Gamburg.[34] Die beiden letztgenannten Gottfriede sollten als Gegenleistung dem Bischof und der Bamberger Kirche für immer die Mannschaft („homagium“) durch die treue Befolgung bischöflicher Befehle halten.[35] Der Urkundenschreiber nimmt damit eine Unterscheidung vor zwischen

---

27 Bei der „manuplica“ wird es sich um eine Wortschöpfung des Urkundenverfassers handeln, weil weitere Belege für den Ausdruck weder im restlichen Bamberger Quellenbestand noch anderswo fassbar sind. Die Übersetzung als „Handgang“ erscheint naheliegend, weil das Wort aus „manus“ und „plicare“ gebildet wurde. Zu ähnlichen Schlüssen kommt Huchs, Gedanken.

28 StA Bamberg, Kl. Langheim, Urk. 40.

29 Ebd.: „bona in Kunemundesrût, que illustris comes de Bichelingin in beneficio a nobis obtinuit et e converso pro eisdem bonis Heinricus de Sunnenberc eiusdem comitis manuplica factus una cum fratre suo pro remedio anime sue ecclesie Lanckeymensi contradidit [...].“

30 Wie Anm. 27.

31 HStA Wiesbaden, 3002 XIII 2,1.

32 Ebd.

33 Ebd.: „nos dimidietatem omnium feodorum nobis ex obitu bone memorie Heinrici comitis de Seyne vacancium dilectis nobis Godfrido nobili viro de Eppinstein et Got[frido] filio ipsius ac posteris eorundem iure concessimus feodali [...].“

34 Heinrich von Gamburg ist kein Angehöriger der 1219 in männlicher Linie ausgestorbenen gleichnamigen edelfreien Familie, sondern gehörte einem Mainzer Ministerialengeschlecht an, dass auf der Burg residierte und sich nach ihr benannte, dazu Rückert, Edelfreien, S. 633 f.

35 HStA Wiesbaden, 3002 XIII 2,1: „ita, ut super residua medietate feodorum ipsorum idem G[odfridus] et G[odfridus] Gysonis prepositi Herbipolenses C[onradi] fratris nostri et

nach dem „ius feodale“ gehaltenen erblichen Leihegütern und solchen, die mit einem „homagium“ zusammenhängen.

Dass eine derartige Trennung sich zu dieser Zeit im Bamberger Herrschaftsbereich zu verbreiten begann, zeigen die zwischen 1228 und 1264 entstandenen Gleinker Fälschungen.[36] Ein in allen zu diesem Komplex gehörenden Texten wiederkehrendes Thema ist die von den Urkundenausstellern an ihre Ministerialen und Lehnsnehmer erteile Erlaubnis, ihre Güter frei an das an der Pyhrnstraße gelegene Bamberger Kloster zu schenken.[37] Das erste, um 1230 entstandene Pseudo-Original nennt diesbezüglich als Besitzformen nur „beneficia“ und „possessiones“.[38] Für den zwischen 1236 und 1256 aktiven Fälscher stellte sich die Lage aber anscheinend komplizierter dar: Die von ihm auf den Markgrafen Ottokar gefälschte Urkunde erlaubte allen, die Güter von der Stifterfamilie „nomine pheodi vel iure hominij“ besaßen, diese Besitzungen frei an das Kloster zu verschenken.[39] Zwei weitere vor 1264 entstandene, angeblich von Bischof Otto II. von Bamberg ausgestellte Pseudo-Originale behandeln wiederum Güter, die „nomine beneficii“ entweder „in pheodo“ oder „iure hominii“ vergeben wurden.[40] Auch weitere Gleinker Fälschungen nehmen eine ähnliche Unterscheidung vor.[41]

Heinrici militis de Gamberg stantes fideliter ordinationi, nobis et ecclesie nostre homagio perpetuo teneantur.“ Der Ausdruck „praepositus“ für einen Verwalter findet sich auch in der wittelsbachischen Herrschaft, dazu Seibert, Ordnung, S. 258 f.

36 Zur Datierung der Fälschungen siehe Zauner, Urkunden, S. 117–119.

37 Vgl. ebd., S. 85, 103–106.

38 Niederösterreichisches UB 2, Nr. 87, S. 359: „[...] assensum nostrum ac licentiam dedimus omnibus ministerialibus nostris atque aliis beneficia a nobis habentibus possessiones suas atque beneficia illi conferre et quolibet modii ei contradere.“

39 UBLOE 2, Nr. 111, S. 165–168: „Item de consensu et rogatu dicti Prunonij confirmamus eidem ecclesie, ut omnis homo nominis cuiuscumque ea, que a Prunonio et posteris suis nomine pheodi uel iure hominij habuerit, memorato Glunicensi Cenobio libere conferat.“

40 Ebd., Nr. 262, S. 383: „Item omnibus militibus et ministerialibus ecclesie nostre seu aliis cuiuscunque nominis beneficia a nobis in pheodo vel sub iure hominii habentibus licentiam et liberam potestatem contulimus iam dicto monasterio Glůnicensi fratribusque ibidem deo servientibus potestative conferre possessiones, predia, beneficia, decimas et mancipia sua seu quelibet dona tam in silvis quam in agris cum omnibus usufructuariis, quesitis scilicet ac inquirendis.“ Identisch formuliert ebd., Nr. 263, S. 385.

41 Ebd., Nr. 444, S. 642: „Illud etiam concedimus ut omnes nostri tam ministeriales quam alii cuiuscumque nominis ab ecclesia nostra beneficia in pheodo vel sub iure hominii habentes potestatem habeant dandi, mancipandi, cambiendi vel quoquo modo sepedicto monasterio Glůnicensi libere tribuendi possessiones, predia, mancipia, beneficia, decimas seu quelibet dona tam in silvis quam in aqris quatenus eius et nobis fiat in celis eternorum retributio.“ UB Babenberger 4,2, Nr. 339, S. 180–182: „[...] omnes terre nostre milites et ministeriales ac alii nobilis nominis cuiuscumque ea, que a nobis nomine pheodi vel hominii possident,

Das sich aus diesen wenigen Belegstellen zu (Treu-)Eiden und Mannschaftsleistungen ergebende Bild weist zwar viele Leerstellen auf, lässt aber auch einige Tendenzen erkennen: Bis circa zur Mitte des 13. Jahrhunderts wurde bei der Forderung von Eidleistungen und Handgängen im Kontext von Verleihungen die genaue Verleihungsform nicht explizit genannt – und das obwohl in denselben Urkunden an anderen Stellen „beneficia" und „feuda" vorkommen. Stattdessen wurden allgemeine Verben wie „concedere" oder „dare" genutzt. Ein direkter Bezug zwischen Eidleistungen und Verleihung wurde dabei nicht hergestellt. Ähnliches ist bei der „manuplica" zu beobachten, die obendrein als singuläre Wortschöpfung des Urkundenverfassers darauf hindeutet, dass sich ein gefestigtes Vokabular für Mannschaftsleistungen um 1230 im Hochstift immer noch nicht etabliert hatte. Selbst als die Ausdrücke „homagium" und „ius hominii" ab der Mitte des 13. Jahrhunderts in den Urkunden der Bamberger Bischöfe und der von ihnen abhängigen Klöster greifbar werden, ersetzen sie nicht die ältere Form der normalen Leihe, sondern bilden eine neue Rechtsform aus, die neben der alten existierte.

Ein gänzlich anderer Aspekt des Themas ist, ob das „homagium" und das „ius hominii" vasallitisch im Sinne des „klassischen" Lehnswesens zu deuten sind. Die Bamberger Bischöfe scheinen gemäß den angeführten Quellenbelegen ein wohlwollendes bzw. gehorsames Verhalten von den von ihnen Begünstigten erwartet zu haben, die alle im Umfeld der Fern- und Streubesitzungen des Bistums zu verorten sind. Allerdings lässt sich keine der hier behandelten Personen weder vorher noch nachher im bischöflichen Umfeld greifen, was aufgrund der weiten Entfernung zum Bischofssitz und der primären Bindung an andere Herrschaftsträger auch wenig verwunderlich ist. Wenn man den Bischöfen kein wirklichkeitsfernes Vorgehen unterstellen möchte, so wird man vermuten dürfen, dass das intendierte Ziel hinter diesen Eid- und Mannschaftsleistungen von vornherein gerade nicht die Gewinnung neuer Vasallen war. Vielmehr wird man als Hintergrund dieser neuen Bindungen Maßnahmen zur Sicherung der Fern- und Streubesitzungen des Bistums annehmen müssen, die auf Etablierung von Funktionsträgern mit begrenzter Reichweite zielten (z. B. zur Sicherung der Waldnutzungsrechte oder zur Verwaltung der in der Nähe von Würzburg gelegenen Streubesitzungen). Ebenso ist darauf hinzuweisen, dass das „ius feodale" offensichtlich nicht das „ius homonii" beinhaltete, sondern gemäß den untersuchten Urkunden beides voneinander unterscheidbare Rechtsbereiche waren.

---

pro remedio animarum suarum Gleunicensi cenobio testamentaliter libere conferant ac delegent."

Wie wenig plausibel es unter diesen Umständen ist, dass das „ius beneficii" bzw. „ius feudale" der Bamberger Bischofsurkunden des 12. und 13. Jahrhunderts ein Vasallenrecht einschloss, zeigt sich ebenso deutlich an Erbgängen: Als 1156 die Vogteirechte über das Kloster Prüfening neu geregelt wurden, fügte man am Ende der diesbezüglichen Urkunde die Bestimmung hinzu, dass die getroffenen Vereinbarungen auch für alle in der Vogtei nach Erbrecht („ius hereditarium") oder durch bischöfliche Verleihung („concessio beneficiaria") nachfolgenden Vögte gelten sollten.[42] Noch deutlicher begegnet uns die Trennung zwischen Erb- und Leiherecht in einer Schenkungsurkunde an die Zisterze Langheim von 1251: Die geschenkten Güter hielt der Tradent Ramung von Plassenberg zuvor „per progenitores suos hereditario iure et per antecessores nostros ac nos titulo [...] feodali".[43] Weitere Belegstellen ließen sich anführen,[44] es sollte an dieser Stelle aber bereits deutlich geworden sein, dass gemäß den Urkunden die Erbgänge in Leihegütern vom Erbrecht und eben nicht vom „Leiherecht" geregelt wurden. Stattdessen bezieht sich das „ius beneficii" bzw. „ius feudale" im Quellenbestand normalerweise auf mit dem Verleihungsakt verbundene Vorgänge. Das konnte sich auf die Frage beziehen, ob die ursprüngliche Verleihung überhaupt stattgefunden hatte bzw. rechtmäßig war oder ob die Mutung versäumt wurde.[45] Ebenso konnten ganze Verleihungs- und Resignationsketten als gemäß „iure et more benefitii" vollzogen bezeichnet werden.[46] Hingegen finden sich an keiner Stelle Hinweise, dass in der Forschung gängig mit der Vasallität verbundene Phänomene nach dem „Leiherecht" verhandelt wurden. Der im Quellenkorpus fassbare Bedeutungsgehalt des Begriffs entspricht damit keineswegs der in der Forschung im Gefolge des Sachsenspiegels verbreiteten Vorstellung vom „Lehnrecht".[47] Dementsprechend ist das häufige Vorkommen eines „ius beneficii" bzw. „ius feudale" in den hier behandelten Bamberger Bischofsurkunden kein Zeichen für die Entwicklung eines Lehnswesens.

---

[42] HStA München, Kl. Prüfening 23a und 23b: „[...] et quicumque in eandem advocatiam hereditario iure aut beneficiaria concessione per manum Babenbergensis episcopi successerit."

[43] StA Bamberg, Kl. Langheim, Urk. 65.

[44] Weitere Belege finden sich bei Kalla, Bistum, S. 197–207.

[45] Ebd., auch S. 125–132, 184–194.

[46] StA Nürnberg, Brandenburg-Ansbach 32: „Facta vero conventione tam ipsius quam liberorum suorum voluntate prefati inbeneficiati advocatiam iure et more benefitii vicissim resignantes, nobis a rege resignatam recepimus et sub eadem libertatis conditione abbati et fratribus in Halsbrun habendam et possidendam in perpetuum concessimus."

[47] Vgl. Kalla, Bistum, S. 198–207. Diese Beobachtung wurde bereits von Ebel, Leihegedanken, S. 16 f., getätigt.

Im Hinblick auf den anfangs erwähnten Ministerialen Tayno von Lichtenstein sei noch hinzugefügt, dass das bisher Dargestellte auch für die Ministerialität gilt. In der jüngeren Forschungsdebatte hat Jan Keupp darauf hingewiesen, dass eine Unterscheidung zwischen normalen Lehen und „Hoflehen" der Ministerialen erst ab dem Ende des 12. Jahrhunderts greifbar und dann vor allem im Sachsenspiegel sichtbar wird.[48] Auf der Ebene des Bamberger Hochstifts lässt sich eine derartige Trennung im hier untersuchten Zeitraum gar nicht auffinden. Nichtsdestotrotz galten für normale Leihen von Ministerialen andere Bestimmungen als für diejenigen von Freien: Das Bamberger Dienstrecht von 1061/1062 erwähnt die zusätzliche Verpflichtung der „beneficia" besitzenden Ministerialen zur Übernahme eines der fünf (!) Hofämter, betont aber gleichzeitig, dass dies die einzige daraus ableitbare Verpflichtung sei.[49] Eine „lehnrechtlich" begründete Heeresfolge schließt der Text somit aus und regelt stattdessen an anderer Stelle den freiwilligen Dienst von unbelehnten Ministerialen.[50] Selbstverständlich ist das Bamberger Dienstrecht nur eine Momentaufnahme von Aushandlungsprozessen. Wären aber die Lehen der Dienstleute in späterer Zeit mit militärischen Verpflichtungen verbunden worden, wäre dies gegenüber dem Bamberger Dienstrecht eine Neuerung, die sich aus den Quellen nicht belegen lässt. Das anfangs vorgestellte Beispiel Taynos von Lichtenstein, dessen vom Bischof stammende „feuda" ihn offensichtlich nicht zur militärischen Unterstützung seines Herrn bewogen, zeigt anschaulich das Fehlen solcher Verpflichtungen auch noch um die Mitte des 13. Jahrhunderts. Stattdessen mussten alle Ministerialen ihrem Bischof bei Amtsantritt einen Treueid („sacramentum fidelitatis") leisten.[51] Wozu diese Treue konkret verpflichtete, spezifiziert die entsprechende Urkunde aber nicht. Der im Hochmittelalter am weitesten verbreiteten Auffassung folgend, wird hierbei vor allem an die negative Treue zu denken sein, die die Schädigung des eigenen Herrn verbot, aber dessen aktive Unterstützung nicht beinhaltete.[52]

---

48 Keupp, Ministerialität, S. 350–360, 365.

49 Codex Udalrici, Nr. 137, S. 202: „Beneficium habentes a domino suo non constringantur nisi ad V ministeria; hoc est: ut aut dapiferi sint aut pincernę aut cubicularii aut marescalchi aut venatores." Der Jäger ist nur im Bamberger Dienstrecht als Hofamt überliefert: Dollinger, Bauernstand, S. 273 f. Fünf Hofämter tauchen hingegen vereinzelt auch andernorts auf: Keupp, Dienst, S. 71.

50 Codex Udalrici, Nr. 137, S. 202: „Si beneficium ab episcopo non habuerit et representaverit se in eius ministerio et beneficium non potuerit obtinere, militet cui vult non beneficiarius, sed libere."

51 Wie Anm. 96.

52 Vgl. Dendorfer, Vasallen, S. 92 f.; Deutinger, Lehnswesen, S. 465 f.; van Eickels, Konsens, S. 20–22, 289 f.; Ders., Konzepte, S. 109. Die Auffassung der mittelalterlichen Zeitgenossen, was Treue genau beinhalte, begann sich gemäß den genannten Autoren ab der Mitte des

Festzuhalten ist, dass sich im gesamten Untersuchungszeitraum keine Verbindung der hochstiftischen Leihen mit militärischen oder vasallitischen Verpflichtungen feststellen lässt.[53] Selbst das im Kontext von „feuda“ ab der Mitte des 13. Jahrhunderts vorkommende „homagium“ lässt sich nicht ohne Weiteres im Sinne des „klassischen“ Lehnswesens deuten. Falls „beneficia“ und „feuda“ im Hochstift überhaupt zu irgendeinem Zeitpunkt eine militärische Funktion hatten, so wird diese am ehesten in der Belohnung für geleistete Dienste gelegen haben und somit als Anreizsystem für das Leisten solcher Dienste zu verstehen sein. Diese Deutung legt das Bamberger Dienstrecht für das ausgehende 11. Jahrhundert nahe und auch die Untersuchungen Jan Keupps zur Reichsministerialität und Stephen Whites zu den „Chansons de geste“ weißen in dieselbe Richtung.[54]

Ein neues Pfandzeitalter?

Anders als im Fall des Lehnswesens gab es an mittelalterlichen Pfandgeschäften kein vergleichbares Interesse der Forschung. Für das Spätmittelalter entstanden immerhin in den 60er, 70er und 80er Jahren vereinzelt Studien zur Rolle von Pfändern in der Herrschaftsausübung.[55] Besonders hervorzuheben sind die 1967 erschienene Habilitationsschrift von Götz Landwehr zur Verpfändung deutscher Reichsstädte und die 1985 publizierte Arbeit von Winfried Reichert zur Grafschaft Katzenelnbogen vom 12. bis zum 14. Jahrhundert, die zwischen Lehen und Pfändern viele Parallelen in der Funktion aufzeigen.[56] Weil der Fokus beider Autoren auf dem Spätmittelalter liegt, erfahren wir von ihnen nicht viel über die vorangegangenen Zustände. Ein gewisses Interesse der Forschung zogen darüber hinaus die hochmittelalterlichen Wucherverbote im kanonischen Recht

---

12. bzw. dem Anfang des 13. Jahrhunderts zu ändern; Im Hochstift Bamberg aber ist ein Wandel hin zum positiven Treuebegriff in dieser Zeit noch nicht greifbar.

53 Eine Verbindung von militärischer Verpflichtung (Burghut) und Verleihungen lässt sich bei Burgen zwar fassen, allerdings hingen derartige Verpflichtungen in solchen Fällen nicht an der rechtlichen Verleihungsform, sondern an dem Leiheobjekt. Auch in Fällen von Verpfändungen oder reinen Delegierungen von Burgen blieb die Verpflichtung zur Burghut bestehen, siehe Kalla, S. 156–159, 268.

54 Vgl. Keupp, Dienst, S. 432–435, 443; White, Service; Ders., Discourse, S. 174 f.

55 Siehe beispielsweise mit der Nennung weiterer zeitnah erschienener Arbeiten zu Pfandgeschäften im Vorwort: Landwehr, Verpfändung. Die Forschung der 60er Jahre und deren Ergebnisse fasste am Anfang der 70er Jahre Krause, Pfandherrschaften, zusammen. Einen späten Ausläufer dieses Forschungstandes bildet die Arbeit von Reichert, Finanzpolitik.

56 Ebd.

in ihren Konsequenzen für Pfandgeschäfte auf sich.[57] Dabei darf derzeit als gesichert gelten, dass sich die kirchlichen Angriffe des 12. und 13. Jahrhunderts vor allem gegen die Ewigsatzung[58] richteten, darin aber nur wenig Erfolg hatten.[59] Insgesamt ist somit zu fragen, ob die von Reichert beobachteten Zustände auch im hochmittelalterlichen Hochstift Bamberg fassbar sind, und falls ja, ab wann Pfänder anfingen, die Funktion von Lehen zu übernehmen.

Schon beim ersten Blick in den Quellenbestand wird deutlich, dass das geringe Forschungsinteresse nicht an einer marginalen Bedeutung von Pfandgeschäften liegen kann: Mit 25 Belegstellen waren Pfänder die zweithäufigste Leiheform nach „beneficia“ und „feuda“, die wiederum in 134 der zwischen 1102 und 1260 ausgestellten Bischofsurkunden thematisiert werden.[60] Die Pfandgeschäfte waren allerdings sehr ungleich verteilt: Während auf das 12. Jahrhundert nur sechs Erwähnungen entfallen, sind es zwischen 1200 und 1260 gleich 19, wobei die Quantität zum Ende des Untersuchungszeitraums hin rapide ansteigt.[61]

Pfandgeschäfte waren im Hochstift nicht die älteste Rechtsform, Kreditgeschäfte zu tätigen: In der ersten Hälfte des 12. Jahrhunderts wurde dies noch über den Verkauf auf Wiederkauf geregelt, der hier aber schon wegen des zeitlichen Rahmens ausgelassen werden kann.[62] Das erste richtige Pfandgeschäft lässt sich erst 1147 nachweisen.[63] Dieser Zeitpunkt war keinesfalls zufällig: Einerseits erfolgte diese erste Verpfändung zum Beginn des Pontifikats des rechtlich versierten Bischofs Eberhard II. (1146–1170)[64] und anderseits brachten die laufenden Kreuzzugsvorbereitung König Konrads III. einen erhöhten Bedarf an Kreditgeschäften mit sich.[65] Die Bamberger Kirche fungierte hier als Kreditgeberin und lieh dem Markgrafen von Istrien, Engelbert III., und den Grafenbrüdern Poppo I. und Berthold III. von Andechs insgesamt 300 Mark

57 Siehe beispielsweise Hoffmann, Land Acquisition; Gilomen, Zinsverbot; Lewis, Mortgages.
58 Gilomen, Zinsversbot, S. 414 f.
59 Vgl. Landwehr, Verpfändung, S. 321–323, 392.
60 Kalla, Bistum, S. 270.
61 Ebd.
62 Zum Verkauf auf Wiederkauf im Hochstift Bamberg siehe ebd., S. 271–273. Allgemein zum Verkauf auf Wiederkauf siehe Busse, Wiederkauf.
63 StA Bamberg, BU 270.
64 Vgl. Kalla, Bistum, S. 40 f.; Wagner, Eberhard; Zeillinger, Friedrich Barbarossa, S. 221 f.; Dendorfer, Roncaglia, S. 120–122; Meyer, Bischof, S. 336, 339; Pflefka, Bistum, S. 117 f.; Görich, Friedrich Barbarossa, S. 304, 351.
65 Zum Beitrag des Bistums Bamberg zur Finanzierung der Kreuzzüge siehe Kalla, Bistum, S. 273–277.

Silber aus dem Kirchenschatz.[66] Hierfür verpfändeten die Schuldner verschiedene Grafschaften und Güter an das Hochstift.[67] Noch in drei weiteren Pfandgeschäften des 12. Jahrhunderts fundierten die Bischöfe als Gläubiger – darunter auch wieder solche zur Kreuzzugsfinanzierung, dieses Mal für das Jahr 1197.[68] In allen diesen Fällen handelte es sich um „klassische" Kreditgeschäfte mit Pfändern als Sicherheiten.

Außerordentlicher Geldbedarf blieb auch im 13. Jahrhundert ein Grund, Verpfändungen vorzunehmen, nun aber mit den Bischöfen in der Rolle der Schuldner und nicht mehr der Gläubiger.[69] Zu den Unsummen, die der Neubau des Bamberger Doms verschlang,[70] kamen aufgrund der durch die erneute Exkommunikation Kaiser Friedrichs II. 1239 verursachten Wirren weitere Ausgaben hinzu. Der gewählte Bischof Poppo aus der Familie der Andechs-Meranier agierte in dieser Situation eher unglücklich und hatte nach seinem raschen Wechsel ins päpstliche Lager, der auch einen Bruch mit dem Domkapitel bedeutete, im Hochstift kaum noch Rückhalt. Zeitweise geriet er sogar in Nürnberger Schuldhaft, aus der er sich nur durch die am 22. Januar 1242 vorgenommene Verpfändung der Stadt Amberg an den mit ihm verwandten Markgrafen Berthold von Hohenburg wieder lösen konnte.[71] Seinem Amtsnachfolger, Heinrich I., erging es in dieser Hinsicht nicht viel besser: Zunächst zu Kaiser Friedrich II. haltend,

66 Zum häufigen Zurückgreifen auf den Bamberger Kirchenschatz im Rahmen von Pfandgeschäften siehe Witowski, Lösegeld, S. 500 f.

67 StA Bamberg, BU 270: „Eandem igitur curiam cum alio quodam predio, quod Luden dicitur in Lavende, ego E[ngilbertus] super reliquias beati H[einrici] confessoris et imperatoris oppignaravi ita, ut de sumptibus illis thesaurus ęcclesię, quem in exitu eisdem militię christianę comes Poppo et frater eius Bertholdus per manum meam mutuo acceperunt, posito in pignore comitatu eiusdem P[opponi] cum omnibus allodiis ipsorum infra terminos Chusenrein constitutis [...]. Easdem vero CCC marcas, quas predicti principes accęperunt [...]."

68 Ebd., BU 332, 382, 402. Eine Kreuzzugsfinanzierung überliefert die letztgenannte Urkunde.

69 Das Hochstift Bamberg war hierbei im 13. Jahrhundert kein Einzelfall, vgl. Kruppa, Verhältnis, S. 158; Fenske, Ministerialität, S. 159 f.

70 Vgl. Frenken, Poppo, S. 180 f.

71 HStA München, TB 8 f. 5, Nr. 7: „nos Poppo dei gratia Baumbergensis episcopus cum essemus occupati debitis apud Nurnberg, dominum Bertoldum marchionem de Hoinnberg dilectum consanguineum nostrum instanter rogavimus, ut nos a dictis eximeret debitis, qui nostri amore centum libras Ratisponenses, quas tenebamus in debitis, pro nobis persolvit et mutuo tradidit ita, ut eidem B[ertoldus] civitatem de Amberg cum omnibus bonis solutis et obligatis ad ipsam pertinentibus obligaremus in pignore sic et, ut obligata posset redimere, quae omnia antedicto marchioni omni iure, quo nos ea teneremus, pro centum libris Ratisponenses in pignore obligavimus [...]." Siehe zu diesem Sachverhalt auch Schmid, Amberg, S. 77–81.

wechselte 1245 auch er ins päpstliche Lager und geriet 1247 in die Gefangenschaft des immer noch kaisertreuen Grafen von Käfernburg.[72] Heinrich erfreute sich aber eines hohen Rückhalts im Hochstift, sodass er auf den Bamberger Domschatz und das Vermögen des Klosters Michelsberg zurückgreifen konnte, um die geforderte Auslösesumme aufzutreiben. Die trotz allem seitens des Domkapitels und des Klosters geforderte Rückzahlung wurde über Pfandgeschäfte geregelt.[73]

Auch im 13. Jahrhundert bediente man sich somit der Verpfändung, um außerordentlichen Geldbedarf zu decken. Zeitgleich übernahmen Pfänder aber ebenso ganz neue Funktionen: Dies ist zum ersten Mal unter dem bereits erwähnten Heinrich I. sichtbar, der am 14. November 1243 einen Vertrag mit den Söhnen Eberhards von Schlüsselberg einging, um dessen kompliziertes Erbe zu regeln.[74] Wir erfahren daraus, dass die Brüder Pfänder der Bamberger Kirche im Wert von 3.200 Mark und 350 Pfund Denaren als Ewigsatzung hielten.[75] Sie verlangten darüber hinaus noch weitere Güter „iure feodi", die ihr Vater an den Amtsvorgänger des Bischofs, Ekbert, verkauft hatte. Heinrich I. war aber nur bereit, ihnen diese „iure pignoris" zuzugestehen, insofern sie sich verpflichten würden, die ursprünglich von Ekbert gezahlte Summe auch wirklich zu erstatten.[76] Der Besitz der Schlüsselberger bestand somit zu großen Teilen aus Pfandgütern, die wie normale Leihen innerhalb der Familie vererbt wurden.

Ein ähnlicher Sachverhalt lässt sich kurz vor dem Ausbruch des Andechs-Meranischen Erbkonflikts im Jahr 1249 beobachten: Der ein Jahr zuvor verstorbene Pfalzgraf Rapoto III. von Ortenburg hinterließ keinen Sohn, was sein Cousin Graf Heinrich II. von Ortenburg zum Anlass nahm, die ehemals von Rapoto

---

72 Pflefka, Bistum, S. 329 f.; Witowski, Lösegeld, S. 491; Niegel, Berthold, S. 24 f.; Krenzer, Heinrich I., Bd. 1, S. 39 f.

73 Siehe StA Bamberg, B 21, Nr. 1.1, fol. 116v; ebd., Kl. Michelsberg, Urk. 97.

74 Ebd., BU 618. Den Vertrag thematisiert auch von Bibra, Reichsherrn, S. 28 f.

75 StA Bamberg, BU 618: „Confessa est etiam utraque pars, quod ad huc hec bona ecclesie ipsis pueris remaneret obligata, videlicet castrum Gozwinstein pro M marcis, bona circa Vilsecke et Urbach pro M marcis, bona in Eckolvisheim pro DCCL marcis, item ville quedam circa Gozwinstein pro CCCCL marcis, item ville quedam circa Bodenstein, scilicet Munrichesperc cum suis pertinentiis pro libris denariorum Babenbergensis CCC et L."

76 Ebd.: „De bonis quoque, que pater ipsorum vendidit felicis memorie Ecgeberto episcopo, que quidam possessores ipsorum iure feodi retinere contendunt, licet titulum pignoris tantummodo habeant in eisdem taliter est conventium, quod predicti pueri nuntios suos cum nostris transmitterent nuntiis ad solutionem debiti offerendam, quam si recipere noluerunt presidentes nos de bonis intromittemus eisdem et postmodum ipsi pueri per noticiam vicinorum probabunt, ut iustum fuerit eisdem bona ad possessores non iure feodi, sed iure pignoris pertinere."

gehaltenen Bamberger Leihegüter für sich zu beanspruchen.[77] Obwohl Heinrich als Gegenleistung der Bamberger Kirche die Vogteirechte über Mondsee und die Passauer sowie die Regensburger Kirchengüter mit dazugehörendem Besitz übertrug, erhielt er die geforderten Güter nicht als normale Leihe, sondern als Pfand mit einer Auslösesumme von 1.000 Mark Silber.[78] Dieses Rechtsgeschäft erfolgte zwar unter ungewöhnlichen Bedingungen – Heinrich lebte zu diesem Zeitpunkt als Exilant am Bamberger Hof und verschleuderte seine Besitzansprüche für die Aufrechterhaltung eines angemessenen Lebensstils[79] –, zeigt aber trotzdem deutlich den beginnenden Trend, auch außerhalb von Kreditgeschäften normale Leihen in erbliche Pfandgüter umzuwandeln, wobei von den Empfängern „feuda" offensichtlich gegenüber letzteren immer noch bevorzugt wurden. Damit lassen sich im Bamberger Hochstift Pfänder als Surrogate von normalen Leihen ab den 40er Jahren des 13. Jahrhunderts urkundlich fassen.

Pfänder und Soldverträge im Konflikt um das Erbe der Andechs-Meranier (1249–1255/1260)

Mit dem Ausbrechen des Konflikts um das Erbe der Andechs-Meranier[80] beginnt die Überlieferung von Pfandgeschäften im militärischen Bereich. Während der Erhalt von normalen Leihen wegen fehlender fassbarer Verpflichtungen höchstens indirekt als Anreizsystem für dienstwillige Freie und Ministeriale fungierte, hatten Pfänder ab 1249 auf diesem Feld eine deutlich greifbare Funktion: Sie garantierten die Soldzahlungen der vom Hochstift angeworbenen Streiter.

---

77 Gemärke des Landbuches, S. 296 f.

78 Ebd.: „Heinricus comes de Ortenberch zelo devocionis inductus advocatiam in Mense et in bonis Pataviensis et Ratisponensis ecclesiarum, cum omnibus iuribus et attinenciis, cultis et incutlis, quesitis et inquirendis, et omnem proprietatem et bona hereditaria seu feudali seu titulo pignorum vel vendicionis in eo districtu sibi attinencia, Babenbergensi ecclesie in manus nostras tradidit pleno iure [...]. Dedimus autem dicto comiti in recompensacionem, quoad vixerit, redditus L librarum Babenbergensis monete et pro arca centum libras pecunie numerate. Et, ut hec tradicio advocacie et recompensacio permanent inconvulsa et ne ab altero nostrum valeant retractari, nos ei bona, que de morte comitis palatini de Ortenberch nobis vacare ceperunt, pro mille marcis argenti obligavimus preter Kiczingespuhel [...]."

79 In diesem Kontext werden auch die 50 Bamberger Pfund Jahreseinkommen und die 100 Pfund Angeld zu sehen sein, die Heinrich von Ortenburg als Gegenleistung für die Übertragung der Vogtei vom Bischof erhielt (siehe Anm. 78).

80 Die älteste und ausführlichste Gesamtdarstellung des Konflikts findet sich bei Krenzer, Heinrich I., Bd. 2. Diese ist in manchen Punkten neueren Darstellungen vorzuziehen, vgl. Kalla, Bistum, S. 241. Eine jüngere Gesamtdarstellung stammt aus der Feder von Mötsch, Ende. Ansonsten äußern sich zum Konflikt: Frenken, Hausmachtpolitik, S. 781–785; Niegel, Berthold, Graf, S. 23 f.; Pflefka, Bistum, S. 330 f.; Ruß, Edelfreien, S. 46–48.

Dass der Bischof hierfür auf Pfandgeschäfte zurückgriff ist in Anbetracht der Geldnöte des Bistums im 13. Jahrhundert nicht verwunderlich.[81] Gleich acht (Sold-)Verträge[82] – in der Forschung auch euphemistisch als „Bündnisverträge" bezeichnet[83] – sind aus dem Kontext des genannten Konflikts überliefert, womit eine gute Quellenlage besteht.

Bereits kurz nach dem Ausbruch der Auseinandersetzung im Juni 1249 schloss Bischof Heinrich I. mit dem Edelfreien Eberhard von Schlüsselberg einen Vertrag über eine wechselseitige Beistandspflicht gegen die damaligen Gegner des Hochstifts – die Burggrafen von Nürnberg und die Herren von Truhendingen.[84] Dies ist tatsächlich die einzige der acht Vereinbarungen, die man deshalb als Bündnisvertrag ansehen kann. Allerdings erhielt Eberhard von Schlüsselberg für seinen Beistand einseitig 450 Pfund vom Bamberger Prälaten, weshalb Elemente eines Soldvertrags ebenso greifbar sind.[85] Zu betonen ist an dieser Stelle, dass Eberhard zu jenen Brüdern gehörte, mit denen derselbe Bischof 1243 den bereits erwähnten Vertrag über das Erbe ihres Vaters schloss. Der Schlüsselberger verfügte somit nachweislich schon im Vorfeld des Konflikts über Bamberger „feuda" und vom Hochstift stammenden erblichen Pfandbesitz in großem Umfang, was ihn aber offensichtlich nicht veranlasste den Bischof militärisch zu unterstützen. Erst die Zahlung von 450 Pfund stellt die Grundlage für Eberhards Eingreifen in den Konflikt dar.

Die Führung der Bamberger Truppen gegen den Burggrafen von Nürnberg und den Herren von Truhendingen übernahm Graf Hermann von Henneberg.[86] Die Henneberger waren, ebenso wie die Schlüsselberger, eng mit dem Bistum

---

81 Anders bei Arnold, Bishops, S. 174 f.; Reuter, „Episcopi", S. 86. Die genannten Autoren argumentieren, dass Reichsbischöfe aufgrund ihres Geldmangels im 13. und 14. Jahrhundert nicht in nennenswertem Umfang auf Soldverträge zurückgreifen konnten, lassen aber beide das Pfandwesen als möglichen Ausweg völlig außer Acht.

82 Zur einseitigen Hilfe verpflichtende Soldverträge waren im 13. Jahrhundert weit verbreitet und kamen auch schon im 12. Jahrhundert vor, vgl. Auge, Handlungsspielräume, S. 48 f.; Klein, Söldnerheer, S. 99–106, 124 f.; Krätschmer, Rittertum, S. 382 f.; Reichert, Finanzpolitik, S. 176 f.; Reuter, „Episcopi", S. 86–90.

83 Vgl. Ruß, Edelfreien, S. 46; Mötsch, Ende, S. 133; Krenzer, Heinrich I., Bd. 2, S. 29 f. Normale Bündnisverträge bestanden hingegen aus gegenseitigen Beistandsverpflichtungen vgl. Garnier, *Amicus*, S. 16–18, 162–168, 297, 300.

84 Gedruckt in Denkwürdigkeiten, Bd. 2, Nr. III, S. 109 f.: „Item dedit michi libras quadringentas quinquaginta, ut contra Fridericum Burcgravium de Nurenberch et Fridericum de Truhendingen et eorum complices et fautores et alios invasores ecclesie sue sibi et successoribus suis potenter et patenter assistam et ipse mihi contra eosdem nobiles quocienscunque me vellent gravare etiam si concordia inter eos facta fuerit assistat."

85 Ebd.

86 Mötsch, Ende, S. 133; Ders., Grafen, S. 60 f.; Krenzer, Heinrich I., Bd. 2, S. 31.

verflochten: Gemeinsame Klostergründungen mit den Bamberger Bischöfen, wie auch zahlreiche vom Hochstift gehaltene Vogteien und Lehen sind im Quellenbestand überliefert.[87] Auch Hermanns Eingreifen in den Konflikt musste aber vom Bischof teuer erkauft werden, nämlich durch die im September 1249 vorgenommene Verpfändung der Burgen Königsberg und Bettenburg für eine festgesetzte Auslösesumme von 1.200 Mark.[88] In Hinblick auf ähnliche Verträge ist es ausgeschlossen, dass Hermann diese Summe davor an das Hochstift gezahlt hatte, sondern er erhielt die Burgen stattdessen für seine auf diesen Konflikt begrenzte militärische Unterstützung.[89]

Im selben Monat wurde der Würzburger Mundschenk, Wolfram von Zabelstein, ebenso vom Bamberger Hochstift angeworben. Beziehungen bestanden auch hier schon im Vorfeld, weil Wolfram in der Vergangenheit für Heinrichs Schulden gebürgt hatte.[90] Für Wolframs Waffenhilfe im laufenden Konflikt und die Öffnung seiner Burg wurden die von ihm zuvor usurpierten Vogteirechte in ein unbefristetes Pfand mit einer Auslösesumme von 100 Mark umgewandelt. Darüber hinaus verpflichtete sich der Bischof, ihm bis zum nächsten Weihnachtsfest zusätzliche 30 Mark Silber zukommen zu lassen.[91]

Selbst die zeitlich befristete Nutzung von Befestigungsanlagen wurde über Pfandgeschäfte geregelt: Die bei Bamberg gelegene Altenburg, die im gemeinsamen Besitz des Propsts von St. Jakob und diverser Bamberger Ministerialer und Bürger war, wurde vom Bischof am 13. April 1251 für den Zeitraum bis zum 15. August 1251 übernommen. Bei jeglicher weiteren Nutzung über diesen Zeitraum hinaus

---

87 Vgl. StA Bamberg, BU 192, 256; ebd., Kl. Langheim, Urk. 2; Nachträge, Nr. 1, S. 323 f.

88 Beyträge, S. 235.

89 Vgl. Kalla, Bistum, S. 280–285.

90 StA Bamberg, BU 674: „Recognoscimus et protestamur, quod cum advocacias in Theris et in Wachenhusen et in curia Horhusen Wolframmus de Zabelstein sibi usurpasset pro quadraginta marcis argenti, in quibus pro nobis fideiusserat aput Swetimerium et idem Wol[frammus] dampna gravia conquereretur ex eadem fideiussione se recepisse.“

91 Ebd.: „Nos adtendentes devotione dicti Wolframmi ipsum serviciis ecclesie nostre adtrahere cupientes, habito consilio fidelium nostrorum centum marca argenti sibi dare promisimus, pro quibus predictas advocatias eidem titulo pignoris obligavimus. Dabimus etiam sibi triginta talenta nostre monete ante festum nativitatis Domini proxime nunc futurum, si nos ea potuerimus habere. Sin autem predictas advocatias per eisdem triginta talentis et centum marcis, ut dictum est titulo pignoris, habebit. Promisit etiam nobis et ecclesie nostre datafide assistere in guera, quam Heinricus contra Fridericum burgravium de Nuremberc et Fridericum de Truhendingen et omnes eorum fautores ac contra quoslibet ecclesie nostre invasores. Renunciavit etiam omni dampno, quod ex fidejussione predicta se asserit recepisse. Ceterum castrum suum nobis et nostris debet patere contra omnes adversarios ecclesie nostre nullo excepto et si ea, que fidedata facere promisit, non persolverit, nos in nullo premissorum ei erimus obligati.“

sollten den Besitzern bischöfliche Güter als Entschädigung verpfändet werden.[92] Auch hieran zeigt sich wie wenig selbstverständlich die militärische Unterstützung des Bischofs im Konfliktfall war.

Vom 15. Juni 1251 stammt eine Abrechnung des Bischofs mit dem Reichsministerialen Herdegen von Grindlach. Dieser übernahm nicht nur für 240 Pfund die Burghut in Forchheim, sondern fungierte auch als Vermittler und engagierte neue Streiter, für deren Sold der Bischof aufkommen sollte. Besonders erwähnenswert sind aus dieser Gruppe Albert und Eberhard von Aurach, nicht nur wegen der Höchstsumme von 166,5 Mark Silber, die an sie als Sold gezahlt wurde,[93] sondern auch, weil es sich bei denen von Aurach um ein Bamberger Ministerialengeschlecht handelte, dessen Familienmitglieder im 12. Jahrhundert noch regelmäßig am bischöflichen Hof fassbar sind.[94] Auch in diesem Fall erfolgte die militärische Unterstützung ausschließlich aufgrund der versprochenen Soldzahlung, über deren konkrete Abwicklung die Urkunde leider nichts berichtet.

Gegen Ende des Konflikts, während der Hungersnot von 1255,[95] hielt sich Bischof Heinrich I. in Kärnten auf und schloss dort in Erwartung weiterer Kriegshandlungen einen Soldvertrag mit Heinrich von Greifenstein-Schlüsselberg: Für die Zahlung von 200 Mark verpflichtete sich dieser zum militärischen Schutz der Burg Mupperg. Die Summe wurde ihm jedoch nicht direkt gezahlt, sondern ihm wurden Güter verpfändet, deren Einkünfte mit der Schuld verrechnet werden sollten.[96] Seine Wohngemächer in der Burg erhielt er hingegen als „feudum

---

92 Stadtarchiv Bamberg, D 3001 Rep. 2 + 284, f. 2r: „dilectus in Christo confrater noster Leupoldus dictus Rinsmulus prepositus sancti Jacobi, Seifridus camerarius et Gotfridus monetarius alii quoque cives Babenbergenses, qui castrum Altenburch situm in fundo sancti Jacobi in sua potestate tenebant, assignaverunt nobis idem castrum tenendum et conservandum usque ad assumptionem beate Virginis proxime tunc venturam [...]. [...] si vero predicta non servaverimus supradicti nostri confratres et cives vineam nostram sitam sub monte sancti Michahelis et villam Gisvelt cum omnibus attinenciis suis tenebunt in pignore et percipient quicquid proveniret ex eisdem donec predicta fuerint integraliter persoluta.“

93 Krenzer, Heinrich I., Bd. 2, S. 33.

94 Vgl. Guttenberg, Territorienbildung, S. 428.

95 Niegel, Berthold, S. 23; Mötsch, Ende, S. 134; Ruß, Edelfreien, S. 52; Frenken, Hausmachtpolitik, S. 782.

96 StA Bamberg, BU 731: „Nos Heinricus dei gratia Babenbergensis episcopus et ego Heinricus de Griffenvels, communium verbo et voluntate protestamur presentium per tenorem, quod cum castrum Muttenberch, quod ad ecclesiam Babenbergensem spectat, mihi Heinrico ecclesie pro ducentis marcis Aquilegensis obligatum convenimus in hanc formam, quod ego recepi in pignore pro dicta pecunia redditus quin-quaginta quinque marcarum de bonis ad ipsum castrum pertinentibus et domino meo ipsum castrum Babenberc assignavi et

castrense",[97] die militärischen Verpflichtungen ergaben sich aber ausschließlich aus der durch Pfänder abgesicherten Soldzahlung.

Auch nach dem Konflikt blieben noch Rechnungen offen, die urkundlichen Niederschlag finden konnten, wie bei dem am Anfang dieses Beitrags besprochenen Vertrag mit Tayno von Lichtenstein, dessen Inhalt hier nicht noch einmal thematisiert zu werden braucht. Die bisher behandelten sieben Urkunden thematisierten alle die Sicherung von militärischen Beistand in der laufenden Auseinandersetzung, der achte Vertrag mit Künemund von Giech vom Februar 1255 fällt hingegen aus dem Rahmen, weil er einem Parteiwechsel und der langfristigen Bindung Künemunds an das Hochstift dienen sollte. Bei denen von Giech handelte es sich um ein ehemaliges andechs-meranisches Ministerialengeschlecht, das zwischen 1249 und 1255 auf Seiten der Herren von Truhendingen auftaucht und für diese die Burg Giech sicherte.[98] Weil die Befestigung während der gesamten Konfliktdauer vom Hochstift nicht eingenommen werden konnte, versuchte der Bischof, Künemund und seinen Vater Heinrich durch Geldversprechen auf seine Seite zu ziehen. Zusammen sollten sie 150 Mark für die Übergabe der Burg erhalten – 50 direkt und 100 innerhalb von zwei Jahren.[99] Weitere 150 Mark sollten für den Übertritt in den Dienst der Bamberger Kirche gezahlt werden. Im letzteren Fall wechselte eine Geldsumme aber nicht den Besitzer, sondern die Dorfbewohner von Herzogenreuth wurden für eine Auslösesumme in entsprechender Höhe als Ewigsatzung verpfändet.[100] Die beiden in ihrer Höhe identischen Beträge dienten aber wohl nicht der Sicherung

---

redditus quos in pignore recepi sibi liber remittam quandocumque ducente trigintaquinque marce solidorum Veronensium vel ducente marce Aquilegensium fuerint persolute et nos episcopus dabimus sibi Heinrico quadraginta quinque marcis ad procurandum castrum in vigilibus ianuoribus et aliis. Et in subsidium, quod hoc anno ibidem residentiam faciat personalem et sic in universis percipiet de mutta et aliis nostris redditibus marcas centum. Residium vero omnium reddituum nostrorum nostris usibus remanebit."

97 Ebd.: „Et quamcumque aream de predictis tribus areis sibi dimisimus, ad eandem contulimus sibi in feodum castrense [...]."

98 Vgl. Frenken, Hausmachtpolitik, S. 781, 785; Krenzer, Heinrich I., Bd. 2, S. 41 f., 51; Mötsch, Ende, S. 134.

99 StA Bamberg, B 21, Nr. 1.1, f. 122v + 123r: „Nos Heinricus Dei gratia Babenbergensis episcopus, tenore presentium constare volumus universis, quod adhoc, ut castrum Gyech posset in potestatem nostre ecclesie pervenire [...] cum Chůnemundo filio Heinrici de Gyech, qui castrum ipsum occupaverat, convenimus sub hac forma: Dedimus ei ad manus quinquaginta marca argentum, item dedimus ei fideiussores per centum marcam argentum solvendis sibi a festo sancte Waltpurgis proximo nunc futuro ad duos annos [...]."

100 Ebd.: „Item obligavimus ei villani Herzogengeriuth pro centum quinquaginta marcis argentum tali conditione super predictis adiecta, si ipse et pater suus Heinricus de Giech in serviciis et devotione ecclesie, sicut promiserunt, fideles extiterint et constantes."

eines militärischen Beistands, denn derartige Verpflichtungen werden weder in ihrem Zusammenhang noch anderswo in der Urkunde genannt. Stattdessen war hier wohl eine langfristige Bindung der Ministerialen von Giech an das Hochstift intendiert – durch Geldzahlungen und Pfandverleihungen.

Der Befund aus dem Konflikt um das andechs-meranische Erbe könnte den Eindruck vermitteln, dass Pfänder ab der Mitte des 13. Jahrhunderts normale Leihen fast gänzlich aus dem Bamberger Hochstift verdrängt hätten. Dies ist allerdings nur bedingt richtig: Leihen (im Sinne von „feuda") spielten weiterhin eine gewichtige Rolle und kommen in Urkunden entsprechend häufig vor – nur eben nicht im militärischen Bereich.[101] Alle im Quellenmaterial greifbaren Parteigenossen des Bischofs erhielten für ihren Beistand entweder einen festgesetzten Geldbetrag – der meist nicht direkt gezahlt, sondern über Pfandgeschäfte garantiert wurde – oder Pfänder mit einer festgesetzten Auslösesumme. Normale Leihen kamen in diesem Kontext entweder gar nicht vor oder hatten keine militärische Funktion, wie am „feudum castrense" des Heinrich von Greifenstein-Schlüsselberg zu sehen war. Besonders zu betonen ist, dass selbst die am engsten an das Hochstift gebundenen Familien den Bischof nur aufgrund der genannten Soldverträge unterstützten, was die Existenz einer verbindlichen lehnrechtlichen Heeresfolgepflicht äußerst unwahrscheinlich macht. Nichtsdestotrotz waren durch Verleihungen etablierte Bindungen indirekt durchaus relevant, weil auf sie im Konfliktfall zurückgegriffen werden konnte. Alle direkt vom Hochstift angeworbenen Streiter standen schließlich schon vor 1249 in einer Beziehung zum Bischof und hielten nicht selten „feuda" aus seinen Händen. Normale Leihen trugen damit zum potenziellen Rekrutierungspool des Hochstifts bei, nur waren sie in dieser Funktion nicht exklusiv und standen spätestens ab den 40er Jahren des 13. Jahrhunderts zusätzlich in Konkurrenz mit als Ewigsatzung vergebenen Pfändern, die immer häufiger als Surrogat für Lehen fungierten.

Fazit

Im basalen Sinn der Verbindung von Lehen und Mannschaftsleistung könnte man für das Hochstift Bamberg von einer langsamen Entstehung eines Lehnswesens um die Mitte des 13. Jahrhunderts sprechen. Nur birgt diese Aussage wenig Erkenntnispotenzial und leitet sogar insofern fehl, als das hier zum Vorschein gekommene „Lehnswesen" sehr wenig mit den „klassischen" Vorstellungen zu

101 Vgl. Kalla, Bistum, S. 111–114.

tun hat. Im engeren Sinne feudo-vasallitisch war es zu keinem hier behandelten Zeitpunkt. Selbst diejenigen, die nachweislich eine Mannschaft geleistet haben, kann man kaum als Vasallen bezeichnen, da bei ihnen selbst elementare Bestandteile der Vasallität nicht greifbar sind.[102] Stattdessen handelte es sich, insofern namentlich bekannt, um primär an andere Herren als den Bischof gebundene Funktionsträger mit begrenzten Aufgaben in den Streu- und Fernbesitzungen des Hochstifts. Für dieselbe Zeit, aus der die ersten „homagium“-Belege stammen, lässt sich nachweisen, dass Pfänder Funktionen übernahmen, die zuvor normalen Leihen zukamen. Erbliche Pfänder konnten um die Mitte des 13. Jahrhunderts sogar den Großteil des Besitzes mancher Adelsfamilien bilden, auch wenn Pfandgüter „feuda“ nie völlig verdrängten. Der Konflikt um das Erbe der Andechs-Meranier zeigt, dass Pfandgeschäfte selbst in einem Bereich zentral wurden, in dem normale Leihen im Untersuchungszeitraum nie richtig greifbar sind: In der Sicherung von Kriegsdiensten. Die Monetarisierung des Krieges und die steigende Bedeutung von Soldverträgen führte in Kombination mit den knappen Geldmitteln der Bischöfe zu einer Blütezeit des Pfandwesens. Damit steht der Befund völlig quer zu der Idee der Entwicklung einer lehnrechtlichen Heeresfolge im Untersuchungszeitraum. Bedenkt man, dass die militärische Funktion von Lehen im Spätmittelalter von der Forschung als höchstens marginal eingeschätzt wird,[103] mag dieser Befund auch nicht zu sehr verwundern.

Ungedruckte Quellen

HStA München

Kl. Prüfening.

TB.

HStA Wiesbaden

3002 XIII 2,1.

StA Bamberg

B 21.

---

[102] Im „klassischen“ Lehnswesen wäre dies insbesondere die Verpflichtung zu Rat und Hilfe, verstanden als die Teilnahme an Hof- und Gerichtstagen und eine militärische Beistandspflicht: Ganshof, Lehnswesen, S. 90–98; Mitteis, Lehnrecht, S. 591–625, hier insbesondere S. 592. Keiner derjenigen, die gemäß dem Urkundenbestand eine Mannschaft geleistet haben, lässt sich aber davor oder danach am bischöflichen Hof oder im Gefolge des Bischofs nachweisen.

[103] Vgl. Anm. 11.

BU.
Kl. Langheim.
Kl. Michelsberg.
Stadtarchiv Bamberg
D 3001 Rep. 2 + 284.
StA Nürnberg
Brandenburg-Ansbach.

Gedruckte Quellen

Beyträge = Schultes, Johann A. von (Bearb.): Diplomatische Beyträge zur Geschichte der Grafen von Andechs und nachherigen Herzoge von Meran etc., München 1818.
Codex Udalrici = Nass, Klaus (Bearb.): Codex Udalrici, 2. Bde. (MGH Briefe d. dt. Kaiserzeit 10), Wiesbaden 2017.
Denkwürdigkeiten = Österreicher, Paul (Bearb.): Denkwürdigkeiten der fränkischen Geschichte mit besonderer Berücksichtigung auf das Fürstentum Bamberg, Bd. 2, Bamberg 1832.
Gemärke des Landbuchs = Lampel, Josef (Bearb.): Das Gemärke des Landbuches, in: BllLKNÖ NF 33 (1899), S. 371–416.
Nachträge = Reininger, R.: Nachträge zum 1. Hefte des XVI. Bandes, die Abtei Aura betreffend, in: Archiv des Historischen Vereins von Unterfranken und Aschaffenburg 16 (1863), Nr. 1, S. 323 f.
Niederösterreichisches UB 2 = Zehetmayer, Roman/Weltin, Dagmar/Welti, Maximilian (Bearb.): Niederösterreichisches Urkundenbuch, Bd. 2: 1078–1158 (Publikationen des Instituts für Österreichische Geschichtsforschung, Reihe 8, 2), St. Pölten 2013.
UBLOE 2 = Trinks, Erich (Bearb.): Urkundenbuch des Landes op der Enns, Bd. 2: 777–1230, Wien 1856.
UB Babenberger 4,2 = Mitis, Oskar von/Dienst, Heide/Lackner, Christian (Bearb.): Urkundenbuch zur Geschichte der Babenberger in Österreich, Bd. 4,2: Ergänzende Quellen 1195–1287 (Publikationen des Instituts für Österreichische Geschichtsforschung, Reihe 3, 4,2), Wien 1997.

Darstellungen

Arnold, Benjamin: German bishops and their military retinues in the medieval empire, in: German History 7 (1989), S. 161–183.
Auge, Oliver: Handlungsspielräume fürstlicher Politik im Mittelalter. Der südliche Ostseeraum von der Mitte des 12. Jahrhunderts bis in die frühe Reformationszeit (Mittelalter-Forschungen 28), Ostfildern 2009.

Ders.: Hominium, tributum, feudum. Zu den Anfängen des Lehnswesens im Nordosten des Reiches bis 1250, in: Das Lehnswesen im Hochmittelalter. Forschungskonstrukte – Quellenbefunde – Deutungsrelevanz (Mittelalter-Forschungen 34), hg. von Jürgen Dendorfer und Roman Deutinger, Ostfildern 2010, S. 195–216.

Bibra, Wilhelm von: Die Reichsherrn von Schlüsselberg (1114–1347), in: BHBV 62 (1904), S. 1–180.

Busse, Klaus: Der Wiederkauf in der Rechtsliteratur des 12.–18. Jahrhunderts, München 1965.

Dendorfer, Jürgen: Das Lehnrecht und die Ordnung des Reiches. „Politische Prozesse" am Ende des 12. Jahrhunderts, in: Ausbildung und Verbreitung des Lehnswesens im Reich und in Italien im 12. und 13. Jahrhundert (VuF 76), hg. von Karl-Heinz Spieß, Ostfildern 2013, S. 187–220.

Ders.: Roncaglia. Der Beginn eines lehnrechtlichen Umbaus des Reiches?, in: Staufisches Kaisertum im 12. Jahrhundert: Konzepte, Netzwerke, politische Praxis, hg. von Stefan Burkhardt u. a., Regensburg 2010, S. 111–132.

Ders./Patzold, Steffen: Tenere et habere. Leihen als soziale Praxis im Früh- und Hochmittelalter, in: Tenere et habere. Leihen als soziale Praxis im frühen und hohen Mittelalter (Besitz und Beziehungen 1), hg. von Jürgen Dendorfer und Steffen Patzold, Ostfildern 2023, S. 11–23.

Ders.: Vasallen und Lehen unter Friedrich Barbarossa: Politische Bindungen durch das Lehnswesen?, in: Verwandtschaft – Freundschaft – Feindschaft. Politische Bindungen zwischen dem Reich und Ostmitteleuropa in der Zeit Friedrich Barbarossas, hg. von Knut Görich und Martin Wihoda, Köln 2019, S. 69–95.

Ders.: Was war das Lehnswesen? Zur politischen Bedeutung der Lehnsbindung im Hochmittelalter, in: Denkweisen und Lebenswelten des Mittelalters (Münchner Kontaktstudium Geschichte 7), hg. von Eva Schlotheuber und Maximilian Schuh, München 2004, S. 43–64.

Ders.: Das Wormser Konkordat – ein Schritt auf dem Weg zur Feudalisierung der Reichsverfassung?, in: Das Lehnswesen im Hochmittelalter. Forschungskonstrukte – Quellenbefunde – Deutungsrelevanz (Mittelalter-Forschungen 34), hg. von Jürgen Dendorfer und Roman Deutinger, Ostfildern 2010, S. 299–328.

Deutinger, Roman: Das hochmittelalterliche Lehnswesen. Ergebnisse und Perspektiven, in: Das Lehnswesen im Hochmittelalter. Forschungskonstrukte – Quellenbefunde – Deutungsrelevanz (Mittelalter-Forschungen 34), hg. von Jürgen Dendorfer und Roman Deutinger, Ostfildern 2010, S. 463–474.

Ders.: Das Privilegium minus, Otto von Freising und der Verfassungswandel des 12. Jahrhunderts, in: Die Geburt Österreichs: 850 Jahre Privilegium minus (Regensburger Kulturleben 4), hg. von Peter Schmid und Heinrich Wanderwitz, Regensburg 2007, S. 179–199.

Ders.: Staufische Reichschronistik [ca. 1150–1250], in: Tenere et habere. Leihen als soziale Praxis im frühen und hohen Mittelalter (Besitz und Beziehungen 1), hg. von Jürgen Dendorfer und Steffen Patzold, Ostfildern 2023, S. 213–228.

Ders.: Sutri 1155. Mißverständnisse um ein Mißverständnis, in: DA 60 (2004), S. 97–133.

Dollinger, Philippe: Der bayerische Bauernstand vom 9. bis zum 13. Jahrhundert, übers. v. Franz Irsigler, München 1982.

Diestelkamp, Bernhard: Lehnrecht und spätmittelalterliche Territorien, in: Der deutsche Territorialstaat im 14. Jahrhundert, Tl. 1 (VuF 13), hg. von Hans Patze, Sigmaringen 1970, S. 65–96.

Dilcher, Gerhard: Die Entwicklung des Lehnswesens in Deutschland zwischen Saliern und Staufern, in: Il Feudalesimo nell'Alto Medioevo (Settimane di studio del Centro italiano di studi sull'alto medioevo 47), Spoleto 2000, S. 263–303.

Ebel, Wilhelm: Über den Leihegedanken in der deutschen Rechtsgeschichte, in: Studien zum mittelalterlichen Lehnswesen (VuF 5), Sigmaringen 1972, S. 11–36.

Eickels, Klaus van: Vom inszenierten Konsens zum systematisierten Konflikt. Die englisch-französischen Beziehungen und ihre Wahrnehmung an der Wende vom Hoch- zum Spätmittelalter (Mittelalter-Forschungen 10), Stuttgart 2002.

Ders.: Tradierte Konzepte in neuen Ordnungen. Personale Bindungen im 12. und 13. Jahrhundert, in: Ordnungskonfigurationen im hohen Mittelalter (VuF 64), hg. von Bernd Schneidmüller und Stefan Weinfurter, Ostfildern 2006, S. 93–125.

Felsner, Barbara/Tropper, Christine/Zeloth, Thomas (Hgg.): Archivwissen schafft Geschichte. Festschrift für Wilhelm Wadl (Archiv für vaterländische Geschichte und Topographie 106), Klagenfurt 2014, S. 193–216.

Fenske, Lutz: Ministerialität und Adel im Herrschaftsbereich der Bischöfe von Halberstadt während des 13. Jahrhunderts, in: Herrschaft und Stand. Untersuchungen zur Sozialgeschichte im 13. Jahrhundert (VMPI 51), hg. von Josef Fleckenstein, Göttingen 1977, S. 157–206.

Frenken, Ansgar: Hausmachtpolitik und Bischofsstuhl. Die Andechs-Meranier als oberfränkische Territorialherren und Bischöfe von Bamberg, in: ZBLG 63 (2000), S. 711–786.

Ders.: Poppo, Dompropst und Electus Bambergensis – ein unterschätzter Protagonist Andechser Hausmachtspolitik in Franken, in: BHBV 137 (2001), S. 169–184.

Ganshof, François Louis: Was ist das Lehnswesen?, übers. von Ruth und Dieter Groh, Darmstadt 1970.

Garnier, Claudia: *Amicus amicis, inimicus inimicis*. Politische Freundschaft und fürstliche Netzwerke im 13. Jahrhundert (Monographien zur Geschichte des Mittelalters 46), Stuttgart 2000.

Gilomen, Hans-Jörg: Das kanonische Zinsverbot und seine theoretische und praktische Überwindung? Mitte 12. bis frühes 14. Jahrhundert, in: Die römische Kurie und das Geld: Von der Mitte des 12. Jahrhunderts bis zum frühen 14. Jahrhundert (VuF 85), hg. von Werner Maleczek Ostfildern 2018, S. 405–449.

Görich, Knut: Friedrich Barbarossa. Eine Biographie, München 2011.

Guttenberg, Erich Freiherr zu: Die Territorienbildung am Oberrhein (BHBV 79), Bamberg 1927.

Hagemann, Hans-Rudolf: Art. „Pfandrecht", in: HRG 3 (1984), Sp. 1684–1688.

Hechberger, Werner: Adel im fränkisch-deutschen Mittelalter. Zur Anatomie eines Forschungsproblems (Mittelalter-Forschungen 17), Ostfildern 2005, S. 464–466.

Hoffman, Constance: Land Acquisition and the Use of the Mortgage Contract by Cistercians of Berdoues, in: Speculum 57 (1982), S. 250–266.

Huchs, F. A.: Gedanken über den Ausdruck „Manuplica", der in einer Bischöflichen Bambergischen Urkunde vom Jahr 1230 vorkommt, in: Miscellaneen zum Lehnrecht 4 (1794), S. 343–353.

Kalla, Sebastian: Ein Bistum ohne Lehnswesen und Vasallen. Leiheformen und herrschaftliche Bindungen im Hochstift Bamberg des 12. und 13. Jahrhunderts (Besitz und Beziehungen. Studien zur Verfassungsgeschichte des Mittelalters 3), Ostfildern 2025.

Keupp, Jan: Dienst und Verdienst. Die Ministerialen Friedrich Barbarossas und Heinrichs VI. (Monographien zur Geschichte des Mittelalters 48), Stuttgart 2002.

Ders.: Ministerialität und Lehnswesen. Anmerkungen zur Frage der Dienstlehen, in: Das Lehnswesen im Hochmittelalter: Forschungskonstrukte – Quellenbefunde – Deutungsrelevanz (Mittelalter-Forschungen 34), hg. von Jürgen Dendorfer und Roman Deutinger, Ostfildern 2010, S. 347–366.

Klein, Herbert: Das Salzburger Söldnerheer im 14. Jahrhundert, in: MGSLK 66 (1926), S. 99–158.

Koller-Neumann, Irmtraud: Die Lehen des Bistums Bamberg in Kärnten bis 1400 (Das Kärntner Landesarchiv 7), Klagenfurt 1982.

Krätschmer, Marco: Rittertum und Lehnswesen im Stauferreich, in: FMSt 54 (2020), S. 349–394.

Krause, Hans-Georg: Pfandherrschaften als verfassungsgeschichtliches Problem, in: Der Staat 9 (1970), S. 387–404 und 515–532.

Krenzer, Oskar: Heinrich I. von Bilversheim. Bischof von Bamberg 1242–1257, 3 Bde., Bamberg 1907–1909.

Krieger, Karl-Friedrich: Obligatory Military Service and the Use of Mercenaries with Reference to Imperial Military Campaigns During the Staufen Period, in: England and Germany in the High Middle Ages, hg. von Alfred Haverkampf und Hanna Vollrath, London u. a. 1996, S. 151–168.

Kruppa, Nathalie: Verhältnis zwischen Bischof und Domkapitel am Beispiel des Bistums Minden, in: Concilium medii aevi 6 (2003), S. 151–161.
Landwehr, Götz: Die Verpfändung der deutschen Reichsstädte im Mittelalter (Forschungen zur deutschen Rechtsgeschichte 5), Köln/Graz u. a. 1967.
Lewis, Patricia: Mortgages in Bordelais and Bazadais, in: Viator 10 (1979), S. 23–38.
Mayer, Karl Heinz: Herkunft und Lage der Bambergischen Besitzungen in Kärnten, in: BHBV 140 (2004), S. 11–22.
Meyer, Otto: Bischof Eberhard II. von Bamberg (1146–1179), in: Varia Franconiae historica 1 (1964), S. 330–356.
Mitteis, Heinrich: Lehnrecht und Staatsgewalt. Untersuchungen zur mittelalterlichen Verfassungsgeschichte, Weimar 1933.
Mötsch, Johannes: Das Ende der Andechs-Meranier. Streit ums Erbe, in: Die Andechs-Meranier in Franken. Europäisches Fürstentum im Mittelalter, hg. von Lothar Henning, Bamberg 1998, S. 129–141.
Ders.: Die Grafen von Henneberg als Erben der Herzöge von Andechs-Meranien, in: BHBV 132 (1996), S. 51–61.
Niegel, Lorenz: Berthold, Graf von Leiningen, Bischof von Bamberg, Halle a. d. Saale 1914.
Pferschy-Maleczek, Bettina: Das Lehnswesen in den Urkunden Kaiser Heinrichs VI., in: Das Bistum Bamberg, Franken und das Reich in der Stauferzeit. Der Bamberger Bischof im Elitegefüge des Reiches 1138–1245 (Darstellung aus der fränkischen Geschichte 49), hg. von Sven Pflefka, Volkach 2005.
Reichert, Winfried: Finanzpolitik und Landesherrschaft. Zur Entwicklung der Grafschaft Katzenelnbogen vom 12. bis zum 15. Jahrhundert, Trier 1985.
Reuter, Timothy: „Episcopi cum sua militia". The prelate as warrior in the early Staufer era, in: Warriors and Churchmen in the High Middle Ages. Essays Presented to Karl Leyser, hg. von Timothy Reuter, London 1992, S. 79–94.
Rückert, Peter: Die Edelfreien von Lauda, Zimmern und Gamburg, in: Hochmittelalterliche Adelsfamilien in Altbayern (Studien zur bayerischen Verfassungs- und Sozialgeschichte 20), hg. von Ferdinand Kramer und Wilhelm Störmer München 2005, S. 591–642.
Ruß, Hubert: Die Edelfreien und Grafen von Truhendingen. Studien zur Geschichte eines Dynastengeschlechtes im fränkisch-schwäbisch-bayerischen Grenzraum vom frühen 12. bis frühen 15. Jahrhundert (Veröffentlichungen der Gesellschaft für Fränkische Geschichte 9/40), Neustadt a. d. Aisch 1992.
Schieffer, Rudolf: Das Lehnswesen in den deutschen Königsurkunden von Lothar III. bis Friedrich I., in: Das Lehnswesen im Hochmittelalter. Forschungskonstrukte – Quellenbefunde – Deutungsrelevanz (Mittelalter-Forschungen 34), hg. von Jürgen Dendorfer und Roman Deutinger, Ostfildern 2010, S. 79–91.

Ders.: Das Lehnswesen in den Urkunden der Kaiserin Konstanze, in den frühen Königsurkunden Friedrichs II. und in den Urkunden der Könige von Jerusalem, in: Ausbildung und Verbreitung des Lehnswesens im Reich und in Italien im 12. und 13. Jahrhundert (VuF 76), hg. von Karl-Heinz Spieß, Ostfildern 2013, S. 221–238.

Schmid, Alois: Amberg im Hohen Mittelalter: Villa – oppidum – forum – civitas, in: Aus Ammenberg wird Amberg. Historische Vorträge aus 975 Jahren Amberger Geschichte, hg. von Johannes Laschinger Amberg 2010, S. 71–89.

Seibert, Hubertus: Non predium, sed beneficium esset …. Das Lehnswesen im Spiegel der bayerischen Privaturkunden des 12. Jahrhunderts (mit Ausblick auf Tirol), in: Das Lehnswesen im Hochmittelalter. Forschungskonstrukte – Quellenbefunde – Deutungsrelevanz (Mittelalter-Forschungen 34), hg. von Jürgen Dendorfer und Roman Deutinger, Ostfildern 2010, S. 143–162.

Ders.: Die entstehende „territoriale Ordnung" am Beispiel Bayern (1115–1198), in: Stauferreich im Wandel. Ordnungsvorstellungen und Politik in der Zeit Friedrich Barbarossas (Mittelalter-Forschungen 9), hg. von Stefan Weinfurter, Stuttgart 2002, S. 253–287.

Spieß, Karl-Heinz: Das Lehnswesen in den frühen deutschen Lehnsverzeichnissen, in: Das Lehnswesen im Hochmittelalter. Forschungskonstrukte – Quellenbefunde – Deutungsrelevanz (Mittelalter-Forschungen 34), hg. von Jürgen Dendorfer und Roman Deutinger, Ostfildern 2010, S. 91–103.

Wagner, Paul: Eberhard II., Bischof von Bamberg. Ein Beitrag zur Geschichte Friedrichs I., Halle a. d. Saale 1877.

White, Stephen D.: The discourse of inheritance in twelfth-century France: alternative models of the fief in Raoul de Cambrai, in: Law and Government in Medieval England and Normandy. Festschrift James Holt, hg. von George Garnett und John G. H. Hudson, Cambridge u. a. 1994, S. 173–197.

Ders.: Service for fiefs or fiefs for service. The politics of reciprocity, in: Negotiating the gift. Pre-modern figurations of exchange (VMPI 188), hg. von Gadi Algazi, Valentin Groebner und Bernhard Jussen, Göttingen 2003, S. 63–98.

Witowski, Janis: Das Lösegeld des Bamberger Bischofs Heinrich I. von Bilvesheim, in: ZBLG 77 (2014), S. 487–501.

Zauner, Alois: Die Urkunden des Benediktinerklosters Gleink bis zum Jahre 1300, in: MOÖLA 9 (1968), S. 22–162.

Zeillinger, Kurt: Friedrich Barbarossa, Wibald von Stablo und Eberhard von Bamberg, in: MIÖG 78 (1970), S. 210–222.

Zusammenfassung. Lehen, Pfand und Amt. Neue Blickwinkel auf das Lehnswesen in Nord- und Mitteleuropa (12.–15. Jahrhundert)

Thomas Ertl

The contributions to the conference examine various forms of lending and the transfer of rights of sovereignty in the High and Late Middle Ages. With a focus on Northern and Central Europe, a critical examination of the concept of „Lehnswesen" opens up new perspectives on the topic. This article summarizes the most important findings and also introduces the three sections of the volume. When viewed as a whole, regional characteristics and chronological changes become apparent, revealing significant differences and considerable fluidity. It is not always possible to distinguish the „Lehnswesen" from administration or the monetary system, especially since the terminology proves to be diverse and fluid. The sources, particularly those written long after the events described, must be treated with great caution. In this regard, important insights can be gained from an examination of the „Lehnswesen" in connection with the monetary system and administration. The authors of this collection of essays examine various forms of the granting and delegation of legal and political rights in the High and Late Middle Ages.

Die Organisatoren und Referenten:innen der Kieler Tagung weckten mit ihren Titeln und Themen eine Reihe von Erwartungen. Erstens soll es um die Verknüpfung von verschiedenen Formen der Leihe und Weitergabe von Herrschaftsrechten im hohen und späten Mittelalter gehen – ausgedrückt im Obertitel „Lehen, Pfand und Amt". Zweitens erfolgt die Diskussion unter dem Oberbegriff des Lehenswesens und setzt damit eine Debatte fort, die zum klassischen Kanon der mittelalterlichen Geschichte gehört und deren letzte und weiterhin andauernde Welle seit bald 30 Jahren die Mittelalterforschung antreibt. Drittens sollen „neue Blickwinkel" erschlossen werden mit einem Fokus auf Nord- und Mitteleuropa. Im Folgenden will ich einige zusammenfassende Beobachtungen vorstellen und dabei die genannten drei Punkte berücksichtigen.

Beginnen möchte ich mit dem Oberbegriff im Untertitel. Bekanntlich sah sich die internationale Forschung zu einem gedanklichen Neustart genötigt, nachdem Susan Reynolds mit ihrem Buch „Fiefs and Vassals" im Jahr 1994 die Grundlagen des etablierten Gedankengebäudes erschüttert hatte.[1] Seitdem wurde auch im deutschsprachigen Raum mit viel Energie über das Lehenswesen gearbeitet.[2] Von Reynolds' radikaler Zuspitzung einer Konstruktion des

1 Reynolds, Susan: Fiefs and Vassals. The Medieval Evidence Reinterpreted, Oxford 1994.

2 Dendorfer, Jürgen/Deutinger, Roman (Hgg.): Das Lehnswesen im Hochmittelalter. Forschungskonstrukte – Quellenbefunde – Deutungsrelevanz (Mittelalter-Forschungen 34),

Lehenswesens durch spätmittelalterliche und frühneuzeitliche Juristen hat sich die Forschung nicht überzeugen lassen. Das Bild des Lehenswesens hat allerdings an inhaltlicher und terminologischer Komplexität und Flexibilität gewonnen, exemplarisch ausgedrückt beispielsweise mit den Worten von Stefan Esders aus dem Jahr 2006: „Das mittelalterliche Lehenswesen hat ein Janusgesicht. Es verkörpert auf der einen Seite ein soziales Beziehungsnetz, [...] durch die Verbindung von patronalem Fürsorgedenken mit einem archaisch anmutenden Treueideal, durch die Verkoppelung von grundbesitzdefinierten Abhängigkeiten und ehrendem Dienst [...]. Auf der anderen Seite wirkt das Lehenswesen des Mittelalters aus heutiger Sicht besonders modern: denn in der Möglichkeit, Güter und Anrechte zu verleihen, eignete es sich auch für die Delegation von Aufgaben und die Übertragung von Ämtern [...]; und in Gestalt der Weiter- und Unterverleihung von Dienstbarkeiten [...] ist das Lehenswesen eine frühe Form von Subunternehmertum."[3] Eine Folge davon war die bereits seit dem hohen Mittelalter nachweisbare Fiskalisierung und Kommerzialisierung von Leiheformen, welche auf unterschiedliche Weise erfolgen konnte: Geldzahlungen statt feudale Dienste, die Kombination der Landleihe mit anderen Formen von Verpflichtungen, die Verpfändung oder der Verkauf von Lehen u. ä. Stets ging es um eine kontextabhängige Adaption, so will es scheinen, verbunden obendrein mit einer „beständigen Reversibilität vermeintlich eindeutig festgelegter Verhältnisse" (Christoph Dartmann). Wer sich über den aktuellen Stand der Diskussion informieren will, studiere die neueren Sammelbände oder die Synthesen von Steffen Patzold (144 Seiten) oder Oliver Auge (19 Seiten).[4] Oder er lese den Beitrag von Karl-Heinz Spieß in diesem Band. Der Autor gibt nicht nur über den neuesten Forschungsstand Auskunft, sondern hat den Gang der Forschung seit 50 Jahren miterlebt und mitgeprägt. Dabei legt er ein besonderes Augenmerk auf die enge Verbindung von Lehen, Geld und Pfand im Mittelalter. Er beschreibt, wie die Monetarisierung des Lehnswesens seit dem 12. Jahrhundert die traditionelle Vergabe von Grundbesitz erweiterte und Geld- sowie Rentenlehen als neue Bindungsmittel etabliert wurden. Zudem analysiert er Pfandlehen,

Ostfildern 2010; Spieß, Karl-Heinz (Hg.): Ausbildung und Verbreitung des Lehnswesens im Reich und in Italien im 12. und 13. Jahrhundert (VuF 76), Ostfildern 2013; Groth, Simon: Der geschichtliche Ort der historischen Forschung. Das 20. Jahrhundert, das Lehnswesen und der Feudalismus (Normative Orders 28), Frankfurt a. M./New York 2020.

3 Esders, Stefan: Friedrich II., die Mark Brandenburg und das Erzbistum Magdeburg. Zur Kommerzialisierung von Lehensbeziehungen und Entstehung politischer Stände im Gefolge des Thronstreites, in: ZRG GA 123 (2006), S. 67–109, hier S. 67 f.

4 Patzold, Steffen: Das Lehnswesen (Beck'sche Reihe 2745), München 2012; Auge, Oliver: Lehnrecht und Lehnswesen, in: HRG 3 (^{2}2014), Sp. 717–736.

bei denen verpfändete Güter mit lehnsrechtlichen Verpflichtungen verknüpft wurden, und zeigt, wie Verwaltungsämter teils als Lehen vergeben, später jedoch in befristete Beamtenstellen überführt wurden. Abschließend stellt er offene Forschungsfragen zur regionalen Verbreitung dieser Entwicklungen und zur langfristigen Veränderung des Lehnswesens.

Unter dem Stichwort der Kommerzialisierung von Herrschaftsrechten wurde in den letzten Jahrzehnten nicht nur die Entwicklung des Lehnswesens, sondern auch die Verpfändung im spätmittelalterlichen Reich diskutiert.[5] Auch in diesem Themenfeld orientiert und reibt sich die aktuelle Forschung an einem Grundlagenwerk, nämlich Götz Landwehrs Studie zur Verpfändung der deutschen Reichsstädte aus dem Jahr 1967.[6] Ähnlich wie beim Lehnswesen hat die vorrangig deutschsprachige Forschung anhand von zahlreichen Spezialstudien inzwischen die Komplexität und Flexibilität der Verpfändung von Herrschaften, Rechten, Einkünften und Ämtern deutlich gemacht und diese vielgestaltige Praxis als wichtiges Instrument zur Geldbeschaffung bzw. zur Entlohnung von adligen und nicht-adligen Gefolgschaften interpretiert – in einer Zeit steigenden Finanzbedarfs und beschränkter Möglichkeiten zur Kreditschöpfung.[7]

Die Verdichtung politischer Herrschaft bei einem gleichzeitigen Mangel an Ressourcen von Land, Rechten und Geld beschleunigte seit dem hohen Mittelalter die Ausweitung und Differenzierung von Formen der Entlohnung für geleistete oder versprochene Dienste. Lehen, Pfandschaften und Ämtern sind also unterschiedliche und gelegentlich auch miteinander verschränkte Antworten auf vergleichbare strukturelle Herausforderungen. Aus dieser Perspektive bildet die Titeltrias „Lehen, Pfand und Amt" in der Tat eine sinnvolle und produktive Einheit.

Welche Erkenntnisse liefern nun die Tagung und die aus ihr hervorgegangenen Beiträge? Erstens: Es wird weiter um die Begriffe und ihre Bedeutung sowie um Wesen und Datierung des Lehnswesens gerungen. Dies haben uns zunächst die skandinavischen Beispiele vor Augen geführt. Sind der dänische Begriff „lensvæsen" und das deutsche Lehnswesen Synonyme und wie sind die weiteren lehnrechtlichen Begriffe in Dänemark zu bewerten? Spielte das Lehnswesen eine

---

5 Ertl, Thomas/Thaler, Lienhard: Einleitung [Pfand und Herrschaft im spätmittelalterlichen Reich], in: VSWG 109 (2022), S. 147–156.

6 Landwehr, Götz: Die Verpfändung der deutschen Reichsstädte im Mittelalter (Forschungen zur deutschen Rechtsgeschichte 5), Köln/Graz 1967.

7 Lackner, Christian: Zwischen herrschaftlicher Gestaltung und regionaler Anpassung. Pfandschaften, Ämterkauf und Formen der Kapitalisierung in der Verwaltung der spätmittelalterlichen habsburgischen Länder Österreich und Steiermark, in: Habsburger Herrschaft vor Ort – weltweit (1300–1600), hg. von Simon Teuscher, Thomas Zotz und Jeannette Rauschert, Ostfildern 2013, S. 35–48.

wesentliche Rolle bei der Durchsetzung der norwegischen Krone im späten Mittelalter oder waren es eher andere Formen der Moderation und Mediation? Wie kann es gelingen, die älteren Systematisierungsversuche zum schwedischen Lehnswesen mit der Dynamik der historischen Entwicklung zu verbinden. Alle Expert:innen in „Sektion I: Skandinavien" gelangten in ihren Beiträgen zur Einschätzung, dass es „eine Art Lehnswesen" (Laura Potzuweit) im Norden durchaus gegeben habe, wenngleich in jeweils spezifischen Ausprägungen.

Im Einzelnen diskutieren die vier Autor:innen von Sektion I folgende Themen: Frederic Zangel analysiert in seinem Beitrag das Lehnswesen im mittelalterlichen Dänemark aus quellenkritischer Perspektive. Er geht davon aus, dass schriftliche Zeugnisse, insbesondere aus der dänischen Reimchronik von 1495, einen problematischen Zugang zur tatsächlichen Existenz und Struktur des Lehnswesens bieten. Während die königliche Politik gut dokumentiert ist, bleibt die Lehenspraxis oft unklar. Zangel zeigt auf dieser Grundlage, dass die Frage nach der Existenz und Funktion des Lehnswesens in Dänemark weiterhin umstritten bleibt. Grethe Jacobsen untersucht die Rolle von Frauen als Lehnsträgerinnen in Nordeuropa, insbesondere in Dänemark. Sie zeigt, dass Frauen dort entgegen gängiger Annahmen aktiv Lehen verwalteten, vererbten und politischen Einfluss ausübten. Anhand historischer Fallbeispiele analysiert sie die rechtlichen Rahmenbedingungen und sozialen Strukturen, die es Frauen ermöglichten, als Lehnsleute zu agieren. Jacobsen widerlegt die Vorstellung, dass das „dänische Lehnswesen" ausschließlich männlich dominiert war, und verdeutlicht die bedeutende Rolle weiblicher Lehnsträgerinnen in der mittelalterlichen und frühneuzeitlichen Herrschaftsstruktur Dänemarks.

Laura Potzuweit beschäftigt sich mit dem „län" in Schweden und Finnland im 15. Jahrhundert und hinterfragt, ob es sich hierbei um eine wahllose Günstlingswirtschaft oder um ein systematisch organisiertes Herrschaftsinstrument handelte. Sie zeigt, dass das „län" nicht im klassischen europäischen Sinne als Erblehen existierte, sondern eher eine Form königlicher Verwaltung darstellte. Stefan Magnussen untersucht das mittelalterliche Königreich Norwegen und betrachtet die Herrschaftsausübung dort unter den Konzepten „Moderation" und „Mediatisierung". Während Norwegen in der skandinavischen Geschichtsschreibung oft als marginalisiert galt, zeigt Magnussen, dass es eigenständige Entwicklungen in der Herrschaftsausübung gab. Er betont, dass die norwegischen Eliten trotz Unionen mit Dänemark und Schweden durchaus eigene Interpretationen und Strukturen der Herrschaft beibehielten. Dabei war die norwegische Herrschaft geprägt von Aushandlungsprozessen zwischen Krone, Magnaten und Vasallen, die zu einer spezifischen Form von Lehens- und Verwaltungsstrukturen führten.

Die Sektion II des Tagungsbands widmet sich dem norddeutschen Raum und untersucht das Lehnswesen in dieser Region aus verschiedenen Perspektiven. Oliver Auge geht in seinem Beitrag der Frage nach, wie sich das Lehnswesen zwischen der bei Ribe in die Nordsee mündenden Königsau und der Elbe entwickelte. Dabei stellt er fest, dass die Forschung lange Zeit von einem einheitlichen Lehnsmodell ausging, das durch die Studien von Susan Reynolds infrage gestellt wurde. Statt einer strikten hierarchischen Ordnung war das Lehnswesen im norddeutschen Raum durch flexible Strukturen geprägt, die sich an lokale Gegebenheiten anpassten.

Jan Habermann untersucht das Lehnswesen in Ostsachsen während des deutschen Thronstreits (1198–1208/1218). Er analysiert Lehnsverzeichnisse, die Aufschluss über die Zusammensetzung der adeligen Gefolgschaften geben, und zeigt, dass Lehnsverhältnisse in dieser Zeit oft kurzfristigen politischen Bündnissen unterlagen. Während des Konflikts zwischen den Staufern und Welfen war das Lehnswesen weniger durch dauerhafte Bindungen als durch opportunistische Strategien der lokalen Adligen geprägt. Grischa Vercamer befasst sich mit der Entwicklung des Lehnswesens in der Mark Brandenburg im Hoch- und Spätmittelalter. Er zeigt, dass sich dort eine spezifische Mischform aus Lehen, Pfand und Amt entwickelte, die sich von westlichen Lehnsstrukturen unterschied. Die brandenburgischen Markgrafen nutzten das Lehnswesen als Instrument der Herrschaftssicherung, indem sie Vasallen durch Pfandvergaben an sich banden.

Dirk Schleinert analysiert die Rolle der Stadt Stralsund und ihrer Bürger als Pfandinhaber und Besitzer von Lehngütern vom 14. bis zum frühen 16. Jahrhundert. Die Stralsunder Bürger erwarben nicht nur Pfandschaften und finanzierten damit die fürstliche Politik, sondern sie erwarben auch Lehnsgüter „iure feodali", die aber abgabe- und dienstfrei waren („cum omni libertate") und als Eigentum („titulo proprietatis") erworben wurden. Der Beitrag zeigt, dass in Stralsund bürgerliche Akteure aktiv an Lehns- und Pfandgeschäften teilnahmen, was eine Besonderheit in einer sonst adelig dominierten Lehnsstruktur darstellt. Dies deutet darauf hin, dass sich wirtschaftliche und politische Machtstrukturen in Städten teilweise mit denen des Adels überschnitten. Gegen Ende des 15. Jahrhunderts regte sich adliger Widerstand gegen diese hybriden Verleihungsformen.

Jürgen Sarnowsky untersucht die Verwaltung des Lehnswesens im Ordensland Preußen. Er zeigt, dass der Deutsche Orden eine eigene, stark zentralisierte Form des Lehnswesens entwickelte, die eng mit seinem Verwaltungsapparat verknüpft war. Während in anderen Regionen das Lehnswesen oft auf persönliche Abhängigkeitsverhältnisse basierte, spielte in Preußen die institutionelle Verwaltung eine größere Rolle. Dennoch werden auch hier grundlegende Fragen kontrovers diskutiert, etwa ob die sogenannten Lehensgüter überhaupt wirkliche

Lehen oder nur Dienstgüter und ihre Inhaber Adlige oder aber Dienstleute gewesen seien.

Zusammenfassend zeigt diese Sektion, dass das Lehnswesen im norddeutschen Raum von regionalen Besonderheiten geprägt war. Während das Lehnswesen in Ostsachsen und Brandenburg stark von politischen Konflikten beeinflusst wurde, gab es in Stralsund eine verstärkte Beteiligung bürgerlicher Akteure an Lehns- und Pfandgeschäften. Im Ordensland Preußen entwickelte sich hingegen eine zentralisierte Verwaltung, die sich vom klassischen Lehnsmodell unterschied.

Die Beiträge der „Sektion III: Das Reich und der Süden" machen dagegen besonders deutlich, dass sich das klassische Lehnswesen im 12. und 13. Jahrhundert stark veränderte. Die wachsende Bedeutung von Geldwirtschaft, Pfandvergaben und Soldzahlungen führte zu einer Auflösung traditioneller Lehnsstrukturen und zur Entwicklung neuer Herrschaftsmechanismen, die den politischen und wirtschaftlichen Gegebenheiten angepasst wurden.

Andreas Büttner analysiert die Pfandpolitik der römisch-deutschen Könige bis zur Mitte des 13. Jahrhunderts. Er zeigt, dass sich die Herrscher zunehmend auf Geldzahlungen statt auf klassische Lehnsvergaben stützten. Diese Monetarisierung diente der Finanzierung von Herrschaftsausübung und führte zu einer verstärkten Vergabe von Pfandgütern als Gegenleistung für Dienste. Deutlich wird in dem Beitrag zudem, dass auch die mittelalterlichen Schreiber vor terminologischen Problemen standen. Bereits im 13. Jahrhundert unterschieden Urkundenschreiber mitunter wenig zwischen Lehen, Pfand und Schuld, wie Andreas Büttner anhand der Verpfändung von Nijmegen deutlich machte. Die semantischen Analysen von Oliver Auge haben im Falle von Schleswig-Holstein bereits in Sektion II ergeben, dass den Chronisten des späten Mittelalters nicht zu trauen ist, wenn sie mit der Lehnsbrille auf der Nase über frühere Zeiten berichten, und dass das Lehnswesen gegen Ende des 12. Jahrhunderts nördlich der Elbe seinen Take-off erlebte. Hier zeigt sich exemplarisch der Nutzen sorgfältiger begrifflicher Differenzierung – wie dies Susan Reynolds u. a. gefordert hatte. Dieser holsteinische Kaltstart erfolgte zeitlich früh, wie uns der Vergleich mit dem Hochstift Basel im Beitrag von Jürgen Dendorfer zeigte.

Marco Krätschmer untersucht den Wandel vom klassischen Lehnsrittertum hin zum Soldrittertum. Er zeigt, dass Kriegsdienste im 12. und 13. Jahrhundert zunehmend entlohnt wurden, anstatt ausschließlich auf lehnrechtlicher Grundlage zu beruhen. Dies deutet auf eine Veränderung der sozialen und wirtschaftlichen Strukturen innerhalb des Adels hin. Jürgen Dendorfer, einer der Hauptprotagonisten der Erneuerung der Lehnsforschung im deutschsprachigen Raum, macht die Neuansätze der aktuellen Forschung anhand der Urkunden der Basler Bischöfe im 12. und 13. Jahrhundert besonders deutlich: Die Leihe von Land und Rechten war bis ins 13. Jahrhundert ein fluides Phänomen, häufig verbunden zudem mit anderen Formen der Entlohnung. Selbst die Begriffe „feodum" oder „miles" müssen keine Belege für die Existenz eines voll ausgebildeten Lehnswesens sein. Sebastian Kalla untersucht die Leihe- und Kriegsdienstverpflichtungen im Hochstift Bamberg und zeigt, dass dort hybride Formen von Lehen und Geldleistungen existierten. Diese belegen eine zunehmende Flexibilisierung der Herrschafts- und Militärorganisation.

Die aktuelle Forschung und so auch die vorliegenden Beiträge bemühen sich um die konzeptionelle Durchdringung und begriffliche Erfassung eines Phänomens, das kein kohärentes System gewesen ist – zumindest nicht vor dem späten Mittelalter. Das bedeutet freilich nicht, dass es das Lehnswesen nicht gegeben hat, sondern, dass es ein terminologisch und inhaltlich flexibles Gebilde gewesen ist, das eine Vielfalt von unterschiedlichen Leiheformen umfasste, welche sich kontextabhängig mit anderen Formen der Entlohnung, Bezahlung, sozialen Anbindung und Unterordnung kombinieren ließen. Vielleicht sollte auf diese Grauzone zwischen Lehnswesen und anderen Formen der Herrschaftsdelegation in Zukunft die Aufmerksamkeit noch stärker gerichtet werden. Wie funktionierte Herrschaft ohne Lehen? War die Alternative immer das Amt? Soll in Zukunft nur das klassische Lehnswesen, wie es sich erst im Laufe des hohen Mittelalters verfestigte, als Lehnswesen bezeichnet werden?

Trotz dieser begrifflichen Herausforderungen kommt die Forschung auch in Zukunft nicht ohne analytische Begriffe wie Geldlehen oder Pfandlehen aus, die zwar nicht aus dem Mittelalter stammen, aber nötig bleiben, um die Vielfalt der mittelalterlichen Verhältnisse zu systematisieren – trotz aller damit einhergehender Schwierigkeiten für systematische Gesamtdarstellungen, die eine Allgemeingültigkeit begrifflicher Kategorien und inhaltlicher Strukturen suggerieren, die es niemals gegeben hat.

Die regionale Variabilität und die chronologische Entwicklung des Lehenswesens werden durch die Beiträge erneut bestätigt. Dem Publikum wurden neue Blickwinkel auf das Lehnswesen im Norden versprochen und wir wurden nicht enttäuscht. Entgegen dem Tagungstitel beschränkten sich die Beiträge aber nicht auf Nordeuropa und Norddeutschland, sondern umfassten auch den Süden des römischen Reichs sowie Flandern. Wichtig erscheint mir dabei einerseits die Beobachtung, dass sich in allen Regionen – trotz einer Reihe von Ähnlichkeiten aufgrund allgemeiner sozioökonomischer Grundlagen in mittelalterlichen Gesellschaften – kontextabhängige Sonderentwicklungen zeigten. Vielleicht lässt sich mit dieser offensichtlichen Feststellung die Frage nach den skandinavischen Sonderwegen ad acta legen – mit dem Hinweis nämlich, dass die regionale Vielfalt des Lehnswesens überall zu Sonderwegen geführt hat und die geographischen, klimatischen und demographischen Gegebenheiten Skandinaviens quasi zwangsläufig zu spezifischen Lösungen führen mussten. Auf vergleichbare Weise spiegelt das spezifische Lehnswesen im Ordensland wohl die besondere Situation einer eroberten Grenzregion mit besonderen militärischen Herausforderungen.

Die Ergebnisse der Tagung zeigen zudem, wie eng Lehen, Pfand und Amt zusammenhängen. Das ist nicht verwunderlich, bilden diese Formen der Herrschaftsweitergabe und -beteiligung doch kompatible, verknüpfbare und austauschbare Werkzeuge, die alle einem gemeinsamen Ziel untergeordnet waren: In einer Welt im Wandel benötigten Herrschaftsträger neue und zusätzliche Möglichkeiten der Entlohnung ihrer Anhänger, die sich wiederum selbst aktiv in die damit verbundenen Aushandlungsprozesse einbrachten und die Möglichkeiten zur Herrschaftsverdichtung ebenfalls nutzten. Beispiele auf der fürstlichen Ebene präsentierte Grischa Vercamer mit seinen Ausführungen zu „Burglehen, Pfand und Amt in Brandenburg im Spätmittelalter" und Oliver Auge mit seinem Beitrag zu den divergierenden Pfaden von Holstein und Schleswig, bevor beide Länder zu Schleswig-Holstein wurden. Auf der Tagung führte uns Rik Opsommer zudem nach Westen und illustrierte u. a. anhand flandrischer Lehnbücher und lehnrechtlicher Traktate den Einsatz des Lehnswesens in der Grafschaft Flandern. Der dynamische Einsatz von Lehen, Pfand und Amt war gleichermaßen ein Mechanismus des Ausgleichs zwischen Landesherren und den führenden Familien wie auch ein fürstliches Werkzeug zur Verdichtung ihrer territorialen Herrschaft. Jan Habermann beschrieb die Zeit des deutschen Thronstreits (1198–1208/1218) als eine Zeit der „vasallitischen Kräftebindungen". Sowohl die konkurrierenden Könige als auch der ostsächsische Adel erstellten Lehensverzeichnisse, um sich selbst in sozialen Netzwerken zu verorten. Die Goslaer Reichsvogteigeldlehenrolle belegt, dass Geldzahlungen an Vasallen schon um 1200 zum Lehnswesen gehörten. Wie die römisch-deutschen Könige vor allem in Krisenmomenten seit dem beginnenden 13. Jahrhundert zunehmend auf Verpfändungen zurückgriffen, zeigte uns dagegen Andreas Büttner. Als der Deutsche Orden 1454 in eine existenzielle Krise schlitterte, versuchte die Ordensleitung ebenfalls, mit der Vergabe von Lehen und Pfändern loyale Anhänger zu gewinnen. Geld-, Renten- und Pfandlehen wurden zwischen dem frühen 13. und dem späten 15. Jahrhundert zum Ausdruck eines allgemeinen Kommerzialisierungsprozesses, der vor der Leihe „iure feodali" nicht Halt macht. Allerdings war die Landleihe bereits im 11. Jahrhundert ein vielfältiges Gebilde. Schon damals schlossen Leihegeber und -nehmer zusätzliche Vereinbarungen ab, die häufig um den Kriegsdienst und dessen Besoldung kreisten. Erst durch dies Zusatzbestimmungen gelang es, so Marco Krätschmer, das „Chaos offener Dienstverhältnisse zu ordnen".

Diese drei Punkte will ich mit einigen systematische Beobachtungen abrunden: Die Beiträge zielen insgesamt auf keine Revision der Revision, sondern setzten die seit 25 Jahren vorherrschende Tendenz zur weiteren Differenzierung fort, um das „Laboratorium Lehenswesen" (Karl-Heinz Spieß) zu beschreiben und zu begreifen. Die Differenzierung erfolgte in zweifacher Hinsicht: Einerseits durch eine regionale Ausweitung und den Blick auf Nordeuropa und Norddeutschland. Die Analyse der Verhältnisse im Norden und anderen Teilen Europas ist zweifellos anregend für die Forschungen zum Lehenswesen in Mitteleuropa und umgekehrt. Andererseits erfolgte eine vielversprechende inhaltliche Erweiterung durch die Einbindung des Lehenswesens in das Repertoire veränderter Herrschaftspraktiken im hohen und späten Mittelalter. Vielleicht ist die Komplexität und Variabilität des Lehenswesens überhaupt nur oder besonders gut in diesem Verbund zu verstehen? Das Lehenswesens, besser gesagt die Vergabe von Leihegut, das nicht immer aus Land bestehen musste und nicht immer mit Kriegsdiensten verbunden war, gehörte zum unverzichtbaren Werkzeugkasten von Herrschaftsträgern, um Dienste des meist adligen Gefolges sowie Amtsträger aus dem Adel und dem Nicht-Adel zu entlohnen. Geld – so scheint es – begleitete das Lehnswesen von Anfang an, spielte im späten Mittelalter eine besonders prominente Rolle, konnte aber auch zum Ende von Lehnsbeziehungen führen – etwa durch Kauf von Lehnsgütern und ihrer Umwandlung in Eigengüter.

Zuallerletzt möchte ich an die Bemerkungen erinnern, mit denen Dirk Westerkamp, Forschungsdekan der Philosophischen Fakultät der CAU zu Kiel, die Tagung eröffnete. Der Philosoph stellte uns Georg Wilhelm Friedrich Hegels Gedanken zum herrischen und knechtischen Bewusstsein vor. Nach Hegel komme das knechtische Bewusstsein im Dienst für den Herrn zu sich selbst, während das herrische Bewusstsein ein Scheinselbstbewusstsein darstelle, weil ihm das gleichwertige Gegenüber fehle. Ob Hegel recht hat, weiß ich nicht, aber man könnte seine Worte als Anregung interpretieren, über die zeitgenössische Wahrnehmung und Einstellungen gegenüber asymmetrischen lehnsrechtlichen Beziehungen nachzudenken – und damit gleichsam die verfassungsgeschichtliche Perspektive mit sozial- und kulturgeschichtlichen Inhalten ergänzen.

Verzeichnis der Abkürzungen

AfD	Archiv für Diplomatik
BHBV	Bericht des Historischen Vereins für die Pflege der Geschichte des ehemaligen Fürstbistums Bamberg
BlldtLG	Blätter für deutsche Landesgeschichte
BllLKNÖ	Blätter des Vereins für Landeskunde von Niederösterreich
BSt	Baltische Studien
BSt NF	Baltische Studien Neue Folge
DA	Deutsches Archiv zur Erforschung des Mittelalters
FAZ	Frankfurter Allgemeine Zeitung
fl.	Gulden
FMSt	Frühmittelalterliche Studien
GHIL Bulletin	Bulletin of the German Historical Institute London
GLA	Landesarchiv Baden-Württemberg, Generallandesarchiv Karlsruhe
GStA	Geheimes Staatsarchiv Preußischer Kulturbesitz
GWU	Geschichte in Wissenschaft und Unterricht

HansGbll	Hansische Geschichtsblätter
HRG	Handwörterbuch zur deutschen Rechtsgeschichte
HTD	Historisk Tidsskrift (Danmark)
HTOs	Historisk Tidsskrift (Oslo)
HZ	Historische Zeitschrift
JbRG	Jahrbuch für Regionalgeschichte
KLNM	Kulturhistorisk leksikon for nordisk middelalder fra vikingetid til reformationstid
KWSt/A	Kieler Werkstücke. Reihe A: Beiträge zur schleswig-holsteinischen und skandinavischen Geschichte
LexMa	Lexikon des Mittelalters
MGH	Monumenta Germaniae Historica
MGSLK	Mitteilungen der Gesellschaft für Salzburger Landeskunde
MIÖG	Mitteilungen des Instituts für Österreichische Geschichtsforschung
MOÖLA	Mitteilungen des Oberösterreichischen Landesarchivs
NBL	Norsk biografisk leksikon
ND	Nachdruck
NF	Neue Folge
NdsJbLG	Niedersächsisches Jahrbuch für Landesgeschichte
QDNds	Quellen und Darstellungen zur Geschichte Niedersachsens
QuFGSH	Quellen und Forschungen zur Geschichte Schleswig-Holsteins

QFBrschwG	Quellen und Forschungen zur braunschweigischen Landesgeschichte
QFHessG	Quellen und Forschungen zur hessischen Geschichte
QProvSachs	Geschichtsquellen der Provinz Sachsen und angrenzender Gebiete
RhArch	Rheinisches Archiv
VHKN	Veröffentlichungen der Historischen Kommission für Nassau
VHKNB	Veröffentlichungen der Historischen Kommission für Niedersachsen und Bremen
VHKP	Veröffentlichungen der Historischen Kommission für Pommern
VMPI	Veröffentlichungen des Max-Planck-Instituts für Geschichte
VSWG	Vierteljahrsschrift für Wirtschafts- und Sozialgeschichte
VuF	Vorträge und Forschungen
ZBLG	Zeitschrift für bayerische Landesgeschichte
ZGO	Zeitschrift für die Geschichte des Oberrheins
ZLG	Zeitschrift für Lübeckische Geschichte
ZRG GA	Zeitschrift der Savigny-Stiftung für Rechtsgeschichte, Germanistische Abteilung
ZSHG	Zeitschrift für Schleswig-Holsteinische Geschichte
ZThG	Zeitschrift des Vereins für Thüringische Geschichte
ZWLG	Zeitschrift für Württembergische Landesgeschichte

Orts- und Personenregister

KIELER WERKSTÜCKE

Reihe A: Beiträge zur schleswig-holsteinischen und skandinavischen Geschichte

Hrsg. von Oliver Auge

Band 1 Kai Fuhrmann: Die Auseinandersetzung zwischen königlicher und gottorfischer Linie in den Herzogtümern Schleswig und Holstein in der zweiten Hälfte des 17. Jahrhunderts. 1990.

Band 2 Ralph Uhlig (Hrsg.): Vertriebene Wissenschaftler der Christian-Albrechts-Universität zu Kiel (CAU) nach 1933. Zur Geschichte der CAU im Nationalsozialismus. Eine Dokumentation, bearbeitet von Uta Cornelia Schmatzler und Matthias Wieben. 1991.

Band 3 Carsten Obst: Der demokratische Neubeginn in Neumünster 1947 bis 1950 anhand der Arbeit und Entwicklung des Neumünsteraner Rates. 1992.

Band 4 Thomas Hill: Könige, Fürsten und Klöster. Studien zu den dänischen Klostergründungen des 12. Jahrhunderts. 1992.

Band 5 Rüdiger Wurr / Udo Gerigk / Uwe Törper / Alfred Sielken: Türkische Kolonie im Wandel. Ausländersozialarbeit und Ausländerpädagogik in Schleswig-Holstein (Bandhrsg.: Kai Fuhrmann und Ralph Uhlig). 1992.

Band 6 Torsten Mußdorf: Die Verdrängung jüdischen Lebens in Bad Segeberg im Zuge der Gleichschaltung 1933-1939 (Bandhrsg.: Kai Fuhrmann und Ralph Uhlig). 1992.

Band 7 Thorsten Afflerbach: Der berufliche Alltag eines spätmittelalterlichen Hansekaufmanns. Betrachtungen zur Abwicklung von Handelsgeschäften. 1993.

Band 8 Ralph Uhlig: *Confidential Reports* des Britischen Verbindungsstabes zum Zonenbeirat der britischen Besatzungszone in Hamburg (1946-1948). Demokratisierung aus britischer Sicht. 1993.

Band 9 Broder Schwensen: Der Schleswig-Holsteiner-Bund 1919-1933. Ein Beitrag zur Geschichte der nationalpolitischen Verbände im deutsch-dänischen Grenzland. 1993.

Band 10 Matthias Wieben: Studenten der Christian-Albrechts-Universität im Dritten Reich. Zum Verhaltensmuster der Studenten in den ersten Herrschaftsjahren des Nationalsozialismus. 1994.

Band 11 Volker Henn / Arnved Nedkvitne (Hrsg.): Norwegen und die Hanse. Wirtschaftliche und kulturelle Aspekte im europäischen Vergleich. 1994.

Band 12 Jürgen Hartwig Ibs: Die Pest in Schleswig-Holstein von 1350 bis 1547/48. Eine sozialgeschichtliche Studie über eine wiederkehrende Katastrophe. 1994.

Band 13 Martin Höffken: Die “Kieler Erklärung” vom 26. September 1949 und die “Bonn-Kopenhagener Erklärungen” vom 29. März 1955 im Spiegel deutscher und dänischer Zeitungen. Regierungserklärungen zur rechtlichen Stellung der dänischen Minderheit in Schleswig- Holstein in der öffentlichen Diskussion. 1994.

Band 14 Erich Hoffmann / Frank Lubowitz (Hrsg.): Die Stadt im westlichen Ostseeraum. Vorträge zur Stadtgründung und Stadterweiterung im Hohen Mittelalter. Teil 1 und 2. 1995.

Band 15 Claus Ove Struck: Die Politik der Landesregierung Friedrich Wilhelm Lübke in Schleswig-Holstein (1951-1954). 1997.

Band 16 Hannes Harding: Displaced Persons (DPs) in Schleswig-Holstein 1945-1953. 1997.

Band 17 Olav Vollstedt: Maschinen für das Land. Agrartechnik und produzierendes Gewerbe Schleswig-Holsteins im Umbruch (um 1800-1867). 1997.

Band 18 Jörg Philipp Lengeler: Das Ringen um die Ruhe des Nordens. Großbritanniens Nordeuropa-Politik und Dänemark zu Beginn des 18. Jahrhunderts. 1998.

Band 19 Thomas Riis (Hrsg.): Tisch und Bett. Die Hochzeit im Ostseeraum seit dem 13. Jahrhundert. 1998.

Band 20 Alf R. Bjercke: Norwegische Kätnersöhne als königliche Dragoner. Eine Abhandlung über den Dragonerdienst in Norwegen und die Grenzwache in Schleswig-Holstein 1758-1762. 1999.

Band 21 Niels Bracke: Die Regierung Waldemars IV. Eine Untersuchung zum Wandel von Herrschaftsstrukturen im spätmittelalterlichen Dänemark. 1999.

Band 22 Lutz Sellmer: Albrecht VII. von Mecklenburg und die Grafenfehde (1534-1536). 1999.

Band 23 Ernst-Erich Marhencke: Hans Reimer Claussen (1804-1894). Kämpfer für Freiheit und Recht in zwei Welten. Ein Beitrag zu Herkunft und Wirken der "Achtundvierziger". 1999.

Band 24 Hans-Otto Gaethke: Herzog Heinrich der Löwe und die Slawen nordöstlich der unteren Elbe. 1999.

Band 25 Henning Unverhau: Gesang, Feste und Politik. Deutsche Liedertafeln, Sängerfeste, Volksfeste und Festmähler und ihre Bedeutung für das Entstehen eines nationalen und politischen Bewußtseins in Schleswig-Holstein 1840-1848. 2000.

Band 26 Joseph Ben Brith: Die Odyssee der Henrique-Familie (Bandhrsg.: Björn Marnau und Ralph Uhlig). 2001.

Band 27 Karl-Otto Hagelstein: Die Erbansprüche auf die Herzogtümer Schleswig und Holstein 1863/64. 2003.

Band 28 Annegret Wittram: Fragmenta. Felix Jacoby und Kiel. Ein Beitrag zur Geschichte der Kieler Christian-Albrechts-Universität. 2004.

Band 29 Sönke Loebert: Die dänische Vergangenheit Schleswigs und Holsteins in preußischen Geschichtsbüchern. 2008.

Band 30 Hans Gerhard Risch: Der holsteinische Adel im Hochmittelalter. Eine quantitative Untersuchung. 2010.

Band 31 Silke Hinz: Hochzeit in Kiel. Wandel im Hochzeitsgeschehen von 1965 bis 2005. 2011.

Band 32 Sönke Loebert / Okko Meiburg / Thomas Riis: Die Entstehung der Verfassungen der dänischen Monarchie (1848-1849). 2012.

Band 33 Franziska Nehring: Graf Gerhard der Mutige von Oldenburg und Delmenhorst (1430-1500). 2012.

Band 34 Simon Huemer: Studienstiftungen an der Christian-Albrechts-Universität zu Kiel. Private Bildungsförderung zwischen Stiftungsnorm und Stiftungswirklichkeit. 2013.

Band 35 Marina Loer: Die Reformen von Windesheim und Bursfelde im Norden. Einflüsse und Auswirkungen auf die Klöster in Holstein und den Hansestädten Lübeck und Hamburg. 2013.

Band 36 Alexander Otto-Morris: Rebellion in the Province: The Landvolkbewegung and the Rise of National Socialism in Schleswig-Holstein. 2013.

Band 37 Oliver Auge (Hrsg.): Hansegeschichte als Regionalgeschichte. Beiträge einer internationalen und interdisziplinären Winterschule in Greifswald vom 20. bis 24. Februar 2012. 2014.

Band 38 Julian Freche: Die Eingemeindungen in die Stadt Kiel (1869-1970). Gründe, Probleme und Kontroversen. 2014.

Band 39 Martin Göllnitz: Karrieren zwischen Diktatur und Demokratie. Die Berufungspolitik in der Kieler Theologischen Fakultät 1936 bis 1946. 2014.

Band 40 Jelena Steigerwald: Denkmalschutz im Grenzgebiet. Eine Analyse der Wissensproduktion und der Praktiken des Denkmalschutzes in der deutsch-dänischen Grenzregion im 19. Jahrhundert. 2015.

Band 41 Caroline Elisabeth Weber: Der Wiener Frieden von 1864. Wahrnehmungen durch die Zeitgenossen in den Herzogtümern Schleswig und Holstein bis 1871. 2015.

Band 42 Oliver Auge (Hrsg.): Vergessenes Burgenland Schleswig-Holstein. Die Burgenlandschaft zwischen Elbe und Königsau im Hoch- und Spätmittelalter. Beiträge einer interdisziplinären Tagung in Kiel vom 20. bis 22. September 2013. 2015.

Band 43 Frederieke Maria Schnack: Die Heiratspolitik der Welfen von 1235 bis zum Ausgang des Mittelalters. 2016.

Band 44 Oliver Auge / Norbert Fischer (Hrsg.): Nutzung gestaltet Raum. Regionalhistorische Perspektiven zwischen Stormarn und Dänemark. 2017.

Band 45 Gwendolyn Peters: Kriminalität und Strafrecht in Kiel im ausgehenden Mittelalter. Das Varbuch als Quelle zur Rechts- und Sozialgeschichte. 2017.

Band 46 Jens Boye Volquartz: Friesische Händler und der frühmittelalterliche Handel am Oberrhein. 2017.

Band 47 Karen Bruhn: Das Kieler Kunsthistorische Institut im Nationalsozialismus. Lehre und Forschung im Kontext der „deutschen Kunst". 2017.

Band 48 Lisa Kragh: Kieler Meeresforschung im Kaiserreich. Die Planktonexpedition von 1889 zwischen Wissenschaft, Wirtschaft, Politik und Öffentlichkeit. 2017.

Band 49 Oliver Auge / Martin Göllnitz (Hrsg.): Mit Forscherdrang und Abenteuerlust. Expeditionen und Forschungsreisen Kieler Wissenschaftlerinnen und Wissenschaftler. 2017.

Band 50 Martin Schürrer: Die Schauenburger in Nordelbien. Die Entwicklung gräflicher Handlungsspielräume im 12. Jahrhundert. 2017.

Band 51 Klaus Kuhl: Die revolutionären Ereignisse in Kiel aus Sicht eines Ingenieurs der Germaniawerft. Das Tagebuch Nikolaus Andersens, verfasst in den Jahren 1917–1919. Edition und Textanalyse. 2018.

Band 52 Stefan Magnussen / Daniel Kossack (eds.): Castles as European Phenomena. Towards an international approach to medieval castles in Europe. Contributions to an international and interdisciplinary workshop in Kiel, February 2016. 2018.

Band 53 Oliver Auge / Jens Boye Volquartz (Hrsg.): Der Limes Saxoniae. Fiktion oder Realität? 2019.

Band 54 Oliver Auge / Jan Habermann / Frederieke Maria Schnack (Hrsg.): Der letzte Welfe im Norden. Herzog Abrecht I. ‚der Lange' von Braunschweig (1236-1279): Ein ‚großer' Fürst und seine Handlungsspielräume im spätmittelalterlichen Europa. 2019.

Band 55 Jann-Thorge Thöming: Bahnhofsmission Büchen. Ein Spalt im Eisernen Vorhang. 2020.

Band 56 Knut-Hinrik Kollex: Karriere und Karriereknick. Der Arktisforscher Karl Gripp (1891-1985) zwischen Weimar, Weltkrieg und Wiederaufbau. 2020.

Band 57 Oliver Auge / Caroline Elisabeth Weber (Hrsg.): Pflichthochzeit mit Pickelhaube. Die Inkorporation Schleswig-Holsteins in Preußen 1866/67. 2020.

Band 58 Auge, Oliver / Magnussen, Stefan (Hrsg.): Schwabstedt und die Bischöfe von Schleswig (1268 bis 1705). Beiträge zur Geschichte der bischöflichen Burg und Residenz an der Treene. 2021.

Band 59 Ocker, Jan: Arbeit, Friede, Brot? Die agrarische Kultivierung des Truppenübungsplatzes Lockstedt (1920-1930). 2022.

Band 60 Stefan Brenner: Im Fahrwasser regionaler Hansestädte. Dithmarschen in den Konfliktfeldern des westlichen Ostseeraums (1500–1559). 2022.

Band 61 Sinje Bogg Brockmann: Ein Heimatverein für Sylt. Die Entstehung der „Söl'ring Foriining" (1905) im Zuge der Heimatbewegung des 19. und frühen 20. Jahrhunderts. 2023.

Band 62 Lennart Stolina: Bruderkampf in der Nordmark?. Zum gegenseitigen Verhältnis von Reichsbanner Schwarz-Rot-Gold und Roten Frontkämpferbund im Schleswig-Holstein der Weimarer Republik (1924–1933). 2023.

Band 63 Oliver Auge / Stefan Magnussen (Hrsg.): 500 Jahre Friedrich I. von Dänemark. Auf den herzoglichen Spuren des Königs aus Schleswig-Holstein. 2025.

Band 64 Oliver Auge (Hrsg.) / Ulrich Erdmann / Martin Göllnitz / Laura Potzuweit: Gefallenendenken der Nachkriegszeit zwischen Erinnerung und Verdrängung. Die Gedenktafeln in der Kieler Polizeidienststelle Blumenstraße. 2026.

Band 65 Oliver Auge und Frederic Zangel (Hrsg.): Lehen, Pfand und Amt. Neue Blickwinkel auf das Lehnswesen in Nord- und Mitteleuropa. 2026.

www.peterlang.com

www.ingramcontent.com/pod-product-compliance
Ingram Content Group UK Ltd.
Pitfield, Milton Keynes, MK11 3LW, UK
UKHW021856290926
8980IPUK00005B/868